4차 산업혁명시대의 경영학 입문서

최신 경영학의 이해

3판

김성국 · 이성호 · 조남기 · 채명수 · 천면중

비앤엠북스

3판 머리말

2014년 1월 본서의 제2판이 출간된 지 만 4년 만에 제3판을 출간하게 되었다. 급변하는 경영환경을 고려할 때 늦은 감이 없지 않다. 지난 4년은 전 세계적으로 그리고 국내 전반적으로 기업과 비즈니스 세계는 질풍노도와 같은 환경변화를 경험하였다고 해도 과언이 아닐 것이다.

이 가운데 대표적인 환경변화라고 한다면 국가와 사회 및 기업들은 20세기 후반의 컴퓨터 및 인터넷과 같은 디지털혁명을 기반으로 한 정보화 시대라고 하는 제3차 산업혁명에 이어 사물인터넷, 빅데이터 및 인공지능 등을 중심으로 한 초지능화 및 초연결을 통한 산업구조의 개편이 이루어지고 있는 제4차 산업혁명이라는 인류역사상 또 하나의 산업혁명을 경험하고 있다.

이러한 시대에 기업을 포함한 사회의 모든 조직체들은 과거와는 판이하게 다른 경영패러다임을 도입해야 할 상황에 처해 있다. 본서의 제3판은 이상의 새로운 경영환경에 따라 경영학의 입문서로서의 역할을 충실히 실현하기 위하여 다음과 같은 틀을 기반으로 집필하였다.

첫째, 국가, 사회 및 기업들이 직면하고 있는 제4차 산업혁명의 주요 내용을 설명하였다.

둘째, 제4차 산업혁명시대에 기존 기업뿐만 아니라 창업기업들이 가장 먼저 고려해야 할 비즈니스의 개념 및 경영시스템, 플랫폼 비즈니스에 관한 내용을 알기 쉽게 정리하였다.

셋째, 제4차 산업혁명시대에는 사업범위와 지역의 경계가 사라지는 시대라는 점을 감안하여 2판에서 소개되지 않은 사업의 국제화에 관하여 소개하였다.

넷째, 제1장에서 제9장까지는 경영학의 기초 개념과 기업의 본질과 주요 내용 및 지식경영 등을 그리고 10장부터 16장까지 경영관리과정을 배치함으로서 경영학을 이해하기 위한 체계적인 내용 설계에 중점을 두었다.

다섯째, 2판에서 경영관리부문에 있어서 각 장의 제목이 관리과정의 구체적 내용을 중심으로 설계가 되었던 것을 계획화, 조직화, 지휘, 통제 등 경영관리과정의 큰 범주의 제목에 따라 정리하였다.

다섯째, 제2판에 포함되었던 여러 가지 Management Highlight, Business Insight 및 사례 등을 변화하는 기업 및 경영환경에 적합한 최신 내용으로 업데이트하여 독자들로 하여금 경영의 기본 내용과 현대적인 실무 감각 간의 균형감을 갖도록 하였다.

지금까지 저희 저자들은 변함없이 본서가 경영학을 처음 접하는 학생과 경영학을 알기 쉽게 이해하고자 하는 일반인들에게 도움을 줄 수 있도록 집필 방침을 두어 왔다. 이러한 소망이 조금이나 실현되고 이 책을 통해 한국의 현재 및 미래의 기업과 경영자들에게 큰 도움이 되었으면 한다.

제3판이 출간되기까지 성원을 해주신 비앤엠북스의 정광식 사장님, 정경식 부장님, 보이지 않는 저자들의 집필의도를 최대한 반영하여 교정과 편집을 해주신 최윤영 선생님을 비롯한 편집부 직원 여러분들께 감사드린다.

2018년 2월

저자들이 씀

2판 머리말

이 책이 '최신경영학의 이해'라는 이름으로 2011년 1월에 초판이 나온 후 벌써 3년이 지났다. 당초 이 책의 집필 목적은 급변하는 경영환경 아래에서 기업을 포함한 다양한 목적을 가진 조직들이 생존하고 발전하기 위해 필요한 경영의 기본 개념을 이해할 수 있는 경영학 입문서로서뿐만 아니라 창의적으로 대응할 수 있는 능력을 향상시킬 수 있도록 경영학을 처음 접하는 학생들과 일반인들을 위한 경영학 지침서로 설계되었다. 이 책이 출간된 이후 많은 교수님들과 독자들로부터 격려와 의견들을 받았다.

특히 이 책은 전통적인 경영기법과 경영이론을 소개하는 것으로 그치지 않고 최신 경영기법을 소개하기 위한 'Management Highlight', 경영에 관한 혜안과 통찰력을 제공하기 위한 'Business Insight' 그리고 다양한 실제 기업들의 성공사례와 실패사례를 소개함으로써 경영학의 기본 이론과 실무를 동시에 이해할 수 있도록 하였다.

그러나 최근의 국내외 경영에 관한 추세는 창조경제를 중심으로 한 창조경영이라는 혁신적 사고가 기업의 생존과 발전에 중추적인 역할을 하는 시대이며, 이에 기업들이 대응하기 위해서는 어떻게 다양한 새로운 부가가치를 창출할 수 있는가가 오늘날 기업의 생존과 발전에 필요한 핵심능력이 되고 있다. 창조경영이란 거대하고 복잡한 경영패러다임을 실천에 옮기기 위해서는 무엇보다도 경영자들이 구성원의 창조적 능력을 발견하고 배양하는 데 중점을 두어야 함은 물론 창조적 사고와 능력을 힘껏 발휘하게 할 수 있는 창의적 리더십이 필요하다고 할 수 있다.

제2판에서는 이러한 경영의 시대적 요청에 부응하기 위하여 제14장 리더십 부분을 기존의 내용과는 다른 새로운 접근방법을 통해 경영자의 창조적 경영능력에 필요한 다양한 리더십에 관한 기초 이론 및 리더십 기술들을 소개하였을 뿐만 아니라 내용의 양도 보강함으로써 변화하는 경영환경에 적합한 경영학 입문서로의 사명을 다하도록 노력하였다. 저자들의 이러한 노력들이 독자들의 경영에 기본적 이해와 경영의 시대적 변화에 대응할 수 있도록 하는 데 기여하기를 기대한다.

끝으로 본서의 제2판을 출간하는 데 기꺼이 응해 주신 비앤엠북스의 정광식 사장님, 출판과정에서 실무를 담당하신 정경식 부장님 그리고 편집과 교정에 애써 주신 비앤엠북스 편집부에 감사드린다.

2014년 1월

저자들이 씀

초판 머리말

현대의 기업들은 스마트폰을 중심으로 한 모바일 빅뱅, 전자, 생명공학, 에너지분야의 첨단기술 개발을 통한 신제품 출시, 녹색혁명, 기후협약, 천연자원경쟁, 기업의 사회적 책임의 시대 도래, 국제경제의 경기쇠퇴로 인한 국가 간의 환율 경쟁과 같이 그 어느 때보다 극심한 변화와 불확실성하에서 경쟁하고 있다. 이러한 광범위하고도 극적인 환경변화에도 불구하고 기업을 포함하여 어떤 조직은 조직혁신과 창조적인 경영기법을 통해 성장과 발전을 지속적으로 유지하고 있는 반면에 경영의 방향을 잡지 못하고 어려움을 겪고 있는 경우도 속출하고 있다. 또한 이러한 현상은 앞으로 새로운 경영환경이 도래할수록 더욱 가중될 것이다.

이 책은 조직 특히 기업이 변화하는 환경 아래에서 생존하고 발전하기 위해 필요한 경영의 기본 개념을 이해시키는 데 목적을 둔 경영학 입문서로, 경영학을 처음 접하는 학생뿐만 아니라 경영의 기본 개념을 이해하고자 하는 일반인들에게도 좋은 지침서가 될 수 있도록 설계하였다.

새로운 경영환경이 빈번하게 창출된다 할지라도 중요한 것은 경영의 기본 개념이라고 할 수 있으며, 현실의 기업들은 이를 토대로 기존의 경영기법을 보완 수정하고 경영환경의 변화에 창의적으로 대응할 수 있는 새로운 경영기법이 필요하다고 할 수 있다. 이러한 관점에서 이 책은 경영의 기본 개념을 이해시키기 위해 전통적으로 이용되어 온 경영기법과 현대의 최신 경영기법을 동시에 소개함으로써 미래의 새롭고 창조적인 경영기법을 개발하기 위한 통찰력을 제공하는 데 노력하였다.

이 책의 특징은 다음과 같다.

첫째, 경영의 기본 개념에 관한 이론적 내용을 보다 간결하게 서술함으로써 독자의 이해를 돕고자 하였다.

둘째, 경영학의 이론적 및 실무적 특성을 동시에 이해시키기 위하여 각 장마다 최신 사례를 소개하였다.

셋째, 각 장마다 전통적인 경영기법이나 경영이론을 소개하는 것 이외에 Management Highlight'를 통해 최신 경영기법을, 'Business Insight'를 통해 경영에 관한 혜안과 통찰력을 제공하는 글을 소개하여 경영학적 사고의 틀을 넓히고자 하였다.

이 책은 크게 4부로 구성되어 있다.

제1부는 경영학의 기초 부문으로 조직, 경영, 경영자, 경영학의 학문적 성격, 경영이론의 발전과정, 조직의 외부환경을 다루고 있다. 제2부는 기업의 성장과 발전 부문으로 기업의 개념, 기업의 사회적 책임과 기업윤리를 다루고 있다. 제3부는 경영관리 부문으로 목표, 경영계획, 의사결정, 조직화, 변화와 혁신, 동기유발, 리더십, 의사소통, 경영통제를 중심으로 구성하였다. 제4부는 지식경영 부문으로 지식경제와 지식경영을 소개하였다.

이 책은 인사관리, 생산관리, 마케팅, 재무관리, 회계학, 경영정보와 같은 경영학의 분과분야를 다루기보다는 경영학의 심화전공분야에서 이들을 공부할 때 쉽게 접근할 수 있도록 순수 경영학 입문서로서 반드시 다루어야 할 경영학의 기본 원리를 이해시키는 데 중점을 두었다. 따라서 대학의 경영 관련 학과에서 가장 먼저 수강해야 할 전공 기초과목의 교재로 적합할 것으로 생각한다.

끝으로 본서의 출판을 결정하고 적극적 지원해 준 비앤엠북스의 정광식 사장님, 책의 디자인과 설계과정에서 애써 준 정경식 부장님, 그리고 저자들이 전달하고자 하는 의미를충실히반영하면서교정에전념을다해준편집부에깊은감사를드린다.

2011년 1월

저자들이 씀

Contents

차례

제1부 경영학의 기초

Contents

Contents

제1부
경영학의 기초

CHAPTER 01

조직, 경영 그리고 경영자의 이해

경영의 원리를 이해하고 있는 경영자는 부를 창출하는 더 큰 능력과 더 큰 인간의 미래상을 유산으로 남기는 것이다.

— 피터 드러커(클레어몬트대학 대학원 사회과학 및 경영학 담당 클라크 석좌교수)

만일 기업이 '그러나'라는 말과 '하지만'이란 말을 너무 자주 쓴다면 그것으로 그 기업은 끝입니다.

— 오마에 겐이치(전 맥킨지 재팬 회장)

경영자가 무엇을 하느냐는 세계적으로 동일하지만, 어떻게 그것을 하느냐는 전통과 문화에 따라 각기 다르게 나타난다.

— 피터 드러커

상급자는 코치이고 부하는 선수이지만 중간관리자는 둘 다여야 한다.

— 휴고 이터호벤(하버드 경영대학원 교수)

경영의 근본적 과제는 사람들에게 공통의 목표와 가치, 조직구조, 지속적인 교육과 발전의 기회를 제공함으로써 그들이 집단의 이름으로 성과를 이루도록 만드는 것이다.

— 피터 드러커

제1장 조직, 경영 그리고 경영자의 이해

제1절 조직이란 무엇인가

1. 조직의 정의

경영이라는 개념을 이해하기 위해서는 먼저 조직(organization)이 무엇인가를 살펴볼 필요가 있다. 우리 사회에는 수많은 조직이 존재한다. 예를 들면 우리가 가장 가까이 접하고 있는 대학, 정당, 병원, 군대, 종교단체, 정부기관, 프로야구단, 기업 등을 들 수 있다. 조직은 사회에서 상이한 역할을 하며 사회구성원에게 많은 영향을 미친다. 우리는 조직과 더불어 상호작용하면서 살아가고 있고, 또한 우리의 역사는 조직의 역사라 해도 과언이 아니다.

사회의 조직을 면밀히 분석해 보면 다음과 같은 몇 가지 공통적인 특성이 있다.

미국의 수천 개 병원 중 고객만족도 및 직원만족도 상위 1%를 차지한 푸르드 밸리 헬스 시스템(Pordre Valley Health System, PVHS). 이 병원은 저렴한 가격에 호텔급의 친절 서비스로 유명하다. 직원수 4,000명의 개인병원이 그런 평가를 받을 수 있었던 비결은 무엇인가? 바로 회사에 만족한 직원들이 자발적으로 변화와 혁신을 만들어 낸 데 있다. 이 병원의 CEO 루론 스테이시(Rulon Stacy)는 "PVHS 직원에게 서비스 개선은 업무가 아니라 DNA며 문화"라고 말한다.

① 달성하고자 하는 독특한 목표를 갖고 있다

대학은 학생들에게 지식을 전달하거나 진리를 탐구하는 데 목적이 있으며, 기업은 기업활동을 통해 부가가치, 즉 영리 추구의 목적이 있다고 할 수 있다. 대학, 정당, 종교단체와 같이 영리를 추구하는 데 목적이 있지 않는 조직을 비영리조직(non-profit organization)이라고 하며, 기업조직과 같이 영리를 추구하는

조직을 영리조직(profit-seeking organization)이라고 한다. 조직구성원은 조직의 목표를 달성하기 위하여 노력하며, 조직의 목표는 바로 조직이 존재하는 근본적인 이유를 나타내기도 한다.

② 모든 조직은 사람으로 구성되어 있다

조직은 인간의 집합체라고 할 수 있다. 학교는 강의실이 있는 건물과 운동장 등 기타 부대 시설로 구성되어 있다. 그러나 그 자체로는 조직이라고 할 수 없으며 학교의 목표를 달성하기 위하여 사람들이 모여 상호작용하는 경우에만 조직이라고 할 수 있다. 학교 시설은 목표를 달성하기 위한 수단에 불과하다.

Business Insight

기업에서 사람이 빠지면

기업에 공장, 기계, 시설만 있고 사람이 빠져 있다면 진정한 기업이라고 할 수 없다. 기(企) 자는 '기업(企)에 사람(人)이 빠지면 멈춰 선다(止)'라고 풀이할 수 있다. 이것은 "기업은 사람으로 구성되고, 사람에 의해 운영되고, 사람을 위해 서비스하는 시스템이다"라고 한 경영이론가 체스터 버나드(Chester I. Barnard)의 말과 같은 맥락이다.

\- 마쓰시타 고노스케

어떤 이는 '기업(企業)은 사람(人)이 모여(止) 힘을 합쳐 일(業)하는 곳이다'라고 풀이하기도 한다. 어쨌거나 기업은 사람을 빼고는 존재할 수 없는 조직이다. 장기적으로 주목할 만한 성공을 거둔 기업의 공통점은 구성원의 사기가 높다는 것이다. 『열광의 조건』에서 데이비드 시로타는 '인재 양성은 리스크는 가장 적고 수익률은 가장 높은 전략적 투자'라고 한 워렌 베니스의 말을 언급한다. 기업과 경영에 사람이 핵심이라는 점을 강조하는 내용들이다.

③ 조직은 그것을 구성하는 구성원의 행동을 정의하거나 제한하는 체계화된 구조를 갖고 있다

체계화된 구조란 조직의 목적을 달성하기 위하여 구성원의 행동을 이끌어 가는 규칙이나 규정, 구성원으로 하여금 특정 직무를 수행하도록 명시한 직무기술서 및 다른 구성원에게 영향력을 행사할 수 있는 권한체계 등을 가리킨다. 구성원은 체계화된 구조 속에서 상호작용하면서 조직의 목표를 달성하기 위해서 노력한다.

이상의 관점에서 조직을 다음과 같이 정의할 수 있다.

◆ 조직이란 달성하고자 하는 독특한 목표가 있고, 목표를 달성하기 위한 체계화된 조직구조를 갖고 있는 인간의 집합체이다.

조직
달성하고자 하는 독특한 목표가 있고, 목표를 달성하기 위한 체계화된 조직 구조를 갖고 있는 인간의 집합체

2. 조직 존재 이유

현대 산업사회에서 우리는 조직이 없이는 살 수 없다. 우리는 병원이라고 하는 조직에서 태어나 학교라고 하는 조직에서 교육을 받으며 성장을 하고 기업이나 기타 삶의 터전을 제공해 주는 조직에서 직장생활 또는 사회생활을 하며 살아간다. 우리가 소비하는 수많은 제품은 기업에서 생산을 하고 제품이 일반 소비자에게 전달되기까지는 유통기관이 이를 대신하며, 우리가 속한 국가도 정부조직을 통해서 그 기능을 다할 수 있다. 다시 말해 우리는 평생 동안 조직을 관리하거나 조직의 관리를 받거나 아니면 조직과 상호작용을 하면서 살아간다. 따라서 우리 사회에는 각양각색의 조직이 존재하며, 조직이 어떻게 합리적으로 관리되느냐에 따라 개인, 사회 및 국가의 발전이 결정된다고 할 수 있다.

이러한 관점에서 우리 사회에 조직이 필요한 이유를 정리해 보면 다음과 같다.

① 조직은 사회에 기여한다

각 조직은 나름대로 문화적으로 수용되는 어떤 가치(values)와 필요(needs)를 충족시키는 일종의 사회기관이다. 하나의 하위사회로서 조직은 우리가 문명화된 방법으로 더불어 살아가도록 하며 목표를 달성하도록 한다. 정부기관의 최하위 단위인 주민센터나 소방서에서 대기업에 이르기까지 조직은 우리가 더욱 풍요롭게, 안전하게, 쾌적하게 생활하도록 기여한다. 이러한 것은 조직을 통해서만이 가능한 것이다.

② 조직은 목표를 달성하게 한다

우리가 입고 있는 옷을 예로 들어 보자. 하나의 의복이 생산되어 우리가 입기까지는 원재료 생산자, 전화회사, 전력회사, 판매업자, 금융기관, 운송회사, 하청업자 등 수많은 조직의 공동 노력이 필요하다. 현대 산업사회에서 조직 간의 협업 없이 하나의 조직이 모든 과정을 소화해 내기란 거의 불가능하다. 사회의 각 조직은 자기 조직의 목표를 달성하면서 다른 조직이 목표를 달성하는 데 기여를 하는 것이다.

③ 조직은 지식을 보존하는 역할을 한다

우리는 선조들이 이룩한 과거의 업적 및 지식을 배우고 이를 통해 보다 진전된 학문 탐구나 인류의 복지를 향상시키기 위해 노력한다. 만일 과거의 기록이 없다면 현재 및 미래의 과학이나 다른 지식 분야의 발전을 기대할 수 없을 것이다. 예를 들어서 대학, 박물관 및 기업 등의 조직은 우리 인류가 획득한 중요한 지식들을 보존하는 데 있어서 중요한 역할을 한다. 즉 조직은 그러한 지식을 통해 과거, 현재, 미래를 연결하는 가교 역할을 한다. 더욱 중요한 것은 조직은 새로운 지식을 개척함으로써 인류가 발견한 기존의 지식의 양을 증가시키는 데 기여를 한다는 점이다.

④ 조직은 각 개인에게 경력을 쌓을 수 있는 기회를 제공한다

조직은 구성원에게 생계의 원천을 제공하며 개인적 만족감 및 자아성취를 가능하게 한다. 이러한 역할은 기업조직만이 가능한 것으로 보이나, 사실은 종교기관, 학교, 정부기관, 병원 등 모든 조직이 우리에게 경력(career)기회를 제공할 수 있다.

제2절 경영이란 무엇인가

우리 사회에 다양한 조직이 존재하는 이유가 각 조직이 달성하고자 하는 독특한 목표가 있기 때문이라고 하였다. 따라서 조직은 자신의 목표를 달성하지 못한다면 존재해야 할 하등의 이유가 없으므로 그만큼 목표달성을 위하여 노력한다. 그렇다면 어떻게 해야 추구하는 목표를 달성할 수 있을까? 이러한 의문을 경영이라는 개념으로 해결할 수 있다.

경영(management)을 여러 가지로 정의할 수 있지만 이 책에서는 다음과 같이 정의하고자 한다.

◆ **경영**이란 효율적으로 그리고 유효적으로 조직의 목표를 달성하기 위하여 조직이 갖고 있는 제 자원을 계획수립, 조직화, 지휘, 통제하는 과정이다.

경영
효율적으로 그리고 유효적으로 조직의 목표를 달성하기 위하여 조직이 갖고 있는 제 자원을 계획수립, 조직화, 지휘, 통제하는 과정

경영에 관한 위의 정의를 살펴보면 경영은 먼저 조직의 목표를 달성하는데 초점을 두며, 목표를 달성하되 효율적으로 그리고 효과적으로 달성하고자 한다. 또한 이를 위해 조직이 갖고 있는 제 자원을 계획하고, 조직화하고, 지휘하고, 통제하는 일련의 과정(process)을 거친다.

여기서 **제 자원**이란 조직이 갖고 있는 **인적 자원**(human resources), 재무적 자원(financial resources), 물리적 자원(physical resources), 정보(information), 기술(technology) 등을 의미한다. 조직은 조직마다 각기 상이한 능력이나 특성을 갖고 있는 사람으로 구성되어 있다. 결국 조직은 구성원들이 목표를 달성하기 위하여 상호작용을 하는 인간집단이기 때문에 어떠한 사람으로 구성되어 있는지가 목표달성 여부에 큰 영향을 미친다. 따라서 인적 자원은 조직의 가장 중요한 자원이라고 할 수 있다.

조직의 제 자원
조직이 갖고 있는 인적 자원, 재무적 자원, 물리적 자원, 정보, 기술 등

인적 자원
상이한 능력이나 특성을 갖고 있으면서 조직의 목표를 달성하기 위하여 상호작용하는 인간집단

또한 영리조직이든 비영리조직이든 조직을 이끌어 가기 위해서는 돈이 필요하다. 조직은 갖고 있는 화폐를 통해 필요한 인적 자원 및 물리적 자원을 조달한다. 이와 같이 화폐와 관련된 자원을 **재무적 자원**이라고 한다.

재무적 자원
화폐와 관련된 자원

조직은 인적 자원 및 재무적 자원 외에도 시설, 설비, 원재료와 같은 유형의 자원이 필요하다. 이와 같이 물리적 형태를 띠고 있는 자원을 **물리적 자원**이라고 한다.

물리적 자원
시설, 설비, 원재료와 같이 물리적 형태를 띠고 있는 자원

이외에도 조직은 제 자원의 합리적 이용 및 구성을 위해서 이에 관한 정보

와 기술이 필요하다. 이러한 자원은 눈에 보이지는 않지만 역시 목표달성에 중요한 역할을 한다. 특히 오늘날과 같이 정보화사회이며 기술혁신의 속도가 빠른 시대에는 정보와 기술이 매우 중요한 자원에 속한다고 할 수 있다.

기업조직, 대학, 정부기관을 예로 들어 각 조직이 이용하는 제 자원을 살펴보면 표 1-1 과 같다.

표 1-1 조직이 이용하는 제 자원

조직	인적 자원	재무적 자원	물리적 자원	정보 자원	기술 자원
기업	기술자 경영자 기타 종업원	자본금 이익금	공장 사무실 원재료	수요예측 경제동향	생산기술 노하우
대학	교수 교직원 학생	수업료 기부금 정부예산(국립) 재단전입금(사립)	강의실 실험기자재 컴퓨터	학술논문	교수의 연구 및 강의 능력
정부 기관	공무원	조세수입 정부예산	건물 장비	경제예측지표 기타 통계지표	행정 능력

재무적 자원인 화폐는 다른 조직자원을 구매하기 위한 기본 자원에 속한다.

경영은 사람을 통해, 또한 사람과 함께 어떤 활동을 하게 하는 과정이라고 할 수 있다. 여기서 과정은 어떤 일을 체계적인 방법으로 수행한다는 의미를 갖고 있다. 이러한 과정은 경영활동을 담당하고 있는 경영자(manager)의 일차적인 직능이라고 할 수 있으며 계획수립, 조직화, 지휘, 통제라는 일련의 과정을 통해 수행된다. 이를 구체적으로 설명하면 다음과 같다.

1. 계획수립

계획수립
사전에 목표와 행동을 생각하며 이를 위해 육감보다는 방법, 계획, 논리를 따른다는 것

계획수립(planning)이란 사전에 목표와 행동을 생각하며 이를 위해 육감(hunch)보다는 방법, 계획, 논리를 따른다는 것을 의미한다. 계획은 조직의 목표를 설정하고 그 목표를 달성하기 위한 최선의 절차를 선택하는 개념으로,

다음과 같은 역할을 한다.

- ◆ 목표를 달성하는 데 필요한 자원의 획득과 배분을 한다.
- ◆ 조직구성원으로 하여금 선정된 목표와 절차에 일치하도록 직무를 수행하게 한다.
- ◆ 조직활동이 목표달성을 지향하고 있는지를 감독함으로써 조직활동이 만족할 수 없는 방향으로 가는 경우 올바른 방향으로 가도록 통제할 수 있는 지침이 된다.

계획수립에 있어서 첫째 단계는 조직목표를 설정하는 일이다. 다음으로는 하위단위인 각 부서별 목표를 설정하는 일이다. 일단 목표가 설정되면 체계적인 방법으로 목표를 달성하기 위한 프로그램을 작성해야 한다. 목표의 설정과 프로그램의 작성에 있어서는 경영자가 그것이 달성 가능한지, 조직 내의 경영자와 구성원에게 수용될 수 있는지의 여부를 신중히 고려해야 한다. 이러한 계획 중 조직 전체에 관련된 계획은 대개 최고경영자가 5년 이상의 장기계획을 수립하며, 중간경영자나 일선경영자는 2년에서 4년 이하의 중기계획 또는 1년 이하의 단기계획을 수립한다.

2. 조직화

조직화(organizing)는 조직의 목표를 가장 효율적으로 달성하기 위하여 각 조직구성원이 필요한 작업, 권한, 자원 등을 결정하고 이를 배분하는 것을 의미한다. 물론 목표에 따라 상이한 조직구조를 필요로 한다. 예를 들어서 컴퓨터 소프트웨어를 개발하는 데 목표가 있는 조직은 자동차를 생산하는 조직과 상이한 조직구조를 필요로 한다. 즉 자동차와 같이 표준화된 제품을 생산하는 조직은 효율적인 조립라인이 필요하며, 소프트웨어를 개발하는 조직은 시스템분석가나 프로그래머 등과 같은 전문가들의 팀을 구성하는 것이 바람직할 것이다. 그러한 전문가들로 구성된 팀은 목표달성을 위해

조직화
조직의 목표를 가장 효율적으로 달성하기 위하여 각 조직구성원이 필요한 작업, 권한, 자원 등을 결정하고 이를 배분하는 것

Business Insight

회사는 가르치는 기관이자 배우는 기관이다

모든 기업은 배우는 기관(Learning institution)이자 가르치는 기관(Teaching institution)이다. 훈련과 개발은 모든 경영계층에서 확립되어야 한다. 그리고 훈련과 개발은 절대 중단되어서는 안 된다.

- 피터 드러커

피터 드러커에 의하면 경영이란 공동의 목표와 가치관을 향해 다양한 업무를 수행하는 다양한 구성원을 통합시켜 성과를 내는 것이다. 또한 경영은 조직과 구성원들이 새로운 요구와 기회, 그리고 변화에 맞추어 성장하고 발전할 수 있도록 한다. 구성원의 성장과 발전을 지원하는 것이 경영의 수단이 아닌 기업의 목적이 되어야 함을 알 수 있다.

상호작용을 해야 하나 조립라인의 작업자와 같이 조직화할 수는 없다. 따라서 조직구조는 조직의 목표 및 자원과 일치해야 한다. 이 과정을 조직설계(organizational design)라고 한다.

3. 지휘

지휘
목표달성에 필요한 과업을 수행하도록 구성원에게 지시를 하고, 영향력을 행사하고, 동기부여를 하는 활동

지휘(leading)란 목표달성에 필요한 과업을 수행하도록 구성원에게 지시를 하고, 영향력을 행사하고, 동기부여를 하는 활동을 말한다. 계획수립과 조직화는 관리과정에 있어서 주로 추상적인 측면을 다루지만, 지휘는 좀더 구체적인 측면에 중점을 둔다. 지휘과정에는 구성원들과 함께 행동하는 차원도 포함된다. 지휘의 초점은 적절한 조직 분위기를 조성함으로써 구성원이 최선을 다하게 하는 데 있다. 이 점에서 지휘는 경영자의 리더십(leadership)과 밀접한 관계가 있다.

또한 지휘과정에서 중요한 것은 조직구성원 간에 있어서 최적의 의사전달 경로를 선택하고 구성원 간의 갈등(conflict)을 해결하는 일이다.

4. 통제

통제(controlling)란 조직구성원의 행동이 목표를 향해 올바로 가도록 확인하는 활동을 말한다. 통제과정은 일반적으로 ① 성과기준의 설정, ② 현재 성과의 측정, ③ 현재 성과와 설정된 성과기준과의 비교, ④ 편차가 발생하는 경우 올바른 행동을 하도록 수정하는 절차를 밟는다.

통제
조직구성원의 행동이 목표를 향해 올바로 가도록 확인하는 활동

이상의 경영활동과정을 관리과정(management process) 또는 관리직능(management function)이라고 하며, 이를 도표로 간단히 설명하면 그림 1-1 과 같다.

그림 1-1 경영활동의 과정

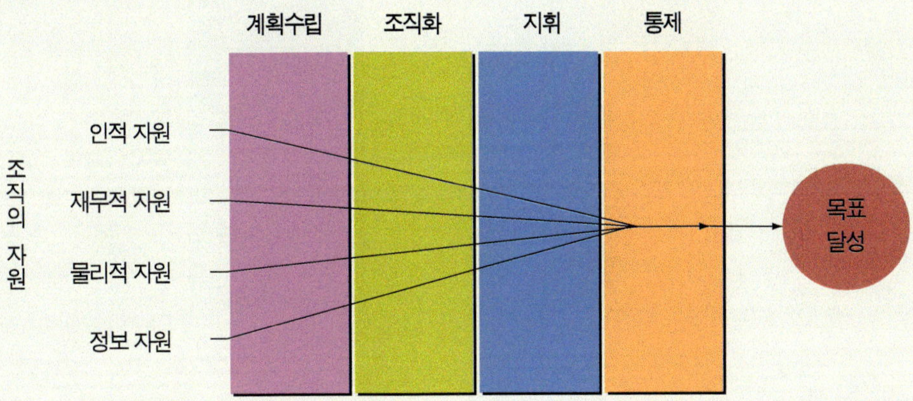

경영은 조직목표를 달성하되 효율적으로 그리고 유효적으로 달성해야 한다. 효율성(efficiency)이란 어떤 일을 올바르게 수행하는 것(doing things right)으로 투입(inputs)과 산출(outputs) 간의 관계를 의미한다. 만일 주어진 투입물(노동, 원재료, 시간 등)에 비해 더 많은 산출물을 창출한 경우 효율성을 증가시켰다고 한다. 역시 투입을 적게 하고 동일한 산출물을 얻은 경우에도 효율성을 증가시켰다고 할 수 있다. 이러한 점에서 효율성은 자원의 활용 정도와 관련이 있다. 경영은 조직의 목표를 달성하기 위하여 이용하는 제 자원의 비용을 최소화하는 데 중점을 둔다.

효율성
어떤 일을 올바르게 수행하는 것으로 투입과 산출 간의 관계

유효성
올바른 일을 수행하는 것으로, 조직의 목표가 달성되었다면 유효성을 달성했다고 함

유효성(effectiveness)이란 올바른 일을 수행하는 것(doing the right things)으로, 조직의 목표가 달성되었다면 유효성을 달성했다고 한다. 또한 유효성이란 적절한 목표를 선택할 수 있는 능력과도 관련이 있다. 예를 들어 소형승용차의 수요가 증가하고 있는데도 중·대형승용차의 생산에만 치중한다면 아무리 효율성을 최대화하였다 해도 부적절한 목표를 선택한 것으로 유효성이 있다고 할 수 없다. 즉 유효성은 조직목표의 달성 정도와 관련이 있는 개념이다.

그림 1-2 **효율성과 유효성**

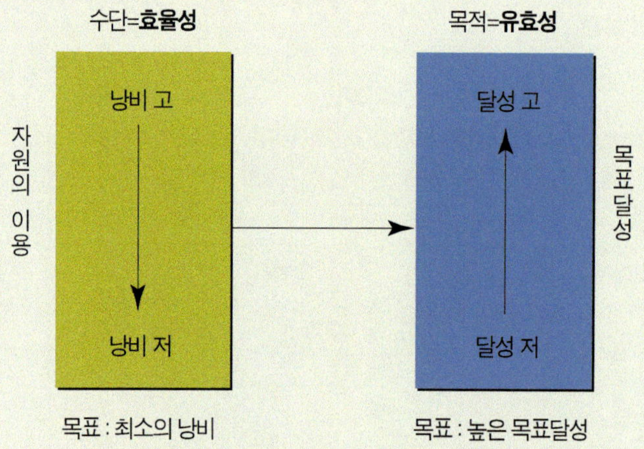

원·부자재 가격 인상, 고유가기조 지속 등 대내외의 급변하는 환경변화에 대응할 수 있는 전사적이고 총체적인 원가혁신이 요구되고 있다. 총체적 원가혁신이란 점점 까다로워지고 있는 고객요구에 대응하면서 고객만족과 기업의 이익 극대화를 위한 혁신활동으로, 글로벌 원가리더십 확보와 기업가치 극대화를 실현시키는 방법이라 할 수 있다.

그런데 효율성과 유효성은 서로 관련이 있다. 이는 그림 1-2 와 같이 효율성은 수단(means), 유효성은 목적(ends)의 성격을 갖고 있다는 의미로 볼 수 있다. 먼저 효율성을 무시하면 유효성을 쉽게 달성할 수 있다. 예를 들어 품질이 우수한 컴퓨터를 생산하는 데 목적이 있다면 노동, 원재료, 시간 등의 투입비용이 높은 경우가 낮은 경우보다 쉽게 달성할 수 있을 것이다. 한편 효율성은 있으나 유효성이 없는 경우도 있다. 예를 들어 대학에서 어떤 과목의 수강인원이 200명인 경우 이를 100명씩 나누어 2개 반으로 운영하지 않고 1개 반으로 강의를 한다면 대학의 예산은 절감할 수 있으나 학생들에게 적절한 교육이 이루어지지 않는다는 비난이 발생할 수 있다.

경영활동의 초점은 효율성과 유효성을 동시에 달성하는 데 두어야 한다. 그러나 가장 합리적인 경영활동이라고 한다면 효율성보다는 유효성을 먼저 생각해야 한다. 즉, 경영은 어떤 일을 어떻게 수행할 것인가를 먼저 생각하는 것보다는 수행해야 할 올바른 일을 먼저 발견하고(적절한 목표의 선택), 이를 수행하기 위해 자원 및 노력을 집중해야 한다(효율성의 추구).

이상의 효율성과 유효성은 조직성과(organizational performance) 또는 경영성과(managerial performance)를 측정하기 위한 지표가 된다. 여기서 **성과**는 경영활동의 결과를 나타내는 것으로, 목표달성의 정도와 목표를 달성하기 위한 자원의 이용 정도에 따라 그림 1-3 과 같이 네 가지로 분류할 수 있다.

성과
경영활동의 결과를 나타내는 것

그림 1-3 에서 ①은 자원을 경제적으로 이용하기는 하였으나 조직의 목표가 달성되지 않은 경우이다. ②는 경영활동의 결과가 자원도 낭비하고 조직목표도 달성하지 못한 경우이다. ③은 조직목표도 달성하고 자원도 합리적으로 이용한 경우이다. ④는 조직목표는 달성하였으나 자원이 지나치게 많이 소요된 경우이다. 따라서 가장 바람직한 조직 또는 경영성과는 ③의 경우라고 할 수 있다.

새로운 시대를 위한 경영의 재발명

한국 기업들은 무엇을 어떻게 해야 경쟁력을 높일 수 있는가? 지금과 같이 상황의 변화가 많은 세상에서, 새로운 경쟁상대가 나타나는 상황에서, 도전이 많은 상황에서 어떻게 경쟁력을 키울 수 있는가에 대한 이야기를 해 보겠다.

이러한 도전에 대응하기 위해서 우리는 새로운 경영방식과 조직화 방식이 필요하다. "지난 100년 동안 가장 훌륭한 발명은 무엇인가? 사람이 발명한 것 중 가장 뛰어난 것이 무엇인가?" 생각해 보면 연소 엔진, 전기 모터, 항생제, 마이크로프로세서 등이 답이 될 수도 있으나, 지난 세기의 가장 뛰어난 발명은 바로 '경영(Management)'이라고 하겠다. 우리는 경영을 기술로 생각하지 않지만, 이것은 사회적인 기술이다. 많은 사람이 경영을 다소 고루하게 생각한다. 열 살짜리 아이가 "나는 어른이 되면 경영자가 될 거야"라고는 절대로 안 한다. 그럼에도 불구하고 경영이라는 것은 매우 중요하고 필수적인 기술이다. 이 경영이라는 기술을 인간의 업적 차원에서 보면, 우리가 이용하는 프로세스 도구로서 사람들을 모이게 해서 규모 있는 일을 하게 만드는 것을 말한다. 그래서 뭔가를 해 내는 것이다.

우리는 지구상의 여러 체제를 통해 부를 창출한 네 가지 혁신적 특성을 유추해 볼 수 있다. 먼저 사회적인 혁신이 중요하다. 두 번째는 인권에 대한 혁신이다. 두 혁신은 경제적인 시스템에 대한 혁신, 여성해방에 대한 혁신 등 인적 자본이 번영할 수 있게 했다. 세 번째는 제도적 혁신이다. 회사법이 설립되었고 특허에 대한 규제, 부동산 시장 등의 제도가 구성되어서 조직이 존재하고 확장하게 되었다. 네 번째, 기술적인 혁신도 아주 중요한 역할을 했다. 스팀 엔진에서부터 유전공학에 이르기까지 기술적인 혁신이 상당히 많았다. 그런데 이러한 모든 잠재력을 진정한 진보로 바꾼 것이 경영혁신이다. 사실 19세기와 20세기에 먼저 영국이 그리고 미국이 전 세계 경제의 리더가 된 것은 우연이 아니다. 경영혁신이 영국과 미국에서 가장 먼저 일어났기 때문이다. 미국과 영국에서, 사람들을 어떻게 모이게 하고 조직화할 것인지 그리고 새로운 성과를 창출할 수 있도록 도움을 줄 것인지 생각해 냈다.

지금 경영이라는 기술은 너무나 많이 낙후되어 있다. 나는 이것을 우리가 개혁을 해야 하고, 재발명을 하여 뿌리째 바꾸어야 한다고 생각한다. 해로운 문제들은 진부한 경영기법이나 방법을 통해서는 절대로 해결될 수 없다. 여러분 모두는 자기 사업에 대한 비전이 있을 것이다. 교육이든 통신산업, 조선산업, 은행, 출판업이든 자기 사업이 앞으로 어떻게 발전할지에 대한 비전이 있을 것이다. 기술변화에 따라서, 고객 니즈에 따라서, 세계화에 따라서 나름대로의 비전이 있을 것이다.

그러나 질문을 하나 하겠다. "여러분은 경영의 미래에 대해서 비전이 있습니까? 내 사업에 있어서 앞으로 경영이 어떻게 바뀔지에 대한 비전이 있습니까?" 경영이라는 것은 간단하다. 경영자들은 무슨 일을 하는가? 자산을 축적해서 위원회를 만들고 계획을 세운다. 그런데 경영혁신에 대한 나의 정의는 이렇다. 일하는 방식을 바꾸는 것, 일하는 사람을 바꾸는 것이 경영혁신이다. 사실 작으면 100명, 많으면 10만 명의 종업원이 있는 규모의 회사라면 경영하는 방식을 바꾸기 위해서는 경영 프로세스, 즉 일하는 방식을 바꾸어야 한다. 비즈니스 프로세스, 물류, 공급망(Supply Chain), 고객에 대한 지원업무는 바꿀 수 없지만 경영 프로세스는 바꿀 수 있다. 그래서 경영혁신을 위해서 여기에 초점을 맞출 수 있다.

"과연 경영기술, 경영기법이라고 하는 것이 21세기 초에 또 한 번 변화할 수 있을까? 20세기 초에 변화했던 것만큼 다시 한 번 급격한 변화를 겪을 수 있을까?"나는 변화할 수 있을 뿐만 아니라 변화할 것이라고 생각한다. 21세기 초, 우리가 맞고 있는 이 시기는 근본적인 변화의 시기이기 때문에 인적 자원을 관리하는 방식에도 근본적인 변화가 있어야 한다. 컴퓨터 시스템은 21세기 첨단 시스템을 사용하고 21세기 비즈니스 시스템들도 첨단 시스템들을 사용하고 있지만 거기에는 19세기의 경영기법 내용이 담겨 있다. 그러니 변화가 있을 수밖에 없는 이유는 우리가 경영리더로서 맡고 있는 도전이다.

지금까지 우리가 편안하게 생각했던 전통적인 경영기법만으로는 해결될 수 없는 세 가지 도전이 있다. 오늘날 경영자들이 직면하고 있는 첫 번째 도전은 변화의 속도에 맞먹는 변화를 기업 내에서 이끌어 낼 수 있는가에 있다. 어느 한 시점에서 경쟁우위를 얻어 내는 정도의 문제가 아니라, 계속해서 시간에 따라 진화를 해 나가되 진화의 속도가 변화의 속도보다 빨라야 한다는 것이다. 지금부터 천 년 후에 21세기 지금 이 시점을 역사적으로 연구한다고 생각해 보자. 인터넷이 발명되었다는 이야기를 할까? 유전이나 마이크로프로세서의 발명을 이야기할까? 아마 우리가 살고 있는 이 시대를 규정짓는 한 가지 특징으로 역사상 최초로 변화의 속도가 초스피드로 올라갔다는 점을 꼽을 것이다. 다시 말해 변화의 속도가 초스피드라는 것이 우리 시대를 규정짓는 특징이다.

그림 1-3 **조직 및 경영성과의 달성 정도**

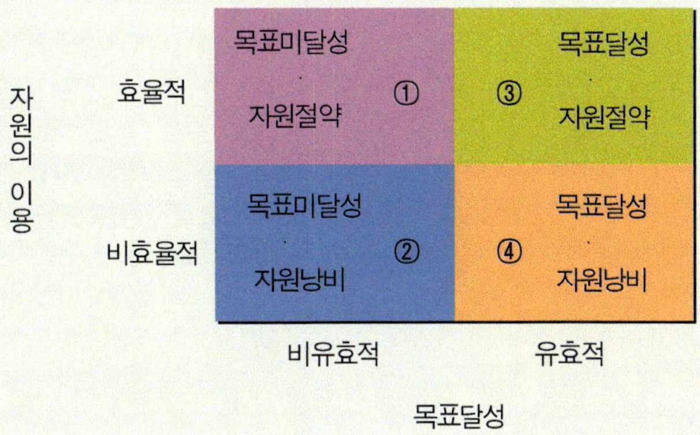

제3절 경영자란 누구인가

1. 경영자의 의의

경영자(manager)란 한마디로 경영활동을 수행하는 사람이다. 즉 경영자는 조직의 목표를 수립하고 달성하기 위하여 조직의 제 자원을 조직화하고, 지휘하고, 통제하는 사람이라고 정의할 수 있다. 따라서 경영자는 조직의 계획수립자(planner), 조직화 담당자(organizer), 리더(leader) 및 통제자(controller)라고도 할 수 있다. 이러한 이유로 경영자는 조직 내에서 조직을 이끌어 가는 활동을 주 임무로 하며 조직 외의 차원에서는 경영자라고 할 수 없다.

경영자
조직의 목표를 수립하고 달성하기 위하여 조직의 제 자원을 조직화하고, 지휘하고, 통제하는 사람

특히 경영자는 경영활동을 수행하는 과정에서 여러 가지 의사결정을 통해 조직목표를 달성하고자 노력을 하게 된다. 이러한 이유로 경영자를 의사결정자(decision-maker)라고도 한다. 그러나 조직의 모든 구성원을 경영자라고 할 수는 없다.

조직 내에서 조직의 구성원은 크게 두 가지의 범주로 나눌 수 있다.

Business Insight

직원 능력을 이끌어 내는 힘

가장 만족스러운 결과를 얻는 사람은 가장 뛰어난 아이디어를 가진 사람이 아니다. 동료들의 머리와 능력을 가장 효과적으로 조율하는 사람이다.

- 앨튼 존스

마쓰시타 고노스케는 불확실한 기업환경에서 장기적으로 살아남는 길은 직원 한 사람 한 사람의 지능을 100퍼센트 동원할 수 있느냐에 달려 있다고 말했다. 몇몇 경영자들은 본인이 가장 많은 것을 알고 있다고 우쭐대기도 한다. 그러나 경영자가 누구보다도 많이 알아야 할 것은 다름 아니라 '모든 직원의 역량을 마지막 1퍼센트까지 완전히 발휘할 수 있도록 하는 방법'이어야 한다.

작업자
어떤 직무나 과업을 직접 수행하면서 다른 사람의 작업이나 활동을 감독할 책임이 없는 구성원

첫째, 어떤 직무나 과업을 직접 수행하면서 다른 사람의 작업이나 활동을 감독할 책임이 없는 구성원을 들 수 있다. 이러한 구성원을 작업자(operatives)라고 한다. 예를 들어서 자동차 조립공장의 조립라인에서 직접 작업을 하는 사람은 그 조직에서 작업자라고 할 수 있다.

둘째, 조직 내에서 다른 사람의 활동을 지휘하고 감독하는 구성원이 있는데 이를 경영자라고 한다. 따라서 조직 내에서 경영자는 일반적으로 지휘하고 감독할 대상인 하위자가 있다. 앞의 조립라인의 작업자를 지휘하고 감독하는 공장장은 경영자라고 할 수 있다.

이상의 경영자는 조직 내에서 다음과 같은 성격을 갖는다.

① 경영자는 다른 사람과 함께, 다른 사람을 통해서 과업을 수행한다

여기서 사람은 조직에서의 하위자 또는 감독자뿐만 아니라 다른 경영자를 포함한다. 또한 고객, 원재료 공급자와 같은 조직 외의 사람도 포함한다. 따라서 경영자는 조직의 목표를 달성하는 데 도움이 되는 조직 내외의 모든 사람과 함께 일을 한다. 또한 경영자는 다른 경영자와 함께 조직의 목표를 설정하고, 어떻게 목표를 달성할 것인가에 관한 계획을 수립하며, 과업을 수행하기 위하여 필요한 정확한 정보를 주고받는다. 따라서 경영자는 조직 내에서 의사소통 경로의 역할도 한다.

② 경영자는 자신의 직무에 대해 책임을 진다

경영자는 특정한 과업이 성공적으로 수행되는가에 대해 감독할 의무가

있다. 경영자는 이러한 과업이 어떻게 성취되는가를 기준으로 평가된다. 또한 경영자는 자신의 하위자의 행동에 대하여 책임을 진다. 즉 하위자가 자신의 과업을 성공적으로 성취하느냐 아니면 실패하느냐에 따라 경영자의 성공과 실패가 좌우된다.

조직 내의 모든 구성원은 경영자든 경영자가 아니든 특정한 과업에 대해 책임을 지지만, 경영자는 자신의 과업뿐만 아니라 다른 사람의 과업에 대해서도 책임을 진다. 또한 경영자는 어떤 직무를 수행하기 위한 하위자와 다른 자원을 갖고 있기 때문에 오로지 자신의 자원만을 갖고 있는 경영자가 아닌 사람보다 많은 성과를 달성한다.

대신금융그룹의 이어룡 회장은 회사의 위기를 기회로 바꾸었다. 11년간 연속 현금배당을 한 것은 그 자체로 의미가 크다. 웬만한 실력으로는 불가능한 일이기 때문이다. 그는 경영원칙의 첫 단추를 현장에서 찾았다. 직접 110개 영업점을 방문해 모든 직원의 손을 잡았다. 우선 이 회장은 취임 이후 직원의 사기 진작에 '올인'을 했다. 현장 경영에 나섰던 영업점 중 허름한 곳은 무조건 리모델링 지시를 내렸다. 좋은 환경을 만들어야 업무효율성을 높일 수 있다고 믿었기 때문이다. 또 직원을 항상 가족처럼 대했다. 그가 가장 먼저 실행에 옮긴 것은 '즐거운 직장 만들기'였다(사진 오른쪽은 이어룡 회장).

③ 경영자는 다수의 목표 간에 균형을 유지하게 하며 우선순위를 부여한다.

조직 내의 각 경영자는 한정된 시간 및 자원을 갖고 있기 때문에 여러 가지 조직목표, 문제 및 요구사항에 직면했을 때 이들 사이에 균형이 유지되도록 노력해야 한다.

④ 경영자는 분석적이며 개념적인 사고를 해야 한다

분석적(analytically) **사고**를 한다는 것은 문제를 각각의 구성요소로 나누어 분석함으로써 실행 가능한 해결책을 도출할 수 있는 능력을 의미한다. 또 **개념적**(conceptually) **사고**를 한다는 것은 조직 전체의 과업을 압축하여 볼 수 있고 다른 과업과의 관련성을 파악할 수 있는 능력을 의미한다. 특정한 과업을 전체에 관련시켜 파악한다는 것이 쉽지 않으나 조직의 하위 부서의 목표뿐만 아니라 조직 전체의 목표를 달성하고자 하는 경우에는 이러한 개념적 사고가 필요하다.

분석적 사고
문제를 각각의 구성요소로 나누어 분석함으로써 실행 가능한 해결책을 도출하는 능력

개념적 사고
조직 전체의 과업을 압축하여 볼 수 있고 다른 과업과의 관련성을 파악하는 능력

⑤ 경영자는 조직에서 중재자의 역할을 한다

조직은 사람으로 구성되어 있기 때문에 동일 조직에 속한 사람들은 조직 목표나 목표의 달성방법에 대해 견해가 대립될 수 있다. 어떤 조직이나 조직 내에서 분쟁이 발생하면 구성원의 사기가 떨어져 생산성이 저하될 가능성이 높다. 조직의 목표달성에 저해요인이 발생하지 않도록 경영자는 적시에 중재자(mediators)의 역할을 함으로써 그러한 문제를 해결해야 한다.

⑥ 경영자는 정치가의 역할을 한다

정치가(politician)는 자신의 정치적 목표를 달성하기 위하여 주로 타협과 설득을 이용한다. 경영자 역시 조직목표를 달성하기 위하여 조직 내에서 형성한 관계를 통해 정치가처럼 설득과 타협을 이용해야 한다. 또한 경영자는 정치적 기술(political skills)을 습득해야 한다. 대부분의 유능한 경영자는 다른 경영자들과 상호협조적인 네트워크를 형성하는 일종의 정치를 연출한다. 경영자는 조직 내에서 동맹관계나 연합을 형성하기도 한다. 이러한 관계를 통해 경영자는 어떤 제안이나 의사결정에 대하여 지지를 얻기도 하며, 다양한 활동을 수행하는 데 협조를 얻기도 한다.

⑦ 경영자는 외교관의 역할을 한다

외교관은 한 국가를 대표하여 외교활동을 수행한다. 경영자는 담당부서의 공식적인 대표자의 역할을 한다. 또한 경영자는 고객, 정부 및 사회의 다른 조직에 대해 담당 부서 또는 조직 전체를 대표한다.

⑧ 경영자는 조직의 상징적 역할을 한다

경영자는 조직구성원 및 조직 외부의 사람에 대하여 조직의 성공과 실패에 대한 상징적 역할을 한다. 따라서 경영자는 자신의 책임이 거의 아니거나 전혀 없는 조직의 문제에 대해서도 책임을 질 수 있다. 예를 들면 프로축구나 프로야구 팀의 감독을 교체하는 경우, 팀의 저조한 성적이 감독의 잘못에서 비롯되지 않았어도 새로운 감독을 영입함으로써 팀의 심기일전을 기하는 데 목적이 있을 수 있다.

⑨ 경영자는 여러 가지 어려운 의사결정을 한다

조직이란 언제나 순탄하게만 운영되지 않는다. 때에 따라서는 재정적인 어려움, 종업원 문제, 조직 내에서의 의견 차이 등으로 의사결정 문제에 직면하게 된다. 경영자는 이때 의사결정 문제를 해결할 수 있는 해결책을 제시해야 한다. 의사결정자의 역할이야말로 경영자의 본질적인 직무라 해도 과언이 아니다.

2. 경영자의 분류

앞서 설명한 경영자는 조직 내에서 각각 상이한 과업과 책임을 갖는다. 이에 따라 경영자도 상이한 유형으로 분류할 수 있다. 경영자를 분류하는 방법으로는 조직계층(organizational hierarchy 또는 organizational levels)에 따른 분류방법과 조직 내에서의 활동범위(the range of organizational activities)에 따른 분류방법이 있다.

(1) 조직계층에 따른 분류방법

① 일선경영자

현장경영자라고 불리는 일선경영자(first-line manager)란 작업자의 활동을 감독하고 조정하는 경영자로, 조직 내에서 최하위에 있는 경영자를 말한다. 일선경영자는 작업을 직접 실행하는 작업자만을 감독하고 다른 경영자의 활동은 감독하지 않는다. 일선경영자의 예를 들면 제조공장의 직장(foreman)이나 생산감독자(production supervisor), 연구개발 부문의 기술감독자(technical supervisor), 사무실의 사무감독자(clerical supervisor)가 있다. 따라서 일선경영자는 통상 감독자라고도 한다.

일선경영자
작업자의 활동을 감독하고 조정하는 경영자로, 조직 내에서 최하위에 있는 경영자

중간경영자
일선경영자를 지휘하는 데 주요 책임이 있으며, 때에 따라서는 작업자를 직접 지휘하는 경영자

② 중간경영자

중간경영자(middle manager)는 일선경영자를 지휘하는 데 주요 책임이 있으

최고경영자의 새로운 유형

CEO(Chief Executive Officer)

대규모 기업에서 볼 수 있는 최고경영자 중의 한 유형으로 기업의 전략 담당 최고경영자를 말한다. 조직계층상 최고의 지위에 있으면서 조직의 전략과 경영성과에 책임을 지며 이사회 구성원이 된다. 미국에서는 〈포춘〉 선정 500대 기업 가운데 15% 정도에서 CEO가 이사회 의장과 회장직을 겸하고 있으며, 대부분이 이사회 의장이나 회장직 중 하나를 맡고 있다. 우리나라의 대표이사와 비슷한 개념이며, 과거 경영성과에 책임을 지지 않는 소유경영자 개념의 대기업의 회장과 달리 전문경영자 개념에서 이사회에서 임명되는 최고경영자이다. 우리나라에서도 대기업의 회장이 특정 기업의 대표이사로 취임하여 경영성과에 책임을 지도록 하는 CEO 개념으로 바뀌고 있다. 미국의 경우 실적이 부진한 CEO는 이사회 및 주주총회를 통해 언제든지 경질될 수 있다.

COO(Chief Operating Officer)

정해진 전략 아래 전반적인 기업운영을 자기 책임으로 수행하는 최고 집행 담당 경영자를 말한다. 미국에서는 CEO와 함께 이사회의 구성원이 된다.

CIO(Chief Information Officer)

기업의 모든 정보시스템 기능(데이터베이스 구축, 정보기술 센터, 커뮤니케이션 네트워크, 컴퓨터 프로그램 개발, 컴퓨터 시스템 운영 등)의 의사결정에 책임을 지면서 CEO를 정보기술 측면에서 보좌하는 정보 담당 최고경영자를 말한다. CIO는 조직의 최고 의사결정과정에 참여하여 정보기술을 통합 관리함으로써 CEO 및 스태프들이 기업의 비전달성을 위해 정보기술을 활용하는 방안을 모색하는 임원이다. 미국에서는 1,000대 기업 중 90% 이상이 CIO를 채용하고 있고, 연방정부 및 주정부까지 CIO의 채용을 의무화하고 있다.

CTO(Chief Technology Officer)

기업 내의 기술적 의사결정의 모든 과정을 책임지면서 CEO를 기술적인 측면에서 보좌하는 전사적 기술 담당 최고경영자를 말한다. CTO는 기술 부문을 대표해 신기술 개발을 총괄하고, 시너지효과를 극대화하기 위해 각 사업부문의 기술적 노력을 조정하는 것이 주요 임무라고 할 수 있다. 또한 기술획득 및 합작투자 등과 같이 핵심적인 결정에서도 기술적인 측면을 직접 판단하며 외부와의 연계를 통해 회사의 기술환경을 조성하는 역할을 한다.

CFO(Chief Financial Officer)

사업구조 및 재무구조와 관련된 주요 의사결정과 관련하여 CEO를 보좌하는 재무 담당 최고경영자를 말한다. CFO는 기업의 재무기능에 관한 모든 책임을 담당한다. 담당업무로는 신규투자, M&A, 사업매각 등 투자전략의 입안 및 평가, 투자자 관리, 위험관리, 세무관리, 운전자본 관리 등의 일상적인 재무업무 및 기업의 내부 활용과 외부 보고를 위한 회계와 감사업무 등에 이르기까지 다양하다. 집행임원제도를 두고 있는 미국 기업에서는 집행임원 중 CEO와 함께 이사회 멤버로 참여할 수 있는 위상을 갖고 있다.

CKO(Chief Knowledge Officer)

지식경영시스템을 도입하고 있는 기업에서 기업 내의 지식의 발견, 창조, 전파 및 활용, 제도적 장치 및 지식 인프라의 구축 등 지식을 기업의 주요 자산으로 구축하기 위한 전략적 책임을 지면서 CEO를 보좌하는 지식 담당 최고경영자를 말한다. CIO가 정보기술을 활용하여 정보자원 관리 등 기술적인 측면에 중점을 두는 반면에, CKO는 지식의 창조와 전략적인 활용의 측면에 더 중점을 둔다.

며 때에 따라서는 작업자를 직접 지휘하는 역할을 한다. 중간경영자는 최고경영층에서 설정된 조직의 방침과 계획을 실행하는 데 일차적인 책임이 있다. 특히 최고경영층과 같은 상위자의 요구와 자신의 하위자인 일선경영자 또는 작업자의 능력을 조화시키는 역할을 한다. 중간경영자의 예를 들면 공장장, 생산 부문 담당 경영자가 있다.

③ 최고경영자

최고경영자(top manager)는 조직에서 가장 수가 적으며, 조직의 전반적인 경영에 책임이 있는 경영자이다. 조직계층상 최상층에 속하는 경영자를 말한다. 일반적으로 최고경영자는 조직의 활동방침을 설정하거나 조직 외부의 환경과 상호작용을 하는 과업을 주로 맡는다. 조직에 따라 명칭이 다르나 기업조직을 예로 들면 회장, 대표이사, 사장, 부회장, 부사장 등이 있으며, 미국에서는 전문경영자의 성격을 갖고 있는 최고의사결정책임자(Chief Executive Officer, CEO)가 이 범주에 속한다.

최고경영자
조직의 전반적인 경영에 책임이 있으며 조직계층상 최상층에 속하는 경영자

(2) 조직 내 활동의 범위에 따른 분류방법

① 직능경영자

직능경영자(functional manager)란 조직의 직능 분야(functional area), 즉 기업을 예로 들면 인사 부문, 마케팅 부문, 생산 부문, 재무 부문과 같이 조직 내의 한 가지 직능적 활동 또는 부문에만 책임이 있는 경영자를 의미한다. 따라서 직능경영자는 자신이 속한 부문의 활동에만 책임이 있다고 할 수 있다. 우리나라에서는 인사부장, 생산부장, 마케팅부장, 경리부장 등의 명칭을 갖고 있는 경영자이다.

직능경영자
조직 내의 한 가지 직능적 활동 또는 부문에만 책임이 있는 경영자

② 전반경영자

전반경영자(general manager)는 일반적으로 대기업과 같이 조직의 규모가 크고 복잡한 경우에 이용되는 개념이다. 대기업의 경우 조직 전체를 그룹이라고 한다면 그 아래에 사업부, 전략사업단위(strategic business unit), 자회사(subsidiary)

전반경영자
조직의 하위단위의 모든 경영활동에 책임이 있는 경영자

등으로 구성되어 있다. 전반경영자는 이와 같이 조직을 구성하는 하위단위의 모든 경영활동에 책임이 있는 경영자를 말한다. 따라서 전반경영자는 자신이 속한 하위단위의 인사, 생산, 마케팅, 재무 등 모든 직능 분야에 책임이 있다.

일반적으로 조직규모가 작은 경우는 전반경영자가 1명이 있을 수 있으나 조직규모가 큰 경우는 여러 명의 전반경영자가 있다. 또한 전반경영자가 책임을 지는 하위단위는 독립채산제의 독립적 사업단위의 성격을 갖고 있으며, 이들의 유형에는 사업별(예 : 건설, 자동차, 전자 등), 제품별(예 : TV, 냉장고, 비디오, 에어컨 등), 지역별(예 : 구미 지역, 아시아 지역, 유럽 지역, 아프리카 지역 등) 단위가 있다.

이상의 각 경영자의 유형이 조직 내에서 어떤 위치에 있는가를 그림으로 나타내면 그림 1-4 와 같다.

그림 1-4 경영자의 분류

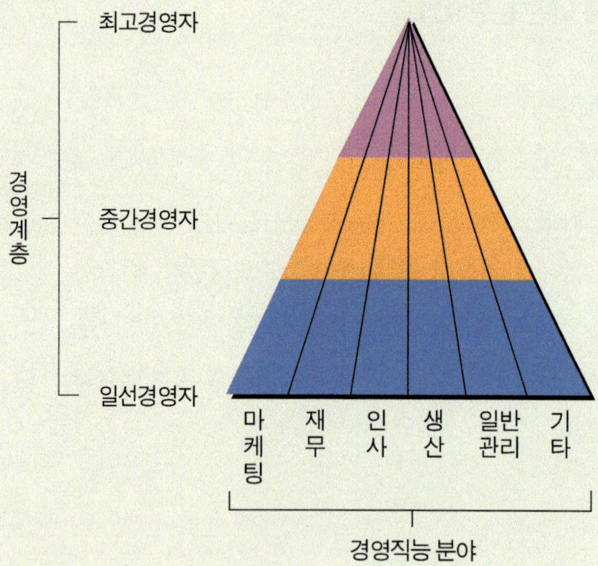

3. 경영자의 역할

앞에서 경영자란 조직의 목표를 달성하기 위하여 경영활동을 수행하는 계획수립자, 조직화 담당자, 지휘자, 통제자라고 하였다. 모든 경영자는 최고경영자든 중간경영자든 일선경영자든 또 직능경영자든 전반경영자든 정도의 차이는 있으나 경영활동을 수행한다. 그렇다면 경영자는 경영활동을 수행하기 위하여 어떠한 일을 하는지 살펴보도록 하자.

경영자가 어떠한 일을 하는가는 조직 내에서의 역할(role)을 통해 알 수 있다. 여기서 역할이란 경영자가 경영활동을 수행하면서 보여 주는 몇 가지 행동 유형을 의미한다. 경영자에게 어떤 역할이 요구되는가는 그 경영자가 조직 내에서 맡고 있는 직무나 상급자, 하위자, 동료 경영자의 가치관과 기대감에 의해 결정된다고 할 수 있다. 이러한 역할은 경영자의 직능과 밀접한 관계가 있다.

민츠버그(Henry Mintzberg)에 의하면 경영자의 역할은 그림 1-5 와 같이 크게 대인관계 역할(interpersonal roles), 정보 관련 역할(informational roles), 의사결정 역할(decisional roles)로 나눌 수 있다. 그에 의하면 경영자들은 서로 유사한 직무를 수행하며 자신의 조직단위에 대해 권한(authority)을 행사하고 그러한 권한

그림 1-5 경영자의 역할

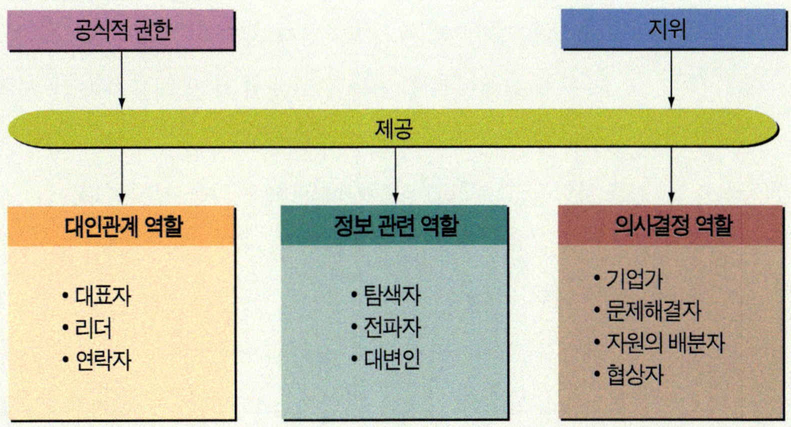

이 바로 조직 내에서의 지위(status)를 형성한다. 모든 경영자는 그러한 지위를 통해 하위자, 동료 경영자, 상위자 간의 대인관계를 형성하며 의사결정을 하는 데 필요한 정보를 얻는다.

(1) 대인관계 역할

경영자는 조직을 이끌어 가는 구성원의 한 사람으로 조직 내부뿐만 아니라 조직 외부의 당사자와 대인관계를 유지하는 역할을 한다. 경영자가 수행하는 대인관계 역할로는 조직의 상징 또는 대표자(figurehead)로서의 역할, 조직의 리더(leader) 역할, 조직 외부와의 연락자(liaison) 역할이 있다.

① 대표자 역할

경영자는 조직을 대표하여 각종 의식을 주관한다. 예를 들어서 대학의 총장은 졸업식에서 졸업생들에게 학위증을 수여한다. 또한 경영자는 방문자를 접견하거나 하위자의 결혼식에 참가하고 고객을 접대한다. 이러한 활동은 조직을 대표하는 대표자로서의 대인관계 역할을 의미한다.

그뿐 아니라 경영자는 조직구성원과 조직 외부의 사람들에게는 조직의 성공과 실패에 대한 상징자로서의 역할도 한다. 스티브 잡스(Steve Paul Jobs)는 애플사를 성공으로 이끈 경영자로, 애플사 하면 스티브 잡스가 떠오를 정도로 그 회사를 상징하는 역할을 했다. 프로축구나 프로야구 팀에서는 팀의 성적에 따라 새로운 감독이나 코치를 영입하기도 한다. 이는 감독이나 코치가 팀의 성적을 좌우하는 상징자로서의 역할이 크기 때문이다.

경영자의 대인관계 역할 수준에서 보면 대표자 또는 상징자로서의 역할은 조직구성원과 조직 외부 사람들에게 조직이 어떤 특성을 갖고 있고 어떠한 사람을 고용하고 있는가에 관한 인식을 심어 준다.

② 리더 역할

경영자는 조직의 리더로서 하위자의 작업을 조정하거나 통제하는 역할을 한다. 이러한 역할은 직접적으로 수행할 수도 있고 간접적으로 수행할 수도 있다. 종업원의 채용, 교육훈련 및 동기부여와 같은 일들은 하위자와

Business Insight

매니저와 리더의 차이

1. 매니저는 관리하지만, 리더는 혁신한다.
2. 매니저는 모방하지만, 리더는 창조한다.
3. 매니저는 현상을 유지하지만, 리더는 발전시킨다.
4. 매니저는 구조에 초점을 맞추지만, 리더는 사람에게 초점을 맞춘다.
5. 매니저는 통제에 의존하지만, 리더는 신뢰를 쌓는다.
6. 매니저는 단기적인 관점을 갖지만, 리더는 장기적인 전망을 가진다.
7. 매니저는 어떻게, 언제를 묻지만, 리더는 무엇과 왜를 묻는다.
8. 매니저는 시야를 발끝에 두지만, 리더는 먼 수평선을 본다.
9. 매니저는 현상을 받아들이지만, 리더는 자기의 의지에 따라 움직인다.
10. 매니저는 일을 올바르게 하지만, 리더는 올바른 일을 한다.

- 버트 나누스

지도자의 신조 : 당신은 상관입니까, 리더입니까?

1. 상관은 공포심을 심어 주고, 리더는 신념을 심어 준다.
2. 상관은 '내가'라고 말하고, 리더는 '우리들'이라고 말한다.
3. 상관은 방법을 알고만 있고, 리더는 방법을 가르쳐 준다.
4. 상관은 원망을 낳게 하고, 리더는 신바람을 불러일으킨다.
5. 상관은 잘못을 꾸짖기만 하고, 리더는 잘못을 고쳐 준다.
6. 상관은 권위에 의존하고, 리더는 팀워크에 의존한다.
7. 상관은 부하를 부리려고만 하고, 리더는 앞장서서 솔선수범한다.
8. 상관은 일을 고역스럽게 만들고, 리더는 일을 재미있게 만든다.

- 미공군사관학교

의 직접적인 대면을 통해 이루어진다. 그러나 작업의 질에 대한 기대치를 설정하거나 의사결정의 책임을 규정하는 일은 하위자와의 간접적인 관계에서 이루어지는 일들이다. 리더로서 경영자는 경영자가 아닌 다른 구성원보다 많은 성과를 달성해야 할 사명의식이 있어야 한다.

③ 연락자 역할

경영자는 조직의 목표를 달성하기 위하여 자신의 권한 밖에 있는 정보나 자원을 필요로 하는 경우가 있다. 따라서 경영자는 조직의 목표를 달성하는데 도움이 될 수 있다면 조직 내부뿐만 아니라 조직 외부의 사람들과도 접축해야 한다. 예를 들면 기업의 한 경영자가 원재료를 공급하는 공급업자와 평소 좋은 관계를 유지해 왔고 원재료가 부족한 상황에 직면했을 때 그 공급업자를 통해 문제를 해결하였다면 그 경영자는 조직 외부와의 연락자 역할을 성공적으로 수행하였다고 할 수 있다. 또한 조직 내부의 판매 담당 경영자가 자신의 판매부서의 판매원에 관한 정보를 인사 담당 경영자로부터 얻은 경우 그 경영자는 조직 내부에서의 연락자 역할을 수행한 것으로 생각할 수 있다.

(2) 정보 관련 역할

경영자는 의사결정을 위해 정보를 필요로 한다. 경영자는 필요한 정보를 조직 내부와 조직 외부로부터 수집하여 직접 이용하며, 조직의 다른 구성원에게 전달도 한다. 경영자의 정보 관련 역할은 정보의 탐색자(monitor) 역할, 정보의 전파자(disseminator) 역할, 정보의 대변자(spokes-person) 역할로 나눌 수 있다.

① 탐색자 역할

경영자는 조직 내부와 조직 외부로부터 지속적으로 정보를 탐색한다. 이를 위해 하위자에게 묻거나 때로는 자신이 갖고 있는 접촉망을 이용한다. 정보의 탐색자 역할을 잘하는 경영자가 조직에서 가장 정보에 밝은 경영자라고 할 수 있다.

성공한 사람은 공통적으로 냉철한 머리와 뜨거운 가슴을 함께 지니고 있다. 창조성이 빛나는 젊은 극단 맨씨어터를 이끄는 우현주 대표 부부도 그런 사람들이다.

② 전파자 역할

경영자는 자신이 알고 있는 중요한 정보를 하위자나 다른 경영자에게 전파한다. 정보는 조직의 공식회의에서 전달되는 사실적인 것일 수도 있고, 경영자가 사건을 직접 분석하여 해석한 것일 수도 있다. 어떤 정보든지 하위자가 직무를 수행하기 위하여 필요로 하는 정보를 전달하는 것은 경영자의 중요한 책임에 속한다. 경영자가 탐색자 역할과 전파자 역할을 동시에 수행하는 경우 그 경영자는 조직 내의 의사소통을 가능하게 하는 중요한 역할을 한다.

③ 대변인 역할

경영자는 자신의 부서 외의 구성원이나 조직 외부에 정보를 제공하는 역할을 한다. 상위자에게는 자신의 부서에 관한 정보를 잘 알 수 있도록 해야 하며, 때로는 고객이나 정부 등 이해자 집단에게도 조직을 대표하여 조직에 관한 정보를 전달하는 경우도 있다. 대표자 역할과 대변인 역할을 유사하게 생각할 수도 있으나 전자는 조직을 상징하는 의미가 더 강하며, 후자는 공식적인 차원에서 정보를 전달한다는 점에서 차이가 있다.

(3) 의사결정 역할

경영자는 정보 관련 역할을 수행하면서 궁극적으로는 수집한 정보를 토대로 의사결정을 한다. 즉 정보는 의사결정을 위한 투입요소에 불과하며 이를 통해 어떤 의사결정을 하느냐에 따라 조직의 성패가 좌우되는 것이다. 경영자의 의사결정 역할에는 기업가(entrepreneur) 역할, 문제해결자(disturbance handler) 역할, 자원의 배분자(resource allocator) 역할, 협상자(negotiator) 역할이 있다.

기업이 지속적으로 성장하기 위해서는 시장의 지배력을 확장하면서 성과를 거둘 수 있는 '핵심역량'을 가진 분야를 공략해야 한다. 우선 우리 기업이 어느 분야에서 시장지배력과 성장을 달성할 수 있는지를 분석하고, 현재 시점에서 보유하고 있는 핵심역량을 명확하게 정의해야 한다. 여기서 말하는 핵심역량은 기업의 인적·물적·지적 자산을 총칭하며, 기업이 향후에 당면하게 될 문제를 해결하거나 주어진 과제를 수행할 수 있는 능력을 말한다. 핵심역량이 파악되면 이를 어떻게 활용해 경쟁사보다 시장지배력을 높일 것인가를 고민해야 한다.

① 기업가 역할

경영자는 조직의 성과를 증진시키기 위하여 조직활동의 변화를 창출하는 역할을 한다. 예를 들어서 성과 창출을 위해 개선할 수 있는 새로운 아이디어나 프로젝트가 있는 경우 이를 실행에 옮기기 위하여 조직활동을 변화시킨다. 기업가 역할은 조직에서 경영자만이 할 수 있는 역할이다.

② 문제해결자 역할

어떤 조직이든지 경영활동을 수행하는 가운데 예기치 않은 문제에 직면하기 마련이다. 그러한 문제는 재정상의 어려움, 파업, 급격한 경기변동 등 그 수와 유형이 다양하다. 경영자는 조직이 직면한 문제를 해결해야 하며, 때로는 비일상적인 의사결정을 해야 한다.

조직이 직면한 문제를 해결하기 위해서 경영자는 분석적으로 그리고 개념적으로 사고할 수 있어야 한다. 분석적으로 사고한다는 것은 문제를 각각의 구성요인으로 나눈 다음 그것의 분석을 통해 실행 가능한 해결책을 강구한다는 것을 의미한다. 개념적으로 사고한다는 것은 조직의 전체 과업을 전반적인 관점에서 하위과업들 간의 관계로 파악할 수 있는 사고를 의미한다. 경영자는 하위단위의 목표와 조직 전체의 목표를 달성해야 하기 때문에 조직 전체적인 관점에서 의사결정을 해야 할 필요가 있다.

③ 자원의 배분자 역할

모든 경영자는 수많은 조직목표, 문제 및 요구사항에 직면하게 되는데, 이들을 해결하는 데 있어 자신이 갖고 있는 한정된 시간과 인적·물적 자원 등이 상충될 때가 있다. 따라서 다양한 목표와 요구 사이에 균형을 유지하고 한정된 자원의 범위 내에서 구성원이나 과업별로 적절하게 할당해야 한다. 이와 같이 경영자는 우선순위를 정하여 최적의 자원배분을 하는 배분자 역할을 함으로써 조직목표를 달성할 수 있다.

④ 협상자 역할

경영자는 조직을 대표하여 여러 가지 협상활동을 수행한다. 협상활동의 대상은 조직 외부와 관련된 것도 있고 조직 내부와 관련된 것도 있다. 예를 들어서 경영자는 조직을 대표하여 원재료 공급자와 장기적인 원재료 공급계약을 체결할 수 있으며, 또한 자사 제품의 공급계약을 체결할 수 있다. 이러한 일들은 조직 외부와 관련된 협상활동에 속한다. 한편 조직 내의 구성원과 각 부서는 조직목표에 대하여 상이한 견해를 갖고 있을 수 있으며, 목표를 달성하는 방법에서도 차이가 있을 수 있다. 따라서 갈등과 분쟁이 발생할 수도 있으며 이로 인하여 구성원의 사기와 조직의 생산성이 저하될 수도 있다. 경영자는 이때 중재와 협상을 통해 타협안을 도출함으로써 갈등을 해결해야 한다. 노동조합과의 임금협상이 좋은 예이다. 이러한 일들은 조직 내부와 관련된 경영자의 협상자 역할에 속한다.

이상의 다양한 경영자의 역할은 모든 경영자가 수행하는 것이기는 하나, 경영자가 수행하는 관리직능에 따라 요구되는 역할의 정도가 다르다고 할 수 있다. 즉 계획수립과 조직화 단계에서는 화폐적 자원과 시설 및 설비와 같은 물적 자원에 대한 자원배분자의 역할을 성공적으로 수행할 필요가 있다. 지휘 단계에서는 리더 역할, 정보 전파자 역할, 기업가적 역할, 분쟁해결자의 역할 등을 성공적으로 수행해야 한다. 통제 단계에서는 정보 탐색자의 역할이 중요하다. 경영자는 이상의 다양한 역할을 수행할 수 있는 능력의 차이에 따라 성공적인 경영자와 실패하는 경영자가 될 수 있다.

4. 경영자가 갖추어야 할 경영기술

경영자가 계획수립, 조직화, 지휘 및 통제 등의 관리직능을 얼마나 효과적으로 그리고 효율적으로 수행하는가는 각 경영자가 갖고 있는 경영기술(management skills)에 의해 좌우된다고 할 수 있다. 카츠(R. L. Katz)에 의하면 경영자가 갖추어야 할 경영기술은 현장업무와 관련된 기술(technical skill), 인간관계적 기술(human skill), 개념적 기술(conceptual skill) 등 크게 세 가지로 분류된다. 이러한 경영기술은 최고경영자, 중간경영자 및 일선경영자 모두에게 필요하며, 경영자의 계층별로 요구되는 경영기술은 상대적 중요성이 서로 다르다.

(1) 현장업무 관련 기술

현장업무 관련 기술이란 전문화된 활동을 수행하는 데 필요한 기술, 즉 특정 업무 분야와 관련된 지식을 이용할 수 있는 능력을 말한다. 예를 들어서 화가, 산부인과 의사, 회계사, 변호사 등은 각각의 전문 분야와 관련된 기술을 갖고 있는 사람들이다. 기업의 생산 담당 부장은 과거에 자신이 하위자였을 때 생산과장이나 그 이하의 직급에서 생산과 관련된 업무를 수행하

현장업무 관련 기술
전문화된 활동을 수행하는 데 필요한 기술, 즉 특정업무 분야와 관련된 지식을 이용할 수 있는 능력

였을 것이다. 부서의 최고경영자나 중간경영자가 자신의 하위자를 감독하고 관리하기 위해서는 그 분야와 관련된 전문적 지식이 없이는 불가능하다. 따라서 모든 조직계층의 경영자는 현장업무 관련 기술을 갖고 있어야 하며, 특히 일선경영자에게 가장 중요한 경영기술이다.

(2) 인간관계적 기술

경영자는 조직의 내부와 외부의 활동 가운데 많은 시간을 사람들과 상호작용하면서 보낸다. 즉 자신의 경영활동을 수행하는 데는 다른 사람이 포함되기 마련이다. **인간관계적 기술**은 경영자가 개인 또는 집단의 일원으로서 다른 사람 또는 집단과 더불어 일하고, 의사소통을 하고, 이해하고, 동기부여를 할 수 있는 기술을 의미한다. 특히 인간관계적 기술은 중간경영자에게 상대적으로 중요한 경영기술이다.

인간관계적 기술
경영자가 개인 또는 집단의 일원으로서 다른 사람 또는 집단과 더불어 일하고, 의사소통을 하고, 이해하고, 동기부여를 할 수 있는 기술

(3) 개념적 기술

개념적 기술이란 조직의 모든 이해관계와 활동을 조정하고 통합할 수 있는 기술을 말한다. 이 기술은 조직을 전체적인 관점에서 바라볼 수 있고, 조직의 각 부분은 서로 어떤 연관성이 있으며, 한 부분에서의 변화가 조직 전체에 어떤 영향을 미칠 것인가를 예측할 수 있는 능력을 말한다. 즉 조직 전체를 구성하는 구성요인 또는 부분 간의 다양한 인과관계(cause and effect relationships)를 이해할 수 있는 능력을 의미한다.

개념적 기술
조직의 모든 이해관계와 활동을 조정하고 통합할 수 있는 기술

예를 들어서 한 기업의 생산부서에서 생산비용과 재고비용을 줄이기 위하여 생산라인의 축소를 주장한다면 이 부서는 비용의 최소화에 중점을 두고 있다고 할 수 있다. 반면에 마케팅부서에서 다양한 소비자의 욕구를 충족시키고 신속한 제품의 납품을 위해 생산라인의 확대를 요구한다면 이 부서는 비용의 최소화보다는 매출액의 최대화에 중점을 두고 있을 것이다. 그러나 경영자는 두 부서의 주장을 대립적인 관계로 보기보다는 조직 전체의 관점에서 보완적인 관계로 볼 수 있는 능력이 필요하다. 즉 단순히 비용을 최소화하거나 판매를 최대화하는 데 목표를 두기보다는 어떻게 하면 비용과 판매를 최적화함으로써 기업 전체의 이익을 최대화할 것인가를 생각할

수 있어야 한다.

개념적 기술은 특히 최고경영자에게 그 상대적 중요성이 요구되는 경영 기술이다.

이상의 각 경영기술은 경영자의 계층별로 요구되는 정도가 다르나, 모든 경영자는 각 경영기술을 어느 정도 갖추어야 한다. 특히 그림 1-6 과 같이 현장업무 관련 기술은 일선경영자에게 가장 많이 필요하며, 상위 계층일수록 그 중요성의 정도가 감소한다. 인간관계적 기술은 모든 계층의 경영자에게 동일하게 요구되는 경영기술이다. 개념적 기술은 상위 계층일수록 많이 요구되는 경영기술이다. 일선경영자는 자신의 작업집단만을 감독하기 때문에 개념적 기술의 필요성이 적다고 할 수 있다. 그러나 최고경영자는 조직 전체에 영향을 미치는 광범위하고 장기적인 의사결정을 주로 하기 때문에 개념적 기술이 많이 요구된다.

그림 1-6 **각 경영자 계층에 필요한 경영기술의 상대적 중요성**

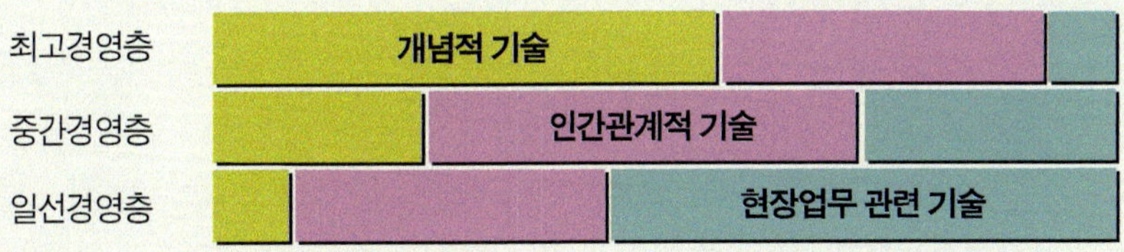

사례

대니얼 슈워츠CEO(레스토랑브랜드인터내셔널(RBI))

32세의 월가 금융맨… 침체 빠진 버거킹 맡아 세계 3대 패스트푸드 일군 비결은?

대니얼 슈워츠

2013년 세계적 패스트푸드 기업인 버거킹의 마이애미 매장에서 햄버거를 만들고 있는 30대 청년이 있었다. 햄버거를 만들며 열심히 매장 내부를 오가는 모습은 다른 직원들과 다를 바 없었지만 그는 버거킹의 최고경영자(CEO)였다.

미국 월스트리트 금융맨으로 일하던 대니얼 슈워츠는 2013년 버거킹 CEO로 전격 발탁됐다. 1981년생으로 당시 나이 만 32세였다. 미국을 비롯한 세계 유수 기업의 CEO 평균 연령이 50대임을 생각하면 새파란 애송이가 대장이 된 격이었다. 하지만 그는 주변의 우려를 말끔히 불식시키고 2012년 뉴욕증시 재상장 당시 46억 달러(약 5조 2,394억 원)였던 기업가치를 2년 만에 90억 달러로 키워 냈다.

월가 영재에서 패스트푸드 리더로

미국 뉴욕 주 롱아일랜드에서 자란 슈워츠는 대학을 다닐 때까지만 해도 아버지나 삼촌처럼 치과의사나 의사가 될 것으로 생각했다. 하지만 고등학생 때부터 다른 학생들에게 과외를 하며 돈을 번 그는 코넬대에서 경제학과 경영학을 전공하면서 기업에 관심을 보였다.

그는 대학 졸업 후 알테어캐피털매니지먼트, 크레디트스위스 등에서 애널리스트, 인수합병(M&A) 업무를 맡아 경력을 쌓았다. 그는 2005년 브라질계 사모펀드 3G캐피털에 입사해 3년 만에 회사 파트너 자리에 올랐다. 이것이 그의 진로를 결정하는 계기가 됐다.

3G캐피털은 자신들이 인수한 기업에 임원을 기용할 때 업계에서 잔뼈가 굵은 백전노장보다 젊은 재무 전문가를 자주 선택해 왔다. 3G캐피털 공동창업자이자 브라질 거부 중 한 명인 호르헤 파울루 레만은 다이아몬드 원석 같은 인재를 발굴하는 데 재능이 있다는 평가를 받는 인물이다. 회사는 이렇게 모은 인재들이 능력과 잠재력을 보이면 즉각적으로 보상을 제공하고 요직을 맡긴다.

3G캐피털은 버거킹을 인수한 뒤 2010년 슈워츠를 버거킹으로 보냈다. 인수 작업에 참여한 슈워츠는 그곳에서 직접 일하라는 제안을 받았다. 수석부사장 등을 거쳐 최고재무책임자(CFO)가 된 그는 비즈니스인사이더와의 인터뷰에서 "당시 나는 서른 살이었고 일반 회사에서 일한

적도 없었기에 초반에는 분명히 편안하지 않았다"고 회상했다. 하지만 금방 적응한 슈워츠는 곧 CEO의 자리에 올랐다.

현장에 문제와 답이 모두 있다

버거킹의 리더가 된 슈워츠는 성장 정체의 원인과 해결책을 얻기 위해 가장 먼저 버거킹 매장 주방으로 향했다. 그는 몇 달 동안 사무실과 매장 주방을 오가며 패티를 구워 햄버거를 만들고, 고객 주문도 받았다. 화장실 청소도 예외가 아니었다. 그는 곧 문제점을 발견했다. 어떤 소스와 토핑이 어느 햄버거에 들어가는지도 모를 지경이었던 데다 업무 효율도 떨어진 상태였다. 문제를 파악한 슈워츠는 첫 번째로 버거킹에서 팔던 수십 가지 메뉴를 삭제했다. 이후 신제품을 출시할 때는 이전보다 엄격한 절차를 적용했다.

회사가 지출하는 비용에도 메스를 들이댔다. 비용 절감은 슈워츠가 3G캐피털에서 배운 특기 중 하나였다. 비용을 줄이고 실적을 올려 주주들에게 이익을 돌려주는 것은 투자회사의 미덕이자 의무이기 때문이다. 이를 위해 회사 소유 제트기를 매각하고 이탈리아에서 매년 여는 100만 달러짜리 호화 파티를 없애 버렸다. 사무실이 공항 건너편에 있는데 일반 여객기 대신 전세기를 탄다는 것은 슈워츠에겐 이해할 수 없는 일이었다.

비용 절감이 답이라는 신념을 갖고 있던 슈워츠는 사무실에서의 불필요한 비품 낭비를 줄이고 자신에게 주어지던 임원 특전도 거절했다. 그는 직원들이 '회사 돈은 내 것처럼 써야 한다'는 마인드를 가질 수 있도록 끊임없이 설명했다.

비용 절감을 위해 대규모 감원도 감내했다. 그는 회사 본부 직원을 줄여 남는 인원을 매장에 재배치했다. 회사 직영 매장도 프랜차이즈 형식으로 일반에 매각해 비용을 줄였다. 회사가 소유하던 매장은 2010년 1,300개에서 71개로 줄었다.

세계 3위 패스트푸드 기업 CEO가 되다

시간이 지나며 슈워츠의 강력한 경영 리더십이 빛을 발했다. 메뉴를 줄인 회사는 정교한 접근 방식으로 신제품을 출시했다. 중구난방식 메뉴 대신 소비자 욕구를 파악한 치킨프라이, 맥앤치토스 같은 메뉴가 인기를 끌기 시작했다. 그는 브라질, 중국, 러시아 등 세계 각지에서 매장을 확장했다. 그 결과 4년 만에 21% 늘어난 1만 6,769개가 됐다. 3G캐피털이 버거킹을 인수했을 때 140억 달러였던 연 매출은 182억 달러로 증가했다.

이후 3G캐피털은 캐나다 커피 체인인 팀호튼을 2014년 인수하고 버거킹과 함께 두 회사를 관리하는 모기업 레스토랑브랜드인터내셔널(RBI)을 만들었다. RBI는 올해 파파이스 치킨을 18억 달러에 인수하며 덩치를 키웠다. 버거킹 CEO에서 RBI CEO가 된 슈워츠는 이들 브랜드의 총괄 경영을 책임지고 있다.

슈워츠가 버거킹 CEO를 맡았을 때 버거킹의 시장 가치는 90억 달러였지만 이제 RBI는 기업 가치가 270억 달러에 달하는 세계 3위 패스트푸드 업체가 됐다. 주가도 지난해에만 35% 뛰었다. 이에 대한 노력에 걸맞게 그가 벌어들이는 수입만 600만 달러가 넘는다.

버거킹, 팀호튼, 파파이스 등으로 꾸려진 RBI는 세계 1위 패스트푸드 기업 맥도날드를 추격하고 있다. 아직은 다소 격차가 있지만 전도유망한 30대 CEO 슈워츠는 격차를 좁힐 수 있다며 자신만만한 모습을 보이고 있다.

슈워츠의 집은 마이애미에 있지만 그는 아내와 두 딸을 두고 전 세계를 돌아다니는 데 시간을 보내고 있다. 현장을 다녀야 배울 수 있다는 신조 때문이다. 그는 회사를 성장시킨 지금도 "보잉 737 여객기가 내 집 같다"며 현장을 살피고 있다.

- 〈한국경제〉, 2017. 9. 29

토의문제

1. 어린 나이의 슈워츠가 버거킹의 CEO가 되기까지 경력을 정리해 보자.
2. 슈워츠는 버거킹을 세계 3위 패스트푸드 성공기업으로 만들기까지 최고경영자로서의 의사결정의 대안은 어디에서 찾았는가?
3. 기업이 성공하는 데 있어서 경영현장의 중요성은 무엇이라고 생각하는가?

주요 용어

조직, 경영, 관리과정, 계획수립, 조직화, 지휘, 조정, 통제, 효율성, 유효성, 조직성과, 경영성과, 경영자, 의사결정자, 일선경영자, 중간경영자, 최고경영자, CEO, COO, CIO, CTO, CFO, CKO, 직능경영자, 전반경영자, 경영기술

연습문제

01 조직이란 무엇이며, 조직의 특성 및 인간 사회에서 조직이 필요한 이유를 설명하시오.

02 경영의 개념을 설명하시오.

03 경영활동에 있어서 효율성과 유효성 간의 관계를 설명하시오.

04 조직 내에서 경영자가 갖는 특성을 설명하시오.

05 조직계층에 따른 경영자의 분류방법을 설명하시오.

06 최고경영자의 새로운 유형을 설명하시오.

07 조직 내의 활동범위에 따른 경영자의 분류방법을 설명하시오.

08 조직 내에서의 경영자의 역할을 열거하시오.

09 경영자가 갖추어야 할 경영기술을 설명하시오.

CHAPTER 02

경영학의 학문적 이해

나의 모든 직장 경력에서 가르치고 실행할 수 있었던 능력은 내가 받았던 교육으로부터 나왔고, 언제나 교육을 통해 경영을 실천하고 개선했다.

— 로즈메리 B. 그레코(코레스테이츠 퍼스트 펜실베이니아 뱅크 최고경영자)

한때 성공적이었던 대기업이 비틀거리는 현상을 전 세계적으로 볼 수 있는 까닭은 그들의 경영이론이 현실과 더 이상 부합되지 않기 때문이다.

— 피터 드러커

대학에서의 경영 교육은 현장에서는 쉽게 얻을 수 없는 안목을 제공한다.

— 데이비드 티스(버클리대학교 하스 경영대학원의 경영학 교수 및 미쓰비시 석좌교수)

아무것도 모르는 것이 수치가 아니라 아무것도 배우려 하지 않는 것이 수치다.

— 소크라테스

경영은 인류의 문명이 동트기 시작한 바로 그 순간부터 존재해 왔다. 하지만 최근 100년에 이르러서야 비로소 재조직되고, 분석되고, 검토되고, 가르쳐졌으며 공식화되었다.

— 스튜어트 크레이너(비즈니스 및 기업경영 저술가)

제2장 경영학의 학문적 이해

제1절 경영학을 배우는 이유는 무엇인가

1. 경제시스템과 기업

(1) 경제시스템의 개념

현대인은 일상을 위해서 휴대폰 또는 스마트폰, MP3, 카메라, 컴퓨터, 인터넷, 음악, 서적, 전기, TV, 버스, 지하철, 승용차, 양복 등 기업에서 생산·판매되는 제품이나 서비스를 통해 물적 소비생활을 영위하고 있다. 만일 그런 제품과 서비스가 부족하거나 제공되지 못하면 즉시 공황 속에 빠지며, 심지어는 생활 자체가 불가능할 것이다. 그만큼 우리의 생활과 기업 사이에는 불가분적 관계가 있다. 한 국가에서 기업의 역할과 중요성은 그 국가가 채택하고 있는 경제시스템을 통해 알 수 있다.

경제학(economics)은 본래 부(wealth)가 어떻게 창출되고 분배되는지에 관하여 연구하는 학문이다. 여기서 부란 기업이 생산하고 판매하는 제품을 포함하여 '가치가 있는 어떤 것'을 의미한다. 또한 경제학은 매일 우리가 필요로 하는 재화와 서비스를 어떻게 선택하며, 그러한 선택이 어떻게 변화하는지를 설명해 준다. 개인, 기업, 정부 및 사회는 특정 시간에 각각의 조직이나 단체에 중요성을 반영한 의사결정을 해야 한다. 예를 들어서 우리는 흥미를 끄는 장소로 주말여행 가기를 원하면서 동시에 수익을 많이 창출하는 곳에 투자하기를 원할 수 있다. 그러나 현재 갖고 있는 재무적 자원이 한계가 있

경제학
부(wealth)가 어떻게 창출되고 분배되는지에 관하여 연구하는 학문

희소성
화폐, 시간 및 천연자원과 같이 어떤 욕구나 필요를 만족시키는 데 필요한 자원의 부족 상태

다면 둘 다 할 수 없을 것이다. 기업, 정부 및 사회에 존재하는 각종 조직과 단체들은 이와 유사한 의사결정을 해야 한다. 이때 각각의 조직과 단체는 자원의 **희소성**(scarcity)을 고려한다. 희소성이란 화폐, 시간 및 천연자원과 같이 어떤 욕구나 필요를 만족시키는 데 필요한 자원의 부족 상태를 말한다.

개인, 기업, 정부 및 사회의 각종 조직과 단체들의 의사결정과 사람들이 부를 창출하고 분배하는 방법은 한 국가의 경제시스템을 결정하게 된다. 한 국가의 경제시스템은 기본적으로 두 가지 요인, 즉 생산요소의 소유권과 그 국가의 경제활동의 방향을 결정하는 네 가지 기본적 경제적 문제를 어떻게 해결하는가에 의해 결정된다.

생산요소
재화와 서비스를 생산하는 데 이용되는 제 자원

생산요소(factors of production)란 재화와 서비스를 생산하는 데 이용되는 제 자원을 의미한다. 생산요소에는 다음과 같이 네 가지 유형이 있다.

- 토지(land) 및 천연자원(natural resources) : 각종 상품을 만들기 위한 생산과정에 이용되는 요소(원유, 산림, 광물, 토지, 물, 공기 등)
- 노동(labor) : 재화와 서비스를 생산하는 데 이용되는 시간 및 노력(경영자원, 종업원과 같은 인적 자원)
- 자본(capital) : 조직을 운영하는 데 이용되는 화폐, 시설, 설비, 기계
- **기업가정신**(entrepreneurship) : 토지, 노동 및 자본을 조직화하는 제 자원으로 모험, 지식, 생산요소를 효율적으로 이용할 수 있는 능력. **기업가**(entrepreneur)란 사업을 시작하고 운영하기 위하여 자신의 시간과 노력 및 화폐를 투자하는 사람

기업가정신
토지, 노동 및 자본을 조직화하는 제 자원으로 모험, 지식, 생산요소를 효율적으로 이용할 수 있는 능력

기업가
사업을 시작하고 운영하기 위하여 자신의 시간과 노력 및 화폐를 투자하는 사람

한 국가의 경제시스템은 국민과 조직체의 모든 경제활동에 중대한 영향을 미치며, 특히 사회가 필요로 하는 것을 충족시키기 위한 생산요소의 이용 방법을 결정한다. 오늘날의 경제시스템은 크게 자본주의, 계획경제, 사회주의, 공산주의 및 혼합경제 시스템으로 나눌 수 있다. 각 경제시스템은 다음과 같은 네 가지 질문을 어떻게 해결하는가에 따라 다르다.

- 어떤 재화와 서비스를 생산하고, 얼마만큼 생산할 것인가?

◆ 재화와 서비스를 어떻게 생산할 것인가?
◆ 재화와 서비스는 누구를 위하여 생산할 것인가?
◆ 주요 생산요소를 누가 소유하고 통제할 것인가?

(2) 경제시스템의 유형

① 자본주의

자본주의(capitalism)란 개인이 재화와 서비스를 제공하는 기업을 소유하고 운영하는 경제시스템을 말한다. 자본주의는 18세기 경제학자 애덤 스미스(Adam Smith)의 이론에 기원을 두고 있다. 그는 『국부론(*Wealth of Nations*)』에서 한 사회의 이익은 그 사회의 개인이 이익을 추구하는 것이 허용될 때 가장 많이 충족될 수 있다고 주장하였다. 그의 핵심 주장은 '보이지 않는 손(invisible hand)'이라는 용어를 통해 개인들의 사익 추구가 공익도 저절로 증진시킨다는 것이며, 시장은 사익 추구를 공익 증진으로 자연스럽게 연결시키는 장치라는 것이다. 그는 각 개인이 공익을 진실로 증진하려고 의도했을 때보다 자신의 이익을 추구함으로써 더 효과적으로 사회의 이익, 즉 국가경제를 증진시킨다고 주장하였다.

자본주의
개인이 재화와 서비스를 제공하는 기업을 소유하고 운영하는 경제시스템

보이지 않는 손
개인들의 사익 추구가 공익도 저절로 증진시킨다는 이론

예를 들어서 신발을 생산하는 중소기업의 소유자가 부를 증진시킬 수 있는 유일한 방법은 고객에게 자신의 신발을 판매하는 것이다. 이 중소기업이 더 발전하기 위해서는 신발을 더 많이 생산하는 데 필요한 노동자를 더 많이 고용해야 한다. 이렇게 되면 그 기업은 신발을 더 많이 생산할 수 있으며, 더 많은 노동자에게 일자리를 제공할 수 있다. 따라서 이를 확장하면 한 국가의 경제는 중소기업 소유자의 성공과 간접적으로 관계가 있다.

애덤 스미스의 자본주의는 다음과 같은 네 가지의 기본 가정에 기초를 두고 있다.

◆ 부 창출의 권리 : 부의 창출은 국가가 아닌 개인의 관심에 중점을 두어야 한다.
◆ 사적 재산과 자원의 소유 권리 : 개인은 부를 창출하는 데 이용되는 자

원을 소유할 수 있어야 한다. 자원의 소유자는 자신의 자원을 어떻게 이용할지를 결정할 수 있어야 한다. 또한 자원을 소유함으로써 발생하는 소득, 이윤 및 효익(benefit)을 향유할 수 있어야 한다.

- 경제적 자유와 경쟁의 자유 : 경제적 자유는 판매자와 구매자가 자신의 선택에 따라 자유로이 진입하거나 철수할 수 있는 경쟁시장을 형성한다. 이와 같이 각자의 의지에 따라 한 시장에 참여할 수도 있고 빠져나갈 수도 있는 경제시스템을 시장경제(market economy) 또는 **자유시장경제**(free-market economy)라고 한다. 즉 시장경제란 기업과 개인이 무엇을 생산하고 구매할지를 결정하며, 시장이 판매량과 가격을 결정하는 경제시스템이다.

자유시장경제
기업과 개인이 무엇을 생산하고 구매할지를 결정하며, 시장이 판매량과 가격을 결정하는 경제시스템

- 정부 간섭의 최소화 : 정부의 역할은 국방, 치안, 공공인프라 제공, 교육 등에 국한되어야 한다. 경제문제에 관하여는 단지 규정을 제정하거나 중재자의 역할만 해야 한다. 정부가 국가경제에 전혀 간섭하지 않는 상태를 **자유방임주의**(laisez-faire)라고 한다.

자유방임주의
정부가 국가경제에 전혀 간섭하지 않는 상태

② 계획경제

계획경제(command economies)란 어떤 재화와 서비스를 생산할 것인가, 어떻게 생산할 것인가, 누구를 위해 생산할 것인가, 누가 주요 생산요소를 소유하고 통제할 것인가를 정부가 직접 결정하는 경제시스템을 말한다. 이런 경제문제는 일반적으로 집권화된 정부계획에 의해 결정된다. 오늘날 채택되고 있는 계획경제의 유형은 사회주의와 공산주의로 나뉜다.

계획경제
어떤 재화와 서비스를 생산할 것인가, 어떻게 생산할 것인가, 누구를 위해 생산할 것인가, 누가 주요 생산요소를 소유하고 통제할 것인가를 정부가 직접 결정하는 경제시스템

③ 사회주의

사회주의(socialism) 경제시스템에서는 국가의 주요 산업을 정부가 소유하고 통제한다. 여기서 주요 산업이란 교통산업, 공공산업(예 : 전기, 가스, 수도 등), 통신산업, 금융산업, 철강과 같은 주요 원재료산업 등을 말한다. 토지, 건물, 원재료 등을 국가가 소유하기도 한다. 국가에 따라 정도의 차이는 있으나 소규모 기업의 사적 소유가 허용되기도 한다. 국민들은 자신의 직업을 선택할 수는 있으나 대부분 정부 소유의 산업에서 일을 한다.

사회주의
국가의 주요 산업을 정부가 소유하고 통제하는 경제시스템

Management Highlight

시장의 '보이지 않는 손' - 수요와 공급의 원리

'자유경제가 모든 것을 해결한다'는 자유시장주의, 즉 시장 신앙의 출발점은 바로 애덤 스미스이다. 1776년에 발간된 『국부론』의 저자 애덤 스미스는 이 책에서 개인의 욕망에서 기인한 시장에서 이루어지는 경제활동들이 전체적으로 조화를 이루는 까닭은 '보이지 않는 손'이 작용하기 때문이라고 주장했다. 이런 그의 생각을 비탕으로 나타난 학파가 바로 '고전경제학파'이다.

수요곡선과 공급곡선

그림1

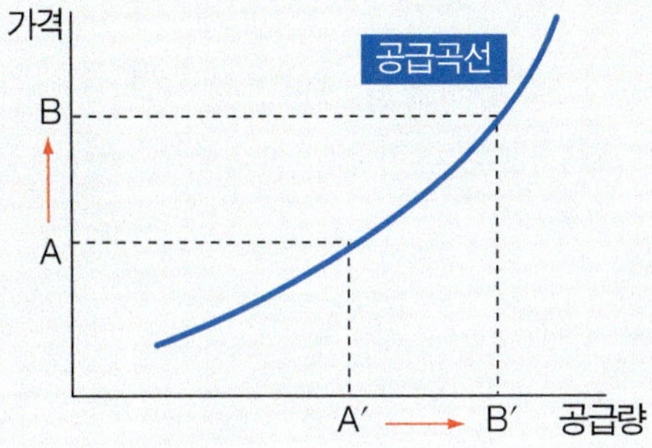

◀ 공급자(판매자)는 보다 많은 수익을 얻고 싶어 한다. 만약 가격이 A에서 B로 올라가면 공급량도 그만큼(A′→B′) 증가한다.

그림2

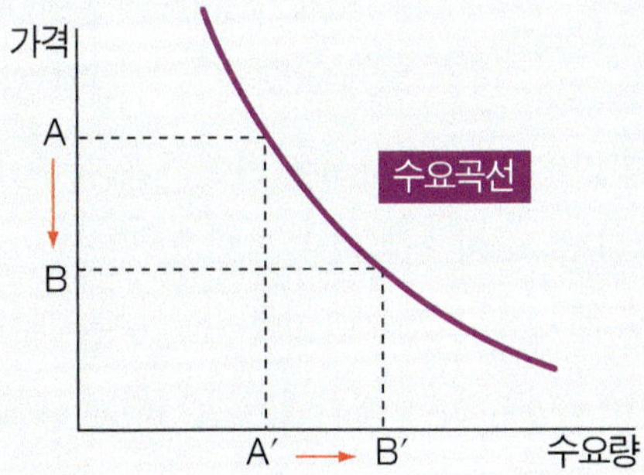

◀ 가격이 내려가면 수요는 증가한다. 가격이 A에서 B로 낮아지면 수요는 자연히 증가한다(A′→B′).

그림3

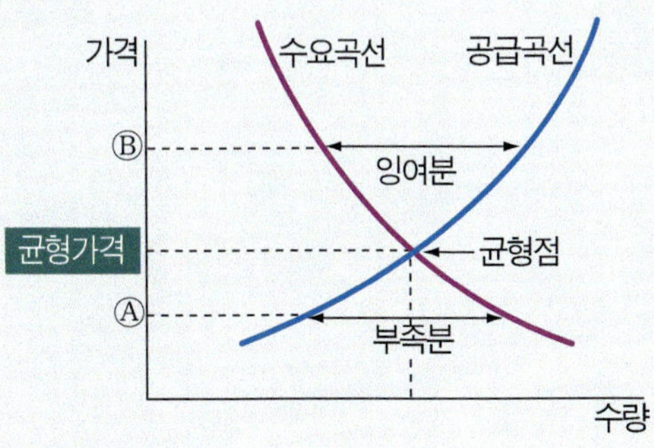

◀ 수요곡선과 공급곡선이 교차하는 점을 '균형점'이라고 하며, 이 지점의 가격을 '균형가격'이라고 한다. 균형가격보다 가격을 낮추면(Ⓐ) 부족분, 높이면(Ⓑ) 잉여분이 발생한다.

예를 들어 A라는 상품이 있다. 이 상품의 가격과 공급량을 어떻게 결정해야 할까? 고전파 경제학에서는 이것이 '수급조정원리'에 따라 결정된다고 말한다. 애덤 스미스가 주장하는 '보이지 않는 손'이란 바로 이것이다.

모든 상품에는 판매자(공급자)와 소비자(수요자)가 있는데, 이들의 목적은 정반대이다. 판매자는 상품을 되도록 비싼 가격에 팔기를 원한다. 그리고 비싸게 팔 수 있다면 더 많은 양을 판매하여 큰 수입을 얻고자 할 것이다. 판매자 쪽에서 본 가격과 공급량의 관계를 그래프로 나타내면 오른쪽 위로 향하는 곡선이 된다. 이 곡선을 경제학에서는 '공급곡선'이라 한다(그림1).

한편 소비자 쪽에서 보면 되도록 저렴한 가격으로 많은 양의 상품을 구입하려고 한다. 자연히 가격이 올라가면 그만큼 수요량은 줄어든다. 소비자 쪽에서 본 가격과 수요량의 관계를 그래프로 나타내면 이번에는 오른쪽 아래로 향하는 곡선을 그릴 수 있다. 이것을 '수요곡선'이라고 한다(그림2).

고전파 경제학에서는 시장에서의 거래가격은 수요곡선과 공급곡선이 교차하는 지점에서 결정된다고 말한다. 이 지점이 '균형가격'이다(그림3).

만약 균형가격보다 가격이 높으면 공급과잉으로 판매자는 손해를 입는다. 반대로 균형가격보다 가격이 낮으면 판매자가 공급량을 줄이므로 물량이 부족해진다. 고전파 경제학자들은 두 상황 모두 판매자와 소비자에게 바람직하지 못하므로 시장에서 자연스럽게 균형가격이 형성된다고 생각했다. 이것이 바로 시장의 '수요와 공급의 원리'이다.

무엇을 어떻게 생산할 것인가는 예상되는 필요량과 자원의 이용 가능성에 기반한 국가 전체 목표에 따라 결정된다. 재화와 서비스의 분배, 즉 누구에게 분배할 것인가도 국가가 통제한다. 자칭 사회주의 국가의 목표는 소득의 균등한 분배, 가난의 제거, 필요한 모든 사람에 대한 복지 서비스(예 : 의료보호)의 분배, 자본주의적 경쟁에서 수반되는 경제적 낭비의 제거에 있다. 그러나 사회주의 국가에서는 세금이 많고 각 개인 및 기업 소유자에 대한 인센티브와 동기부여의 손실이 크다.

오늘날 프랑스, 스웨덴, 인도와 같이 본래 사회주의 국가였던 많은 국가들이 자유시장경제시스템으로 전환하고 있다. 최근에는 소련, 중국, 베트남과 같이 과거에 공산주의 국가였던 많은 국가들이 사회주의 국가로 전환하고 있다.

④ 공산주의

공산주의
기본적인 경제문제는 집권화된 국가계획을 통해 해결하고자 하며, 가격과 임금도 국가가 결정한다. 재화의 생산도 소비자가 원하는 상품보다 국가가 필요로 하는 것에 중점을 두는 엄격하게 통제된 사회주의 경제시스템

애덤 스미스가 자본주의의 아버지였다면 공산주의(communism)의 아버지는 카를 마르크스(Karl Marx)이다. 카를 마르크스는 19세기 중반 자신의 책에서 모든 국민이 모든 경제적 자원을 소유하는 무계급 사회를 주장하였다. 즉 모든 노동자가 자신의 능력에 따라 공산주의 사회에 기여하고 자신의 필요에 따라 혜택을 얻는 체제를 말한다. 이미 소련이 붕괴되고, 중국과 대부분의 동유럽 국가들이 경제개혁을 실시하고 있어 마지막 남은 공산주의 국가는 북한과 쿠바이다. 소위 이러한 공산주의 경제체제는 엄격하게 통제된 사

중국은 공산주의에 자본주의 경제시스템을 도입함으로써 급속한 경제성장을 하고 있다. 북경의 유명 백화점 '천시바이화(晨曦百貨)'는 고급스럽고 젊으며 스타일리시한 여성용품으로 유명하다. 이곳은 여성전용백화점을 주창하며 22세에서 45세까지의 성공한 여성을 타깃으로 '도시 여성을 위한 백화점'으로 포지셔닝하고 있다. 그에 어울리는 여성 패션과 화장품, 액세서리 등의 수많은 브랜드가 넓은 매장을 가득 채우고 북경 도시 여성들을 유혹하고 있다.

회주의 경제시스템을 실시하고 있다고 할 수 있다. 기본적인 경제문제는 집권화된 국가계획을 통해 해결하고자 하며, 가격과 임금도 국가가 결정한다. 재화의 생산도 소비자가 원하는 제품보다는 국가가 필요로 하는 것에 중점을 두기 때문에 소비재의 부족 현상이 빈번하게 발생한다. 노동자들은 직업을 선택할 권리가 없으며, 특별한 기술이나 재능이 있는 일부만 특권을 누리기도 한다. 다양한 전문직 집단(예 : 정부 관료집단, 운동선수 등)은 소위 공장 노동자보다 많은 임금을 받기도 한다.

⑤ 혼합경제시스템

어느 국가를 막론하고 완전한 자본주의 또는 사회주의 경제시스템을 채택하고 있는 경우는 없다. 대부분의 국가는 두 시스템의 특징이 어우러진 **혼합경제시스템**(mixed economic system)을 채택하고 있다. 혼합경제시스템이란 자원의 배분이 시장에서 발생하나 일정 부분 정부의 개입이 이루어지는 경제시스템을 말한다. 현재 한국이나 미국을 포함한 대부분의 국가가 자유방임주의적 자본주의보다는 정부가 규정 제정 및 중재자 이상의 역할을 통해 경제시스템에 개입하는, 자본주의와 사회주의가 혼합된 혼합경제시스템을 채택하고 있다. 캐나다의 경우는 정부가 일부 토지, 통신, 철도, 전기, 수도, 가스 산업을 소유하고 있으면서 정부지출, 복지정책 등을 통해 민간 부문에도 관여하는 사회주의적 자본주의라고 할 수 있다. 한 국가가 사회주의적 성향이 강한가, 자본주의적 성향이 강한가는 그 국가의 정치 지도자들에 따라 바뀌기도 하며, 그 국가의 경제정책 및 정치이념을 결정하는 중요한 역할을 한다.

혼합경제시스템
자원의 배분이 시장에서 발생하나 일정 부분 정부의 개입이 이루어지는 경제시스템

혼합경제시스템에서는 앞에서 살펴본 경제시스템의 네 가지 질문(무엇을, 어떻게, 누구를 위하여, 누가)에 대하여 가계, 기업, 정부가 상호작용을 하면서 풀어나간다.

◆ 가계

가계(households)는 개인으로 구성되며, 재화와 서비스의 소비자이면서 생산요소의 소유자이다. 자원의 소유자로서 가계구성원은 기업에게

그림 2-1 혼합경제시스템의 순환적 흐름

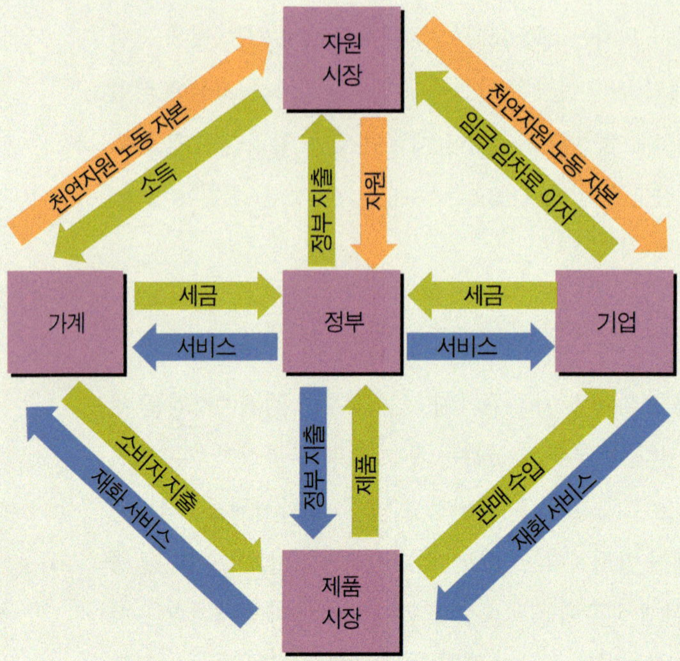

노동, 자본 및 다른 자본을 제공한다. 반대로 기업은 가계가 소득으로 받는 임금, 배당금, 이자 등을 제공한다. 소비자로서 가계구성원은 소득을 기업이 생산하는 재화와 서비스를 구매하는 데 이용한다.

◆ 기업

기업은 두 가지의 교환활동을 한다. 기업은 돈으로 천연자원, 노동 및 자본을 구매하며, 이러한 자원들을 재화와 서비스를 생산하는 데 이용한다. 또한 기업은 재화와 서비스를 판매하여 수입을 얻고, 그 수입으로 더 많은 재화와 서비스를 생산하기 위하여 추가적인 자원을 구매한다. 물론 기업은 이윤의 관점에서 순환적 흐름의 일부를 포기할 수도 있다. 가계도 소득의 일부를 저축할 수 있다. 그렇다고 이윤과 저축이 순환적 흐름에서 제외되는 것은 아니다. 경기가 좋은 경우 가계는 주식을 사거나 뮤추얼펀드에 가입하거나 기업에게 돈을 빌려 줌으로써 직접투자를 할 수도 있다. 또한 은행과 같은 금융기관에 저축을 하여 간접적으로 투자할 수도 있다. 은행과 같은 금융기관은 자신의 정상적인 기업활동을 위해 저축한 자금을 투자하기도 한다. 기업의 이윤이 기업 소유자에게 배분되는 경우에 그 이윤은 가계의 소득이 된다. 이러한 가계소득은 소비자 지출이나 투자저축으로서 경제순환의 한 부분으로 유지된다. 마지막으로 기업이윤의 일부는 기업 자체에 유보되기도 한다.

◆ 정부
정부의 주된 책임은 공공복지를 보호하고 증진시키는 데 있다고 할 수 있다. 중앙정부와 지방자치단체는 각종 법률과 국민에 대한 정부 서비스 정책을 통해 그러한 책임을 수행한다. 국방, 치안, 소방, 교육, 국민보건, 도로 및 항만 건설 등을 대표적인 정부 서비스라고 할 수 있다. 정부는 정부 서비스를 제공하는 데 필요한 경비를 충당하기 위하여 가계로부터는 소득세와 부가가치세를 통해, 기업으로부터는 법인세를 통해 세금을 징수한다.

이상에서 알 수 있듯이 기업은 개인적 측면뿐만 아니라 사회적·국가적 측면에서도 매우 중요한 역할을 한다. 즉 우리 사회는 기업을 중핵으로 기업의 존속과 발전에 의해 유지되고 있으며, 이런 의미에서 현대사회를 기업사회라고 말해도 과언이 아니다.

그렇다면 기업이란 무엇이고, 경영이란 무엇인가? 이 개념들은 마치 우리가 공기의 고마움을 모르듯이 우리의 일상에 너무 밀접히 관련되어 있어 그 중요성을 깨닫지 못할 뿐이다. 따라서 기업을 주 연구대상으로 하는 경영학은 인간생활과 밀접한 관계가 있으며, 우리가 일반적으로 생각하는 것보다 사회성 및 사회적 가치가 높은 학문에 해당한다.

2. 경영학의 사회적 가치

앞에서 설명한 것처럼 경영학이 사회적 가치가 높은 학문임에도 불구하고 여러 오해와 인식 부족이 있는 것이 사실이다. 경영학은 돈벌이를 배우는 학문이라든가 배워도 실제로는 도움이 되지 않는다고 하는 등의 오해와 인식이 그것이다. 물론 경영학에 대한 이러한 실용주의적 사고방식은 경영학이 무엇인지를 전혀 모르는 상황에서 발생한 오해라고 할 수 있으며, 경영학에 대한 인식 차이에서 비롯된 것이다. 그러나 그 바탕에는 경영학을 배우는 경우 해결해야 하는 기본적인 문제가 포함되어 있다고 할 수 있다.

어떤 학문이든 마찬가지이지만 배운다는 것은 문제의식과 배우고자 하는 의욕에서 출발한다. 그러나 경영학을 배운다는 것은 그 출발점에서부터 다른 사회과학, 예를 들어 법학이나 경제학에 비해 큰 어려움이 있는 것처럼 보인다. 그 이유는 경영학은 현실과 너무 결부되어 있어 배울 만한 사회적 가치가 있는가, 또는 배우는 내용이 신뢰할 만한가에 관한 의문이 있기 때문이다. 사실 법학이나 경제학은 수세기에 걸쳐 수많은 선인이 수많은 진리를 규명하였기 때문에 사회적 가치에 대해 의문을 갖는 사람이 거의 없다. 그러나 경영학은 학문의 역사가 비교적 짧고 아직 발전 단계에 있어 그런 분야만큼 많은 진리를 규명하지 못한 것이 사실이기 때문에 사회적 가치에 의문을 제기할 수도 있다.

앞에서 설명한 바와 같이 경영학은 우리 사회의 발전과 개선에 학문적 의의가 있다. 따라서 경영학은 다른 사회과학과 같이 학문으로서의 사회적 가치가 있으며, 다른 분야의 수준만큼 사회적 가치를 확립하기 위해서는 경영학의 사회적 가치를 적극적으로 밝히려는 경영학을 공부하는 우리들의 노력이 필요하다.

3. 경영학을 배우는 마음 자세

흔히 경영학은 실제 경영에 어떻게 도움이 될 것인가가 중요하다거나, 경영학은 실무가 선행되고 그 뒤를 따르는 것에 지나지 않기 때문에 도움이 되지 않는다고 말한다. 이런 생각은 경영학이 어떤 학문인가에 관해 심층적으로 이해하려는 노력이 부족하기 때문에 발생한 것이다. 즉, 경영학을 짧은 기간에 전부 이해하려 한다거나 경영학 중 자신에게 필요한 부분만을 찾으려 하기 때문에 생긴 오해이다.

경영학은 기업경영을 위한 단편적인 처방수단을 가르치는 것이 아니다. 문제의 소재와 경영학적 사고방식을 습득하게 하는 데 중점이 있다. 예를 들어 경영관리론의 원조라고 할 수 있는 프레드릭 테일러(Frederick W. Taylor)는 생산성 향상을 통해 노동자에게 높은 임금과 지위를 주고, 기업가는 제품단위당 비용을 절감하여 이익을 얻음으로써 노사 간에 대립이 아닌 협력적 조화가 성립할 수 있다는 이념에서 과학적 관리법을 제창하였다. 헨리 포드(Henry Ford)는 기업의 목적을 사회에 대한 봉사에 두고 소비자에게는 값이 싼 제품을, 종업원에게는 높은 임금을 제공하겠다는 사회적 정의를 달성하기 위해 능률이 높은 작업방법으로서 컨베이어 시스템(conveyer system)에 의한 동시관리(management by synchronization) 개념을 개발하였다. 또한 인간관계론은 기계문명에 대한 인간성의 수호를 위해 제창된 이론이다.

즉 경영학을 배우면서 중요한 점은, 경영학의 실리적 또는 실무적 차원이나 기술적 차원만을 고려해서는 의미가 없고, 우리 생활에 어떻게 기여할 수 있는가 하는 사회적 가치로서의 문제의식을 갖고 출발해야 한다는 것이다.

제2절 경영학은 어떤 학문인가

1. 경영학의 학문적 특성

경영학은 상식(common sense)이 아닌 학문(learning)이라는 점에 대해서는 이론의 여지가 없다. 상식이란 체계화되어 있지 않은 단편적이고 복합적인 지식을 말한다. 이 때문에 상식은 서로 모순된 경우가 많다. 또한 상식을 기초로 한 지식은 그것이 보편타당성(universality)이 있는지에 관한 검증을 위해 필요한 논리적 사고과정이 없다. 이에 비해 학문은 단순히 흩어져 있는 단편적인 지식을 모은 것이 아니라 넓은 대상영역 또는 문제에 대한 지식의 체계를 의미한다. 또한 학문의 목적은 법칙(진리의 원리)이나 법칙의 체계(진리의 이론)를 탐구하는 것과 같이 궁극적으로 진리(truth)를 탐구하는 데 있다. 학문은 일반적으로 다음과 같이 분류된다.

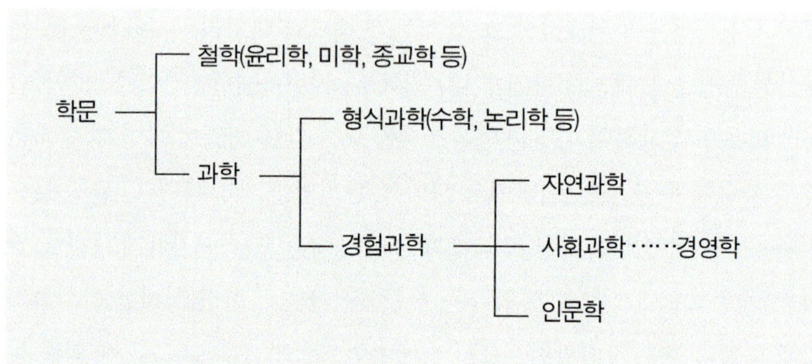

학문은 크게 철학(philosophy)과 과학(science)으로 나눌 수 있다. 철학과 과학의 차이는 다음과 같다.

과학
현상과 법칙을 연구하는 학문

철학
본질을 연구하고 현상이 존재하는 이유와 현상의 통일성을 연구하는 학문

- 과학은 특정 연구대상에 관한 부분적 학문인 데 반해, 철학은 대상의 존재를 밝히는 전체학문이다.
- **과학**은 현상(phenomenon)과 법칙(law)을 연구하는 학문이며, **철학**은 본질(essence)을 연구하고 현상이 존재하는 이유와 현상의 통일성을 연구하는 학문이다.
- 연구방법에 있어서 과학은 관찰, 실험 및 분석을 이용하며, 철학은 반성(introspection)과 직관(intuition)에 의존한다.
- 과학은 일정한 가정(assumption)이나 가설(hypothesis) 아래 정립되는 통일적이고 체계적인 지식을 추구하나, 철학은 가정과 가설이 없이 정립되는 통일적이고 체계적인 지식을 추구한다. 즉, 철학은 가정이나 가설 자체를 원리적으로 설명하는 데 중점을 둔다.

이와 같이 철학은 본래 사물의 본질 및 가치, 즉 있어야 할 것을 탐구하는 학문이다. 그러나 철학과 과학은 모두 합리성(rationality)하에서 대상을 설명하는 데 있어서 모순성이 없어야 하며 논리적 일관성(logical consistency)이 있어야 한다.

경영학은 사회에 존재하는 기업 및 기타 조직에 관한 현상을 밝히는 데 목적이 있다. 따라서 학문 중에서 과학에 속하며, 과학 중 경험과학이고, 경험과학 중에서 사회과학에 속한다.

2. 경영학의 과학성

그렇다면 경영학은 과학성이 있을까? 학문과 과학은 같은 개념인 것 같으나 엄밀한 의미에서는 차이가 있다. 일반적으로 과학은 체계적으로 정리되고 보편타당성이 있는 지식(knowledge)을 말한다. 즉 과학은 특정 연구대상에 대해 일정한 연구방법을 이용하여 연구를 하며, 대상이 갖는 객관적이고 보편적인 법칙 및 원리를 발견하고, 그것을 논리적으로 정리한 조직화된 지식의 체계이다.

과학은 성격에 따라 형식과학(formal science)과 **경험과학**(empirical science)으로 나뉜다. 경험과학은 인간의 실천적이고 경험적인 사실, 즉 살아가는 경험의 세계를 직접대상으로 하는 과학이다. 이에 반해 **형식과학**은 선험적[1](transzendental) 및 공리[2](axiom)를 대상으로 하는 형식논리[3] 및 수학과 같이 경험과는 관계가 없는 사고방식을 기초로 순서 및 규칙 그리고 형식을 대상으로 하는 과학이다. 따라서 경영학은 경험과학에 해당한다.

경험과학
인간의 실천적·경험적 사실, 즉 살아가는 경험의 세계를 직접대상으로 하는 과학

형식과학
선험적 및 공리를 대상으로 하는 형식논리 및 수학과 같이 경험과 관계가 없는 사고방식을 기초로 순서 및 규칙 그리고 형식을 대상으로 하는 과학

경험과학은 다시 이분법적 사고를 기초로 물질적 세계를 대상으로 하는 것과 정신적 세계를 대상으로 하는 것으로 나눌 수 있다. 즉 우주의 현상에는 인간의 의사와는 관계없이 발생하는 현상과 인간의 의사에 의해 발생하는 현상이 있다. 전자는 그 대상이 물질이고 관찰 가능한 것으로 자연현상이라고 하며, 이것을 대상으로 하는 학문을 **자연과학**(natural science)이라고 한다. 후자는 인간 및 인간의 의사작용에 의해 관계성이 발생하는 것으로 사

자연과학
인간의 의사와는 관계없이 발생하는 자연현상을 연구대상으로 하는 학문

사회과학
인간 및 인간의 의사작용에 의해 관계성이 발생하는 사회현상을 연구대상으로 하는 학문

회현상이라고 하며, 사회현상을 대상으로 하는 과학을 **사회과학**(social science)이라고 한다.

이러한 과학과 철학을 합해 학문이라고 하며, 경영학은 사회과학에 속한다.

---

1) 칸트 철학의 근본 개념으로 '초월론적(超越論的)'이라고도 한다. 중세 스콜라철학의 용어인 'transcendentalis'는 각 범주를 초월하여 모든 존재하는 것에 적용되는 개념으로서의 존재·진·선·미 등을 뜻하는 용어였다. 이것을 칸트가 '대상에 관한 인식이 아니라 오히려 선천적으로 가능한 범위에서의 대상 인식방법에 관한 인식'을 뜻하는 근대적 인식론의 용어로 전용하였다. 그런 변천은 존재의 철학에서 의식의 철학으로, 형이상학적 존재론에서 인식론(認識論)으로, 중세부터 근세에 걸친 철학의 문제 설정에 있어 근본적인 변화를 정확히 반영한다. 확실한 학적 인식(學的認識)을 통해 경험을 가능케 하는 의식의 근본적 구조를 드러내고 아울러 그 한계를 확정하는 철학의 분야를 칸트는 선험철학(先驗哲學)이라 하였는데, 그의 책 『순수이성비판』은 그 계획의 전면적인 실현이었다.
2) 하나의 이론에서 증명 없이 바르다고 하는 명제, 즉 조건 없이 전제된 명제. 논리학에서는 무증명명제라고도 한다. 수학에서의 공리는 유클리드의 『기하학원본』의 공준(公準) 및 공통 개념에서 유래하며, 기하학을 수립해 가기 위한 전제조건으로 간주된다. 유클리드는'자명한 것이라고 생각되는 명제, 즉 증명을 요하지 않는 명확한 명제' 중에서 기하학 특유의 명제를 공준, 보다 일반적인 것을 공리라고 하였다.
3) 논리란 추론이다. A군이 "소나기가 쏟아지겠는데, 그렇게 되면 오늘의 야구시합은 취소되겠지"한다. 이 말을 듣고 있던 B군이 문을 열고 밖을 내다보면서 "소나기가 닥쳐오는걸"한다. A군은 "그럼 야구시합은 취소되겠군"한다. 이것이 추론이다. 논리가 추론이라고 하면 그것은 우리의 일상생활 속에서 늘 행하는 사고의 실질적 활동이요, 또 행동을 결정하는 인자이기도 하다. 그러나 추론이라고 해서 다 타당하지는 않다. 비록 외양은 추론 형식을 갖추었지만 타당하지 못한 추론도 얼마든지 있다. 그러므로 추론의 타당성 여부를 검토해야 한다. 추론의 타당성 검증을 기능적으로 수행하기 위하여 추론을 형식화하고, 정확하고 엄격하게 하기 위하여 기호를 사용하기도 한다. 그리하여 일반적으로 논리는 형식논리라 부르고, 특히 기호를 사용한 논리를 기호논리(symbolic logic)라고 한다. 논리를 추론의 타당성의 검증이라고 한다면 논리는 일종의 기술(technique)일 수도 있다.

---

3. 경영학은 기술인가, 과학인가

본래 과학(science)은 자연과학에 해당하고, 기술(art)은 인문학을 의미하는 것으로 과학이 아니다. 영어에서도 인문학(the humanities)이라고 부르지 인문과학(human science)이라고 하지 않는다. 인문학은 고대 그리스·로마, 중국, 인도 등의 철학에서 기원하였으며 사학, 문학, 문헌학 등을 합해 근대 이전부터 정립되고 서양과 동양에서 계속 발전되어 온 전통적 학문 분야이다.

그러나 자연과학이 과학으로 정립된 곳은 동양이 아닌 서양에서였다. 자연과학은 갈릴레오 갈릴레이(Galileo Galilei)의 『프톨레마이오스와 코페르니

쿠스의 2대 세계체계에 관한 대화』, 아이작 뉴턴(Sir Isaac Newton)의 『프린키피아』에 기원을 두고 있다. 이와 같이 자연과학에 선험적 역할을 적용한 사람들은 르네상스의 기술가들이었다. 당시의 기술은 과학 및 기술이 통합된 개념이었으며, 인간을 둘러싸고 있는 자연의 개념을 확립시켰다.

오늘날 경영학이 기술인지 혹은 과학인지에 관해 많은 논란이 있어 온 것이 사실이나, 그와 같은 논쟁이 발생한 것은 사회과학이 17~18세기에서 19세기 초에 출발하여 기술과 과학이 발달한 시기보다 늦기 때문이다. 따라서 기술과 과학과 달리 고유의 방법론을 발견하기가 어려웠기 때문에 절반은 과학이고 절반은 기술이라는 입장을 갖게 되었다.

사회과학은 자연과학에서 이용한 방법론을 정치, 경제, 사회 측면에 적용하려는 시도에서 태어났다. 17세기에서 19세기에 걸쳐 영국의 존 로크(John Locke)의 『통치론』 및 프랑스에서 일어난 계몽사상의 보급을 통해 사회과학에 과학주의가 발달하기 시작했다. 독일에서는 근대 산업문명을 물질주의로 간주하고 이를 비판하고 정신 및 문화의식을 강조한 반과학주의가 탄생하기도 하였다.

이러한 과정을 통해 사회과학의 내부에는 사회과학을 과학에 근접시키려는 자연과학파와 기술에 근접시키려는 기술파의 영향을 받아 현재까지 그 논쟁이 반복되고 있다. 방법론에 있어서도 자연과학의 실증주의적인 방법과 인문학파의 이념주의적인 방법 사이에 많은 논쟁이 이루어지고 있다. 이 점은 경영학도 예외가 아니다. 즉 경영학에서 이야기하는 관리(management)의 개념은 과학문명을 활용하고 또한 그 도움에 의존하면서 본질적으로는 관리라고 하는 인간의 마음, 의식, 이념 및 인간행동에 관계되는 것이고, 그것을 연구하는 태도는 과학이 아니라 기술로 이해되기도 한다. 심지어 '경영은 기술이다', '경영은 철학이다'라는 말에서 보면 위와 같은 혼란이 얼마나 심각한지를 알 수 있다.

그러나 우리는 일단 그러한 논쟁에서 벗어나 '경영학은 과학이면서 기술이다'라는 잠정적인 결론을 내리고 경영학을 배울 필요가 있다.

4. 경영학의 과학성의 한계

앞에서 설명한 것처럼 모든 과학은 그 연구대상을 특정 영역에 한정시키고 일정한 연구방법론을 채택하고 있어야 독립된 과학으로서의 지위가 확보된다. 경영학은 사회과학에 속하고 사회현상 가운데 경영현상을 연구대상으로 한다. 그런데 경영현상은 인간의 복잡한 의사결정에 의해 발생하며, 경영학은 그 가운데 경영이라고 하는 영역에 있어서 경험적 지식을 논리적으로 체계화하는 데 목적이 있다. 즉 경영학은 경영에 관한 실체를 탐구하고 그 법칙, 다시 말해 실천 원리를 정립하는 데 목적이 있다.

한편 경영현상은 어떻게 밝힐 수 있는가? 물론 경영학은 과학이기 때문에 과학적인 방법(scientific method)을 이용해야 할 것이다.

객관성
밝혀진 현상에 관한 이론을 모든 사람이 지식으로 인정할 수 있어야 한다는 것을 의미

응용성
이론에 따라서 행동하면 원하는 결과를 얻을 수 있다고 하는, 이론이 갖는 통제 가능성

어떤 학문이 과학이 되기 위해서는 객관성(objectivity)과 응용성(applicability)이 있어야 한다. **객관성**이란 밝혀진 현상에 관한 이론을 모든 사람이 지식으로 인정할 수 있어야 한다는 것을 의미한다. **응용성**이란 그 이론에 따라서 행동하면 원하는 결과를 얻을 수 있다고 하는, 이론이 갖는 통제 가능성을 말한다. 따라서 객관적인 지식이 확립되면 이론이 의미하는 대로 현상이 발생할 수 있는가에 관한 검증 가능성(testability)이 문제된다. 검증 가능성이 없으면 과학이라고 할 수 없으며 과학의 가치가 없는 것이다.

예를 들어서 경영현상을 귀납적으로 이해하고 이를 통해 어떤 법칙을 발견하고 추측을 하였다 해도 검증되지 않은 규칙성은 가설에 불과하지 법칙이라고 할 수 없다. 여기서 검증이란 어떤 가설로부터 도출된 결론을 관찰 및 실험함으로써 가설의 진위 여부를 밝히는 것을 말한다. 따라서 가설은 검증을 통해 법칙으로 변하게 된다. 가설은 검증 가능성 또는 반증 가능성이 없으면 가설이라고 할 수 없다.

자연과학은 일반적으로 연구대상이 물질이기 때문에 실험 및 관찰의 반복에 의해서 공식화와 수식화가 가능하고 비교적 검증이 용이하다. 그러나 사회과학은 사회현상이 수시로 변하기 때문에 실험을 반복할 수 없으며, 본질적으로 복잡한 요인들이 작용하기 때문에 수식화를 한다 해도 부분적인 현상만 표현이 가능하다. 예를 들어서 도산한 기업을 다시 실험대상으로

하여 도산 원인을 밝힌다는 것은 불가능할 것이다. 따라서 사회과학은 '가설→검증→가설 수정'이라는 과정을 거쳐 과학성을 높이게 된다.

이상에서 알 수 있는 바와 같이 비록 경영학이 학문이라고 할 수 있어도 논리적 일관성, 객관성, 응용성, 검증 가능성이 없으면 과학으로서 가치가 없다. 더구나 하나의 이론을 통해 모든 현상을 설명할 수 있는 과학은 있을 수 없다. 이러한 한계로 인해 과학은 과학으로서의 유효성이 있는 것이다. 또한 과학은 시간적이고 공간적인 제약이 뒤따른다. 즉 과학이 밝힌 현상에 관한 법칙 및 유형은 역사적인 시간의 흐름에 따라 객관적인 타당성이 없을 수도 있다. 예를 들어서 어떤 사회에 존재하는 사회현상의 법칙 및 유형이 다른 사회에서는 존재하지 않을 수도 있다. 따라서 과학에서 밝혀진 진리는 절대성이 아닌 상대성으로 이해해야 한다.

경영학에서 밝혀진 이론도 우리 사회에는 각양각색의 기업 및 조직이 존재하기 때문에 시간 및 공간적인 제약을 초월한 보편적인 이론이라고 하는 데는 한계가 있음을 인정해야 한다.

제3절 실천경영학이란 무엇인가

1. 경영학의 이론과 실천

경영학이란 어떤 학문일까? 경영학은 20세기 초 근대 산업사회의 성립과 대규모 기업조직의 발달을 배경으로 생성·발전된 학문이다. 따라서 다른 사회과학에 비해 역사가 짧기 때문에 학문적 성격 및 연구방법, 체계 그리고 학문적 존립 기반이 취약한 것이 사실이다.

분명한 것은 경영학은 성립 초기부터 실천적인 성격을 갖고 있었다는 점이다. 즉 경영학은 이론을 위한 이론이 아니라 경영의 실천 속에서 탄생된 학문이다. 이것은 경영이론의 고전으로서 오늘날 경영학의 기초를 형성한 『과학적 관리법』의 프레드릭 테일러와 『산업 및 일반경영관리론』의 앙리 페이욜 등이 경영의 실천을 통해 경영이론의 정립을 시도한 경영 실무가이면서 경영자였다는 사실에서도 알 수 있다.

그러나 경영학은 경영에 있어서 단순한 실무적 지식만을 설명하는 학문은 아니다. 경영학은 기업의 경영에 도움이 되는 개별적 관리기술을 연구하기보다는 경영 자체의 역사적 발전과정을 이론적으로 분석하여 기업활동의 실천 원칙을 체계적으로 확립하는 데 주목적이 있다. 따라서 경영학은 이론적 차원에서 현대 기업의 실천 또는 행동 원칙을 규명함으로써 실무적 차원의 경영관리 기술의 의미와 한계를 이해하고, 이를 통해 이들의 합리적 활용방안을 모색해야 하는 과제를 갖고 있다.

이와 같이 경영학은 이론과 실천이라는 양면성을 갖고 있는 실천이론과학이라고 할 수 있으며, 어느 것이 우선순위를 갖는가에 상관없이 실무를 통해 이론이 성립되고 이론을 통해 합리적인 실무를 모색하는 '닭이 먼저냐 달걀이 먼저냐'의 순환과정의 성격을 갖고 있다.

2. 실천이론과학으로서의 경영학

이론
제 원리 및 법칙의 집합

실천
인간의 의식적인 행동을 통해 환경과 상호작용하고 스스로 행동을 변화해 가는 과정

실천이론과학에서는 실천이 없는 이론은 존재할 수 없고 또한 이론이 없는 실천은 존재할 수 없다. 이론(theory)이란 제 원리 및 법칙의 집합체를 의미하며, 실천(practice)이란 인간의 의식적인 행동을 통해 환경과 상호작용하고 스스로 행동을 변화해 가는 과정을 말한다. 이번에는 이론과학(theoretical science)과 실천과학(practical science) 차원에서의 경영학의 의미를 살펴보기로 한다. 이론과학이란 순수과학(pure science)이라고도 하며, 이론과학으로서의 경영학은 경영에 있어서 존재하는 것(sein), 즉 경영현상의 법칙적 관계를 인식하는 것이 된다. 이 때문에 이론과학을 기술과학(descriptive science)이라고도 한다.

이론경영학
경영에 관한 경험적 사실을 설명하고 예측할 수 있는 이론을 구축하는 데 목적이 있는 경영학

이론과학은 먼저 검증 가능한 가설을 세운 다음, 관찰 및 실험을 통해 검증을 하여 새로운 이론을 구축하는 실증주의적 방법(empirical or positive method)을 이용한다. 이러한 이론과학 차원에서 이론경영학은 경영에 관한 경험적 사

실을 설명하고 예측할 수 있는 이론을 구축하는 데 목적이 있다.

이에 반해 실천과학으로서의 경영학, 즉 실천경영학이란 경영현상의 합목적성을 달성하기 위해 유용한 원리, 규칙, 방법 및 절차를 연구하는 것을 말한다. 예를 들어서 이윤극대화와 같이 일정한 목적을 합리적으로 달성하기 위해서는 어떠한 수단과 방법을 이용해야 하는가(sollen)에 관한 규범적 제안을 하는 데 초점을 둔다. 이 때문에 실천과학을 규범과학(normal science)이라고도 한다. 실천과학으로서 경영학에는 경영행동의 실천적 원리 및 행동규범을 중심으로 하는 경영정책 및 경영전략론과 이를 구체화하기 위한 방법 및 절차에 관한 경영기술론이 포함된다.

실천경영학
경영현상의 합목적성을 달성하기 위해 유용한 원리, 규칙, 방법 및 절차를 연구하는 것

이상에서 알 수 있는 바와 같이 경영학은 이론과학과 실천과학의 특성이 모두 포함된 학문이다. 즉, 이론은 실천을 유도하기 위한 필요성에서 개발되고, 실천에 의해서 이론의 타당성이 검증되고 이론으로서 발전하게 된다. 한마디로 경영학은 실천이론경영학이라고 할 수 있다.

실천이론경영학
이론과학과 실천과학의 특성이 모두 포함된 경영학

3. 경영학은 기업학인가

지금까지 경영학의 학문적 성격에 관하여 설명하였다. 원래 경영학은 독일의 사경제(기업)론에서 발전하였으며, 생성 초기부터 기업을 연구대상으로 하였다. 이에 많은 국민경제학자들이 기업을 연구대상으로 하는 학문은 사기업의 이윤추구에 봉사하는 것밖에 되지 않기 때문에 과학으로서 수용할 수 없다는 비판을 함에 따라 연구 대상이 기업에서 경영으로 바뀌게 되었다.

이와 같이 초기의 독일 경영학은 기업을 연구대상으로 하였으나 제2차 세계대전 후 미국의 관리학(management)의 영향을 받아 기업을 주 연구대상으로 하면서 사회에 존재하는 기업 외의 다른 조직에까지 그 영역을 넓히게 되었다. 따라서 현대 경영학은 기업과 같은 영리조직뿐만 아니라 정부조직, 병원 및 종교단체와 같은 비영리조직을 포함한 사회의 모든 조직을 연구대상으로 하고 있다. 이와 같이 현대 경영학이 사회에 존재하는 모든 조직의 행동원리 및 실천적 규범을 밝히는 데 목적이 있다고 한다면 일종의 사회공

사회공학
사회에 존재하는 모든 조직의 행동원리 및 실천적 규범을 밝히는 데 목적을 둔 학문

학(social engineering)이라고 해도 과언이 아니다.

4. 경영학을 공부하는 방법

경영학은 명칭 자체에서 알 수 있듯이 경영을 연구하는 경험과학이다. 또한 경영학의 이론은 언제, 어디서, 누구에게도 적용될 수 있는 보편타당성이 있는 내용이어야 한다. 앞에서 설명한 바와 같이 경영학은 사회성 및 사회적 가치가 높은 학문이다. 따라서 어떤 경영이론에 이변이 일어나지 않는 한 그것은 인간행위의 지속적인 규범 및 가치 척도가 될 수 있다. 그러나 이론이란 추상화되고 여과된 하나의 개념체계이기 때문에 모든 현실의 경영 현상을 대표할 수 없다. 따라서 어떤 때는 기존의 이론이 새로운 이론에 의해 대체되기도 하고 지금까지 밝혀지지 않은 현상을 밝히는 새로운 이론이 탄생하기도 한다.

한편 경영학은 본래 경영의 실천 속에서 탄생한 실천학적인 성격이 강한 학문이다. 그렇다고 경영학을 단순히 경영의 실무와 경험을 집적한 사례집 및 경영기술상의 안내서와 같은 방법론만으로 다뤄서도 안 된다. 경영학도 다른 학문과 마찬가지로 철학이 담긴, 깊은 사색에서 우러나온 보편적이고 체계화된 학문인 것이다. 따라서 경영학은 경영실무상의 지도원리를 포함한 실천학이다.

여기서 경영학의 이론과 실무의 관계에서 보면 우리는 먼저 경영현상의 관찰을 통해 문제를 인식하고, 현실 측면에서 이론의 타당성과 적용 가능성의 여부를 고찰한 다음, 경영의 실천 대안을 도출하는 것이 중요하다. 이것은 논리학의 연역법(deductive method)과 귀납법(inductive method)을 통해 설명될 수 있다.

연역법
보편적 법칙으로부터 반드시 그렇게 된다고 하는 필연적 법칙을 도출하는 추리방법

귀납법
많은 개별적 사상으로부터 일반적 법칙을 도출하는 추리방법

연역법이란 보편적 법칙으로부터 반드시 그렇게 된다고 하는 필연적 법칙을 도출하는 추리방법이다. 따라서 연역법은 기존 이론에서 출발한다. 귀납법이란 많은 개별적 사상(events)으로부터 일반적 법칙을 도출하는 추리방법이다. 따라서 귀납법은 현실의 관찰에서 출발한다. 마찬가지로

그림 2-2 **경영이론과 경영실무의 관계**

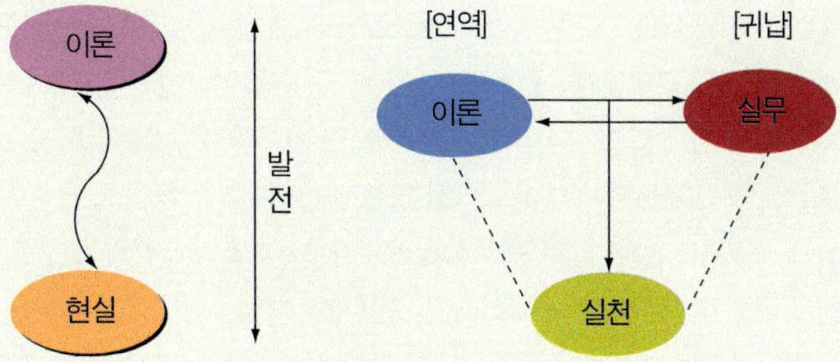

그림 2-2 에서 보는 바와 같이 연역법은 경영이론에서, 귀납법은 경영실무에서 출발한다. 그러나 두 접근방법은 서로 보완적인 관계로서, 두 접근방법이 계속 순환될 때 이론 및 실무가 동시에 발전하게 된다.

이상에서 알 수 있는 바와 같이 우리는 경영이론의 습득을 통해 경영이론의 현실적 응용을 도모하고 행동 결과의 검증을 통해 보다 더 체계적인 이론을 도출할 수 있도록 노력해야 한다. 즉 '이론→현실→실행→(검증)→이론'의 절차를 반복함으로써 이론과 실무의 발전을 도모할 수 있다. 또한 어떤 경영이론이든지 그것을 불멸의 이론이라고 하기보다는 직관, 보편타당성, 검증 가능성의 관점에서 새로운 이론의 재구축에 노력을 해야 한다.

Business Insight

경영학과 경영자

경영학에서는 단순히 기업의 생태를 해부하는 수준으로는 목적을 달성할 수 없다. 여기에서 얻은 지식을 응용할 수 있어야 하기 때문이다. 쉽게 설명해 경영학의 사명은 연구를 통해 기업이 시장에서 승리할 수 있는 지혜를 제공하는 데 있다. 요컨대 경영학에는 미래에 대한 책임이 있다. 그런 의미에서 경영학은 다른 사회과학보다 훨씬 책임이 무겁다고 할 수 있다. 그렇기 때문에 경영학은 실용적이면서도 재미있는 학문이다.

그러나 경영학을 배운다고 해서 누구나 경영자가 될 수 있는 것은 아니다. 안타깝지만 경영학은 평범한 사람을 영웅으로 바꾸는 마법의 지팡이가 아니다. 진정한 의미에서 경영자가 될 수 있는 사람은 극히 일부에 불과하며, 그렇게 되기 위해서는 특별한 자질과 역량이 요구된다. 다만 경영자의 자질과 마음가짐을 갖추려는 노력은 누구나 할 수 있다. 여기에서 얻은 안목과 자세는 조직 시대에서 살아남을 수 있는 비장의 무기가 된다. 경영학은 당신을 지키는 무기와 방패가 되어 줄 것이다.

따라서 경영학을 현대판 제왕학이라고 생각한다면 착각이다. 경영학을 배우지 않아도 좋은 경영자가 될 수 있는데 경영학이 무슨 의미가 있겠는가? 경영학이란 현대의 군주 즉 경영자를 육성하는 관문이 아닌 경영자를 보좌하는 인재를 양성하기 위한 전문기술적인 학문이다. 이 점을 반드시 기억해야 한다.

- 사카구치 다이와, 『경영학 산책』

사례

애플과 소니의 갈림길

2001년 1월 9일 샌프란시스코 맥월드. 스티브 잡스는 그의 명연설 중 하나로 꼽히는 '디지털 허브 전략'을 공개했다. "컴퓨터는 생산성의 시대, 인터넷의 시대를 넘어 디지털 라이프스타일의 시대로 가고 있습니다. 맥은 모든 디지털 기기를 아우르는 디지털 허브가 될 것입니다." 그로부터 약 10개월 후, 2001년 11월 12일 라스베이거스 컴덱스. 소니의 CEO 안도 구니다케 역시 '유비쿼터스 밸류 네트워크(Ubiquitous Value Network) 전략'을 발표했다. "다가오는 브로드밴드 네트워킹은 점점 더 복잡해질 것입니다. 소니는 기기와 콘텐츠가 언제, 어디서든 연결될 수 있는 유비쿼터스 밸류 네트워크를 만들 것입니다." 표현 방식은 다르지만 애플과 소니의 꿈은 같았다. 모든 기기와 콘텐츠가 자유롭게 연결될 수 있게 하겠다는 것이다. 그로부터 만 9년. 애플과 소니는 그 꿈에 얼마나 가까이 다가갔을까?

당시 애플은 컴퓨터와 셋톱박스, MP3 플레이어와 휴대전화, 그리고 태블릿 PC에 이르는 기기 포트폴리오와 음악, 영상, 서적을 아우르는 가장 강력한 콘텐츠 유통력을 갖춘 회사로 성장했다. 2009년(당해 9월 결산 기준) 매출은 365억 달러로 2001년 대비 6배가 넘게 성장했고 2001년 0.5% 적자였던 영업이익률은 2009년 21%로 급증했다. 반면 소니는 고전의 연속이었다. 주력 제품이었던 TV 제품의 선두 자리는 한국 업체에 넘겨주었고, 플레이스테이션 3는 플레이스테이션 2의 영광을 재현하지 못하고 있다. 2009년 12월 소니의 시가총액은 2001년 1월 시가총액의 35%에 불과하다. 지난 9년간 매출증가율은 6%에 불과하며, 2009년 0.3% 적자(당해 3월 결산 기준)를 기록했다.

2001년 맥월드에서 스티브 잡스가 디지털 허브 전략을 발표하는 모습(위), 애플이 2010년 3월에 출시한 태블릿 PC iPad(아래)

디지털 허브 전략을 발표할 때 애플은 아무것도 가진 것이 없는 회사였다. 브랜드 가치는 높았지만 시장점유율이 너무 낮았다. 컴퓨터 제품, 맥 OS와 몇 가지 애플리케이션이 애플이 가진 것의 전부였다. 반면 소니는 음악과 영화 콘텐츠를 직접 제작했고, TV와 PC, 게임기, 휴대전화에 이르는 모든 기기 포트폴리오를 가지고 있었다. 맥컴퓨터가 디지털 허브가 될 수 있는 이유에 대해 장황한 설명을 해야 했던 잡스에 비해 안도 회장의 연설은 소니가 가진 것들을 연결하겠다는 말 자체로 명료했다. 그럼에도 두 회사의 명암이 이렇게 갈린 것은 어찌 보면 아이러니하다. 이 아이러니로부터 우리가 얻을 수 있는 교훈은 무엇일까?

- 〈LG Business Insight〉, 2010. 2. 24

토의문제

1. 애플과 소니의 환경대응전략을 비교해 보시오.

2. 소니의 결정적 실수는 무엇이었는가?

주요 용어

생산요소, 자본주의, 보이지 않는 손, 자유시장경제, 계획경제, 사회주의, 공산주의, 혼합경제시스템, 경영학, 상식, 학문, 철학, 과학, 형식과학, 경험과학, 사회과학, 기술(art), 가설, 검증, 이론과학, 실천과학, 규범과학, 실천경영학, 실천이론경영학, 사회공학, 연역법, 귀납법

연습문제

01 경제시스템의 유형을 설명하시오.

02 혼합경제시스템의 흐름을 설명하시오.

03 경영학의 사회적 가치를 설명하시오.

04 경영학의 학문적 특성을 설명하시오.

05 과학으로서의 경영학의 한계를 설명하시오.

06 실천이론경영학에 대해 설명하시오.

07 경영학의 이론과 실무의 관계를 연역법과 귀납법을 이용해 설명하시오.

CHAPTER 03

경영이론의 발전과정

전통이란 살아 있는 자들이 움직이지 않는다는 이유가 아니라 죽은 자들이 살아 있다는 의미이다.

— 길버트 K. 체스터톤(영국 작가)

이론 없는 실천은 맹목적이고, 실천 없는 이론은 공허하다.

— 존 데스몬드 버널(영국의 물리학자)

훌륭한 이론만큼 실용적인 것도 없다.

— 쿠르트 르윈(독일 태생의 미국 심리학자)

제3장 경영이론의 발전과정

제1절 경영이론의 발전

지금까지 경영에 관한 기초 개념을 살펴보았다. 그렇다면 조직의 문제를 해결하고 목표를 달성하기 위해서는 구체적으로 어떠한 접근방법을 선택해야 하는가? 이에 관하여 역사적으로 수많은 사람들이 연구를 해 왔다. 그 결과 경영에 관한 아이디어, 개념, 원칙 및 방법 등의 집합이라고 할 수 있는 다양한 경영이론이 개발되었다.

제2장에서 살펴본 바와 같이 자연과학이든 사회과학이든 모든 학문은 각 영역과 관련된 이론(theory)을 개발하고, 이를 현실에 적용하여 인간이 물질적으로 그리고 정신적으로 가치가 있는 생활을 하도록 하는 데 목적이 있다.

그렇다면 이론이란 무엇인가? 이론이란 두 가지 이상의 관찰 가능한 사실(facts) 또는 사건(events) 간의 관계성을 설명해 주는 원칙(principle)이나 여러 원칙의 집합을 의미한다. 또한 원칙이란 어떤 현상(phenomenon), 즉 자연현상이나 사회현상에 존재하는 기본적이며 보편적인 진리(truth)를 말한다. 여기서 원칙과 관련된 개념으로 법칙(law)이 있다. 법칙이란 한 현상 내에서 동일한 조건이 반복될 때 변화하지 않고 일정한 형태로 나타나는 원칙의 조합을 말한다. 이때 이론이 성립하기 위해서는 현실세계에서 검증 가능해야 하며 그 타당성이 입증되어야 한다. 이를 위해 우리는 과학적 방법(scientific method)에 의한 연구를 통해 진리를 탐구한다.

이론
두 가지 이상의 관찰 가능한 사실 또는 사건 간의 관계성을 설명해 주는 원칙이나 여러 원칙의 집합

원칙
자연현상이나 사회현상에 존재하는 기본적이며 보편적인 진리

법칙
한 현상 내에서 동일한 조건이 반복될 때 변화하지 않고 일정한 형태로 나타나는 원칙의 조합

이상과 같은 관점에서 경영학이란 크게 보면 사회현상을 탐구하는 사회과학에 속하며, 그중에서 경영현상 또는 조직현상에 관한 이론, 원칙 및 법

칙을 탐구하는 학문이라고 할 수 있다.

다른 학문에서와 마찬가지로 경영학에서의 경영이론도 역사적인 발전과정을 통해 현재의 경영이론이 존재하고 있다고 할 수 있다. 모든 학문이 그러하듯이 경영은 현실세계에서 실천된다. 따라서 경영이론이 유용성이 있기 위해서는 현실세계에 그 기초를 두어야 한다. 마치 반도체에 관한 이론을 통해 컴퓨터를 생산하듯이 경영이론이나 경영에 관한 원칙 및 법칙들은 경영활동을 가장 효과적으로 수행하는 데 도움을 준다. 만약 경영이론이 없다면 우리는 경영활동을 직감이나 육감 또는 단순한 기대감에 의존할 수밖에 없을 것이다.

사실 경영이라는 개념은 선사시대 이래 수천 년 전에도 존재했던 것으로 추측된다. 이집트인들이 거대한 피라미드를 건설하고 중국인들이 만리장성을 쌓은 것을 보면 그 시대에도 계획수립, 조직화 및 통제와 같은 경영직능이 없이는 불가능했을 것이다. 역사적인 기록에 의하면 알렉산드로스 대왕은 자신의 대군을 이끌기 위하여 참모(staff) 형태의 조직을 갖고 있었던 것으로 추측된다. 로마제국은 의사소통과 통제를 용이하게 하는 잘 짜여진 조직구조를 갖추고 있었다. 기원전 400년경에 소크라테스(Socrates)는 경영의 실천과 개념에 관하여, 그리고 플라톤(Plato)은 기원전 350년경에 직무의 전문화를 언급하였다.

카프라왕의 피라미드

산업혁명 당시 제임스 와트의 증기기관(이 증기기관은 영국과 세계의 산업혁명을 촉진하였다.)

역사적으로 보면 17세기의 산업혁명 이전까지는 주로 정부, 군대, 가톨릭과 같은 종교기관에서 경영개념이 실천되었다고 볼 수 있으며, 경영이론에 대해 과학적인 접근방법이 시도되고 기업조직에 적용되기 시작한 것은 산업혁명 이후라고 할 수 있다. 이 장에서는 현대 경영이론을 형성하는 데 있어서 중추적인 역할을 한 산업혁명 이후의 경영이론의 학파 및 접근방법을 중심으로 그 발전과정을 살펴보기로 한다.

지금까지 수많은 경영이론이 제시되어 왔으며 고전학파(classical school), 인간행동학파(behavioral school), 계량경영이론(quantitative management theory), 시스템적 접근방법(systems approach), 상황적합적 접근방법(contingency approach)으로 크게 나눌 수 있다.

그리고 이 이론들은 상호배타적이라기보다 서로가 보완과 통합하에서 경영 현실에 적용되고 있다. 모든 경영현상에 가장 적합한 특정 경영이론이 존재한다기보다 상황에 따라 적용되는 이론의 내용도 다를 수 있다는 것이다.

Management Highlight

고전학파 이전의 현대적 경영이론의 선구자

로버트 오언(Robert Owen, 1771~1858)

오언은 영국에서 목화공장을 경영한 기업가 및 개혁가로, 조직에 있어서 인적 자원의 중요성을 최초로 인식하였다. 그 시대까지 공장의 작업자는 기계나 설비와 다름없이 취급되었다. 공장의 소유주였던 오언은 인간의 존엄성을 인정해 주어야 한다고 인식하였다. 이를 위해 그는 더 좋은 작업조건을 배려해 주고, 최소 작업연령을 10세 이상으로 조정하였으며, 종업원의 식사를 개선하고 표준 작업시간을 10시간 30분으로 단축하는 등 혁신적인 개혁을 도입하였다. 또한 그는 작업자에게 관심을 많이 쏟을수록 산출이 증가할 것이라는 것을 가정하였다. 그 시대에는 아무도 따르는 사람이 없었으나, 그의 주장은 후에 행동적 관리이론이 발전하게 되는 효시가 되었다.

찰스 배비지(Charles Babbage, 1791~1871)

오언이 종업원의 복지에 일차적인 관심을 둔 반면에 영국의 수학자였던 배비지는 생산의 효율성에 초점을 두었다. 그는 『기계 및 생산의 경제(*On the Economy of Machinery and Manufactures*)』에서 분업의 중요성과 설비 및 원재료의 효율적인 이용을 위해 수학을 이용해야 한다는 것을 밝혔다. 어떤 의미에서 배비지는 고전적 경영이론과 계량적 경영이론의 선구자라고 볼 수 있다. 그는 인적 요인도 무시하지 않았다. 그는 경영자와 노동자 간의 조화로운 관계를 이해하고 있었으며, 이를 위해 이익분배계획제도를 도입하였다. 여러 면에서 그는 현대 경영이론 및 실천의 창시자라고 볼 수 있다.

제2절 고전학파

영국의 산업혁명은 유럽과 미국에 많은 영향을 미쳤으나 두 지역은 상이한 여건에 있었다. 당시 유럽과 달리 미국은 급속한 성장과 확장을 하고 있었다. 미국은 서부 지역의 개척시대로서 그 지역은 막대한 광물자원, 산림

자원 및 비옥한 토지를 갖추고 있었다. 서부 지역으로 인구가 이동함에 따라 기업들에게는 새로운 시장이 열리기 시작하였으며 동력, 수송 및 통신수단 등이 중요하게 부각되기 시작하였다. 철도가 발달하고 전화선이 가설됨에 따라 기업활동이 활발하게 전개되었고 경쟁이 유발되기 시작하였다.

이 시대에 기업이 필요로 한 것은 기술, 원재료 및 작업자의 활동을 생산적이고 효율적인 방법으로 이용할 수 있는 경영기술이었다. 미국에서의 이러한 상황과 유럽에서의 산업혁명의 영향으로 인하여 재화와 서비스를 생산하는 데 있어서 조직의 효율성문제를 해결할 수 있는 기법을 개발하고자 하는 노력의 일환으로서 **고전적 경영이론**(classical management theory)이 출현하기 시작하였다.

고전적 경영이론
산업혁명의 영향으로 인하여 재화와 서비스를 생산하는 데 있어서 조직의 효율성문제를 해결할 수 있는 기법을 개발하고자 하는 노력의 일환으로 발달한 경영이론

고전적 경영이론은 크게 두 가지의 관점으로 분류할 수 있다. 하나는 미국에서 발전한 것으로 작업과 작업자의 관리에 중점을 둔 **과학적 관리이론**(scientific management theory)이며, 다른 하나는 유럽과 미국에서 발전한 것으로 조직 전체의 관리에 중점을 둔 **고전적 조직이론**(classical organization theory)이다.

과학적 관리이론
작업과 작업자의 관리에 중점을 둔 경영이론

고전적 조직이론
조직 전체의 관리에 중점을 둔 경영이론

1. 과학적 관리

과학적 관리는 일차적으로 작업과 작업자의 관리에 초점을 둔 이론으로 프레드릭 테일러, 헨리 포드, 길브레스 부부(Frank Gilbreth and Lillian Gilbreth), 헨리 간트(Henry Gantt), 헤링턴 에머슨(Harrington Emerson) 등이 이에 관한 선구적인 공헌을 하였다. 그중 테일러는 과학적 관리의 아버지라고 불릴 만큼 과학적 관리이론의 개발에 있어서 중심적인 역할을 하였다.

프레드릭 테일러

(1) 테일러 시스템

① 테일러 시스템의 생성 배경

20세기가 시작될 무렵 미국의 기업들은 생산성의 향상에 많은 관심을 두었다. 기업들은 계속 확장하고 있었고 자본도 풍부하였으나 노동력이 부족

한 상황이었다. 이와 더불어 1880년에는 미국기계기사협회(The American Society of Mechanical Engineers, ASME)가 조직되면서 노동문제와 임금문제를 포함한 생산비 절감을 위하여 능률증진운동(efficiency movement)과 관리운동(management movement)이 확산되기 시작하였다. 그러나 이 운동은 임금지불제도와 노무비의 절감을 중심으로 이루어졌기 때문에 노동자들의 조직적인 태업(systematic soldiering)을 해결하지는 못했다.

미드베일 제철회사의 모습(1867년에 창업하여 1976년까지 운영되었으며, 산업기계에 필요한 최고 품질의 철강을 생산하였다.)

테일러(1856~1915)는 작업에 대한 명확한 분석이 없는 주먹구구식 방법(rule of thumb methods)과 표류관리(drifting management)에 의한 노동의 비효율적 이용에 그 원인이 있다고 주장하였다.

테일러는 노동의 효율성문제를 해결하는 데 많은 관심을 두었다. 그는 필라델피아에 있는 미드베일 제철회사(Midvale Steel Company)에서 직장(foreman)으로 근무하면서 자신의 관리이론을 개발하기 시작하였다. 그는 먼저 생산라인 작업시간의 연구에서 출발하였다. 전통적인 작업방법에 의존하지 않고, 일련의 작업에 대한 작업자의 동작을 분석하고 작업시간을 측정하였다. 그리고 그것을 기초로 하여 각각의 직무를 세분화한 다음 각 작업 부분별로 가장 빠르고 효율적인 작업방법을 설계하였다.

또한 그는 그 시스템을 기초로 하여 **성과급제도**(piece-rate pay system)를 도입하였다. 즉 모든 종업원에게 동일한 임금을 지불하는 것이 아니고 직무에 설정된 표준생산량을 달성하거나 초과하여 달성하는 작업자에게는 많은 임금을 주고, 그렇지 않은 작업자에게는 적은 임금을 지불하였다. 작업자는 많은 임금을 받기 위하여 열심히 일할 것이며, 이에 따라 회사의 생산성이 증가하기 때문에 많은 임금을 지불할 수 있을 것으로 믿었던 것이다.

성과급제도
자신의 직무에 설정된 표준생산량을 달성하거나 초과하여 달성하는 작업자에게는 많은 임금을 주고, 그렇지 않은 작업자에게는 적은 임금을 지불하는 제도

후에 그는 경영자문가로서 시몬즈 롤링 기계회사(Simonds Rolling Machine Company)와 베들레햄 강철 회사(Bethlehem Steel Company)의 경영자문을 수행하면서 자신의 과학적 관리이론의 틀을 체계화하였다. 그는 『성과급제도(*A Piece Rate System*)』(1895), 『공장관리(*Shop Management*)』(1903) 및 『과학적 관리법(*Principles of Scientific Management*)』(1911) 등 세 권의 저서를 출간하여 자신의 관리이론을 체계

시몬즈 롤링 기계회사에서 제작한 로링머신

과학적 관리 시대의 공장 모습

테일러리즘이 유행하던 당시 공장 모습

화하였다.

② 테일러 시스템의 내용

테일러가 주장한 과학적 관리이론을 테일러 시스템이라고 한다. 테일러 시스템을 한마디로 요약하면 '노동자에게는 높은 임금을, 자본가에게는 높은 이윤을'로 정리할 수 있으며, 그 목표는 일류 인간(the first class man)을 만드는 데 있었다.

테일러 시스템은, 기본적으로 종래의 주먹구구식 방법이나 표류관리와 달리, 과학적 방법(scientific method)에 의한 작업의 시간연구(time study)와 동작연구(motion study)를 통해 요소작업을 세분화하여 각각의 표준 작업시간을 설정하고 불필요한 동작을 제거한 작업의 표준화에 기초를 두고 있다. 테일러는 작업요소별로 표준화된 작업을 과업(task)이라고 하였으며, 이에 따라 그의 관리이론을 과업관리(task management)라고도 한다.

③ 과업관리의 원칙

테일러는 과업관리의 목표를 '높은 임금과 낮은 노무비의 원리(high wage, low labor cost principle)'에 두었다. 이 원리는 테일러 시스템의 기본 이념에 해당하며, 이를 테일러리즘(Taylorism)이라고도 한다. 그는 자신의 책 『공장관리』에서 다음과 같은 과업관리의 4대 원칙을 제시하였다.

- ◆ 1일의 최고과업 결정(a large daily task)
- ◆ 표준화된 제 조건(standard conditions)
- ◆ 성공에 대한 고임금 지불(high pay for success)
- ◆ 실패에 대한 손실 부담(loss in case of failure)

④ 과학적 관리의 4대 근본 원리

테일러는 자신의 책 『과학적 관리법』에서 다음과 같은 네 가지 과학적 관리의 원리를 제시하였다.

- 낡은 주먹구구식 방법을 대체할 수 있는 작업의 과학화 실현
- 종업원의 과학적인 선발, 훈련, 교육 및 개발
- 모든 작업이 과학의 원리와 일치할 수 있도록 경영자와 작업자 간의 긴밀한 협조관계 유지
- 경영자와 작업자 간의 균등한 작업 및 책임 분배

⑤ 과업실시제도

테일러는 과업을 설정하기 위해서는 직무분석(job analysis), 스톱워치에 의한 시간연구, 동작연구, 가장 빠르고 최선인 동작선택 등 네 가지의 과업설정 방법을 이용해야 한다고 주장하였다. 이와 함께 설정된 과업을 달성하기 위해서는 조직 내에 일종의 과업실시기구 또는 제도를 두어야 한다고 하였다. 그는 과업실시기구로서 주 기구와 보조 기구로 나누어 설명하였다.

- 주 기구
  - 계획수립 부문(planning department) : 생산과정의 계획수립을 담당하는 기구로 주요 임무는 관리와 작업을 구분하는 데 있다.
  - 직능식 직장제도(functional foremanship) : 직장과 노동자의 책임 분할을 명확히 하는 데 목적이 있다.
  - 작업지시카드제도(instruction card system) : 작업방법을 카드를 통해 지시하는 데 목적이 있다.

- 보조 기구

  차별적 성과급제도(the differential piece work system), 작업순서제도, 기억식 기호제도, 표준원가제도 등을 말한다.

이상의 테일러 시스템은 당시 생산성을 향상시키는 데 많은 기여를 하였다. 테일러는 자신의 관리이론이 성공하기 위해서는 생산성 향상을 기초로 한 노사 간 협동의 정신혁명이 필요하다고 하였다. 그러나 열심히 일하는 노동자에게는 많은 임금이 지불되는데도 불구하고 노동자들은 이 방식을

반대하기도 하였다. 그 이유는 열심히 일하고 과업을 빠르게 수행함으로써 자신들의 일거리가 없어진다는 것을 인식하기 시작하였고, 실제로 이 제도를 도입한 회사의 많은 종업원들이 해고를 당하게 되었기 때문이다.

(2) 포드 시스템

① 포드의 경영이념

헨리 포드

포디즘
저가격과 고임금의 원리에 기준을 둔 포드의 경영이념

포드(1863~1947)의 경영이념을 포디즘(Fordism)이라고도 한다. 포드는 기업을 사회 공중에 대한 봉사의 기관(instrument of service)으로 보았다. 여기서 봉사란 대중의 생활수준의 향상을 의미하며, 그것은 일용품의 가격인하 및 임금인상에 의하여 가능하다는 것이다. 포드는 포디즘을 달성하기 위해 '저가격과 고임금(low price and high wages)의 원리'에 기초를 두었다.

포드가 말하는 봉사의 원리는 결코 이윤 그 자체를 부정하는 것이 아니다. 그는 이윤추구를 목적으로 하는 경영은 부정하지만, 봉사의 결과로서 획득된 이윤은 오히려 경영의 존재 및 발전을 위하여 필요하다고 하였다. 그러므로 이윤을 경영 내부에 유보하여 경영의 발전을 위하여 활용하여야 하며, 배당금이나 기타의 이유로 기업 외부로 유출시킬 수 없다고 하였다. 즉 포드는 투자가와 근로자로부터 경영을 해방시키기 위하여 자금을 투자가에게만 의존할 것이 아니라 자기금융으로부터 조달할 것과 고임금을 지급함으로써 근로자의 이탈을 막을 수 있다고 주장하였다.

포드는 경영을 일반 대중에 대한 봉사의 기관으로 생각하였기 때문에 자동차가 일부 사람들을 위한 사치품이 아니라 대중적인 편의품이므로 이것을 아주 저렴한 가격으로 판매할 것을 목표로 하였다. 포드는 1914년 최저임금을 하루 2$에서 5$로 올리는 파격적인 조치를 통해 자신의 경영이념을 실현하고자 하였다.

② 포드 시스템의 내용

포드 시스템(Ford System)이란 포드가 실시한 경영의 합리화 방식을 말한다. 포드는 자신의 자동차공장에서 대량생산을 위하여 컨베이어 시스템(conveyor system)에 의한 이동조립법(moving assembly method)을 채택하였다. 포드 시스템은 생산의 표준화를 전제로 하는 이동조립법에 의하여 종합적으로 동시화하여 종합적 생산시스템으로 구축하였다는 데 그 특징이 있다.

포드는 1908년 최고의 품질로 대량생산하여 일반 대중을 만족시킬 수 있는 T형 차를 개발하고, T형 차를 가장 싸게 제조할 방법을 생각했다. 그 방법이란 3S, 즉 규격의 표준화(standardization), 제품구조의 단순화(simplification), 제조공정의 전문화(specialization)이다. 여기에 컨베이어 시스템을 이용하여 사람 대신에 '기계의 움직임'을 통해 막대한 생산성 향상을 가져왔다.

초기 포드사의 컨베이어 시스템을 이용한 조립라인 모습

대량생산으로 높은 성과를 올린 포드는 거대한 조직의 책임자로서 사회적 책임에 관심을 가졌고 '포디즘'이라고 불리는 철학을 만들었다. 즉 저가격, 고임금의 원칙을 적용하였다. 그 근본은 기업의 목적이 '이윤 동기'로부터 '봉사 동기'로 전환할 것임을 의미한다.

3S
규격의 표준화, 제품구조의 단순화, 제조공정의 전문화

(3) 길브레스 부부의 공헌

프랭크 길브레스(1868~1924)와 릴리안 길브레스(1878~1972)는 본래 산업기사였다. 그들은 처음에 시간 및 동작 연구와 직무의 단순화에 관심이 있었다. 특히 릴리안은 작업자의 복지에도 많은 관심을 두었다. 기업에 있어서 인적 요인을 다룬 릴리안의 박사학위 논문은 1912년 〈*Industrial Engineering Magazine*〉에 발표되기도 하였다.

길브레스 부부

프랭크의 큰 공헌 중의 하나는 벽돌쌓기를 효율적으로 할 수 있는 절차를 개발한 것이다. 그는 벽돌공의 작업 위치와 벽돌쌓기에 필요한 표준적인 재료와 기술을 제시하였다. 이 방법을 통해 벽돌쌓기의 육체적 동작을 18개에서 5개로 줄이는 데 성공하였으며, 그 결과 200% 이상의 생산성 향상을 가져왔다.

이를 계기로 길브레스 부부는 작업자의 동작과 피로도 간의 관계를 연구하게 되었으며, 동일한 작업도 동작을 줄여 주면 피로가 감소한다는 것을 발견하였다. 결국 그들은 작업자의 동작을 최소화하고 가장 편안하게 작업할 수 있는 동작연구에 중점을 두었다.

(4) 간트의 공헌

헨리 간트

간트(1861~1919)는 테일러와 함께 여러 직장에서 일한 동료로, 후에 개인적으로 일을 하면서 작업자의 생산성을 향상시키기 위한 두 가지의 기법을 개발하였다.

첫째는 오늘날에도 이용되고 있는 간트 차트(Gantt Chart)로, 작업의 일정계획과 작업실적을 작업 전체 또는 개인 작업자별로 막대그래프를 이용해 표시하는 방법이다.

둘째는 임금제도를 개선하였다. 테일러의 차별성과급제도는 작업자의 임금이 작업자의 생산량만을 기준으로 결정되는 단점이 있었다. 즉 생산량을 많이 달성하는 작업자는 많은 임금을 받을 수 있으나 생산량이 하나도 없는 작업자는 전혀 임금을 받지 못했던 것이다. 이에 반해 간트는 작업자에게 최소의 임금을 보장해 주어야 한다고 생각하였다.

과업 및 상여금 임금제도
최소 수준 이하의 생산량을 달성하는 작업자에게는 사전에 정한 고정임금을 지불하고, 그 이상을 달성하는 작업자에게는 고정임금에 상여금을 더하여 지불하는 방법

그가 주장한 **과업 및 상여금 임금제도**(task and bonus system)는 최소 수준 이하의 생산량을 달성하는 작업자에게는 사전에 정한 고정임금을 지불하고, 그 이상을 달성하는 작업자에게는 고정임금에 상여금을 더하여 지불하는 임금제도이다. 간트는 이 제도를 작업자에게도 적용하여 한 작업집단이 최소

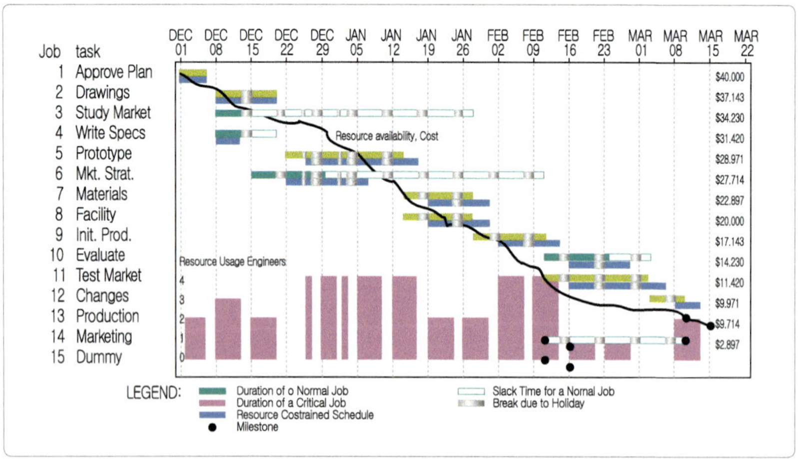

간트 차트

Business Insight

변화를 거부한다면 이미 죽은 사람이다

변화를 거부하는 사람은 이미 죽은 사람이다. 장례식을 했느냐 안 했느냐는 사소한 문제이다. 안정성이라는 것은 시냇물에 떠내려가는 죽은 물고기와 같다. 이 나라에서 우리가 아는 유일한 안정성은 변화뿐이다. 만약 목표를 성취하는 데 방해가 된다면 모든 시스템을 뜯어고치고 모든 방법을 폐기하고 모든 이론을 던져 버려라.

-헨리 포드, 『나의 산업론』

변화의 중압감에 지친 현대인은 변화의 소용돌이가 빨리 그치기를 바라면서 바짝 엎드리고 싶은 마음이 간절할 수 있다. 그러나 앞으로 다가올 미래에 지금보다 변화와 혁신이 덜 요구되는 시기는 결코 없을 것이다. 피할 수 없으면 변화를 즐기는 것이 올바른 선택이다.

이상의 생산량을 달성하면 그 감독자에게도 상여금을 지불함으로써 하위자의 교육훈련을 열심히 하도록 하였다. 간트의 임금제도는 임금을 통해 작업자에게 동기를 부여하였다는 점에서 큰 공헌을 하였다.

(5) 에머슨의 공헌

에머슨(1853~1931) 역시 테일러, 길브레스, 간트처럼 최초로 활동한 경영자문가였으며, 과학적 관리법의 유용성을 신봉하였다. 특히 그는 조직에 있어서 라인과 스태프(line and staff)의 역할에 관한 차이를 주장하였다. 그의 주장은 군대조직의 효율성에서 아이디어를 얻은 것이었다. 나중에 자세히 설명하겠지만 **라인경영자**란 조직의 작업을 수행하는 데 있어서 직접적으로 책임이 있는 경영자를, **스태프경영자**란 일반적으로 라인경영자의 활동을 지원하는 경영자를 말한다.

라인경영자
조직의 작업을 수행하는 데 있어서 직접적으로 책임이 있는 경영자

스태프경영자
라인경영자의 활동을 지원하는 경영자

2. 고전적 조직이론

과학적 관리가 개별 종업원의 직무에 초점을 둔 반면에 고전적 조직이론은 전체 조직을 관리하는 데 초점을 두었다. 고전적 조직이론은 현대 조직이론의 발전에 결정적인 역할을 하였다. 고전적 조직이론에 기여한 사람으로는 앙리 페이욜(Henry Fayol), 린들 어윅(Lyndall Urwick), 막스 베버(Max Weber), 체

앙리 페이욜

스터 바너드(Chester Barnard)를 들 수 있다.

(1) 페이욜의 관리이론

테일러가 과학적 관리이론의 아버지라고 한다면 페이욜(1841~1925)은 경영관리이론의 아버지라고 불릴 만큼 경영이론의 발전에 많은 영향을 준 인물이다.

페이욜은 본래 프랑스의 광산기사였으며, 광산회사의 최고경영자로 근무할 때인 1916년에 『산업 및 일반 경영관리론(*General and Industrial Management*)』을 저술하였다. 그리고 1930년에 그 책이 영어로 번역되면서 혁신적인 경영이론가로서 각광을 받기 시작하였다.

페이욜의 관리이론을 페이욜리즘(Fayolism)이라고도 한다. 그는 기업의 활동을 다음과 같은 여섯 가지의 본질적인 활동으로 나누어 설명하였다.

- 기술활동(technical activities) : 생산, 제작, 가공 활동
- 상업활동(commercial activities) : 구매, 판매, 교환 활동
- 재무활동(financial activities) : 자본의 조달 및 운영 활동
- 보전활동(security activities) : 재산 및 종업원의 보호 활동
- 회계활동(accounting activities) : 재산목록, 대차대조표, 원가계산, 통계
- 관리활동(managerial activities) : 계획수립, 조직화, 지휘, 조정, 통제

페이욜이 공부했던 프랑스의 생테치엔 에콜데민 광산학교(École Nationale Supérieure des Mines) 모습

위의 활동은 기업의 규모에 관계없이 적용되는 고유 기능으로, 그중 기술, 상업, 재무, 보전 및 회계 활동은 물적 자원과 관계된 기능이며, 관리활동은 인적 활동과 관계된다. 특히 경영규모가 클수록 기술기능보다는 관리기능이 확대된다고 주장하였다. 그가 제시한 관리활동은 오늘날에도 적용되고 있다.

페이욜의 또 다른 공헌 중의 하나는 관리

표 3-1 페이욜의 관리의 일반 원칙

분업(division of labor)	전문화의 정도가 높을수록 효율성이 증가하며 이에 따라 생산성이 증가한다.
권한(authority)	경영자는 명령을 할 수 있어야 한다. 권한은 명령할 권리를 부여한다. 그러나 권한은 책임을 수반해야 한다.
규율(discipline)	종업원은 조직을 지배하는 규칙(rules)을 따라야 한다. 규율이 형성되면 효과적인 리더십을 가져오며, 조직의 규칙에 관하여 경영자와 작업자 간의 이해를 증진시킨다. 또한 규율은 규칙을 위반했을 때 벌칙의 판단 근거가 된다.
명령의 통일 (unity of command)	개별 종업원은 한 사람의 상위자로부터만 명령을 받아야 한다.
지휘의 통일 (unity of direction)	동일한 목표를 갖고 있는 조직의 각 작업집단은 하나의 계획을 이용하는 한 사람의 경영자에 의하여 지휘를 받아야 한다.
조직 전체의 이익이 개인의 이익에 우선 (subordination of individual interests to the general interests)	개인의 이익이 조직 전체의 목표에 우선해서는 안 된다.
보상(remuneration)	종업원과 조직 간에 보상이 공정하게 이루어져야 한다.
권한의 집중 (centralization)	가능한 한 권한이 조직의 상위계층에 집중되어야 한다.
계층적 연쇄 (scalar chain)	최고경영층에서 하위층까지 계층별로 권한의 연쇄가 유지되어야 한다.
질서(order)	인적 및 물적 자원은 필요한 장소와 필요한 시간에 배치되어야 한다.
공정성(equity)	경영자는 하위자에게 친절하고 공정하게 대해야 한다.
고용의 안정성 (stability of tenure of personnel)	높은 이직률은 비효율성의 원인이 된다. 이를 방지하기 위하여 체계적인 인력계획을 수립하고 인사이동은 빈자리를 채우는 경우에만 해야 한다.
독창력(initiative)	종업원에게 독창성을 발휘하고 계획을 실행하게 하면 열심히 노력한다.
집단의 사기 (esprit de corps)	팀워크, 팀정신, 단결심 및 공동체의식을 유지해야 한다.

기능의 합리적인 수행을 위한 표 3-1 과 같은 14가지 관리의 일반 원칙을 제시하였다는 점이다. 그는 자신이 제시한 관리원칙은 기업뿐만 아니라 정부, 군대, 종교기관 등에도 적용될 수 있는 원칙이라고 주장하였다.

페이욜은 관리의 14 가지 원칙이 절대적인 것은 아니나 상황에 따라 관리

활동에 유용한 원칙으로서 가장 많이 이용될 수 있다고 하였다. 실제로 페이욜 이전에 많은 사람들이 이러한 원칙들을 이용하기는 하였으나 이를 최초로 공식화하였다는 점에서 큰 공헌을 하였다.

(2) 어윅의 공헌

어윅(1891~1983)은 영국의 장교였으나 후에는 경영이론가와 경영자문가로 활동하였다.

어윅은 주로 과학적 관리이론을 페이욜 및 기타 고전적 조직 및 관리이론과 통합하려고 노력하였다. 또한 계획수립, 조직화 및 통제지능을 현대적인 사고로 발전시키는 데 노력하였다. 그러나 어윅은 자신의 고유한 경영이론을 개발하였다기보다는 다른 이론들을 통합하는 데 중점을 두었기 때문에 그다지 각광받지는 못하였다.

(3) 베버의 공헌

베버(1864~1920)는 테일러 및 페이욜과 같은 시대에 활동한 독일의 사회학자이다. 그는 저서 『사회 및 경제조직의 이론(*Theory of Social and Economic Organizations*)』이 영어로 번역된 1947년에 비로소 알려지기 시작하였다. 그는 권한의

표 3-2 베버의 이상적 관료조직

분업(division of labor)	직무는 단순하고, 일상적이며, 잘 정의된 과업으로 세분화되어야 한다.
권한계층(authority hierarchy)	조직은 계층별 권한관계를 중심으로 조직화되어야 하며, 하위계층은 상위계층에 의하여 통제되고 감독되어야 한다.
공식적 채용(formal selection)	모든 조직구성원은 훈련, 교육 및 공식적 시험을 통해 기술적 자질을 중심으로 선발되어야 한다.
공식적 규칙 및 규제(formal rules and regulations)	종업원의 행동을 통일하고 규제하기 위하여 경영자는 공식적인 조직의 규칙에 의존해야 한다.
비개인성(impersonality)	규칙과 통제는 종업원의 개성이나 개인적인 선호도에 관계없이 통일적으로 적용되어야 한다.
경력지향(career orientation)	경영자는 자신이 관리하는 조직의 소유자라기보다는 직업적인 전문경영자가 되어야 한다. 경영자는 고정 봉급을 받으며 일을 하고 조직 내에서 경력을 쌓아야 한다.

구조에 관한 이론을 개발하였으며, 조직활동을 주로 권한관계를 기초로 설명하였다.

베버는 또한 이상적인 조직형태를 관료조직(bureaucracy)으로 설명하였다. 그의 관료조직개념은 현대 조직이론의 기초를 형성하는 데 큰 기여를 하였다. **관료조직**이란 분업, 명확히 정의된 계층, 세부적인 규칙과 규제, 비개인적 관계의 특징을 갖고 있는 조직을 말한다. 관료조직은 합리성, 비개인성, 기술적 능력 및 권위주의를 강조하였다는 점에서 과학적 관리와 유사성이 있다. 그러나 테일러의 이론이 철저한 현장 중심적인 반면에 베버의 관료조직이론은 개념적인 성격이 많다. 베버가 주장한 이상적인 관료조직의 특성을 요약해 보면 표 3-2 와 같다.

막스 베버

관료조직
분업, 명확히 정의된 계층, 세부적인 규칙과 규제, 비개인적 관계의 특징을 갖고 있는 조직

(4) 바너드의 공헌

바너드(1886~1961)는 미국의 뉴저지 주에 위치한 벨 텔레폰 컴퍼니(Bell Telephone Company)의 회장이었으며, 1938년 『최고경영자의 직능(*The Functions of the Executives*)』을 저술함으로써 경영이론의 발전에 큰 기여를 하였다. 그는 자신의 책을 통해 권한의 수용(the acceptance of authority)에 관한 이론을 제시하였다.

체스터 바너드

바너드의 이론에 의하면 하위자는 상위자의 지시에 관한 정당성을 평가한 다음 그 지시를 따를 것인가에 관한 의사결정을 한다. 즉 상위자의 명령에 대하여 하위자가 이해를 하고, 따를 수 있는 능력이 있으며, 조직의 목표에 적절하다고 생각할 때 수용된다는 것이다.

또한 바너드에 의하면 공식적인 조직에 있어서 구성원은 혼자 달성할 수 없는 것을 다른 사람과 공동으로 노력하여 달성한다. 그러나 구성원들은 조직의 목표를 추구하면서 개인적 필요를 만족시켜야 한다고 하였다. 다시 말하면 조직의 목표와 조직의 목표를 달성하기 위하여 일하는 개인의 목표 및 필요 간에 균형이 유지되어야 조직이 효율적으로 운영될 수 있다는 것이다.

바너드는 경영자가 하위자의 무관심의 영역이나 수용의 영역을 이해할 때, 즉 경영자의 권한에 대하여 하위자가 이의를 제기하지 않는 경우에만 개인목표와 조직목표 간의 균형이 유지될 수 있다고 믿었다. 바너드는 주로 경영자의 역할에 중점을 두기는 하였으나 역시 조직에 있어서 기본적인 전략적 요인으로서 개인의 역할에도 초점을 두었다.

후에 바너드가 조직을 집단으로 일하는 개인의 협동적 집단이라고 강조하면서부터는 고전적 조직이론을 초월하여 현대의 많은 경영사상의 발전에 첫발을 내딛게 되었다.

3. 고전적 경영이론의 평가

(1) 고전적 경영이론의 공헌

어떤 작업을 하나 또는 몇 개의 과업으로 나누어 전문화함으로써 여러 사람이 같이 작업을 하면 같은 사람의 수로 각자가 모든 작업을 한번에 수행하는 것보다 생산성을 증가시킬 수 있다. 이는 컨베이어 벨트(conveyor belts)를 이용해 각각의 종업원들로 하여금 하나의 특정 직무를 수행하는 데 필요한 일부분만을 작업하도록 하고, 다음 사람에게 나머지 작업을 하도록 하는 현대의 조립라인(assembly line)이 생산성을 향상시킨다는 사실에서 알 수 있다. 오늘날의 조립라인은 테일러가 생각했던 것보다 빠르게 완제품을 생산하고 있다. 아무튼 현대의 생산라인은 과학적 관리의 유산이라고 할 수 있다.

또한 과학적 관리는 산업조직 외에도 여러 조직활동에 적용할 수 있다. 시간 및 동작 연구와 같은 과학적 관리의 효율성 제고기법은 어떤 과업을 달성하는 데 필요한 도구와 육체적 동작을 효율적으로 그리고 합리적으로 구성할 수 있다는 개념을 갖게 하였다. 이는 오늘날의 작업설계(work design)의 개념에 많은 기여를 하였다.

역시 과학적 관리에서 제창된 종업원의 과학적인 선발과 개발은 작업자의 유효성을 향상시키기 위한 작업자의 능력과 교육 및 훈련이 중요하다는 것을 일깨워 주었다. 특히 조직의 효율성을 강조한 과학적 관리이론은 오늘날의 생산공정에 있어서 자동화(automation)와 로봇을 이용한 작업을 발전시키는 데 기여하였다.

이상에서 볼 때 과학적 관리는 조직문제를 해결하기 위한 합리적 접근방법을 개발하였으며 최초로 경영을 전문화하였다는 점에서 큰 가치가 있다고 할 수 있다. 한편, 고전적 조직이론은 약간의 수정을 통해 오늘날에도 모든 조직에서 적용되고 있는 매우 유용한 관리 원칙을 제시하였다. 특히 이 이론들은 현대 경영학을 이해하는 데 있어서 가장 기초가 되는 개념들이다.

(2) 고전적 경영이론의 한계

그러나 고전적 경영이론은 현대 경영이론에 대한 공헌에도 불구하고 다음과 같은 한계점을 갖고 있었다.

① 경험에만 지나치게 의존하였다

고전학파의 경영이론가들은 대부분 특정 유형의 조직에서 자신이 경영자로서 또는 경영자문가로서 경험한 내용을 중심으로 아이디어를 개발하였다. 예를 들면 테일러나 페이욜의 이론들은 비교적 안정적인 환경에 있었던 대규모의 제조기업에서 체험한 것을 기초로 하였다. 그러나 그들의 이론을 경쟁기업의 신제품 개발과 같이 환경의 변화가 빠른 첨단기술 제품을 생산하는 오늘날의 기업에 일반화하기에는 문제가 있다.

② 검증되지 않은 가정이 많았다

고전학파의 경영이론이 근거로 하는 가정들은 대부분 과학적인 검증이 시도되지 않은 것들이었다. 예를 들면 작업자들의 생활이란 공장에서 시작하여 공장에서 끝나는 것으로 보았다. 이러한 가정은 작업자란 기본적으로 화폐에 의해 동기가 부여되며, 오로지 화폐를 위해서만 일을 한다는 것이다. 또한 생산성만이 조직의 활동을 평가할 수 있는 것으로 보았다. 이러한 가정들은 작업자가 작업과 관계없는 욕구와 필요를 갖고 있으며, 때로는 자신의 직무를 필요악이라고 생각할 수도 있다는 점을 간과하고 있다.

③ 비공식적 조직을 고려하지 않았다

고전적 경영이론은 조직에 있어서 공식적인 관계(formal relationships)만을 강조한 나머지 작업자 간의 사회적 관계, 공식적 조직 차원에서 규정된 것과는 관계없는 다른 리더의 출현 가능성과 같은 비공식적 관계를 무시하였다.

이러한 요인들을 고려하지 않는 경우 종업원을 의사결정이나 계획수립에 참여시키는 것과 같이 만족과 성과에 영향을 미치는 중요한 요인들을 생각할 수 없을 것이다.

④ 의도되지 않은 결과를 가져올 수 있다

고전적 경영이론은 높은 생산성을 달성하거나 작업자 간 그리고 작업자와 경영자 간에 공정성을 유지하는 데 목적을 두었다. 그러나 실제로 이러한 일들이 의도하지 않은 결과를 가져올 수 있다는 점을 간과하였다. 예를 들어서 규칙과 규정을 지나치게 강조하면 맹목적으로 따름으로써 본래의 의도를 망각하게 할 수 있다. 경우에 따라서는 규칙이 종업원들로부터 기대하는 최소 수준의 성과가 될 수 있기 때문에 그들은 최소 수준만을 달성하고자 노력할 수도 있다. 차라리 규칙이 없더라면 더 많은 성과를 달성할 수도 있을 것이다.

⑤ 인간을 기계와 동일하게 취급하였다

고전적 경영이론은 조직이란 하나의 기계이며 인간은 오로지 그 기계를 효율적으로 움직이게 하는 부속에 불과하다고 간주한 느낌을 준다. 따라서 많은 관리원칙이 일차적으로 조직을 효율적으로 만드는 데 관심을 두었으며, 여기에는 종업원이 화폐적 자극에만 만족한다면 주어진 작업조건에 순응할 것이라는 가정이 있었다.

⑥ 조직의 외부환경을 고려하지 않았다

조직이란 조직 외부의 여건에 의해 많은 영향을 받으며 그러한 외부 여건은 변동이 심하다고 할 수 있다. 그러나 고전적 경영이론은 조직이라는 외부 여건의 영향을 받지 않고도 형성될 수 있다는 가정을 한 느낌을 준다. 나중에 설명할 시스템이론(systems theory)은 조직에 대한 외부환경의 중요성을 강조하는 이론이다.

제3절 인간행동학파

고전적 경영이론은 조직과 직무를 기계적인 관점에서 이해하였다. 즉 조직을 하나의 기계로 간주하고 작업자를 기계의 부속으로 간주하였던 것이다. 물론 대부분의 고전적 경영이론이 조직에서의 개인의 역할을 인식하였으나, 주로 개인의 행동을 통제하고 표준화하는 데 초점을 두었다. 그러나 고전적 경영이론은 만족할 만한 생산효율과 작업현장에서의 조화를 이룩하는 데는 실패하였다. 실패의 가장 큰 원인 중의 하나는 사람이 항상 기대한 행동유형을 따르지 않는다는 것이다.

따라서 조직을 구성하고 있는 사람의 측면에서 사람을 효과적으로 관리하는 데 관심을 두기 시작하였다. 여기에서 출현하기 시작한 것이 **인간행동학파**의 이론들이다. 인간행동학파의 이론들은 주로 사회학과 심리학의 내용을 통해 고전적 경영이론의 한계를 극복하고자 한 것으로 조직 내에서 개인의 태도, 행동 및 집단과정 등의 인간행동을 중요시한다.

인간행동학파
조직 내에서 개인의 태도, 행동 및 집단과정 등의 인간행동을 중요시하는 이론

인간행동학파의 대표적인 사람으로는 인간관계운동(human relations movement)의 발판을 이룩한 엘턴 메이오(Elton Mayo), 인간관계운동을 행동과학으로 발전시킨 더글러스 맥그리거(Douglas McGregor), 크리스 아지리스(Chris Argyris), 그리고 에이브러햄 매슬로(Abraham Maslow) 등을 들 수 있다.

1. 메이오의 호손 연구

뮌스터버그와 폴레트가 인간행동이론의 발전에 많은 기여를 한 것은 사실이나 보다 구체적으로 발전하게 된 동기는 1927년에서 1932년 사이에 웨스턴 일렉트릭(Western Electric)사의 시카고 근교에 있는 호손 공장(Hawthorne plant)에서 메이오와 그의 동료 프리츠 레슬리스버거(Fritz J. Roethlisberger)와 윌리엄 딕슨(William Dickson) 등에 의해서 수행된 일련의 연구였다. 당시 메이오는 하버드대학의 교수 겸 경영자문가였다.

Management Highlight

인간행동학파의 출현 전 과도기의 공헌자

휴고 뮌스터버그(Hugo Münsterberg, 1863~1916)

뮌스터버그는 산업심리학을 개척한 독일계 미국인 심리학자로 1913년에 『심리학과 산업효율(*Psychology and Industrial Efficiency*)』을 저술하였다. 그는 이 책에서 인간행동의 일반적인 유형과 개인적 차이를 설명하기 위하여 인간행동에 관한 과학적인 연구의 필요성을 주장하였다. 또한 과학적 관리와 산업심리학 간의 연계를 시도하였다. 즉 과학적 관리의 과학적인 작업분석과 다양한 직무에 대한 개인적 기술 및 능력을 적합시킴으로써 작업효율을 증가시킬 수 있다고 하였다. 한편, 그는 종업원의 선발을 개선하기 위한 심리학적인 테스트의 이용, 훈련 방법을 개발하기 위한 학습이론의 이용, 작업자의 동기부여를 위해 어떠한 기술이 가장 효과적인가를 이해하기 위한 인간행동연구의 필요성을 제기하였다. 오늘날의 종업원 선발, 훈련, 직무설계, 동기부여에 관한 이론들은 그의 이론을 기초로 하고 있다.

메리 파커 폴레트(Mary Parker Follett, 1868~1933)

폴레트는 조직을 개인 및 집단행동의 관점에서 이해하였다. 본래 케임브리지대학에서 정치학, 경제학, 철학 및 법학을 공부한 사회철학자였으나 그녀의 연구는 경영이론의 발전에도 많은 시사점을 제공하였다. 폴레트는 조직을 개인주의보다는 집단윤리에 기초를 두어야 한다고 주장하였다. 즉 개인의 잠재성은 집단관계에 의해서 발휘되기 전까지는 단지 잠재성으로서의 가치밖에 없다는 것이다. 따라서 경영자는 집단의 노력을 조화시키고 조정해야 하며, 경영자와 작업자는 공동집단의 일원으로서 서로를 동반자로 생각해야 한다고 하였다. 이를 통해 경영자는 하위자를 지휘하는 데 있어서 자신의 지위에 부여된 권한보다는 자신의 전문적 기술과 지식을 이용할 수 있다고 하였다. 이러한 주장은 동기부여, 리더십, 권력 및 권한에 관한 이론의 발전에 기여하였다. 또한 폴레트는 조직 내의 갈등(conflict)을 해결하기 위한 방법에도 많은 관심이 있었다.

폴레트에 의하면 조직의 갈등을 해결하기 위한 방안으로는 ① 한쪽이 포기하거나, ② 한쪽이 다른 쪽에게 포기하도록 강요하거나, ③ 타협(compromise)하거나, ④ 통합(integration)하는 방법이 있으나, ①, ②는 권력을 이용하는 것이기 때문에 가장 바람직스럽지 못하며, ③은 갈등의 원인이 된 근본적인 문제를 제기하지 않고 단지 갈등을 지연시키는 것이기 때문에 역시 만족할 만한 방안이 아니고, ④는 양쪽 당사자의 노력을 통해 갈등의 원인이 된 문제의 토의와 해결책을 강구하기 때문에 가장 바람직하다고 하였다.

엘턴 메이오

1924년 호손 공장의 연구자들은 호손 연구(Hawthorne Studies)라고 부르는 1차 실험을 하였다. 본래 이 실험의 목적은 소음, 조명, 온도 등의 물리적 환경이 생산성에 미치는 영향을 연구하는 데 있었다.

이 실험에서 그들은 여성 작업자를 대상으로 작업집단을 두 개로 나누어 하나의 집단(실험집단)에는 조명의 강도를 다양하게 변화시키고, 다른 집단(통제집단)에는 동일한 조명에서 작업을 하게 한 다음 두 집단 간의 생산성의 차이를 측정하였다. 놀랍게도 조명의 강도를 증가시킨 실험집단과 통제집단 모두에서 생산성이 증가되었다. 더구나 실험집단의 조명을 감소시켜도 두 집단 모두에서 생산성이 증가하였다. 심지어는 조명의 밝기를 달빛 수준까지 감소시키자 그때부터 생산성이 떨어지기 시작하였다. 또한 작업 일수를 늘리고 휴식 기간을 단축해도 생산성이 증가하였다. 실험에 참가한 여성 작

호손 연구 당시 웨스턴 일렉트릭사의 호손 공장 모습

업자의 대부분은 실험을 하기 전보다도 자신의 직무에 더 만족하고 있다고 응답하였다.

1927년에 호손 연구의 실험결과를 해석하고자 메이오와 그의 동료들에게 의뢰하여 추가적인 실험을 하게 하였다. 먼저 그들은 여성 작업자들이 휴식을 마음대로 하도록 감독권한을 변경하였다. 다음에 실험집단에는 임금을 올려 주고 통제집단의 임금은 그대로 두었다. 그러나 역시 두 집단 모두에서 생산성이 증가하였다.

메이오와 그의 동료들은 몇 년간의 지속적인 연구 끝에 다음과 같은 연구결과를 얻었다.

- 화폐적 자극은 생산성에 영향을 미치지 않는다. 그 이유는 실험집단에만 임금을 올려 주었으나 임금을 올리지 않은 통제집단에서도 생산성이 증가하였기 때문이다. 대신에 면담과 관찰을 통해 정서적인 연결 반응(emotional chain reaction)이 생산성 증가의 원인이라는 것을 알게 되었다.
- 작업자들은 실험에 참가자로서 선발되었다는 이유로 집단적 긍지를 갖게 되었으며, 이것이 그들에게 성과를 증가시키는 동기를 부여했다. 즉 그들은 실험에 참가함으로써 이제 공장에서 소외된 사람이 아니며 중요한 집단의 일원이라는 것을 느낀 것이다. 또한 감독자의 지원과 자신

들의 직무에 대하여 의사결정을 할 수 있는 기회를 준 것도 그러한 동기부여에 기여를 하였다.

호손 연구가 주는 시사점은 다음과 같다.

- 작업집단에 소속됨으로써 만족될 수 있는 심리적인 욕구나 욕망에 비해 임금이나 작업조건에 의해 동기부여가 되지 않았다.
- 과업에 관한 의사결정의 책임을 개인으로서 또는 집단으로서의 작업자에게 부여함으로써 그 과업을 더욱 중요하게 생각하도록 하는 자극을 주었다.
- 감독자의 인식 전환을 통해 작업자가 조직을 위해 자신들이 중요한 기여를 하고 있다고 느끼게 했다.

호손 효과
경영층이 복지에 관심을 두거나 감독자가 특별한 관심을 두면 작업자가 열심히 일을 한다는 이론

또한 메이오 등은 경영층이 복지에 관심을 두거나 감독자가 특별한 관심을 두면 작업자가 열심히 일을 한다고 믿었다. 이것을 **호손 효과**(Hawthorne effect)라고 한다. 또한 그들은 작업자의 사회적 환경과 같은 비공식적 작업집단이 생산성에 영향을 미친다는 것을 발견하였다. 즉 경영자의 요구보다는 동료 작업자와의 관계나 우정 등에 의해 형성된 작업집단의 압력이 생산성에 더 많은 영향을 미칠 수 있다는 것을 발견하였다.

이상의 호손 실험은 작업자가 단순한 기계의 연장선이라는 사고를 뒤엎는 경영학 연구에 있어서 일대 전환점이 되었다.

2. 인간관계운동

호손 연구의 결과를 토대로 출현한 것이 인간관계운동(human relations movement)이다. 사실 고전적 경영이론, 특히 과학적 관리이론은 작업현장에 있어서 단순한 자극-반응 관계(stimulus-response relationship)를 가정한 것이었다. 즉 적절한 직무가 설계되고 적절한 임금이 설정되면 작업자는 지시받은 대로 직무를 수행하며 많은 임금을 받기 위해 생산성을 최대화하려고 노력한다는

것이다.

그러나 인간관계이론은 보다 복잡한 과정을 가정하고 있다. 이것은 작업자는 작업장에서 사회적 조건, 감정, 대인관계적 상황 등 사회적 맥락의 차원(social context)에 일차적으로 반응한다는 이론이다. 인간관계운동의 근본적인 가정은 작업자에 대해 경영자가 관심을 많이 둘수록 작업자의 만족감은 증가하며, 이는 보다 높은 성과를 가져온다는 것이다.

인간관계이론
작업자는 작업장에서 사회적 조건, 감정, 대인관계적 상황 등 사회적 맥락의 차원에 일차적으로 반응한다는 이론

초기 인간관계운동에 기여한 사람으로는 매슬로, 맥그리거, 아지리스 등을 들 수 있다.

(1) 매슬로의 공헌

매슬로(1908~1970)는 인간의 욕구는 계층을 형성하며 고차원의 욕구는 저차원의 욕구가 충족될 때 동기부여 요인으로 작용한다는 욕구단계이론(needs hierarchy theory)을 제시하였다.

에이브러햄 매슬로

- 생리적 욕구(physiological needs) : 가장 기본적인 욕구 단계로, 인간의 기본적 본능에 따른 의식주에 관한 욕구를 말한다. 가장 기본적인 욕구 단계이므로 사람이 살면서 평생 반복되는 욕구이다.
- 안전의 욕구(safety and security needs) : 생리적 욕구가 충족되면 나타나는 욕구로, 개인의 생활영역의 안전을 보존하고 추구하는 욕구이다. 즉 외부의 위험요소들로부터 신체적, 정신적으로 보호되고 안전하기를 바라는 욕구이다.
- 사회적 욕구(social needs) : 사회에 소속되어 집단에 속한 일원으로서의 의미를 찾으려 하는 욕구이다. 즉 사람이 살아가면서 생리적 욕구와 안전의 욕구가 어느 정도 충족이 되면 어느 사회집단을 만들거나 특정 집단에 받아들여지기를 바라는 욕구이다.
- 존경의 욕구(esteem needs) : 타인에 의한 인정과 존경을 욕구하는 단계이다. 3단계의 사회적 소속감을 충족하게 되면 그 집단 내에서 더 높은 지위를 원하고, 평범한 일원이 아닌 그 이상의 존재가 되고자 하는 욕구이다.

- 자아실현의 욕구(self-actualization needs) : 앞에서 제시한 네 단계의 모든 욕구가 충족될 때 나타나는 욕구로, 자신의 재능, 능력, 잠재력 등을 충분히 발휘하고 발전시키며 성장하여 자아를 완성시키려는 욕구를 말한다. 자기만이 스스로 하고 싶은 것, 이루고 싶은 것을 갈망하는 욕구이다.

매슬로는 개인의 행동을 결정짓는 동기요인으로 이상의 다양한 욕구체계를 제시함으로써 인간행동이론에 있어서 동기를 이해하는 데 큰 기여를 하였다.

(2) 맥그리거의 공헌

더글러스 맥그리거

맥그리거(1906~1964)는 1960년『기업의 인간적 측면(*the Human Side of Enterprise*)』을 통해 X이론(Theory X)과 Y이론(Theory Y)을 제시함으로써 조직에 있어서 인적 자원의 통제 근거를 밝혔다.

X이론의 가정은 다음과 같다.

- 사람은 본래 일하기를 싫어하며 가능하면 일을 피하고자 한다.
- 사람은 야망이 별로 없으며 책임을 회피하려고 하며 명령받기를 좋아하고 안전을 추구한다.
- 대부분의 사람들은 조직문제를 해결할 만한 창의성이 없다.
- 따라서 조직목표를 달성하기 위해서는 강제, 명령, 처벌 등의 방법을 이용해야 한다.

한편, Y이론의 가정은 다음과 같다.

- 사람이 일을 한다는 것은 자연스러운 현상이다. 때에 따라서는 일을 한다는 것이 고통스럽지만 기쁨을 가져올 수도 있다. 인간은 스스로 책임을 지려고 하며 오히려 그것을 추구한다.
- 사람이 조직목표에 관계하게 되면 자기지향(self-direction)과 자기통제(self-control)를 이용한다.
- 개인이 조직목표를 위해 얼마나 헌신하느냐는 목표달성과 보상(rewards)

간의 함수관계에 의해 결정된다.

- 사람은 조직문제를 해결할 수 있는 창의적 능력이 있다.
- 조직은 사람의 평균적 지적 능력 중 일부밖에 활용하지 못하고 있다.

맥그리거는 이상의 가정 중 X이론보다 Y이론이 더욱 적절한 관리철학이며, 조직에 있어서 어떤 문제가 발생하면 Y이론의 관점에서 제 활동을 조정해야 한다고 주장하였다.

(3) 아지리스의 공헌

아지리스(1923~2013)는 작업자의 동기부여와 만족에 관하여 고전학파의 기본적인 가정과 호손 연구의 결과를 접목시키려고 노력하였다. 아지리스는 경영자가 작업자를 지나치게 통제하면 작업자로 하여금 능동적이고 의존적인 행동을 유발하게 하여 책임을 회피하게 된다고 하였다. 그 결과 작업자는 작업에 대하여 좌절감과 불만족을 느끼며 조직목표의 달성에 장애가 되는 행동을 하게 된다는 것이다.

크리스 아지리스

그는 또한 사람은 성숙함에 따라 자신의 생활스타일에 영향을 미치는 새로운 태도와 행동을 갖게 된다는 신념을 갖고 있었다. 그에 의하면, 그러한 태도와 행동은 독립성을 갖게 하고 관심의 폭을 넓혀 주며 다양한 활동을 하게 하고 자신의 삶에 대하여 많은 통제를 하게 한다. 그러므로 통제를 지나치게 강조하는 조직은 개인을 마치 미성숙한 사람으로 취급하는 것과 같다고 하였다.

3. 인간행동학파의 평가

인간행동학파는 고전학파에서 고려하지 않은 조직 내에서의 개인의 중요성을 강조함으로써 새로운 경영이론의 발전에 기여하였다. 즉 인간행동학파는 개인의 사회적 욕구, 집단과정, 상위자와 하위자 간의 관계가 생산성에 영향을 미칠 수 있다고 주장함으로써 작업자의 개인적 기술만을 강조한 고전이론의 한계를 극복하고자 하였다. 이를 위해 사람을 다루는 기술을 이용해야 하며, 경영의 기술적 측면과 인간적 측면 사이의 관계를 이해해야 한다고 하였다.

그러나 인간행동학파는 인간의 동기부여의 성격에 관한 문제를 완전히 해결하지는 못하였다. 인간행동학파 이후의 연구에서는 작업자의 만족이 생산성의 일차적인 원인이라는 신념을 반박하기도 하였다. 또한 화폐가 일차적인 동기부여의 요인은 아니나 이직률이 높고 임금 수준이 낮은 산업에서는 임금이 작업자의 생산성에 영향을 미칠 수 있다는 점을 지적하였다. 한편 고전이론과 마찬가지로 행동이론도 조직의 외부환경을 정적인 것으로 간주하였다는 점도 부인할 수 없다. 따라서 개인의 심리적·사회적 차원은 조직의 성과 중 일부밖에 설명하지 못하며, 조직의 전체적인 관점에서 보면 역시 경영활동의 여러 고려 요인 중 일부에 속하는 차원이라는 한계가 있다.

제4절 계량경영이론

20세기 초의 고전적 경영이론과 1920년대에서 1930년대의 인간행동이론이 출현한 이후, 제2차 세계대전이 있고 나서 1950년대에는 계량경영이론이 발전하기 시작하였다. 계량경영이론이란 문제의 해결과 의사결정을 위해 계량적 기법을 이용하는 접근방법이다. 특히 이 접근방법은 의사결정, 경제적 효과성, 수학적 모델의 개발에 중점을 두었다.

제2차 세계대전 당시 영국은 독일군의 공격을 막기 위하여 수학자, 물리학자 및 기타 전문가들로 구성된 OR(Operations Research)팀을 만들었다. 당시의 전쟁 상황은 잠수함이 출현하고 대량의 전투기를 이용한 공격이 주를 이루어 그 양상이 복잡하였다. 이에 따라 군수물자의 효율적인 전개와 보다 정교한 작전수립이 필요하게 되었던 것이다. 이때 영국의 OR팀은 공격과 반격의 시나리오를 단순화할 수 있는 수학적 모델을 개발함으로써 실전에서의 작전상의 오차를 최소화하는 데 성공하였다.

본래 군대의 작전을 위해 개발된 OR기법은 전쟁이 끝난 후 산업 분야에 적용되기 시작하였다. 특히 복잡한 수학적 모델을 신속하게 풀 수 있는 컴퓨터 기술의 발전으로 인하여 산업 분야에서의 OR기법이 급속도로 정착하였다. OR기법을 기초로 하여 경영문제를 수학적 모델을 통하여 분석하고 해(solution)를 구하는 접근방법을 **경영과학**(management science)이라고 한다.

경영과학
경영문제를 수학적 모델을 통하여 분석하고 해(solution)를 구하는 접근방법

여기서 수학적 모델이란 어떤 시스템, 과정 또는 관계성을 단순화하여 수학적인 공식으로 표현하는 것을 말한다. 즉 경영문제와 관련된 변수를 추출한 다음 변수 간의 관계를 수학적으로 표현하여 최적의 해를 도출하기 위한 변수의 값을 구하는 접근방법이다. 예를 들어서 Z라는 제품 1단위를 생산하는 데는 원재료 X가 3단위 그리고 원재료 Y가 2단위 필요하다고 가정해보자. 이 경우 제품 Z를 생산하기 위한 총비용은 다음과 같은 식으로 표현할 수 있다.

$$3(X\text{의 비용}) + 2(Y\text{의 비용}) = Z\text{의 비용}$$

위 식을 이용하여 언제든지 Z의 단위당 비용을 구할 수 있다. 예를 들어서 X의 단위당 비용이 100원, Y의 단위당 비용이 200원이라면, 제품 Z 1단위를 생산하기 위한 비용은 3(100)+2(200)=700원이 된다.

경영문제를 해결하기 위한 실제의 수학적 모델은 이보다는 훨씬 복잡하며 문제의 성격에 따라 다양한 기법이 이용된다. 몇 가지 예를 들면 선형계획법(linear programming), PERT/CPM, 목표계획법(goal programming), 정수계획법(integer programming), 대기행렬이론(queuing theory), 동적계획법(dynamic programming), 모의실험(simulation) 등이 있다. 이외에도 통계학의 시계열분석(time series analysis)이나 회귀분석(regression analysis) 등의 예측기법을 이용하기도 한다.

궁극적으로 경영과학의 목적은 경영문제에 대한 해를 도출하거나 의사결정과정에 있어서 여러 대안 중 최선의 대안을 선택하도록 하는 데 있다고 할 수 있다. 초기에는 경영과학이 주로 생산관리 분야에서 적용되었으나 현재는 재무관리, 마케팅 등 여러 분야에서 광범위하게 이용되고 있다.

이상의 계량경영이론은 의사결정을 위한 여러 도구 및 기법을 제공하고 조직의 전반적인 과정을 이해하는 데 기여하였다. 특히 계량경영이론은 조직의 계획수립과 통제 활동을 위해 유용하게 이용되고 있다. 그러나 이 접근방법은 개인의 행동과 태도를 완전히 설명할 수 없고 경영문제를 해결하기 위한 수학적 모델 자체가 현실과는 거리가 먼 가정하에서 구성될 수 있다는 제한점이 있다.

제5절 시스템이론

루드비히 폰 베르탈란피

시스템
하나의 목적을 가지고 이를 달성하기 위하여 여러 구성인자가 유기적으로 연결되어 상호작용하는 결합체

경영이론의 시스템적 접근방법은 물리학자이며 생물학자였던 루드비히 폰 베르탈란피(Ludwig von Bertanlanffy)가 제창한 일반시스템이론(general system theory)에 근원을 두고 있다. 일반시스템이론의 주요 전제는 어떤 실체(entity)의 활동은 하나의 시스템으로서 이해될 수 있다는 점이다. 시스템(system)이란 전체로서 작용하는 상호관련된 요소들의 조합(an interrelated set of elements functioning as a whole)을 말한다. 보다 구체적으로 설명하면 **시스템**이란 하나의 목적을 가지고 이를 달성하기 위하여 여러 구성인자가 유기적으로 연결되어 상호작용하는 결합체라고 할 수 있다.

시스템은 다음과 같은 네 가지의 속성을 갖고 있다.

- 어떤 시스템이든지 뚜렷한 목표를 가지고 있어야 한다. 이를 시스템의 목표성(objective)이라고 한다.
- 시스템을 구성하는 구성인자가 질서 있게 유기적으로 연결되어 있어야 한다. 이를 시스템의 구조성(structure)이라고 한다.
- 구성인자는 목표를 달성하기 위하여 상호작용을 해야 한다. 이를 시스템의 기능성(function)이라고 한다.
- 시스템은 구성인자가 하나로 결합되어 있는 실체(entity)의 성격을 갖고 있다. 이를 시스템의 전체성(wholeness)이라고 한다.

우리 주변의 모든 실체는 시스템으로 파악할 수 있다. 인체도 하나의 시스템이며 기업, 학교, 병원, 자동차, 우주선, 통신시설 등도 하나의 시스템이라고 할 수 있다. 시스템과 관련된 몇 가지 주요 개념을 살펴보면 다음과 같다.

(1) 개방시스템과 폐쇄시스템

환경과 상호작용하는 시스템을 **개방시스템**(open system)이라고 하며, 환경과 상호작용을 하지 않는 시스템을 **폐쇄시스템**(closed system)이라고 한다. 모든 조직은 환경과 상호작용하는 정도는 다르나 개방시스템이라고 할 수 있다. 기업조직은 조직 외부의 소비자, 원재료 공급업자, 금융기관, 주주, 정부, 지역사회 등 이해당사자와 상호작용하면서 기업활동을 수행한다. 그러나 사람과 조직을 기계적인 관점으로 이해한 테일러의 과학적 관리는 조직의 내적인 측면만 강조한 폐쇄시스템의 관점이었다.

개방시스템
환경과 상호작용하는 시스템

폐쇄시스템
환경과 상호작용을 하지 않는 시스템

(2) 하위시스템

하위시스템(subsystems)이란 하나의 시스템 내에 존재하는 시스템으로서 전체시스템을 구성하고 있는 구성인자를 말한다. 하위시스템은 다시 그것을 구성하고 있는 하위-하위시스템으로 나눌 수 있다. 즉 하위시스템도 자체적인 시스템을 갖고 있다. 기업에 있어서 마케팅, 생산, 재무, 인사 부문은 조직 전체시스템의 하위시스템이라고 할 수 있다. 그런데 전체시스템을 구성하고 있는 하위시스템들은 상호의존성이 있다. 예를 들어 생산부서에서 품질이 나쁜 제품을 생산하면 마케팅부서의 매출액 증대에 어려움을 겪게 되며 이는 재무부서의 자금운용에도 영향을 미치게 된다.

하위시스템
하나의 시스템 내에 존재하는 시스템으로서 전체시스템을 구성하고 있는 구성인자

(3) 시너지

시너지(synergy)란 본래 근육이나 신경 등이 결합되어 그것이 하나로서 합계된 이상의 힘을 발휘하는 활동이나 작용을 말한다. 즉 시너지란 두 가지 이상의 요소를 결합했을 때 나타나는 상승효과, 각 부분이 독자적으로 활동하는 것보다는 공동의 노력과 상호작용을 통해 활동하는 경우가 큰 성과를 가져온다는 개념이다. 이를 시너지효과(synergy effect)라고도 한다. 예를 들어

Management Highlight

시너지효과

흔히 1+1=3이라는 수식으로 표현되는 시너지의 어원은 함께 일한다는 뜻의 그리스어'Synergos'에서 유래되었다. 2개 이상의 사업 부문 또는 회사 간에 따로따로 활동할 때에 비해 협동함으로써 보다 큰 가치를 창조할 수 있을 때 시너지효과가 있다고 말한다.

기업의 시너지 추구 노력이 성공하여 나타나는 시너지의 발생 유형은 대체로 다음과 같다.

유형의 자원 공유

기업은 유형의 자산이나 자원의 공유를 통해 상당한 크기의 비용을 절약할 수 있다. 예를 들어 생산시설의 공동 활용이나 물류센터의 공유 등을 통해 자원의 활용도를 높이고 낭비 요소를 제거할 수 있으며, M&A의 경우에는 매수기업의 자원을 공유함으로써 시너지를 기대할 수 있다.

노하우의 공유

기업은 지식이나 기술 등 무형의 자원을 공유함으로써 시너지를 얻을 수 있다. 업무 수행에 있어서 특수 과정 및 특정 역할, 지역에 대한 정보의 공유를 통해 시너지효과를 얻는 것이다. 많은 기업들이 핵심업무 능력의 강화에 역점을 두고 있음을 볼 때 노하우의 공유는 매우 중요한 시너지효과의 원천임을 알 수 있다.

협상 창구의 단일화

기업은 구매 창구의 단일화를 통해 구입비용을 줄이거나 구입하는 상품의 질을 개선할 수 있다. 또한 고객, 정부당국, 대학 등 관련 이해당사자들과의 협상에서도 협상시간의 단축, 협상력 강화를 통한 협상의 품질 향상 등 상품 구입과 유사한 효과를 얻을 수 있다.

전략의 통합

두 개 이상의 사업 부문 또는 회사 간에 전략을 통합함으로써 나타나는 시너지효과도 매우 크다. 공동의 경쟁업체에 대해 서로 협조하여 대응하거나, 목표시장을 선정할 때 서로 협의하여 시장에서의 충돌을 방지하는 등의 활동을 통해 기업은 강력한 경쟁우위를 확보할 수 있다.

수직적 통합

어떤 사업 부문이 일련의 생산과정에서 연속된 단계에 있는 사업 부문과 협조하면 안정적 생산활동의 수행, 재고관리의 효율성 제고 등 시너지효과가 발생한다. 특히 석유화학 및 목재 사업과 같은 가공을 중시하는 산업 분야에서는 신중하게 계획된 수직적 통합이 큰 이익을 창출한다.

시너지효과 발생의 조건

자원의 정의

시너지의 원천인 공유자원은 생산장비의 형태를 취할 수도 있고(투자 시너지), 고객일 수도 있고(판매 시너지), 원재료일 수도 있고(생산 시너지), 또는 경영 스킬일 수도 있다(경영 시너지). 오늘날 기업에 있어서 자원의 정의는 경제학에서 말하는 전통적인 자원인 토지/노동/자본뿐만 아니라 자산, 역량, 비즈니스 프로세스, 정보와 지식 등 조직을 효율적이고 효과적으로 운영하는 데 이용되는 모든 것을 의미한다.

이러한 자원은 크게 공적 자원과 사적 자원으로 분류할 수 있다. 공적 자원은 브랜드 네임이나 관리 방법 등과 같이 별다른 문제없이 여러 사업 영역에 동시에 사용할 수 있는 자원을 말한다. 사적 자원은 영업인력이나 요소·생산·시설 등과 같이 사업 부문 간 경쟁과 갈등 관계가 발생할 수 있는 자원을 말한다. 두 종류의 자원 모두 시너지효과 원천으로서의 자원이 될 수 있다.

자원의 공유

많은 산업에 있어서 생산활동과 투자 시너지의 경우는 원재료 등 생산 투입 요소의 공유만으로도 실현된다. 예를 들어 정유산업의 경우, 동일한 장비와 동일한 원재료(원유와 에너지)가 사용되기 때문에 단지 자원의 공유만으로도 시너지가 발휘될 수 있다.

그러나 자원의 공유만으로 항상 시너지가 형성되는 것은 아니다. 금융서비스 산업의 경우 동일 수준의 인력, 건물, 재무적 자산 Pool 등 해당

산업 내 회사 간에 유사한 자원을 사용하지만 이들 자원의 공유가 시너지를 나타내지는 못할 것이다. 자원의 공유가 이루어졌다면 그러한 자원 중에서 일부는 가치사슬에 필수적인 자원일 경우에만 시너지효과가 나타나게 된다.

필수적 자원

필수적 자원이란 기업의 가치창출 활동에 있어서 뛰어난 가치창조를 통해 기업의 경쟁적 지위를 강화하여 주는 자원을 말한다. 두 개의 법률 사무소가 단지 사무실 공간을 공유한다고 해서 시너지효과가 나타나는 것은 아닐 것이다. 각 사무소의 법률 전문가들이 가치사슬에 있어서 필수적 자원이므로 시너지효과를 얻기 위해서는 이들 필수 인적 자원의 공유가 있어야만 할 것이다.

자원의 유연한 사용

필수적 자원이 시너지 잠재력을 갖기 위해서는 유연하게 사용될 수 있어야 한다. 유연성이란 다양한 적용 가능성을 의미한다. 액정화면부터 캠코더, 전자수첩까지 다양한 제품에 적용될 수 있는 샤프사의 전문화된 기술적 자원은 그 공유 및 유연한 사용으로 인해 매우 뛰어난 시너지효과를 보여 주고 있다.

서 투입요소 A를 2단위, 투입요소 B를 2단위 결합하였을 때 2+2=4가 아니라 2+2=5 또는 2+2=3의 효과가 나타날 수 있다는 것이다. 특히 전자의 경우를 플러스(+) 시너지, 후자의 경우를 마이너스(−) 시너지라고 한다.

(4) 시스템 경계

모든 시스템은 환경과 분리되는 일정한 경계를 갖고 있다. 폐쇄시스템의 경우는 **시스템 경계**(system boundary)가 고정적이나, 개방시스템은 유연성을 갖는다. 특히 오늘날의 조직은 시스템 경계의 유연성이 증가하고 있다. 예를 들어 제조기업의 경우 기업활동의 결과 초래되는 환경공해문제에 대한 일반 대중의 반응을 고려해야 할 필요성이 증가하고 있다.

시스템 경계
환경과 분리되는 일정한 경계

(5) 흐름

시스템은 정보, 원재료, 에너지 등과 같은 투입요소의 흐름(flow)을 갖고 있다. 이러한 투입요소(inputs)가 시스템에 투입되면 시스템 내에서 변환과정(transformation processes)을 거쳐 산출물(outputs)로서 시스템을 빠져나간다.

(6) 피드백

피드백(feedback)이란 시스템의 활동결과가 다시 투입과정으로 돌아옴으로

피드백
시스템의 활동결과가 다시 투입과정으로 돌아옴으로써 시스템 활동을 평가하고 수정하는 통제활동

써 시스템 활동을 평가하고 수정하는 통제(control)활동을 의미한다.

그림 3-1 은 기업조직을 개방시스템의 관점에서 설명한 것이다. 먼저 투입요소로서 물적 자원, 인적 자원, 재무적 자원 및 정보 등이 시스템에 투입되면 이는 변환과정을 거쳐 산출물인 제품이나 서비스, 이윤이나 손실, 종업원의 행동, 정보 등으로 산출된다. 그 과정에서 소비자, 원재료 공급업자, 주주, 금융기관, 정부, 지역사회 등의 외부환경과 상호작용을 하며 피드백을 통해 새로운 시스템 활동이 계속적으로 이루어진다.

그림 3-1 조직의 시스템적 접근

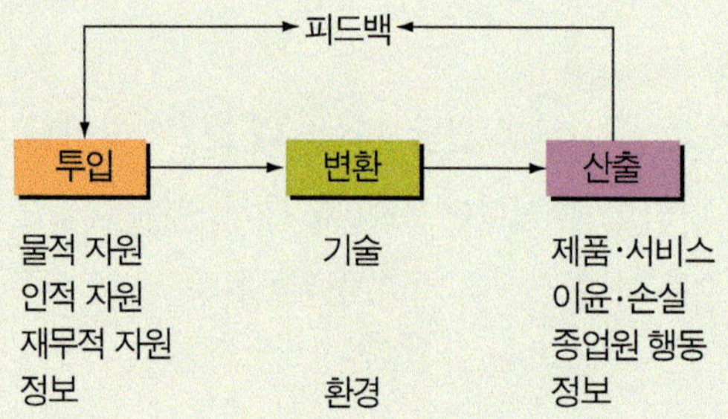

경영에 있어서 시스템적 접근방법은, 조직 내의 다양한 활동은 상호의존성이 있다는 점을 강조한다. 또한 조직을 개방시스템의 관점에서 이해함으로써 조직이란 독립적인 실체라기보다는 외부환경과 상호작용하면서 존재하기 때문에 환경을 이해하는 것이 중요하다는 점을 강조한다.

1960년대 중반부터 1970년대 중반까지 시스템적 접근방법은 경영이론에 있어서 다른 학파의 개념을 모두 통합하는 접근방법으로서 많은 각광을 받았다. 현재도 이 접근방법은 많은 경영사상의 중추를 이루고 있다. 그러나 시스템적 접근방법은 조직의 내적 활동에 영향을 미치는 변수가 구체적으로 무엇이며, 조직의 성과에 영향을 미치는 외부환경이 구체적으로 무엇인지를 제시하지 못하고 단지 개념적이며 통합적인 접근방법으로 발전되어 온 것이 사실이다.

Management Highlight

보르네오 섬의 전염병

말라리아를 퇴치하기 위해서 보르네오 섬의 농민들은 강력한 살충제인 DDT를 그들의 움막에 살포하였다. 이렇게 하여 모기를 없애고 말라리아를 퇴치하는 데는 일단 성공했지만 DDT의 살포로 전혀 다른 질병을 유발시켜 많은 농민들이 죽을 뻔한 일이 발생하였다.

그 원인을 분석한 결과 살포된 DDT는 모기를 죽이기는 하였으나 움막에 있던 바퀴벌레의 체내에 축적되기 시작하였고, 이 바퀴벌레를 잡아먹은 도마뱀이 갑자기 행동을 민활하게 하지 못하게 되어 고양이에게 쉽게 잡아 먹히기 시작하였다. 이를 통해 바퀴벌레 체내에 있던 DDT가 고양이 체내에 옮겨지면서 축적되어, 도마뱀을 잡아먹은 고양이가 죽기 시작하였던 것이다. 이렇게 고양이가 없어지자 쥐의 숫자가 기하급수적으로 늘어나기 시작하였으며, 그 결과 흑사병 등 쥐로 옮기는 전염병에 대한 위험성이 나타나기 시작하였다. 이 원인을 안 농민들은 급기야 고양이를 급히 구해 마을에 풀어놓았고 일단 안도의 숨을 쉴 수 있게 되었다. 그러나 또다시 뜻밖의 일이 일어나기 시작하였다.

이상하게도 마을의 움막집 지붕이 여기저기 주저앉기 시작하였던 것이다. 이유는 도마뱀은 바퀴벌레뿐만 아니라 이엉이나 지붕 서까래를 갉아먹고 사는 나방의 유충도 잡아먹는데, 도마뱀이 없어지자 나방의 유충이 번식하여 지붕이 주저앉을 정도로 지붕 서까래를 갉아 먹었던 데 있었다.

이와 같이 시스템 내 구성요소가 복잡하게 상호 인과관계로 얽혀 있을 때, 단순한 정책적 대응은 오히려 시스템의 증상을 악화시킬 수 있다. 〈그림〉에서 DDT라는 변수와 모기라는 변수 간에는 '마이너스(−)' 부호가 표시되어 있는데, 이는 DDT의 양이 증가하면 모기의 수가 감소한다는 의미이다(음의 인과관계). 이 시스템에서 나타난 세 개의 피드백 루프 중 루프 1은 균형 루프로, 이는 DDT나 모기가 어느 수준에서 안정화된다는 점을 의미한다. 반면에 루프 2, 3은 자기 강화의 성격을 지닌 강화 루프이다. 따라서 강화 루프가 이 시스템을 지배하는 경우 시간이 지날수록 더 많은 DDT를 뿌리게 되고 이어서 더 많은 움막이 유실되고 더 많은 전염병이 돌게 된다.

그림 **보르네오 섬의 인과관계 다이어그램**

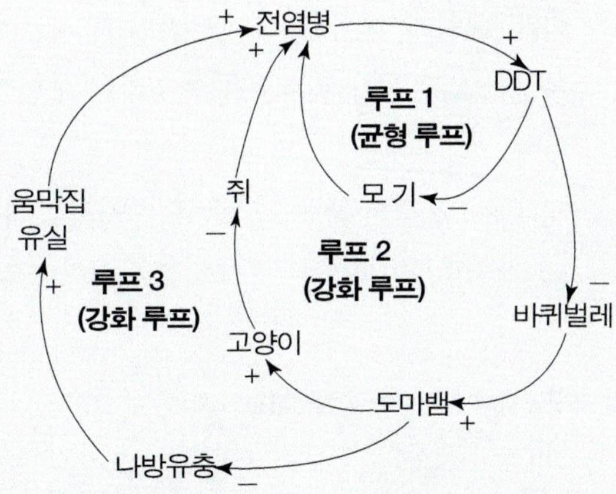

이처럼 균형 루프와 강화 루프가 혼재되어 있는 경우에는 어떠한 피드백 루프가 시스템을 지배하느냐에 따라 시스템의 전개 양상이 변화하게 된다. 만약 움막 유실에 따른 전염병 발생효과가 미미하고, 고양이의 주식이 도마뱀이 아니어서 그토록 많은 고양이가 죽지 않았다면 강화 피드백 루프가 아닌 균형 피드백 루프가 시스템을 지배했을 것이며, 일정 수준의 DDT만이 필요했을 것이다.

- 김도훈, 『시스템 다이내믹스』

제6절 상황적합적 접근방법

상황적합적 접근방법
경영활동과 조직의 성과에 영향을 미치는 내적·외적 변수가 구체적으로 무엇인가를 밝히려는 접근방법

고전학파에서 시스템적 접근방법까지를 통합할 수 있는 접근방법으로서 출현한 것이 바로 **상황적합적 접근방법**(contingency approach)이다. 시스템적 접근방법과 달리 상황적합적 접근방법은 경영활동과 조직의 성과에 영향을 미치는 내적·외적 변수가 구체적으로 무엇인가를 밝히려는 접근방법이다.

이 접근방법에 의하면 경영활동은 어떤 단순한 원칙에 의해서 이루어지지 않는다. 즉 조직성과에 영향을 미치는 유일한 최선의 방법(unique one best way)이란 존재하지 않으며 상황(situation)에 따라 다르다는 것을 강조하는 접근방법이다.

이를 논리적으로 표현하면 '만일 X이면 Y일 것이다(If X, then Y)'라는 단순한 표현보다는 '만일 X이면 Y이나 이는 상황 Z하에서만 가능하다(If X, then Y, but only under conditions identified in Z)'라는 논리를 갖고 있는 접근방법이다. 이러한 논리를 그림으로 나타내면 그림 3-2 와 같다.

특히 X와 Y 간의 관계를 결정하는 Z를 상황변수(contingency variable)라고 하며, 상황변수가 무엇인지를 밝히는 것이 상황적합적 접근방법의 핵심 내용이다. 테일러, 페이욜, 메이오 및 초기 계량적 접근방법 등은 주로 어떠한 원칙이 모든 상황에 적용될 수 있다는 보편적 이론을 제시하였다고 할 수 있다.

그러나 조직은 규모, 조직목표, 수행하는 과업이 조직별로 상이하기 때문에 하나의 원칙이 모든 조직의 모든 상황에 적용될 수는 없다. 예를 들어서

그림 3-2 단순한 원칙의 접근방법과 상황적합적 접근방법의 차이

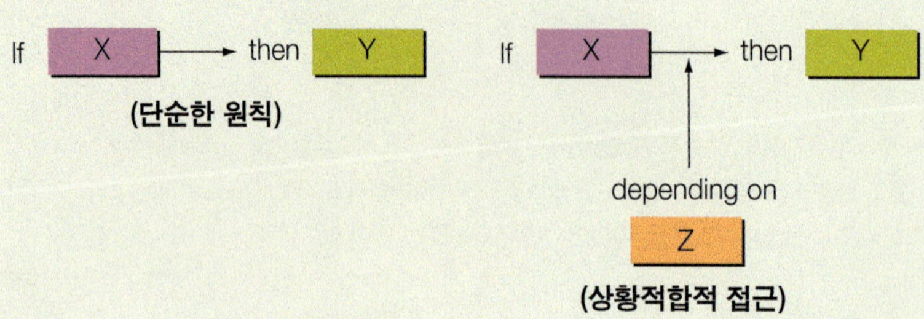

분업의 원칙은 많은 상황에서 매우 가치가 있는 관리원칙이라고 할 수 있으나, 지나친 분업은 지나친 전문화를 초래할 수 있다. 분업과 같이 직무를 축소하면 종업원의 생산성이 증가할 수도 있으나, 오히려 직무를 확대함으로써 생산성을 증가시킬 상황도 있는 것이다. 이를 직무확대(job enrichment)라고도 한다.

상황이론(contingency theory)을 최초로 적용한 사람은 영국의 번스와 스토커(Thomas Burns and G. M. Stalker)였다. 그들은 영국의 방직공장과 전기제조업 등 여러 기업의 연구를 토대로 적절한 경영기술은 조직이 성취하고자 하는 과업의 종류에 의하여 결정된다는 결론을 얻었다.

그들은 조직을 두 가지 유형으로 분류하였는데 하나는 과업이 일상적이고 변화하지 않는 기계적(mechanistic) 조직, 다른 하나는 과업이 비일상적이며 변화되는 유기적(organic) 조직이다. 그들은 주어진 과업에 적절한 조직을 갖고 있는 기업이 성공적임을 발견하였다.

즉 과업이 기계적인 경우에는 효율, 고도의 전문화 및 행동에 대한 통제를 유지하기 위한 정교한 절차를 강조하며, 과업이 유기적인 경우에는 낮은 직무의 전문화, 효율보다 창의성을, 통제보다 자유를 강조하는 것으로 나타났다. 이것은 고전적 접근방법과 행동적 접근방법을 통합하는 관점이다.

상황이론에 관한 다른 이론가로서 로렌스와 로쉬(Paul Lawrence and Jay Lorsch) 그리고 차일드(John Child)는 상황이론을 확장시켰으며, 특히 상황변수로서 환경적 조건, 소유형태, 전략 및 리더십 등을 들었다.

상황적 접근방법은 경영이론의 개발과 실무 면에서 매우 유용하게 이용될 수 있다. 먼저 경영이론을 개발하기 위한 연구의 차원에서는 어떤 상황에서 어떤 요인에 대하여 영향을 미치거나 영향을 미치지 않는 차원과 조건을 규정하는 데 이용될 수 있다. 실무적인 차원에서는 특정 상황에서 어떤 경영기술이 조직목표를 달성하는 데 기여할 것인가를 규정할 수 있을 것이다. 예를 들어서 어떤 상황에서는 권위주의적 리더십 유형이 작업자에게 내적으로 동기를 부여하고자 하는 배려형 리더십 유형보다 적절할 것이다.

한편 인간 및 조직시스템의 복잡성으로 인하여 보편적인 경영원칙을 개발하는 것이 매우 어렵다는 사실을 인식시키는 데 있어서 상황이론이 많은 기여를 하였다. 그러나 상황적합적 접근방법의 논리는 모든 상황이 유일하다는 전제를 갖고 있다. 만일 이것이 사실이라면 경영은 직감과 판단에 의해서 실천되는 것이며 경영에 관한 사전지식과 지혜의 가치를 저하시킬 수도 있다는 사실이 지적되고 있다.

제7절 이론의 통합

지금까지 경영이론에 관한 제 이론을 살펴보았다. 결론적으로 경영학은 이론적인 연구나 실무 면에서 매우 복잡한 내용을 함축하고 있다. 그렇다면 과연 경영에 관한 다양한 접근방법을 통합할 수 있는가? 지금까지의 많은 연구와 실무적 경험에 비추어 보면 모든 이론은 상황적합적 이론으로 통합될 수 있다. 즉 고전학파, 인간행동학파, 계량경영이론 등은 서로 대치되는 접근방법이라기보다는 조직의 목표를 달성하는 데 있어서 서로 보완적 관계에 있으며, 이는 상황이론으로 전체의 이론적 틀을 통합할 수 있다.

먼저 고전적 경영이론으로부터 조직의 효율성과 생산성을 향상시키기 위한 조직의 설계에 관한 아이디어를 얻을 수 있다. 행동이론은 생산성 향상과 작업환경을 개선하는 데 도움이 될 수 있는 인간의 욕구와 동기부여에 관한 지식을 제공한다. 또한 계량경영이론은 조직의 효율성과 효과성을 달성하는 데 있어서 수학적 모델을 제공한다. 시스템이론은 조직이 운영되고 있는 맥락(context)을 규정해 줌으로써 조직의 환경을 이해하고 조직의 부분 또는 하위시스템이 어떻게 상호 관련되어 있는가를 이해하는 데 도움이 된다. 상황이론은 상이한 상황에 있는 문제를 규정하고 해결하는 데 도움이 된다.

이상의 모든 이론이 제시하는 기법들은 어떤 상황에서는 적절할지 몰라도 다른 상황에서는 그렇지 않을 수도 있다는 것을 깨닫게 한다. 즉 각각의 기법이 어떻게 맥락적·조직적·인적 차원에서 영향을 받는가 하는 관점에서 상황을 분석하는 데 도움이 된다. 이상의 경영에 관한 제 이론은 그림 3-3 과 같이 상황이론으로 귀결될 수 있다.

그림 3-3 경영이론의 통합적 틀

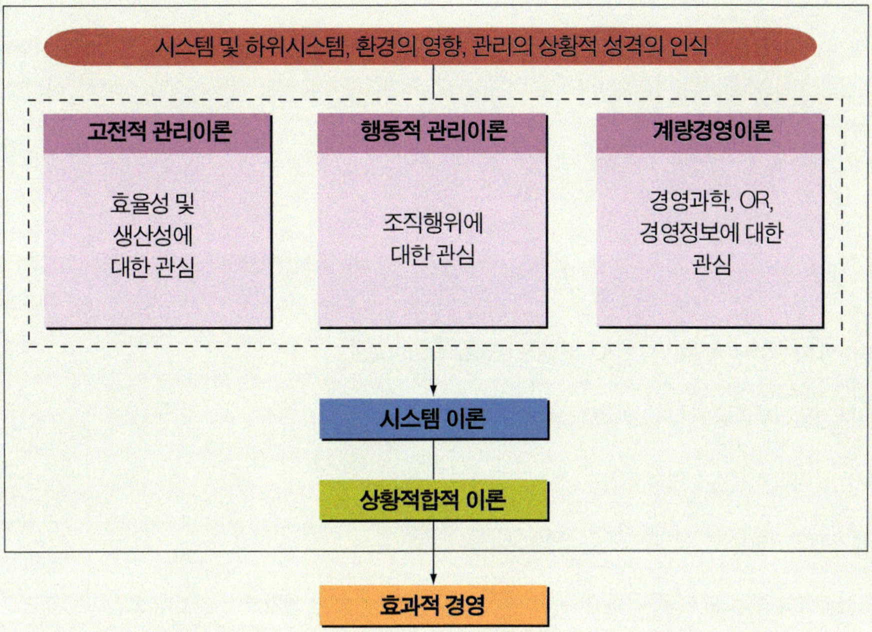

주요 용어

이론, 법칙, 과학적 관리이론, 고전적 조직이론, 관료조직, 성과급제도, 과업관리, 인간행동학파, 인간관계운동, 호손 연구, X이론, Y이론, 계량경영이론, OR, 시스템이론, 개방시스템, 폐쇄시스템, 하위시스템, 시너지, 시스템경계, 흐름, 피드백, 상황적합적 접근, 상황변수

연습문제

01 이론이란 무엇이며, 경영이론의 역사적 대표 이론을 열거하시오.

02 고전적 경영이론의 공헌 및 한계점을 설명하시오.

03 과학적 관리의 개념을 설명하시오.

04 Fayol의 관리원칙을 열거하고 각각을 설명하시오.

05 인간행동학파 중 현대적 경영이론에 가장 공헌한 이론은 무엇이라고 생각하며, 그 이유를 설명하시오.

06 호손 연구의 중요성을 설명하시오.

07 계량경영이론이 가장 유용하게 활용될 수 있는 분야를 열거하시오.

08 시스템에 대해 설명하시오.

09 대학조직을 시스템의 관점에서 설명하시오.

10 개방시스템과 폐쇄시스템의 차이점을 설명하시오.

11 시너지효과에 대해 설명하시오.

12 기업에서 상황적합적 조직이 가장 많이 요구되는 경영활동을 열거하시오.

CHAPTER 04

조직의 외부환경

인간이 가진 가장 큰 장점은 외부환경을 최대한으로 지배하는 반면, 자기 자신이 환경으로부터 받는 영향은 최소화한다는 점이다.

— 괴테

인간은 더 이상 자신의 존재를 환경 탓으로 돌리지 말아야 한다. 그리고 충성과 도덕의 영역에서 개인적 책임과 의지를 훈련시키는 법을 다시 배워야 한다.

— 알베르트 슈바이처

사업적 판단을 내리기 전에 해야 할 가장 큰 일은, 지속적으로 변화하는 기술 및 시장 등과 관련된 사실과 상황을 찾고 파악하는 것이다. 현대의 기술적 변화는 매우 빨라서, 사실과 상황에 대한 탐색은 사업하는 사람들의 영원한 '숙제'일 수밖에 없다.

— 앨프리드 P. 슬론(전 GM 회장)

21세기의 이 시점에서, 비즈니스의 새로운 근본 원칙이 있다면 그것은 인터넷이 모든 것을 바꾸고 있다는 것이다. 최소한 인터넷 기술은 소규모 사업체를 포함하는 모든 회사들이 직원, 협력업체, 그리고 공급업체를 대하는 방식을 변화시키고 있다. 경제는 모든 상거래 영역에서 더욱 애덤 스미스의 '완전한 시장'에 가까이 다가서게 될 것이다.

— 빌 게이츠(MS 회장)

제4장 조직의 외부환경

기업들이 새로운 수익원을 찾아 이색 업종에 진출하고 있다. 급변하는 사업환경에 맞춰 간판 업종을 바꾸기도 하고 미래의 사업환경에 대비해 여러 업종을 사업목적에 추가하며 탐색전을 펼치기도 한다. KT는 자회사인 KT링커스를 통해 원두커피 자판기 보급 사업에 나섰다. 1988년 한국공중전화관리주식회사로 출범한 KT링커스는 공중전화 관리 서비스가 주된 업무였다.

경영이론의 발전과정에서 살펴보았듯이 시스템이론이 출현하기 전까지는 경영자의 하위자에 대한 영향력, 작업조건, 의사결정 기법과 같은 주로 조직의 내부요인만이 조직성과에 영향을 미치는 것으로 보았다. 시스템이론에서, 조직은 조직을 둘러싸고 있는 외부환경과 상호작용을 하면서 존재한다는 개방시스템의 관점에서 외부환경의 중요성을 강조하였다.

현대에는 조직의 외부환경 변화의 속도가 매우 빨라지고 있으며, 이것은 조직활동에 결정적인 영향을 미치고 있다. 특히 기업활동은 정치적·경제적·사회문화적·기술적 환경의 변화에 의하여 많은 영향을 받을 뿐만 아니라 소비자, 공급자, 경쟁기업과 같은 요인에 의해서도 영향을 받는다. 더구나 개방화 및 국제화시대에 접어들면서 외부환경도 국내에 한정된 요인뿐만 아니라 새로운 국제경제 질서와 같은 국제적 환경요인을 고려하면서 경영활동을 수행해야 한다. 이 장에서는 이상과 같이 조직의 활동에 영향을 미치는 조직의 외부환경에 관하여 살펴보기로 한다.

제1절 환경의 개념

환경(environment)이란 조직을 둘러싸고 있거나 조직에 영향을 미치는 일련의 영향력 및 조건(a set of forces and conditions)을 말한다. 그러나 이 개념은 조직 외에 존재하는 모든 여건 및 상황을 의미하기 때문에 다음과 같은 한계점을 갖고 있다.

환경
조직을 둘러싸고 있거나 조직에 영향을 미치는 일련의 영향력 및 조건

첫째, 위의 개념은 환경을 너무 광범위하게 정의하였다. 예를 들어서 아프리카의 한 국가에서 발생한 내란이 우리나라 지방의 소규모 유통업체에 영향을 미친다고는 할 수 없을 것이다.

둘째, 조직과 외부환경을 구분하는 경계가 명확하지 않다. 증권시장에서 어떤 기업의 주식을 산 주주는 어떤 의미에서 보면 조직의 일부분에 속하는 반면에 외부환경의 일부분으로도 생각할 수 있다. 또한 경영자의 입장에서 본다면 자신이 속한 조직은 환경의 일부분이라고 생각할 수 있다.

따라서 환경의 개념을 좀더 세분화해서 이해할 필요가 있다.

이상에서 본다면 환경은 내부환경(internal environment)과 외부환경(external environment)으로 구분할 수 있다.

내부환경
조직이 갖고 있는 독특한 조직분위기나 조직문화

외부환경
조직의 외부에 존재하면서 조직의 의사결정이나 전반적인 조직활동에 영향을 미치는 환경

내부환경이란 조직이 갖고 있는 독특한 조직분위기나 조직문화를 의미하며, 조직구성원이 조직의 성격, 가치, 규정, 스타일 및 특성 등을 공유하는 지각(perception)의 정도로 구성된다.

외부환경이란 조직의 외부에 존재하면서 조직의 의사결정이나 전반적인 조직활동에 영향을 미치는 환경을 의미한다. 외부환경은 다시 일반환경(general environment)과 과업환경(task environment)으로 나눌 수 있다.

그림 4-1 환경의 종류

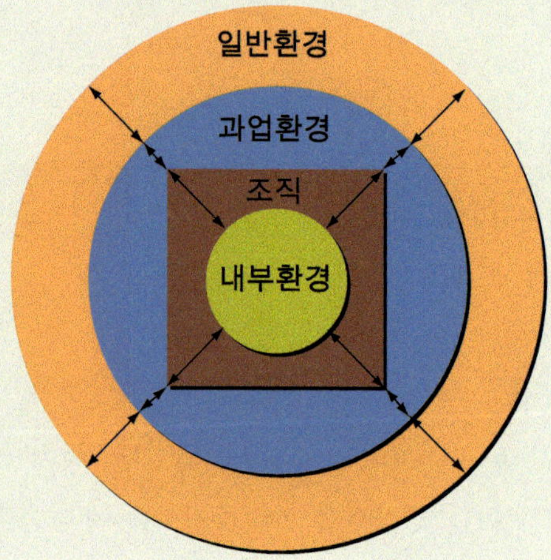

일반환경이란 사회의 모든 조직에 영향을 미치는 환경으로, 그 범위가 매우 넓은 비특정적 요인으로 구성되어 있다. 이러한 요인은 특정 조직에 반드시 영향을 미치지 않는 경우도 있으며, 경제적 요인, 기술적 요인, 사회문화적 요인, 정치적·법률적 요인, 국제적 요인 등으로 구성되어 있다.

일반환경
사회의 모든 조직에 영향을 미치는 환경

과업환경이란 어떤 특정 조직에 직접적인 영향을 미치는 요인으로 경쟁기업, 고객, 공급자, 규제기관, 노동조합 등으로 구성되어 있다. 조직과 이상의 환경요인 간의 관계를 그림으로 나타내면 그림 4-1 과 같다.

과업환경
어떤 특정 조직에 직접적인 영향을 미치는 요인

제2절 환경의 종류

1. 일반환경

조직의 일반환경에는 경제적 환경(economic environment), 정치적·법률적 환경(political and legal environment), 사회문화적 환경(sociocultural environment), 기술적 환경(technological environment), 그리고 국제적 환경(international environment) 등이 있다. 일반환경 요인들은 개별 조직단위에 직접적인 영향을 미친다기보다는 사회의 모든 조직단위에 간접적인 영향을 미친다. 따라서 그 범위가 매우 넓고 모든 조직이 일반적으로 직면하는 환경이다.

(1) 경제적 환경

먼저 조직의 일반환경 가운데 경제적 환경은 넓은 의미에서 보면 그 조직이 속한 국가의 경제시스템에 의해 결정된다. 우리나라의 경제시스템은 근본적으로 재산의 사적 소유가 인정되는 자본주의(capitalism)를 기초로 한 혼합경제시스템이다. 이는 재산의 사적 소유가 인정되지 않는 사회주의(socialism)나 공산주의(communism)와 다른 경제시스템이다.

일반적으로 자본주의 경제시스템에서 운영되는 조직은 독점(monopoly), 과점(oligopoly), 불완전경쟁(imperfect competition), 완전경쟁(perfect competition)의 조건 가운데 서로 다르게 운영된다.

독점 상황
하나의 조직이 특정 재화나 서비스 전체를 시장에 공급하는 경우에 발생하는 경제환경

독점 상황이란 하나의 조직이 특정 재화나 서비스 전체를 시장에 공급하는 경우에 발생한다. 공공재의 경우는 거의 독점하에서 생산 및 공급이 이루어진다.

과점 상황
보통 세 개 내지 다섯 개의 소수 조직이 특정 재화나 서비스의 대부분을 시장에 공급하는 경우

과점 상황이란 보통 세 개 내지 다섯 개의 소수 조직이 특정 재화나 서비스의 대부분을 시장에 공급하는 경우이다. 우리나라에서는 자동차를 생산하는 GM대우, 현대자동차 및 기아자동차 등이 대표적인 예이다.

불완전경쟁
다수의 경쟁자가 존재하는 시장 상황

불완전경쟁이란 다수의 경쟁자가 존재하는 시장 상황을 의미한다. 불완전경쟁 상황에 있는 조직은 대개 특정 시장에 참여를 하며, 시장에서 불완전한 정보(incomplete information)가 존재하고 신규 참여 업체에 대한 높은 진입장벽(entry barriers)으로 인하여 고객이 재화와 서비스 간의 차이를 별로 느끼지 못한다.

완전경쟁
모든 조직이 동일한 재화와 서비스를 생산하는 상황

완전경쟁이란 모든 조직이 동일한 재화와 서비스를 생산하는 상황이다. 이 상황은 모든 고객이 각 기업이 생산하는 모든 재화와 서비스에 대한 완전한 정보를 갖고 있다는 가정이 필요하다. 그러나 실제로는 이러한 상황이 거의 존재하지 않는다.

위의 상황 가운데 기업이 어느 상황에서 운영되고 있는가에 따라 경영자의 행동도 달라진다. 예를 들어서 독점 상황에 있는 기업의 경영자는 시장에서의 독점적 지위를 유지하는 데 경영의 일차적인 목표를 두게 될 것이다. 과점 상황에 있는 기업은 환경적 상황에 따라 가격을 설정하거나 환경과의 협상활동을 통해 환경을 적절히 통제해야 할 것이다. 불완전경쟁 상황에 있는 기업은 다른 경쟁기업과는 차이가 있는 재화와 서비스를 생산하거나 제품가격을 차별화할 필요가 있다. 완전경쟁 상황의 경우 경영자는 시장상황을 완전히 이해하고 시장에서 수용 가능한 가격, 품질 및 생산량을 고려해야 할 것이다.

그 밖에도 경제적 환경의 구체적 예로는 국민경제 조건에 속하는 GNP 및 GDP 성장률, 산업구조변화, 실업률, 이자율, 물가수준, 국제수지 등의 요인을 들 수 있다. 이러한 요인들도 기업의 활동에 간접적인 영향을 미치는 경제적 환경에 속한다.

맥도날드는 전 세계 3만 개 매장을 보유하고 있는 1위 기업이지만 중국에서만큼은 KFC에 크게 뒤지고 있다. KFC는 현재 중국에서 맥도날드에 비해 매장수가 2배 이상 많다. 중국에서 성공한 KFC의 비결은 뭘까? 바로 중국에 대한 철저한 이해에 있다. KFC는 처음부터 미국이라는 꼬리표를 떼어 버리고 중국인 임원진을 고용하는 등 중국화된 기업이미지를 구축해 나갔다. KFC는 중국 직원들이 다소 거부감을 갖고 있는 '본사'라는 이름을 '지원센터'로 바꾸는 등 '외국기업'이라는 이미지를 없앴다. 중국인을 위한 메뉴 개발에도 힘썼다. '실험주방'이라는 R&D센터를 세워 중국인들의 입맛을 관찰해 메뉴에 반영했다. 예를 들어 중국인들이 지역에 따라 아침식사가 다르다는 것을 파악하고 지역에 맞는 아침 메뉴를 개발해 냈다. 베이징에서는 아침에 도넛의 일종인 '유토우'를 제공했고, 상하이에서는 '아침죽'을 내놓았으며, 광저우에서는 '밀크티'를 제공했다.

(2) 정치적·법률적 환경

정치적·법률적 환경은 기업활동에 대해 제약 요인이 되거나 옹호적인 영향을 미침으로써 경영전략이나 장기적인 계획수립에서 중요한 요인이 된다.

정치적 환경으로는 정부시책 및 정치적 안정을 들 수 있다. 요즈음 우리나라 정부의 대기업 활동 제한이나 중소기업 육성시책, 금리자유화, 기업활동을 위축하는 경제행정규제의 완화 등이 대표적인 정부시책에 속한다. 역시 국내 정치의 변동으로 인하여 정치 상황이 안정적인지 아닌지에 따라 기업의 활동이 영향을 받는다. 법적인 환경으로는 특허법, 공정거래법, 공해방지법, 소비자보호법, 세제제도 등을 들 수 있다. 특히 법률적 환경은 기업활동과 관련된 기존의 법률 및 규제 외에도 새로운 법률과 규제가 제정될 수 있다는 점이 중요하다.

(3) 사회·문화적 환경

사회·문화적 환경이란 사회구성원들이 사회적·문화적 배경에서 생성 및 발전되면서 갖게 된 태도(attitudes), 사회적 가치(societal values), 규범(norms), 관습

(customs), 생활양식(life style), 인구통계학적 특성(demographics) 등을 말한다.

사회적 가치
사회구성원들이 사회에서 유지하고 달성해야 할 적절한 목표라고 생각하는 모든 것

사회적 가치란 사회구성원들이 사회에서 유지하고 달성해야 할 적절한 목표라고 생각하는 모든 것이다. 즉 특정한 행동방식이나, 존재목적이 다른 행동방식이나, 존재목적보다 사회적으로 바람직하다고 생각하는 신념을 의미한다.

태도
어떤 사회 내에서 발생하는 문제와 행동에 관하여 개인이 갖는 감정이나 사고

태도란 사회 내에서 발생하는 문제와 행동에 관하여 개인이 갖는 감정(feeling)이나 사고(thought)를 말한다.

규범
사회의 구성원들에 의해 수용되는 행동의 공통적인 기준

규범이란 사회구성원들에 의해 수용되는 행동의 공통적인 기준을 말한다. 때에 따라서 규범은 태도, 사회적 가치, 관습 및 전통의 산물이라고 할 수도 있다.

생활양식
사람이 세상을 살아가는 방식

생활양식이란 사람이 세상을 살아가는 방식을 의미하며, 개인이 사회에서 어떤 활동을 하고(activities), 어떤 분야에 관심이 있고(interests), 세상사에 대해 어떤 견해를 갖고 있는가(opinion)로 알 수 있다.

인구통계학적 특성
총인구 가운데 성별 비율, 연령별 비율, 직업, 소득수준, 구매 패턴 등을 의미

인구통계학적 특성이란 총인구 가운데 성별 비율, 연령별 비율, 직업, 소득수준, 구매 패턴 등을 의미한다. 표 4-1 과 표 4-2 는 통계청에서 발표한 국가별 인구 순위 및 인구구조 변화 예측치이다.

우리 경제는 2017년부터 15~64세 생산가능 인구가 감소로 돌아서게 되었

표 4-1 국가별 인구 및 인구 순위 (단위 : 백만 명, %)

순위	1950년			2009년			2050년		
	국가명	인구	누적비	국가명	인구	누적비	국가명	인구	누적비
1	중국	545	21.5	중국	1,346	19.7	인도	1,614	17.6
2	인도	372	36.2	인도	1,198	37.2	중국	1,417	33.1
3	미국	158	42.5	미국	315	41.9	미국	404	37.5
4	러시아	103	46.5	인도네시아	230	45.2	파키스탄	335	41.2
5	일본	83	49.8	브라질	194	48.1	나이지리아	289	44.4
6	인도네시아	77	52.9	파키스탄	181	50.7	인도네시아	288	47.5
7	독일	68	55.6	방글라데시	162	53.1	방글라데시	222	49.9
8	브라질	54	57.7	나이지리아	155	55.3	브라질	219	52.3
9	영국	51	59.7	러시아	141	57.4	에티오피아	174	54.2
10	이탈리아	46	61.5	일본	127	59.3	콩고	148	55.8
	한국(24)	19		한국(26)	49		한국(46)	42	

표 4-2 **세계 및 한국의 인구구조 변화** (단위 : %)

지역	2010년					2050년				
	계	0-14	15-64	65+	80+	계	0-14	15-64	65+	80+
〈세계〉	**100.0**	**26.9**	**65.5**	**7.6**	**1.5**	**100.0**	**19.6**	**64.1**	**16.2**	**4.3**
선진국	100.0	16.5	67.5	15.9	4.3	100.0	15.4	58.4	26.2	9.5
개도국	100.0	29.2	65.0	5.8	0.9	100.0	20.3	65.0	14.6	3.5
아프리카	100.0	40.3	56.3	3.4	0.4	100.0	27.3	65.6	7.1	1.1
아시아	100.0	26.2	67.1	6.7	1.1	100.0	17.9	64.8	17.3	4.4
유럽	100.0	15.4	68.3	16.3	4.2	100.0	15.0	57.6	27.4	9.6
라틴아메리카	100.0	27.7	65.4	6.9	1.5	100.0	17.0	63.5	19.5	5.5
북아메리카	100.0	19.8	67.1	13.1	3.8	100.0	16.9	61.1	22.0	8.0
오세아니아	100.0	24.2	65.0	10.8	2.9	100.0	19.1	62.3	18.7	6.5
한국	100.0	16.2	72.9	11.0	1.9	100.0	8.9	53.0	38.2	14.5
북한	100.0	21.2	69.0	9.8	1.1	100.0	16.6	65.3	18.1	4.0

다. 통계청의 장래 인구 추계에 따르면 15~64세 인구는 1960년 1,370만 명에서 2016년 3,763만 명까지 계속 늘어왔지만 2017년 3,762만 명으로 줄어들고, 이후 점차 빠른 속도로 감소할 것으로 예상된다.

특히 우리나라는 생산가능 인구 감소가 어느 나라보다도 빠르게 이루어지고 있다. 유럽 주요 국가들은 고령층이 인구의 14%를 넘는 고령사회 진입 이후 10~20년 만에 생산가능 인구가 감소했지만 우리나라는 2018년에 고령사회에 진입해 생산가능 인구 감소가 먼저 발생하였다. 유럽 선진국에 비해 출산율 하락이 가파르게 이루어지면서 젊은 층 인구가 빠르게 줄어들고 이것이 고령화로 이어지고 있는 것이다. 또한 40대 이하 젊은 층 인구의 감소가 동시에 발생하면서 청년층 인력을 고령층이 대체해야 하는 상황이다.

또한 상대적으로 젊은 층 인력 부족현상이 더욱 우려된다. 베이비붐 에코세대 인구증가로 2019년까지는 20대 청년층 인구가 늘어나면서 청년실업 문제가 더 심각해질 것으로 예상되지만 이후 청년인구는 빠르게 줄어들게 된다. 2027년 전체 생산가능인구가 현재보다 7% 줄어들 때 20대 청년인구는 20% 이상, 140만 명 정도 감소한다. 청년 실업이 오랜 기간 지속되면서 실망실업자를 비롯한 대기인력이 상당한 수준이나 현재 20대 실업자와

'쉬었음' 인구를 합산해도 65만 명 수준이다. 이러한 유휴 인력을 모두 투입할 수 있다 해도 다가올 청년인력 감소를 감당하기에는 부족할 것이다. 특히 세계경기의 하향흐름이 멈추고 국내적으로도 소비위축의 악순환 현상이 진정되면 노동부족이 주된 성장제약 요인이 될 것이다.

최근 우리나라의 사회적·문화적 환경 변화의 예로는 신물질주의 지향으로 인한 물질적 풍요로움의 추구, 감각 지향, 교육에의 관심 증대, 노후에의 관심 증대, 건강 및 레저의 관심 증대, 독신주의 및 이혼율의 증가로 인한 결혼관의 변화, 소수 자녀 선호 등의 자녀관의 변화 및 핵가족주의, 개성화, 유행성 및 고급성의 추구 등을 들 수 있다. 또한 인구의 평균연령의 증가로 인한 노령인구의 증가, 3D(difficult, dirty, danger) 기피 현상, 여성의 사회 진출 및 맞

Business Insight

알파걸 세대의 등장

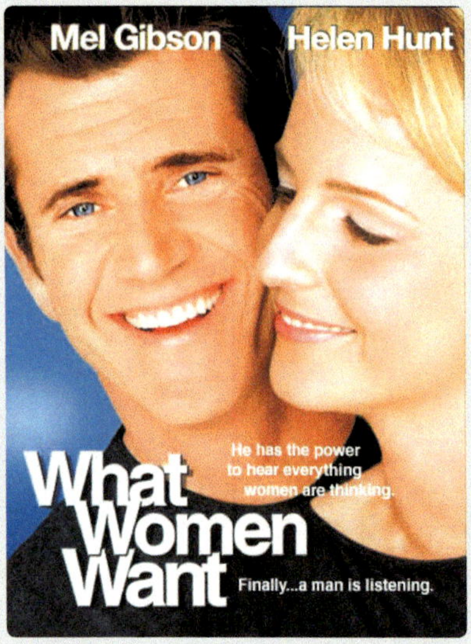

최근 간간이 사회면을 장식하는 내용을 보면, 여성이 남성보다 점점 우월해지고 있음을 나타내는 것들이 많이 눈에 띈다. 이런 추세는 곧 새로운 세대를 형성하는 용어의 등장으로 이어지고 있다. 오늘은 소위 '알파걸'이라고 불리는 세대에 대해 이해해 보도록 하자.

알파걸이란 수천 년 동안 지속돼 온 남녀 불평등 통념에 아랑곳없이 자신의 능력으로 남성을 추월한 13~17세 엘리트 여학생을 일컫는 말이다. 그리스어 자모의 첫째 글자인 알파(α)를 딴 것으로 모든 분야에서 남성을 능가하는 여학생이 소수가 아닌 보편적 사회현상으로 자리 잡고 있음을 나타내는 용어이다.

이러한 현상에 대해 『알파걸』이라는 책을 낸 하버드대학 킨들런 교수는 공부뿐 아니라 운동과 리더십 등 모든 분야에서 남학생을 압도하는 '알파걸'이 최근 미국에서 새로운 사회계층으로 등장하고 있다고 주장한다. 이들은 페미니스트 부모들의 영향을 받았지만 남학생들보다 훨씬 똑똑한 만큼 굳이 자신들이 페미니스트가 될 필요는 없다고 생각하는 특성을 갖고 있으며, 힐러리 클린턴, 오프라 윈프리, 콘돌리자 라이스, 마돈나, 미셸 위 등이 알파걸의 역할모델이라고 전하고 있다. 이러한 현상은 지난 4년간 미국 전체 대학 남녀 신입생 평균 비율은 1:1.33으로, 남자보다 여자 대학생이 많은 사례를 보아도 알 수 있다고 한다.

그렇다면 이는 미국에만 국한된 현상일까? 최근 우리나라에도 알파걸 세대가 점점 도래하고 있음을 여지없이 보여 주는 사례가 많다. 즉, 초등학교는 물론 중·고등학교에서도 상위권 성적은 여학생들이 대부분을 차지하고 있다거나, 여성의 지위 향상과 더불어 장모들의 입김(?)이 세지고 있어 사위들의 처가살이 형태가 증가하고 있는 경우, 그리고 최근 들어서는 아이 출산에 있어서도 남자아이 보다 여자아이를 선호하는 경향이 점점 많아지고 있는 경우 등이 모두 그러하다. 결국, 이러한 사례들은 가까운 미래에는 알파걸 세대만의 문화와 라이프스타일, 소비 형태 등에 대해 많은 연구가 이루어질 것임을 보여 준다고 하겠다.

- http://www.hunet.co.kr

벌이부부의 증가로 인한 가계소득의 증대, 주5일 근무제 등도 좋은 예라고 할 수 있다. 특히 선진국에서 가치관의 변화 추세인 저축보다는 소비, 성적 순결보다는 성적 자유, 남편지배가정보다는 주부지배가정, 개인주의, 부모 중심보다는 자녀 중심의 가정의 성향이 우리나라에서도 서서히 나타나고 있는 실정이다.

이상의 사회적·문화적 환경은 기업의 의사결정에 많은 영향을 미치고 있으며, 이러한 변화의 추세를 면밀히 분석·검토하여 조직의 방향을 결정하는 데 이용해야 한다.

(4) 기술적 환경

기술변화의 과정은 조직 내에서도 이루어지기는 하나 대부분이 일반환경의 범주에서 발생한다. 최근의 기술혁신은 국내뿐만 아니라 세계적인 차원에서 보면 속도가 매우 빠르며 종류도 매우 다양하다. 특히 인터넷, 정보네트워크, 컴퓨터, 레이저, 집적회로, 반도체 등의 분야에서의 기술혁신은 과거에는 상상도 할 수 없을 정도로 발전했으며, 현재도 계속 진행되고 있다.

앞으로 기술혁신의 발전 방향과 속도가 어떻게 될지는 예측 불가능하다. 그러나 기업은 이상과 같은 기술혁신의 추세에 따라가지 못하면 조직의 성장과 발전을 기대할 수 없다. 따라서 기업은 일반환경의 차원에서 제공되는 기술적 요인의 변화와 발전의 추세를 지속적으로 감시 및 분석함으로써 자체의 기술개발에 노력하여 경쟁기업에 뒤지지 않는 기술 능력을 구비해야 한다.

(5) 국제적 환경

현대는 국제화 또는 개방화 시대이다. 과거에는 한 국가 내에서의 환경변화가 기업활동에 많은 영향을 미쳤으나 지금은 국제적 환경변화를 고려하지 않고는 성장·발전할 수 없다. 국제적 환경요인의 예로는 환율의 변동, 석유값의 변동, 외국의 경제여건 변화, 국가 간의 무역구조, 국제적 자본 이동, 외국의 생산환경, 외국의 정치변동, 전쟁, 세계경제의 블록화 현상 등을 들

Management Highlight

컨버전스 시대의 다이버전스의 귀환

현 시대 패러다임의 거대한 조류 중 하나가 컨버전스(Convergence)라는 점에 이의를 제기할 사람은 거의 없을 것이다. 컨버전스가 기업 비즈니스 측면에서 현재의 가장 핵심적인 패러다임으로 자리 잡은 배경은 갈수록 다양화·고도화되는 고객 니즈 변화를 제대로 만족시키기 위한 가장 확실한 혁신수단이기 때문이다. 기술 성숙과 경쟁의 첨예화 등으로 기존에 없는 완전히 새로운 제품·서비스의 창출은 점점 힘들어지고 있으며, 추진과정에서 엄청난 비용과 시간 소요가 필요하다. 반면 다양한 제품·사업 분야에서 이미 검증된 기술, 아이디어 등을 창조적으로 재조합하여 새로운 가치를 창출하는 것이 보다 효과적인 혁신방안이며, 이것이 바로 컨버전스인 것이다.

특히 디지털화를 통해 기술의 복제 및 융합·해체가 자유로운 전자산업에서는 컨버전스가 전자기기의 발전을 규정하는 가장 큰 축으로 자리 잡고 있다. 최근 스마트폰 사례에서 알 수 있듯이 휴대폰의 경우 완전 컨버전스의 방향으로 진화하면서 과거와는 비교가 안 될 정도로 다양한 콘텐츠·애플리케이션을 활용할 수 있게 되었다. 그렇다면 향후에도 컨버전스가 전자기기의 진화 측면에서 가장 강력한 동인(Driving Force)으로 유지될 것인가? 전자산업에서 컨버전스가 주류 트렌드로 자리매김하고 있는 것은 거스를 수 없는 사실이나, 기업들이 이러한 주류 트렌드만을 추종할 경우 경쟁사들과 차별화하기 힘들 뿐만 아니라 레드오션적인 사업을 반복할 우려도 있다. 이미 컨버전스 트렌드를 읽고 시장을 선점한 선도자들이 다수 존재하는 한편, 시장에 정보가 상당히 노출되어 대다수 기업들이 비슷한 방향성을 추구하고 있기 때문이다. 따라서 기업들은 주류 트렌드를 벗어난 차별적인 트렌드를 읽어 내어야 진정 경쟁에서 자유로운 사업기회를 발굴할 수 있을 것이다.

이에 컨버전스와 대비되는 개념으로, 특정 효용과 편익에 특화한 가치만을 집중적으로 제공하는 다이버전스(Divergence) 현상을 주목할 필요가 있다. 지금까지 많은 분석에서 다이버전스에 대해 언급해 왔으나, 컨버전스에 반해 불황기 때와 같은 상황에서 나타날 수 있는 일시적인 유행 같은 것으로 큰 의미를 두지 않았다.

전자기기 분야에서 다이버전스는 전자산업 내 다양한 기술·기능들의 융합을 뜻하는 컨버전스와 반대되는 개념으로, 전자기기들이 특정 기술·기능 중심으로 전문화·분화되거나 복잡·다양한 기능들이 보다 간편화되고 단순화되는 현상을 의미한다. 디스플레이 화면을 통해 독서, 일정 관리 및 메모 등이 가능한 e-book, 최근 급속히 시장이 확대되고 있는 미니 노트북 형태의 넷북, 모션 픽처를 강조한 디지털 액자, 애플의 아이패드와 같은 테블릿 PC 등이 그 대표적인 사례이다. 이러한 다이버전스 제품이 의미 있는 시장을 창출할 것으로 보는 이유로는 ① 고객 니즈가 갈수록 세분화되면서 특정 기능에 대한 전문성 강화를 요구하는 경향이 심화되고 있다는 점, ② 개별 특화기기의 기술 발전 속도가 보다 빠르게 진행되어 컨버전스 제품의 성능이나 기능이 상대적으로 열세에 놓이기 쉽다는 점 등을 든다.

역설적인 사실은 향후 컨버전스가 고도화되면 될수록 다이버전스를 촉발시킬 뿐만 아니라, 다이버전스를 더 의미 있는 존재로 만들 가능성이 크다는 점이다. 먼저 컨버전스가 고도화되면서 사용 방식의 복잡화에 따른 기능 피로 현상의 심화 등으로 오히려 전문화·세분화를 촉진시킬 것으로 보이기 때문이다. 컨버전스를 통해 제품의 기능이나 사용 방식이 복잡해지면서 자신이 필요로 하는 기능 이외의 것은 부담스럽게 여기고, 단순하고 쉬운 사용 방식을 선호하는 소비자들이 점점 더 많아질 것이다. 또한 전자기기가 완전 컨버전스의 방향으로 나아갈수록 기능의 다양성 확보보다는 최적 폼 팩터(Form Factor) 구현이 무엇보다도 중요해질 것이기 때문이다. 여기서 폼 팩터란 ① 크기, 무게, 재질과 같은 휴대성 측면, ② 외관 타입, 슬림화 등과 같은 디자인, ③ 입력 방식, 디스플레이, 메뉴 구조와 같은 사용자 인터페이스 등 전자기기의 형태를 규정하는 요소를 의미한다.

물론 휴대폰의 경우 당분간은 스마트폰이 가져온 열풍이 지속되면서 보다 다양한 기능을 구현하는 완전 컨버전스의 방향으로 진화할 가능성이 크다. 현재는 다양한 기능 추가에 보다 관심이 있을 수 있으나, 해당 기능들을 계속 사용하다 보면 이를 보다 편리하고 최적으로 구현하는 방향으로 니즈가 변화할 가능성이 있다. 이에 따라 시간이 지날수록 기능 확장보다는 폼 팩터 구현이 보다 중요해질 것으로 보인다. 즉 스마트폰 내에서도 다양한 콘텐츠·애플리케이션을 채용하기보다는 주요 기능들을 편리하게 이용하고, 제대로 구현할 수 있는 폼 팩터를 만드는 데 초점을 둘 가능성이 크다. 더불어 단일 휴대폰 내에서 스마트폰이 가진 여러 기능들을 모두 다 최적 구현할 수 있는 폼 팩터를 만들기는 어렵다. 이럴 경우 킬러앱이 될 만한 몇 가지 기능들을 특화해 채용하고, 해당 기능들을 이용하는 데 적합한 폼 팩터를 갖춘 다이버전스 제품 시장이 보다 활성화될 여지는 충분하다. 예를 들어 워드프로세싱, 게임, E-Mail, 네비게이팅 기능, 지식검색, 블로그/미니홈피/커뮤니티 등의 애플리케이션은 보다 원활한 입력 방식과 넓은 디스플레이 화면이 필요하기 때문에, 기존 휴대폰의 폼 팩터로는 최적으로 수용하기 힘들다. 이러한 애플리케이션들을 중심으로 다이버전스 제품들이 만들어질 가능성이 있으며, 기존 휴대폰과는 상이한 폼 팩터를 지닐 것이다.

이상의 측면을 감안할 때 다이버전스는 일시적인 유행이 아닌 지속적 트랜드로 자리 잡을 가능성이 있다는 점, 가격경쟁을 벗어나 새로운 가치 제공을 통해 프리미엄을 창출할 수 있다는 점, 기존 컨버전스 제품의 대체가 아닌 새로운 시장을 만들어 낼 수 있다는 점 등을 알 수 있다. 향후 다이버전스는 고객들에게 새로운 효용가치를 제공하면서 전자산업 내 기업들에게 커다란 부를 가져다줄 큰 축으로 자리 잡을 것으로 보인다.

- 〈LG Business Insight〉, 2010. 3. 31

전 세계가 기후 변화와 화석에너지 자원의 고갈, 그리고 글로벌 경제의 위기로 몸살을 앓고 있다. 이는 현재 세계 인류가 해결해야 할 당면 과제이기도 하다. 그래서 대두된 화두가 '저탄소 녹색성장', 즉 그린이코노미(Green Economy)이다. 탄소 기반의 경제 모델로는 이러한 문제에 대한 근본적인 해답을 제공하는 데 한계에 도달했기 때문이다.

수 있다. 이러한 요인은 국내 지향 기업의 활동에도 많은 영향을 미칠 뿐만 아니라 수출입 활동을 하는 기업, 다국적기업 등에게는 더욱 중요한 요인이 된다.

최근에는 기업의 소유와 통제가 국경을 초월하는 세계기업(global enterprise)이 등장하여 운영되고 있는 실정이다. 국제적 환경변화 가운데 대표적인 예로는 글로벌스탠더드(Global Standard)를 들 수 있다.

최근에는 세계적으로 저탄소사회의 구축을 위한 탄소배출권거래제도와 같은 탄소규제가 도입되고 있다. **저탄소사회**(Low-Carbon Society, LCS)란 온실가스 배출량을 대폭 삭감함으로써 기후의 안정화를 보증할 수 있는 사회를 말한다.

저탄소사회
온실가스 배출량을 대폭 삭감함으로써 기후의 안정화를 보증할 수 있는 사회

2008년 7월 지구온난화 대책을 논의하기 위한 '홋카이도 도야코 서미트'에서는 2050년까지 세계 탄소배출량을 절반으로 줄이겠다는 장기적 세계 목표를 도출하였다. 이처럼 저탄소사회를 향한 패러다임 전환이 이루어지고 있다. 우선 세계의 경제활동, 사회활동에 있어 탄소 삭감이 새로운 기준점으로 작용하게 되었다. 또한 산업계는 탄소배출량을 삭감하는 대책으로 탄소규제를 위한 배출량거래제도와 거래세 등의 경제수단을 도입하고 있다.

저탄소사회를 만들기 위해서는 환경이나 생태 보존을 위한 투자가 산업, 경제지역, 사회의 지속 가능성을 높일 수 있어야 한다. 이를 위해서는 에너

기업의 세계화 추세는 피할 수 없는 기업환경이 되고 있다.

석유, 석탄 등 환경공해의 주 요인이 되는 '하드에너지'와 달리 태양열, 지열, 풍력, 조력, 파력 등 환경을 해치지 않는 청정한 자연의 소프트 에너지를 일컬어 '그린에너지'라고 한다.

지 사용량의 삭감, 에너지 사용의 저탄소화, 에너지 분산형 사회 구축을 통한 에너지 사용의 효율성 제고가 전제되어야 한다.

또한 석유와 같은 고갈성 자원보다는 태양광, 풍력발전 등 자연에너지 또

Management Highlight

글로벌스탠더드

글로벌스탠더드란 단일화된 세계시장에 통용되는 국경을 초월한 약속이나 규범으로, 국제거래를 하려면 필수적으로 준수해야 하는 세계표준을 의미한다. 경제와 기업활동이 세계화되면서 각국의 기업들이 의거하고 있는 상이한 제도나 규칙 간에 충돌이 발생하게 되었다. 이에 미국을 비롯하여 세계경제를 주도하는 기업들은 자신의 기업제도와 규칙을 세계표준으로 만들고 다른 국가의 기업들도 준수하도록 압력을 가하고 있다. 현재 세계 각국은 글로벌스탠더드로의 전환을 위해 경쟁적으로 개혁에 나서고 있으며, 이 조류에 뒤처지는 국가와 기업은 통상압력을 받게 될 뿐 아니라 국제거래상의 불이익도 감수해야 한다. 우리나라에 대한 IMF의 금융지원은 기업들로 하여금 세계표준의 수용 및 도입 조건이 전제되어 있었다. 최근의 세계표준의 방향은 다음과 같다.

① 자기책임원칙을 확립하여 책임과 권한을 명확화
② 모든 분야에서 감점주의를 배제하고 패자 부활을 가능케 하여 실패를 두려워하지 않는 도전과 모험의 분위기 조성
③ 기득권을 중시하는 규제를 철폐하고 개방사회로 이행
④ 시장의 투명도 확립
⑤ 진입규제의 철폐를 통한 신구 교체의 활성화
⑥ 세제개혁을 통한 경제 및 사회의 활성화를 위한 인센티브로 활용

분야별 세계표준의 내용과 국내의 수준을 살펴보면 다음과 같다.

분야	세계표준	국내 현황
금융	• 금융기관 간 합병 등으로 대형화 • 겸업주의(은행, 증권, 보험 통합) • 개방화 • 자율화 • BIS규제 등 금융기관의 건전성 강화	• 규모 열세, 경쟁력 취약 • 분업주의 • 개방화 미진 • 정부 개입 지속 • 부도사태 이후 금융 부실화
기업지배구조	• 이사회, 감사회가 실질적 경영감시 • M&A, 경영자시장 등 외부 견제 • 기관투자가의 경영 개입 • 주주대표소송의 활성화 • 경제적인 조직과 법적 조직의 일치	• 감시 기능의 부족 • 주식시장의 미발달로 견제 기능 미흡 • 경영개입의 초보 단계 • 제도적 장치의 도입 단계 • 순수지주회사 제도만을 도입
회계	• 영미 모델 • 기본적으로 공시에 충실 • 실질 지배관계에 의한 연결재무제표 • 세법, 상법 등의 영향이 미비 • 감가상각 예외 적용의 제한 적용 • 자산 및 금융상품의 시가 평가 • 사업부문별 구분회계 실시	• 대륙 모델에서 영미 모델로 전환 • 제한적인 재무정보 공시 • 형식 지배관계에 의한 연결재무제표 • 세법, 상법 등의 영향 큼 • 예외 규정의 보편화 • 기본적으로 시가이나 예외 규정이 많음 • 구분회계제도의 규정 미비
환경	• 환경기준의 강화 • 환경친화적 산업구조 • 환경친화적 제품 및 공정 • 무역제재 등 강력한 규제수단 발동	• 환경기준의 느슨함, 준수 미흡 • 환경부담형, 에너지 다소비형 소비구조 • 환경친화적 설계, 생산, 소재 기술의 부족 • 선진국의 수출 주력상품 규제 가능성
부패	• 국제거래 시 뇌물공여에 대한 조세공제 및 범죄 행위 처벌 • 정부조달 결정과정의 투명화 • 국제뇌물공여를 금지하는 법 제정	• 국제거래 시 불투명한 관행 • 정부조달 결정의 부패방지 장치 미비 • 국내법 부재

이상의 글로벌스탠더드는 사실 미국식 경영방식이 주를 이루고 있다. 미국식 기업경영은 ① 기업경영의 투명성, ② 경영에 대한 견제와 균형, ③ 시장경제원리 등으로 요약할 수 있다. 미국식 경영과 국내 현황을 사회적 관리체계, 경영구조, 경영형태별로 살펴보면 다음과 같다.

구분	미국식 경영	국내 현황
사회적 관리체계	• 주주이익의 우선 • M&A의 활성화 • 신용거래 • 계약 중시	• 회사이익의 우선 • 회사공동체 • 담보거래 • 비공식관계 활용
경영 구조	• 3권 분립(이사회, 주주총회, 감사) • 플랫(flat)형 조직	• 오너 중심 • 피라미드형 조직
경영 형태	• 내부유보 • 평생직업 • 국제회계기준(International Accounting Standard)	• 차입경영 • 평생직장 • 한국회계기준

요즘은 어디에서나 '신재생'을 언급하고, 필요성도 강조된다. 이번 세기 내에 화석에너지가 끝난다고 볼 수 있고, 온실가스로 인한 기후변화 이슈에도 적극적으로 대응해야 하기 때문이다. 한마디로 지금은 에너지 패러다임이 바뀌는 시기이다.

는 그린에너지와 같이 재생 가능한 에너지의 개발 및 사용이 필요하다. 선진국에서는 제품의 라이프사이클에서 배출되는 탄소를 모니터링함으로써 자재 조달에서 판매까지 탄소배출량을 최소화하기 위한 노력을 하고 있다.

2. 과업환경

일반환경이 사회의 모든 조직에게 직접적인 영향보다는 간접적인 영향을 많이 미치는 반면에 과업환경은 특정 조직의 경영활동에 직접적인 영향을 미친다. 즉 일반환경의 경우 모든 조직이 일반적으로 경험하는 공통적인 환경으로서 그 범위가 매우 넓다. 물론 개별 조직 입장에서 보면 경영 의사결정 시 일반환경을 고려해야 하나, 보다 세분화된 의사결정이나 전략 수립을 위해서는 일차적으로 조직활동에 직접적인 영향을 미치는 환경을 고려해야 한다.

조직의 과업환경에는 경쟁자 환경(competitors), 소비자 환경(customers), 공급자 환경(suppliers), 규제기관(regulators)이 있다.

(1) 경쟁자 환경

조직의 경쟁자란 한정된 자원을 놓고 서로 경쟁하는 조직을 의미한다. 기업의 경우 자원은 대개 소비자가 지불하는 화폐라고 할 수 있다. 예를 들어서 텔레비전을 생산하는 LG의 경쟁자는 대우, 삼성 등이다. 이들 기업은 시장에서 한정된 텔레비전의 수요 가운데 자사 제품의 판매를 많이 함으로써 목표이익을 달성하려고 경쟁을 한다. 이들 기업은 타사에 비해 많은 수요량을 확보하기 위해 신제품 개발이나 품질이 우수한 제품을 생산하려고 노력한다. 그러나 텔레비전이 아닌 자동차를 생산하는 기업은 이들 기업의 경쟁자라고 할 수 없다.

경쟁자 환경
한정된 자원을 놓고 서로 경쟁하는 조직

한편 개별 조직들은 환경 내에서 다양한 경쟁 상황에 직면한다. 예를 들어서 경쟁기업의 수가 많을 수도 있고 적을 수도 있다. 이를 경제학적인 관점에서 보면 경쟁적 시장구조에 따라 독점 상황, 과점 상황, 독점적 경쟁(monopolistic competition) 상황, 완전경쟁 상황으로 나눌 수 있다.

독점 상황이란 하나의 기업이 시장의 모든 수요를 커버하는 경우이다. 이 경우는 대개 다른 신규기업이 참여하기에는 너무 높은 진입 장벽이 존재하는 경우가 있고 정부기관의 규제로 인한 경우도 있다.

과점 상황이란 소수의 경쟁기업이 존재하는 상황이다. 이 경우는 경쟁기업의 수가 적기 때문에 어떤 기업의 제품 가격, 제품 유형, 생산량, 판매 방법 등에 관한 의사결정은 다른 경쟁기업의 행동에 즉각적인 영향을 미친다.

독점적 경쟁 상황이란 다수의 경쟁기업이 존재하면서 유사한 제품 및 서비스를 생산하는 경우를 말한다. 이때는 품질과 가격 차이가 경쟁요인으로 존재한다.

완전경쟁 상황이란 다수의 경쟁기업이 존재하고 모든 경쟁기업이 동일한 제품 및 서비스를 생산하는 경우이다. 실제로 이러한 상황은 거의 없으나 제품이 동일하기 때문에 가격 차이가 가장 중요한 경쟁요인이 된다.

또한 경쟁기업마다 경쟁전략이 다를 수도 있다. 예를 들어서 어떤 기업은 고객의 다양한 욕구를 충족시키기 위하여 다양한 제품을 생산하는 데 중점을 둘 수 있다. 또 어떤 기업은 경영활동 전반에 걸쳐 비용을 최소화함으로써 경쟁기업에 비해 저렴한 가격의 제품을 생산하는 데 중점을 둘 수 있다.

Business Insight

과점과 독점의 진실

자유경쟁의 결과 약육강식이 진행되어 일부 승자만이 남는 상태를 가리켜 경제학에서는 '과점'이라고 한다. 과점에서 '과(寡)'란 적다는 의미로 소수의 기업이 시장을 점령하는 상태이다. 그런데 여기에서 또다시 도태가 진행된 시장이 '독점'이다. 즉 시장에서는 단 하나의 공급자만 남고, 나머지 참가자 모두 퇴장한 상태이다. 경제학에서는 이런 과점과 독점을 '불완전경쟁'이라 한다.

과점과 독점이 나타나면 그 시장에서는 '보이지 않는 손'이 작용하기 힘들어진다. 이론대로라면 수급관계에 따라 가격이 결정되어야 함에도 일부 기업에 힘이 집중되면 이 구조는 무너지고 만다. 기업, 특히 시장점유율을 장악한 대기업이 가격결정을 주도하므로 자칫 군소 기업이나 소비자가 불이익을 당할 가능성이 크다.

이런 폐해를 막기 위해 선진국에서는 독점금지법을 제정하여 정부나 독립기관이 독점이나 과점을 감시하는 체제를 마련했다. 몸집이 지나치게 커져 골리앗이 된 기업에 분할을 명령하기도 하고, 기업 간의 합병을 사전에 금지하는 등 시장의 건정성을 유지하기 위해 노력한다.

독점금지법은 어디까지나 도를 지나친 과점·독점을 막기 위한 장치에 불과하다. 아무리 강력한 권력을 가진 정부라 하더라도 시장을 완전경쟁 상태로 만들 수는 없으며, 자칫하면 경제를 혼란에 빠뜨릴 가능성도 크다. 따라서 현대 경제에서는 일부 예외를 제외하면 거의 대부분의 국가에서 과점 상태가 발생한다.

(2) 소비자 환경

일반적으로 소비자란 조직이 생산하는 제품과 서비스를 획득하고자 화폐를 지불하는 사람이다. 현대 마케팅 개념하에서 보면 소비자는 갖고 있는 화폐의 범위 내에서 자신에게 최대의 만족을 주는 제품과 서비스를 선택한다. 따라서 기업의 경우 소비자의 만족을 극대화할 수 있는 제품과 서비스를 제공함으로써 경쟁에서 이길 수 있다.

IBM, 애플 등 세계적인 컴퓨터 회사들은 고객의 만족을 극대화할 수 있는 제품을 생산하고 서비스를 제공함으로써 성공한 기업들이다. 병원은 환자, 종교단체는 신도, 대학은 전국의 고등학생과 같은 소비자를 갖고 있다. 대학이 우수한 신입생을 모집하기 위해서는 응시자들이 원하는 우수한 교수진, 요즈음 같이 국제화시대에 부응할 수 있는 외국어 강좌와 같은 우수한 교과과정, 우수한 교육시설을 제공해야 할 것이다.

이와 같이 소비자 환경은 조직의 경영활동에 직접적인 영향을 미치는 요인에 해당한다.

(3) 공급자 환경

공급자란 조직이 경영활동을 하는 데 필요한 자원을 공급하는 사람이나 조직을 의미한다. 공급자에는 원재료 공급업자 및 부품 공급업자가 가장 대표적이나 은행, 주주, 투자자, 기타 금융기관과 같이 자본 공급업자도 있다. 대학은 사회의 다른 조직의 관점에서 보면 인력의 훈련, 교육, 개발을 담당하는 인력 공급조직에 속한다고 할 수 있다. 현대자동차에서 생산하는 완성품 승용차는 수백 개의 부품공급업자가 부품을 공급함으로써 생산될 수 있다. 개인용 컴퓨터를 생산하는 회사들은 중앙처리장치(CPU)를 전문적으로 생산하는 인텔과 같은 공급업자의 안정적인 부품공급이 없이는 조직의 목표를 달성할 수 없다.

(4) 규제기관

규제기관이란 조직의 전략이나 경영활동을 통제하거나 규제하는 기관을 말한다. 따라서 규제기관도 조직활동에 영향을 미친다. 규제기관에는 정부기관의 일부인 규제기관이 있고, 사회의 이해자집단(interest groups)이 형성한 규제기관이 있다. 공업진흥청, 환경청 및 노동부 산하의 기관, 소비자보호원, 국립보건원, 국립농산물검사소 등은 정부에서 관장하는 규제기관이다. 한국소비자보호연맹이나 전국노동자연맹, 각종 NGO(Non-Government Organization) 등은 사회의 이해자집단이 기업활동을 규제하기 위해서 결성한 규제기관에 해당한다.

특히 사회의 이해자집단이 결성한 규제기관은 정부기관의 규제기관과 같은 공권력은 없으나 언론과 같은 매체를 통해 힘을 행사하기 때문에 조직이 무시할 수 없는 중요한 규제기관에 속한다.

3. 이해관계자

이해관계자(stakeholder)란 원재료 공급업자, 소비자, 경쟁기업, 정부기관 그리고 주주, 금융기관, 지역사회, 종업원 및 노동조합과 같이 기업의 경영활동과 직·간접적으로 이해관계가 있는 사회조직 또는 집단을 말한다. 이해관계자는 이들이 기업에 대해 추구하는 소유권(ownership), 권리(right), 이익(interest)과

이해관계자
원재료 공급업자, 소비자, 경쟁기업, 정부기관 그리고 주주, 금융기관, 지역사회, 종업원 및 노동조합과 같이 기업의 경영활동과 직·간접적으로 이해관계가 있는 사회조직 또는 집단

표 4-3 이해관계자의 분류

이해관계 유형	이해관계자
소유권	소유경영자, 대주주, 일반 주주
권리	소비자, 채권자, 종업원 및 노동조합
이익	정부, 지역사회, 금융기관, 언론매체, 노조연합, 자연 및 생태계 환경

표 4-4 이해관계자별 이해관계 이슈

이해관계자	추구하는 이해관계 이슈
정부	• 독과점 지위를 이용한 가격결정 및 담합 금지 • 경제력 집중 • 불법 로비 • 불공정거래를 통한 경제질서의 교란 • 부당노동행위
지역사회	• 고용 및 소득 증대 • 지역사회 개발 • 문화 및 교육활동 지원 • 공해 및 환경파괴 • 산학협동
주주	• 투자자금에 대한 높은 수익성 • 주가차익 • 기업의 재무상태 및 기업활동 보고 • 경영감시 및 통제 • 불합리한 기업활동으로 인한 주주의 권리제한
소비자	• 제품의 품질 및 성능 • 불합리한 가격결정 • 과장, 비방, 허위 광고 • 강압적 판매 • 소비자보호
종업원	• 임금격하, 임금체불 • 근로조건 • 고용 및 승진 차별 • 종업원 복지후생 • 경영권

같은 이해관계의 유형에 따라 표 4-3 과 같이 분류할 수 있다.

기업과 이해관계자 간에는 종종 대립적 관계가 형성될 수 있으며, 이는 사회적 문제로 확산될 수 있다는 점에서 기업의 이해자관계자 관리는 매우 중요한 이슈로 부각되고 있다. 기업은 이해관계자와의 관계를 무시하고 사회에서 존재하거나 성장·발전할 수 없기 때문에 상호의존성과 신뢰성을 바탕으로 한 공생적 관계로 인식할 필요가 있다. 주요 이해관계자들이 기업을 상대로 추구하는 이해관계의 구체적 내용은 표 4-4 와 같다.

제3절 디지털경제시대의 경영환경

1. 디지털경제시대의 의미

디지털(digital)이란 연속적인 아날로그 신호를 0과 1의 비트(bit)조합으로 나타내는 기술적인 개념이다. 즉 연속적인 신호나 현상을 그 자체의 물리량으로 나타내는 아날로그에 비해, 디지털은 이진법의 수치에 대응해 개별적인 수량으로 취급한다. 예를 들어서 사람 목소리를 아날로그로 표시하면 연속 파형의 형태로 나타나지만 디지털화하면 0과 1의 조합으로 표시된다. 아날로그 값인 음성, 문자, 영상 등 자연신호를 디지털 값으로 변환함으로써 신호 또는 정보의 전달, 처리, 활용 등에서 획기적인 발전이 이루어지게 되었다.

디지털
연속적인 아날로그 신호를 0과 1의 비트조합으로 나타내는 기술적인 개념

특히 디지털기술은 여러 신호를 동일한 기기로 처리할 수 있고, 가공과 변형이 용이하며, 복사하거나 반복하여 사용하더라도 원형을 그대로 유지할 수 있는 장점이 있다. 또한 물리법칙이 아닌 수학적인 원리에 의해 신호처리가 이루어지는 만큼 다양한 분야에서 응용과 활용이 가능하다. 디지털기술은 표 4-5 와 같은 특징을 갖고 있다.

디지털기술의 발전은 디지털경제라는 새로운 경제질서를 가져왔다. 즉 컴퓨터와 반도체의 발전으로 디지털 정보를 처리할 수 있는 단말기가 개발되고, 이들 정보를 대량으로 빠르게 전달할 수 있는 정보통신망이 구축됨으

표 4-5 디지털기술의 특징

특징	의미
광속성	빛과 같은 속도로 이동하면서 정보를 전달할 수 있음
무한 반복 재현성	반복 사용해도 정보가 줄어들거나 질이 떨어지지 않음
조작 및 변형의 용이성	정보 가공이 쉽고 다양한 형태로 변형이 가능함
쌍방향성	정보의 쌍방향 전달이 용이함
압축성	방대한 정보처리를 위한 압축이 가능함

로써 정보네트워크의 근간이 이루어지고 있다.

인터넷은 이들 정보네트워크를 세계적으로 연결하는 역할을 하며, 인터넷을 기반으로 한 각종 서비스들이 창출됨으로써 경제질서의 변혁이 더욱 촉발되고 있다. 또한 PC, IPTV, 이동전화, PDA, 스마트폰, 스마트TV 등 다양한 형태의 디지털 정보기기들이 하나로 통합되어 사람들이 쉽게 사용할 수 있는 단말기로 발전함에 따라 디지털경제시대가 더욱 성숙·발전되고 있다.

디지털경제는 단순히 디지털기술을 활용한 컴퓨터나 이동전화, 디지털 TV 등 개별 제품에서의 혁신에 국한되지 않고, 이들 제품이 세계적인 네트워크로 연결되어 새로운 정보유통 채널을 형성함으로써 경제질서 자체가 혁명적으로 변화하는 추세를 말한다. 이런 점에서 본다면 인터넷의 확산은 디지털경제를 산업사회와 구분 짓는 혁명적인 변화로 발전시키는 출발점이라고 할 수 있다.

언제, 어디서나, 누구와도, 어떤 정보든 서로 교환할 수 있는 정보 네트워크의 형성은 우리가 상상하기 어려운 경제사회 질서의 변화를 의미한다. 정보 전달의 속도와 범위는 경제적으로 생산성 향상으로 연결될 뿐만 아니라 정치, 사회, 문화 등 삶의 모든 부문에 영향을 미치기 때문이다.

2. 디지털경제시대의 경영환경

디지털 혁명의 실체는 디지털기술과 온라인 네트워크의 접목에 있다. 즉 디지털기술이 정보·미디어의 전 영역으로 확산됨과 동시에 인터넷에 의해 네트워크화되면서 전 세계가 디지털 조류의 영향권에 놓였다는 것을 의미한다. 이러한 디지털경제시대의 특징은 크게 네트워크경제, 지식기반경제, 지구촌경제, 사이버경제, 새로운 산업 패러다임 및 경쟁구조, 신기업, 신소비자 및 신정부의 출현, 새로운 사회문제의 등장으로 요약할 수 있다.

(1) 네트워크경제

디지털경제는 지식이나 정보가 네트워크로 연결되어 쉽게 활용되는 경제시스템이라고 할 수 있다. 인터넷 역시 이러한 정보 네트워크가 전 세계로 확산된 것이라는 점에서 디지털경제의 핵심적인 개념이 되고 있다. 정보나 지식이 네트워크를 통해 공유된다는 것은 경제활동에서 매우 중요한 의미를 갖는다.

네트워크경제
지식이나 정보가 네트워크로 연결되어 쉽게 활용되는 경제시스템

네트워크를 통해 공유된 지식은 과거보다 훨씬 효율적으로 활용될 수 있기 때문에 생산성의 획기적 향상으로 연결될 수 있다. 또한 물리적인 공간이 사이버 공간으로 바뀌어 지역의 의미가 퇴색된다. 따라서 생산과정에서 분업과 협업의 범위가 지금까지보다 훨씬 확대되고, 이것이 새로운 산업의 출현이나 기존 산업의 혁신으로 연결될 수 있다.

(2) 지식기반경제

디지털경제가 정보 네트워크를 제공하는 만큼 경제활동에서 지식이나 정보의 중요성이 더욱 커지고 있다. 지식기반경제의 핵심은 지식의 축적, 확산, 활용이며, 이 모든 과정에서 가장 중요한 사회적 인프라는 지식을 공유하여 규모의 경제효과와 외부효과를 극대화할 수 있는 네트워크라고 할 수 있다. 인터넷의 급속한 확산, 정보통신의 발전, 그리고 이들을 근간으로 한 새로운 상품과 서비스의 출현 등은 모두 지식기반사회로의 전환을 더욱 촉진시키는 계기가 되고 있다.

지식기반경제
경제활동에서 지식이나 정보의 중요성이 더욱 커지는 경제시스템

(3) 지구촌경제

지구촌경제
인터넷 등을 통해 정보의 흐름이 시간과 공간의 제약 없이 이루어지면 별다른 추가적 비용 없이 세계를 대상으로 하는 기업활동이 가능한 경제시스템

인터넷 등을 통해 정보의 흐름이 시간과 공간의 제약 없이 이루어지면 별다른 추가적 비용 없이 세계를 대상으로 하는 기업활동이 가능해진다. 또한 정보의 공유가 자유롭게 이루어지는 만큼 규제 완화, 민영화, 자유화 등을 통해 효율을 높일 수 있는 가능성도 커지게 된다. 이에 따라 세계경제 질서는 자본주의의 기본 원리인 시장 메커니즘과 기업 간 공정경쟁이 특히 강조되는 방향으로 더욱 빠르게 전환되고 있다. 또한 기업 간의 경쟁이 이루어지는 시장의 범위도 과거의 국내시장 중심에서 세계 전체로 확대되어 국경 없는 지구촌경제시대가 도래하고 있다.

(4) 사이버경제의 가속화

사이버경제
디지털화된 정보를 기반으로 인터넷과 같은 정보 네트워크상에서 경제활동을 하는 것

사이버경제란 한마디로 디지털화된 정보를 기반으로 인터넷과 같은 정보 네트워크상에서 경제활동을 하는 것을 말한다. 급격히 증가하고 있는 인터넷산업들은 새롭게 나타나는 사이버경제의 직접적인 형태라고 할 수 있

Business Insight

페이스북은 어떻게 네트워크 사업의 강자가 되었나

과거 유선전화를 시작으로 디지털 기술이 발전하면서 무선전화, PC통신, 메신저, 온라인게임, SNS까지 네트워크를 기반으로 하는 많은 서비스들이 등장해 왔다. 네트워크를 기반으로 하는 사업들은 많은 사람들의 생활에 영향을 미칠 뿐만 아니라 주력 기업들의 가치도 높이 평가되기 때문에 사업적으로나 정책적으로나 매우 큰 의미를 지닌다.

네트워크를 이용한 어떤 재화나 서비스의 가치는 사용자의 수에 기하급수적으로 비례해 커진다. 가입자를 기반으로 하는 시장에서 네트워크 사업자들이 가입자 수를 늘리는 데 집중하는 것은 이 때문이다. 메트칼프의 법칙(Metcalfe's Law)이 현실에 적용된 것이 바로 네트워크 외부성 효과(network externalities)이다. 10명의 가입자가 있는 메신저 서비스에서 11번째 사용자가 가입하면 이 새로운 사용자와 기존 가입자들 간에 10개의 연결고리가 생기기 때문에 메신저 서비스의 가치는 기하급수적으로 늘어난다. 이러한 환경에서는 시장을 선점하는 기업이 크게 앞서 나가게 된다. 그래서 간혹 특정 사업자가 네트워크 경제를 독점하는 것을 막기 위해 산업적으로 규제하는 경우가 생기기도 한다.

네트워크 외부성 효과는 네트워크를 기반으로 하는 모든 산업에 적용되는 법칙으로 전화, 메신저, 인터넷 쇼핑, 컴퓨터 산업, 온라인 게임 등 무수히 많은 산업에 적용된다. 하지만 최근에는 디지털 기술과 비즈니스 모델이 고도화되면서 이를 극복하는 경우도 자주 등장한다. AOL 메신저보다 늦게 등장한 MSN 메신저가 데스크톱 웹 메신저의 선두가 된 사례나 Myspace보다 늦게 생긴 페이스북이 SNS 시장을 제패한 사례가 대표적이다. 후발 주자인MSN 메신저와 페이스북의 성공은 전체 네트워크의 사이즈, 단순한 가입자의 수보다 가입자 간 상호작용의 강도나 보완성과 같은 질적인 측면이 네트워크 사업에서 더 중요하다는 점을 보여 주고 있다.

후발주자라 하더라도 적절하고 강력한 마케팅의 활용으로 네트워크 외부성 효과를 극복할 수 있다. 네트워크 외부성 효과의 극대화를 위해서는 창의적인 서비스를 바탕으로 시장을 선점하고 다수의 가입자를 확보하는 것이 가장 중요하다. 하지만 보다 근본적인 자세, 즉 가입자에게 제공하는 서비스의 질과 시의적절한 마케팅의 역할도 이에 못지않게 중요하다.

으며, 기존의 산업들도 앞으로 사이버경제와 연계하여 다양한 형태로 발전해 나아갈 것이다.

물론 사이버경제가 발전한다고 해서 기존의 산업들이 없어지는 것은 아니다. 이는 산업혁명 이후 제조업이 급성장하였지만 농업과 같은 전통산업들이 이들로 완전히 대체되지 않은 것과 마찬가지이다. 디지털경제시대에는 한편으로는 새로운 사이버산업들의 중요성이 획기적으로 증가하면서 다른 한편으로는 이들 기술들이 전통적인 제조업과 서비스업에 광범위하게 활용되어 사이버경제에 편입될 것으로 예상할 수 있다. 사이버산업의 일차적인 대상은 제품이나 서비스의 디지털화가 가능한 유통, 문화, 오락, 광고 등이나 그 포괄 영역은 계속 확대되고 있다.

(5) 새로운 산업 패러다임 및 경쟁구조

디지털경제시대에는 산업의 패러다임, 경제활동에서의 경쟁규칙, 시장과 정부의 기능, 심지어 전통적인 가치관 등에도 변화가 있을 것으로 예상된다. 실제로 정보의 디지털화와 양방향 네트워크화는 산업 전반에 걸쳐 규모의 경제(economies of scale)와 범위의 경제(economies of scope)를 통한 생산성 향상으로 연결되고, 다양한 정보(음성, 영상, 데이터)가 네트워크를 통해 쉽게 공유될 수 있도록 함으로써 시장에서의 경쟁구조를 바꾸고 있다.

특히 인터넷을 통한 전자상거래가 확산됨에 따라 금융, 유통 시스템 등도 혁신적인 변화를 가져와 산업패러다임의 변화는 더욱 가속화될 것으로 예상된다. 산업 분야에서는 인터넷 및 정보통신이 새로운 주도산업으로 부상하면서 다양한 서비스를 창출하여 경제활동의 영역을 넓혀 나아갈 것이며, 산업 입지의 제약요건이 완화되어 기업활동의 세계화를 더욱 촉진시키고 있다.

(6) 기업, 소비자, 정부의 변화

디지털경제가 확산될수록 기업들은 새로운 상품, 새로운 생산 및 경영 방법, 새로운 고객 등을 창조해야 경쟁에서 살아남을 수 있다. 특히 세계적 네트워크를 활용한 지식 및 정보의 수집에서 뒤처지는 기업, 또는 정보화를 통해 비용 절감, 생산성 향상 등 내부 효율을 높이지 못하는 기업은 경쟁력 확보가 더욱 어려워질 것이다. 디지털기술의 발전은 기업의 새로운 사업기회로서 모바일 인터넷, 소프트웨어, 게임, 애니메이션, 디지털 기기, 디지털 멀티미디어 방송 및 디지털 콘텐츠 등의 분야에서 각종 새로운 상품의 개발을 가속화하고 있다. 소비자들은 정보 네트워크를 통해 필요한 정보를 언제, 어디서라도 구할 수 있게 된다. 또한 소비자들의 다양한 기호를 충족시킬 수 있는 차별화된 제품이나 서비스의 공급도 이루어지게 된다. 따라서 소비행동에 있어서도 다양한 정보를 효과적으로 분석하기 위하여 인터넷을 이용하는 소비자가 증가하고 있다.

정부의 기능은 다양한 사회적·전략적 목표를 효과적으로 달성할 수 있는 시장경제시스템의 구축과 이를 원활히 운영하는 방향으로 바뀔 것이다. 정부조직도 비대한 계급 위주에서 슬림화된 임무 수행조직 중심으로 바뀌면서 정부 부처 간 원활한 업무 협조와 유기적인 연계관계의 중요성이 커질 것이다. 또한 정부 운영 역시 네트워크에 기반을 둔 정보화된 전자정부의 형태로 변화하고 있다.

(7) 새로운 사회문제의 등장

디지털경제는 지금까지와는 다른 형태의 경제·사회문제를 야기하고 있다. 국가적으로는 정보단말기, 컴퓨터, 정보 네트워크에 쉽게 접근할 수 있는지의 여부에 따라 지역 간 또는 개인 간 정보 격차가 발생하고 있다. 또한 인터넷을 통한 외설, 비방 등 반사회적 정보의 유통이나 프라이버시 침해도 중요한 사회문제로 제기되고 있다. 더불어 네트워크를 이용한 신형 범죄뿐만 아니라 해킹 등을 이용한 불법적 정보이용, 컴퓨터 바이러스의 확산, 정보 네트워크의 기능을 마비시키는 행위 등도 나타나고 있다. 특히 디지털경제가 진전될수록 이러한 행위는 경제 전반에 심각한 타격을 줄 것이다.

스마트폰으로 은행업무를 처리하는 모바일뱅킹 이용자들이 빠르게 늘고 있다. 모바일뱅킹은 카카오뱅크 및 케이뱅크와 같은 인터넷 전문은행의 출현과 발달의 효시가 되었다.

(8) e-비즈니스 도입의 확산

e-비즈니스(electronic business)란 인터넷을 포함한 정보기술을 활용하는 모든 경제활동으로, 수·발주, 생산, 판매, 기술개발, 문서결제, 지불 등 모든 경영

활동을 전자적으로 처리한다. 초기에 기업 대 소비자(Business to Consumer, B2C), 소비자 대 소비자(Consumer to Consumer, C2C)와 같은 전자상거래에서 출발한 인터넷비즈니스는 이제 기업 대 기업(Business to Business), 기업 대 정부(Business to Government)로 확산되고 있다. 즉 인트라넷과 같은 기업 내부의 활동을 전자적으로 처리하는 단계에서 이제는 외부 조직 및 거래 당사자들과의 모든 거래활동을 전자적으로 처리하는 단계에 이르렀다. e-비즈니스와 관련된 솔루션인 공급망 관리(Supply Chain Management, SCM), 전자적 고객관계관리(electronic

e-비즈니스
인터넷을 포함한 정보기술을 활용하는 모든 경제활동으로, 수·발주, 생산, 판매, 기술개발, 문서결제, 지불 등 모든 경영활동을 전자적으로 처리함

표 4-6 산업사회와 디지털경제사회의 차이점

	산업사회	디지털경제사회
변화 동인	• 기계엔진(동력)	• 디지털기술(정보처리), 인터넷
변화 속도	• 점진적	• 급진적
변화 주도	• 산업자본(신흥 자본가)	• 지식과 정보(지식근로자)
변화 대상	• 경제에서 정치, 사회, 문화 등으로 확상 • 특정 지역에서 세계로 확산	• 정치, 경제, 사회, 문화 등에 거의 동시에 영향 • 전 세계가 동시에 진행
핵심 생산요소	• 노동, 자본	• 기술, 정보, 지식
고용	• man power • 평생작업 • 임금을 위한 노동 • 단순 노동, 특화된 노동	• human capital • 평생직장(평생교육) • 소유를 위한 노동(스톡옵션) • 멀티태스킹(다중작업)
근무 형태	• 고정된 근무시간	• 재택근무, 파트타임, 자유시간근로제 등 유연
기업조직	• 수직적, 피라미드 조직 • 기능적이고 특화됨	• 수평적 조직, 인스턴트 조직 • 네트워크화
경영방식	• 명령, 통제 • 하향식 의사소통	• 자기관리 • 광범위하게 분산
생산방식	• 규모의 경제 • 대량생산으로 비용절감	• 다품종 소량생산, 재고 감축 • 네트워크화로 비용절감
판매방식	• 대규모 시장과의 근접성	• 전자상거래를 통한 원투원 마케팅
산업구조	• 제조업 중심 • 생산자 중심	• 서비스업 중심 • 소비자 중심
산업조직	• 대기업 중심	• 중소벤처기업의 역할 증대
정부 역할	• 계획수립(시장 개입) • 규제	• 비전 제시(환경 조성) • 조정

Customer Relationship Management, e-CRM), 전사적 자원관리(Enterprise Resources Planning, ERP) 등의 도입이 이제는 기업의 경쟁우위의 중요한 수단이 되고 있다.

이상의 디지털혁명은 인류사에 있어서 농업혁명, 산업혁명과 더불어 3대 혁명의 하나로 인정받고 있다. 산업사회와 디지털경제사회 간의 차이점을 살펴보면 표 4-6 과 같다.

조직의 환경은 조직의 성과에 많은 영향을 미친다. 조직의 경영자는 환경으로부터 필요한 자원과 고객을 적시에 그리고 효율적으로 획득하는 것이 그 무엇보다도 중요하다. 환경은 조직에게 원재료, 새로운 기술, 자본, 노동, 정보 그리고 심지어는 경쟁 상황을 제공함으로써 조직활동에 영향을 미친다. 또한 환경은 조직의 성장과 발전을 위한 기회(opportunity)를 제공할 뿐만 아니라 때로는 제약요인(constraints)의 역할도 한다.

조직이 환경에 대응할 수 있는 방법에는 여러 가지가 있을 수 있다. 크게 나누어 보면, 첫째로 조직 자체의 활동을 변화시킴으로써 환경요인에 대응하는 방법을 생각할 수 있다. 이것을 환경요인에 대한 적응(adaptation)이라고 한다. 둘째로 환경요인과 우호적인 관계를 형성하거나 환경요인의 활동에 영향을 미치는 방법이 있다. 이것을 환경요인의 통제(control)라고 한다.

제4절 4차 산업혁명시대의 도래

1. 4차 산업혁명이란 무엇을 말하는가

2016년 1월 세계경제포럼(World Economic Forum, WEF)은 2016 다보스포럼에서 '자동화와 연결성의 극단: 4차 산업혁명의 국제적, 지역적, 투자 관점의 함의(Extreme Automation and Connectivity: The Global, Regional, and Investment Implications of the Fourth Industrial Revolution)'라는 제목의 4차 산업혁명에 관한 백서를 발표하였다. 이 백서는 4차 산업혁명의 의의와 영향에 대해 설명하면서 현재 우리는 제4

진화하는 가상현실의 세계

이처럼 전 세계적으로 '열풍'을 넘어 '사회현상'으로까지 확대된 포켓몬 고의 인기는 'AR'이라는 기술에 '재미(Fun)'를 더한 덕분이다. AR이란 사용자가 눈으로 보는 현실 세계에 가상 물체, 즉 디지털 콘텐츠를 겹쳐 보여주는 기술로 사용자의 환경과 상호작용할 수 있다는 게 장점이다.

AR을 이야기할 때 함께 언급되는 것이 'VR'이다. VR은 어떤 특정한 환경이나 상황을 컴퓨터로 만들어서 그것을 사용하는 사람이 마치 실제 주변 상황이나 환경과 상호작용을 하고 있는 것처럼 만들어 주는 것으로 인간과 컴퓨터 사이의 인터페이스를 말한다.

파일럿이 항공기의 조종법을 익히기 위해 실제처럼 만든 가상 환경에서 훈련을 받는 것이 대표적인 VR의 활용 사례라고 할 수 있다. 현재 수술 실습이나 실내 인테리어 등 다양한 방면에서 VR이 사용되고 있으며 주로 일상적으로 경험하기 힘든 환경을 가상 체험하는 데 많이 응용된다. 소니의 '플레이스테이션' 같은 실감형 비디오 게임기도 VR 콘텐츠를 활용한 것이다.

이러한 VR과 AR의 가장 큰 차이는 사용자가 실제 현실 세계를 볼 수 있느냐 없느냐로 구분된다. VR은 사용자를 온전히 가상 세계에 몰입하게 해 실제 현실 환경을 전혀 볼 수 없지만 AR은 현실 위에 가상 세계를 덧입힌 형태로 둘 모두를 볼 수 있다는 점이 다르다.

따라서 AR은 완벽한 가상의 세계를 구현하는 VR보다는 몰입도가 다소 떨어진다. 하지만 반대로 현실감 측면에서는 AR이 VR보다 생생하며 다양한 부가 정보를 제공할 기회도 많아진다.

즉 AR은 컴퓨터 그래픽으로 만들어진 가상의 환경을 제공하지만 본바탕은 현실 세계이다. 현실 세계를 가상 세계로 보완해 주는 개념인 것이다.

포켓몬 고 역시 사용자가 눈으로 직접 보고 느끼는 현실의 거리에 스마트폰 카메라를 비춰 '포켓몬'이라는 가상의 물체를 찾는 게임으로 스마트폰 화면에는 포켓몬이 출몰하지만 사용자가 서 있는 곳은 분명 현실의 세계이다.

기존의 AR 기술은 VR과 마찬가지로 주로 웨어러블 컴퓨터, 특히 머리에 쓰는 형태의 컴퓨터 화면 장치인 HMD(Head Mount Display)를 통해 구현됐다. 사용자가 보는 실제 환경에 컴퓨터 그래픽으로 그림이나 글자 등을 중첩해 실시간으로 보여줌으로써 AR을 가능하게 했다.

그러나 포켓몬 고는 별도의 디바이스 없이 스마트폰 카메라만 켜면 가상의 그래픽 물체를 만날 수 있도록 함으로써 편의성 면에서 사용자들의 각광을 받았다. 또한 사용자가 실제로 움직이면서 포켓몬을 찾아다녀야 하기 때문에 앉은 자리에서 플레이하는 기존의 모바일 게임과는 완전히 다른 사용자 경험을 제공, 속초 러시와 같이 파생 산업의 발전 가능성도 열어 주었다.

한편 최근에는 VR과 AR이 합해진 '융합현실(Mixed Reality, MR)'이 각광을 받고 있다. MR은 VR의 몰입감과 AR의 정보 전달력이라는 특장점이 구현된 새로운 개념의 콘텐츠 플랫폼으로서 VR과 AR의 중간지점이라고 할 수 있다.

MR은 VR이 줄 수 있는 다소의 이질감을 완화하면서 동시에 AR의 낮은 몰입도를 개선하는 것을 목표로 한다. 기술적인 보완을 통해 사용자에게 더욱 실감나는 콘텐츠 이용 경험을 제공할 수 있도록 현실과 가상을 균형 있게 융합한 최종 결과물이 MR인 것이다.

이처럼 VR과 AR 그리고 MR은 경계가 분명 존재하지만 실제 시장이나 비즈니스 모델에서는 아직까지 명확하게 구분된다고 볼 수 없다. 따라서 본지는 그 성장성에 중점을 두고 비단 VR뿐 아니라 AR과 MR까지를 포괄해 컴퓨터그래픽과 디지털 기기로 구현되는 모든 가상의 공간을 '가상현실'로 지칭하기로 한다. 그리고 다음 장에서는 '가상현실 시대'를 맞아 우리 기업들에게 유용한 경영 인사이트를 제시하고자 한다.

레키모토 준이치 도쿄대 교수는 인간과 컴퓨터 그리고 현실 세계 사이에 어떤 상호작용, 즉 인터랙션이 일어나는지 네 가지 서로 다른 그림을 통해 설명한다.

우선 사람이 데스크톱이나 노트북을 사용하는 경우 '그래픽 사용자 인터페이스(Graphical User Interface, GUI)'에 해당한다. 컴퓨터와 현실 세계는 완전히 분리되어 있고 사용자는 각각의 세계와 개별적으로 인터랙션을 하게 된다.

다음으로 '유비쿼터스 컴퓨팅'의 경우 여러 환경에서 여러 형태의 컴퓨터를 조작하는 현대사회의 상황을 잘 설명해 준다. 그러나 이 경우에도 사용하는 컴퓨터의 수가 늘어났을 뿐 인간과 컴퓨터, 인간과 현실 세계 사이의 인터랙션은 개별적으로 발생하며 직접적인 연관이 없다.

그러나 '가상현실', 즉 'VR'이 되면 이야기가 달라진다. 여기서는 인간과 컴퓨터 사이에 인터랙션이 생겨난다. 그러나 여전히 인간과 현실 세계는 단절되어 있으며 인터랙션이 발생하지 않는다. 즉 가상 환경만으로 완결되는 것이 VR이다.

마지막 '증강 인터랙션'은 AR을 말하는 것이다. 이제 GUI나 유비쿼터스 컴퓨팅, VR에서는 이루어지지 않던 컴퓨터와 현실 세계 그리고 컴퓨터를 사이에 둔 인간과 현실 세계 간의 인터랙션이 등장한다. 인간이 인터랙션을 하는 대상이 컴퓨터라는 점에서는 AR과 VR이 같지만, AR은 이를 통해 현실 세계와의 인터랙션이 발생한다는 점에서 완전히 다르다고 할 수 있다.

- 〈월간 CHIEF EXECUTIVE〉, 2016년 10월호

차 산업혁명 단계에 접어들고 있으며, 미래는 과거 어느 때보다 혁신적이고 파괴적인 변화를 가져올 것이라는 점을 강조하였다.

WEF(2016)에서 정의하는 4차 산업혁명은 인공지능(Artificial Intelligence, AI)과 기계학습(Machine Learning, ML), 로봇공학, 나노기술, 3D 프린팅, 유전학, 생명공학 기술과 같이 이전에는 서로 단절되어 있던 분야들이 경계를 넘어 분야 간 융·복합을 통해 발전해 나가는 기술혁신의 패러다임이라고 할 수 있다.

산업혁명의 역사에서 보면 1차 산업혁명에서는 기계장치의 발명이 자동화의 효시가 되었으며, 증기기관을 통해 국가 내의 연결성 강화를 이루었다. 2차 산업혁명에서는 작업과 공정의 표준화를 통해 기업 및 국가 간 노동부문의 연결성을 강화하였으며, 전기라는 새로운 에너지원과 결합되면

표 4-7 각 산업혁명의 단계별 변화

		1차 산업혁명	2차 산업혁명	3차 산업혁명	4차 산업혁명
시기		18세기 후반	19~20세기 초	20세기 후반	2000년대 이후
연결성		국가내부 연결성 강화	기업-국가 간 연결성 강화	사람 · 환경 · 기계의 연결성 강화	자동화, 연결성의 극대화
최초 사례		방직기 (1784)	신시내티 도축장 (1870)	PLC: Modicon 084 (1969)	–
혁신동인		증기기관 (Steam Power)	전기에너지 (Electric Power)	컴퓨터, 인터넷 (Electronics & IT)	IoT, 빅데이터, AI 기반 초연결 (Hyper-Connection, CPS*)
		동력원의 변화(유형자산 기반)		정보처리 방식의 변화(무형자산 기반)	
특징	원인	기계화	전기화	정보화	지능화
	결과	산업화 (Industrialization)	대량생산 (Mass Production)	자동화 (Automation)	자율화 (Autonomisation)
				기계, SW가 데이터를 생산	데이터가 기계, SW를 제어
현상		영국 섬유공업의 거대 산업화	컨베이어 벨트 활용 기반 대량생산 달성한 미국으로 패권 이동	인터넷 기반의 디지털 혁명, 미국의 글로벌 IT기업 부상	사람-사물-공간의 초연결, 초지능화를 통한 산업구조 개편

자료: 김상훈 외 "4차 산업혁명, 산업부 발표 자료(2017. 2)"에 재인용.

주: 사이버물리시스템(CPS: Cyber-Physical Systems): 건물, 도로, 전력망, 공장 등의 사물에 통신, 컴퓨팅 등 ICT기술을 융합하여 사이버상에서 물리시스템을 이해하고 제어하는 기술을 의미.

서 대량생산체제를 수립하였다. 3차 산업혁명에서는 전자장치 및 정보통신 기술을 통하여 정보처리 능력의 급격한 발전을 이루었으며, 이를 기반으로 보다 정교한 자동화를 달성하면서 사람, 환경, 기계를 아우르는 연결성을 강화하였다. 그리고 4차 산업혁명은 인공지능, 사물인터넷, 빅데이터 등을 바탕으로 자동화와 연결성이 극대화되는 단계이다(표 4-7 참조).

2. 4차 산업혁명의 주요 기술

미래의 4차 산업을 이끌어 갈 주요 혁신적인 기술을 살펴보면 다음과 같다.

(1) 인공지능(Artificial Intelligence, AI)

컴퓨터가 사고, 학습, 자기계발 등 인간 특유의 지능적인 행동을 모방할 수 있도록 하는 컴퓨터공학 및 정보기술의 한 분야를 말한다. 즉 인간의 지능이 할 수 있는 사고·학습·모방·자기 계발 등을 컴퓨터가 할 수 있도록 연구하는 컴퓨터공학 및 정보기술 분야를 말한다.

초기의 인공지능은 게임·바둑 등의 분야에 사용되는 정도였지만, 실생활에 응용되기 시작하면서 지능형 로봇 등 활용 분야가 비약적으로 발전하였다. 신경망, 퍼지이론, 패턴 인식, 전문가 시스템, 자연어 인식, 이미지 처리, 컴퓨터 시각, 로봇공학 등 다양한 분야가 인공지능의 일부분을 이루고 있다. 단독으로 활용되는 것 외에도 다양한 분야와 연결하여 인간이 할 수 있는 업무를 대체하고, 그보다 더욱 높은 효율성을 가져올 것으로 기대된다.

산업시장에서도 딥 러닝(Deep Learning) 등 기계학습과 빅데이터에 기반한 인공지능과 관련된 시장이 급성장할 것으로 전망되고 있다. 인공지능 시스템 시장은 2024년 111억 달러 수준으로 급성장할 것으로 예측되고 있고, 인공지능이 탑재된 스마트 머신의 시장 규모가 2024년 412억 달러 규모가 될 것으로 보고 있다.

딥 러닝
사물이나 데이터를 분류하거나 군집하는 데 사용하는 기술을 말한다. 사람의 뇌가 사물을 구분하는 것처럼 컴퓨터가 사물을 분류하도록 훈련시키는 기계학습(machine learning)의 일종이다. 딥 러닝의 기본 개념은 인공신경망(Artificial Neural Network, ANN)과 유사하다. 인공신경망은 사람의 두뇌와 비슷한 방식으로 정보를 처리하는 알고리즘으로, 사물의 면이나 형상 등 여러 요소의 데이터를 합치고 구분하는 과정을 반복해 정보를 학습한다. 여기에 대량의 데이터를 분석할 수 있는 하드웨어의 발달과 빅데이터(Big Data)의 등장으로 인공신경망은 한층 뛰어난 결과를 보여주게 되는데 이것을 딥 러닝이라 한다.

(2) 빅데이터(Big Data)

빅데이터는 '빅(Big)+데이터(Data)'식의 단순 합성어가 아니다. 빅데이터를 '어마어마하게 많은 데이터'라는 식으로 받아들이면 본질적인 의미와 가치를 놓치게 된다. 기존의 기업 환경에서 사용되는 정형화된 데이터는 물론 메타정보와 센서 데이터, 공정 제어 데이터 등 미처 활용하지 못하고 있는 반정형화된 데이터, 여기에 사진, 이미지처럼 지금까지 기업에서 활용하기 어려웠던 멀티미디어 데이터인 비정형 데이터를 모두 포함하는 것이 빅데이터다.

빅데이터의 주된 특징으로는 크기, 다양성 및 속도를 들 수 있다. 단순히 데이터 양이 많다고 해서 빅데이터라고 부를 수 있는 건 아니다.

크기(Volume)는 데이터의 물리적 크기를 뜻하며 기업 데이터, 웹 데이터, 센서 데이터 등 페타바이트(PB) 규모로 확장된 데이터를 말한다. 다양성(Variety)은 데이터의 형태를 말한다. 기존 기업 데이터 환경에서 사용하는 관계형 데이터베이스(RDB)에 저장된 데이터인지, 웹 로그(Web log: 웹 서버에 남은 사용자 데이터)나 기기 데이터와 같은 데이터인지, 비디오나 이미지 같은 비정형 데이터인지 등 데이터의 형태에 따라 그 종류가 나뉜다. 빅데이터는 이 모든 데이터를 포함하기 때문에 이를 다룰 수 있는 기술이 필요하다. 마지막으로 속도(Velocity)다. 빅데이터의 중요한 특징으로도 꼽히는 속도는 곧 데이터 처리 능력을 말한다. 데이터를 수집 · 가공 · 분석하는 일련의 과정을 실시간 또는 일정 주기에 맞춰 처리할 수 있어야 한다.

(3) 사물인터넷(Internet of Things, IOT)

사물인터넷이란 상호 연결된 기술과 다양한 플랫폼을 기반으로 사물(제품, 서비스, 장소)과 인간의 연결 관계를 의미한다. 더 작고 저렴하고 스마트해진 센서들이 개발 가능해짐에 따라 제조공정, 물류, 집, 의류, 액세서리, 도시, 운송망, 에너지 분야 등 모든 사물에까지 내장 및 활용 가능하게 되어 사물인터넷 환경은 더욱 확대되고 있다.

특히 사물인터넷 환경에서 생성되는 다양한 데이터를 처리하기 위한 클라우드 컴퓨팅(cloud computing) 및 빅데이터 산업이 발달하고 이와 관련된 일련의 혁신적인 기술들은 인공지능기술이 더해지며 삶의 변화를 이끌어 내고 있다.

사물인터넷은 현재 인공지능의 초기 단계인 기계학습을 통해 다양한 서비스 제공이 가능하며, 상황을 인지하고 학습하는 컴퓨터의 능력이 발전할수록 무인자율자동차, 드론, 로봇 등 사물인터넷을 통해 제공할 수 있는 서비스도 함께 발전되어 나갈 것이다.

(4) 사이버물리시스템(Cyber-Physical System, CPS)

로봇, 의료기기 등 물리적인 실제 시스템과 사이버 공간의 소프트웨어 및 주변 환경을 실시간으로 통합하는 시스템을 말한다. 기존 임베디드 시스템의 미래지향적이고 발전적인 형태로서 제조시스템, 관리시스템, 운송시스템 등의 복잡한 인프라 등에 널리 적용된다.

(5) 3D 프린팅(Three Dimensional Printing)

프린터로 물체를 뽑아내는 기술을 말한다. 종이에 글자를 인쇄하는 기존 프린터와 비슷한 방식으로, 다만 입체 모형을 만드는 기술이라고 하여 3D 프린팅이라고 부른다. 보통 프린터는 잉크를 사용하지만, 3D프린터는 플라스틱을 비롯한 경화성 소재를 쓴다. 기존 프린터가 문서나 그림파일 등 2차원 자료를 인쇄하지만, 3D프린터는 3차원 모델링 파일을 출력 소스로 활용한다는 점도 차이점이다. 현재 자동차, 항공우주, 의료산업에서 주로 활용되며, 의료 임플란트에서 대형 풍력발전기까지 광범위하게 활용되고 있다.

(6) 로봇공학(Robot Engineering)

로봇에 관한 기술인 로봇의 설계, 구조, 제어, 지능, 운용 등에 대한 기술을 연구하는 공학의 한 분야이다. 로봇의 설계에는 기계공학, 전기·전자공학, 컴퓨터공학 등의 기술들이 융합되어 활용되고 있다. 또한 생물이 가지고 있는 뛰어난 기능을 인공적으로 실현하여 활용하는 생체공학(bioengineering)도 활용되고 있는 등 여러 공학분야가 융합되어 있는 종합적인 학문분야이다. 그리고 공장 등의 생산현장에 산업용 로봇을 도입하고 새로운 생산시스템을 구축하는 응용분야이기도 하다.

로봇은 산업에서 사람이 하기 힘든 일들을 대신 수행하는 용도로 개발된 산업용 로봇이 먼저 널리 사용되기 시작하였다. 산업용 로봇의 구조는 주어진 작업을 수행할 수 있도록 자유롭게 원하는 위치로 이동할 수 있도록 움직일 수 있는 기계구조와 이를 구동할 수 있는 액추에이터(actuator) 그리고 액추에이터를 원하는 위치에 정확하게 제어할 수 있는 제어기로 구성된다.

(7) 블록체인(Block Chain)

공공 거래 장부라고도 부르며 가상 화폐로 거래할 때 발생할 수 있는 해킹을 막는 기술이다. 기존 금융 회사의 경우 중앙 집중형 서버에 거래 기록을 보관하는 반면, 블록체인은 거래에 참여하는 모든 사용자에게 거래 내역을 보내 주며 거래 때마다 이를 대조해 데이터 위조를 막는 방식을 사용한다. 서로 모르는 사용자들이 공동으로 만들어 가는 시스템으로 암호화(보안) 되어 모두에게 공유되기 때문에 특정 사용자가 시스템을 통제할 수 없어 오히려 투명한 거래방식이 될 수 있다. 블록체인은 대표적인 온라인 가상 화폐인 비트코인에 적용되어 있다. 비트코인은 누구나 열람할 수 있는 장부에 거래 내역을 투명하게 기록하며, 비트코인을 사용하는 여러 컴퓨터가 10분에 한 번씩 이 기록을 검증하여 해킹을 막는다. 향후 각종 국가발급 증명서, 보험금 청구, 의료기록, 투표 등 코드화가 가능한 모든 거래가 블록체인 시스템을 통해 가능할 것으로 예상된다.

(8) 합성생물학(Synthetic Biology)과 유전자공학

합성생물학은 DNA데이터를 기록하여 유기체를 제작할 수 있어 심장병, 암 등 난치병 치료를 위한 의학분야에 직접적인 영향을 줄 수 있다, 데이터 축적을 통해 개인별 맞춤의료 서비스 및 표적치료법도 가능하다. 농업과 바이오 연료생산과 관련해서도 대안을 제시할 수 있는 기술이다. 유전자공학은 유전자 편집 기술을 통해 인간의 성체세포를 변형할 수 있고, 유전자변형 동식물도 만들어 낼 수 있는 단계까지 발달하고 있다.

3. 4차 산업혁명의 특징

제4차 산업혁명은 초연결성(Hyper-Connected)과 초지능화(Hyper-Intelligent)의 특성을 가지고 있으며, 이를 통해 모든 것이 상호 연결되고 보다 지능화된 사회로 변화시킬 것이다.

첫째, 우리 사회는 이미 초연결 사회로 진입하고 있다. 사물인터넷, 클라우드 등 정보통신기술의 급진적 발전과 확산은 인간과 인간, 인간과 사물, 사물과 사물 간의 연결성을 기하급수적으로 확대시키고 있고, 이를 통해 초연결성이 강화되고 있다. 2020년까지 인터넷 플랫폼 가입자가 30억 명, 500억 개의 스마트 디바이스로 인한 상호 간 네트워킹의 강화, 인터넷과 연결된 사물(Internet-Connected Objects)의 수가 501억 개, M2M(Machine to Machine, 사물-사물) 시장 규모가 16조 5,000억 원 규모로 성장할 것으로 전망되고 있다. 이러한 시장 전망은 초연결성이 제4차 산업혁명이 도래하는 미래사회에서 가장 중요한 특성임을 보여주고 있다.

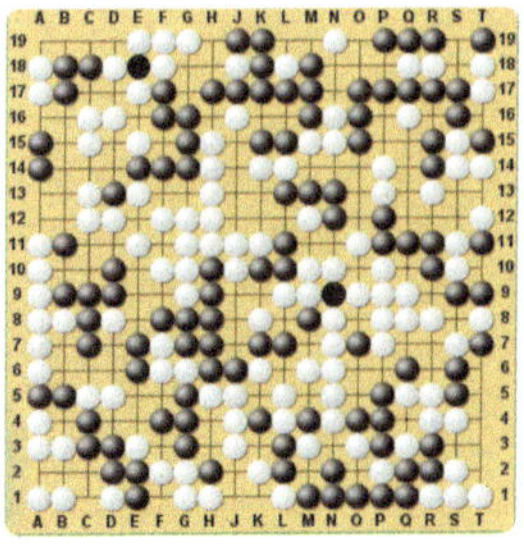

19×19의 바둑판 위의 10,171의 경우의 수가 존재하고, 바둑을 두어 가는 과정에서 나타나는 경우의 수까지 고려한다면 무한대의 경우의 수가 가능하다.(http://tromp.github.io/go/legal19.html)

둘째, 제4차 산업혁명의 주요 변화동인인 인공지능과 빅데이터의 연계 및 융합으로 인해 기술 및 산업구조가 초지능화될 것으로 예상된다. 2016년 3월 이미 우리는 초지능화 사회로 진입하고 있음을 경험하였다. 인간 이세돌과 인공지능 컴퓨터 알파고(Alphago)와의 바둑 대결이 그것이다. 바둑판 위의 수많은 경우의 수와 인간의 직관 등을 고려할 때 인간이 우세할 것이라는 전망과 달리 알파고의 승리는 사람들에게 충격으로 다가왔다. 이 대결은 초지능화 사회의 시작을 알리는 단초가 되었고, 많은 사람들이 인공지능과 미래사회 변화에 대해 관심을 갖기 시작했다.

4. 제4차 산업혁명에 따른 미래사회 변화

많은 미래학자들과 전망 보고서들은 제4차 산업혁명에 따른 미래사회 변화가 크게 기술·산업구조, 고용구조 그리고 직무역량 등 세 가지 측면에서 나타날 것으로 예측하고 있다.

첫째, 기술·산업적 측면에서 제4차 산업혁명은 기술 및 산업 간 융합을 통해 산업구조를 변화시키고 새로운 스마트 비즈니스 모델을 창출시킬 것으로 판단된다. 제4차 산업혁명의 특징인 초연결성과 초지능화는 사이버물리시스템(CSP) 기반의 스마트 팩토리(smart factory) 등과 같은 새로운 구조의 산업생태계를 만들고 있다.

예를 들어 **사이버물리시스템**은 생산과정의 주체를 바꾸게 되는데, 기존에는 부품·제품을 만드는 기계설비가 생산과정의 주체였다면 이제는 부품·제품이 주체가 되어 기계설비의 서비스를 받아 가며 스스로 생산과정을 거치는 형태의 산업구조로 변화한다는 것이다. 이로 인해 이미 제조업 분야에서 인간의 노동력 필요성이 점차 낮아지고 있어 **리쇼어링**(reshoring) 현상이 나타나는 등 산업생태계가 변화하기 시작했다. 이미 제너럴일렉트릭(General Electric Corp., GE)은 세탁기와 냉장고, 난방기 제조공장을 중국에서 켄터기 주(州)로 이전하였고, 구글(Google)도 미디어 플레이어인 넥서스Q를 캘리포니아 주(州) 세너제이에 만들고 있다.

한편 광의의 관점에서 4차 산업혁명은 **플랫폼**(platform)을 활용한 신규 서비스 시장 전체를 의미한다. 이는 **플랫폼 비즈니스**(platform business)가 확산되고 있다는 것을 의미하며, **공유경제**(share economy)나 **온디맨드 서비스**(on demand service) 시장이 바로 여기에 해당된다. 새로운 산업들은 개인(에이전트)을 대신하는 지능적인 플랫폼을 기반으로 유휴자원에 대한 수요와 공급을 즉각적으로 연결해 주는 특징을 갖고 있어, 고용시장의 유연화를 야기하게 된다. 또한 사물인터넷(IoT) 및 클라우드 등 '초연결성'에 기반을 둔 플랫폼 기술의 발전으로 **O2O**(Online to Offline) 등 새로운 '스마트 비즈니스 모델'이 등장할 것이다.

둘째, 제4차 산업혁명으로 인해 고용구조의 변화가 나타날 것이다. 특히 자동화 기술 및 컴퓨터 연산기술의 향상 등은 단순·반복적인 사무행정직이나 저숙련(low-skills) 업무와 관련된 일자리에 직접적으로 영향을 미쳐 고용률을 감소시킬 것으로 예측되고 있다. 옥스퍼드 대학(Oxford Univ.)의 Martin School은 컴퓨터화 및 자동화로 인해 미래에 사라질 가능성이 높은 직업에 대한 연구를 수행하였는데, 현재 직업의 47%가 20년 이내에 사라질 가능성

사이버물리시스템
생산공정상에서 주체(기존 기계설비)와 객체(기존 부품 및 제품)가 바뀌도록 유도하고 있고, 더 나아가 생산과정의 모든 요소들이 주체가 되는 분권화(decentralization)가 실현되어 중앙통제가 아닌 부품과 기계설비들이 서로 의사소통을 하며 작업이 이루어짐으로써 인간의 노동력이 필요하지 않게 된다.

리쇼어링(reshoring)
해외에 나가 있는 자국기업들을 각종 세제혜택이나 규제완화 등을 통해 자국으로 불러들이는 정책으로, 기존 싼 인건비나 판매시장을 찾아 해외로 생산공장을 설치하는 '오프쇼어링(offshoring)'의 반대 개념

플랫폼
본래 기차 정거장을 의미하는 용어로 현재는 많은 이용자가 이용하는 컴퓨터 프로그램이나 모바일 앱, 웹사이트 등을 통칭하는 의미로 사용된다.

플랫폼 비즈니스
정보기술 IT의 발달로 다양한 모바일·인터넷 플랫폼이 등장하고 있는 가운데, 이를 기반으로 각종 제품·서비스를 중개하고 수수료로 수익을 내는 사업을 가리키는 말이다. 소비자·기업 등이 재화·서비스를 사고팔거나 상호작용하는 일종의 '장터' 개념이다. 애플, 아마존, 페이스북, 구글 등 잘나가는 기업들의 공통점은 모두 플랫폼형 비즈니스 모델을 구축한 기업이다.

공유경제
하버드 대학의 교수인 로렌스 레식(Lawrence Lesig)이 『Remix』(2008)라는 책에서 처음 사용한 단어로서 '한 번 생산된 제품을 여럿이 공유해서 쓰는 협력소비를 기존으로 한 경제방식'으로 정의

온디맨드 서비스
유무선 인터넷에서 온라인 플랫폼 업체의 중계를 통해 개인-개인, 개인-기업이 거래를 통해 제품과 서비스를 소유 없이 이용할 수 있는 경제 활동을 의미

O2O(Online to Offline)
온라인과 오프라인을 연결하여 고객에게 편리하고 가치 있는 서비스를 제공하는 온/오프라인 연계 비즈니스를 총칭

이 높은 것으로 도출되었다. 특히 텔레마케터, 도서관 사서, 회계사 및 택시 기사 등의 단순·반복적인 업무와 관련된 직업들이 자동화 기술로 인해 사라질 것으로 전망하고 있다. 호주는 노동시장의 39.6%(약 5만 명의 노동인력)가 수십 년 내 컴퓨터에 의해 대체될 것으로 예상하고 있고, 그중 18.4%는 업무에서의 역할이 완전히 사라질 가능성이 높을 것으로 보고 있다(CEDA, 2015).

독일 제조업분야에서는 기계가 인간의 업무를 대체함에 따라 생산부문 120,000개(부문 내 4%), 품질관리부문 20,000개(부문 내 8%) 및 유지부문 10,000개(부문 내 7%)의 일자리가 감소하고, 생산계획부문의 반복형 인지업무(routine cognitive work)도 20,000개 이상의 일자리가 사라질 것으로 예측되고 있으며, 이러한 현상은 2025년 이후 더욱 가속화될 것으로 전망되고 있다(Boston Consulting Group, 2015). 미국의 경우에도 인공지능, 첨단로봇 등 물리적/지적 업무의 자동화로 인해 대부분 업무의 특정 부분이 자동화될 것으로 보고 있다. 구체적으로는 저숙련 및 저임금 노동인력이 수행하는 단순 업무와 더불어 재무관리자, 의사, 고위간부 등 고숙련 고임금 직업의 상당수도 자동화되어, 인간이 하는 업무의 45%가 자동화될 것으로 전망되고 있다(Mckinsey, 2016).

그러나 일자리 지형 변화와 관련하여 부정적인 전망만 있는 것은 아니다. 제4차 산업혁명과 관련된 기술 직군 및 산업분야에서 새로운 일자리가 등장하고, 고숙련(high-skilled) 노동자에 대한 수요가 증가할 것이라는 예측도 존재한다. 특히 산업계에서는 인공지능, 3D 프린팅, 빅데이터 및 산업로봇 등 제4차 산업혁명의 주요 변화 동인과 관련성이 높은 기술 분야에서 200만 개의 새로운 일자리가 창출되고, 그중 65%는 신생직업이 될 것이라는 전망도 있다(GE, 2016). 또한 독일 제조업분야 내 노동력의 수요는 대부분 IT와 S/W 개발분야에서 경쟁력을 가진 노동자를 대상으로 나타날 것이고, 특히 IT 및 데이터 통합분야의 일자리 수는 110,000개(약 96%)가 증가하고, 인공지능과 로봇 배치의 일반화로 인해 로봇 코디네이터 등 관련 분야 일자리가 40,000개 증가할 것으로 전망되고 있다(Boston Consulting Group, 2015).

셋째, 4차 산업혁명에 따른 기술·산업 측면의 변화와 일자리 지형의 변화는 고용 인력의 직무역량(skills & abilities) 변화에 영향을 미치고 있다. WEF 보고서에 따르면 제4차 산업혁명은 고용 인력이 직무역량 안정성(skills stability)에

직무역량 안정성
기술발전 및 산업변화에 따른 고용 인력에게 요구되는 역량의 변화 정도 또는 이미 확보하고 있는 역량의 유통기한의 변화 정도를 의미

도 영향을 미치고, 산업분야가 요구하는 주요 능력 및 역량에도 변화가 생겨 복합문제 해결능력(complex problem solving skills) 및 인지능력 등에 대한 요구가 높아질 것으로 전망되고 있다(WEF, 2016).

또한 미래사회의 고용 인력은 새로운 역할과 환경에 적응할 수 있는 유연성과 더불어 지속적인 학제 간 학습(interdisciplinary learning)이 필요하고, 다양한 **하드스킬**(hard skills)을 활용할 수 있어야 할 것이다. 로봇이나 기계를 다루는 전문적인 직업 노하우를 정보통신기술과 접목할 수 있는 역량과 더불어 다양한 지식의 활용을 기반으로 **소프트스킬**(soft skills)이 미래사회에서 더욱 중요한 역량이 될 것으로 보고 있다(Boston Consulting Group, 2015).

하드스킬
기술적 능력 및 실력 또는 전문지식을 의미

소프트스킬
변화에 대한 유연성 및 다양한 기술의 활용능력 또는 조직 내 커뮤니케이션, 협상, 팀워크, 리더십 등을 활성화할 수 있는 능력을 의미

그러나 직무역량과 더불어 자동화 또는 인공지능 등 기술 및 기계의 발전으로 노동력이 대체되더라도 창의성 및 혁신성 등과 같은 인간만의 주요 능력 및 영역은 자동화되지 않을 것으로 전망되고 있다. Mckinsey는 미국 내 800개 직업을 대상으로 업무활동의 자동화 가능성을 분석한 결과, 800개 중 5%만이 자동화 기술로 대체되고 2,000개 업무 활동 중 45%만이 자동화될 것으로 분석하고 있다. 그리고 인간이 수행하는 업무 중 창의력을 요구하는 업무(전체 업무의 4%)와 감정을 인지하는 업무(전체 업무의 29%)는 자동화되기 어려울 것으로 보고 있다(Mckinsey, 2015).

넷째, 초연결 플랫폼이 기술·경제·사회 전반에 확산되면서 생산과 소비의 전 과정이 지능화되고, 또한 서로 긴밀하게 상호작용하게 되는 생산과 소비의 혁명이 발생할 것이다.

제품과 서비스를 생산하고 소비하는 경제 활동은, 생산자가 가치를 만들어 내어 소비자에게 전달하는 가치사슬(value chain)의 관점에서 살펴볼 필요가 있다. 가치사슬이란 고객에게 가치를 주는 기업 활동, 기업 활동을 가능하게 하는 생산과정, 기업 활동을 통하여 소비자의 욕구가 충족되는 과정 전체를 의미한다. 가치사슬에서 기업의 활동은 가치를 창출할 수 있도록 기업은 소비자가 원하는 가치를 반영한 제품과 서비스를 신속하게 제공하려고 노력한다. 따라서 기업은 상호 협력하는 공급자와 정보를 공유하고 지속적으로 소비자의 정보를 파악한다. 그런데 앞서 언급한 사물인터넷, 빅데이터, 인공지능이 형성하는 초연결 플랫폼을 통해 소비와 생산을 직접 연결

그림 4-2 **생산과 소비의 혁명의 의미**

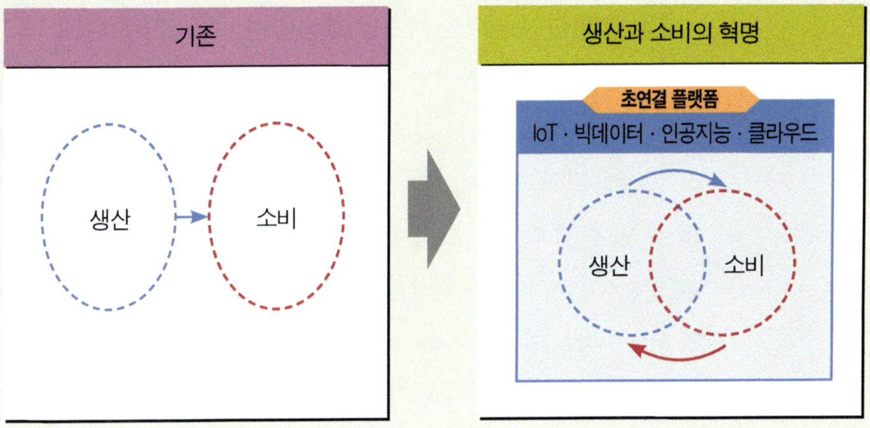

그림 4-3 **생산과 소비 프로세스의 변화**

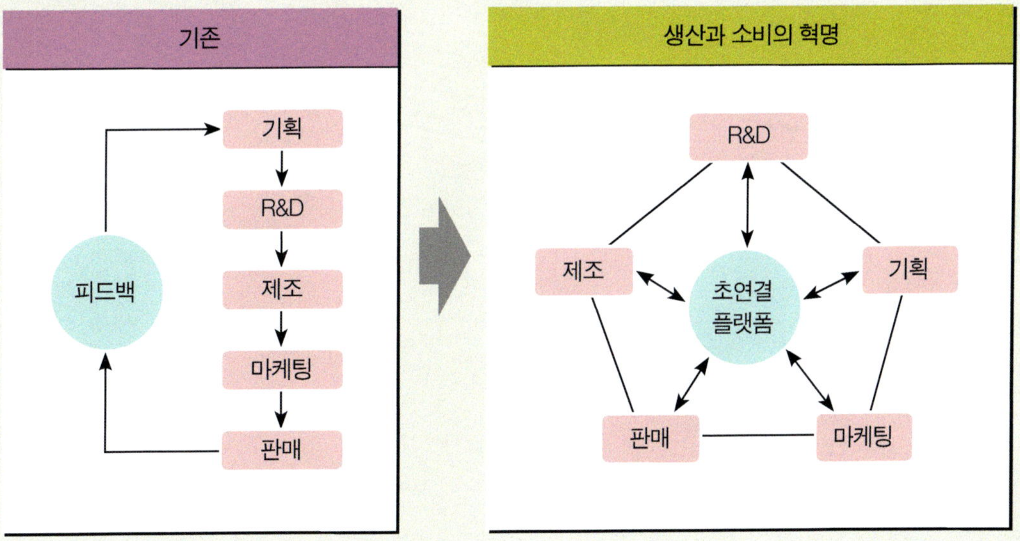

하고, 생산과 소비의 프로세스들 간에도 거의 실시간으로 정보를 공유할 수 있게 되었다. 즉, 판매 현장에서 나타나는 소비자의 요구가 실시간으로 기

획이나 디자인, 제조 단계에 반영될 수 있게 된 것이다. 다시 말해, 소비와 생산이 결합되는 것이다.

그림 4-3 과 같이 지금까지는 생산 공정이 순차적으로 관리되므로 소비자의 요구가 생산에 반영되려면 상당한 시간이 필요했다. 즉, 소비자가 원하는 가치를 만족시키는 것에 제한이 있을 수밖에 없었다(〈그림 4-3 왼쪽). 그러나 초연결 플랫폼에 의하여 소비자의 요구가 생산에 실시간으로 반영될 수 있게 됨에 따라 소비자 만족과 생산성이 획기적으로 향상될 것이다(그림 4-3 오른쪽). 이러한 현상은 초연결이라는 변화가 만들어 낸 생산과 소비의 혁명이라고 할 수 있다.

이러한 변화는 가치사슬 자체의 성격에도 변화를 가져온다. 2000년대에는 정보통신기술의 발전과 지식경제의 확산으로, 가치사슬상 부가가치에서 제조 부분의 비중이 상대적으로 낮아지며 스마일 커브 모양을 띠게 되었다(그림 4-4 참조). 이에 따라 다국적 기업들이 제조 시설을 인건비가 저렴한 아시아 국가 등으로 이전하고 모기업은 R&D와 서비스에 집중하게 되었다. 가치사슬의 국제적 분담이 이루어진 것이다. 우리나라의 대기업들도 제조

그림 4-4 가치사슬의 변화

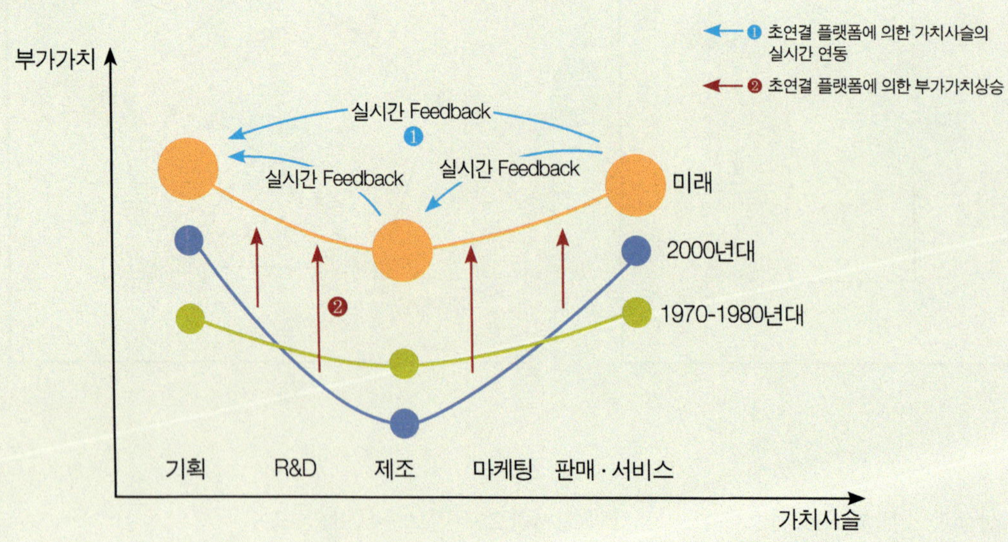

시설을 중국, 동남아시아로 이전하고, 국내에서는 핵심R&D, 판매, 서비스를 수행했다.

그러나 4차 산업혁명으로 가치사슬과 부가가치에 변화가 일어나며 스마일 커브의 형태가 바뀌고 있다. 가치사슬 프로세스 내에 지능정보기술이 적용되고 정보가 공유됨에 따라(화살표 ①), 가치사슬 전체의 부가가치가 상승하면서 제조 부분의 비중이 다시 높아지게 된다(화살표 ②).

이에 따라, 선진국들은 한동안 홀대하던 제조 부분을 재조명하게 되었다. 최근 선진국의 기업들이 제조 시설을 본국으로 되돌리는 리쇼어링(reshoring) 현상도 이러한 맥락에서 이해할 수 있다.

Business Insight

'널리 인간을 이롭게...' 활용 잘 하면 훌륭한 조력자 될 AI

인간은 언제나 노동을 대신해 줄 기계를 발명해 왔다. 기계는 우리가 너무 고되고, 혹은 지나치게 지루하고 반복적이라고 느끼는 작업들을 대신해 주고 있다. 그것도 우리보다 더 빠른 속도로 말이다. 기계는 1시간에 1,000가지 부품을 만들어 내거나, 시간당 수백 킬로미터의 거리를 날아갈 수도 있다. 그러나 지난 수천 년간 기계가 대체해 온 작업은 주로 물리적인 동작을 포함하는 것들이었다. 그런데 컴퓨터의 등장으로 이제는 정신적인 작업도 기계의 영역에 포함되게 되었다.

초기 컴퓨터들은 로켓 발사부터 세금 계산에 이르기까지 복잡하고 반복적인 계산 작업을 주로 담당했다. 최근 몇 년 동안 우리는 인공지능의 가능성과 위험에 대한 이야기를 접해 왔다. 과연 인공지능이란 무엇이고, 우리에게 득이 되는 존재일까 해가 되는 존재일까?

사실 인공지능의 정의조차도 아직 정립되지 않았다. 가장 일반적인 정의로는 '지금까지 인간만이 가능했던 작업을 할 수 있는 기계'이다. 이 정의의 문제점은 '인간만이 가능한' 작업이라는 것이 AI의 발전과 함께 변화한다는 것이다. 불과 얼마 전까지만 해도 손글씨를 읽거나, 자동차를 만들거나, 비행기를 조종하는 일은 '인간만이 할 수 있는' 영역에 있었다. 그런데 이제는 이 모든 작업을 기계가 대신할 수 있다. 또한 상당수 AI 시스템은 학습할 수 있다. 즉 인간의 개입 없이도 어떤 작업에 스스로 익숙해지고 숙련될 수 있다는 의미이다.

많은 이들이 AI를 떠올릴 때 영화에서 본 안드로이드나, 전지전능한 컴퓨터의 이미지를 떠올린다. 그러나 과연 스타워즈의 C3-PO나 스타트렉의 데이터(Data) 사령관과 같이 미세하고 광범위한 인간 행위를 복제할 수 있는 '일반형' AI가 탄생하게 될 것인가에 대해서는 논란의 여지가 있다. 적어도 현재 AI 시스템은 특정한 작업만을 수행할 목적으로 제작되곤 한다. 예를 들어 체스를 둘 목적으로 제작된 AI 시스템은 불법 신용카드 이용 내역을 식별해 내거나 바지와 어울리는 셔츠 추천 같은 일은 하지 못한다.

그리고 오늘날 빠른 속도로 변화하며 새로운 역량이 개발되는 분야는 다름 아닌 단일 목적의 AI 시스템이다. 새로운 기술과 컴퓨팅 파워의 증대, 그리고 분석의 대상이 되는 데이터의 증가로 AI는 전보다 훨씬 더 복합적이고 복잡한 인지 작업을 수행할 수 있게 됐다. 심지어 어떤 작업은 AI가 인간보다 더 나은 역량을 보여 주기도 한다. 인간은 사칙연산을 할 때 자릿수를 올리는 것을 잊어도 계산기는 절대 그러지 않는 것처럼 말이다.

주기적인 유방조영상 검사 결과를 분석하는 반복적이고 복합적인 작업을 대신해 주는 소프트웨어도 새롭게 발명되었다. 컴퓨터는 피로를 느끼지도, 집중력이 떨어지지도 않기 때문에 초기 단계의 악성 종양을 인간 의사보다 더 정확하게 발견해 낸다. 호주 브리즈번의 신생기업 맥스웰 MRI(Maxwell MRI)가 개발 중인 AI 기반 솔루션은 기존 방식보다 훨씬 높은 정확도로 전립선암을 찾아낸다.

필자가 일하는 디지털 지능(digital intelligence) 분야에서도 AI는 인간이 미처 스캔하지 못 할 정도의 방대한 분량의 데이터 속에서 패턴을 찾아내는 등 그 가치를 증명하였다. AI는 이처럼 전문가들을 대체한다기보다는 그들이 이용하는 툴에 가깝다. 뉴 렐릭(New Relic)에서는 AI를 '응용

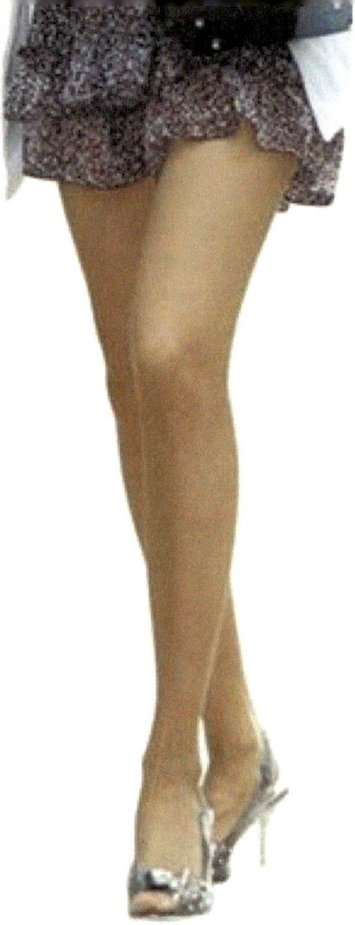

경기와 미니스커트는 별 연관성이 없다는 게 정설이다. 그러나 『털없는 원숭이』의 저자로 잘 알려진 영국의 동물학자 데스먼드 모리스에 의하면, 1920년대 경기가 호황일 때 여성의 치마 길이는 짧아졌고 1930년대 대공황에는 길어졌다는 사실을 밝혀냈다. 미국의 경제학자 마브리 역시 뉴욕 증시와 치마 길이와의 상관관계를 연구해 "호황에는 미니스커트가 등장하고, 불황에는 치마 길이가 길어진다"고 발표해 정설과 배치된 주장을 했다. 호황기에는 건물 냉·난방이 좋아져 여성 활동성이 부쩍 커지고 미니스커트도 유행한다는 주장도 있다.

화에 조직활동을 조정함으로써 이를 해결할 수 있다. 완충화는 환경의 변화를 흡수하는 반면에, 평준화는 환경에 있어서 변화를 감소시키는 노력의 일환이다.

예를 들면 장거리전화나 국제전화에 있어서 가장 통화량이 적은 시간에 이용하면 요금을 할인해 주는 경우를 들 수 있다. 이는 가장 통화량이 많은 시간대의 수요를 감소시키고 통화량이 적은 시간대의 수요를 증가시키기 위한 방법이다. 심야전기 사용요금의 할인제도, 주중 또는 비성수기의 항공요금이나 호텔요금의 할인제도도 이에 해당한다.

(3) 예측

완충화나 평준화에 의해 환경적 변화를 효과적으로 해결할 수 없을 때 조직은 예측에 의해 환경변화에 적극적으로 대응할 수 있다. 예측이란 미래를 예상하기 위해 과거 및 현재의 자료를 수집 및 분석하는 것을 말한다. 금융기관은 미래의 금융시장의 방향을 예측하기 위하여 여러 경제 관련 자료를 수집 및 분석한다.

'A1'이라는 상표의 스테이크용 소스를 생산하는 휴브라인(Heublein) 사를 예로 들어 보자. 이 회사는 상품시장에서의 곡물 가격을 기준으로 소스의 판매량을 예측한다고 한다. 곡물 가격이 오르면 사료비가 오르므로 목축업자는 많은 소를 도축하게 된다. 소의 도축량이 증가하면 쇠고기 값이 하락하여 쇠고기의 소비량이 증가한다. 이는 결국 스테이크용 소스 판매량의 증가를 가져온다는 것이다. 한편 스테이크용 소스의 판매량은 쇠고기 소비량과 직접적으로 관계있으나 소의 도축량이 증가할수록 소의 수가 줄어들어 결국 쇠고기의 생산이 감소한다. 이는 결국 쇠고기의 소비를 감소시켜 스테이크용 소스의 소비가 감소하게 된다. 이 회사는 이러한 주기적 과정을 정확히 예측하여 스테이크용 소스의 생산량을 결정한다.

예측에서 중요한 것은 환경변화가 일정한 규칙성이 있는가 아니면 규칙성이 없는가를 파악하는 일이다. 예를 들어서 은행의 경우 월말이나 연말에 많은 고객이 밀린다. 이때는 예측과 조직의 적응이 자동적으로 이루어질 수 있다. 또한 예측의 차원이 복잡한 경우에는 경영과학이나 통계적 의사결정

기법을 이용할 수 있다.

(4) 할당

할당이란 조직 내의 특정 활동에 대해 중요성을 강조하거나 우선순위를 부여하고 다른 활동은 특정 활동의 부수적인 활동으로 간주하는 방법이다. 이는 조직의 가장 중요한 기술적 핵심의 기능을 보호하기 위한 해결전략이다. 예를 들어서 우체국에서는 우편물 배달에 있어서 일반우편, 등기우편, 속달우편으로 나누어 등기우편이나 속달우편이 일반우편보다 중요하게 취급된다. 병원은 응급실을 설치하여 일반 환자보다 우선적으로 치료하게 한다.

기업이 거래처별로 우선순위를 정하여 제품을 제공하는 것도 할당의 예라고 할 수 있다. 그러나 할당은 조직의 기술핵심을 완전히 발휘하지 못하게 하는 단점이 있기 때문에 최선의 해결전략이라고는 할 수 없다.

(5) 경계활동

경계활동이란 환경요인과의 교환관계를 갖고 제 활동을 조정하기 위한 역할을 창출하는 과정을 말한다. 이러한 역할 창출은 불확실성을 감소시킬 수 있는데, 이는 경계활동 담당자(boundary spanner)가 기술적 핵심에 관한 계획을 수립하는 데 이용될 수 있는 중요한 정보를 수집함으로써 가능하다. 경계활동 담당자가 수집한 정보는 예측된 환경변화에 조직을 적응시키기 위한 활동을 개발하는 데 이용될 수 있다.

기업조직의 관점에서 보면 전략계획수립(strategic planning) 담당자나 시장조사부서가 경계활동 담당자 역할을 한다. 이들은 외부환경의 변화에 관한 정보를 수집 및 분석하여 조직구성원들에게 전달한다. 또한 경계활동 담당자는 외부환경에 대해 조직을 대표한다. 이때 경계활동 담당자는 외부환경에 대해 조직에 관한 정보를 제공하기도 한다. 즉 경계활동이란 조직이 환경과 상호작용하게 하는 역할을 한다. 이 개념은 특히 조직을 개방 시스템으로 이해하는 시스템이론의 관점에서 매우 중요하다.

자금문제를 해결하기 위해서 금융기관의 중역을 이사 또는 자문 역으로 위촉하는 경우를 들 수 있다. 겸임중역제는 환경과의 상호연계(cooptation)의 일환이라고 할 수 있다.

④ 중역채용

중역채용(executive recruitment)은 다른 산업이나 조직에서 경험이 많은 사람을 중역으로 채용하는 것을 말한다. 정부조직과의 상호작용이 많은 조직에서 전직 관료나 고위 공무원을 중역으로 채용하는 경우를 예로 들 수 있다. 이는 조직의 환경에 대한 불확실성을 감소시키고 환경과의 우호적인 관계를 형성하는 데 도움이 되는 방법 중의 하나이다.

⑤ 광고 및 PR

조직은 광고(advertising)를 통해 환경과 우호적인 관계를 형성할 수 있다. 기업은 광고를 통해 소비자에게 제품에 관한 정보를 알려 줄 수 있다. 광고와 유사한 PR(Public Relations) 역시 환경과 우호적인 관계를 형성하기 위한 좋은 수단이다. 다만 PR은 광고와는 달리 일반 대중에게 조직의 이미지를 전달한다는 점에서 차이가 있다.

(2) 환경 자체의 변경

환경을 통제하는 방법 중 앞에서 살펴본 환경과의 우호적인 관계를 형성하는 방법 외에, 조직이 활동하는 환경 자체를 변경하는 방법이 있다. 환경 자체를 변경하는 방법에는 활동 영역의 변경, 로비, 산업조합의 결성 등이 있다.

① 활동 영역의 변경

조직의 활동 영역을 확대 또는 변경하는 것을 말한다. 조직의 활동 영역이란 조직이 제공하는 제품과 서비스의 종류에 따라 결정되기 때문에, 활동 영역 내의 환경의 불확실성이 높은 경우 아예 활동 영역을 불확실성이 낮은 영역으로 변경함으로써 조직을 유지·성장시킬 수 있다. 여기에는 다각화

(diversification)와 철수(withdrawal)가 있다.

다각화란 조직이 다른 활동 영역을 개척하는 것을 말한다. 다각화의 예를 들면 담배회사인 필립모리스는 담배산업이 사양으로 접어들자 경쟁 영역을 주류산업과 음료산업으로 변경하여 밀러라는 백주와 세븐업이라는 음료수를 생산하고 있다. 철수란 현재의 활동 영역에서 물러나는 것을 말한다. 예를 들어 컬러 텔레비전의 출현으로 흑백 텔레비전의 생산을 중지하는 것을 말한다.

② 로비활동

조직은 로비활동(lobbying)을 통해 정부기관이나 입법기관의 의사결정에 영향을 미칠 수 있다. 로비 담당자는 조직의 구성원이 할 수도 있고 미국에서처럼 전문 로비스트(lobbyist)를 고용할 수도 있다.

미국의 ABC, CBS, NBC 등의 주요 방송사는 전문 로비스트를 고용하여 규제기관인 연방통신위원회(Federal Communication Commission)에 대해 영향력을 행

지금까지 자판기는 커피나 팝콘과 같은 값싼 제품들을 주로 취급했다. 선물 자판기와 과자 자판기가 등장했지만 역시 가격은 1,000원짜리 몇 장으로 충분했다. 그런데 최근에 미국의 공항 등에 등장한 몇몇 자판기들은 이런 통념을 깨고 있다. 이 '럭셔리' 자판기들은 고급 향수 등 화장품은 물론이고 비싼 MP3, 아이팟까지 판매한다.

사할 뿐만 아니라 회사의 부회장급을 워싱턴에 주재시켜 로비활동을 하게 하고 있다. 조직은 로비활동을 통해 조직에게 유리한 법을 제정하게 하거나 현재의 법을 개정하는 데 영향을 줄 수 있다.

③ 산업공동체의 결성

산업공동체(trade association)란 유사한 이해관계를 갖고 있는 조직들의 공동체를 말한다. 로비활동은 특정 조직에 의해 수행되는 환경의 변경 활동인 반면에, 공동체의 활동은 공동체에 가입한 모든 조직의 이익을 위해 환경을 변경시키는 활동을 한다. 전국경제인연합회, 대한상공회의소, 무역협회, 한국대학교육협의회 등이 이에 해당한다. 이들 조직은 개별 조직의 차원보다는 공동체 전체의 의사를 반영하기 때문에 환경에 대한 영향력이 매우 크다고 할 수 있다.

주요 용어

환경, 외부환경, 내부환경, 글로벌스탠더드, 과업환경, 이해자집단, 이해관계자, 디지털, 디지털경제, 디지털기술, 네트워크경제, 지식기반경제, 지구촌경제, 사이버경제, 신기업, 신소비자, 신정부, e-비즈니스, 공급망 관리, 전사적 자원관리, 전자적 고객관계관리, 전략적 아웃소싱, 완충화, 평준화, 예측, 할당, 경계활동, 구조적 복잡성, 합병, 합작투자, 겸임중역제, 중역채용, 광고 및 PR, 투자자 관리, 로비활동, 산업공동체, 인공지능, 빅데이터, 사물인터넷, 블록체인, 사이버물리시스템, 리쇼어링, 플랫폼 비즈니스, 공유경제, 온디맨드 서비스, O2O

연습문제

01 오늘날 우리나라 대학이 직면하고 있는 환경을 일반환경과 과업환경으로 나누어 설명하시오.

02 경쟁기업의 수에 따른 경쟁 상황의 종류를 설명하시오.

03 글로벌스탠더드의 내용 및 우리나라 기업에 주는 시사점을 설명하시오.

04 기업의 이해관계자의 종류 및 그들이 추구하는 이해관계를 설명하시오.

05 디지털경제의 의미를 설명하시오.

06 디지털경제시대의 경영환경을 설명하시오.

07 산업사회와 디지털경제사회의 차이점을 설명하시오.

08 4차 산업혁명시대에 대두되는 주요 기술을 설명하시오

09 환경에 대한 조직의 적응방안을 설명하시오.

10 투자자 관리의 개념, 대상 및 방법을 설명하시오.

11 조직의 환경통제 방법을 설명하시오.

CHAPTER 05

사업과 기업의 글로벌화

만일 변화가 바른 방향이라면 변화와 관련하여 잘못된 것은 아무것도 없다.

- 윈스톤 처칠(영국 수상)

글로벌화는 정말로 미국의 지배적인 역할에 대한 또 다른 이름이다.

- 헨리 키신저(미국 국무장관)

공장을 지음으로써 한 나라를 산업화할 수 있다고 생각하는 것은 당신의 착각이다. 그렇게 할 수 없다. 시장을 만듦으로써 산업화를 할 수 있다.

- 폴 호프만(미국 경영자)

제5장 사업과 기업의 글로벌화

지금의 모습은 항상 과거와 다르기 마련이다. 그러나 세계경제와 무역 역사상 오늘날과 같은 모습은 과거에는 쉽게 연상하지 못했다. 과거에는 자국을 우선시하고 다른 국가들과는 어느 정도의 협력과 무역을 하는 등 서로 독립성을 유지하며 운영할 수 있었다. 기업 역시 자국시장을 중심으로 활동하며 해외시장은 부수적인 시장 내지는 제2의 시장 정도로 취급하며 기업의 목표를 달성할 수 있었다. 이처럼 과거에는 단순한 지역적 거리와 시차만이 아니라 국가 간 무역과 해외투자 등에 있어 각종 규제가 존재했었다. 이뿐만이 아니라 문화적, 정치적, 경제적 차이 역시 존재하였다.

그러나 글로벌화의 진전으로 오늘날 무역과 투자에 대한 규제가 현저하게 감소하고 있다. 교통과 통신의 발달로 지역적 거리와 심리적 거리 역시 크게 줄어들고 있다. 또한 글로벌 제품이나 브랜드에 대한 선호가 높아지고 있으며, 글로벌 문화에 대한 수용성 역시 높아지고 있는 실정이다. 아울러 기업들 스스로 해외시장에 적극적으로 진출하여 글로벌 수준의 경쟁과 경영이 오늘날 일반적인 모습이 되어가고 있다.

제1절 글로벌화의 의미

글로벌화(globalization)는 국가 경제들이 상호의존적이며 통합된 세계 경제에 융합되고 있는 현상을 말한다. 예를 들어 뉴스에서 미국의 이자율이 상승할 것이라고 말하면 한국의 주식시장에서 코스피(Kospi)지수가 떨어지는 것을

글로벌화
국가 경제들이 상호의존적이며 통합된 세계 경제에 융합되고 있는 현상

볼 수 있다. 또한 글로벌화는 세계 시장에서의 새로운 아이디어의 확산, 기술, 제품, 서비스 및 라이프스타일 등의 상호의존도가 증가하는 추세를 일컫기도 한다. 예를 들어 최근의 한류(Korean Wave)도 글로벌화의 혜택을 가장 크게 받는 것이라 할 수 있다. 과거에는 특정 국가나 특정 집단에만 영향을 미칠 수 있었으나 글로벌화로 인해 한류가 세계적인 하나의 트렌드로 확산되고 있다.

한편, 이러한 글로벌화의 결과로 많은 기업들의 경영활동이 국제적으로 통합 내지는 조정과정을 거쳐 운영되고 있는 것을 볼 수 있다. 청바지를 생산하여 판매하는 미국 다국적회사의 생산활동을 한 예로 생각해 보자. 청바지 원단의 소재인 면화생산은 우즈베키스탄에서 이루어지고, 수확된 면화는 인도로 보내져서 실과 면직물이 된다. 면직물은 다시 방글라데시 공장으로 보내지고 한국에서 생산된 단추와 멕시코에서 생산된 라벨 등이 함께 사용된다. 청바지의 디자인은 미국에서 이루어지며, 방글라데시 공장에서 완성된 청바지 완성품은 전 세계로 판매된다. 이처럼 소비자가 구매하는 청바지 한 벌은 다수의 국가를 넘나드는 다국적기업의 경영활동의 결과물인 것이다.

이처럼 생산활동을 가장 효율적으로 수행할 수 있는 국가들에 분산배치하고 이들 활동을 국제적으로 통합·조정함으로써 청바지 생산업체는 미국 소비자들에게 가장 경제적인 가격으로 좋은 청바지를 판매할 수 있는 것이다. 그러한 전략은 미국 소비자들에게는 경제적 혜택을 가져다주며, 청바지 생산업체와 협력업체에게는 매출 확대와 이윤 창출의 기회를 제공해 준다. 그러나 이러한 글로벌화의 혜택에도 문제가 없는 것은 아니다. 즉, 노동생산성이 떨어지는 지역에서는 일자리를 잃는가 하면 경쟁력이 없는 국가와 지역은 글로벌화의 희생양이 되기도 한다. 이와 같은 문제점에도 불구하고 대부분의 경제학자들은 글로벌화가 가져다주는 혜택이 그 비용보다 훨씬 크므로 전체적으로 볼 때 글로벌화는 계속 진전될 것으로 예상하고 있다.

Business Insight

미래 예측의 어려움

미래를 예측하려고 하는 것은 밤중에 시골길을 전조등도 켜지 않고 달리면서 뒤쪽 창문으로 밖을 보려는 것이나 다름없다.

- 피터 드러커

글로벌화의 미래를 예측하는 일은 쉽지 않다. 그러나 영국의 생물학자였던 다윈의 말처럼 살아남는 것은 힘이 세거나 영리한 동물이 아니라 변화에 잘 적응한 동물이다. 기업도 살아있는 생명체로서 성장하기 위해서는 글로벌화의 변화하는 물결 속에서 잘 적응하는 것이다. "미래를 예측하는 가장 좋은 방법은 미래를 창조하는 것이다"라는 피터 드러커의 명언을 되새겨 볼 필요가 있다.

한편, 글로벌화는 기업에게 많은 사업기회를 제공하고 있다. 즉, 기업은 제품을 세계 시장에 판매하여 매출을 늘릴 수 있으며, 연구개발이나 생산 또는 자금조달 등 다양한 경영활동을 가장 효율적으로 할 수 있는 곳에서 수행하여 자신의 경쟁력을 높일 수 있게 되었다. 또한 해외시장 진출에 방해가 되었던 많은 규제와 행정적 장벽들은 지속적으로 낮아지고 있다. 이러한 변화는 기업들로 하여금 더욱 더 적극적으로 해외시장에 진출할 수 있는 환경을 만들어 주고 있다. 이러한 변화를 한눈에 보여 주는 예로 다음의 **표 5-1** 을 들 수 있다.

표 5-1 은 2017년 〈포춘〉에서 발표한 글로벌 500대 기업의 국가별 숫자를 나타내고 있다. 글로벌화가 진행되기 전에는 주로 미국, 유럽 및 일본 기업들이 대부분을 차지하고 있었다. 그러나 글로벌화의 진전에 따라 중국과 한국을 비롯하여 세계적인 글로벌기업들이 속출하고 있으며, 이러한 추세는 가속화할 것으로 전망된다.

표 5-1 2017 Fortune Global 500

국가명	숫자	국가명	숫자
미국	132	스웨덴	3
중국	109	싱가포르	2
일본	51	멕시코	2
프랑스	29	벨기에	1
독일	29	영국/네덜란드	1
영국	23	덴마크	1
대한민국	15	인도네시아	1
네덜란드	14	룩셈부르크	1
스위스	14	말레이시아	1
캐나다	11	노르웨이	1
스페인	9	사우디아라비아	1
이탈리아	8	태국	1
호주	7	터키	1
브라질	7	핀란드	1
인도	7	이스라엘	1
타이완	6	아랍에미리트	1
아일랜드	4	베네수엘라	1
러시아	4		

제2절 글로벌화의 거시적 요인 및 글로벌화 주요 현상

앞서 설명한 바와 같이 글로벌화(globalization)는 국가 경제들이 상호의존적이며 통합된 세계 경제에 융합되고 있는 추세를 의미한다는 측면에서는 국제무역과 투자에 대한 규제완화라는 거시적 요인을 먼저 살펴볼 필요성이 있다.

1. 글로벌화의 거시적 요인

과거에는 많은 국가들이 국제무역과 투자에 대해 높은 장벽 즉, 보호무역주의를 선호하였다. 무역에 대한 장벽의 가장 일반적 형태는 수입품에 높은 관세를 부과하는 것이었다. 그러나 국제적 수요가 침체되면서 선진국 중심으로 재화, 서비스, 자본의 국가 간 이동에 대한 규제를 제거할 필요성을 공감하게 되었다. 그 결과 관세와 무역에 관한 일반협정(General Agreement on Tariffs and Trade, GATT)이 체결되었다. 또한 이러한 지속적인 노력과 동시에 국제무역시스템을 감독하기 위해 국제무역기구(World Trade Organization, WTO)가 설립되었다. WTO의 국제무역과 투자여건을 더욱 자유화하기 위한 노력의 결과로 시장의 글로벌화와 생산의 글로벌화가 촉진되어 왔다.

이와는 반대로 EU와 같은 공동시장의 형성 그리고 NAFTA와 같은 국가 간 자유무역협정은 다른 국가와 미묘한 갈등을 낳기도 하고 이러한 움직임에 참여국에서도 반대의 목소리가 있기도 하다. 한국 역시 2004년 칠레를 시작으로 싱가포르, 아세안국가, 인도, 유럽연합, 페루, 미국. 터키, 콜롬비아, 캐나다, 호주, 중국, 뉴질랜드, 베트남, 중미지역 등과 자유무역협정을 맺고 있다. 이처럼 모든 국가는 자국의 이익을 위해 개별적으로 협정을 맺기도 하고 전 세계적인 자유무역의 움직임에도 동조하고 있는 실정이다.

무역장벽의 감소는 기업들로 하여금 한 국가를 넘어 전 세계를 하나의 시장으로 고려하는 것을 가능하게 하였다. 또한 무역과 투자에 대한 규제완화로 전 세계적으로 가장 최적인 위치에서 생산과 연구활동을 수행할 수 있게 되었다. 그러므로 기업은 핵심적인 제품개발은 본국에서 수행하고 부품은 다른 국가에서 생산하며 디자인 역시 다른 국가에서 수행하고 이들의 조합을 제3국에서 조립한 후 최종제품을 전 세계에 수출할 수 있게 되었다. 이처럼 세계 경제가 하나의 거대한 시장으로 통합되면서 많은 제조와 서비스 산업에서의 경쟁 또한 날이 갈수록 치열해지고 있다.

2. 글로벌화 주요 현상

글로벌화의 주요 현상은 몇 가지로 나누어 생각해 볼 수 있는데 그중에 대표적인 것들을 살펴보면 다음과 같다.

(1) 시장의 글로벌화

시장의 글로벌화
과거에는 독립적으로 존재하던 국가시장들이 하나의 거대한 글로벌 시장으로 통합되는 추세

시장의 글로벌화는 과거에는 독립적으로 존재하던 국가시장들이 하나의 거대한 글로벌 시장으로 통합되는 추세를 일컫는다. 글로벌화의 진행은 세계시장에서의 상호의존도를 증가시키는 흐름이며, 국제시장을 통해 새로운 아이디어, 기술, 제품, 서비스 그리고 라이프스타일의 확산을 낳고 있다. 국제무역에 대한 규제가 철폐되거나 완화됨에 따라 해외판매가 용이해지고, 각국 소비자들의 기호나 선호도가 국제적으로 동질화되어 온 것 역시 글로벌 시장의 창출에 크게 기여하고 있다. 이런 추세를 보여 주는 예로 코카콜라 청량음료, 맥도날드 햄버거, 스타벅스 커피. 삼성전자 TV, 이케아(IKEA) 가구 등을 생각할 수 있다. 이러한 기업들은 글로벌화의 혜택을 누리기도 하지만 글로벌화를 촉진시키는 역할도 동시에 하고 있다. 기업들 간의 해외시장 진출 활성화와 치열해지고 있는 경쟁수준 역시 시장의 글로벌화를 촉진시키는 요인이라 할 수 있다.

한편, 오늘날 가장 빠르게 글로벌화가 진행되는 시장은 소비재시장보다는 산업재와 원자재시장이다. 소비재시장은 제품에 대한 소비자의 기호와 선호도가 국가마다 다를 수 있기 때문에 시장의 글로벌화에 장애가 있는 편이다. 이에 비해 산업재와 원자재 시장은 수요가 동질적이므로 글로벌 시장의 생성과 활성화가 소비재시장에 비해 수월하다. 이러한 시장의 예로는 DRAM, 마이크로프로세서, 원유, 철강, 밀 등과 같은 시장을 들 수 있다.

(2) 생산의 글로벌화

생산의 글로벌화
생산요소(노동력, 에너지, 토지, 자본 등)의 국가 간 가격이나 품질의 차이를 활용하기 위해 전 세계 여러 국가에서 생산활동을 하는 추세

생산의 글로벌화는 생산요소(노동력, 에너지, 토지, 자본 등)의 국가 간 가격이나 품질의 차이를 활용하기 위해 전 세계 여러 국가에서 생산활동을 하는 추세를 의미한다. 다국적기업 글로벌화를 촉진해 왔던 중요한 요소 중의 하나가

개발도상국의 저임금노동력과 자원이다. 1970년대부터 다국적기업들은 동남아시아, 중남미 국가들의 저임금을 활용한 글로벌 생산거점을 확보하고, 제품의 대량생산을 통해 세계시장에 공급하는 전략을 구사하였다. 기업들은 생산활동의 글로벌화를 통하여 전반적인 원가구조를 효율화시키고 글로벌 경쟁력을 높일 수 있다.

현대자동차의 경우 미국, 인도, 터키, 체코, 러시아, 브라질 등에 공장을 설립하여 운영하고 있다. 이러한 현상은 제조분야에 국한된 것이 아니라 서비스분야에까지도 확산되어 시행되고 있다. 예를 들어, 통신기술의 발달로 세계적인 콜센터로 인도를 이용하는 경우를 들 수 있다. 즉, 영어가 가능하고 인건비가 싼 인도에서 전 세계 고객서비스 기능을 맡도록 하는 것이다.

부품의 아웃소싱 글로벌화도 글로벌 경쟁력을 제고하는 데 중요한 역할을 한다. 보잉이 제작하는 787기종의 경우 1만여 종류의 주요 부품을 일본, 프랑스, 영국, 이탈리아 등 다양한 국가의 약 500개 납품업체로부터 부품을 공급받는다. 이와 같이 전 세계 공급자로부터 부품을 구매하는 것은 좋은 품질의 제품을 합리적인 가격으로 조달하기 위해서이며, 이는 완성품의 경쟁력을 높이는 데 일조한다.

최근에는 연구개발 부문에서의 글로벌화도 확대되고 있다. 다국적기업들은 첨단기술인력이 풍부한 국가에 연구개발 활동을 위치시키는 전략을 취하고 있다. 예를 들어 다양한 국가의 많은 기업들이 미국의 실리콘밸리에 연구개발 센터를 운영하고 있으며, 인도, 대만, 이스라엘과 같은 국가에 소프트웨어나 컴퓨터 관련 연구개발센터를 설립하고 있다.

제3절 사업과 기업의 글로벌화: 글로벌 경영의 촉진 요인

글로벌화의 결과로 기업들은 해외시장의 매출비중이 국내시장보다 훨씬 중요하게 되었으며, 수익 역시 해외로부터 얻는 부분이 갈수록 커지고 있다. 많은 기업들이 왜 해외시장으로 진출하려고 하는지 그리고 사업의 기회를 왜 해외시장에서 발견하려고 하는지에 대한 답은 무엇일까? 네 가지 정도를 생각해 볼 수 있다.

1. 국내시장의 제한된 성장

기업은 살아있는 생명체로서 경쟁력을 유지하기 위해서는 지속적으로 환경의 변화에 적절히 반응하여야 한다. 많은 선진국에서의 제품시장은 이미 포화되어 있는 상태이다. 또한 수많은 중소기업의 경우에는 자금력, 생산시설, 기술적 노하우, 인력 등의 면에서 기존의 제품라인을 더욱 확충함으로써 성장한다는 것은 매우 어려운 일이다. 또 다른 성장을 위한 선택방안의 하나로써 새로운 사업으로의 확장은 항상 위험이 따르는 것이다. 이런 경우 위험을 낮추는 좋은 방안 중 하나는 포화가 덜 된 외국시장에 진출하는 것이다. 예를 들어, 독일, 오스트리아 기업들은 동유럽 시장이 성장하기 전에 현지에 판매자회사를 설립하거나 공장을 이전함으로써 성장을 계속할 수 있는 발판을 마련하였다. 실제로 동유럽시장 진출 이후 매출이 크게 늘어나는 성과를 내었다. 이처럼 글로벌 경영은 성장경로일 뿐만 아니라, 생존을 위한 필수불가결한 수단이기도 하다.

2. 기술적 변화

또 다른 글로벌 경영의 촉진 요인으로 운송수단의 발전, 통신기술의 발전 또는 커뮤니케이션 수단의 발전 등을 들 수 있다. 상용 제트 항공기, 초대형 화물선박의 발명, 컨테이너 방식의 도입 등 다양한 운송수단의 발전과 경쟁력 있는 운송수단의 운임은 국제무역의 활성화와 글로벌 경영을 촉진시키는 중요한 원인으로 작용하고 있다. 또한 항공요금이 낮아짐으로써 여행객의 해외여행을 가능하게 해주었고, 휴가지에서 새로운 제품과 서비스에 대한 실질적 접촉과 구매가 날이 갈수록 늘어나고 있다. 그들은 해외에서 경험한 제품과 서비스에 대해 귀국 후에도 지속적인 수요 내지는 소비패턴을 유지하는 경우가 많다. 예를 들어 터키 음식, 프랑스 치즈, 스페인 와인, 이탈리아 파스타, 멕시코 맥주 등은 휴가지에서의 만족스러운 소비경험이 귀국 후에도 지속되는 경우라 할 수 있다,

과거에는 팩스가 중요한 통신매체로서의 역할을 하였는데 현재는 인터넷을 통해 단순한 커뮤니케이션에서부터 글로벌 경영을 현실로 옮기는 것까지 가능해졌다. 예를 들어 자라(Zara)는 실시간으로 전 세계의 매장으로 배송할 수 있도록 매장들과 본사 및 공장들이 온라인으로 연결되어 있다. 항상 판매된 제품의 수량, 크기, 색상 등을 공유하고 이러한 정보에 따라 제품을 생산하고 공급하고 있다. 또한 GPS를 활용하여 운송트럭 등의 위치에 대한 실시간 정보를 제공함으로써 매장에서는 현재 그들의 옷들이 어디를 통과하고 있는지 알 수 있다.

3. 글로벌 경쟁

글로벌화가 진전되면서 많은 기업들이 해외로 눈을 돌릴 수밖에 없게 된 이유 중의 하나는 국내시장에서의 경쟁이 갈수록 치열해지기 때문이다. 예를 들어 미국시장은 그 자체로 가장 큰 시장이었기 때문에 과거에는 해외시장을 염두에 두기보다는 자국시장을 우선시하여 공략해 왔다. 그러나 1980년대 이후 진행된 글로벌화의 결과로 어떤 산업에서든지 수많은 외국기업들과 자신의 시장에서 경쟁해야 하는 상황에 직면하게 되었다. 이런 맥락에서 자국시장을 보호하거나 지키기 위해서라도 해외시장 공략을 적극적으로 안 할 수 없게 된 것이다.

한편, 글로벌 경쟁력을 갖추고 있는 기업들은 앞다투어 해외시장에 진출하고 있다. 이렇게 진출한 기업들의 경쟁력이 더 높아질 것을 우려하여 경쟁관계에 있는 기업들도 같은 시장에 진출하게 된다. 그 결과 해외시장에서의 경쟁과 본국에서의 경쟁 역시 글로벌한 수준에서 경쟁을 하게 된다. 이는 글로벌 경영을 더욱 촉진하는 결과를 낳고 있다.

4. 자원에의 접근

세계시장을 대상으로 활동하고 있는 기업들은 세계시장을 수요의 원천으로만 간주하지 않고 공급의 원천으로도 활용하고 있다. 즉, 이러한 기업들은 최선의 가격으로 구매할 수 있다면 세계 어느 곳에서도 필요한 자원이나 기술을 획득하고 있다. 이는 비용을 감소시키고 다른 기업에 비해 글로벌 경쟁력을 얻을 수 있게 만들어 준다.

한편, 성숙기에 있는 많은 산업에서의 혁신의 정도는 높은 편이 아니다. 따라서 국내외 시장에서 시장점유율을 유지하거나 높이기 위해서는 치열한 가격 경쟁을 해야 하는 형편이다. 그러나 국내시장에서의 비용 감소와 효율 증대의 기회는 그리 많지 않다. 글로벌화의 진전으로 오히려 해외시장에서 이러한 기회를 찾는 것이 훨씬 쉬운 일이 되었다. 이 또한 글로벌 경영의 촉진요인이다.

제4절 글로벌화에 대한 논쟁

보다 통합적이고 상호의존적인 글로벌 경제로의 변화는 과연 바람직한 것인가? 이는 이미 지난 역사가 보여 주고 있다. 1970년대까지 미국이 절대적인 세계경제의 중심으로 지배적인 위치를 차지하고 있었다. 영국 등 유럽의 선진국들과 일본 정도만이 그 뒤를 따르고 있었다. 그러나 국제무역과 투자에 대한 규제완화는 실제로 세계 경제의 번영을 가져다주었다. 한국과 대만뿐만 아니라 중국을 비롯한 많은 개발도상국들이 과거와는 확연하게 다를 정도로 세계시장에서 차지하는 비중이 높아지고 있다. 이는 국제무역과 투자가 증가하면서 재화와 서비스 가격이 하락하고, 경제성장이 촉진되며 새로운 일자리가 창출되면서 국민소득이 증가했기 때문이다.

Management Highlight

반세계화 시대의 세계화

브렉시트(Brexit)와 트럼프 현상을 기점으로 그간 산발적으로 나타났던 선진국에서의 반세계화 움직임은 거대한 흐름이 되었다. 장기간의 저성장, 높은 실업률, 그리고 이러한 상황에서 무기력한 기존 정치시스템에 대한 실망과 분노가 배경이다.

선진국에서 소득불평등은 1980년대 이래 지속적으로 확대되어 왔다. 대내적으로는 신자유주의의 득세와 기술변화, 대외적으로는 세계화의 영향이 컸다. 2008년 글로벌 금융위기는 반세계화 흐름에 기폭제 역할을 했다. 일자리 문제가 첨예한 정치적, 사회적 이슈로 부각된 데다 이민자에 대한 반감이 커진 상황에서, 유럽에서는 난민문제까지 겹쳤다. 중도세력이 몰락하면서 미국에서는 정치적 양극화가 심화되고, 유럽에서는 극우세력이 득세하는 모습이다.

그간 세계화를 이끌어왔던 선진국에서 구조적으로 소득분배가 악화되는 추세에 있고, 반세계화를 주장하는 정당들이 득세하고 있는 상황이다. 세계화의 동력과 지지세력이 크게 축소된 모습이어서 반세계화 움직임은 일시적이 아니라 중장기적 트렌드로 귀결될 가능성이 높다. 정치적 지형변화는 대외적으로는 보호무역주의나 다국적기업에 대한 규제 강화로, 대내적으로는 최저임금 인상, 소상공민 보호 등 경제적 약자보호와 금융규제 강화로 이어지고 있다. 아울러 자본과 노동의 이동에 대한 제약도 늘어날 가능성이 높다.

각국의 보호무역주의 강화는 이미 글로벌 저성장으로 크게 위축된 국제교역에 큰 타격이 될 것이다. 그렇다고 대공황 직후와 같은 교역감축은 상상하기 어렵다. 국가 간 상호의존도가 크게 높아진 상황이기 때문이다. 각국은 비관세 장벽을 높이거나 국내정책에 따라 지급하던 각종 보조금에 제동을 거는 등 새로운 보호무역 수단을 만들어 낼 것이다.

상품교역이 크게 늘어나지 않는 대신 규제가 어려운 무형의 재화인 서비스 교역은 점차 늘어날 것으로 보인다. 소비 중에서 서비스 비중이 늘어나고 있는 데다, 지식 중심으로 경제구조가 변화하면서 특허나 연구개발이 생산에 기여하는 비중도 늘어나고 있다. 또한 국가 간 디지털 교역도 늘어나는 추세이다.

미국의 대외정책이 고립주의로 후퇴하는 모습을 보이는 상황에서 중국은 국제사회에서 자신의 목소리를 높여 가고 있다. 미중 양국 간 경제적, 군사적, 외교적 마찰이 늘어나고, 세계화의 제도적 기반(Governance)이 흔들리면서 국가 간 협력이 어려워지고 갈등과 혼란은 늘어날 개연성이 높다.

향후 반세계화의 시대에 우리경제는 불확실성에 직면할 가능성이 높다. 국가 간 통상마찰이 늘어나고 환율변동성은 확대될 것으로 보인다. 기업들은 대외적으로 시장위축과 무역 분쟁의 이중고에 시달릴 가능성이 높은 데다 대내적으로는 사회적 책임을 늘리라는 요구에 직면할 것이다.

- 〈LG경제연구원 보고서〉, 신민영·정성태, 2016. 11. 7

그러한 이러한 글로벌화의 이점에도 불구하고 반대하는 사람들 또한 존재한다. 일부 과격한 반대론자들은 매우 적극적인 저항운동을 전개하며 거리에서 글로벌화를 반대하는 시위를 벌이기도 한다.

1. 글로벌화 반대시위

글로벌화에 반대하는 거리 시위가 종종 일어나고 있다. 이러한 시위는 외국기업의 시장잠식에 따른 실업 증가, 비숙련 노동자의 임금 하락, 환경파괴의 심화 등이 원인인 경우가 많다. 또한 글로벌 미디어와 다국적기업들이 특정 국가의 문화와 가치를 전파시켜 각국의 고유한 문화를 파괴하는 현상인 문화 제국주의(cultural imperialism)에 대해서도 불만이 높다. 시위자들은 이러한 문제들이 모두 잘못된 것이며 근본적으로 글로벌화에 의해 초래되고 있다고 생각하고 있다. 그러나 이러한 시위에 대한 근거나 현실적인 증거 자료 등이 불충분하다는 비판도 존재한다.

2. 일자리와 소득

글로벌화를 반대하는 사람들이 가장 흔히 제기하는 우려는 부유한 선진국의 생산직 일자리가 줄어든다는 것이다. 그들은 이러한 문제가 국제무역에 대한 장벽이 낮아지고 개발도상국의 경쟁력이 높아짐에 따른 결과라 인식한다. 실제로 중국만 생각해 보더라도 글로벌화의 진전으로 인해 세계의 공장이라 불릴 정도로 해외 선진기업들이 앞다투어 중국으로 공장을 이전하였다. 이는 자연발생적으로 선진국의 생산직 일자리의 감소를 가져왔다. 이러한 현상은 서비스분야에 있어서도 유사하게 발생되었다. 예를 들어 인도를 활용하여 고객콜센터를 운영하는 선진국 기업들이 늘어난 것을 생각해 보면 짐작할 수 있다. 그러나 글로벌화를 지지하는 사람들은 자유무역의 혜택이 그 비용보다 크기 때문에 그러한 주장은 사람들을 오도할 수 있다고 지적한다.

3. 환경과 노동정책

글로벌화를 반대하는 사람들은 자유무역을 허용하면 기업들이 환경 보호와 노동자 보호에 대한 규제가 약한 개발도상국으로 생산시설을 이전시켜 노동자 인권을 유린하고 환경파괴를 할 것이라고 주장한다. 그러나 글로벌화를 지지하는 사람들은 자유무역으로 인해 현지국의 경제가 성장할수록 보다 강화된 환경보호법과 노동법이 도입되는 경향이 있으며, 기업의 사회적 책임활동을 강조하는 현 시대에 기업들이 그렇게 부도덕한 경영활동을 하는 것은 일반적이지 않다고 주장하고 있다.

4. 국가 주권

글로벌화 반대론자들이 갖고 있는 또 다른 우려는 세계경제의 상호의존성이 높아지면서 경제적 권한이 국가정부로부터 WTO, EU 등과 같은 초국가적 기관들로 이전되고 있다는 점이다. 그러나 많은 경제학자와 정치가들은 WTO와 같은 초국가적 기관이 존재하는 이유는 회원국들의 전체적 이익을 저해하는 것이 아니라 증진시키는 데 있다고 간주한다. 또한 그들은 이러한 기관들이 가진 권한은 궁극적으로 얼마나 많은 회원국들에게 자신의 결정을 따르도록 설득시킬 수 있는가에 달려 있다고 주장한다.

5. 빈부격차

글로벌화 반대론자들은 비록 자유무역을 통한 이익이 발생했더라도 과거에 비해 부자 국가들과 가난한 국가들 간의 빈부격차는 더욱 확대되었다고 주장한다. 그러나 글로벌화를 지지하는 사람들은 가난한 국가들이 빈곤에서 벗어나지 못하는 이유는 자유무역이나 글로벌화라기보다는 다양한 이유, 즉, 독재정권의 탄압, 급격한 인구 증가, 잘못된 경제정책, 광범위한 부정부패, 전쟁 등에 기인한다고 주장하고 있다.

제5절 글로벌 시장에서의 경영

1. 글로벌 시장에서의 기업의 고민

글로벌화의 진전으로 인해 세계시장을 무대로 경영활동을 할 수 있는 시대가 되었다. 글로벌기업이나 다국적기업뿐만이 아니라 경쟁력이 있는 기업이면 중소기업이든 대기업이든 기업의 규모를 가리지 않고 이 무대의 주인공이 될 수 있다. 그러나 한 가지 명심해야 할 사안이 있다. 그것은 세계시장의 동질화가 가속화되고 있고 표준화된 제품이 선호되고 있는 것은 맞지만, 국가들 간에는 문화, 정치제도, 경제제도, 법제도, 경제발전 수준 등의 차원에서 많은 차이가 존재한다는 사실이다. 따라서 국가 간 차이를 염두에 둔 경영방식에도 여전히 관심을 기울여야 한다.

또한 국가 간에 경영환경이 다르다는 문제 이외에도 국내경영에서 접하지 못한 여러 가지 새로운 문제에 부딪히게 된다. 예를 들어 해외시장 진입의 방식으로 수출, 라이선싱, 위탁제조, 합작투자, 전략적 제휴 또는 해외직접투자 등 중에서 어떤 방식이 최선일지 고민하게 된다. 이러한 활동 등을 본사의 활동과 어떻게 조정하고 통합할 것인지 등 여러 문제들은 끝없이 생겨나며 또한 해결해 나가야 된다. 예를 들어 삼성전자는 휴대폰 생산거점을 중국에서 베트남과 인도로 옮기고 있다. 왜냐하면 베트남과 인도의 인건비가 중국에 비해 낮은 데다 현지정부의 지원이 훨씬 많으며 현지의 휴대폰 수요도 급증하고 있기 때문이다. 이런 결과 베트남 옌퐁 공장은 삼성전자 휴대폰 생산량의 절반 이상을 담당하는 세계 최대의 단일 휴대폰 공장이 되었다.

다음 그림 5-1 은 기업이 선택하는 해외시장 진입방식에 따른 관여도, 통제력, 위험 및 잠재적 수익의 관계를 보여 주고 있다.

그림 5-1 해외시장 진입방식에 따른 관여도, 통제력, 위험, 잠재적 수익의 양

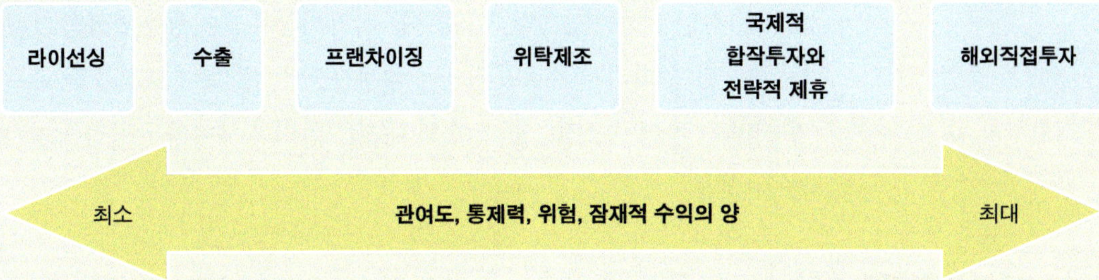

한편, 글로벌화는 세계적인 추세임이 분명하지만 산업에 따라 산업의 글로벌화 수준이 다를 수 있으며 이에 적합한 기업의 글로벌화 수준도 생각해 보아야 한다. 이러한 관계를 그림으로 살펴보면 다음 그림 5-2 와 같다.

그림 5-2 산업의 글로벌화와 기업의 글로벌화 수준 간의 관계

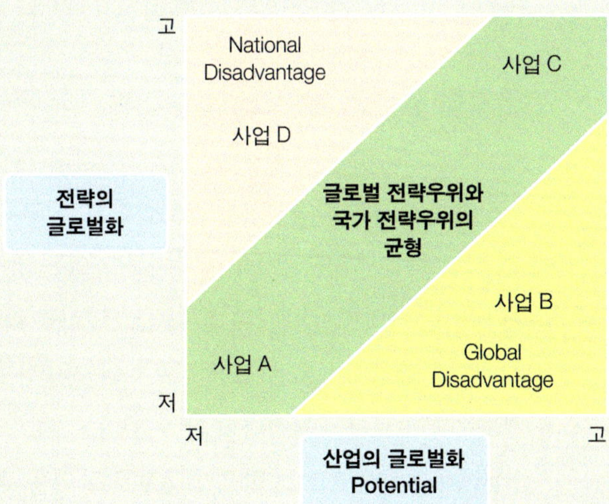

그림 5-2 에서 사업A와 사업C는 산업의 글로벌화 수준에 맞게 기업의 글로벌화 수준도 설정된 경우이다. 이에 비해 사업B는 산업 자체는 상당히 글로벌화가 진행되어 있는 것에 반해 기업은 글로벌 수준의 경영을 하지 않는

경우이다. 즉 글로벌화의 이점을 활용하지 못하는 예이다. 반대로 사업D는 산업의 특성상 글로벌화의 진전이 더딘 경우인 데 반해, 기업이 너무 앞서 글로벌 경영을 하는 셈이다. 이 경우는 국가시장의 특이성을 활용하지 못하는 예가 된다. 따라서 글로벌 경영은 세계시장의 동질화에 초점을 둔 표준화와 시장 간 차이에 초점을 둔 적응화 내지는 현지화 사이의 균형점을 찾아내는 것이다.

Management Highlight

기업규모와 관계없이 어떠한 기업도 국내 시장에만 지속적으로 머물러 있을 수 없다. 소규모 기업조차 장기적인 생존 기회를 얻기 위해 글로벌 경영 환경을 고려해야만 한다. 글로벌 시장에서의 기회를 바탕으로 기업들은 보다 나은 서비스, 차별적인 제품, 소비자 혜택의 올바른 전달, 고객과의 친밀한 관계 형성 등의 방법을 통해서 글로벌 시장에서 또는 국가 시장에서 적극적으로 활동해야만 한다. 한편, 국제무역과 투자에 대한 규제 완화, 첨단 통신기술과 커뮤니케이션 수단의 발전, 운송수단의 발전 등이 우리를 글로벌 커뮤니티로 인도하고 있지만 문화, 소비자 기호, 업무관행 등에서 아직도 국가 간에 상당한 차이가 존재한다. 그러한 국가 간 차이를 무시하는 기업은 많은 난관을 예상해야 할 것이다. 여전히 글로벌 시장에서의 경영은 두 마리의 토끼 즉, 글로벌 시장을 염두에 둔 글로벌 수준의 경영과 국가 간 차이를 의식한 국가 수준의 경영 간의 균형을 요구하고 있다.

2. 글로벌 경영의 현주소

최근 많은 산업은 경쟁범위가 글로벌화되고 있다. 즉, 한 국가에서의 기업의 경쟁적 위치는 다른 국가에서 차지하고 있는 경쟁적 위치에 의해 영향을 받는다. 이런 맥락에서 생각해 볼 때 글로벌화를 적극적으로 활용하고자 한다면 세계시장 중에서도 주요 시장으로의 진출과 그 시장에서의 시장점유율 제고는 무엇보다 중요하다고 할 수 있다.

삼성전자의 경우 2016년 말을 기준으로 살펴볼 때 전 세계에 생산법인, 판매법인, 디자인센터, 연구소 등 199개의 거점을 가지고 있다. 또한 한국을 비롯해 북미, 유럽, 동남아, 아프리카 등에 15개 지역별 총괄체제를 운영하고 있다. 해외매출비중도 전체 매출 133조 9,400억 원 중에서 89.5%로 거의 90% 수준에 육박하고 있다. LG전자도 매출과 고용에 있어 해외비중이 더 높음을 알 수 있다. 2016년 말 총매출 55조 3,000억 원 중 해외매출 비중이

73.6%를 차지하였으며, 임직원수도 국내 37,837명에 비해 해외 45,805명으로 해외 고용비중이 63%에 이른다. 세계적인 글로벌 기업들 역시 평균적으로 그들의 매출 중 70% 이상을 해외에서 올리고 있을 뿐만이 아니라 자산의 비중도 해외자산 비중이 60%를 상회하는 것이 보편적이라 할 수 있다.

한편, 국내 중소기업의 경우는 독일이나 대만 등에 비해 수출비중이 낮은 편이다. 즉, 국내의 경우 OECD국가들의 평균에 비해 대기업의 비중이 월등히 높은 편이다. 2015년 수출의 경우 800개의 대기업이 3,171억 달러로 64.2%, 1,700개의 중견기업이 851억 달러로 17.2%, 9만 600개의 중소기업이 921억 달러로 18.6%만을 차지했다. 이러한 현상은 국내 중소기업의 경우 대기업에 납품함으로써 대기업의 수출을 돕는 간접수출의 비중이 상당히 높기 때문이다. 따라서 국내 중소기업들의 자체 수출비중을 높일 수 있는 방안과 자체 경쟁력을 높일 수 있는 방안을 강구할 필요가 있다.

사례

가스보일러, 국내 시장은 좁다… 글로벌 시장 진출 '세계로 Go! Go!'

경동나비엔, 보일러로 세계지도 그리다…작년 해외수출 비중 50.5%, 러 시장 공략 올인

전 세계 기업들이 눈독을 들이는 기술 격전지 미국과 혹한의 추위로 이름난 러시아. 닮은 곳은 찾아보기 힘든 두 나라지만 보일러 1등을 부르는 말은 똑같다. 바로 '나비엔(Navien)', 대한민국 국가대표 보일러라는 이름으로 잘 알려진 경동나비엔이 그 주인공이다.

그간 내수 산업으로 알려졌던 보일러 산업을 수출 산업으로 변모시킨 경동나비엔은 글로벌 시장에서 경쾌한 행보를 이어가고 있다. 지난해 업계 전체 수출액의 71.8%를 차지(무역협회 기준)하며 25년 연속으로 해외수출 1위(1991~2015년)를 기록했으며, 전체 매출 중 49.5%를 해외 수출을 통해 달성하며 글로벌 기업으로 자리매김했다. 2016년도에도 이 같은 흐름은 이어졌다. 창사 이래 최대 매출액을 기록했던 전년보다 17.8% 성장한 실적을 거둔 경동나비엔은 해외 매출 비중이 50.5%까지 증가하며 국내 매출을 넘어섰다.

상반기 북미 시장에서 거둔 매출액만 993억 원으로 같은 기간 국내에서 거둔 매출액의 81%에 이를 정도다. 더욱이 경동나비엔은 중동, 남미 등 지역으로 그 영역을 확장하며 전 세계 난방 지도까지 새로 그려 나가고 있다.

경동나비엔, 보일러로 세계지도 그리다

국내 가스보일러 시장이 3사 체제로 고착화되면서 활로 모색에 나선 경동나비엔의 타깃은 해외시장 진출. 이른바 글로벌 시장 진출을 통해 정체 국면에 들어선 내수시장의 돌파구를 찾겠다는 전략이다. 이런 글로벌 시장 진출의 이면에는 경동나비엔이 구축한 보일러 제품에 대한 자신감이 있었기 때문이다.

1988년 친환경 고효율 콘덴싱보일러를 아시아 최초로 개발, 축척된 기술력을 기반으로 업계 최초 환경마크, 아시아 최초 유럽품질인증 CE-열효율 최고등급 4Star, 업계 최초 미국 기계학회 인증(ASME), 영국 효율 등급 SEDBUK A밴드 등 세계적인 인증을 잇달아 획득하면서 글로벌 시장에서 그 역량을 인정받고 있었기 때문이다.

이에 따라 경동나비엔은 2004년 '글로벌 No.1'이라는 비전을 선언하고, 2006년에는 사명을 '에너지와 환경의 인도자'라는 뜻을 담은 'Navigator'와 'Environment', 'Energy'의 합성어인 '나비엔(Navien)'으로 변경했다. 연간 1천만 대 규모의 세계 최대 온수기 시장의 각축장인 북미시장에 법인을 설립하고 글로벌 시장 진출에 본격적인 출사표를 던지고 나선 것이다.

경동나비엔, 현지화로 시장을 사로잡다

보일러는 가스, 전기, 물, 공기의 4가지 유틸리티가 결합된 복합기기로, 수출하는 나라별로 연료의 특성, 수질 등을 고려해야 한다. 가장 대표적인 예가 북미에서 선풍적인 인기를 끌고 있는 순간식 콘덴싱온수기 'NPE'이다. NPE는 가스압이 낮은 현지 인프라로 인해 순간식 온수기가 보급에 어려움을 겪고 있던 시장 상황 속에서, 현지 온수기 사상 처음으로 최대 출력의 10분의 1까지 세밀하게 조절할 수 있는 네거티브 프레셔 가스 컨트롤 기술을 개발, 낮은 가스압력에서도 원활하게 작동할 수 있도록 해 순간식 온수기 시장의 패러다임을 바꿔놓았다.

혹한의 추위가 맹위를 떨치는 러시아 시장 진출의 사례가 이를 뒷받침해 준다. 당시 독일 기업이 주류를 이루고 있던 러시아 보일러시장에 도전장을 낸 경동나비엔은 "고장이 나지 않는 컨트롤러"라는 콘셉트를 내세운 제품을 선보이며 시장에 새로운 반향을 불러 일으켰다. 전기공급 인프라가 취약한 러시아에서 전기사용량이 늘어나면 전압이 떨어지는 현상이 자주 발생하는 취약점을 파악, 낮은 전압에서도 안전에 문제가 없이 보일러가 정상적으로 가동될 수 있도록 해 소비자 불편을 해소했기 때문이다.

경동나비엔 '2020년 글로벌 보일러 No.1 도전장'

글로벌 시장을 겨냥한 경동나비엔의 행보는 현재진행형이다. 오는 2020년까지 '글로벌 보일러 No.1 기업'으로 도약한다는 전사적 경영목표 달성에 가속도를 내고 있기 때문이다. 경동나비엔이 수립한 전략은 크게 두 가지로 요약된다.

첫째는 글로벌 시장에 걸맞은 품질 확보이다. 이를 위해 경기도 평택시 서탄면에 4만 평 규모의 글로벌 생산기지 서탄공장을 설립했다. 자동화 생산라인을 갖추고 있는 스마트한 공장이다. 연간 200만 대 생산이 가능한 단일 규모 세계 최대 생산기지인 서탄공장을 기반으로 원가 경쟁력과 엄격한 품질관리 등 두 가지 목표를 동시에 달성한다는 전략이다.

두 번째는 글로벌 네트워크 강화다. 시장을 주도하고 있는 북미와 러시아를 중심으로 반전을 준비하고 있는 중국, 점차 영향력을 확대해 나가고 있는 영국은 물론 향후 오세아니아와 남미 대륙에도 추가로 법인을 설립해 글로벌 네트워크를 완성해 나가겠다는 목표다.

이와 함께 경동나비엔은 연간 125만 대 규모로 세계 2위 보일러시장으로 급성장하고 있는 중국의 경우 날로 심화되는 대기 환경오염의 영향으로 친환경 고효율의 콘덴싱보일러가 시장에서 주목을 받고 있어 기대감을 고조시키고 있다. 지난 2년간 중국 시장에서의 도약을 위해 내부 조직 정비는 물론 유통망을 파악하는 등 철저한 마케팅 전략을 준비해 온 경동나비엔은 지난 9월 북경 현지에 신 공장 건설을 시작으로 이미 중국시장 공략에 도전장을 낸 상태이다.

- 〈에너지 경제〉, 2017. 1. 4

토의문제

1. 경동나비엔이 글로벌 시장으로 진출한 이유는 무엇인가?

2. 경동나비엔이 글로벌 시장에서 성공한 이유는 무엇인가?

주요 용어

글로벌화, 해외시장, 다국적회사, 국제무역, 규제완화, 보호무역주의, GATT, WTO, EU, NAFTA, 무역장벽, 아웃소싱, 글로벌경영, 글로벌경쟁, 경제성장, 일자리, 글로벌환경, 수출, 라이선싱, 위탁제조, 합작투자, 전략적 제휴, 해외직접투자

연습문제

01 글로벌화의 의미를 설명하시오.

02 글로벌화의 장애요인을 설명하시오.

03 WTO의 역할을 설명하시오.

04 시장의 글로벌화를 설명하시오.

05 생산의 글로벌화를 설명하시오.

06 글로벌 경영의 촉진요인을 열거하시오.

07 글로벌화의 논쟁 이슈를 열거하시오.

08 글로벌 시장에서의 기업의 고민에 대해 설명하시오.

CHAPTER 06

지식경제와 지식경영

결정적인 생산요소는 이제 더 이상 자본도 토지도 노동도 아니다. 그것은 지식이다. 자본주의 이후 사회계급은 자본가들과 프롤레타리아들 대신에 지식근로자들과 서비스근로자들이다.

- 피터 드러커

경영의 핵심은 인간 그 자체이다. 경영의 과제는 사람들을 협력하며 일할 수 있도록 만들고, 그들의 강점은 효과적으로, 약점은 보완토록 만드는 것이기 때문이다.

- 피터 드러커

결국, 가장 중요한 자산은 바로 사람이다.

- 존 테인(메릴린치 회장)

우리는 마침내 종착역에 도달했다. 이제 지식을 축적하는 것만으로는 충분하지 않다. 신경제에서는 새로운 부를 만들어 내는 기업들이야말로 진정으로 혁명가들이다.

- 게리 하멜(런던비즈니스스쿨 교수)

새로운 정보사회에서 개인의 통찰력은 무엇보다 중요하다. 너무 많은 정보가 때로는 판단을 저해할 수 있기 때문이다.

- 존 나이스비트(미래학자)

제6장 지식경제와 지식경영

제1절 지식경제

전통적인 산업사회에서 기업은 주로 기술혁신이나 비용 절감 등을 통해 경쟁우위를 획득하려고 노력해 왔다. 그러나 기술혁신에 의한 차별화 전략은 기술의 범용화, 기업 간 기술 격차의 축소 등으로 인해 시장 내 후발주자들에 의해 더 쉽게 대체와 복제 및 모방되면서 한계에 직면하고 있다. 그리고 신흥국가들이 저원가 전략에 따른 인건비를 기반으로 R&D나 생산에서 차별화를 내세우고 있기 때문에 비용절감을 통한 고객가치를 제고한다는 것은 더욱 어려워지고 있다. 그렇다면 자사만의 차별적인 가치를 유지하고 발전시키는 전략은 없는 것인가? 21세기는 모든 것이 네트워크로 연결되는 세계, 즉 많은 정보와 지식이 이를 통해 공유되는 이른바 네트워크 사회이다. 이러한 사회는 독특한 아이디어와 창의력에 기반한 창조적인 지식이 힘이 되고 경쟁력이 된다. 따라서 혁신적인 사업 아이디어를 창출하는 조직구성원의 지식을 수렴하고 이것이 조직 지식으로 축적될 수 있는 문화가 형성되어야 한다.

특히 오늘날은 위키노믹스(Wikinomics, 위키 경제학), 웹 2.0 시대로 불릴 만큼 오픈 네트워크를 통해 쌍방향 커뮤니케이션이 활발하게 전개되고 있으며 창의적인 아이디어와 지식의 가치는 엄청나다. 'Wikinomics'는 'Wiki(협업)'와 'Economics'가 합쳐진 신조어로 대규모 군중의 참여로 인한 협업이 조직의 가치창출과 같은 경제적인 부분에 영향을 미친다는 말이다. 그리고 웹 2.0은 이용자가 적극적으로 참여하여 정보와 지식을 생산·공유·소비하는

웹 2.0
이용자가 적극적으로 참여하여 정보와 지식을 생산·공유·소비하는 열린 인터넷 환경

열린 인터넷 환경을 의미한다. 웹 2.0은 특히 개인의 창의적인 지식과 아이디어에 의한 인터넷 기반의 생활방식을 강화할 것이며, 비즈니스 측면에서는 온·오프라인의 경계를 더욱 악화시켜 새로운 형태의 제품 및 서비스의 출현을 가능하게 할 것이다.

전략적 변곡점
조직이 높은 기업성과를 달성하기 위해 극적인 변화가 필요한 시점

어떠한 조직이라도 높은 기업성과를 달성하기 위해서는 극적인 변화가 필요한데 이러한 시점을 **전략적 변곡점**(strategic inflection points)이라 한다. 변곡점은 새로운 경쟁자, 기술 등의 등장으로 인해 산업환경이 근본적으로 변화하는 시기에 주로 발생한다. 이를 가속화한 것이 인터넷의 등장이며 세계 경제는 글로벌 경쟁의 심화, 조직형태의 변화, 가상기업의 생성, 산업 전반의 가치사슬 해체, 기업 간 기술 격차 감소, 제품 수명주기의 단축, 고객중심의 산업과 시장 출현, 지식근로자의 탄생 등 엄청난 변화를 겪고 있다. 또한 제품과 서비스, 생산자와 소비자, 고용주와 종업원, 자본과 인력, 현실세계와 가상세계, 기업과 기업 등 양자 간에 존재했던 경계가 모호해지는 불투명 경제가 나타나고 있는데, 이는 속도(speed), 상호연결(connectivity), 무형자산(intangibles)에 기인한다.

◆ 속도

정보기술의 발달로 정보의 신속한 전달과 공유가 가능해지면서 경영정보의 발생-전달-의사결정이 시차 없이 동시에 이루어지는 실시간(real time) 경영과 시간 중심의 경쟁이 불가피해지고 있다.

◆ 상호연결

인터넷의 등장으로 소비자와 생산자, 제품과 소비자, 소비자와 정보 등 경제시스템을 구성하는 모든 요소들이 네트워크를 매개로 연결되고 있다.

◆ 무형자산

서비스, 정보, 제품에 부가되는 서비스, 이미지(브랜드 충성도, 기업 이미지, 고객과의 관계 등) 등의 중요성이 증가하고 있다.

그림 6-1 **지식경제의 개념**

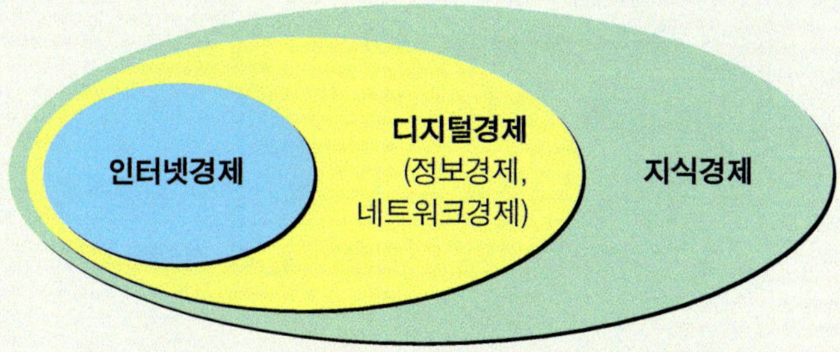

21세기의 경제는 한마디로 창조적인 지식이 기업의 핵심역량이 되는 '지식기반경제(knowledge-based economy)' 또는 '지식경제(knowledge economy)'라고 할 수 있다. 그림 6-1 에서처럼 지식경제는 정보통신 혁명 이외에 다양한 기술과 지식을 포괄한다.

일례로 독일의 실리콘 제조업체 바커(Wacker)는 반도체용 칩 재료인 초순도 실리콘웨이퍼를 비롯해 부가가치가 높은 액상 실리콘, 에멀전, 수지, 실리콘 고무 등을 주력품으로 다루는 회사이다. 이 회사가 세계적인 기업이 될 수 있었던 것은 내부 정보 분석뿐 아니라 소비자를 비롯한 외부 요구를 적극적으로 반영할 수 있는 시스템을 구축하였으며, 신제품 개발을 위해 주 고객인 거래기업과의 밀접한 협의에서 나온 아이디어를 지식제품으로 전환한 데 있다. 이렇듯 지식경제는 대량생산경제와는 완전하게 다르며 수확체증의 법칙을 통한 지식의 상품화가 이루어지는 무형자산의 가치가 매우 높은 사회이다.

1. 사회와 경제 패러다임의 변화

급변하는 환경과 치열한 경쟁 속에서 기업경쟁력을 좌우하는 요인은 지식이다. 지식은 제품이나 기술보다 경쟁기업이 쉽게 복제하거나 모방할 수 없기 때문에 노나카 이쿠지로(Nonaka Ikujiro)는 지식을 제5의 자원이라고 하였다. 현 세계의 패러다임은 공업사회에서 산업사회를 거쳐 지식사회에 머무르고 있다. 지식사회로의 이행을 가속화시킨 원동력은 정보기술의 발전과 무관하지 않는데 그림 6-2 는 시대 구분에 따른 사회와 경제 패러다임의 변화를 나타낸 것이다.

언제나 그렇듯이 새로운 정보기술의 등장과 발전은 놀라운 속도로 세상을 변화시키며 생존을 위한 기업 간 경쟁을 심화시키는데 그림 6-3 은 생

그림 6-2 사회와 경제 패러다임의 변화

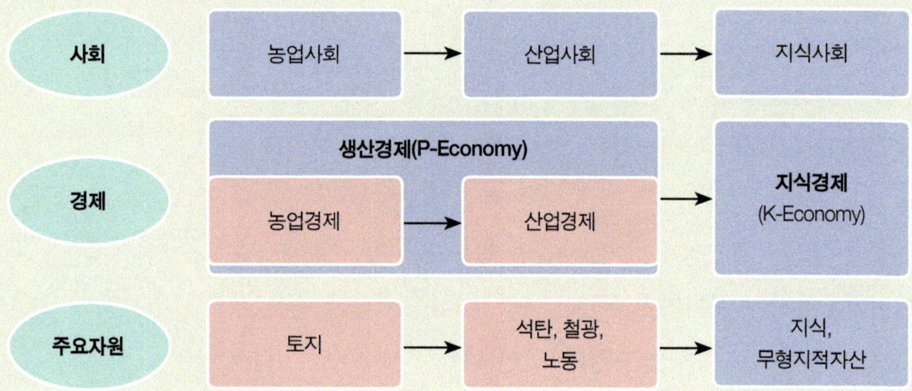

그림 6-3 생산경제와 지식경제 사이의 매개요인

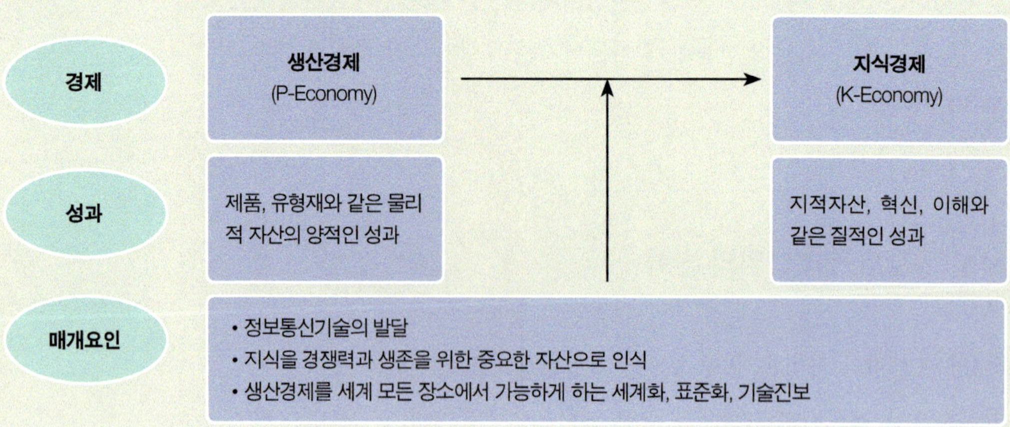

산경제에서 지식경제로의 전환에 영향을 미치는 중요한 요인들을 나타내고 있다.

지식경영은 어느 날 갑자기 등장한 새로운 경영혁신이 아니다. 이는 인간의 질적인 삶이 가능해진 농업사회에서부터 지속적으로 이어져 온 산물이다. 그런 의미에서 농업사회에서의 지식경영은 보다 많은 농산물을 얻기 위한 농경기술의 개발이며, 이때의 지식은 수많은 시행착오에 따른 경험이라고 볼 수 있다. 반면에 공업사회에서의 지식경영은 양질의 값싼 제품을 대량생산할 수 있는 기업 능력을 확립하는 것으로, 기계적인 생산방식을 통한 프로세스 혁신이 주된 지식이었다.

하지만 오늘날 지식사회는 산업혁명과 정보혁명이 몇백 년에 걸쳐 바뀌놓은 세상을 불과 수십 년 만에 새로운 모습으로 변화시켰다. 이러한 사회는 지식을 매개로한 제품과 서비스를 산출하기 때문에 지식을 조직생산력의 극대화 및 고부가가치 창출의 원천으로 부각시키고 있다. 예를 들어 세계적인 인터넷 정보검색 엔진을 보유한 야후(Yahoo)의 높은 주식가격은 이러한 사실을 대변한다고 할 수 있는데, 그것은 보이지 않는 무형자산의 가치가 이 회사에 내재되어 있기 때문이다. 또한 세계 최대의 기업인 제너럴모터스(GM)보다 마이크로소프트(Microsoft)의 시장가치(주가총액)가 더 높은 이유도 바로 지식의 가치 때문이다. 피터 드러커(Peter Drucker)는 과거 노동과 자원이 없는 나라가 발전하지 못했듯이 앞으로는 지식이 없는 국가와 사회는 망할 것이라고 단언하였다. 즉 현재의 최첨단 기술 혁명이 과거의 산업혁명을 능가할 것이며 경제의 중심이 지식을 생산·분배하는 지식 관련 산업으로 변화한다는 것이다. 이와 같은 관점에서 지식사회가 갖는 특징을 간단하게 살펴보면 다음과 같다.

① 경계(Boundary)가 사라지고 경쟁이 치열하다

오늘날 환경 변화의 속도는 과거에 비해 6~7배 이상으로 빨라졌다. 또한 정보기술의 발달로 지식과 정보는 그 어느 것보다도 이동이 쉬워졌으며 인터넷이나 이메일 등을 통해 개인, 기업, 지역, 국경을 넘어 전 세계로 확산된다. 예를 들어 고객은 각 기업별 제품품질과 가격을 실시간 비교해 볼 수 있으며 책, 꽃, CD, 심지어 자장면 배달까지도 인터넷을 통해 거래가 이루어지고 있다.

② 사회적 신분과 부(富)는 지식을 따라 이동한다

지식은 상속할 수 없으며 지식사회에서는 누구나 쉽게 교육을 받을 수 있기 때문에 개인이 가지고 있는 독특한 지식과 능력에 따라 개인의 가치가 달라진다. 그로 인해 신분제사회나 산업사회보다 신분의 수직 이동이 훨씬 쉬워졌다.

③ 지식근로자의 출현이다

지식사회는 전문적인 능력을 가진 직업이 요구되며 각 개인에게 있어서는 무한경쟁사회가 되었다. 협의의 지식근로자는 특정 분야에 대한 심도 있는 전문지식을 가지고 있는 사람이며, 광의의 지식근로자는 쓸모 있는 지식 혹은 행동하는 지식을 보유한 사람으로 대체 불가능하다. 지식근로자는 일반 근로자보다 범조직인(cosmopolitan)의 성향이 높기 때문에 조직은 이들에 대한 체계적인 관리와 육성이 필요하다. 범조직인은 조직 내부에서의 승진보다는 자신의 전문 분야에서 성공하는 것을 더 중시 여기는 사람이다.

2. 지식사회에서의 경쟁과 시장 패러다임

경쟁이 비교적 치열하지 않았던 1990년대 이전에는 제품 개선과 규모의 경제를 통한 시장점유율을 확보하는 것이 기업의 수익성과 직결되었다. 그러나 지식사회는 고객중심의 경영이 기업 수익성과 직결된다. 즉 고객을 기업경영의 중심에 두고 고객의 속성을 재정의하여 새로운 사업을 끊임없이 발굴해 가는 것이 수익 영역(Profit Zone)이 된다. 1990년대 경영위기에 처해 있던 IBM은 각 제품사업부를 분리 매각하는 대신 통합 제품과 솔루션을 제공함으로써 재기할 수 있었다. IBM이 위기에 처하게 된 가장 큰 배경은 제조와 판매 중심의 기업문화에 있는데, IBM은 연구개발을 통해 컴퓨터에 대한

수익 영역
고객을 기업경영의 중심에 두고 고객의 속성을 재정의하여 새로운 사업을 끊임없이 발굴해 가는 것

지식은 풍부했지만 고객이 진정으로 원하는 것이 무엇인지는 간과하고 있었다. IBM의 고객은 하드웨어만 요구하는 것이 아니라 하드웨어와 소프트웨어를 결합한 솔루션을 원했던 것이다. 이렇듯 과거 전통적인 기업들은 철저하게 제품 및 서비스의 개발 및 생산을 담당한 반면 고객은 기업이 제공하는 제품 및 서비스를 구매하는 것에 주안점을 두었다. 하지만 최근 들어 고객은 구매만을 전담하던 역할에서 벗어나 기업 비즈니스 과정의 전반적인 활동에 참여하여 가치를 창출하는 파트너로서의 역할을 하고 있다.

앨빈 토플러(Alvin Toffler)는 『제3의 물결』을 통해 이러한 고객을 '**프로슈머**(Prosumer, 생산소비자)'라고 하였다. 이는 고객 자신이 기업의 생산과정에 직접 참여하는 것으로, 'Producer(생산자)'와 'Consumer(소비자)'를 합성한 말이다. 즉 제품 및 서비스도 이제는 소비자가 원하는 방향으로 만들어야 경쟁력이 있다는 것이다.

프로슈머
고객 자신이 기업의 생산과정에 직접 참여하는 것으로, 생산자와 소비자의 합성어

그림 6-4 는 지식사회에서 경쟁 및 시장 변화와 고객과의 새로운 관계를 나타낸 것이다.

그림 6-4 경쟁 및 시장 변화와 고객과의 관계

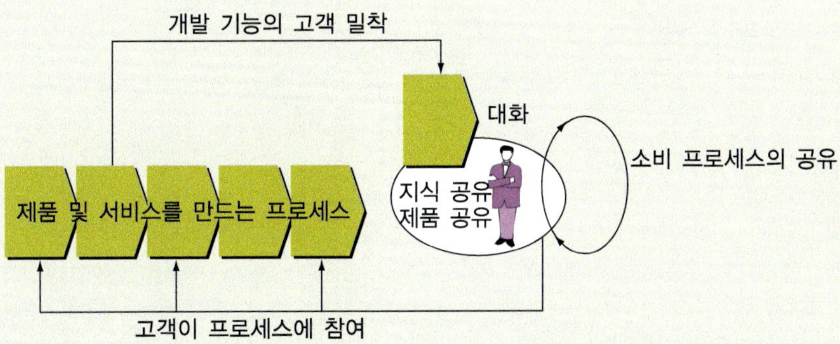

지식사회는 생산과 소비의 재융합이 이루어지고, 라이프사이클과 시간에 대한 가치의 관계가 변화하며, 고객과의 지식 공유로 인해 기업과 고객

크리슈머
'Creative'와 'Consumer'의 합성어로 창조적 소비자를 뜻하며, 기업은 크리슈머를 통해 급변하는 시장의 흐름을 감지하고 활용함

의 새로운 관계가 형성된다. 생산과 소비의 관계 변화는 결국 라이프사이클에 대한 재고(再考)로 연계되는데, 프로슈머가 제안된 이후 파생용어들이 다양하게 언급되는 것은 그만큼 고객에 대한 중요성이 크기 때문이다. 그 예로 LG경제연구원이 『2007년 New 소비코드 5』를 통해 '크리슈머(Cresumer, 창조적 소비자)'를 언급하였는데, 이는 'Creative'와 'Consumer'의 합성어로 크리슈머의 경영참여는 소비자와 기업의 직접적인 커뮤니케이션을 통해 기업이 경영에 필요한 지식과 아이디어를 소비자로부터 직접 얻는 추세가 늘고 있음을 시사한다.

특히 인터넷의 발달에 힘입어 소비자가 더욱 똑똑해지고 있는 가운데 스마트(Smart) 소비가 보편화되고 있다. 소비자는 기업의 일방적인 커뮤니케이션에 순응하지 않고 직접 제품 정보를 수집하여 품질을 확인하고자 하며, 가격 비교 사이트에서 가격을 철저하게 비교하고 구전 효과가 있는 리뷰를 통해 보다 신중한 구매 의사결정을 내리려 한다. 이러한 행위는 소비자로 하여금 주체적이고 능동적인 소비를 지향하게 하고 나아가 기업에 적극적으로 제안하고 참여하는 수준을 높이기도 한다.

Business Insight

하인리히 법칙과 갈라파고스형 기업

대기업병 징후를 간과하면 결국 기업의 생사와 직결되는 치명적 결과를 낳게 된다. 기업들은 하인리히 법칙을 명심해야 한다.

- 최소영(T-Plus 대표)

하인리히 법칙이란 1930년대 초 미국의 한 보험회사 관리자였던 허버트 윌리엄 하인리히(Herbert William Heinrich)가 노동재해를 실증연구해 도출한 1:29:300의 법칙이다. 1번의 대형 사고가 나기 전에 유사한 29번의 작은 사고가 있고, 그 작은 사고 주변에는 300번의 징후가 포착된다는 것이다. 아메리카 대륙에서 1,000킬로미터 떨어진 에콰도르령 갈라파고스 섬은 찰스 다윈이 진화론을 창시하는 데 단초를 제공한 살아 있는 자연사 박물관이다. 하지만 치열한 비즈니스 세계에서 갈라파고스형 기업이란 과거의 성공 모델에 집착하다 글로벌 시장을 놓치고 결국 내수시장의 그저 그런 기업으로 도태되는 경우를 일컫는다. 100년 역사의 자동차 왕국에서 부도기업으로 치달은 미국의 GM이 대표적인 사례이다.

제2절 지식의 개념

지식사회에서 지식은 조직의 가장 중요한 자산이자 지속 가능한 경쟁우위를 위한 핵심이다. 즉 지식은 조직으로 하여금 효과적인 활동을 가능하게 하여 최상의 성과를 발생시키며 이러한 성과는 다시 경쟁우위를 위해 조직을 지원한다. 그러나 지식은 하나의 획일적인 개념이 아니기 때문에 다양한 유형의 지식은 상이한 관점과 행동을 유발시키고 개별적인 활동, 성과, 경쟁우위에 영향을 미친다. 특히 최근 몇 년 동안 지식경영에 대한 관심이 증가하면서 경영, 전략, 조직이론, MIS 등에서 지식이라는 용어가 정확한 정의 없이 모호하게 사용되어 왔는데, 그 이유는 지식이 매우 다층적이고 다의적이라서 기억하고 싶은 정보뿐 아니라 개념, 법칙, 이론, 가치관, 세계관에 이르기까지 추상성과 포괄성을 함께 지니기 때문이다.

더구나 지식경영과 함께 핵심역량(core competence), 조직능력(organizational capability), 노하우(know-how) 등과 같은 개념들이 빈번하게 언급되는 가운데 이들 모두가 지식경영에서 중요한 역할을 하기 때문에, 지식경영을 소개하기에 앞서 본질적으로 다양한 유래와 배경에서 사용되어 온 지식의 개념을 간단하게 논의하고자 한다. 이러한 과정은 차별적인 지식의 정의들이 문헌에서 존재하는 상이한 관점을 이해하게 하고 지식경영에 대한 접근 방식을 설명 가능하게 한다.

1. 지식의 정의

옥스퍼드 사전은 지식을 '사건, 사물, 상황, 경험에 의해 알게 된 사실 혹은 연구에 의해 얻은 정보'라고 정의하는 데 비해 폴라니(Michael Polanyi)는 "우리는 말하는 것 이상으로 더 많은 것을 알 수 있다"고 언급하면서 지식은 주체와 대상을 분리하여 주체가 대상을 외재적으로 분석함으로써 생기는 것이 아니라 개인이 현실과 결합하는 자기 투입, 즉 참여에 의해 생긴다고 주장하였다. 이는 지식이 암묵지와 형식지의 상호전이를 통해 이루어지며, 인간은 직관(종합)과 이성(분석)의 상호작용을 통해 창조됨을 의미한다(예 : 스케이트를 타는 방법, 자전거를 타는 방법). 지식에 대한 개념을 보다 쉽게 이해하기 위해 예를 들어 '80'이라는 숫자를 생각하면 그 자체로는 아무런 의미가 없다. 그러나 '비 올 확률 80%'라는 문맥에서 보면, 숫자로만 존재할 때와는 전혀 다른 상당한 의미와 함께 우리가 처해 있는 상황에 따라 행동에 영향을 미칠 수 있다.

지식사회의 기업경쟁력은 공장이나 자본과 같은 유형자산뿐 아니라 조직구성원의 지식과 아이디어, 우수한 프로세스, 차별화된 고객만족과 같은 무형자산에도 존재한다. 존 듀이(John Dewey)는 "지식은 우리가 살고 있는 세상을 재배열, 재구성하는 행위로 연결되지 않는 한 의미가 없다"고 하였다. 따라서 지식은 제품과 서비스 그리고 업무 프로세스를 개선하거나 지식을 새롭게 창조, 혁신하는 데 연결되지 않은 한 의미가 없다. 예를 들어 자동차에 장착된 컴퓨터는 인공위성의 데이터를 바탕으로 많은 정보를 제공하는데 가장 가까운 주유소와 호텔, 은행 등을 알려 준다. 또한 컴퓨터 칩의 역할은 미끄럼방지브레이크시스템(ABS), 서스펜션 시스템, 점화 시스템, 연료효율 시스템 등에도 사용된다. 제품의 본질을 들여다보면 그것은 다름 아닌 지식 그 자체라는 것을 쉽게 알 수 있다. 이렇듯 제품 개발로 연결되어 하나의 가치를 지닐 때 이를 제품에 체화된 지식이라 할 수 있다.

그러나 지식사회에서 지식의 어떤 가치를 어떻게 효율적으로 끄집어내어 활용할 것인가 하는 것은 매우 중요한 과제이다. 특히 기술집약적인 산업, 전략적 기술제휴, 기술에 바탕을 둔 M&A, 기술 라이선스 등의 기술 분야, 정보서비스업, 변호사, 회계사, 컨설팅업 등과 같은 전문 분야에서 오락산업, 패션산업 등에 이르기까지 지식의 중요성이 부각되고 있는 이유도 여기에 있다.

2. 지식의 계층

지식을 이해하는 과정에서 정보(information)와 지식(knowledge)은 혼동하기 쉬운 개념 중의 하나로 사실(fact), 자료(data), 정보(information), 지식(knowledge), 지혜(wisdom)에 이르기까지 개념적인 차이를 살펴볼 필요가 있다. 그림 6-5 에서처럼 사실(fact)은 객관적으로 실제 존재하거나 일어난 일을 말하며, 이를 기호 또는 수치화한 것이 자료(data)이다. **자료**는 사건이나 사태를 단순히 기술적으로만 표현한 것으로 그것을 활용하려는 사람에게 포착되기 전까지는 아무런 의미와 가치가 없다. 자료를 특정 목적과 문제해결에 도움이 되도록 가공하여 부가적 의미를 창출해 낸 것이 **정보**(information)인데, 인지심리학에서는 이를 '지(知)'의 흐름으로 파악하고 있다. 정보는 지식창조의 매개체이며 이를 활용하는 사람의 목적과 의도에 따라 체계적으로 수집·분류·가공된다.

자료
객관적으로 실제 존재하거나 일어난 일을 기호 또는 수치화한 것

정보
자료를 특정 목적과 문제해결에 도움이 되도록 가공하여 부가적 의미를 창출해 낸 것

예컨대 신문의 기사는 자료에 불과하며, 신문을 보는 사람의 관심에 따라 의도적으로 선택된 기사가 정보이다. 따라서 정보는 수동적이며 반영구적이고 정태적인 특징을 지니는데, 기본적으로 정보를 이해하지 않고는 지식

그림 6-5 **지식의 계층**

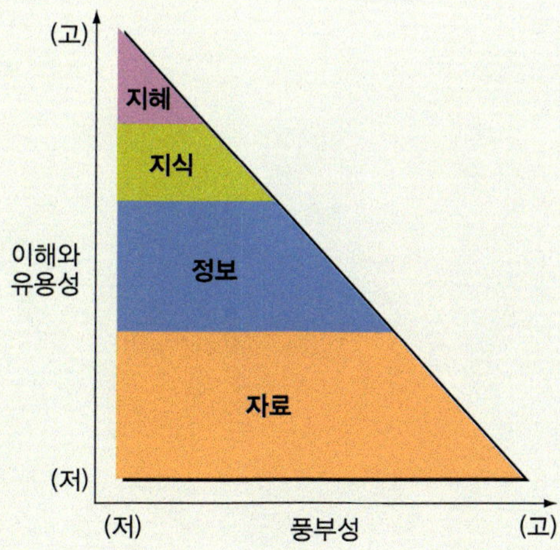

경영을 제대로 이해하기 어렵다. 정보의 가치는 지식으로 전환될 수 있는 잠재성에 있다. 물론 정보는 물리적 매체를 이용하여 저장되기도 하지만 정보 자체는 웃음소리와 같은 추상성도 함께 지닌다. 피터 드러커는 관련성과 목적을 갖춘 자료가 정보이며 데븐포트와 프루삭(Davenport & Prusak)은 자료에 의미가 더해질 때 정보라고 하였다. 예를 들어 신문에서 증권시세표를 보았을 때 여러 회사에 대한 정보를 얻게 되는데, 증권시세표의 숫자들이 무엇을 의미하며 증시가 어떻게 운영되는지에 대한 사전지식으로 가능한 것이다. 즉 자신이 관심 있는 것에 더 깊은 호기심을 가지는 것은 이미 그것에 대한 지식이 어느 정도 확립되어 있기 때문에 가능하다.

지식
피상적인 사실을 이해하는 수준을 넘어 특정 현상이나 사건이 발생한 원인이 무엇인지를 분석하고 이를 토대로 주어진 현상의 이면을 이해하는 행위 또는 그 행위의 결과

인지심리학에서는 **지식**(knowledge)을 지(知)의 축적된 형태(stock)로 파악한다. 다시 말해 **그림 6-6** 에서처럼 피상적인 사실을 이해하는 수준을 넘어 특정 현상이나 사건이 발생한 원인이 무엇인지를 분석하고 이를 토대로 주어진 현상의 이면을 이해하는 행위 또는 그 행위의 결과로 보고 있다. 그래서 자신의 관심이나 기대를 충족시키기 위해 획득한 정보를 문제해결과정에 활용하거나 특정한 가치를 발생시키기 위한 활동에 적용한다.

피터 드러커는 정보를 통해 사회적·경제적으로 부가가치를 이끌어 내는 것이 지식이라고 하였다. 아무리 많은 정보가 주변에 산재해 있다고 할지라도 그것을 활용하지 않는다면 객관적인 정보밖에 되지 않기 때문이다. 즉

그림 6-6 정보와 지식의 관계

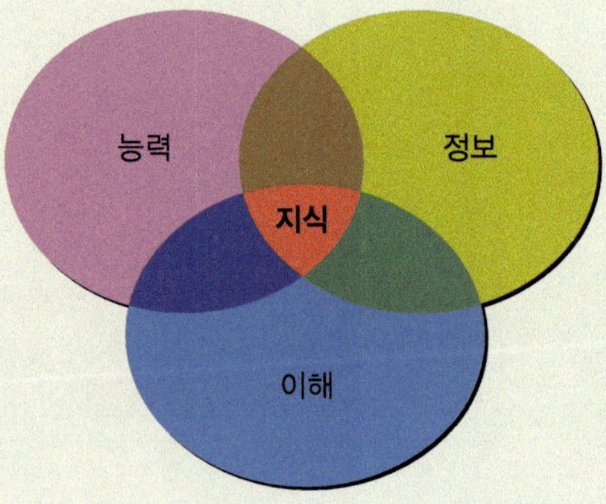

'구슬이 서 말이라도 꿰어야 보배'라는 속담처럼 획득한 정보가 가공·재구성·축적·판단 과정을 거쳐 행동으로 옮겨져 유용한 가치창출로 이어질 때 비로소 지식이 된다. 따라서 지식은 정보를 받아들인 사람이 주체적으로 가공하고 판단하는 능동적인 과정까지 포함한다.

데븐포트와 프루삭은 일정한 틀을 갖춘 경험, 전후관계에 대한 정보, 새로운 경험과 정보를 평가하고 통합하는 구조를 제공할 수 있는 전문적 식견이 한데 섞인 유동체가 지식이라고 하였다. 그래서 지식은 내면화된 정보에 정보 사용 능력을 더한 것이라고 할 수 있다. 예를 들어 주식거래에 대한 방법을 알고 있을 때 증권시세표의 숫자를 통한 정보는 어떤 주식을 거래할 것인지에 대한 지식을 제공한다.

표 6-1 은 자료-정보-지식의 특성을 요약한 것이다.

지식보다 한 단계 위의 개념이 지혜(Wisdom)이다. 넓은 의미에서는 지식이라는 개념에 포함되기도 하지만 지식과 다른 의미가 내포되어 있다. 토빈(James Tobin)은 지식을 통해 원리를 깨달음으로써 계속하여 응용하는 것이 지혜라고 하였다. **지혜**는 지식 축적과 함께 일정한 수준에 도달하여 미래의 복잡한 사태를 예견할 수 있는 혜안이나 식견이 형성된 상태이다. 지혜로운 사람은 객관적이고 과학적인 정보로는 도저히 설명하거나 이해하기 어려운 상황에서 직관적인 판단 및 대응 능력을 보여 주는데, 이는 지식에 통찰력이나 상상력이 결부되어 기존의 과학적이고 합리적인 수준을 넘어 새로운 지력이 생성된 경우이다.

지혜
지식 축적과 함께 일정한 수준에 도달하여 미래의 복잡한 사태를 예견할 수 있는 혜안이나 식견이 형성된 상태

표 6-1 자료-정보-지식의 특성

특성	자료	정보	지식
구체성 수준	낮은 구체성 개체적 구체성	통합된 구체성	고도의 추상성 구체성이 제거됨
상황 · 맥락	상황적 의미가 거의 없음	특정 상황 의존적	광범위한 상황에 적용 가능
범위	매우 협소	특정 상황에 제한	정보의 범위 이상으로 확대 가능
시간 제약성	해당 없음	어느 정도 시간 제약	시간 제약이 거의 없음

그림 6-7 **지식의 흐름**

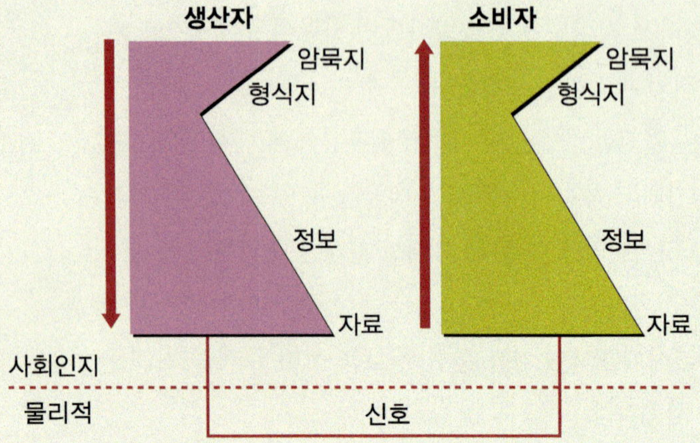

3. 지식의 흐름

지식의 가장 큰 특징은 공간이나 시간의 제약 없이 진화한다는 것이다. 즉 지식은 사용하고 나면 소멸하는 유형자산과 달리 사용할수록 더 큰 지식으로 성장 발전하며 정체되지 않고 흐른다. 그래서 지식 흐름은 지식전환, 전이, 공유, 통합, 재사용과 같은 유사한 개념들을 포함하며 시간의 경과에 따라 지식의 변화, 움직임 및 응용 등을 설명할 수 있다. 사람, 조직, 장소와 시간 사이에 지식의 움직임과 같은 지식 흐름은 그림 6-7 과 같이 두 개의 연결된 지식계층에서 설명 가능하다.

그림 6-7 에서 왼쪽은 지식 생산자나 지식 원천을 나타내고 오른쪽은 지식 소비자 혹은 지식 수용자를 나타낸다. 지식 생산자는 지식에서 정보로 정보에서 자료에 이르기까지 화살표가 아래쪽으로 표시되는 반면에, 지식 소비자는 화살표가 위쪽으로 표시된다. 이는 지식이 생산자에서 소비자에게로 흐르기 때문에 상반되는 지식의 방향을 나타낸다.

즉 지식 생산자는 관심 있는 분야에 자신이 가지고 있는 지식을 활용하여 정보를 만들고 이는 무언가를 위한 자료가 된다. 자료는 물리적 공간의 신호를 통해 전달되는데, 신호는 자료가 통신수단에 적합하도록 특별히 구현된 것을 말한다. 특별히 구현되었다는 것은 자료를 코딩(coding) 등의 변화과정을 거쳐 전류나 전자기파 형태의 에너지의 흐름으로 변환시키는 것을 말한다. 그래서 신호는 아날로그나 디지털로 구분되어 각기 다양한 형태로 상대방에게 전달된다.

소비자는 신호로부터 자료를 해석하고 의미와 상황을 결합시켜 정보를 생성하며 학습 메커니즘을 통해 활용 가능한 지식을 개발한다. 이는 화살표의 반대 방향으로도 설명이 가능하다. 다양한 지식계층이 동시에 적용될 수도 있지만 그림 6-7 은 지식이 어떻게 흐르는지에 대한 형이상학적인 설명을 위한 것이다. 따라서 신호는 물리적인 공간에서의 흐름에만 관여하고 자료, 정보, 지식의 흐름은 사회-인지적인 영역에서만 발생한다.

Management Highlight

지식을 수평으로 공유하자

어느 조직에서건 하루에도 수십, 수백 건의 보고서가 작성된다. 하지만 그 많은 보고서에 담긴 정보들은 조직의 일부 구성원에만 제공된 후 어딘가에 저장되어 있다가 다시는 빛을 보지 못하고 사장되곤 한다. 이처럼 정보 소통 및 공유가 제한적으로 이뤄지면 새로운 정보를 축적하겠다는 조직원들의 의지가 약해진다. 또 같은 정보가 반복적으로 재생산되는 등 비효율도 나타난다. 다른 조직구성원이 작성한 정보를 바탕으로 새로운 지식을 만들어 공유해야 조직이 발전하는데 이런 활동도 원활하게 진행되지 못한다.

급속한 정보화를 경험했던 1990년대 말에서 2000년대 초 '지식관리(knowledge management)'라는 IT 솔루션이 많은 이들의 이목을 끌었다. 그러나 이를 적용한 대부분의 조직에서는 극히 제한적, 소극적으로만 솔루션을 이용했다. 현재까지 명맥을 이어 오고 있는 지식관리시스템도 전자문서관리시스템, 혹은 이보다 좀더 포괄적인 지식포털 등의 초보적 형태에 불과하다. 간혹 몇몇 조직에서 최고경영자의 강력한 의지에 따라 새로운 지식관리시스템 구축을 시도하곤 하지만, 자발적인 지식의 창출·공유보다는 '등록지식의 수'처럼 단순한 인사성과 지표와 연동시킴으로써 조직원의 수동적 참여만을 이끌어 낼 때가 많다.

반면 위키피디아처럼 특정 조직에 속하지 않은 비영리 지식 공유 사이트에서는 지속적으로 많은 종류의 지식이 창출·수정·공유되고 있다. 사용자 및 사용 언어 또한 계속 늘어나고 있다. 현대의 기업들이 조직 내 의사소통을 효과적으로 하기 위해서는 위키피디아와 같은 성공적 지식 공유 사이트를 벤치마킹해 새로운 형태의 지식관리시스템을 개발할 필요가 있다.

지금까지 구축되어 온 지식관리시스템이 정보 검색 측면에서 잘 활용되지 않고 있다. 기존 지식관리시스템에서는 정보가 생성돼 저장되는 순간 그 정보를 마치 고립된 섬처럼 취급, 다른 자료와의 연결 없이 독립적으로 처리한다. 이는 마치 도서관에 정리되어 있는 책과 같다. 각각의 책을 찾기 위해 상당히 정교한 도서 분류 체계를 개발해 왔듯이 대부분의 지식관리시스템은 수직적인 위계 형태의 정보 분류 체계를 갖고 있다. 수직적인 정보 분류 체계에서는 시스템을 설계하는 시점에서 정보의 종류를 미리 정의해야 한다. 따라서 미리 정의된 분류 체계에 딱 들어맞지 않는 정보가 발생하면 분류 시점부터 어떻게 처리해야 할지 몰라 어려움을 겪게 된다.

예를 들어 정보 분류 기준 가운데 지역, 유통망, 상품이라는 세 가지 기준(directory)이 있다고 치자. '2010년 1분기 프랑스 다티(Darty)의 아이폰 판매 현황'과 같은 문서는 앞에서 구분한 세 가지 기준 모두에 해당된다. 수직적인 위계 형태의 분류 체계 아래에서는 어느 한곳에 해당 문서를 저장해야 한다. 이렇게 하면 추후 검색 시 어려움을 겪게 된다. 만약 이 문서를 지역 카테고리로 분류했다면, 유통망이나 상품으로 검색했을 때 정보를 찾을 수 없기 때문이다.

사실 이런 수직적인 정보 분류 체계는 인터넷이 나오기 전 물리적 제약이 존재할 때 개발된 시스템이다. 하지만 기술 진보로 인해 인터넷이 확산되면서 검색 기능이 획기적으로 발전했다. 이에 따라 정보 간 하이퍼링크 형태의 연결을 통해 정보를 수평적으로 연결하고 태깅(tagging) 기능 등을 통해 추가적인 정보를 제공함으로써 원하는 정보를 더 정확하게 검색할 수 있게 됐다. 그뿐 아니라 위키피디아처럼 사용하면 할수록 후속 사용자들에게 더 많은 편의를 제공하는 개방형 지식관리시스템까지 나와 있다. 위키피디아에서는 정확하거나 더 많은 정보를 갖고 있는 사용자가 기존 정보를 수정할 수 있고, 생성된 정보를 사용한 다른 사용자들이 이에 대한 평가를 올릴 수 있다. 사용자 간 협업을 통해 결국 시간이 흐르면서 사용자들에게 돌아가는 편익이 커진다.

기존 지식관리시스템은 구성원에게 지식 창출 및 활용에 적극적으로 참여할 인센티브를 충분히 주지 못했다. 단지 생성하는 정보량이나 횟수를 측정해 이를 인사고과에 일부 반영하거나 조직 내 '지식 활용 활성화 경진대회'와 같은 일회성 행사를 기획해 포상하는 정도에 그쳤다. 지속적으로 정보를 축적하거나 개선하는 노력을 하지 못해 결국 시간이 흐르면서 보유 정보의 노화가 급속히 진행, 자연스럽게 사장되는 현상이 이어졌다.

그렇다면 성공적인 지식관리시스템은 어떤 형태가 적절한가? 물론 각 조직의 목적과 처한 환경에 따라 차이가 나겠지만 시스템 및 사용자 측면에서 다음과 같은 내용을 추천한다. 우선 시스템 측면을 보면 창출된 정보가 하이퍼링크를 통해 서로 그물처럼 연결되는 게 필수적이다. 정보끼리 연결돼 있지 않으면 각각의 정보들은 마치 고립된 섬과 같아지기 때문에 원활한 정보 검색을 하기 힘들어진다. 정보들이 서로 연결돼 있다면 그 다음으로 필요한 것은 문자, 이미지, 음악, 동영상 등 다양한 종류의 콘텐츠를 담을 수 있는 유연한 시스템이다. 이때 각 정보의 양에 제한을 두지 않고 필요에 따라 유연하게 늘려나갈 수 있는 확장성이 요구된다. 특히 관련 키워드를 일목요연하게 보여 주면서 관련 키워드 간 연결 빈도를 네트워크 형태로 보여 주는 검색 기법 활용이 효과적이다. 솔트룩스(Saltlux)에서 제공하는 아울림(Owlim) 검색 엔진의 검색 결과를 살펴보자. 연관 키워드를 보여 주면서 연결 빈도는 굵기로 표현하고 있어 일반적인 글자 중심의 검색 결과와 병행해 사용자의 편의성을 증진시킨다.

사용자에게 큰 가치를 주려면 어떻게 지식관리시스템을 구축해야 할까? 우선 구성원 간 정보 공유를 촉진하는 체계적 유인시스템을 갖추는 게 중요하다. 사용자에 대한 확실한 유인체계 없이 참여만을 유도한다면 질보다는 양을 추구하는 정보가 생성될 공산이 크기 때문이다. 양질의 정보가 생성되지 않는다면 전체적인 시스템의 활용 저하는 불 보듯 뻔하다. 이런 문제를 미연에 방지하기 위한 유인시스템은 조직 특성에 따라 여러 형태로 달라질 수 있다. 어떤 조직에서는 인사와 연동시키는 방법이 가장 효과적이다. 이때 단순히 연말 인사고과에 점수를 추가하는 수준을 넘어서 전문지식을 제공하는 구성원에게 본인이 원하는 업무를 맡기는 방안도 적극 고려해 볼 필요가 있다. 이렇게 하면 현재 업무를 담당하지 않더라도 본인이 일하고 싶어하는 분야에 대해 본인이 갖고 있는 다양한 지식을 공개하고 전파하는 일에 적극 나서게 된다. 직접적인 지식 창출 능력이 떨어지는 조직원들에겐 생성된 정보를 평가하는 기능을 부여함으로써 참여를 이끌어 낼 수 있다. 직접 지식을 만들어 내지는 못할지라도 간접적인 지식 평가 역시 사용자 전체에 유용한 정보가 될 수 있다는 점을 부각시킨다면 다양한 구성원의 참여를 유도해 낼 수 있다. 아마존은 판매 상품에 대한 고객평가 기능을 제공하고 등록된 고객평가가 얼마나 유용한가를 다시 물어봄으로써 고객의 참여도는 물론 고객평가 수준도 높이고 있다.

네이버 지식인 서비스와 위키피디아는 직접적인 금전적 보상 없이 구성원의 자발적 참여를 유도한다는 점에서 눈여겨볼 만하다. 우선 네이버는 올라온 질문에 적절한 대답을 제공하는 사용자에게 '내공'이라는 점수를 부여한다. 이 내공 제도는 구성원에게 '상징적' 효익을 제공해 주는 시스템이다. 즉, 활발한 활동을 통해 내공 점수를 많이 쌓은 이는 해당 서비스 내에서 남들과 다르게 보인다는 상징성 때문에 적극적인 정보 공유에 나선다. 위키피디아도 비슷하다. 사용자들은 아무런 보상이 없는데도 자발적으로 남을 위해 정보를 올리고 수정하는 작업을 하고 있다. 사이트 성격 자체가 공공적인 성격을 갖고 있기 때문에 이와 같은 자발적인 참여가 가능한 것으로 보인다.

시스템 측면과 사용자 측면 모두에서 지식관리시스템이 성공적으로 운영된다면 사장되는 정보의 양을 최소화할 수 있다. 또 새로운 지식의 창출과 공유, 축적을 통해 정보 효율을 높일 수 있다. 인사관리 측면에서도 효율을 높일 수 있다. 지식관리시스템에 남겨진 전문지식을 기준으로 필요한 팀원을 선발하는 등 업무 배치나 팀 구성을 보다 효율적으로 할 수 있다. 특히 조직에 충성도가 높은 구성원의 적극적인 참여를 유도할 수 있기 때문에 조직 발전에 최선을 다하는 구성원이 대접받는 경영 풍토를 정착시켜 구성원 간 신뢰를 쌓는 데도 도움이 된다.

- 〈동아 비즈니스 리뷰〉, 2010. 7. 15

Business Insight

30년 용접 경험 담은 책이 7개 대학 교재로

자신의 벽을 허무는 것이 중요합니다. 젊을 때 방황은 필요악이죠. 방황하면서 인생을 고민하게되고 반성도 하게 됩니다. 도전과 열정을 가지고 시간을 아껴 쓴다면 충분히 인생을 걸 수 있을 겁니다. 편한 직업은 수명이 길지 못합니다. 뿌리산업은 도전정신과 집중력을 바탕으로 지속적으로 자기를 계발할 수 있는 분야입니다. 용접 기술을 계속 개발하고 제가 가진 모든 기술을 후배들과 공유하는 것이 꿈입니다.

- 두산DST 김후진 용접 명장

김후진은 1999년에 대한민국 최연소 명장이 된 인물이다. 그가 현장 경험과 노하우를 엮어 1995년에 출간한 『특수용접의 이론과 실체』는 전국 7개 대학에서 교재로 채택될 만큼 용접 분야에서는 최고 대접을 받는다. 그렇게 되기까지 그의 인생은 방황과 도전의 연속이었다. 초등학교를 졸업할 즈음 가세가 급격히 기울었고 청소년기 방황이 시작됐다. 더 이상 이렇게 보낼 수 없다는 생각에 직업훈련원을 찾아 1977년 처음 용접기를 잡았다. 그는 쏟아지는 잠을 물리쳐 가며 매일 15시간 이상 용접기술을 익혔다. 노력은 그를 외면하지 않았고 전국기능대회에 출전해 2위에 입상했다. 덕택에 그는 특채로 대우중공업(현 두산DTS)에 입사할 수 있었다. 입사한 후에도 그는 K21 전투장갑차의 차체 구조물에 알루미늄 용접을 하는 데 로봇용접으로 자동화해 회사에 연간 수백억 원의 수입대체 효과를 안겨 주었다.

4. 지식의 유형과 분류

지식은 다양한 기준을 사용하여 분류할 수 있는데 크게 형태에 따른 분류와 생성과정에 따른 분류로 나누어 볼 수 있다. 형태에 따른 분류는 표 6-2 와 같이 형식지와 암묵지로 구분한다. 형식지는 문서화되거나 데이터베이스에 저장되어 있는 논리적이고 기계적인 지식으로 참과 거짓, 수단과 목적을 쉽게 구분할 수 있는 특징을 가지고 있다. 또한 내용이 명확하여 쉽게 공유할 수 있고 객관적인 측정과 관찰이 가능하다.

형식지
문서화되거나 데이터베이스에 저장되어 있는 논리적이고 기계적인 지식

표 6-2 형식지와 암묵지

분류 기준	형식지	암묵지
정의	언어로 표현 가능한 객관적 지식	언어로 표현하기 힘든 주관적 지식
획득	언어를 통해 습득된 지식	경험을 통해 몸에 밴 지식
축적 · 전달	언어를 통한 전달	은유를 통한 전달
	다른 사람에게 전이하는 것이 상대적으로 쉬움	다른 사람에게 전이하기가 어려움
예	책, 매뉴얼, 업무 수행 절차, 데이터베이스	노하우, 조직문화, 이미지, 숙련된 기능, 자전거 타기

이를테면 언어로 쉽게 표현할 수 있는 제품사양, 문서, 데이터베이스, 컴퓨터 프로그램, 업무 매뉴얼, 특허권, 설계도 등 쉽게 서술하고 객관화하기 편리한 디지털 지식이다.

암묵지
언어로 쉽게 표현하기 어려운 개인적인 경험이나 노하우, 이미지, 스킬 등 주로 개인에게 존재하거나 조직문화나 풍토 속에 내재된 지식

반면에 **암묵지**는 언어로 쉽게 표현하기 어려운 개인적인 경험이나 노하우, 이미지, 스킬 등 주로 개인에게 존재하거나 조직문화나 풍토 속에 내재된 지식을 말한다. 즉 외형적으로 표현하기 어렵기 때문에 형식지에 비해 감성적이고 직관적이며 주관적이다. 그래서 고객감동, 비전창출, 새로운 조직문화, 공유가치 창출, 특정 전문 분야에 대한 경험 등이 해당하며 목적과 수단을 분명하게 구분할 수 없는 아날로그 지식이다. 예를 들어 자전거를 잘 타지만 자전거를 잘 타는 방법에 대해 명쾌하게 정의를 내리는 사람이 많지 않은 것도 이것이 개인마다 다르고 다분히 암묵적이기 때문이다.

제3절 지식경영

1. 지식경영의 필요성

피터 드러커는 지식이 경제의 가장 중요한 자원이며 가장 지배적인 경쟁우위의 요소가 된다고 하였다. 지식경영은 시장의 변화와 기업 간 경쟁의 심화, 기술발전과 같은 외부환경의 변화에 대응하려고 노력하는 기업의 한계에서 비롯되었다. 그동안 다운사이징(downsizing), 아웃소싱(outsourcing), 경제적 부가가치(Economic Value Added, EVA), 벤치마킹(benchmark), 리엔지니어링(reengineering), 전사적 품질관리(Total Quality Management, TQM) 등 많은 경영기법들이 기업의 성과와 핵심역량을 높이고 경영전략을 달성하기 위한 도구로 이용되어 왔으며 실제로 가시적인 성과를 이루기도 하였다.

그러나 이와 같은 경영기법들은 기업의 인적 자산을 중요하게 여기지 않고 복잡한 인적 시스템을 단순화하려는 경향이 강했으며 결국에는 급변하는 환경에 더 이상 기업의 목표를 충분히 충족시키지 못하는 현실에 직면하

게 되었다. 그 가운데 최근 지식사회가 도래하면서 그동안 간과되어 왔던 기업의 인적 자원과 무형자산이 기업의 성과로 직결되는 현상이 나타나게 되었다. 다시 말해 과거 물질적 유형자산을 중심으로 이루어지던 경제 및 산업구조가 지식사회에서는 인간의 창의적 아이디어와 지식으로 무게중심이 바뀌어 가고 있다. 예를 들어 마이크로소프트, 네스케이프(Netscape), 야후 등의 성공 사례는 지식경영의 대표적인 예라고 하겠다.

조직이 지식경영을 해야 하는 배경은 다음과 같다.

① 정보기술의 발달과 지식의 중요성으로 인한 무형자산 인식의 제고이다

최근 인터넷의 등장으로 인한 가상공간에서의 네트워킹은 자신에게 필요한 정보를 시·공간을 초월하여 실시간으로 획득할 수 있도록 만들었을 뿐 아니라 새로운 지식 창출의 공간으로 만들었다. 이는 나아가 가상커뮤니티를 넘어 개인 블로그에서 UCC 동영상에 이르기까지 개인의 적극적인 참여를 통해 지식을 생산·공유·소비하는 열린 인터넷 시대를 예고하고 있다.

② 치열한 글로벌 경쟁사회에서 조직구성원이 보유한 창조적 지식이 중요하다

이러한 지식은 기업이 지속적으로 성장·발전하고 차별적인 경쟁우위를 확보하는 원천이 된다. 또한 이 지식은 기업의 핵심역량이 되며, 생존과 변화에 대한 적응·경쟁 능력을 결정한다. 조직의 경쟁력은 오랜 기간 동안 다양한 현장체험을 통해 체득한 전문지식이나 노하우를 가진 지식근로자로부터 나온다.

③ 학습조직에 대한 반동으로 지식경영이 등장하다

다른 경쟁사보다 빠르게 학습할 수 있는 능력이야말로 21세기 성장과 발전의 가장 중요한 원천이다. 그러나 학습조직이 그 구체적인 방법론을 제시하지 못한 채, 학습조직에 대한 이해 부족과 가시적인 결과만을 기대했던 점이 오히려 부정적인 원인이 되었다.

④ 기업의 자산 가치를 재무적인 자산 중심으로 산출하는 방식에 근본적인 문제가 있다

기업의 경쟁력이 브랜드 가치나 지적자산으로부터 유래한다는 인식이 확산되면서, 기업이 보유하고 있는 무형자산, 특히 지적 자산을 객관적, 과학적으로 규명하고자 하는 노력이 많은 관심을 끌고 있다. 쉐브론텍사코(Chevron Texaco), 다우케미컬(Dow Chemical), 선마이크로시스템즈(Sun Microsystems), 스틸케이스(Steelcase) 등과 같이 지식경영을 실천하고 있는 선진기업들은 엄청난 생산성 증가를 보이고 있다. 생산성 증가는 지식경영을 통한 비용 절감이나 수익 증가로 인한 것이다. 직접적인 측정이 어렵기 때문에 계산에 포함되지 않는 간접효과까지 고려하면 생산성은 훨씬 더 증가한다. 이처럼 지식경영은 기업 간 경쟁우위의 차별화를 위한 강력한 효과를 제공하고 많은 IT기업과 서비스시장의 촉매제가 되며 기업들로 하여금 배타적인 틈새시장을 개발하면서 동시에 기존에 판매하고 있는 제품과 서비스의 가치를 향상시킨다.

지식경영은 경영의 기본적인 원칙을 강조하고 지식을 전략적으로 활용하게 함으로써 경쟁력을 확보하려는 조직으로 하여금 경영의 본질을 다시 한 번 되돌아보게 한다는 점에서 중요하다. 특히 지식경영에서 지식이 기업의 경쟁력 제고에 결정적인 요소로 작용하기 때문에 지식경영이 기업에게 제공하는 잠재적인 기회는 다음과 같다.

- ◆ 조직의 정보를 획득·분석하고 그 정보를 데이터웨어하우징과 데이터마이닝, 의사결정지원시스템과 중역정보시스템을 사용하여 전략적으로 응용하게 한다.
- ◆ 전 세계적으로 정보에 접근할 수 있는 프로세스를 만들어 주며 조직구성원이 인트라넷, 그룹웨어, 그룹의사결정시스템을 통해 보다 빠르고 합리적인 의사결정을 내릴 수 있게 한다.
- ◆ 조직 전반의 과거 경험에서 축적된 지식을 활용하게 한다.
- ◆ 스피드, 민첩성, 안정성을 향상시켜 업무를 수행하게 한다.

새로운 비즈니스 이렇게 찾아냈다

위기에 직면하면 대다수 기업은 생존 전략을 짜는 데 집중한다. 그러나 위기 후 더 강한 기업으로 재탄생하려면 단순히 생존에만 집중해서는 안 된다. 위기 후 더 강한 기업이 되려면 기업 안팎의 지식을 총동원해 위기 후 경쟁자를 멀찍이 떨어뜨릴 수 있는 차별화 전략을 마련해야 한다. 이때 사업 다각화 등 기존 사업 역량을 확대해 위기의 돌파구를 찾을지, 아니면 전혀 새로운 사업 모델에 손을 댈지 선택해야 한다. 어떤 선택을 하든지 조직 안팎의 지식을 적극적으로 적절하게 활용해야만 더 강한 기업으로 재탄생할 수 있다.

새 우물을 파려면 신지식을 빌려라!

한 우물을 파기보다는 새 우물을 파기로 결정했다면 전혀 새로운 지식이 필요하다. 기존 직원들이 보유한 지식으로는 새로운 우물을 파기 힘들다. 이때는 외부의 신지식을 과감히 수용해야 한다.

레코드 가게에서 시작해 음반회사로 성공 가도를 질주하던 버진그룹은 1970년대 후반 갑작스레 음반사업과 전혀 관련성이 없는 항공산업 진출을 선언했다. 리처드 브랜슨 버진그룹 회장이 런던에서 브리티시에어라인을 타고 뉴욕으로 가던 도중 형편없는 기내 서비스를 받았던 경험이 항공산업 진출의 출발점이 됐다. 브랜슨 회장은 기존 항공사들이 제공하는 형편없는 기내식, 불친절한 승무원, 턱없이 비싼 항공료를 지속적으로 고수할 경우 버진그룹이 항공산업에 진출해도 충분히 승산이 있을 것으로 판단했다. 그래서 주위의 반대에도 불구하고 항공산업 진출이라는 승부수를 던졌다.

브랜슨 회장은 항공산업이라는 새 우물을 파기 위해 철저히 외부 조직과 인력, 장비, 그리고 지식을 빌리는 아웃소싱 전략을 택했다. 기존의 내부 인력을 교육하거나 아니면 외부 전문가를 스카웃해 자사 직원화하기보다 처음부터 외부 전문가들에게 항공산업 진출을 위한 준비를 맡겼다. 비행기도 리스를 했다. 혹시나 있을지 모르는 사업 실패로 회사가 감수해야 하는 위험을 최소화하기 위해서였다.

아웃소싱을 통해 항공 분야 최고 전문가들을 활용하는 전략은 그대로 맞아떨어졌다. 사업 개시를 선언한 지 불과 13주 만에 신속하게 항공산업을 성공리에 론칭했다. 또 주위의 비판적인 시각과는 달리 버진그룹의 항공산업은 단시일 내에 업계에서 확실한 자리매김을 했다. 항공산업이 점차 안정화 단계에 접어들자 버진그룹은 이들 외부 전문가를 내부 직원으로 채용했다. 외부 지식을 제대로 활용해 사업기회를 창출하면서도 사업 경쟁력을 높인 사례이다.

우물을 넓게 파라!

인터넷 네트워킹 장비업체 시스코는 2000년대 초 인터넷 버블이 꺼지면서 위기에 처했다. 그러나 위기 상황 속에서도 시스코는 동요하지 않았다. 그리고 인터넷이라는 한 우물을 지속적으로 팠다. 여전히 인터넷이 창출할 수 있는 미래 사업기회가 무궁무진할 것으로 내다봤기 때문이다. 한 가지 변화가 있었다면 인터넷이라는 우물을 더 넓게 파기로 했다는 점이다.

2000년대 초 시스코는 문자 데이터를 송·수신하는 데만 고정돼 있던 인터넷에 음성을 실어 나르기 시작했다. 인터넷이 널리 확산됨에 따라 보안 기술도 보강했다. 인터넷 네트워킹이라는 핵심 기술을 근간으로 지속적으로 우물의 폭을 확대해 나간 셈이다. 1~2년 전부터는 스마트 그리드(Smart Grid), 스마트커넥티드 커뮤니티(Smart+Connected Community)에 무게중심을 두고 30여 가지 신규 비즈니스 아이템

개발에 역량을 집중하고 있다. 스마트 그리드는 기존 전력망에 정보통신기술을 접목한 것으로, 전기공급 업체와 소비자가 실시간으로 정보를 교환해 전력 공급과정에서 발생하는 에너지 손실을 막는 똑똑한 지능형 전력 시스템이다. 시스코는 GE, 미 전력생산업체 FPL과 함께 스마트 그리드 프로젝트에 뛰어든 상태이다.

또 시스코는 친환경 미래도시 개발을 위한 스마트커넥티드 커뮤니티 사업에도 핵심역량을 집중하고 있다. 도시로 인구가 몰리면서 심각한 사회문제로 대두되고 있는 교통, 환경, 교육, 의료, 에너지, 보안, 부동산 등 다양한 과제를 네트워크 인프라를 기반으로 해결해 나가자는 것이 바로 스마트커넥티트 사업이다. 신도시를 개발할 때 처음부터 첨단 네트워크 인프라를 교통, 안전, 보안, 유틸리티, 교육·의료·정부 서비스에 접목해 효율적인 도시관리를 함으로써 교통체증문제를 해소할 수 있다. 중복 투자를 최소화하는 한편 에너지 효율성을 극대화해 친환경적인 거주 환경도 만들 수 있다. 시스코는 송도, 영종, 청라 등 3개 지역을 스마트커넥티드 도시로 만들어 글로벌 기업들이 자유롭게 투자하는 한편 효율적으로 비즈니스 활동을 할 수 있도록 생활환경을 구축할 예정이다.

한국 기업들도 우물을 넓게 파고 있다. KT의 경우 최근 디지털 미디어 광고판 시장에 주목하고 있다. 그동안 통신사들은 네트워크 회선을 제공하고 콘텐츠가 목적지까지 도달하도록 하는 매개체 역할에 집중했다. KT는 이 같은 역량을 단순히 통신 서비스 제공 분야에만 국한하지 않고 고객들이 일상생활 속에서 접할 수 있는 광고판 등 디스플레이 시장으로 확대할 방침이다.

- 〈매일경제〉, 2010. 4. 6

2. 웹 2.0 시대의 지식경영

① 지식은 힘이고 조직의 경쟁력은 지식에서 나온다

그러나 간과해서는 안 될 한 가지 사실은, 지식은 정체되어 있지 않고 진화한다는 것이다. 특히 오늘날과 같이 급속하게 변화하는 환경에서 지식도 그에 상응하는 속도로 진화하고 있기 때문에 지식경영이 처음 등장한 시대와 지금의 시대가 요구하는 지식은 상당한 차이가 있다. 이를테면 과거의 지식경영이 조직과 개인이 보유하고 있는 지식을 공유하는 데 중점을 두었다면, 현재의 지식경영은 창조와 혁신을 이끄는 지식에 초점을 두고 있다. 그렇다면 창조와 혁신을 이끄는 지식은 무엇인가? 그것은 바로 창조형 지식이다. 이는 인터넷과 조직 내부 시스템을 통해 구축된 조직지식을 활용해 창조와 혁신을 일으키는 지식을 의미한다. 나아가 창조형 지식을 기업비전 달성을 위한 전략으로 활용해 기업목표를 달성하는 지식을 비전형 지식이라 한다. 따라서 이미 지식경영을 수행하고 있는 조직은 신제품과 서비스를 창조하고 혁신하며 조직의 전략적 목표를 달성할 수 있도록 끊임없이 지식을 발전시켜야 한다.

② 창조적인 지식에 기반해 지식경영 역시 창조형 지식경영으로 거듭나야 한다

창조형 지식경영은 기존에 구축된 조직지식을 활용해 기업이 보유하고 있지 않은 지식을 창조하는 것을 말한다. 이 단계는 창조와 혁신을 통해 조직의 창조성(creativity)과 성과를 높이는 게 주된 활동이다. 창조된 지식은 신상품, 신기술, 신프로세스, 신제도, 신문화로 연결돼 기업가치 창출의 기반이 되기 때문에 기존의 프로세스와 자연스럽게 어울려 접목되어야 한다. 최근 삼성경제연구소는 「한국기업경쟁력의 재점검」이라는 보고서를 통해 한국 기업의 수익성 저하가 경쟁력 악화를 불러오고 있다고 밝혔다. 이러한 현상은 개별기업의 수익성이 산업의 특성보다는 내부역량에 의해 결정되는데, 즉 산업 간 경계가 모호해지면서 인적 자원, 문화, 지식, 브랜드 등과 같은 기업 내부역량이 수익 원천이 될 수 있음을 말해 준다.

건강보험심사평가원(HIRA)은 모든 부서에서 1개 이상 학습동아리를 운영하며 지식경영에 앞장서고 있다. 직원들이 자율적 토론을 통해 문제 해결 방안을 내놓고, 이 과정에서 나온 의견과 자료를 지식관리시스템 '智-Zone(지존)' 등 온라인 커뮤니티를 통해 공유하고 있다. 또 지식 전파와 공유를 위한 'HIRA 의료동향 지표 TOP 20' 서비스를 제공하고 있다.

③ 기업은 성장을 창출하는 축적된 지식(무형자산)과 글로벌 역량이 필요하다

기업은 기존사업의 효율성보다는 신제품 개발과 신시장 개척을 통해 미래 성장을 도모할 수 있는 신수종사업을 발굴하기 위해 노력해야 할 것이고, 이를 가능하게 하는 것이 창조형 지식과 비전형 지식 창출이다. 기업혁신을 이끌어 내는 창조적 지식을 생성하기 위해서는 고객에 대한 통찰력과 글로벌 시장의 지식 확보, 미래에 대한 선견지명, 창조적 혁신조직 구축 등이 필요하다.

④ 창조성은 기업 내부지식과 외부지식을 결합해 창조적인 지식을 찾아낼 때 발현되며 혁신이라는 결과물이 도출된다

기업 내부지식이 조직구성원에게 있다면 외부지식은 고객에게 존재한다. 예를 들어 자사의 제품을 구성원이 직접 사용해 장단점을 발견하는 것은 내부 창조형 지식이며, 새로운 방식을 요구하는 고객의 니즈를 정확히 파악하고 프로슈머로서 고객의 참여에 의한 새로운 의사결정은 외부 창조형 지식이다. 따라서 내부지식과 외부지식을 통한 창조형 지식을 얻는 데는 제품 경험자에 대한 철저한 이해와 고객과 협력하는 시스템, 조직구성원의 고객화 등이 이루어져야 하고 고객의 가치 패턴을 파악할 수 있는 통찰력이 있어야 한다. 또한 기업은 전 세계에 흩어진 내부지식과 외부지식을 연결시키는 혁신적인 지식네트워크를 구축할 수 있어야 하고 창조성이 살아 움직이는 조직문화를 형성해야 한다. 그러한 환경에서 구성원은 자발적으로 혁신에 나서게 되고 지식을 창출할 수 있다.

예전의 기업들은 보유한 자원과 역량을 바탕으로 모든 경영활동을 직접 수행하였다. 그런데 이제는 각종 업무와 활동이 점차 개방화되고 외부화되는 경향이 있다. 즉 전통적인 아웃소싱 개념에서 기업의 다양한 업무까지 대행하는 BPO(Business Process Outsourcing) 등으로 영역이 확대되고 있으며 오픈 이노베이션(Open Innovation)과 웹 2.0을 활용한 고객의 참여는 조직 내부와 외부의 상호작용을 높인다. 그러므로 미래의 경영환경과 시장을 예측할 수 있는 선견지명을 가져야 하며 기업 밖에서 진행되고 있는 일들이 정확히 무엇인지를 이해해야 한다. 그 이유는 외부지식과의 효과적인 인지 네트워크가 미래를 예측할 수 있는 경쟁력이 되기 때문이다.

3. 지식경영의 정의

글로벌 경쟁의 가속화와 끊임없는 기술의 발전은 지식사회로의 패러다임을 야기시켰고 이러한 변화는 조직경제활동 전반에 걸친 혁신과 경쟁력을 위해 지식경영을 필연적이게 하였다. 혁신과 지식경영은 조직의 경쟁우위를 증가시키고 관리하는 데 있어 핵심적인 역할을 수행하는데, 최근 포스코(POSCO)가 지식기반의 핵심역량을 활용하여 '파이넥스공법' 개발이라는 새로운 비즈니스를 성공적으로 수행하게 된 점은 바로 지식경영의 전략적 역할이 컸음을 보여 준다. 또한 포스코는 세계 최고의 철강경쟁력 유지와 핵심지식을 기반으로 전후방 및 관련 부문으로의 기업가치 확장을 위해 지속적으로 혁신을 추진하였는데 이를 지원한 인프라가 또한 지식경영이다. 이렇듯 지식경영은 조직의 지식자원을 효율적으로 개발하고 활용하여 기업의 창조적인 능력을 개선시키는 경영혁신이다.

칼 위그(Karl Wiig)는 조직의 가치창출을 위해 지식을 창출·조정·공유·사용하는 일련의 지식과 관련된 활동이 지식경영이라고 하였다. 즉 지식경영은 지식이 생성되고 전이되어 가치를 창출하고 이를 통해 다시 새로운 지식을 창출하고 관리하는 광의의 개념이다. 따라서 여기에는 새로운 환경 변화 인지와 차별화된 전략 및 프로세스, 기술하부구조, 조직문화, 조직지식관리 등 조직의 전반적인 변화가 요구된다. 특히 오늘날 기업의 경쟁 패턴이 고객중심과 동시에 가치중심으로 옮겨 가는 상황에서 조직이 경쟁우위를 획득하기 위해서는 가치를 창출하는 창의적인 아이디어와 지식이 무엇보다 중요하다. 아이디어와 지식은 조직 내부와 외부에서 획득 가능하지만 문제는 이러한 지식을 어떻게 활용하느냐이다. 다시 말해 지식경영을 통해 체계적으로 어떻게 지식을 관리하고 활용하는가에 따라 조직의 성공이 좌우된다.

세계적으로 우수한 IBM, 인텔(Intel), 마이크로소프트 등과 같은 기업도 전략적으로 지식경영을 수행해야 하는 이유와 시점 및 방법, 지식경영이 필요한 곳을 명확하게 파악하지 못하면 실패할 수 있기 때문에 지식경영의 구현

Business Insight

R&D 생산성 강화의 새 화두 '개방형 혁신'

많은 기업은 이전까지 비밀 유출을 우려해 폐쇄적 연구개발(R&D)에 몰두했습니다. 하지만 이제 과감하게 문호를 여는 개방형 혁신을 추진해야 기존지식과 외부지식의 '스파크'가 일어나 기술이란 '침전물'이 생겨날 수 있습니다.

- 이계형(한국산업기술평가원장)

기술개발 경쟁이 치열해지면서 연구개발 분야의 생산성 강화가 기업의 중요한 과제로 부상했다. 특히 최근에는 내부 역량에만 의존하지 않고 외부지식을 적극 수용해 경쟁력을 높이는 '개방형 혁신' 모델이 확산되면서 기술개발의 패러다임이 변하고 있다. 개방형 혁신은 '내부의 혁신을 촉진하고 더 큰시장을 창출하기 위해 외부의 지식 및 기술을 받아들이거나 내부의 지식을 유출하는 의도적 행동'을 의미한다. 이는 철저하게 비밀을 유지하면서 자체 역량에 의존해 기술개발을 추진했던 폐쇄형 혁신 모델과 큰 차이가 난다. 개방형 혁신 모델에서는 외부의 아이디어가 기업 내부로 유입돼 연구개발과정을 거쳐 상업화되기도 하며 자체 개발한 기술이 외부 기업에 의해 상용화되기도 한다.

과 실천은 매우 어려운 과제이다. 따라서 이 책은 지식경영의 무한한 잠재적 가치를 재인식하는 차원에서 지식경영의 기본적인 정의부터 살펴보고자 한다. 궁극적으로 이 과정은 조직에게 수많은 시행착오에서 벗어나게 하는 기초를 제공하기 때문에 매우 중요하며, 지식경영에 대한 기본적인 이해의 폭이 좁을수록 그것이 제공하는 잠재력을 제대로 파악하기가 어렵다.

지식경영이 오늘날 지식사회를 대변하는 중추적인 용어가 되기까지는 많은 세월이 흘렀다. 피터 드러커가 21세기 기업의 가장 가치 있는 자산이 지식과 지식근로자라고 역설한 데에는 그 이전의 많은 연구들이 지식

표 6-3 지식경영의 정의

연구자	지식경영의 정의
Awad와 Ghaziri	• 조직의 프레임워크에 존재하는 지식을 다루는 다자간 학문 비즈니스 모델
Beckman	• 조직역량 창출과 혁신적인 활동의 추진 • 고객가치 제고와 구성원의 경험과 지식 공유화
Bergeron	• 구성원의 성과 및 기업의 경쟁력을 개선시키는 체계적인 비즈니스 전략
Berkeley	• 조직지식의 모든 측면을 다루는 다자산 학문 비즈니스 모델
Boyettd와 Boyett Dalkir	• 지식을 구현하기 위한 정보 수집 · 배열 · 저장 · 접근 · 공유하는 과정
Dalkir	• 조직의 인적, 기술, 프로세스 및 조직구조에 대한 체계적인 조정
Davenport 등	• 사람, 기술, 지식을 통해 조직목적 달성 • 지식 창조 · 수집 · 분배 · 사용을 위한 체계적인 시도
Malhotra	• 기업의 생존과 경쟁, 적응에 대한 이슈 제공 • 데이터 및 정보 가공 능력과 인간의 창조적 · 혁신적 능력 통합 • 조직의 모든 프로세스를 지식프로세스로 간주하는 프레임워크
Nonaka	• 암묵지와 형식지의 선순환과정을 통해 경쟁우위를 획득하는 조직의 창조적인 활동
O'Dell 등	• 과거 경험을 기반으로 지식을 향상시키기 위한 프레임워크 및 경영 사고방식
Petrash	• 정확한 시간에 올바른 사람에게 올바른 지식 제공
Snowden	• 조직의 지적자산에 대한 규명 · 최적화 및 활동관리
Speck와 Spilkervet	• 기업목표 달성을 위한 조직지식의 통제 및 관리
Sveiby	• 조직의 무형자산에서 가치를 창출하는 예술
Taft	• 정보와 사람을 분류 · 분배 · 범주화하는 과정
Wilg	• 지식 창출 · 갱신 · 적용의 체계적이고 명시적인 활동
Zhang와 Zhang	• 비즈니스 정보를 획득 · 선택 · 조직 · 공유 및 활용하기 위한 전략, 프로세스, 기술에 대한 연구

경영의 중요성을 뒷받침해 주었기 때문이다. 지식경영의 정의를 요약하면 표 6-3 과 같다.

이상의 다양한 지식경영의 정의를 살펴본 결과, 초점을 어디에 두느냐에 따라 정의가 조금씩 다른데 이 책은 이를 기반으로 통합적인 관점에서 지식경영을 다음과 같이 정의한다.

- **지식경영**은 조직의 이질적이고 상호보완적인 자원을 기반으로 기존의 지식과 새로운 지식을 차별적인 전략을 통해 관리하여 조직경쟁력을 위한 혁신적인 가치를 창출하는 활동이다.

지식경영
조직의 이질적이고 상호보완적인 자원을 기반으로 기존의 지식과 새로운 지식을 차별적인 전략을 통해 관리하여 조직경쟁력을 위한 혁신적인 가치를 창출하는 활동

4. 지식 진화와 지식경영 발전과정

지식경영의 정의가 다양함에도 불구하고 지식경영은 조직의 경쟁력 향상과 업무 효율성 증대라는 공통점을 가지고 있다. 시간이 지남에 따라 지식경영을 정의하는 개념도 지식의 진화와 함께 발전하고 있다. 그것은 지식경영의 초점이 바로 지식이기 때문이다. 지식의 진화와 함께 지식경영에 대한 정의를 1세대, 2세대, 3세대, 4세대로 구분하여 살펴보면 다음과 같다.

(1) 1세대 : 지식경영의 도입기(1991~1995)

이 시기는 노나카 이쿠지로의 연구를 시작으로 지식 및 지식경영에 대한 체계적인 개념을 정립하는 과정이며 다양한 산업 및 학계에서 지식경영에 대해 관심을 가지기 시작했다. 그래서 지식경영에 대한 공통적인 현상과 특징을 이해하고 지식 창출과 이를 가능하게 하는 정보기술의 역할에 무게중심을 두었는데, 미래의 지속적인 성장과 발전을 위해서는 창조적인 기업만이 가능하다고 하였다.

(2) 2세대 : 지식경영의 성장기(1996~2000)

이 시기는 지식경영을 본격적으로 연구하기 시작한 단계로, 구체적인 사례와 실증연구를 통해 조직목표를 달성하게 하는 시사점을 제공하고 있다. 그래서 지식경영의 개념이 더욱 정교화되고 사례와 실증연구에 입각한 경쟁우위를 획득하는 방법이 강조되었다. 예를 들어 지식을 체계적으로 창출하는 방법, 조직의 지적 자산을 관리하는 방법, 조직구성원의 노하우와 지식을 조직지식으로 전환하는 방법 등이 언급되었으며 지식을 효율적으로 활용하기 위한 시스템 구축과 기업 내부지식을 활용하는 데 경영의 초점이 맞춰졌다. 따라서 2세대는 지식 공유형 지식경영으로 암묵지와 형식지를 활용해 조직 생산성을 높이기 위한 일련의 경영활동이 이루어진 시기라고 할 수 있다.

(3) 3세대 : 지식경영의 확장기(2001~2005)

이 시기는 지식경영의 본질적인 잠재력과 포괄성을 재인식하는 단계로 조직의 전반적인 이슈를 담고 있다. 그래서 전사적인 관점에서 지식경영을 다루고 지속적으로 발전시키고자 노력하였다. 예를 들면 지식근로자의 교육 및 훈련과 평가 보상, e-비즈니스와의 연계, 프로세스 기반 활동, 지식 재사용, 전략 도출 및 수립 등을 모두 포괄하는 통합적인 관점의 창조적인 지식경영이다. 이는 나아가 기업을 둘러싸고 있는 이해관계자, 즉 고객, 협력업체, 정부, 시민단체, 경쟁회사, 파트너 기업, 외부전문가 등을 활용한 지식창조에 초점을 두고 있다.

(4) 4세대 : 지식경영의 혁신기(2006~)

이 시기는 기업의 전략적 목표와 비전을 달성하기 위해 결합되고 특화된 창조적 지식집합체에서 지식경영의 정의가 내려져야 한다. 즉 시장 트렌드와 글로벌 마켓 흐름, 소비자 기호 변화, 웹 2.0 시대의 비즈니스 환경, 금융시장의 변화, 경영리스크 관리 등 기업 외부환경을 정확히 파악해 성장과 수익성을 동반하는 최상의 가치지식을 창출해야 한다. 그런데 여기에서 한 가지 중요한 것은 기업의 성패를 동태적 관점에서 제대로 파악해야 한다는 점이다. 다시 말해 기업 외부환경에만 초점을 두지 말고 내부의 침식과정이 있는지를 먼저 파악해야 한다. 최상의 지식은 조직에서 먼저 발생하므로 조직 내부에서 혁신이 일어나지 않는다면 지식경영의 발전과 혁신도 어렵다.

지식의 진화와 함께 시대별 지식경영의 정의의 발전과정을 간단하게 요약하면 표 6-4 와 같다.

표 6-4 지식 진화와 지식경영 정의의 발전과정

시대	지식 진화	지식경영의 정의	초점	지식경영형태
1세대(도입기)	생성 지식	• 체계적인 개념 정립과정에서의 정의	정보기술	지식경영
2세대(성장기)	공유 지식	• 사례와 실증연구에 의한 조직목표를 달성하는 정의	지식공유	
3세대(확장기)	창조형 지식	• 본질적인 잠재력과 포괄성 재인식하는 차원에서의 정의	지식창조	신지식경영
4세대(혁신기)	비전형 지식	• 전략적 목표와 비전달성을 달성하는 정의	가치지식	

Management Highlight

지식창조조직을 만들려면

불확실한 경영환경에서 가장 확실한 경쟁우위를 확보하는 방법은 뛰어난 지식을 가지는 일이다. 기업이 지속적으로 성공하려면 끊임없이 새로운 지식을 창출하고, 이를 조직에 전파하며, 새로운 기술이나 제품에 적용시켜야 한다. 이러한 기업을 지식창조기업(knowledge-creating company)이라고 부른다. 그런데 이 단어를 많이 사용하고 있음에도 불구하고 실제 지식창조기업의 핵심 개념을 알고 있는 경영자는 드물다. 특히 지식을 어떻게 관리해야 할지를 모르는 사람이 태반이다. 이는 지식의 진정한 속성이 무엇인지, 지식을 어떻게 활용할지를 이해하지 못하기 때문이다.

지식창조기업은 과거 일본의 대표 경영학자 노나카 이쿠지로(野中郁次郎, 히토쓰바시대학 교수)가 중점적으로 강조한 개념이다. 물론 노나카 교수가 지식창조기업을 가장 먼저 언급한 사람은 아니다. 기본 아이디어는 현대 경영학의 아버지 피터 드러커 교수의 저서에서 찾아볼 수 있으며, 더 거슬러 올라가 보면 1966년 철학자 마이클 폴라니의 발언에서 그 기원을 찾을 수 있다. "우리는 말할 수 있는 것보다 더 많은 것을 알 수 있다(We can know more than we can tell)." '알 수 있는 것'과 '말할 수 있는 것'의 차이가 암묵적 지식(tacit knowledge)이며, 이것이 바로 지식창조기업의 핵심 개념이다.

지식창조의 패턴

우리가 흔히 말하는 지식은 '형식적 지식(explicit knowledge)'이다. 정형화(formal)되어 있고, 체계적(systematic)이며, 정량적(quantitative)이다. 형식적 지식은 다른 사람에게 비교적 쉽게 알려줄 수 있고 쉽게 배울 수 있다. 반면 '암묵적 지식'은 정형화되어 있지 않고(informal), 비체계적(unsystematic)이며, 정성적(qualitative)이다. 암묵적 지식은 매우 주관적이기 때문에 다른 사람에게 전달하기도, 배우기도 쉽지 않다. 암묵적 지식이 경쟁우위의 중요 원천인 이유도 여기에 있다.

형식적 지식과 암묵적 지식은 지식 전달의 방향에 따라 네 가지 지식 창조 방식을 형성한다.

① 종합화 : 형식적 지식에서 형식적 지식으로(From Explicit to Explicit)

지식 전달의 기본 형태이다. 정형화된 지식을 문헌이나 자료를 통해서 쉽게 습득할 수 있는 사례를 말한다. 기업이 여러 데이터를 활용해서 새로운 경영 보고서를 작성하는 예가 여기에 속한다. 이때는 해당 기업의 기존지식을 다른 형태로 활용할 뿐, 지식 자체를 획기적으로 발전시킬 수는 없다.

② 내재화 : 형식적 지식에서 암묵적 지식으로(From Explicit to Tacit)

형식적 지식을 습득해 새로운 암묵적 지식으로 발전시키는 방식이다. 보고서 등을 통해 습득한 형식적 지식을 기업의 기존 역량과 결합해 더욱 새롭고 경쟁력 있는 지식으로 발전시키는 방식이다. 즉, 습득한 형식적 지식을 활용해 기존에 보유한 암묵적 지식을 더욱 확장시키는 사례이다.

③ 외재화 : 암묵적 지식에서 형식적 지식으로(From Tacit to Explicit)

자신이 가진 주관적 지식을 객관화해서 다른 사람에게 쉽게 전달할 수 있는 형태이다. 한 사람의 뛰어난 지식이나 아이디어를 정형화해서 조직의 다른 구성원에게 효율적으로 전달, 새로운 제품을 개발하거나 경영혁신을 이루는 예가 이에 속한다. 이때 자신의 개인적이고 주관적인 지식을 조직의 형식적 지식으로 바꾸는 게 성공의 관건이다.

④ 사회화 : 암묵적 지식에서 암묵적 지식으로(From Tacit to Tacit)

'장인과 도제(master-apprentice)'관계의 지식 전달 방식이다. 장인의 기술은 정형화되어 있지 않기에 이를 배우려면 도제가 오랫동안 장인과 함께 생활하면서 조금씩 배워 나가야 한다. 뛰어난 미술가의 그림 솜씨나 도자기 전문가의 도예 기술은 책을 읽듯이 쉽게 배울 수 없다. 경영 수업도 이와 마찬가지이다.

지식창조의 과정

네 가지 지식창조 방법 중 노나카 교수는 특히 세 번째 형태인 '암묵적 지식에서 형식적 지식으로'의 변환을 강조했다. 그리고 이를 위해서는 다음과 같은 과정을 거쳐야 한다고 주장했다.

① 은유(metaphor)

혼다자동차를 보자. 1978년 혼다는 완전히 새로운 개념의 자동차를 개발할 계획을 가졌다. 그러나 이 개념을 확실하게 잡지 못해 처음에는 '도박을 해 보자(Let's gamble)'라는 슬로건을 내걸었다. 혼다의 경영진은 새로운 태스크포스 팀을 구성한 후 이 팀에게 두 가지 임무를 지시했다. 첫째, 새로운 자동차는 혼다가 만들었던 기존 자동차 개념과는 전혀 달라야 한다. 둘째, 이 자동차는 비싸도 싸도 안 된다. 두 임무가 매우 애매모호하게 들릴지 모르나 사실은 매우 명확한 전략적 방향을 제시해 주고 있다. 이 팀의 목표는 '자동차 진화의 새로운 이론(New Theory of Automobile Evolution)'을 만드는 데 있었다.

② 유추(analogy)

이 태스크포스 팀은 우선 '자동차라는 기계와 사람이라는 생명체를 어떻게 최적으로 조화시킬 수 있는가?'라는 근본 질문을 던졌다. 이에 대한 답은 '사람은 최대, 기계는 최소(man-maximum, machine-minimum)'였다. 이 단계의 성공 요인은 '사람과 기계처럼 서로 관계가 없어 보이는 듯한 두 개의 분야를 어떻게 효율적으로 연결시키는가?'이다. 은유나 유추는 개념을 구체화하는 과정일 뿐 실제 제품을 만들려면 문제를 더 풀어야 한다. 사람은 생명체이고 자동차는 기계이니 이를 조화시키기가 쉽지 않기 때문이다.

③ 모델(model)

자동차를 크게 만들면 내부 공간이 넓어져서 사람에게는 편하겠지만 무게중심이 바뀌어 안전에 문제가 생길 수 있다. 이 문제들을 해결하고 새로운 지식을 조직의 다른 구성원과 공유할 수 있을 때 새로운 모델이 만들어진다. 이 과정을 거쳐 새로운 형태의 자동차가 만들어진다면 이게 바로 '암묵적 지식에서 형식적 지식으로의 발전'이다. 이 개념을 구체화한 자동차는 '키가 크고 길이가 짧은(tall and short)' 혼다 시티(Honda City)였다. 혼다 시티는 큰 성공을 거뒀고 이후 새로운 자동차 모델로 자리 잡았다.

지식창조의 전제 조건

지식창조의 핵심이 암묵적 지식을 형식적 지식으로 바꾸는 과정이라고 이해한다면, 이를 효율적으로 진행시킬 수 있는 조직구조를 생각해 봐야 한다. 해답은 '중복적 조직(redundant organization)'을 구축하는 일이다. '중복(redundancy)'은 대화와 교류를 촉진하기 때문에 지식창조에서 매우 중요한 역할을 담당한다. 중복적 조직을 낭비라고 보는 사람들도 있다. 하지만 잘 중복된 조직은 공통의 화제를 가지고 서로를 잘 이해할 수 있다. 어느 정도의 책임만 공유할 수 있다면 정보를 빨리 유통시키면서 새로운 지식의 창조를 촉진시킬 수 있다. 또 적절한 중복은 경쟁심리를 유발하여 조직 전체의 건전한 긴장과 경쟁을 부추긴다. 때에 따라서는 하나의 목적을 위해 두 개 이상의 팀을 운영할 수도 있다.

중복을 만들기 위한 다른 방법은 조직구성원을 다양한 부서로 순환근무시키는 일이다. 순환근무는 다양한 각도에서 조직을 볼 수 있게 하기 때문에 구성원이 다른 부서의 업무에 대해 쉽게 이해할 수 있게 하고, 지식 교류도 수월하게 만든다. 일본 기업에서는 10년 동안에 세 개의 다른 부서에서 일하는 경우가 매우 흔하다. 이때 모든 정보를 하나의 데이터베이스에 통합하고, 구성원이 이 자료를 자유롭게 활용할 수 있다면 더욱 효율적인 조직이 될 수 있다.

정보 제공 측면에서 현장 근로자는 CEO나 임원 못지않은 중요한 공헌을 할 수 있다. 제공되는 정보의 중요성은 정보 제공자의 계급이 아니라 그 정보가 얼마만큼 조직의 지식창조에 공헌하느냐에 달려 있다. 다른 구성원은 이 정보를 수동적으로만 받아들일 게 아니라 적극적으로 이해하고 자신의 지식으로 만드는 방향으로 활용해야 한다.

지식창조기업이 주의할 점

노나카 교수는 지식창조를 위해 형식적 지식보다는 암묵적 지식을 더 강조했다. 이는 일본 기업의 성공 사례를 설명하기 위함이었다. 그러나 아직 한국 기업의 현실을 보면 이 주장을 액면 그대로 받아들여서는 곤란하다. 세계적 일류기업이 아니라면 암묵적 지식보다 형식적 지식을 우선 습득해야 한다. 세계적 기업이 아닌 기업이 기존에 없는 새로운 지식을 찾기만을 추구한다면 많은 시간과 정력을 낭비할 수 있다. 사실 이런 기업이 창조하려는 새로운 지식은 이미 다른 일류기업이 소유하고 있을 때가 많다. 따라서 아직 일류가 아닌 기업은 우선 일류기업으로부터 쉽게 배울 것은 가능한 많이 배워야 한다. 모든 일의 기본인 형식적 지식을 우선 받아들여 기초부터 튼튼히 다진 후, 기타 형식적 지식들을 통합하고 다음 단계로 암묵적 지식을 개발해야 한다.

- 〈동아 비즈니스 리뷰〉, 2009. 12. 1

사례

사례 - ①

판 흔드는 '지식경영'의 힘

삼성전자 '모자이크' … 아이디어 하나로 650억 절감
환경부 `이지샘터`… 597만 정보 네트워크, 네이버 뺨치는 `환경 포털`

30만 명 삼성전자 임직원의 집단지성 플랫폼 '모자이크(MOSAIC)'. 근거리무선통신(NFC) 안테나 공용화, 야간 운전자 시야 확보 시스템 등의 획기적인 아이템이 이곳에서 시작됐다. 597만 건의 환경 정보가 담겨 있는 환경부 '이지샘터'는 클릭 한 번으로 국내외 모든 환경 데이터베이스로 연결되는 마법의 통로다. 제4회 대한민국 지식대상에서 각각 민간·공공기관, 행정기관 부문 대상을 수상한 작품들이다.

지식 공유의 마중물 '모자이크'와 획기적인 대국민 서비스로 거듭나고 있는 '이지샘터'의 차별화된 비교우위를 소개한다.

하루 평균 6만 명이 접속해 연평균 2만 건의 아이디어를 쏟아낸다. 삼성전자의 집단지성 플랫폼 '모자이크(MOSAIC)'의 힘이다. 2014년 6월 문을 연 모자이크에는 삼성전자의 현재가 녹아 있고 미래가 담겨 있다. '우리는 나보다 똑똑하다'라는 슬로건 아래 30만 명에 달하는 삼성전자 임직원의 아이디어가 하나로 모이는 곳이다.

2015년 5만 6,000명이던 하루 평균 사용자는 올해 1분기 6만 2,000명으로 늘었다. 하루 평균 접속 수는 12만 1,000회에서 13만 3,000회로 뛰었다. 전 세계에 포진한 삼성전자 개개인의 힘이 모자이크를 통해 시너지를 내면서 현재 연간 아이디어 제안 수는 3만 8,613건에 이른다.

삼성전자 '모자이크(MOSAIC)' 현황 (단위: 명·회)

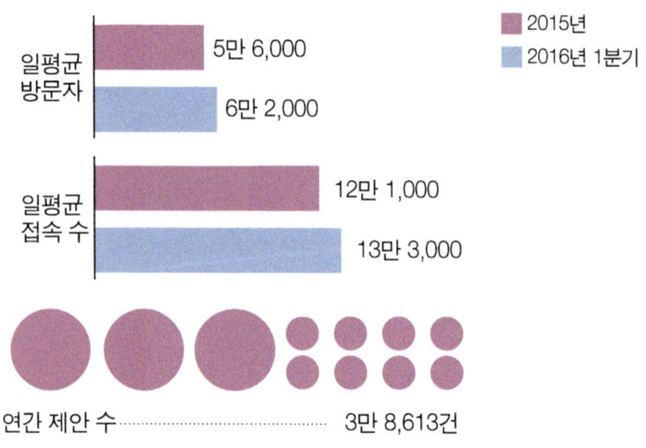

집단지성의 시너지는 성과로 이어지고 있다. 아이디어에 머물지 않고 실제 사업화 단계로 이어지는 선순환 체계를 구축했다. 우수 아이디어 573건 중 특허출원, 상품화 등으로 이어진 것만 204건이다. 대표적으로 'NFC 안테나 공용화'는 스마트폰 6종(2억 대)에 적용돼 650억 원의 비용을 절감하는 데 기여했다. '야간 운전자 시야 확보 시스템', '웨어러블 디바이스 키즈모드 시동작 제어방법' 등은 특허로 이어졌다.

게다가 내부 업무 비효율 개선 아이디어에 따라 현재까지 절약된 비용만 2,000억 원이 넘는 것으로 조사됐다. 불필요한 업무를 개선한 효과는 120억 원에 달한다. 부서별 현안에 대해 집단지성을 활용한 토론의 결과는 80억 원에 달하는 컨설팅 비용을 아낀 것으로 나타났다.

모자이크에서 쏟아진 아이디어는 집단지성의 힘으로 공유되는 과정에서 재창조되며 업그레이드된다. 우선 '아이디어 마켓'에서는 아이디어 제안부터 팀원 모집, 개발 구현, 테스트까지 원스톱으로 이뤄진다. 기존 '아이디어 제안→전문가 심사→채택'으로 이어지는 단순 구조에서 집단지성을 활용한 소셜펀딩과 크라우드소싱이 가미되면서 아이디어는 순식간에 사업 아이템으로 탈바꿈하게 된다. 가상화폐 '코인'을 활용한 금전적 보상 방식도 도입됐다. 아이디어 검증도 이젠 집단지성의 몫이다. 임직원이 직접 베타테스터로서 아이디어를 초기 단계에서 검증하고 걸러주는 역할을 한다.

'스파크'는 공유와 협업의 산실이다. 특정 주제에 대한 제안이 제기되면 2주간 온라인 집중토론을 통해 현안을 해결하는 서비스다. 스파크는 부서 간 '칸막이'를 허물어 용광로 같은 아이디어 뱅크로 탈바꿈했다. 구글의 개발자대회와 같은 삼성개발자모임이 탄생한 것도 이곳에서다. 1개월 만에 150명이 참여하는 지식 컨퍼런스로 발전했고 사내 최고 기술전문가들이 모인 '마스터포럼'도 생겨났다.

삼성전자 관계자는 "모자이크 플랫폼을 통해 일하는 방식이 월등히 빠르게 개선될 수 있었고 나아가 조직문화 변화까지 이어졌다"며 "핵심 인재를 넘어선 조직 내 창의 인재를 발굴해 낸 것도 큰 성과"라고 설명했다.

환경부에는 구글이나 네이버 못지않은 정보 창고가 있다. 무려 597만 건의 정보가 모여 있는 '이지샘터(e知샘터)'다. 24만 5,000건의 텍스트, 이미지, 동영상 등은 물론이고 온나라 전자결재(425만 건), 환경부 홈페이지(3만 건), 환경디지털도서관(21만 건), 환경행정포털(3만 6,000건), 정부통합지식관리센터(120만 건) 등의 정보가 한곳에 모여 있다.

환경부 이지샘터(e知샘터) DB 현황

- 환경부 대표 홈페이지 ·········· 3만 건
- 온나라 전자결재 ·········· 425만 건
- GKMC ·········· 120만 건
- 이지샘터 ·········· 24만 5,000건
- 환경디지털도서관 ·········· 21만 건

통합검색 자료 597만 건

2010년 환경기록관이 구축된 이후 2015년 모든 정보를 통합해 '이지샘터'로 발전시켰다. 환경부 개청 이후 36년간의 모든 지식정보를 집대성한 '바이블'이다.

이지샘터에는 포털보다 더 방대한 환경 관련 자료가 축적돼 있고 키워드 검색 한 번으로 과거 사례, 기록자료 등 관련된 모든 자료를 확보할 수 있다. 총 직원 1,900명의 환경부에선 모든 업무의 시작과 끝이 이지샘터에서 이뤄진다. 지난해 5월 도입 이후 현재 하루 평균 접속자만 1,383명이다.

지난해 11월 11만 2,218건이던 월평균 검색 횟수는 27만 8,098건으로 6개월 만에 두 배로 늘어났다. 월평균 자료 등록 건수는 238건이다. 환경부 관계자는 "이지샘터의 가장 큰 장점은 독보적인 자료의 질과 양"이라며 "현재 모든 부처 정보가 한 시스템으로 통합된 곳은 환경부밖에 없다"고 설명했다.

또 환경부에는 환경 이슈를 중심으로 조직 외부 전문가들과 연계된 지식공동체(CoP) 활동이 활발하다. 지식 공유와 그를 통한 협업은 지식네트워크를 구축하고 지식 확산으로 가는 지름길이다. 2005년부터 시작된 CoP 활동은 383개 연구 모임이 운영될 정도로 성장했다. 이들 '지식전사'들의 지식 공유 활동은 행정 수요자인 국민의 편의와 직결된 행정서비스로 거듭나고 있다.

야생동물 출몰이 잦은 지역과 시간을 운전자에게 내비게이션으로 실시간으로 알려주는 '제로 로드 킬(Zero Road Kill)'은 CoP 활동이 일궈낸 대표적 성과 창출 사례다. 이지샘터, CoP 활동 등 환경부의 지식행정으로 마련된 각종 환경복지 정책은 대국민 서비스로 이어지고 있다. 직원들의 아이디어에서 출발한 '폐가전 제품 무상 방문 수거서비스'는 전화 한 통이면 직원들이 집집마다 방문해 대형 폐가전 제품을 무상으로 수거해주는 서비스다.

2013년 7,457톤이던 수거량은 2014년 1만 5,941톤으로 100% 이상 증가했다. 배출스티커 구매비용도 연간 40억 원이나 절감되고 있다. 환경부가 국토교통부와 공동으로 시행하는 '층간소음 이웃사이 서비스'도 마찬가지다. 2013년 말 1,278건이던 층간소음 민원 건수가 1년 만에 1,086건으로 15% 줄어들었다. 이를 통한 사회적 비용 절감 효과는 연간 165억 원에 달했다.

- 〈매일경제〉, 2016. 5. 11

토의문제

1. 삼성전자의 집단지성 플랫폼 '모자이크(MOSAIC)'의 역할은 무엇인가?

2. 삼성전자의 '스파크'와 '마스터포럼" 활동이 주는 시사점은 무엇인가?

3. 환경부의 '이지샘터(e知샘터)'의 역할은 무엇인가?

4. 환경부의 지식공동체(CoP) 활동이 주는 시사점은 무엇인가?

사례 - ②

500만 고객DB에 직원들 '상상' 더하니… 예술마케팅 날았다 - 패션그룹 형지 -

○○대학교에서 '제4차 산업혁명과 지식경영의 리더십'이라는 주제로 한국지식경영학회 춘계학술대회가 열렸다. 김○○ 학회장은 이날 개회사에서 "4차 산업혁명의 물결 속에서 변화하는 산업 현장에서 지속 가능한 발전을 위한 리더십에 대해 점검해 보자는 차원에서 이 같은 주제를 정했다"고 말했다.

개회식에서는 지식경영을 성공적으로 실행하고 있는 기업으로 패션그룹 형지가 '한국지식경영기업대상'을 수상했고 국제회의 기획사(PCO)인 이즈피엠피가 한국지식경영서비스대상을 수상했다.

최○○ 패션그룹형지 회장은 "지식경영의 중요성을 알고 있기 때문에 우리 대리점 사장님들을 위한 최고위과정을 서울대에 만들었다"면서 "앞으로 4차 산업혁명이 찾아올 것으로 예상되는 상황에서 기업들은 영속하기 위한 고민이 크다"고 설명했다.

한○○ 이즈피엠피 대표도 "직원들에게 새로움에 대한 도전을 자극하기 위해 사내에서 학점을 이수하게 하고 책을 읽게 하는 등의 노력을 한 것에 대해서 상을 주신 것 같다"면서 "새로운 기술을 벤치마킹하고 그 결과를 관리자들이 공유하도록 하고 있다"고 설명했다.

이날 김○○ 형지그룹 마케팅본부장(상무)은 '지식경영과 마케팅 상상력: 까스텔바작 론칭 중심'이라는 제목으로 지식경영 성공사례를 발표했다. 형지그룹은 지식경영을 2010년 도입한 후 빠르게 성장했다.

김 본부장은 2010년부터 본격적으로 시작된 형지그룹의 지식경영이 지금의 형지그룹을 만드는 데 큰 역할을 했다고 설명했다. 2010년 형지그룹은 '형지Way'를 선포하고 본격적 지식경영을 위한 프로세스혁신(PI) 프로젝트를 시작했다. 이는 크게 프로세스(프로세스 표준화와 IT시스템 구축), 인프라(SCM 실현, 물류 효율화), 마케팅(고객 및 데이터 중심 마케팅, 임직원의 창의성 존중)의 세 가지로 정리할 수 있다.

이 과정에서 형지그룹은 '형지비전센터'라는 교육시설을 서울 강남에 만들고 조직 역량 강화를 위해 노력했다. 강의실과 숙박시설로 구성된 이 빌딩은 형지그룹 직원, 대리점주, 매장 직원들을 교육하는 역할을 수행했다. 이는 형지그룹의 지식경영을 조직 전체로 전파하는 데 큰 기여를 했다.

마케팅 측면에서 형지그룹이 주목한 것은 고객 지향의 창의 중심 마케팅이다. 고객의 요구(VOC)를 철저히 분석하고 이를 데이터화했다. 이를 통해 브랜드 포지셔닝 전략을 세우고, 매장을 통한 커뮤니케이션 효율화 방안을 수립했다. 김 본부장은 "이 같은 분석은 이미 경험적으로 알고 있었지만 분석을 통해 더 강한 추진력을 얻을 수 있었다"고 설명했다.

이런 지식경영의 성과로 2011년 매장 수 1,300개, 매출 7,000억 원이던 형지그룹은 5년 후인 2016년에는 매장 2,300개, 매출 1조 700억 원의 그룹으로 성장했다. 7개였던 브랜드는 23개로 늘어났고 이 과정에서 고객 500만 명의 데이터베이스를 확보했다. 김 본부장은 "형지그룹 고객이 대부분 40~60대 여성인 것을 감안하면 대한민국의 고객 대부분을 데이터로 확보한 것"이라고 설명했다.

2015년 아시아 최초 전시회 기념으로 방한한 세계적인 프랑스 디자이너 카스텔 바작. 형지그룹은 2015년 까스텔바쟉을 골프웨어 브랜드로 론칭하면서 디자이너를 전면에 내세웠다. 당시 다양한 마케팅 아이디어는 형지그룹의 사내 지식경영시스템에서 나왔다.

지식경영은 구체적으로 어떤 식으로 이뤄지고 있을까. 김 본부장은 2014년 형지그룹이 상표권을 인수한 '까스텔바쟉'의 사례를 소개했다. '까스텔바쟉'은 1978년 세계적인 디자이너인 프랑스 장샤를 카스텔 바작이 자신의 이름을 따 만든 브랜드다. 형지그룹은 기존에 이를 캐주얼 의류 브랜드로 전개하던 EXR그룹으로부터 인수했다. 그런데 이미 다양한 브랜드를 가진 형지그룹에서는 이 브랜드로 어떤 시장을 공략해야 할지 고민이 많았다. 최○○ 형지그룹 등 경영진은 여러 고민 끝에 사내 지식공유시스템을 통해 공유된 시장 트렌드와 고객 데이터베이스(DB)를 바탕으로 한 소비자 인사이트를 종합해 이를 '골프웨어'로 론칭하기로 결정했다.

골프웨어 브랜드로 다시 시작한 '까스텔바쟉'은 신규 브랜드는 3년 내에 흑자를 내지 못한다는 속설을 깨고 흑자가 났을 뿐 아니라 2017년에는 연매출 1,000억 원을 돌파할 것으로 보인다.

어떻게 이런 것이 가능했을까. 김 본부장은 지식경영의 힘이 컸다고 설명했다. 사내 지식경영 시스템을 통해 다양한 정보를 공유하고 'IBS 상상오션'과 같은 게시판을 통해 자유롭게 나온 아이디어가 큰 효과를 냈다. 여기서 직원들이 낸 의견은 검토를 통해 상당수 반영됐다.

예를 들어 '제품 이전에 디자이너 철학을 띄워야 한다'는 의견이 나오자 장사를 카스텔 바작을 초청해 아시아 최초로 미술전을 열었다. 그뿐 아니라 그를 광고모델로 쓰고 바이럴 영상을 만드는 등 디자이너를 전면에 내세웠다.

전혀 상관없어 보이는 두 가지 아이디어가 결합돼 마케팅에 사용된 사례도 있었다. "젊은 사람들이 필드보다 골프존에 많이 간다"는 의견과 "재고로 가지고 있던 '붉은악마' 월드컵 티셔츠를 팔아 달라"는 두 가지 의견이 결합돼 골프존에 월드컵 티셔츠를 저렴한 가격에 판매하고 대신 골프존 골프코스에 '까스텔바작' 광고를 하는 일도 있었다. 골프존은 이 티셔츠를 고객들에게 제공하고, 형지그룹은 골프존 고객들에게 브랜드를 홍보하는 윈윈 사례를 만들었다.

- 〈매일경제〉, 2017. 6. 28

토의문제

1. 형지그룹이 지식경영을 위해 수행한 프로세스혁신(PI)의 내용은 무엇인가?

2. 형지그룹이 운영한 사내 지식경영시스템(KMS)의 역할은 무엇인가?

3. 형지그룹이 보유하고 있는 500만 고객 데이터베이스(DB)를 지식경영을 위해 어떻게 활용하였는가?

주요 용어

웹 2.0, 전략적 변곡점, 수익 영역, 프로슈머, 크리슈머, 자료, 정보, 지식, 지혜, 형식지, 암묵지, 지식경영, 종합화, 내재화, 외재화, 사회화

연습문제

01 경제의 경계가 모호해지고 불투명해지는 이유를 설명하시오.

02 지식경제의 개념을 설명하시오.

03 지식사회의 특징을 설명하시오.

04 지식사회에서 경쟁 및 시장 변화와 고객과의 새로운 관계를 설명하시오.

05 경영학적 의미에서 지식의 개념을 설명하시오.

06 지식의 계층과 특징을 설명하시오.

07 형식지와 암묵지의 차이를 설명하시오.

08 지식창조의 네 가지 방식을 설명하시오.

09 지식경영의 필요성을 열거하시오.

10 지식경영의 시대별 진화과정을 설명하시오.

제2부
기업의 시작과 발전

CHAPTER 07

비즈니스와 경영시스템

제1절 비즈니스의 개념

제2절 민간 기업 시스템과 비즈니스

제3절 경영시스템과 기업경영의 근본 기능

제4절 플랫폼 기업 경영시스템

비즈니스의 세계에서는 천하의 명품도 고객에게 팔리지 않으면 아무 소용이 없다. — David M. Ogilvy

지금까지 이루어진 성공 비즈니스 뒤에는 다른 사람의 고뇌에 찬 결단이 있었다. — Demonsthenes

고객의 성공에 집중하라. — 존 체임버스(시스코시스템즈 CEO)

다른 사람이 안전하다고 생각하는 그 이상으로 위험에 도전하라. 다른 사람들이 현실적이라고 생각하는 것 이상으로 꿈을 꿔라.
— Howard Schultz (스타벅스 CEO, 하워드 슐츠)

다른 사람의 성공 경험을 배울 수는 있으나 그의 성공을 복제할 수는 없습니다. — 마윈

제7장 비즈니스와 경영시스템

조직과 경영, 그리고 경영자(1장)는 비즈니스(이하, 사업과 업이라는 용어를 비즈니스와 동일한 용어로 사용)를 위해 존재한다. 이번 장에서는 비즈니스의 개념, 민간 기업 시스템과 그 안에서 비즈니스를 수행하는 데 보장되어야 하는 기본권을 살펴본다. 그리고 1장에서 살펴본 경영 활동 관리과정을 토대로 경영시스템과 기업경영의 근본 기능을 설명한다. 마지막으로 4장에서 살펴본 4차 산업혁명 시대의 도래와 관련하여 디지털 기술을 바탕으로 새롭게 등장한 플랫폼 기업 경영시스템을 전통적 기업 경영시스템과 대비하여 탐구한다.

제1절 비즈니스의 개념

비즈니스라는 말을 들을 때 여러분의 머릿속에 떠오르는 생각은 무엇인가? 삼성전자나 현대자동차 같이 거대한 기업이 하는 사업이 생각날 수도 있고, 동네 제과점, 편의점, 치킨점 업이 생각날 수도 있을 것이다. 여러분이 처음 해봤던 아르바이트의 업이 떠오를 수도 있다. 비즈니스라는 용어는 8장에서 더 상세히 살펴볼 다양한 종류의 기업이 영위하는 업으로 매우 광범위하고 포괄적이다. 비즈니스는 많은 사람들이 필요로 하는 제품과 서비스를, 또한 많은 사람들에게 일자리를 만들어 제공한다. 비즈니스의 구성 개념을 살펴본 후, 정의와 근본 개념을 살펴보자.

1. 비즈니스의 구성 개념

(1) 비즈니스의 구성

비즈니스의 구성
기본적으로 모든 이익 추구 활동, 그리고 국가, 기업, 가계 등 경제 시스템이 필요로 하는 제품과 서비스를 제공하는 기업으로 구성

비즈니스란 기본적으로 모든 이익 추구 활동, 그리고 국가, 기업, 가계 등 경제 시스템이 필요로 하는 제품과 서비스를 제공하는 기업으로 구성된다. 어떤 업은 자동차, 과자, TV, 스마트폰 등과 같은 유형의 제품을 생산하여 제공하고, 다른 업은 보험, 미용, 에버랜드, 롯데월드, 프로야구 스포츠 경기, 영화나 가수 콘서트 같은 엔터테인먼트 등의 서비스를 제공한다. 이러한 제품과 서비스의 소비 주체인 소비자는 개인, 가계, 기업, 국가가 될 수 있다.

비즈니스는 국가의 경제적 맥박이라 할 수 있다. 표 7-1 을 보면 국가별 글로벌 기업의 숫자와 국가의 경제력은 비교적 높은 상관관계가 있음을 알

표 7-1 국가별 GDP 순위 및 〈포춘〉지 선정 글로벌 500대 기업 보유 수

순위	국가	GDP	글로벌 500대 기업 보유 수
1	미국	18,036,648	134
2	중국	11,064,665	103
3	일본	4,383,076	52
4	독일	3,363,600	28
5	영국	2,861,091	26
6	프랑스	2,433,562	29
7	인도	2,111,751	7
8	이탈리아	1,824,902	9
9	브라질	1,803,653	7
10	캐나다	1,552,808	11
11	대한민국	1,382,764	15
12	러시아	1,365,865	5
13	오스트레일리아	1,345,383	8
14	스페인	1,192,955	9
15	멕시코	1,151,037	2

출처: http://fortune.com/global500 (2016년 발표, 2015년 실적 기준), GDP 2015년 기준(http://databank.worldbank.org)

수 있다. 기업과 비즈니스의 발전은 국가의 발전과 직결됨을 알 수 있다. 또한 비즈니스의 발전은 국민과 시민의 생활수준 향상과도 연결된다. 모든 사업 노력의 핵심은 구매자와 판매자 간의 교환이다. 구매자는 상품 또는 서비스의 필요성을 인식하고 해당 상품을 얻기 위해 판매자에게 돈을 지불한다. 판매자는 이익을 얻기 위해 교환 프로세스에 참여하는데 이익은 기업 및 판매자 생활수준의 지속적 향상 목표를 달성하는 주요 요소이다.

이익은 사람, 기술, 정보 등을 혼합하여 소비자 욕구를 충족시킬 수 있는 상품과 서비스를 만들어 마케팅하는 위험을 감수하는 사업(가)에 대한 보상이다. 회계사에게 물어보면 이익은 회사 수익(매출)과 그 수익(매출)을 창출하는 데 드는 비용의 차이라고 얘기할 것이며 맞는 정의이다. 그러나 비즈니스 관점에서 이익이란 창업을 하여 사업을 펼치고, 발전시키고, 높은 품질의 경쟁력을 갖춘 제품과 서비스를 지속적으로 제공하는 인센티브와 동기부여 역할을 하는 것으로 봐야 한다. 물론 이익이 사업의 유일한 목적은 아닐 수 있다. 삼성을 만든 이병철 회장이나 현대를 만든 정주영 회장은 사업을 하는 주요 목적들 중 하나로 일자리 창출과 사업보국(사업을 성공시켜 나라 발전에 이바지함)을 강조했었는데 이러한 목적을 달성하기 위한 근본은 사업이 이익을 창출해야 하는 것이다.

이익
사람, 기술, 정보 등을 혼합하여 소비자 욕구를 충족시킬 수 있는 상품과 서비스를 만들어 마케팅하는 위험을 감수하는 사업(가)에 대한 보상

오늘날 비즈니스의 목적은 이익추구(기업의 정의는 이익추구 조직)라는 과거의 협의적 정의에서 벗어나 더 넓은 의미에서 재정의되어야 한다(9장 참조). 기업이 이익만을 추구해서는 더는 생존을 보장받을 수 없는 오늘날, 기업에 대한 본질을 이해하고 재정의하는 것은 매우 중요한 일이다. 현대적 개념으로 정의하면 기업은 이익을 추구하며 나아가 사회 구성원의 일원으로서 지속가능한 비즈니스 환경 유지를 위해 사회적 책임을 다하는 집단이다. 기업의 목적은 시장을 개발하고, 기업 내·외부의 고객에게 더 나은 제품을 제공함으로써 가치를 전달하고 나아가 사회에 공헌하는 것으로 볼 수 있다. 삼성전자의 기업 미션은 "인간의 삶을 풍요롭게 하고 사회적 책임을 다하는 지속가능한 미래에 공헌하는 혁신적 기술, 제품 그리고 디자인을 통해 미래 사회에 대한 영감을 고취한다(삼성전자 홈페이지, http://www.samsung.com/aboutsamsung/index.html)"이며, 현대자동차는 "창의적 사고와 끝없는 도전을 통해 새

기업
이익을 추구하며 나아가 사회 구성원의 일원으로서 지속가능한 비즈니스 환경 유지를 위해 사회적 책임을 다하는 집단

로운 미래를 창조함으로써 인류사회의 꿈을 실현한다(현대자동차 홈페이지, http://pr.hyundai.com/#/Pages/Intro/CompanyInfor/MHGroup.aspx)"이다. 삼성과 현대 같은 대기업들이 사회적 책임을 강조하고 있지만, 우리나라는 대기업 의존도가 너무 높아 상대적으로 보완이 필요한 중소기업 및 벤처 창업기업의 활성화 등과 같은 경제구조의 개선 과제, 대기업의 공정거래 질서 확립을 위한 모니터링 과제 등에 직면하고 있다.

(2) 가치창출을 위한 비즈니스 투입 요인

비즈니스와 기업을 포함하는 경제시스템은 성공적인 운영을 위해 특정 투입 요인들을 필요로 한다. 학자들은 천연 자원(natural resources), 자본(capital), 인적 자원(human resources) 및 기업가정신(entrepreneurship)의 네 가지 기본 투입 요인에 대해 **생산 투입 요인**(factors of production)이라는 용어를 사용한다. 각 투입 요인을 공급하는 기업이나 개인은 투입 요인에 대한 대가를 얻게 된다. 토지와 같은 천연 자원은 지대(rent), 자본은 이자(interest), 인적 자원은 임금(wages), 기업가정신은 이익(profit)이라는 대가를 수반한다.

생산 투입 요인
천연 자원(natural resources), 자본(capital), 인적 자원(human resources) 및 기업가정신(entrepreneurship)의 네 가지 기본 투입 요인

천연 자원은 천연 상태로 생산에 유용하게 투입될 수 있는 모든 자원을 포함한다. 농사를 지을 토지, 공장 토지, 각종 건물, 원료 등이 천연 자원의 예이다. 예를 들어 천연 자원 생산, 자원 무역, 천연 자원을 가공한 제품 등을 대상으로 하는 비즈니스로 목재, 섬유, 화학 비즈니스 등이 있다.

천연 자원
천연 상태로 생산에 유용하게 투입될 수 있는 모든 자원

자본은 협의로는 돈이라는 재원, 광의로는 비즈니스 수행에 중요한 자원인 기술, 정보, 각종 도구나 기구들, 생산설비 같은 물리적 설비 등을 포함한다. 비즈니스를 위해서는 특히 투자 재원과 기술이 중요하다. 예를 들어 SK 바이오텍, 삼성바이오로직스, 코오롱생명과학 같은 국내 바이오업체들이 글로벌 의약품 수요 증가에 대응하기 위해 앞다투어 공장과 생산설비 규모 확장에 나서고 있다.

자본
협의로는 돈이라는 재원, 광의로는 비즈니스 수행에 중요한 자원인 기술, 정보, 각종 도구나 기구들, 생산설비 같은 물리적 설비 등을 포함

또한 기술의 변화는 경우에 따라 산업 전반에 걸친 변화를 요구하고 광범위하게 시장과 기업 활동에 영향을 미친다. 비즈니스에 대한 기술의 영향력은 이렇듯 크기 때문에 기술, 과정, 원동력이라는 차원으로 기술적 요인을 파악한다. 첫 번째 차원인 기술은 기술 그 자체에 관한 것을 말하며, 예

를 들어 에너지, 원자재, 수송, 정보, 유전공학 등의 부문으로 구분한다. 최근 주목할 만한 미래 기술의 화두는 우리의 생활, 산업, 시장 및 비즈니스, 글로벌 경제를 바꾸어 놓을 파괴적 기술(disruptive technologies)과 Industry 4.0(4차 산업혁명, 4장 참조) 융합기술 트렌드이다. 두 번째 차원인 과정은 기술의 출현과 변화 과정을 말하는 것으로, 발명(invention; 신제품 개발), 혁신(innovation; 신제품 도입), 확산(diffusion; 도입된 신제품을 많은 사람들이 수용) 등으로 구분할 수 있다. 세 번째 차원인 원동력은 이러한 기술의 개발과 전파 과정을 일으키는 원동력을 뜻한다. 이 원동력은 상업화를 위한 목적과 기업이 경쟁업체로부터 방어하기 위한 목적 그리고 사회 전체적인 복지를 위한 목적에서 비롯된다. 이와 같은 광의의 자본을 효과적으로 활용하여 혁신적 비즈니스를 일으킨 기업들의 예로 애플, 구글, 아마존, 네이버, 카카오, 삼성전자 등을 들 수 있다.

인적 자원은 모든 경제시스템에서 또 다른 중요한 투입 요인이다. 인적 자원은 거대 기업의 최고경영자(CEO)부터 자영업을 하는 사람까지 해당된다(1장 참조). 또한 인적 자원 투입 요인에는 육체노동과 근로자의 지식 투입 모두 해당된다. 기업의 비즈니스 수행에 있어 직원은 아이디어와 혁신뿐만 아니라 물리적 노력의 중요한 원천이다. 어떤 회사는 온라인을 통해 직원의 제안을 받거나 직원 회의 같은 전통적 방법을 통해 직원의 아이디어를 구한다. 혹은 회사 후원 워크숍이나 비공식적 사교 모임 등을 통해 창조적 사고를 장려하기도 한다. 효과적으로 잘 훈련된 인적 자원은 기업의 중요한 경쟁우위의 원천이다. 경쟁자는 동일한 컴퓨터 시스템이나 천연 자원 등 유형 자원을 구매할 수 있는 방법처럼 다른 회사의 중요한 무형 자원인 재능 있고 의욕적인 직원을 쉽게 따라잡을 수 없기 때문이다. 글로벌 기업 GE와 Siemens의 경우 경쟁우위의 획득과 지속을 위해, 과거 B2B 마케팅을 추진했을 때나 현재 빅데이터와 디지털 변환(digitalization 또는 digital transformation)을 토대로 하는 사업을 추진할 때 해당 전문가들을 대거로 선발, 영입하는 것에 최우선 순위를 두었다. 예를 들어 삼성전자, 네이버, 카카오 등은 인공지능 기술 관련 전문가를 영입하기 위해 노력하고 있다. 최근 미국의 앤비디아, 구글, 애플 등이 국내 명문대학원 졸업생들의 논문을 직접 검토하며 적극적으로 선발 스카우트를 하고 있다. 효과적인 인적 자원의 선발, 배치, 개발은

인적 자원
모든 경제 시스템에서 또 다른 중요한 투입 요인. 거대 기업의 최고경영자(CEO)부터 자영업을 하는 사람까지 해당됨. 인적 자원 투입 요인에는 육체노동과 근로자의 지식 투입 모두 해당

기업의 비즈니스 경쟁력 확보와 유지를 위한 중요한 요인이다.

기업가정신
비즈니스를 창출하고 운영하기 위해 위험을 감수하는 의지

기업가
수익성 있는 잠재적 비즈니스 기회를 보고 계획을 세워 비즈니스를 추진하여 시장에서 성공을 거두고 이익을 얻는 사람

기업가정신은 비즈니스를 창출하고 운영하기 위해 위험을 감수하는 의지이다. **기업가**(entrepreneur)는 수익성 있는 잠재적 비즈니스 기회를 보고 계획을 세워 비즈니스를 추진하여 시장에서 성공을 거두고 이익을 얻는 사람이다. 기업가정신은 비즈니스 창업의 중요한 요인이다. 삼성을 창업한 故이병철 회장, 현대를 창업한 故정주영 회장부터 최근에는 네이버, 카카오, 게임 회사 등을 창업한 기업가들까지 비즈니스의 중심에는 기업가와 기업가정신이 있다.

2. 비즈니스의 정의와 근본 개념

우리의 일상 속에는 많은 것이 비즈니스와 연결되어 있다. 아래 소개하는 김 대리의 평범한 하루를 통해 비즈니스의 개념을 살펴보자.

> 어느 금요일 저녁, '행복전자'에 다니는 김 대리는 그날의 컴퓨터 판매 실적에 만족해하며 6시 30분쯤 퇴근한다. 회사 근처 '스마일 햄버거' 가게에서 햄버거와 콜라로 가볍게 저녁식사를 마치고, 홍대 근처 'C 라운지'에서 열리는 재즈 공연을 보러 간다. 회사에서 근무하고, 퇴근 후 저녁식사를 하고, 여가를 즐기는 것이 김 대리의 평범한 금요일 모습이다.

김 대리가 근무하는 '행복전자'는 전자제품을 만들어 고객에게 판매하고, '스마일 햄버거'는 음식을 만들어 고객에게 판매하고, 홍대 'C 라운지'는 재즈곡 연주라는 서비스를 고객에게 판매하며 모두 기업의 일상적인 활동을 영위한다. 이러한 기업의 일상적인 활동이 바로 비즈니스이다. 비즈니스의 어원은 영어의 'Busy(바쁘다)'에서 왔는데, 사전적인 의미로 사람들이 생존과 발전을 위해 몹시 바쁘게 움직이고 있다는 것을 의미한다. 전통적 관점에서의 비즈니스는 기업이 제품과 서비스를 생산, 판매하여 이윤을 창출하는 모든 활동을 말한다. 제조의 관점에서 살펴보면 비즈니스는 자동차,

컴퓨터, 전자제품, 음악 CD 같은 유형의 제품을 만들어 고객에게 판매하거나, 보험, 금융, 정보, A/S, 음악 같은 무형의 서비스를 만들어 고객에게 제공함으로써 이익을 창출하는 활동을 뜻한다.

기업이 수행하는 비즈니스 활동은 경제적 발전을 가져오며 인간의 삶의 질을 향상시킨다. 기업이 수행하는 모든 비즈니스의 중심에는 항상 고객이 있다. 이는 기업 산출물의 교환 대상이 고객이기 때문이다. 김 대리는 '행복전자'의 직원으로서 전자제품을 구매하러 온 고객들을 응대하며, 동시에 '스마일 햄버거'의 햄버거를 구매하는 고객이고, 홍대 'C 라운지'의 재즈곡 연주 서비스를 구매하는 고객이다.

기업은 제품과 서비스를 가지고 고객과의 교환을 실현하여 수익을 창출하고, 고객은 기업에 비용을 지불하고 추구하는 가치(value)를 얻음으로써 기업과의 교환을 완성한다. 김 대리는 '행복전자'의 컴퓨터를 판매하여 수익을 창출하며, 고객은 '행복전자'에 비용을 지급하고 컴퓨터를 얻게 된다.

가치는 경제학적으로는 효용(utility)이라고 하며, 비즈니스의 본질은 이러한 효용을 창출하고 전달하는 상호의 행위이다. 즉, 비즈니스란 기존 고객의 필요(needs)를 충족시킴을 의미하고 또 고객의 잠재된 욕구(wants)를 발굴함으로써 새로운 고객을 창출하는 것도 의미한다. 여기에서 고객은 기업과 소비자와의 거래인 B2C(Business to Customer)에서의 최종 소비자와 기업 간의 비즈니스인 B2B(Business to Business)의 기업고객 그리고 기업과 정부의 거래인 B2G(Business to Government)의 고객인 정부까지 포함하는 넓은 개념이다. '행복전자'의 제품을 구매하려는 고객은 개인이 될 수도, 기업이 될 수도, 또 정부가 될 수도 있다.

즉 **비즈니스** 개념이란 기업(혹은 개인)이 고객과의 상호작용을 통하여 기업의 목표를 달성하며 가치를 창출하는 활동이라고 정의된다. 기업에서는 제품과 서비스를 생산해 고객과 교환하며, 교환의 결과로 기업은 이익을 얻고, 고객은 가치를 얻어 서로의 필요와 욕구를 충족시킨다. 이러한 비즈니스 개념의 정의를 토대로 기업의 비즈니스 활동 영역은 크게 시장(산업), 기업 그리고 고객 등으로 나눌 수 있다.

비즈니스
기업(혹은 개인)이 고객과의 상호작용을 통하여 기업의 목표를 달성하며 가치를 창출하는 활동이라고 정의

제2절 민간 기업 시스템과 비즈니스

어떠한 비즈니스도 진공 상태에서 운영되지 않는다. 모든 비즈니스는 제품과 서비스가 생산, 유통, 소비되는 것을 결정·관할하는 사회의 거시적 경제 체제와 시스템 내에서 운영된다. 사회가 선택한 경제 체제와 시스템은 자원 활용의 패턴을 결정한다. 예를 들어, 공산주의 경제 체제는 정부의 목적을 달성하기 위해 비즈니스 소유권, 이익, 자원을 엄격하게 통제한다.

1. 민간 기업 시스템

민간 기업 시스템
소비자의 수요와 필요를 파악·충족시켜 시장에서 성공한 기업들에게 보상이 돌아가도록 하는 경제 시스템

미국, 독일, 영국, 프랑스 등의 서유럽 국가들, 일본, 우리나라 등 많은 국가들은 자유 시장경제 체제를 선택하여 운영하고 있다. 자유 시장경제 체제의 중심에 민간 기업 시스템이 있다. 민간 기업 시스템이란 소비자의 수요와 필요를 파악·충족시켜 시장에서 성공한 기업들에게 보상이 돌아가도록 하는 경제 시스템이다. 민간 기업 시스템은 기업의 경제 활동에 대한 정부의 간섭을 최소화하는 시스템이다. 소비자의 욕구를 충족시키는 데 능숙한 기업은 앞에서 설명한 생산 또는 비즈니스 투입 요인을 잘 확보하여 활용한다.

자유 시장경제 체제와 민간 기업 시스템과 상통하는 용어는 자본주의 체제이다. 자본주의의 아버지라 불리는 애덤 스미스는 『국부론(*The Wealth of Nations*)』(1776)에서 자본주의라는 용어를 쓰지 않았지만, 자본주의의 근간이 되는 개념을 다음과 같이 설명했다. 경제를 가장 잘 돌아가게 하는 것은 소비자의 선택과 수용을 받기 위한 비즈니스 간의 경쟁이며, 이 경쟁 개념이 바로 시장의 '보이지 않는 손(the invisible hand concept)' 역할을 한다는 것이다. 즉 효율적이지 않은 생산자는 소비자로부터 선택을 받지 못해 자연스럽게 시장에서 퇴출되는 시스템이 가장 효율적인 경제 시스템이라는 것이 스미스의 생각이었다.

보이지 않는 손 개념은 민간 기업 시스템의 가장 기본적 전제이다. 자유시장경제 체제를 선택한 국가에서는 경쟁 개념이 대부분의 경제를 관장하는 규칙으로 작용한다. 비즈니스 경쟁에서 승리하기 위하여 기업은 소비자가 가치 있다고 판단할 수 있는, 경쟁과의 차별화 포인트들을 마련해야 한다. 나아가 기업은, 4장에서 살펴보았듯이 기술의 변화, 소비자 선호의 변화 또는 경쟁의 움직임 같은 외부환경의 변화에 잘 대응해야 한다. 예를 들어 소프트웨어, 음악, 책, 게임 같은 정보를 근간으로 하는 디지털 상품은 정보 탐색을 넘어서 구매와 획득, 소비까지 온라인에서 일어날 수 있어서 전통적 오프라인 유통 비즈니스가 디지털 비즈니스로 대체되었다. 또한 외부환경 변화에 적응하지 못해 쇠퇴한 기업들의 예는 무수히 많다.

2. 민간 기업 시스템의 기본권

자본주의 및 민간 기업 시스템이 효과적으로 작동하기 위해서는 그 시스템에서 살아가는 기업, 국민과 시민들에게 기본권이 보장되어야 한다. 이 시스템은 대표적으로 사유재산, 이익, 선택의 자유, 경쟁에 대한 권리를 인정하고 보장한다.

사유재산에 대한 권리는 이 시스템하에서 가장 기본적인 권리이다. 시스템에 대한 모든 참여자는 토지, 건물, 기계 장치, 설비, 발명품에 대한 특허, 개인 소유물 및 저작권료 같은 무형 정보 재산권 등 거의 모든 형태의 재산을 소유, 사용, 구매, 판매, 증여할 수 있는 권리를 갖는다.

> **사유재산에 대한 권리**
> 시스템에 대한 모든 참여자는 토지, 건물, 기계 장치, 설비, 발명품에 대한 특허, 개인 소유물 및 저작권료 같은 무형 정보 재산권 등 거의 모든 형태의 재산을 소유, 사용, 구매, 판매, 증여할 수 있는 권리를 가짐

민간 기업 시스템은 비즈니스를 하는 사업자들에게 세후 이익에 대한 권리를 보장한다. 모든 비즈니스 업체가 항상 이익을 창출하지는 않지만, 사업주는 비용을 초과하여 발생하는 소득에 대해 합법적·윤리적 권리를 갖는다.

선택의 자유란 시민들이 자신의 고용, 구매 및 투자를 선택할 수 있음을 말한다. 또한 자신의 뜻대로 일자리를 바꾸고, 임금을 협상하고, 노동조합에 가입하고, 다양한 브랜드의 제품과 서비스들 중 자신이 원하는 것을 선

> **선택의 자유**
> 시민들이 자신의 고용, 구매 및 투자를 선택할 수 있음을 의미

택한다. 민간 기업 시스템은 이러한 선택의 자유에 의해 돌아간다고 할 수 있다. 우리나라를 포함하여 자본주의 시스템을 채택한 나라의 시민들은 이러한 선택의 자유에 너무 익숙해서 이 권리의 중요성을 잊고 사는 경우가 많다. 공산주의나 사회주의 시스템은 특정 산업의 경쟁력 또는 군사력 증진 같은 국가나 정부의 목적을 위해 선택의 자유를 제한하고 있다. 반면 선진 국가들이 가장 중요하게 여기는 점들 중 하나는 모든 영역에서 다양성을 촉진함으로써 경제와 비즈니스를 발전시키고 있다. 다양성의 촉진은 공정한 경쟁 시스템의 조성과 관련성이 높다.

민간 기업 시스템은 비즈니스 업체 간의 공정한 경쟁환경을 조성한다. 이에 위배되는 기업 행위는 규제한다. 정부가 기업 행위를 규제하는 데에는 세 가지 목적이 있다. 첫 번째 목적은 기업 간 경쟁을 유도해 불공정한 기업 행동에서 소비자를 보호하는 것이다. 두 번째 목적은 기업 간의 공정한 경쟁을 유도해 부당한 경쟁으로 피해를 보는 기업을 보호하는 것이다. 세 번째 목적은 앞의 두 가지 목적을 실행함으로써 궁극적으로는 소비자와 사회 전체의 후생 향상에 이바지하는 것이다. 예를 들어 공정거래위원회는 LPG 공급회사 등 공정거래법상 가격담합행위로 큰 규모의 과징금을 부과했었다. 국내 LPG 시장에서 100% 시장점유율을 가진 여섯 회사가 가격을 담합하는 행위는 경쟁 질서를 크게 해치며, 법률적 규제를 하지 않으면 장기적으로 소비자 이익을 해할 수 있다고 판단했기 때문이다. 기업이 시장을 지배하게 되면, 제품이나 서비스 가격이 왜곡되고 저품질 제품을 공급해도 대안이 없으므로 피해는 고스란히 소비자에게 돌아간다. 우리나라의 경우 독점규제 및 공정거래에 관한 법률이 1980년에 제정되었는데, 이 법은 어느 한 기업이 시장 지배적 지위를 남용하는 것을 방지하고, 한 기업으로의 과도한 경제력 집중과 부당한 공동 행위 및 불공정거래행위를 방지하여 경제의 활성화와 소비자의 권익을 보호하려는 목적에서 제정되었다. 그런데 공정거래법 신고는 법 제정 이후 매년 백 단위 이상 건수로 꾸준하게 증가해 오다 최근 들어서는 신고보다 공정거래위원회의 직권에 의한 조사와 처분이 늘어나고 있다. 그만큼 기업의 사회적 책임과 기업윤리가 더더욱 요구되고 있고 중요하다(9장 참조).

제3절 경영시스템과 기업경영의 근본 기능

3장(경영이론의 발전과정)에서 시스템이론을 살펴봤다. 목적을 달성하기 위하여 여러 구성인자가 유기적으로 연결되어 상호작용하는 결합체인 시스템 개념을 토대로 비즈니스를 수행하는 기업조직의 경영을 시스템으로 이해하는 것은 경영의 본질을 파악하는 데 근본적이라 할 수 있다. 경영시스템을 살펴본 후, 이의 발전된 개념인 가치사슬과 기업경영의 근본 기능을 이해한다.

1. 경영시스템

비즈니스를 수행하는 기업조직의 경영시스템은 경영을 투입(inputs), 산출(outputs), 그리고 투입을 산출로 변환하는 과정(transformation process)으로 구성되며, 경영은 환경 변화에 잘 적응하는 시스템으로 개념화된다(그림 7-1 참조).

그림 7-1 경영시스템

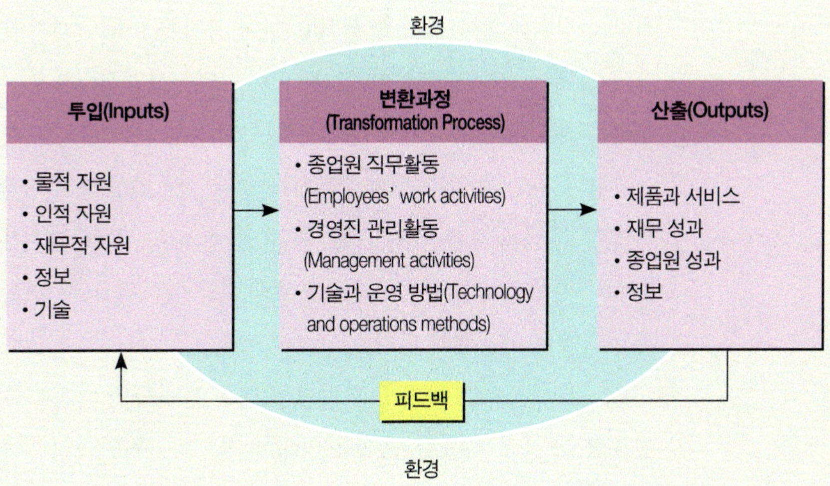

투입
천연 자원, 자본, 인적 자원, 창업·기업가정신(entrepreneurship), 정보, 기술 등을 의미

변환과정
투입을 잘 엮어 산출로 만드는 활동과 수단·방법. 종업원의 직무 활동, 경영진의 관리 활동, 기술과 운영 수단·방법 등으로 구성

산출
변환과정을 거쳐 나타내는 산출의 대표적 예로는 구체적 제품과 서비스, 매출과 이익 등의 재무성과, 종업원 성과 등이 있음

경영시스템
경기, 소득, 인플레이션 등과 같은 경제적 요인, 기술적 요인, 나이, 인종, 사회계층, 라이프스타일 등 사회문화적 요인, 인구구조 등 인구통계학적 요인, 규제 등 정치적·법적 요인 등 거시적 외부 환경의 변화에 적응하여야 함

과업환경
기업의 행위나 성과에 영향을 미치는 다양한 집단과 개인인 이해관계자들(stakeholders)로 구성

물론 산출은 투입으로 다시 피드백된다. **투입**은, 앞서 가치창출을 위한 비즈니스 투입 요인에서 살펴본, 천연 자원, 자본, 인적 자원, 창업·기업가정신(entrepreneurship), 정보, 기술 등을 의미한다. 변환과정은 투입을 잘 엮어 산출로 만드는 활동과 수단·방법으로, 종업원의 직무 활동, 경영진의 관리 활동, 기술과 운영 수단·방법 등으로 구성된다. **변환과정**을 거쳐 나타내는 **산출**의 대표적 예로는 구체적 제품과 서비스, 매출과 이익 등의 재무성과, 종업원 성과 등이 있다.

이러한 기업조직의 **경영시스템**은 유기적으로 작동하면서 환경 변화에 적응하여야 한다(4장 참조). 먼저 경영시스템은 경기, 소득, 인플레이션 등과 같은 경제적 요인, 기술적 요인, 나이, 인종, 사회계층, 라이프스타일 등 사회문화적 요인, 인구구조 등 인구통계학적 요인, 규제 등 정치적·법적 요인 등 거시적 외부환경의 변화에 적응하여야 한다. 예를 들어, 1인 가구의 증가는 많은 기업들의 제품에 변화를 가져오거나, 편의점 유통의 증가를 촉진하였다.

나아가, 경영시스템은 비즈니스에 보다 직접적으로 영향을 미치는 주주, 고객, 경쟁 등 과업환경의 요구와 변화에 적응하여야 한다. 즉 **과업환경**은 기업의 행위나 성과에 영향을 미치는 다양한 집단과 개인인 이해관계자들(stakeholders)로 구성된다. 과거에는 주주가 가장 중요한 이해관계자였지만, 최근에는 주주, 종업원, 공급자, 정부, 구매자, NGO 및 일반시민 등 이해관계자의 범위와 영향력이 확장되고 있어 복잡한 이해관계자의 효과적 관리가 경영에서 가장 중요하다 할 수 있다. 또한 경영시스템은 기업조직의 구조와 문화 같은 내부환경에 영향을 받아 작동하는 것이 달라진다.

경영의 투입 요인과 변환과정이 환경과 상호작용하여 산출이 나타나는데 산출 개념은 효과성(effectiveness)과 효율성(efficiency)으로 살펴볼 수 있다(1장 2절 참조). 기업조직의 경영시스템은 효과성을 일차적 기준으로, 효율성은 그 다음 단계로 사용해야 한다.

시스템 관점으로 살펴본 경영의 특성을 정리하면 다음과 같다. 첫째, 경영은 조직 목적·목표를 달성하기 위한 피드백, 즉 연속성과 순환성을 갖는 과정이다. 둘째, 경영은 여러 가지 형태의 투입 자원을 결합하는 과정이다.

셋째, 경영은 원하는 결과(목적·목표)를 달성하기 위하여 많은 활동을 성공적으로 수행하는 노력을 포함한다. 마지막으로 경영은 공동의 목적·목표를 달성하기 위해 서로 다른 기능을 수행하는 사람들로 구성된 조직 내에서 이루어지는 활동들을 포함한다.

마지막으로 경영시스템을 보다 구체적으로 나타내는 개념인 경영관리과정을 살펴본다. 경영관리과정은 경영자가 수행하는 네 가지의 기본 기능 및 세 가지의 단계로 구성된다(그림 7-2 참조). 계획화는 계획(plan) 단계의 기능으로 목표 설정과 이를 달성하는 방법을 결정한다. 조직화는 실행(do) 단계의 기능으로 자원 획득과 배분, 과업 달성을 위한 책임을 특정 조직과 직원들에게 부과함을 뜻한다. 지휘 또한 실행(do) 단계의 기능으로 의사소통, 동기유발, 영향력 행사와 같은 조직 리더의 리더십 실현을 의미한다. 통제는 성과평가 및 통제(see) 단계의 기능으로 목표와 성과의 편차를 규명하고 시정 및 수정 조치를 취하는 것을 말한다. 본서의 제3부는 경영관리과정을 상세히 설명하고 있다.

그림 7-2 경영관리과정

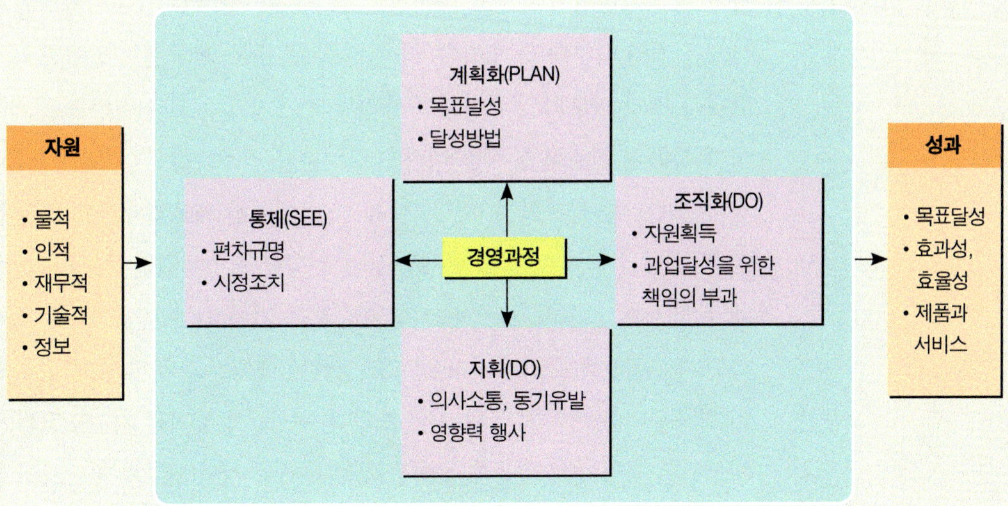

2. 가치사슬과 기업경영의 근본 기능

가치창출 활동
기업의 비즈니스 활동 전체. 기업에서 창출하는 총 가치는 고객들이 제품 또는 서비스를 제공받는 것에 대한 대가로 기꺼이 지급하는 금액으로 측정

기업조직의 경영시스템을 경영전략적 관점에서 조망한 개념이 가치사슬(value chain) 개념이다. 즉 기업의 비즈니스 활동 전체를 '가치창출 활동'이라고 한다. 또 기업에서 창출하는 총 가치는 고객들이 제품 또는 서비스를 제공받는 것에 대한 대가로 기꺼이 지급하는 금액으로 측정된다. 즉, 기업이 비즈니스 활동을 통해 창출한 가치가 제품을 만들고 판매하는 과정에 사용된 비용을 초과할 때 이 초과분이 바로 기업의 이익이다. 예를 들어 고객이 A사의 B라는 신발을 구매하면서 5만 원을 지급했다면, 이는 기업이 창출한 총 가치이고, A사가 B라는 신발을 만들어 판매하는 과정에서 사용된 비용인 2만 원을 초과한다면, 3만 원이 기업의 영업이익이다. 그리고 신발 제조와 판매라는 A사 본연의 경영 활동 이외의 활동으로 비용과 세금, 이자 비용이 1만 원 발생했다면 영업이익에서 이를 제외한 2만 원이 A사의 순수익이다. 이러한 맥락에서 기업은 경쟁사보다 나은 가치로 경쟁우위를 확보해 고객들이 기꺼이 기업의 이익을 포함한 가격을 지불하고 자사제품을 구매하도록 해야 한다.

기업의 가치사슬
연계(linkage)시스템으로 단계별로 결합하여 상호 의존적인 활동으로 이루어져 있음

고객창출과정은 가치전달과정을 수반하며, 이러한 일련의 가치전달과정은 가치사슬(value chain)을 형성한다. 기업의 가치사슬은 연계(linkage)시스템으로 단계별로 결합하여 상호 의존적인 활동으로 이루어져 있다. 형성된 가치사슬은 기업 내부의 가치 활동, 즉 내부 물류, 주문 및 공정 개선을 통해서만 아니라 기업 외부의 공급자와 유통업자의 가치 활동도 연결하는데 이들과의 최적화된 연계를 통해 거래비용과 시간을 최소화할 수 있고, 시장 내에서 경쟁우위를 확보할 수 있다. 예를 들어 에어컨 제조업체가 연계를 통하여 부품 공급자, 배달업체, 판매점 등과 견고한 협조체제를 구축하여, 생산, 배달 및 에어컨 설치 등 서비스 활동의 모든 가치 활동을 순조롭게 진행한다면 재고비용을 증가시키지 않고도 생산된 에어컨을 적시에 배달할 수 있어 경쟁우위와 이익을 극대화할 수 있다. 즉, 앞서 살펴본 기업조직의 경영시스템은 기업 내부 활동에 초점을 맞추고 있고 기업 외부의 공급자와 유통업자 같은 과업환경(주요 이해관계자) 적응을 중요하게 여겼다. 반면, 기업의 가

치사슬 관리는 이러한 관리를 보다 명확하게 다루고 있다.

제조 중심의 전통적 가치창출 활동은 기업의 자산과 핵심역량을 바탕으로 제품과 서비스를 생산하고 마케팅 활동을 통해 고객에게 제품과 서비스를 전달하는 과정이다. 그러나 시장의 개념과 고객가치를 중시하는 시장지향적 사고가 중요해지면서 가치사슬은 고객의 필요와 욕구 등을 분석하는 마켓센싱(market sensing)을 바탕으로 고객이 원하는 제품과 서비스를 개발·생산하고, 고객이 원하는 방법으로 전달하는 시장지향적(market-oriented) 가치창출 활동이 등장했다. 즉, 기업은 제조 중심의 전통적 및 시장지향적 가치창출 활동을 유연하게 활용할 필요가 있다. 이러한 가치사슬의 개념적 발전에 따라 가치사슬 활동을 계획하고 수행하는 전체 과정 자체가 기업의 자산과 핵심역량을 구성하는 것으로 확장되었다. 즉, 기술력을 중심으로 하는 협의의 기업 자산과 핵심역량 개념은 과거가 되었다.

그림 7-3 과 같이 기업의 가치창출 활동은 주된 활동(primary activities)과 지원 활동(support activities)으로 이루어져 있다. 주된 활동은 기업 내부 물류를 관리하는 '내부 물류', 제품을 생산하고 이를 관리, 운영하는 '생산 및 운영', 외부 물류를 관리하는 '외부 물류', 마케팅 활동을 통해 제품을 판매하는 '마케팅 및 판매', 구매자에게 제품을 배달하고, 제품 판매 후의 지원 및 서비스를 제공하는 '서비스' 활동으로 구성되어 있다. 지원 활동은 물자획득 등 구매 활동, 인적 자원관리, 기술개발의 결합을 통해 주된 활동이 잘될 수 있도록 지원하는 하부구조(인프라) 활동으로 구성되어 있다. 또 가치사슬의 지원 활동은 일반관리, 법률업무, 회계업무 같은 기능을 포함한다.

주된 활동
기업 내부 물류를 관리하는 '내부 물류', 제품을 생산하고 이를 관리, 운영하는 '생산 및 운영', 외부 물류를 관리하는 '외부 물류', 마케팅 활동을 통해 제품을 판매하는 '마케팅 및 판매', 구매자에게 제품을 배달하고, 제품 판매 후의 지원 및 서비스를 제공하는 '서비스' 활동으로 구성

지원 활동
물자획득 등 구매 활동, 인적 자원관리, 기술개발의 결합을 통해 주된 활동이 잘될 수 있도록 지원하는 하부구조(인프라) 활동으로 구성. 또 가치사슬의 지원 활동은 일반관리, 법률업무, 회계업무 같은 기능을 포함

기업은 내부의 가치 활동을 유기적으로 연결할 뿐 아니라 공급자, 유통업자, 구매자와의 가치사슬과 상호 의존하고 연계가 최적화되도록 조정해야 경쟁우위를 확보할 수 있다. 그만큼 기업의 공급사슬관리(Supply Chain Management)가 중요하게 되었고, 실무계에서는 공급 생태계(eco-system)의 조성과 이에 의한 경쟁을 중요시하고 있다. 즉, 기업의 비즈니스 경쟁성과는 가치사슬 경쟁력에 의해 좌우되고, 기업조직의 경영시스템은 가치사슬 경쟁력을 확보하고 유지하는 방향으로 관리되어야 한다.

기업경영의 근본 기능은 가치사슬 활동, 주된 활동과 지원 활동으로 이해

될 수 있다. 이를 좀 더 쉽게 정리하면 주된 활동은 결국은 '잘 만드는 활동'과 '잘 파는 활동'을 말한다. 지원 활동은 근본적 자원에 의한 지원을 의미하며 기업경영을 위한 근본 자원은 '사람'과 '돈'을 뜻한다. 기술, 정보 등 모두 사람과 돈으로 획득 또는 개발하는 것이다. 따라서 아무리 새로운 기술이 등장하고 외부환경이 변한다고 해도 기업경영의 근본 기능은 두 가지의 근본 활동과 두 가지의 핵심 자원으로 구성된다. 순서와 구체적 수단 등은 바뀔 수 있어도 '잘 만드는 활동', '잘 파는 활동', '사람' 자원, '돈' 자원은 변하지 않는 기업경영의 근본 기능이다.

기업경영의 근본 기능
두 가지의 근본 활동과 두 가지의 핵심 자원으로 구성. 순서와 구체적 수단 등은 바뀔 수 있어도 '잘 만드는 활동', '잘 파는 활동', '사람' 자원, '돈' 자원은 변하지 않는 기업경영의 근본 기능

그림 7-3 **일반적 가치사슬**

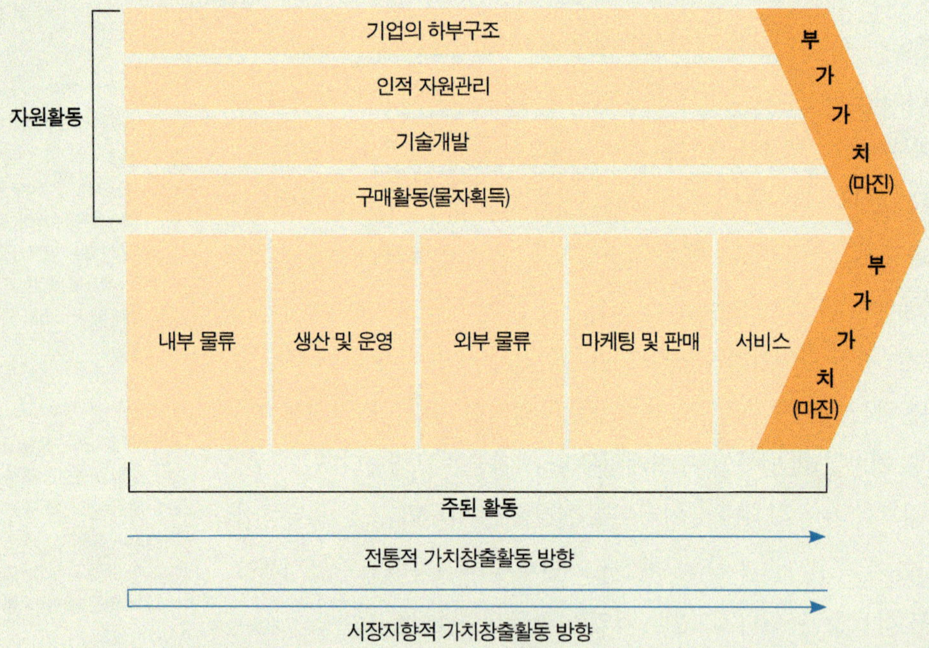

출처: Porter, M. E., Competitive Advantage Creating and Sustaining Superior Performance, The Free Press: New York, 1985를 바탕으로 작성함.

제4절 플랫폼 기업 경영시스템

4장에서 디지털경제시대의 경영환경과 4차 산업혁명시대의 도래에 대해 살펴보았다. 이와 일관되게 최근 전 세계에서 높은 기업 가치를 보유하고 있는 기업들은 제조업의 전통 강자가 아니라 애플(Apple), 구글(Google), 마이크로소프트(Microsoft) 같은 기업인데 이들은 IT 기업이기도 하지만 플랫폼 경영의 대표 주자이다. 즉 디지털 기술을 토대로 새로운 기업 경영시스템이 등장하고 있다. 심도 높은 학습은 경영의 각론 과목에서 하겠지만 본 절에서는 플랫폼 기업 경영시스템의 대표적 특징을 전통적 기업 경영시스템과 대비하여 살펴본다.

1. 네트워크 효과(network effects)

네트워크 효과란 특정상품에 대한 수요가 다른 사람들에게 영향을 주는 효과를 말하며, 아래아 한글, 카카오톡이 대표적 사례이다(이동원(2015), 모바일 소셜 플랫폼의 진화 - 카카오 (Teaching Note), Asan Entrepreneurship Review, 아산나눔재단 내용 중 일부를 토대로 작성되었음). 이러한 네트워크 효과는 단면시장(one-sided market)의 직접 네트워크 효과라 한다. 한편, 표준이 되는 기술이나 제품에 대해 사용자가 많아지고, 사용하는 소비자가 많을수록 그 상품의 사용가치가 높아짐에 따라 제휴 공급자나 파트너가 많아지는 효과는 양면시장(two-sided markets) 플랫폼의 교차 네트워크 효과(cross-side network effects)라 한다. 대표적인 예로는 윈도우즈(플랫폼)가 PC운영의 표준으로 자리 잡으면서 윈도우즈 사용자(참여그룹/시장 1)와 윈도우즈 기반 소프트웨어 개발자(참여그룹/시장 2)가 많아지고(각 시장의 직접 네트워크 효과 존재), 참여그룹 1과 참여그룹 2는 서로 상승작용을 하여 더 많아진다(교차 네트워크 효과).

플랫폼은 반복적인 활동을 하는 공간이나 구조물로, 기차역 승하차 공간과 같은 많은 사람들이 모이는 곳을 말하며, 우리는 일상생활에서 다양한

네트워크 효과
특정상품에 대한 수요가 다른 사람들에게 영향을 주는 효과

교차 네트워크 효과
표준이 되는 기술이나 제품에 대해 사용자가 많아지고, 사용하는 소비자가 많을수록 그 상품의 사용가치가 높아짐에 따라 제휴 공급자나 파트너가 많아지는 효과

플랫폼
개발자와 이용자 또는 판매자와 구매자 등 복수의 이해관계자들을 서로 만나게 하고 실제 거래를 중개하는 공간. 비즈니스 거래상 이해관계가 다른 복수의 경제 주체에게 거래를 가능하게 해주는 동시에 적절한 비용 또는 수익을 제공한다는 측면에서 양면시장의 특성을 지님

형태의 플랫폼을 볼 수 있다. 최근 인터넷 및 모바일 디지털 환경에서 많이 얘기되는 플랫폼은 개발자와 이용자 또는 판매자와 구매자 등 복수의 이해관계자들을 서로 만나게 하고 실제 거래를 중개하는 공간을 말한다. 따라서 플랫폼은 비즈니스 거래상 이해관계가 다른 복수의 경제 주체에게 거래를 가능하게 해주는 동시에 적절한 비용 또는 수익을 제공한다는 측면에서 양면시장의 특성을 갖는다. 양면시장은 교차 네트워크 효과를 지닌 플랫폼으로서 거래에 참여하는 서로 다른 유형의 참가자 그룹 간에 효율적 교차보조를 지원하는 시장으로 고유한 특징을 가지고 있다. 먼저, 플랫폼은 상호연결을 필요로 하는 둘 이상의 다른 고객 그룹 간의 거래를 중개하는 특징을 가지고 있다. 둘째, 교차 네트워크 효과가 존재한다. 셋째, 높은 거래비용 때문에 양측 고객집단 간의 직접 거래가 불가능하여 플랫폼 제공기업은 고

표 7-2 플랫폼과 양면시장의 예

양면시장	플랫폼 제공자	Subsidy-Side (피보조자 그룹)	Money-Side (지불자 그룹)
백화점	롯데백화점/현대백화점	구매자	판매자
클럽	홍대클럽	여성 고객	남성 고객
신용카드	비자/마스터/다이너스클럽	카드 소지자	카드 제휴사
미디어	조선일보/MBC	독자/시청자	광고주
PC 운영체제	윈도우즈/매킨토시	응용프로그램 개발자	PC 구매자
검색엔진	구글/야후/네이버	인터넷 사용자	광고주
PDF 문서	어도비(Adobe)	문서 독자	문서 작성자
온라인 옥션/쇼핑몰	이베이/지마켓	구매자	판매자
온라인 구직사이트	잡코리아/몬스터닷컴	구직자	고용주
비디오게임	Xbox/플레이스테이션/wii	게임 개발자	게임 이용자
카카오게임(애니팡)	카카오톡	카카오톡 이용자	카카오톡 게임 개발자
지역기반서비스 앱	배달의 민족/옐프	앱 사용자	가맹점 점주
앱스토어	애플/구글	앱 구매자	앱 개발자
온라임 뮤직스토어	아이튠즈/멜론	음원 구매자	음원 제공자

출처: Parker and Alstyne (2005), "Two-Sided Network Effects: A Theory of Information Product Design," *Management Science*, 51(10), 1494-1504의 내용을 바탕으로 한 이동원(2015), 모바일 소셜 플랫폼의 진화 - 카카오(Teaching Note), *Asan Entrepreneurship Review*의 Exhibit 3.

객집단별로 차별화된 이용료를 책정하여 수익을 확보한다. 표 7-2 는 플랫폼 제공조직과 양면시장의 예를 보여주는데, 피보조자 그룹(subsidy-side)은 무료 또는 저렴한 비용으로 제품·서비스를 이용하고 지불자 그룹(money-side)이 플랫폼 제공조직 수익의 원천을 지불하면서도 많은 이용자가 사용하는 플랫폼에서 자신도 이익을 획득하는 노력과 경쟁을 한다.

2. 플랫폼 기업 경영시스템

4장에서 살펴보았듯이, Industry 4.0의 개념은 모든 기계·인간으로부터 데이터를 수집하고(사물인터넷과 모바일 기술), 정보처리능력 고도화로 데이터 축적·분석이 강화되고(클라우드와 빅데이터 기술), 기계가 데이터를 빠르게 학습하여(AI 기술) 새로운 지능정보가치를 토대로 한 비즈니스 가치를 창출하는 것을 의미한다. 기술적으로는 관련 기술(IoT와 모바일; Cloud와 Big Data; AI 등)이 융합된 지능정보기술이다.

이러한 기술들이 융합되어 새로운 가치가 창출될 수 있는 영영들의 예로는 지능형 로봇, 유전체 분석, 커넥티드 홈, 3D 프린팅, 웨어러블, 자율주행 자동차, 블록체인, 스마트 도시, 스마트 공장, 체내 삽입형 기기 등이 있다. 이러한 영역의 비즈니스 가치는 전통적 기업 경영시스템보다는 플랫폼 기업 경영시스템에서 창출될 가능성이 높다.

표 7-3 은 가치사슬을 토대로 하는 전통적 관점의 비즈니스 개념과 플랫폼 개념을 토대로 하는 비즈니스 개념을 대비하고 있다. 디지털 기술을 토대로 전개되는 비즈니스에서의 가치창출과 가치획득의 주안점은 확실히 다르다는 것을 이해해야 한다. 예를 들어 자동차 산업의 경우 전통적인 자동차 OEM은 독립적인 상품(자동차)별로 가치를 제공하고 수익을 획득하는 반면, 구글과 애플 등의 자동차시장 진입은 정보와 서비스 가치(예: 자율주행으로 열리는 자동차 공간에서 다양한 콘텐츠 서비스 제공; 자동차는 또 다른 디바이스가 되는 셈)를 제공하고 개인화, 맞춤화, 네트워크 효과, 생태계 등을 토대로 한 지속적 수익 획득에 관심을 가지고 있다.

표 7-3 전통적 관점과 플랫폼 관점의 비즈니스의 가치창출과 획득 개념

		가치사슬 중심의 전통적 관점	플랫폼 관점
가치 창출	고객 니즈	존재하는 니즈와 라이프스타일에 대한 대응	실시간으로 발생하는 니즈에 대한 선제적 대응
	마켓 오퍼링	독립적인 상품	업데이트 가능한 상품
	데이터	주로 단편적	정보 통합
가치 획득	수익 창출	다음 상품 판매	지속적 수입창출(Revenue & Profit Stream)
	통제	상품의 강점, 저작권, 브랜드 등	개인화, 맞춤화, 네트워크 효과
	주요 역량(개발)	핵심역량, 기존자원의 활용(leverage)	타 플랫폼/네트워크/생태계(eco-system)에 대한 이해

플랫폼 기업 경영시스템
전략적 목적은 네트워크 효과를 발생시키는 핵심 상호작용을 창출하는 것이며, 네트워크 효과는 지속가능한(sustainable) 비즈니스 가치와 연계. 소비자가 생산자(예: 유튜브), 경쟁자가 보완사업자(파트너)가 될 수 있는 등 기업의 경계(boundary)가 변경될 수 있음. 기업 외부의 개발자 네트워크가 중요하고 이 네트워크가 증대될수록 플랫폼 경쟁력이 증진되기에 기업 경영의 초점이 내부에서 외부로 전환됨.

다음은 전통적 가치사슬 중심의 파이프라인 기업 경영시스템과 다른 **플랫폼 기업 경영시스템**의 고유한 특징이다. 첫째, 플랫폼 기업 경영시스템의 전략적 목적은 네트워크 효과를 발생시키는 핵심 상호작용을 창출하는 것이며, 네트워크 효과는 지속가능한(sustainable) 비즈니스 가치와 연계된다. 둘째, 소비자가 생산자(예 : 유튜브), 경쟁자가 보완사업자(파트너)가 될 수 있는 등 기업의 경계(boundary)가 변경될 수 있다. 셋째, **표 7-2**에서 볼 수 있듯이 플랫폼 제공자 간의 경쟁, 지불자 그룹 기업들 간의 경쟁 등 경쟁은 마치 3D 바둑이나 체스 같이 복잡한 다층 구조로 일어난다.

나아가 **표 7-4**는 제품 중심의 가치사슬(파이프라인) 기업 경영시스템과 플랫폼 기업 경영시스템을 비교한 것이다. 경영학의 입문 수준에서는 이해하기 어려운 내용이지만, 주요 내용은 플랫폼 기업 경영시스템의 경우 기업 외부의 개발자 네트워크가 중요하고 이 네트워크가 증대될수록 플랫폼 경쟁력이 증진되기에 기업 경영의 초점이 내부에서 외부로 전환된다는 점이다.

플랫폼 비즈니스의 경우 가장 위험한 진입자는 더 강력한 소비자/생산·개발자 네트워크 효과를 창출하는 사업자이다. 이에 따라 플랫폼 비즈니스의 경우 '부익부 빈익빈'이라는 승자 독식 효과가 더 강하게 나타나며, 한 플랫폼 기업의 네트워크 성장은 경쟁 플랫폼 기업의 네트워크 몰락을 의미한다. 기술 자체를 보유하는 것이 플랫폼 기업 경영시스템의 핵심은 아니

표 7-4 제품 중심의 가치사슬(파이프라인)과 플랫폼 기업 경영시스템의 비교

	제품 중심의 가치사슬 (파이프라인) 기업 경영시스템	플랫폼 기업 경영시스템
시장 구성 요인 (market forces)	구매자, 공급자, 신규 진입자, 경쟁자, 대체재라는 다섯 가지 요인(force)이 명확히 구분되며 시장의 수익성을 좌우	소비자가 생산자, 경쟁자가 파트너가 되는 등 시장 구성요인이 겹침(overlap)
전략의 초점	핵심 역량(core competencies)	핵심 상호작용(core interactions)
규모의 경제	공급 측면에서 중요	수요 측면에서 중요
주요 자산	모방이 불가능한 자원의 소유	소비자, 개발/공급자 등 커뮤니티
목적과 성과	원가우위, 차별화	참여(engagement), 긍정적 파급효과(spillovers), 공정하고 타당한 지배구조(governance) 관리
시장에 대한 접근	진입장벽, 사업철수 경로	허가가 필요 없는 진입, 개방형 시스템, 주요 통제 포인트
혁신의 주체	기업	기업과 생태계(eco-system)

출처: Parker, G. G., Alstyne, M. W. V., and Choudary, S. P. (2016), *Platform Revolution: How Networked Markets Are Transforming the Economy and How to Make Them Work for You*, W. W. Norton & Company의 내용을 발췌 · 정리함.

다. 왜냐하면 생태계 파트너가 기술을 제공할 수 있기 때문이다. 바꿔서 얘기하면, 기술(예: AI 알고리즘)에 소비자, 개발/공급자 등 커뮤니티를 부가하는 것보다는 커뮤니티에 기술을 부가하는 것이 쉽다는 것이며, 라인, 카카오, 구글 등이 그 예이다.

나아가 플랫폼 기업 경영시스템은 경영의 기능별 주안점의 변화를 가져오고 있다. 재무의 경우, 전통적 가치사슬 기업 경영시스템에서는 주주 가치(shareholder value)가 중요하지만 플랫폼 시스템에서는 사용자, 개발자 등 주요 이해관계자 가치(stakeholder value)와 네트워크 효과의 정도가 중요하다. 인적자원의 경우, 기업 내부의 종업원·직원 자원이 중요하지만, 기업 외부의 파트너, 개발자 등 커뮤니티의 자원이 중요하다. R&D의 경우, 기업 내부의 전문가와 전문 조직이 중요하지만, 크라우드 소싱(외부 전문가 의견의 유입)과 개방형 혁신(open innovation)이 중요하다. 경영전략의 경우, 진입장벽 구축과 모방이 어려운 자원의 활용과 획득이 중요하지만, 생태계 조성과 긴 꼬리(long tail)전략의 구사가 중요하다. 마케팅의 경우, 푸시와 아웃바운드 노력이 중

가치사슬
기업의 비즈니스 활동을 시장의 고객에게 가치를 전달하기 위한 활동으로 조망한 가치사슬의 개념은 마이클 포터에 의해 본격적으로 확산되었음(Porter, M. E., Competitive Advantage: Creating and Sustaining Superior Performance, The Free Press: New York, 1985).

Long tail(롱테일)은 대중적이거나 비싼 주류 상품이나 VIP 고객 대신 다품종 소량 생산된 비주류 상품이나 비주류 고객으로부터 매출과 수익을 얻는 현상을 말한다. 〈와이어드(*Wired*)〉 편집장 크리스 앤더슨(Chris Anderson)이 2006년에 출간한 『롱테일(*The Long Tail*)』에서 역설한 개념이다. 높이 10미터 이상에 가로로 1킬로미터 이상 가는 롱테일(긴 꼬리)을 가진 공룡을 고객으로 간주해 보자. 그간 기업들은 '공룡의 머리', 즉, VIP 고객에서 수익을 얻는 사업 모델을 써왔다. 그런데 2004년 가을 미국의 인터넷 서점 아마존이 이런 구조를 근본적으로 변화시킴으로써 꼬리가 더 중요한 '롱테일 법칙'을 실현했다는 주장이 나왔다(교양영어사전1, 2012. 10. 22., 인물과 사상사의 내용을 토대로 작성하였음).

요하지만, 풀과 인바운드 노력이 중요하다. IT의 경우 ERP(Enterprise Resource Planning: 전사적 자원관리) 같은 백오피스(back office) 시스템, CRM(Customer Relationship Management: 고객관계관리) 같은 프론트오피스(front office) 시스템이 중요하지만, 소셜 및 빅데이터 같은 아웃오브오피스(out-of-office) 시스템이 중요하다.

플랫폼 경영시스템으로 각광받고 있는 기업들이 등장한 지 꽤 되었다. 2016년 기준 에어비앤비(Airbnb)는 119개 국가에서 활발한 사업을 펼치는 거대 기업이 되었다. 에어비앤비에는 원룸 아파트에서부터 성(castle)에 이르기까지 50만 건 이상의 숙소가 등록되어 있고 서비스 이용자가 1천만 명을 넘어섰다. 2014년 4월 마지막 투자 라운드에서 평가한 에어비앤비의 기업 가치는 100억 달러를 넘었다. 창업한 지 10년도 안 되어 에어비앤비는 점점 늘고 있는 고객들을 전통적인 숙박 서비스 비즈니스로부터 유인하였다. 놀라운 점은 이 모든 성과가 호텔 방 하나 소유하지 않은 채 이룬 것이라는 것이다. 이와 유사한 다른 사례들도 꽤 많다. 스마트폰 기반 차량 서비스 기업 우버(Uber)는 2009년 3월, 샌프란시스코에서 서비스를 시작했다. 5년도 안 되어 투자자들은 우버의 기업 가치를 500억 달러 이상으로 평가했다. 또한 우버는 전 세계 200개 이상 도시에서 전통적인 택시 비즈니스에 도전했고 이 산업을 대체할 기세이다. 우버 또한 단 한 대의 차량을 소유하지 않고서. 중국의 거대 소매 기업 알리바바에는 자사의 여러 비즈니스 포털 중 한 사이트(타오바오 Taobao; 이베이와 유사한 전자상거래)에서만 10억 이상의 종류에 달하는 상품을 구비하고 있다. 물론 단 한 개의 상품 재고도 소유하지 않고서. 15억 명이 넘는 가입자가 방문해서 정기적으로 뉴스를 읽고 사진을 보고 음악을 듣고 동영상을 보는 동안 벌어들이는 광고 수입이 연 140억 달러(2015년 기준)에 달하는 페이스북(Facebook)은 사실상 세계 최대의 미디어 기업이다. 물론 직접 만든 콘텐츠 하나 없이. 미래에는 자동차도, 블록체인도, 도시도, IoT도, 에너지와 스마트 그리드도, 교육도, 헬스 케어도 플랫폼 기업 경영시스템에 의해 운영될 가능성이 높다.

플랫폼 기업 경영시스템은 경영의 많은 부분을 변화시킬 것이다. 특히 플랫폼 기업 경영시스템에 주목해야 하는 이유는 이 시스템이 제품 중심의 파이프라인 기업 경영시스템과 경쟁하면 거의 모든 경우 플랫폼 비즈니스가 제품 비즈니스를 파괴시켰기 때문이다. 단순한 예로 카카오 택시 서비스와 콜택시 사업자들을 생각해보면 이해될 것이다. 더 빠른 혁신, 사용자의 증대에 비례하는 가치의 증대, 자산을 소유하지 않고 활용하는 것이 주요 이유이다. 물론 수요 측면에서의 규모의 경제(네트워크 효과) 또한 승자독식, 즉, 독과점이라는 결과를 발생시켜 이에 대한 새로운 규제 필요도 탐구되고 있다. 제일 중요한 자원은 정보와 커뮤니티이다.

이러한 시스템과 기반 기술 영역에서 너무 신경을 쓰지 못해서(제품 중심 파이프라인 중심의 대기업들이 너무 강해서), 또한 국내 시장 규모가 작어서, 미국, 독일 등 선진국, 그리고 중국에 비해서도 우리나라는 많이 뒤처진 상태이다. 정부와 기존 기업들, 그리고 새로운 유형의 창업 기업들이 플랫폼 기업 경영 시스템과 관련 기술에 대한 본격적 고민, 지원, 노력을 시작했으니 앞선 나라와 기업들의 격차를 줄여나갈 수 있을 것이다.

Business Insight

플랫폼 비즈니스는 어떻게 수익을 창출하는가 - 세상을 연결하는 플랫폼의 가치

페이스북, 구글, 애플, 알리바바, 에어비앤비, 우버 등 요즘 잘 나가는 기업들의 비즈니스 모델을 살펴보면 한 가지 공통점이 있다. 그것은 이들 기업 모두 플랫폼 비즈니스 모델을 구현한다는 점이다. 플랫폼 비즈니스 모델이란 사업자가 직접 제품 또는 서비스를 제공하는 것이 아니라 제품이나 서비스를 제공하는 생산자 그룹과 이를 필요로 하는 사용자 그룹을 연결하는 것이다. 사업자는 생산자 그룹과 사용자 그룹이 플랫폼 내에서 활발하게 거래하도록 함으로써 가치를 생성하고 궁극적으로 수익을 창출한다.

플랫폼이라는 단어는 본래 기차를 타고 내리는 물리적인 공간, 또는 강사, 지휘자, 선수 등이 사용하는 무대나 강단을 뜻한다. 하지만 현재는 특정 장치나 시스템 등을 구성하는 기초가 되는 틀을 지칭하는 용어로 많이 사용된다.

오늘날 제조, 유통, 전자, IT 등 분야를 가리지 않고 많은 기업이 플랫폼 사업자를 궁극적인 목표로 삼고 있다. 그만큼 현대 기업에 있어 플랫폼 전략은 매우 중요하다. 따지고 보면 휴대폰 시장에서 존재감이 없던 애플이 노키아, 블랙베리, 모토로라 등 유수의 경쟁자들을 물리치고 스마트폰 시장의 강자로 군림하게 된 이유도 앱스토어라는 플랫폼 전투에서 승리했기 때문이다.

플랫폼 비즈니스의 발전 전략

최근 기업들의 성장 전략을 살펴보면 대부분 플랫폼 기업을 지향한다는 사실을 쉽게 알 수 있다. 이는 플랫폼 비즈니스 모델이 분야를 막론하고 대부분 기업에 매력적인 성장 모델로 비친다는 점을 시사한다. 사실 플랫폼 비즈니스 모델의 매력은 가치를 만드는 생산자와 그 가치를 사용하는 소비자가 자유롭게 만나고 연결되는 장이 존재한다는 점이다. 다시 말해 플랫폼 비즈니스 모델의 특징은 생산자와 소비자가 다양하게 '연결'되는 '양방향'에 있으며, 생산자와 사용자는 랜덤으로 연결되는 구조를 가진다. 이를 양면시장(two-sided market)이라고 부른다.

양면시장이란 과연 무엇일까? 사용자가 새로운 금융 상품에 가입하기 위해 은행을 찾아가는 모습은 전형적인 단면시장이라고 할 수 있다. 이러한 단면시장에서는 판매자가 구매자를 직접 상대하는 것이 특징이다. 반면 양면시장은 플랫폼 내에서 다양한 판매자와 구매자 간에 상시적인 거래가 나타난다. 양면시장은 우리 주위에서도 흔히 볼 수 있다. 예를 들어 신문사나 잡지사는 비교적 저렴한 가격으로 독자에게 콘텐츠를 제공하고 지면에 광고를 게재함으로써 대부분 수익을 창출하는데, 이는 전형적인 양면시장의 사례라고 할 수 있다. 이때 신문사와 잡지사는 독자와 광고주라는 두 개의 다른 집단을 상대하고 양쪽을 연결하는 연결 고리 역할을 함으로써 양쪽 고객 모두를 만족하게 한다.

양면시장이 활성화하려면 네트워크 효과가 필수적이다. 여기서 네트워크 효과(network effect)란 특정 상대 집단의 크기가 클수록 높은 이익이나 효용을 얻는 효과를 말한다. 예를 들어 페이스북의 월간 이용자 수는 약 18억 명에 달한다. 이렇게 많은 사람이 방문하는 길목에 광고나 서비스가 노출된다면 마케팅에 도움이 되기 때문에, 기업은 높은 광고비나 수수료를 지불하고서라도 페이스북 플랫폼에 들어가려고 할 것이다.

이처럼 충성도가 높고 사용자 수가 많은 한쪽 측면을 먼저 확보할 수 있다면 해당 플랫폼에 입점하려는 판매자 집단은 비교적 쉽게 확보할 수 있다. 이러한 현상은 플랫폼 비즈니스 모델에 공통적으로 나타나는 현상이다.

플랫폼 비즈니스의 수익 모델

플랫폼 비즈니스의 수익 모델은 크게 중개 수수료, 구독료, 광고료, 라이선싱, 아이템 판매 등으로 구분된다. 애플의 앱스토어, 우버, 에어비앤비, 알리바바 등이 중개 수수료 모델을 선택하고 있다. 애플은 앱스토어 입점을 신청한 어플을 검토한 후 입점을 승인하고 유료 판매 시 수수료 30%를 가져간다. 우버도 드라이버가 벌어들인 매출의 20~30%를 중개 수수료 명목으로 가져간다. 호텔을 중개하는 호텔엔조이닷컴은 수수료 형태로 판매액의 7~20%를 가져간다. 전 세계 최대 숙박공유 플랫폼 에어비앤비는 숙박을 예약한 게스트와 숙소를 빌려주는 호스트로부터 중개 수수료를 받는다. 이처럼 중개수수료 모델은 플랫폼 비즈니스에서 가장 흔하게 볼 수 있는 수익 모델이다.

두 번째, 구독료는 제품이나 서비스에 대한 비용을 한 번 또는 지속적으로 미리 지급하는 고객을 확보하는 수익 모델이다. 예를 들어 채용에 특화된 버티컬 플랫폼 링크드인은 기본적인 서비스를 무료로 제공하면서 고급 정보 서비스는 프리미엄 구독료를 받는다. 링크드인의 수익 중 프리미엄 구독료 매출의 비중은 약 18%고, 나머지는 광고와 솔루션에서 발생한다.

세 번째는 광고다. 구글과 페이스북처럼 거대한 사용자집단을 가진 플랫폼 기업은 매출 대부분이 광고수익으로 발생한다. 구글의 2015년 매출액 745억 달러의 90%가 광고에서 나온 것으로 나타났다.

네 번째는 라이선싱이다. 라이선싱은 계약된 조건에 따라 제품이나 서비스를 사용할 권리를 개인이나 기업에 제공하는 것을 말한다. 예를 들어 아마존 웹서비스(AWS)는 기업이 대규모의 IT 인프라에 투자하지 않고도, 마치 전기처럼, 사용한 만큼만 지불하는 클라우드 서비스를 제공한다. AWS는 클라우드 분야에서 마이크로소프트와 구글, IBM을 합친 것보다 큰 규모로 성장했다. AWS 매출은 아마존 전체 매출의 1/10 수준이나 영업 이익은 전체의 30%를 상회한다.

마지막 다섯 번째는 아이템 판매다. 플랫폼에서 유용하게 사용할 수 있는 기능을 판매해 수익을 창출하는 모델로 게임 아이템, 캐릭터, 기프티콘 판매 등이 일반적이다.

많은 기업이 궁극적으로 플랫폼 비즈니스 모델을 지향하지만 실제 플랫폼 비즈니스 모델을 구현하기란 매우 어렵다. 플랫폼에 참여하는 다양한 이해관계자의 역할, 그리고 그들이 플랫폼에 참여함으로써 얻게 되는 궁극적인 인센티브를 명확하게 제시해야 하기 때문이다. 그렇게 하지 않고 플랫폼 사업자의 이득만 생각한다면 해당 플랫폼은 제대로 작동하지 않을 가능성이 높다.

국내에서는 카카오와 라인 등 모바일 메신저 기반의 플랫폼 비즈니스 모델 외에 아직까지 성공한 플랫폼 비즈니스 모델이 많지 않다. 수익 모델도 취약한 편이다. 플랫폼 비즈니스 모델이 성공하려면 먼저 사업에 참여하는 이해관계자들을 어떻게 모으고 사용자 그룹에 어떤 차별화된 가치를 제공하여 네트워크 효과를 창출할 것인지에 대한 전략이 명확히 규정되어야 한다. 플랫폼 기업은 플랫폼에 참여하는 사용자와 판매자 그룹이 활발하게 활동할 수 있도록 제도적인 장치와 사업 요건들을 제공하는 데 집중해야 할 것이다

- 〈한국콘텐츠진흥원〉 상상발전소, 케이콘텐츠 2017년 1, 2월호(vol.22)

주요 용어

비즈니스, 이익, 기업, 비즈니스 투입 요인, 천연 자원, 자본, 인적 자원, 기업가정신, 민간 기업 시스템, 사유재산에 대한 권리, 선택의 자유, 경쟁, 경영시스템, 투입, 변환과정, 산출, 거시적 외부환경, 과업환경, 내부환경, 효과성, 효율성, 경영관리과정, 계획화, 조직화, 지휘, 통제, 가치사슬, 주된 활동, 지원 활동, 네트워크 효과, 교차 네트워크 효과, 플랫폼, 피보조자 그룹, 지불자 그룹, 플랫폼 기업 경영시스템

연습문제

01 비즈니스 투입요인을 설명하시오.

02 비즈니스 개념을 설명하시오.

03 민간 기업 시스템과 그 시스템의 기본권을 설명하시오.

04 경영시스템을 설명하시오.

05 환경의 종류를 설명하시오.

06 경영관리과정을 설명하시오.

07 성과개념인 효과성과 효율성을 비교하여 설명하시오.

08 가치사슬 개념을 설명하시오.

09 제조 중심의 전통적 가치창출 활동과 시장지향적 가치창출 활동을 비교하여 설명하시오.

10 네트워크 효과와 교차 네트워크 효과를 설명하시오.

11 플랫폼 기업 경영시스템을 제품 중심의 가치사슬(파이프라인) 기업 경영시스템과 비교하여 설명하시오.

CHAPTER 08

기업이란 무엇인가

가장 만족스러운 결과를 얻는 사람은 가장 뛰어난 아이디어를 가진 사람이 아니라, 동료들의 머리와 능력을 가장 효과적으로 조율하는 사람이다.

- 알톤 존스(전 CITGO 회장)

월급을 주는 사람은 고용주가 아니다. 고용주는 단지 자금을 다룰 뿐이다. 월급을 주는 사람은 바로 고객이다.

- 헨리 포드(포드자동차 창립자)

여러분이 절대 가벼이 여겨서는 안 되는 세 가지가 있습니다. 바로 인터넷의 파괴력, 영향력, 창조력입니다.

- 마윈 회장(알리바바 회장, 2008년 6월 27일, 상무부 연설)

제8장 기업이란 무엇인가

제1절 기업의 의의

앞에서 언급했듯이 현대 경영학은 기업과 같은 영리 추구 조직(profit-seeking organization)과 정부기관, 종교단체, 군대 및 학교와 같은 비영리조직(non-profit organization) 등 사회에 존재하는 모든 조직의 행동원리 및 실천적 규범을 밝히는 데 목적이 있다. 이 가운데 기업은 자본주의 경제체제에서 존재해 온 조직체의 하나로 시장경제사회의 대표적인 사회 조직체로서 발전해 왔다.

기업(enterprise)은 인간의 필요와 욕구를 만족시키는 재화와 용역과 같은 생활자원(life resources)을 생산하는 생산경제로서의 개별 경제주체에 해당한다. 또한 기업은 그러한 생활자원이 이용 가능(소비)하도록 분배하고 교환(유통)하는 활동을 한다. 이와 같이 기업의 물적 재화와 서비스의 생산 및 유통은 인간생활에 있어서 필수불가결한 활동에 해당한다. 기업이란 바로 인간이 필요로 하는 재화와 서비스를 생산하고 유통시키는 기초적 단위에 해당한다. 따라서 기업은 일정한 사회적 관계 속에서 존재하는 조직체라고 할 수 있다.

또한 기업은 개인과 가정에게는 소득의 원천이며 삶을 살아가는 생활의 터전을 제공한다. 기업은 사회의 모든 부문과 깊은 관련을 맺으며 활동을 하고, 국가경제, 정치, 사회, 문화뿐만 아니라 개인의 가치관, 사고방식 그리고 행동양식에도 영향을 미치는 조직체이다. 그렇다면 기업이란 무엇인가?

1. 기업의 개념

기업
이익을 추구할 목적으로 제품과 서비스의 생산 및 마케팅과 같은 비즈니스 활동을 하는 생산경제 조직체

기업이란 이익을 추구할 목적으로 제품과 서비스의 생산 및 마케팅과 같은 비즈니스 활동을 하는 생산경제 조직체라고 정의할 수 있다. 이러한 기업의 정의를 통해 현대 기업이 갖고 있는 기업의 특성을 설명하면 다음과 같다.

① 기업은 정부 및 가계와 더불어 국민경제를 구성하는 개별경제의 한 단위이다

가계
소비를 목적으로 하는 소비경제 단위

가계는 소비를 목적으로 하는 소비경제 단위이며, 기업은 인간의 욕구충족에 필요한 제품과 서비스의 생산과 마케팅을 목적으로 하는 생산경제 단위에 해당한다. 그리고 국가는 소비와 생산을 동시에 통제하고 관리하는 소비·생산경제 단위라고 할 수 있다.

생산
인간의 필요와 욕구를 충족시킬 수 있는 가치를 창출하는 활동

기업은 생산경제의 주체로서 생산 기능을 수행한다. 생산이란 인간의 필요와 욕구를 충족시킬 수 있는 가치(value)를 창출하는 활동을 의미하며, 여기서 가치는 사용가치(value in use)와 효용가치(value in utilities)를 포함하는 개념이다. 결국 기업은 우리에게 의식주에 필요한 생활자원인 제품과 서비스를 제공함으로써 필요와 욕구를 충족시켜 준다.

근검절약하기로 소문난 독일인들에게 오랫동안 사랑받아 온 쇼핑장소가 있다. 초저가 할인매장(hard discount store)의 대명사로 불리는 알디(ALDI). 1976년 독일에서 설립되어 기존의 할인마트보다 15~30% 더 싸게 물건을 내놓는다.

효용에는 제품과 서비스를 소비자에게 매력 있게 보이기 위하여 그 형태 및 모양을 변경시키는 형태효용(form utilities), 소비자가 원하는 시기에 제품과 서비스를 구매할 수 있는 편의를 제공하는 시간효용(time utilities), 소비자가 원하는 장소에서 제품 및 서비스를 구매할 수 있도록 하는 장소효용(place utilities), 소비자가 제품과 서비스를 소유할 수 있도록 도와주는 소유효용(possession utilities)이 있다. 일반적으로 제조업은 형태효용, 금융업은 시간효용, 유통업은 장소효용과 소유효용을 창출하는 기업이다.

② 기업은 비즈니스 활동을 통해 자체의 경제활동을 수행하는 과정에서 이윤을 추구하는 데 목적을 두고 설계된 조직이다

비즈니스 활동이란 사람들, 즉 소비자들의 필요(needs)와 욕구(wants)를 충족시키기 위한 제품 및 서비스를 제공하고 거래함으로써 이윤을 추구하는 활동을 의미한다. 개별 기업의 본질적인 존재 의의는 바로 이윤 추구의 동기에 있다.

비즈니스 활동
소비자들의 필요와 욕구를 충족시키기 위한 제품 및 서비스를 제공하고 거래함으로써 이윤을 추구하는 활동

③ 기업은 사회에 존재하는 조직체의 하나로, 이해관계자들과의 상호작용을 통해 그 목적을 달성하면서 기업뿐만 아니라 이해관계자들의 성장과 발전에도 영향을 미치는 공동체적 특성을 갖는다

기업은 사회 내 법률적인 인격체로서 독자적인 실체성(identity), 즉 독자적으로 그리고 영속적으로 존재하면서 기능을 수행하는 사회경제적 기관이라고 할 수 있다. 따라서 기업 존재에 대한 사회적 요구와 정당성이 있는 한 계속해서 존속하고 성장해야 하는 계속기업(going concern)의 성격이 있다. 이러한 특성은 기업과 이해관계자들의 주고받음의 원리에 의해서 그 목적이 달성된다.

계속기업
기업 존재에 대한 사회적 요구와 정당성이 있는 한 계속해서 존속하고 성장해야 하는 기업의 영속성 개념

2. 기업의 사회적 역할

기업은 생산 및 마케팅 활동을 통해 가치를 증식하고 부가함으로써 사회

의 일반 소비대중이 필요로 하는 제품 및 서비스를 보다 더 효율적으로 생산하고 제공하며 그들의 생활수준의 창출·유지·향상에 기여하는 중요한 사회적 역할을 한다. 여기서 생활수준이란 소비대중의 단순한 양적 생활수준만이 아닌 생활의 질(quality of life)을 반영한 질적 생활수준을 포함한다.

이러한 기업의 중요한 사회적 역할에도 불구하고 사회에 존재하는 수많은 기업에 대해 상이한 인식을 하고 있는 것이 사실이다. 이는 사회구성원들이 기업에 대해 갖는 가치관, 즉 기업관에 기인한다. 기업을 바라보는 기업관은 표 8-1 과 같이 네 가지로 분류할 수 있다.

표 8-1 기업관의 종류

기업관	입장
자본조직체관	기업은 자본가나 투자자가 투자한 자본에 의해 구성되어 있으며, 창출된 부가가치는 투자자나 자본가에 귀속되어야 함
노동조직체관	기업은 노동자의 노동에 의하여 부가가치를 창출하기 때문에 창출된 부구가치는 노동자에게 배분되어야 함
기업공동체관	기업은 자본과 노동으로 구성되어 있으며, 창출된 부가가치는 자본가나 투자자와 노동자에게 배분되어야 함
협동적 생산실체관	기업은 소비자, 투자자, 종업원, 원재료 공급업자 등 기업활동에 참가하는 모든 이해관계자들과의 협동에 의해 부가가치를 창출하기 때문에 창출된 부가가치는 이들 모두에게 배분되어야 함

〈포춘〉은 매년 1월 혹은 2월 '일하기 좋은 100대 기업'을 선정한다. 이는 〈포춘〉 단독으로 하는 것이 아니라 GWP(Great Place to Work Institute)와 공동으로 진행된다. GWP는 로버트 레버링(Robert Levering)이라는 경영컨설턴트가 설립한 기관으로 일하기 좋은 기업에 대해 연구한다. 그가 일하기 좋은 기업을 연구하게 된 발단은 이렇다. 그는 미국 경제가 침체기에 빠져 있던 1980년대 초, '경기에 상관없이 승승장구하는 초일류기업들이 가지는 공통점이 무엇일까?'라는 의문을 갖게 되었다. 10여 년에 걸친 연구조사 끝에 그가 내린 결론은 하나였다. '직원들에게 신뢰, 자부심, 즐거움을 조화롭게 제공하는 훌륭한 일터'라 는 점이다. 그리고 더 나아가 경영진에 대한 신뢰, 업무에 대한 자부심, 동료들과의 관계에서 오는 즐거움의 질이 높을 때 기업의 경쟁력이 높아진다는 상관관계를 밝혀냈다. 〈포춘〉은 레버링의 연구를 높이 평가했고, 1998년부터 GWP와 함께 100대 기업을 선정하고 있다.

자본조직체관과 노동조직체관은 노사대립관에 바탕을 둔 기업관으로 기업과 노동자 간에 갈등을 초래하는 시각이다. 기업공동체관은 사회 안정을 위해 노사대립을 지양하는 바람직한 시각으로 보이기는 하나 자칫하면 노사유착적 기업이기주의를 유발하여 소비자의 이익이나 사회이익이 저해될 가능성이 있다. 현대사회에 있어서 선진국을 비롯한 많은 국가에서는 협동적 생산실체관을 가장 합리적인 기업관으로 받아들이고 있다. 즉 기업은 특정집단을 위해서만 존속하는 것이 아니고 기업활동에 참여하는 여러 이해관계자와의 협동을 바탕으로 존속하며, 이들 모두의 노력에 의해서만 사회와 인간생활에 유용한 가치를 창출할 수 있다. 그러므로 기업은 일시적으로 존재했다가 사라지는 것이 아니라 이들 모두의 이익을 위한 사회 가치를 지속적으로 창출하고 증대시키는 역할을 하는 계속기업의 성격을 갖고 있어야 한다.

따라서 현대사회에 있어서 기업은 특정 집단이나 계층의 이익만을 위해 소유되고 지배되는 것이 아니라 사회구성원 모두의 이익을 위해 존재하는 공익성, 기업활동 자체가 사회 전반에 영향을 미치는 공공성, 기업은 사회조직의 하나라는 사회성을 갖는다.

Management Highlight

200년 기업의 장수비결은 사업DNA의 끊임없는 진화

1. 듀폰 : 화약 → 나일론 → 물질과학 진화 중

1802년 미국 델라웨어의 작은 화약 공장에서 사업을 시작한 듀폰의 올해 나이는 215세. 미국 경제전문지 포춘 500대 기업 중 가장 오래된 기업이다. 듀폰의 장수 비결은 시장화에 능동적으로 대응하기 위한 미래 전략 수립과 끊임없는 자기 진화에 있다. 듀폰은 사업 초기 화약회사로 출발해 1차 대전 때 연합국에 탄약을 공급하며 성장했다. 1930년대에는 화학 분야에 집중해 1935년에는 나일론을 발명하고 섬유 분야까지 사업 범위를 확장했다.

그러나 듀폰은 이제 더 이상 섬유회사가 아니다. 듀폰은 2004년 주변의 우려에도 불구하고 주력사업인 섬유 부문을 매각하는 사업구조 재편에 나섰다. 결과는 성공적이었다. 듀폰은 이제 바이오·농식품·첨단소재 분야 기업으로, 2016년에도 여전히 포춘 500 기업으로 자리 잡고 있다.

또한 글로벌 전문가집단을 통해 전 세계 사업환경에 대한 트렌드를 분석하여 조직의 미래전략을 수립한 후 내부의 소통과 합의를 도출함으로써 상시적으로 사업재편을 추진하고 있다. 듀폰은 석유화학사업 부문을 분사하는 등 새로운 모습으로 재탄생할 예정이다.

2. GE : 가전 → 금융 → 인프라 진화 중

미국의 GE도 사업재편을 거듭하면서 생존능력을 강화해온 대표적 기업이다. GE는 1980년대부터 일상적으로 사업재편을 추진해 가전, 컴퓨터 등 글로벌 시장에서 1~2위가 될 수 없는 사업은 과감하게 매각하고, 핵심 사업에 자원을 집중시켰다.

2015년에는 그룹 수익의 40%정도까지 담당했던 금융사업 철수를 발표하고 프랑스 알스톰의 발전 및 송배전 사업을 매수하는 등 사회 인프라 분야로의 사업재편을 적극 추진 중이다.

GE는 최근 사물인터넷(IoT) 트렌드에 대응해 소프트웨어기업이 된다는 비전을 세우고 전력, 항공기, 철도 등 GE가 만드는 산업인프라를 인터넷으로 연결 중이다. 또한 실시간 모니터링과 데이터 수집·분석 등을 통해 고객이 부가가치를 향상할 수 있는 솔루션을 제공하는 사업을 추진 중이다. 이를 위해 GE는 소프트웨어 개발 부문을 미국 실리콘밸리에 두고 AI 부문의 우수인력 확보와 양성에 주력하고 있다. 또한 벤처정신과 스피드 경영을 강조하는 등 기업문화와 종업원의 의식까지 개혁하고 있다.

3. 백화점 사업의 새로운 정의, J프런트 리테일링

사업재편은 첨단산업에서만 성공할 수 있는 것은 아니다. 일본의 J프런트 리테일링은 장기불황 속에서 특히 어려움을 겪은 백화점 업계에서 사업재편에 성공한 사례이다. 이 회사는 300년 이상 된 장수기업인 마쓰자카야(1611년 창업)와 다이마루(1717년 창업)의 통합으로 2007년 생겨났다.

J프런트 리테일링은 양사의 통합으로 조달, 물류 합리화, 부실점포 폐쇄, 인원 감축 등 효율성을 강화하였다. 또한 장기불황에 대응해 기존 백화점 컨셉에 어울리지 않았던 유니클로나 H&M, 도큐한즈(아이디어 잡화의 체인점) 등의 중저가 브랜드를 입점시켰으며, 젊은 여성을 겨냥한 패션 매장을 크게 확장했다. 그 결과 J프런트 리테일링은 백화점 점포 폐쇄가 속출하고 있는 일본시장에서 신속한 조직 통합과 사업재편을 성공적으로 추진하면서 연간 480억 엔을 넘는 영업이익, 6% 수준(2015년 기준)의 주주자본이익률(ROE)을 기록 중이다.

3가지 사례로 본 사업재편 성공비결

이상 사업재편에 성공한 3사의 사례에는 공통점이 있다.

먼저 기업을 둘러싼 사업환경을 지속적으로 분석하고, 시대의 트렌드를 기업 입장에서 의미 있게 해석하면서 새로운 지향점을 찾아갔다.

다음으로 이러한 새로운 지향점을 실행하기 위해 기업에 게 부족한 역량은 M&A를 통해 외부에서 확보하고 불필요한 부분은 과감하게 청산했다. 변화하는 경영 트렌드를 아무리 빨리 파악한다 해도, 이에 필요한 모든 경영자원을 처음부터 구축할 수 있는 시간적 여유가 없기 때문이다.

마지막으로 최고경영자가 현상유지의 문제점을 지적하는 등 조직원들을 각성시키고 새로운 비전을 제시하는 한편 조직문화를 바꾸는 등의 리더십을 발휘했다.

- 〈대한상의 브리프〉, 2017. 3 27

제2절 기업목적과 목적달성과정

1. 기업목적

기업목적
기업이 기업활동을 통해서 달성하고자 하는 성과 또는 결과

기업목적이란 기업이 기업활동을 통해서 달성하고자 하는 성과나 결과를 말한다. 기업이 계속기업으로서 사회적 역할과 기능을 다하기 위해서는 일차적으로 기업목적을 기업 자체의 생존, 성장, 발전에 두어야 한다. 이를 달성하기 위해서는 먼저 사회구성원이 필요로 하는 제품과 서비스를 효율적으로 생산·공급하여 이윤을 추구하는 경제적 목적이 달성되어야 한다.

경제적 목적을 달성하기 위해서는 사회의 다양한 이해관계자와의 협력관계를 필요로 하며, 이들 모두에게도 이익이 분배될 수 있어야 지속적인 협력관계를 유지할 수 있다.

따라서 오늘날 기업들이 추구해야 하는 궁극적인 기업목적은 사회적 부가가치 창출을 통한 이익을 추구하는 데 두어야 한다. 이러한 부가가치로서의 이익은 투자자, 종업원, 소비자 및 사회에 대한 분배 코스트가 되는 것이다. 현대 기업이 추구해야 하는 부가가치로서의 이익은 표 8-2 와 같이 구성된다.

표 8-2 **부가가치의 구성**

현재 사업 코스트(경비, 감가상각비)	광의의 분배 코스트
미래 사업 코스트(연구개발비, 기획 · 조사 · 교육비, 유보이익)	
협의의 분배 코스트(인건비, 이자, 배당금)	

기업활동을 통해 창출된 부가가치의 분배방법은 기업을 인식하는 방법에 따라 다를 수 있다. 예를 들어서 투자자 우선주의를 취하는 입장에서는 이들에게 분배되는 배당금 외의 코스트는 모두 비용으로 간주되며, 종업원 우선주의는 인건비에 대한 분배비율을 중요하게 생각한다. 기업이 계속기업으로서 생존·성장·발전하기 위해서는 현재 사업 코스트, 미래 사업 코스트, 협의의 분배 코스트를 동시에 고려하면서 부가가치를 분배해야 한다. 그러나 어느 경우든지 기업목적의 본질은 전체 부가가치를 증대하는 것이 전제되어야 하며, 여기에 기업이 존재하는 의의가 있다고 할 수 있다.

2. 기업목적의 달성원리

기업이 경영활동의 결과 얻고자 하는 기업목표, 즉 부가가치로서의 이익을 계량적인 방법으로 표현한 것을 기업경영의 성과라고 하며, 일정 기간

유니클로 매장에서는 2, 3만 원 정도에 청바지를 살 수 있다. 10만 원을 훌쩍 넘는 유명 브랜드 청바지에 비하면 매우 저렴하다. 그렇다면 품질은 어떨까? 유니클로 마니아들은 "단순히 싸기만 한 게 아니라 소재, 패턴, 바느질 상태 등 품질 면에서도 흠잡을 데가 없다"고 입을 모은다. 티셔츠는 1만 원, 원피스는 3만 원 정도면 살 수 있다. 유니클로의 성공은 가격, 품질, 패션 삼박자를 고루 갖추었기 때문에 가능했다. 보통 가격과 품질·디자인은 모순관계이다. 가격을 낮추면 품질과 디자인이 부실할 수밖에 없고, 품질과 디자인을 강화하면 가격은 자연히 올라간다.

동안 경영활동을 위해 소요된 투입과 얻어진 산출 간의 차액으로 계산된다. 구체적으로 화폐단위로 표시하면 산출은 수익(revenue), 투입은 비용(cost)이 된다. 따라서 현대 기업의 부가가치로서의 이익(profit)은 다음과 같다.

> 부가가치(value added) 또는 이익(P)=수익(R)-비용(C)
> (P : Profit, R : Revenue, C : Cost)
> 수익 = 영업수익(판매수량×판매단가)+영업 외 수익
> 비용 = 구매활동, 생산활동, 재무활동, 인사활동, 마케팅활동, 회계활동 및 사무활동에 소요되는 비용

3. 기업경영의 과제

이익 또는 부가가치를 증대시키기 위해서는 수익을 증가시키든지 비용을 절감시켜야 한다. 그런데 수익을 증가시키기 위해서는 대부분의 비중을 차지하는 영업수익을 증가시켜야 하므로 판매수량을 증가시키든지 아니면 판매가격을 올려야 한다. 어떤 경우든지 기업경영의 과제는 고부가가치의 창출, 즉 부가가치의 생산성을 높이는 데 두어야 한다. 생산성은 기업경영의 목적을 달성하기 위한 일차적 요건이며, 생산성은 경제성의, 경제성은 수익성의 원천이 된다. 이들 세 가지 요건을 경영행동의 원리, 기업경

영의 지도원리 또는 선택원리라고 한다. 이를 구체적으로 설명하면 다음과 같다.

(1) 생산성

생산성(productivity)이란 생산을 위해 투입된 생산의 제 요소가 생산과정에서 어떻게 효과적으로 결합됨으로써 생산물로 실현되는가를 나타내는 지표가 된다. 생산성은 다음과 같이 계산한다.

생산성
투입된 생산의 제 요소가 생산과정에서 어떻게 효과적으로 결합됨으로써 생산물로 실현되는가를 나타내는 지표

생산성 = 생산물의 산출량(output)/생산요소의 투입량(input)

대표적인 생산성의 종류에는 생산요소의 종류에 따라 노동생산성과 부가가치생산성이 있다.

① 노동생산성

노동생산성(labor productivity)이란 노동자 1인이 하루에 생산해 낼 수 있는 생산량을 말하며, 생산되는 단위가 물량일 때의 물량 표시 노동생산성과 화폐 표시 노동생산성이 있다.

노동생산성
노동자 1인이 하루에 생산해 낼 수 있는 생산량

물량 표시 노동생산성 = 산출량/종업원 수
화폐 표시 노동생산성 = (산출량 × 제품가격)/종업원 수

② 부가가치생산성

부가가치생산성(value added productivity)이란 종업원 1인이 기업에 기여한 기여가치 또는 부가가치를 측정하는 것으로 다음과 같이 계산한다.

부가가치생산성
종업원 1인이 기업에 기여한 기여가치 또는 부가가치

부가가치생산성 = 부가가치/종업원 수

이때의 부가가치란 기업경영활동에 의해 새로 창출된 가치로, 기업 매출액에서 외부구입가치를 공제한 후 자기 회사에서 새로이 창출한 가치를 의

부가가치
기업경영활동에 의해 새로 창출된 가치로, 기업 매출액에서 외부구입가치를 공제한 후 자기 회사에서 새로이 창출한 가치

미한다. 부가가치에는 순부가가치(net value added)와 총부가가치(gross value added)가 있다. 기업이 창출한 순부가가치의 계산 방법에는 공제법(subtraction procedure)과 가산법(addition procedure)이 있다.

공제법에 의한 순부가가치=총매출액-외부구매비용
외부구매비용=원재료비+지불경비+초기재고액-기말재고액-부가가치조정액
지불경비=보험료, 에너지료, 각종 용역비(통신비, 교통비, 광고비, 여비 등)
가산법에 의한 순부가가치=순이익+인건비+금융비용+임차료+조세공과금

총부가가치=순부가가치+감가상각비

그러므로 부가가치는 생산물의 가치에 대해서 경영자와 종업원이 공헌한 가치이며, 이런 의미에서 기여가치(value contributed)라고도 한다.

국내총생산
1년 동안 한 나라가 창출한 총부가가치의 합계

국민총생산
국민이 1년간 일하여 산출한 재화 및 서비스의 생산물에서 원재료비를 공제한 액수

참고로 1년 동안 한 나라가 창출한 총 부가가치의 합계를 **국내총생산**(Gross Domestic Product, GDP)이라고 한다. 이에 반해 **국민총생산**(Gross National Product, GNP)이란 국민이 1년간 일하여 산출한 재화 및 서비스의 생산물에서 원재료비를 공제한 액수를 말한다.

(2) 경제성

전통적으로 기업은 이익추구(profit seeking)를 위한 조직체로 인식됨으로써 선택원리도 이윤추구라는 단일목적성(single objectivity)에 한정되어 왔다. 또한 이때의 이익은 극대이익(maximum profit)으로 투자자인 기업가 한 사람의 목적만을 위한 지표로서 사용되어 왔다.

그러나 오늘날 기업에는 영리기업으로서의 사기업뿐만 아니라 비영리기업(nonprofit enterprise)도 포함된다. 따라서 경영의 선택원리를 영리성, 그것도 이익의 극대화에서만 구할 수 없게 되었다. 이러한 관점에서 파생된 원리가 경제성(economizing)이다.

경제성
경제적 가치에 의해서 측정된 일정 투입가치에 대한 산출가치의 관계

경제성은 일정 가치를 생산하기 위해서 투입한 희생이 최소가 될 때 달성된다. 이때 최소 희생으로 최대 성과를 달성하는 개념을 경제원칙(economy principle)이라고 한다. 경제성이란 경제적 가치에 의해서 측정된 일정 투입가치(input value)에 대한 산출가치(output value)의 관계를 말한다. 이 경우 투입가치란 일정한 수단의 사용에서 발생한 비용이며, 산출가치는 일정한 목표로서의 성과에서 나타난 수익을 말한다.

경제성=목표/수단=성과/희생=산출/투입=수익/비용=급부/원가

경제성은 목표달성도와 수단절약도로도 표현할 수 있다. 목표달성도는 수단이 일정한 경우 표준산출가치(standard output value)와 실제산출가치(actual output value)를 비교하여 측정한다. 이때의 경제성 원칙을 성과극대화의 원칙 또는 극대유효성의 원칙이라고 한다.

경제성=실제산출/표준산출=실제수익/목표수익=목표달성도(유효성)

수단절약도는 목표가 일정한 경우 표준투입가치(standard input value)와 실제투입가치(actual input value)를 비교하여 측정한다. 이때의 경제성 원칙을 수단극소화의 원칙 또는 수단절약의 원칙이라고 부른다.

경제성=실제투입/목표투입=실제비용/목표비용=수단절약도(효율성)

따라서 경제성은 목표달성도/수단절약도로 표현할 수 있다.

이상에서 기업경영의 최종적인 목표를 실현하기 위하여 목표달성도 즉 유효성과, 수단절약도 즉 효율성을 동시에 달성해야 함을 알 수 있다. 이상의 개념은 경제적 합리주의, 즉 경제적 합리성(economic rationality)을 추구하려는 경영합리화의 기본적 지표가 된다는 점에서 경영목표의 실천원리가 된다. 그리고 이와 같은 경영합리화의 경영목표는 생산성향상 의식과 원가절감 의식에서 달성된다.

(3) 수익성

수익성
기업의 수익과 자본에 대한 관계

수익성(profitability)은 기업의 수익과 자본에 대한 관계로 영리성원칙이라고도 한다. 수익성원칙은 순수한 화폐가치상의 비율인 수익률에 따른 기업의 행동원칙을 의미한다. 수익성원칙은 이익극대화의 원칙(principle of profit maximization)과 직결되는 개념이다.

수익성=이익/자본=자본이익률=(이익/매출액)×(매출액/자본)
=매출액 이익률×자본회전율

총자본 이익률=순이익/총자본, 자기자본 이익률=순이익/자기자본

그러나 이익극대화의 원칙은 투자자 우선주의를 원칙으로 하는 것으로 현대 사회에서는 현실성이 없으며, 투자자와 이해자 집단에게 동시에 만족을 줄 수 있는 새로운 형태의 수익성 개념이 요구되었다. 새로운 수익성 개념에는 다음과 같이 세 가지가 있다.

① 적정이윤

적정이윤
자기자본이자, 기업위험보상료 및 기타 이익으로 구성되는 기업의 유지·존속을 위한 필요최저비용

적정이윤(fair profit)은 조엘 딘(Joel Dean)이 주장한 이윤 개념으로, 극대이윤 개념이 갖는 한계성을 보완한 개념이다. 기업 간의 경쟁 격화, 노사분쟁, 소비자의 공세 강화 등으로 오늘날 기업은 이익을 극대화하는 데 어려움이 있다. 또한 현대 기업이 갖는 공공성 및 사회성하에서 기업은 확장을 위한 이익에서 유지존속을 위한 이익으로 그 이윤의 목표수준을 변경하도록 강요받고 있다. 이와 같은 관점에서 새로운 개념의 이윤이 적정이윤이며, 자기자본이자, 기업위험보상료 및 기타 이익으로 구성된다.

여기서 자기자본이자와 기업위험보상료는 기업의 유지·존속을 위한 필요최저비용이므로 반드시 회수되어야 한다. 만일 그렇지 못하면 기업은 투하 운용되고 있는 자기자본을 회수하여 보다 유리한 투자대상을 찾아야 할 것이다. 적정이윤율은 자기자본이자율과 자기자본구성비율 및 기업위험료로 구성된다.

적정이윤율 = 적정이윤/총자본 = (자기자본이자+기업위험료)/총자본
= (자기자본이자/자기자본) × (자기자본/총자본) + (기업위험료/총자본)
= 자기자본이자율 × 자기자본구성비율 + 총자본위험료율

② 필요최저이윤

필요최저이윤(required minimum profit)은 피터 드러커(Peter F. Drucker)가 주장한 이윤 개념으로, 기업의 목적을 기업의 생존 자체에 두는 개념이다. 즉 기업 자체가 유지되고 존속하기 위해 필요한 최소한의 이윤만을 추구하는 개념이다. **필요최저이윤**이란 기업을 유지·존속시키는 데 필요한 최소한의 이윤으로 다음과 같이 구성된다.

필요최저이윤
기업을 유지·존속시키는 데 필요한 최소한의 이윤

- 미래코스트(future cost) : 기업이 미래에 부담할지 모르는 위험을 회피하기 위하여 필요로 하는 비용을 말한다. 여기에는 대체코스트(replacement cost), 구식화(old fashionized) 또는 진부화(obsolescence) 코스트, 시장위험 코스트(market risk cost) 및 불확실성 코스트(uncertainty cost) 등이 포함된다.
- 사회코스트(social cost) : 제세공과금, 환경비용
- 사업확장코스트(expansion cost) : 미래에 사업확장의 필요성이 있을 때 기업 스스로의 자기금융(self-finance)에 의한 자금조달이 가능하도록 할 수 있는 이윤수준을 말한다.

③ 만족이윤

만족이윤(satisfactory profit)은 기업의 욕구수준(aspiration level)에 의해서 결정되는 이윤을 말하며, **기업의 욕구수준**이란 최소한 기업의 생존을 보장하고 기업이 과거에 달성한 정상이윤(normal profit)을 커버할 수 있는 이윤의 수준을 말한다.

만족이윤
기업의 욕구수준에 의해서 결정되는 이윤

기업의 욕구수준
최소한 기업의 생존을 보장하고 기업이 과거에 달성한 정상이윤을 커버할 수 있는 이윤

만족이윤은 기업의 욕구수준에 의해서 결정되며, 기업의 욕구수준은 또한 기업 내외의 제 여건에 의해서 제약되기 때문에 일관성 있는 이윤의 수준은 되지 못한다.

이상에서 살펴본 생산성, 경제성 및 수익성 간의 관계를 그림으로 요약하면 그림 8-1 과 같으며, 생산성과 경제성을 경영의 선택원리라고 한다면 수익성은 기업의 선택원리라고 할 수 있다.

그림 8-1 생산성, 경제성, 수익성 간의 관계

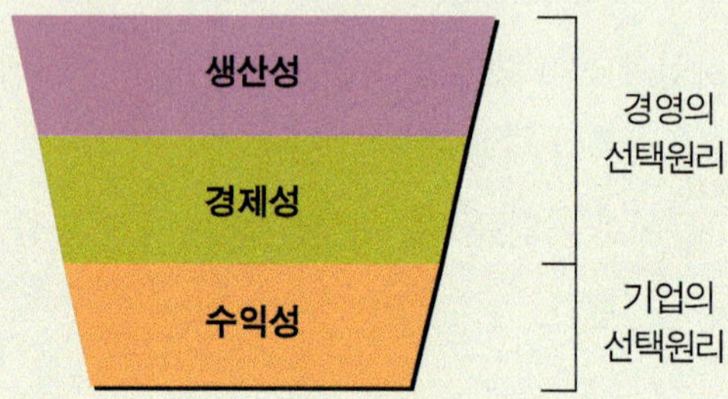

제3절 기업의 생존부등식

기업이 계속기업으로서 생존하고 발전하기 위해서는 일차적으로 기업목적의 달성과정에서 살펴보았던 이익(P) = 수익(R) − 비용(C)의 원리를 이해할 필요가 있다. 이익(P)을 증가시키기 위해서는 다음의 방법이 있다.

이익(P)을 증가시키는 방법

① R값을 증가시킴

R = 영업수익(판매수량 × 판매단가) + 영업외수익에서, 영업수익이 대부분의 비중을 차지하므로 판매수량을 증가시키든지 판매가격을 증가 시킨다.

② C값을 감소시킴

원재료, 노동력, 에너지 및 기타 경영활동비용을 절감한다.

①에서 영업수익을 증가시키기 위해서는 소비자가 기업이 생산하는 제품과 서비스를 구매해 주어야 한다. 그러나 소비자는 무조건 제품과 서비스를 구매하는 것이 아니고 자신이 지불하는 가격(P)보다 제품이나 서비스가 제공하는 가치(V)가 클 경우에만 구매한다. 즉 소비자의 입장에서는 다음과 같은 부등식이 성립되어야 제품과 서비스를 구매할 것이다.

제품 및 서비스의 가치(V) > 제품 및 서비스의 가격(P), V−P > 0 …③

여기서 제품 및 서비스의 가치는 화폐단위로 환산할 수 없으나 소비자가 머릿속에서 계산하는 지각가치(perceived value) 또는 효용(utility)을 의미한다. 즉 소비자는 지각가치를 가격과 비교하여 구매를 결정하게 된다.

한편 기업의 입장에서는 수익(R)−비용(C)>0이 성립되어야 이익을 창출할 수 있다. ③식을 제품 1단위로 변환하면 결국 다음과 같은 부등식이 성립되어야 이익이 창출된다.

P > C, P−C > 0 ……………………………………………④

③식과 ④식을 결합하면 소비자 입장의 소비자 혜택(consumer-benefit)과 기업 입장의 생산자 혜택(producer-benefit)이 동시에 발생하는 부등식이 된다. 즉 기업이 생존 및 성장하기 위해서는 다음과 같은 부등식을 만족해야 한다.

V > P > C ……………………………………………⑤

⑤식은 기업이 시장에서 생존하기 위한 기본조건으로 기업의 생존부등식이라고 할 수 있다.

결론적으로 소비자가 지각하는 제품 및 서비스의 가치는 제품의 가격보다 커야 하며, 제품 및 서비스의 가격은 비용보다 커야 한다. 따라서 기업의 목표는 ③ V−P>0을 달성하기 위하여 V를 높이고 P를 낮추며, ④ P−C>0

어떤 사람들은 오토바이를 '성공한 남자의 로망' 혹은 '멋진 취미생활'과 연관 짓는다. 바로 미국의 대형 모터사이클 생산업체 할리데이비슨(Harley-Davidson Inc.)의 마니아들이다. 그들은 할리데이비슨을 단순한 오토바이가 아니라 '꿈을 실현시켜 주는 수단'으로 생각한다.

을 달성하기 위하여 P를 높이고 C를 낮추어야 한다. ③에서는 P를 낮추고, ④에서는 P를 높여야 하는 선택이 남아 있으나 장기적으로는 V를 높이고 C를 낮추는 것이 바람직하다.

제품 및 서비스의 가치(V)를 높이기 위해서는 경쟁기업에 비해 많은 가치를 제공해 주는 제품을 생산해야 하며, 이를 위해서는 끊임없이 신기술 및 신제품 개발 노력을 통해 새로운 가치를 창출하는 창조성이 기업에 요구된다. 비용(C)을 낮추기 위해서는 비용절감을 할 수 있는 원가절감이나 생산성을 증가시켜야 한다. 따라서 기업의 창조성과 생산성은 기업의 생존과 발전에 있어서 실과 바늘과 같은 역할을 한다.

제4절 기업 형태

1. 기업 형태의 의의

기업의 형태(forms of enterprise)란 일종의 기업의 종류라고 할 수 있으며, 우리

사회에 존재하는 기업의 종류에는 분류 방법에 따라 각양각색의 기업이 존재한다. 먼저 기업은 규모, 업종, 출자 성격, 법제도, 정부와의 관계 등을 기초로 분류할 수 있다.

(1) 규모에 의한 분류

기업은 규모를 결정하는 매출액, 종업원 수, 자본금에 따라 대기업, 중기업 및 소기업으로 분류할 수 있다.

우리나라의 경우 대규모 기업이란 자산 10조 원 이상으로 공정거래위원회에서 지정한 상호출자제한 기업집단을 말한다. 금융 및 보험, 보험 서비스업의 경우는 중소기업 기준을 초과하면 대기업에 해당한다. 2016년 자산규모가 5조 원 이상에서 10조 원 이상으로 상향조정되었다. 이유는 대기업집단 지정제도로 중견기업들이 대기업집단에 편입되지 않기 위해 투자확대와 사업재편을 기피하는 피터팬 신드롬에 빠지는 것을 방지하기 위한 대책으로 변경되었다.

다음으로 중소기업은 중소기업 육성시책의 대상이 되는 기업으로 소유와 경영의 독립성을 확보하고 있으며 규모가 상대적으로 작은 기업이다. 국가별로 산업 특성 또는 시기, 상시근로자수, 자산액·자본금 또는 매출액 등에 따라 각각 다르게 법령 또는 지침을 두고 있는데, 우리나라의 경우는 "중소기업기본법" 제2조 제1항에서 "중소기업자는 업종의 특성과 상시근로자수, 자산규모, 매출액 등을 참작하여 그 규모가 대통령령이 정하는 기준 이하이고, 그 소유 및 경영의 실질적인 독립성이 대통령령이 정하는 기준에 해당하는 기업을 영위하는 자"로 규정하고 있다(그림 8-2 참조).

기존에는 중소기업과 대기업 두 가지로만 구분하다가 2010년에 중견기업이라는 공식 용어가 마련되었고, 2014년 1월 21일 법 시행일(2014년 7월 22일)부터 10년 시한의 「중견기업 성장촉진 및 경쟁력 강화에 관한 특별법」이 제정되었다. 중견기업이란 중소기업기본법상 중소기업이 아니면서 대기업 계열사가 아닌 기업으로, 3년 평균 매출이 1,500억 원 이상이지만, 공정거래법상 상호출자제한 기업집단군에 속하지 않는 회사이다(그림 8-3 참조).

그림 8-2 **중소기업 기준**

「중소기업기본법 시행령」에서는 각 업종별로 규모기준을 규정하였다.

제조업은 상시근로자수 300인 미만이거나 자본금이 80억 원 이하인 경우

광업 · 건설업 · 운송업은 상시근로자수 300인 미만이거나 자본금 30억 원 이하인 경우

도소매 · 서비스업은 세부업종별로 상세하게 구분하여 상시근로자수 기준은 300인부터 50인까지,
매출액 기준은 300억 원부터 50억 원까지

+

- 기업이 중소기업의 규모기준에 적합한 경우에도 "자산총액이 5억 원 이상인 기업이 발행주식 총수의 30% 이상 소유하고 있는 기업"이거나 "상호출자제한 기업집단에 속하는 기업"을 중소기업에서 제외
- 상시근로자수가 1천 명 이상인 기업과 자산총액이 5천억 원 이상인 기업은 중소기업에서 제외
- 중소기업 중 광업 · 제조업 · 건설업 · 운수업의 경우 상시근로자수가 50인 미만인 기업과 도소매 · 서비스업인 경우 상시근로자수가 10인 미만인 기업은 소기업으로 분류

그림 8-3 **중견기업 판단기준**

중견기업 판단 기준 = 규모, 상한, 독립성 여부

'상한' 기준의 경우

대기업이 아니면서, ① 상시근로자수 1천 명 이상, ② 자산총액 5천억 원 이상, ③ 자기자본 1천억 원 이상, ④ 3년 평균매출 1,500억 원 이상이라는 4가지 기준 중에서 한 가지라도 만족한 기업은 유예기간 없이 바로 지정

'규모' 기준의 경우

상시근로자수가 300명 이상이거나 자본금이 80억 원(제조업 기준) 이상인 중소기업은 3년의 유예기간을 거쳐 지정(이때 공공기관이나 금융 · 보험업의 경우 제외)

'독립성' 기준의 경우

자산 5천억 원 이상 법인(외국 법인 포함)이 주식 등의 30% 이상을 직 · 간접적으로 소유하면서 최다출자자인 기업/관계기업에 속하는 기업의 경우, 근로자수 등 해당 업종별 규모 기준에 충족하는 기업

(2) 업종에 의한 분류

기업은 종사하고 있는 업종에 따라서 광업, 공업, 상업, 금융업, 통신업 등으로 분류할 수 있다. 대표적인 예로 주식시장은 업종별로 기업들을 소속하게 하고 있다. 이러한 업종분류는 표준산업분류(Standard Industrial Classification, SIC)를 토대로 하는데, 표준산업분류는 생산주체들이 수행하는 각종 상품과 서비스의 생산활동을 일정한 분류기준과 원칙을 적용하여 체계적으로 분류한 것이다. 미국의 경우 미국 증권거래위원회(SEC)가 제정한 표준산업분류는 444개 산업을 정의하고 있으며, 우리나라의 경우 통계청에서 유엔의 국제표준산업분류에 기초하여 국내의 산업구조와 기술변화를 반영한 한국표준산업분류를 제정·고시하고 있다. 이러한 분류로 산업 통계를 작성하고 분석함으로써 경제 및 산업구조, 산업 간의 유기적 구성과 상관성 등을 파악, 분석함은 물론 국내외 통계자료 간 비교도 가능하다. 세법도 사업의 범위와 업종의 분류에 대해 특별한 규정이 있는 것을 제외하고는 한국표준산업분류를 기준으로 삼고 있다. 2017년 7월 1일부터 시행된 10차 개정에서는 대분류 21개, 중분류 77개, 소분류 232개, 세분류 495개, 세세분류 1,196개의 분류체계를 확정하였다.

(3) 출자 성격에 의한 분류

기업의 출자자가 누구인가에 따라 공기업, 사기업, 공사공동기업으로 분류할 수 있다. 공기업은 출자자가 정부나 공공단체이며, 사기업은 개인, 그리고 공사공동기업은 개인과 정부 또는 공공단체가 공동으로 출자한 기업을 말한다.

(4) 법제도에 의한 분류

기업은 법률상의 규정에 따라 합명회사, 합자회사, 유한회사 및 주식회사로 분류할 수 있다. 한편, 우리나라의 경우 대기업 의존도가 너무 높아 중소기업 및 벤처 창업기업의 활성화를 위해 노력하고 있다. 이와 관련된 대표적 법은 중소기업 기본법, 중소기업 창업지원법, 벤처기업 육성에 관한 특별조치법, 중소기업 진흥에 관한 법률, 중소기업 기술혁신 촉진법, 중소기업 인력지원 특별법, 중소기업 사업전환 촉진에 관한 특별법 등이다.

특히 앞으로 벤처기업의 역할이 갈수록 중요하다. 벤처기업이란 벤처기업육성에 관한 특별조치법 제2조 2에 의한 기술 및 경영혁신에 관한 능력이 우수한 중소기업 중 벤처확인 유형별 요건을 갖춘 기업을 말한다. 벤처기업 유형에는 벤처투자기업, 연구개발기업, 기술평가보증기업이 있다. 벤처투자기업의 요건은 ① 벤처투자기관으로부터 투자받은 금액이 자본금의 10% 이상, ② 투자금액이 5천만 원 이상이다. 연구개발기업의 요건은 ① 기술개발촉진법 제7조 규정에 의한 기업부설연구소 보유, ② 업력에 따른 기준[창업 3년 이상 기업(연구개발비가 5천만 원 이상이고 연구개발비비율이 기준 이상), 창업 3년 미만 기업(연구개발비가 5천만 원 이상), 사업성이 우수할 것에 부합해야 한다. 기술평가보증기업(기술평가대출기업)의 요건은 ① 기술보증기금 또는 중소기업진흥공단으로부터 기술성이 우수한 것으로 평가, ② 기술보증기금의 보증 또는 중소기업진흥공단의 대출을 순수 신용으로 받을 것, ③ ②의 보증 또는 대출금액이 8천만 원 이상이고 총자산 대비 5% 이상(단, 창업 후 1년 미만 기업의 경우 보증 또는 대출금액이 4천만 원 이상)이다.

7장 플랫폼 기업 경영시스템에서 살펴봤듯이 기업가정신에 의한 혁신 창업기업들의 역할은 매우 중요하다. 미국의 실리콘 밸리, 중국의 선전, 이스라엘, 영국, 독일, 네덜란드 등의 국가에는 유니콘(unicorn) 기업들이 즐비하다. 유니콘 기업이란 기업 가치가 10억 달러 이상인 비상장 스타트업 기업을 말한다(스타트업 기업이 상장하기도 전에 기업 가치가 1조 원 이상이 되는 것은 마치 유니콘처럼 상상 속에서나 존재할 수 있다는 의미로 사용). 이러한 나라들처럼 우리나라도 기업가정신을 토대로 한 벤처 창업기업이 성장할 수 있도록 하는 것이 매우 중요한 과제이다.

나아가 비즈니스에서도 약자 보호가 중요하다. 이와 관련된 대표적 법은 소상공인 보호 및 지원에 관한 법률, 여성기업 지원에 관한 법률, 장애인 기업활동 촉진법 등이 있다.

(5) 소유 방식에 의한 분류

기업은 소유와 지배구조를 중심으로 개인기업, 인적 공동기업(소수공동기업), 자본적 공동기업(다수공동기업)으로 분류할 수 있다.

이와 같이 기업을 분류하는 방법에는 여러 가지가 있을 수 있으나 일반적으로 그림 8-4 와 같이 기업자본의 출자관계에서의 법률적 형태와, 경영활동의 관점에서 출자에 따르는 책임부담의 관계에서의 경제적 형태로 나눌 수 있다. 우리나라의 기업 형태는 상법상의 합명회사, 합자회사, 유한회사, 주식회사, 민법 및 특별법에 의한 조합, 특별법에 의한 회사 및 공사가 있다.

그림 8-4 기업 형태의 분류

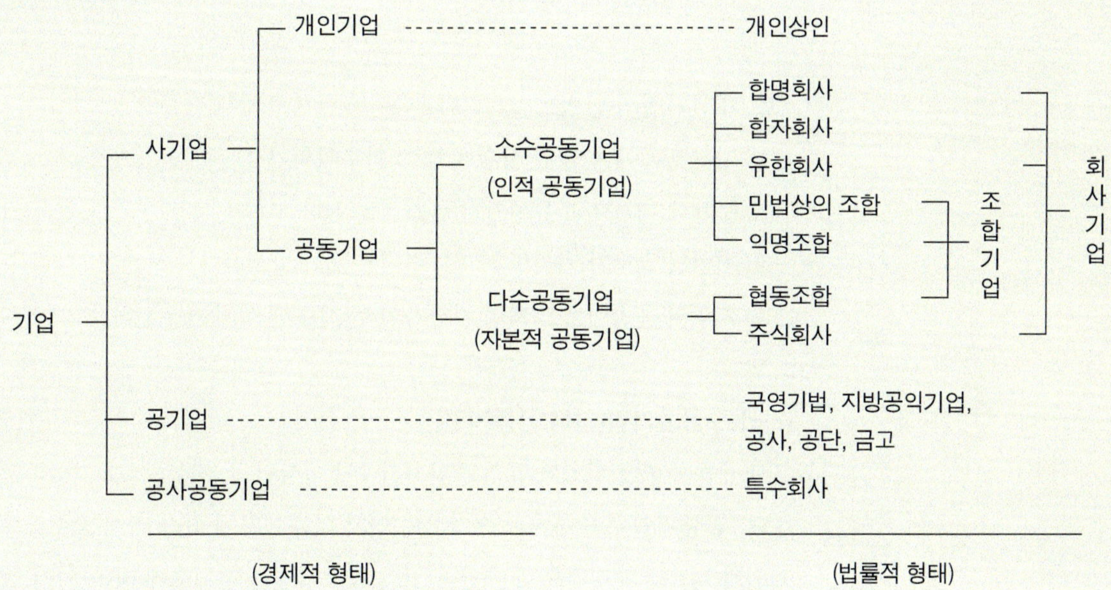

2. 기업의 제 형태

(1) 개인기업

개인기업
개인 한 사람이 출자, 경영, 소유 및 지배를 하는 기업

개인기업(sole proprietorship)이란 개인 한 사람이 출자, 경영, 소유 및 지배를

하는 기업을 말한다. 따라서 경영상의 모든 위험과 손실을 출자자인 개인 한 사람이 지게 되며, 이윤이 발생하면 혼자서 향유할 수 있어 개인기업을 단독기업(single enterprise)이라고도 한다. 개인기업의 장·단점은 다음과 같다.

① 개인기업의 장점

i) 기업의 설립 및 폐쇄가 용이하다.

ii) 경영활동에 있어서 신속한 의사결정이 가능하다.

iii) 위험부담과 이윤취득을 혼자서 하기 때문에 기업경영에 전념하게 된다.

iv) 법률상의 제약과 규제가 가장 적다.

v) 기업의 비밀유지가 가능하다.

vi) 세제 면에서 법인세가 없고 이윤에 대한 개인소득세만 납부하기 때문에 세제상의 혜택을 누릴 수 있다.

② 개인기업의 단점

i) 자본조달이 개인 한 사람에 의해 이루어지기 때문에 한계가 있다.

ii) 부채에 대하여 소유자가 무한책임을 진다.

iii) 기업의 규모가 커지면 관리능력에 한계가 발생한다.

iv) 기업의 운명이 경영자인 기업가의 한 사람에 의해 좌우된다.

(2) 소수공동기업(인적 공동기업)

공동기업
출자자가 2인 이상인 기업

사기업 중 개인기업과 달리 출자자가 2인 이상인 경우를 **공동기업**이라고 한다. 공동기업은 출자자의 수가 소수인가 다수인가에 따라 다시 소수공동기업과 다수공동기업으로 나뉜다. 소수공동기업은 법제도에 따라 인적 성격을 갖는 인적 공동기업으로서 합명회사, 합자회사, 유한회사, 민법상의 조합, 익명조합으로 나뉜다. 다수공동기업은 자본적 성격을 갖고 있는 주식회사와 협동조합으로 나뉜다.

합명회사
2인 이상의 출자자가 공동으로 출자하고, 출자자가 회사의 채무에 연대무한 책임을 지는 회사

합명회사

합명회사(general or unlimited partnership)란 2인 이상의 출자자가 공동으로 출자

하고, 출자자가 회사의 채무에 연대무한책임을 지는 회사를 말한다. 따라서 합명회사의 사원은 기업에 절대적인 책임을 지기 때문에 무한책임사원이라고도 한다. 인적 기업의 대표적인 기업 형태로, 일반적으로 혈연관계에 있거나 이와 유사한 관계에 있는 사람들로 이루어지는 것이 보통이다.

합명회사는 본래 중세 유럽의 내륙상업도시를 중심으로 발달하였으며, 가족 단체를 중심으로 한 출자자 상호의 신뢰성을 바탕으로 조직된 것이다.

합명회사는 회사의 운영에 대한 의사결정과 사원의 지분양도에 있어서 전 사원의 동의가 필요하다. 그러나 개인기업의 특성을 지니고 있기 때문에 자본조달의 한계로 소규모기업에 적당한 기업 형태라고 할 수 있다.

합자회사

합자회사(limited partnership)란 출자와 업무집행을 담당하는 무한책임사원과 출자만을 하는 유한책임사원으로 구성되는 회사의 형태를 말한다. 책임과 권한의 크기는 무한책임사원이 더 크다.

합자회사
출자와 업무집행을 담당하는 무한책임사원과 출자만을 하는 유한책임사원으로 구성되는 회사

합자회사는 중세 이탈리아의 해상무역에서 발달한 코멘다(commenda)에 그 기원을 두고 있다고 한다. 코멘다는 일종의 위탁계약관계로 위탁자인 commendator와 수탁자인 tractator로 구성되었다. 여기서 위탁자는 귀족, 상인 및 지주였으며, 수탁자는 대부분 해상무역업자였다. 당시 위탁자는 출자를

Kogi BBQ는 트위터를 통해 이동식 식당의 딜레마를 극복하였다. Kogi BBQ는 트럭의 스케줄과 위치를 트위터로 미리 공지한다. 이를 보고 싸고 맛있는 즉석 코리안 타코를 먹으려는 사람들이 예정된 시간과 장소에 먼저 와서 기다린다. Kogi BBQ 트럭은 손님을 기다릴 필요도 없고 정해진 장소에 도착하자마자 곧바로 매상을 올릴 수 있게 되었다. 또한, 여러 장소를 옮겨 다닐 수 있게 됨으로써 보다 넓은 지역에서 보다 많은 고객을 확보할 수 있게 되었다.

한도로 유한책임을 지고, 수탁자는 무한책임을 졌다.

합자회사에서 유한책임사원은 책임이 한정되고 일상 업무는 수행하지 않으며 출자분에 대한 배당만 받는다. 한편 무한책임사원의 지분은 전 사원의 동의가 없이는 양도가 불가능하고, 유한책임사원의 지분은 무한책임사원 전체의 동의가 있어야 양도가 가능하나 주식과 같은 유통성이 없어 제한된 규모의 기업에 적당한 형태이다.

유한회사

유한회사
사원이 출자액을 한도로 기업채무를 변제한다는 유한책임을 지는 사원으로 구성된 회사

유한회사(private company)란 사원이 출자액을 한도로 기업채무를 변제한다는 유한책임을 지는 사원으로 구성된 회사를 말한다. 유한회사는 전 사원이 유한책임을 진다는 면에서는 주식회사와 비슷하다. 즉 유한회사는 복잡한 법적 절차를 피하기 위한 주식회사의 축소형이라고 할 수 있으며, 자본회사와 인적 회사의 성격을 동시에 갖고 있는 회사이다. 유한회사는 비교적 소수의 사원과 소수의 자본으로 운영되기 때문에 중소 규모의 기업에 적당한 형태이다.

우리나라의 상법에서는 사원 50인 이내(단, 특별한 사정이 있는 경우 법원의 인가를 얻은 때에는 사원의 수를 50인 이상으로 증가할 수 있다. 상법 545조)와 자본금 1,000만 원 이상으로 제한되고 있으며, 결의권은 출자구좌 수(1지분 1의결권)를 기준으로 하고 있다. 결의 방법에는 일반결의와 특수결의가 있다. 유한회사의 기관에는 결의기관인 사원총회와 집행기관인 이사가 있다. 이사의 수는 한 명으로 충분하다. 사원총회는 이사가 소집한다.

지분을 타인에게 양도할 때는 사원총회의 승인을 얻어야 한다(상법 556조 1항과 2항). 유한회사는 기업을 공개할 의무가 면제되기 때문에 재산목록, 대차대조표, 손익계산서, 영업보고서, 준비금 및 이익배당안, 사원명부 및 의사록을 공개할 필요가 없다. 역시 중소기업에 적당한 기업 형태이다.

민법상의 조합

민법상의 조합
2인 이상이 공동으로 출자하여 공동으로 사업을 경영할 것을 약정하는 경우 그 효력이 발생하는 민법상의 조합

민법 제703조에 의한 민법상의 조합은 2인 이상이 공동으로 출자하여 공동으로 사업을 경영할 것을 약정하는 경우 그 효력이 발생한다. 조합구성원

모두가 업무집행을 담당하고 무한책임을 진다. 법인이 아니기 때문에 권리의무의 주체는 조합이 아닌 조합원이며, 자산도 조합이 아닌 조합원의 공동소유가 된다.

일반적으로 민법상의 조합이 설립되는 경우를 살펴보면 다음과 같다.

- ◆ 일시적 거래로 공동사업을 경영하는 경우
- ◆ 공사채와 주식을 공동으로 인수하기 위한 증권인수단(syndicate)을 결성하는 경우
- ◆ 사업을 창설할 때의 과도적 형태 또는 프로젝트와 같은 단기적 사업의 기업 형태가 필요한 경우

익명조합

익명조합(undisclosed association) 역시 코멘다에서 유래된 것으로 업무를 직접 담당하는 무한책임의 영업자인 현명조합원(顯名組合員)과 유한책임을 지는 익명출자자(匿名出資者)로 구성되는 조합으로 상법상의 조합이다.

익명조합
업무를 직접 담당하는 무한책임의 영업자인 현명조합원과 유한책임을 지는 익명출자자로 구성되는 조합으로 상법상의 조합

상법 제78조에 익명조합원은 영업자를 위해 출자를 이행하고 영업에서 얻게 되는 이익을 배분한다는 계약을 규정하고 있기 때문에 보통 익명조합원은 채권자의 위치에 서서 표면에 나타나지 않는다. 그러나 익명조합원이 자기의 이름이나 상표를 그 기업에 사용할 경우에는 익명조합원도 무한책임자가 된다. 익명조합은 비법인이며, 합자회사는 법인이라는 점에서 차이가 있다.

(3) 다수공동기업(자본적 공동기업)

다수공동기업이란 기업의 소유와 지배 면에서 경영에 직접적으로 관계를 하지 않는 다수로부터 거액의 자본을 조달하고, 전문경영자가 이를 관리·운영하는 기업을 말한다. 다수공동기업에는 주식회사와 협동조합이 있다.

주식회사

① 주식회사의 의의

주식회사
자본적 공동기업의 대표적 형태로 다수인의 출자에 의해서 성립되는 자본단체

주식회사(joint stock corporation, stock company)는 합명회사와 합자회사가 발전한 것으로 자본주의 체제에서 대규모의 기업을 운영하는 데 필요한 대규모의 자본을 조달하는 중요한 수단이 되고 있다. 따라서 주식회사는 자본주의 경제체제의 대표적인 기업 형태이며, 현대 경영학의 학문적 연구에 있어서 중심을 이루고 있다.

주식회사는 자본적 공동기업의 대표적 형태로 다수인의 출자에 의해서 성립되는 자본단체이다. 자본단체란 주주의 출자재산을 바탕으로 설립된다는 것을 의미한다. 따라서 자본의 결합이 중요한 반면에 인적 결합은 그다지 중요하지 않다.

주식회사가 자본주의의 기업 형태로 각광을 받는 이유는 다수인의 자본 참가가 용이하고 대규모의 자본을 조달할 수 있다는 이점 때문이다. 이 때문에 주식회사는 기업 규모의 대형화와 규모의 경제를 향유할 수 있는 기업 형태이다. 또한 주식회사는 다수로부터 대규모의 자본을 조달함과 동시에 위험을 분산시키고 전문경영자에 의한 경영관리가 가능한 기업 형태이다.

② 주식회사의 특징

주식회사는 대규모의 자본조달이 가능한 자본적 공동기업이다. 자본적 공동기업으로서 주식회사의 특징을 살펴보면 다음과 같다.

◆ 유한책임제도

유한책임제도
주식회사의 주주는 출자액인 주식금액을 한도로 회사의 자본위험으로부터 발생하는 채무에 대해서 책임을 지는 제도

먼저 주식회사는 유한책임제도를 갖고 있다(상법 제236조). 즉 주주는 출자액인 주식금액을 한도로 회사의 자본위험으로부터 발생하는 채무에 대해서 책임을 진다. 이로 인해 주식회사는 주주의 출자에 대한 책임을 가볍게 하고, 다수인으로부터 대규모의 자본조달이 가능하다. 이것은 주식회사는 주주의 재산과 회사의 재산이 명백히 구별된다는 것을 의미한다. 따라서 회사의 채무에 대해서 주주 개인의 재산에까지는 그

위험이 미치지 않는다.

또한 법적 실체로서의 주식회사는 주주가 바뀌더라도 자체의 재산확보를 확실히 할 수 있도록 자본확정, 자본충실 및 자본유지의 원칙을 법으로 강요하고 있다.

◆ 자본의 증권화제도

경영자는 기업의 자본이 영구자본으로 남기를 원하고, 투자자는 투자자본이 고정화되기를 싫어한다. 이러한 양자 간의 상충관계를 해소하기 위하여 고안된 것이 **자본의 증권화제도**이다.

자본의 증권화제도
주식회사에서 경영자와 투자자 간의 상충관계를 해소하기 위한 제도로, 회사는 주식 발행을 통해 주주에게 매각하여 자본금을 조달하고, 주주는 출자자로서의 전환인 주주권을 갖는 제도. 유통증권화, 주주 자격 취득, 주주 자격의 포기가 가능함

주식회사의 자본금은 주식이라고 하는 유가증권(securities)을 분할 발행하여 주주에게 매각함으로써 조달될 수 있다. 이때 주식은 1주당 액면가가 5,000원 이상 균일하여야 하며, 자본금은 5,000만 원 이상이어야 한다(상법 제329조). 이러한 주식을 매입하는 주주는 출자자로서의 권한인 주주권을 갖게 된다. 이러한 제도로 인하여 주식시장을 통해 주식의 매매양도가 가능하고(유통증권화), 출자자는 임의로 주식의 매입을 통해 투자를 행할 수 있고(주주 자격 취득), 주식의 매각을 통해 출자분을 회수할 수도 있다(주주 자격의 포기). 이러한 특성으로 인하여 주식회사는 대규모의 자본조달이 용이하고, 자본의 규모를 확대시킬 수 있다.

◆ 소유와 경영의 분리

소유와 경영의 분리
회사의 소유 기능은 주주가 맡고 경영적 기능은 전문경영자가 맡는 제도

오늘날의 주식회사에서 출자자인 주주의 종류에는 출자의 목적을 사업에 관여하는 데 두는 사업주주, 이익배당의 취득과 주식시세의 변화로 인한 이익획득에 두는 투자주주, 주식시세의 변화로 인한 이익획득에만 두는 투기주주가 있다.

그러나 오늘날 대부분의 주식회사에서 주주는 투자주주와 투기주주가 대중을 이루고, 이들은 경영에 참가하기를 원치 않기 때문에 소유와 경영이 분리되고 있다. 즉 회사의 소유 기능은 주주가 맡고 경영적 기능은 중역인 전문경영자(expert manager 또는 professional manager)가 맡게 되어 소유와 경영의 분리(separation of ownership and management)가 이루어지며,

이를 중역제도 또는 대리경영제도(representative management system)라고 한다. 따라서 주식회사의 경영참가자도 소유경영자(owner manager)에서 고용경영자(employed or salaried manager)로 다시 전문경영자의 형태로 바뀌고 있다. 이와 같이 자본주의가 자본가사회에서 경영자사회로 바뀌어 가는 현상을 제임스 버넘(James Burnham)은 경영자혁명론(the managerial revolution)으로 설명하였다.

③ 주식회사의 장·단점

◆ 주식회사의 장점

주주는 유한책임을 진다.

소유권의 이전이 용이하다.

조직의 수명이 장기적이다.

대규모 자본조달에 의한 기업성장이 용이하다.

전문경영자를 활용할 수 있다.

◆ 주식회사의 단점

세금의 종류가 많다.

회사의 설립이 복잡하고 비용이 많이 든다.

정부의 규제가 많고 기업활동 결과에 관한 보고 의무가 있다.

기업경영에 관한 비밀 유지가 어렵다.

기업활동의 확대는 정관의 변경에 의해서만 가능하다.

④ 주식회사의 기관

주식회사의 기관에는 최고 의사결정 기관인 주주총회(general meeting of stockholders), 경영 담당 기관인 이사회(board of directors), 주주의 권익을 보호하는 감사(auditor)가 있다.

◆ 주주총회

주주총회는 회사의 기본조직과 경영에 관한 중요 사항에 관하여 주주들이 의사를 표시하여 결정하는 최고 의사결정 기관이다. 주주총회의 권한은 상법 또는 정관에 정해진 다음과 같은 사항에 한정된다.

첫째, 정관의 변경, 자본의 증감, 영업의 양도, 양수 및 합병

둘째, 이사, 감사, 검사인, 청산인의 임면에 관한 사항

셋째, 주식배당, 신주인수권, 계산서류의 승인 등에 관한 사항

주주총회는 정기총회와 임시총회로 구분된다. 정기총회는 매결산기에 정기적으로 소집되어 계산서의 승인이나 이익 또는 이자의 배당에 관한 것이 결의되며, 임시총회는 필요에 따라 소집된다.

주주총회
회사의 기본조직과 경영에 관한 중요 사항에 관하여 주주들이 의사를 표시하여 결정하는 최고 의사결정 기관

◆ 이사회

이사회는 회사의 경영에 관한 일체의 권한을 위양받은 수탁층(trusteeship zone)으로서 상설기관이다. 이사회는 주로 회사의 업무집행에 관한 의사결정을 한다. 상법에 규정된 이사회의 결정 사항으로는 신주의 발행, 사채의 모집, 지배인의 선임 및 해임, 이사와 회사 간의 거래에 대한 승인, 이사의 직무의 집행을 감독하는 권한이 있다.

이사는 주주총회에서 선임되고, 최소 3인 이상이어야 하며, 임기는 3년이다. 또한 이사 중에서 대외적으로 회사를 대표하고 대내적으로는 업무집행을 하는 대표이사를 선임해야 한다. 특히 최근에는 이사회 구성원 대부분이 내부 경영자들로 구성되어 있어 자신들의 경영활동을 자신들이 평가해야 하는 모순을 해결하기 위하여 사외이사제도를 채택하는 기업이 증가하고 있다. 사외이사제도는 이사회의 투명성과 기업의 사회성을 제고하기 위한 제도이다.

이사회
회사의 경영에 관한 일체의 권한을 위양받은 수탁층으로서의 상설기관

◆ 감사

감사는 이사의 업무집행을 감사한다. 감사는 주주총회에서 선임되며, 임기는 2년이다. 또한 감사는 회사의 회계감사 및 업무감사를 주 임무로 하는 주식회사의 상설기관이다. 따라서 감사는 직능상 경영에 관한

감사
회사의 회계감사 및 업무감사를 주 임무로 하는 주식회사의 상설기관

풍부한 지식과 경험이 필요하기 때문에 자격 요건이 엄격할 필요가 있다. 이 때문에 오늘날에는 공인회계사와 같은 사외감사제도를 채택하기도 한다.

⑤ **기업공개와 종업원지주제도**

오늘날의 주식회사는 자본주의 사회에서 대규모 기업집단의 형성과 같은 지대한 경제적 역할을 하고 있다. 그러나 주식이 소수의 사람에 의해 소유되는 경우 기업의 사회성에 대한 의미가 결여될 가능성이 있다. 주식회사의 사회성을 유지하면서 민간자본의 산업자본화를 달성하기 위한 방안이 바로 기업공개이다.

기업공개
일반 투자가들에게 자사에 대한 투자를 하도록 유인하기 위하여 자산 상태 및 영업성과, 장기적 경영목표 및 정책을 공표하는 것

기업공개란 일반 투자가들에게 자사에 대한 투자를 하도록 유인하기 위하여 자산 상태 및 영업성과, 장기적 경영목표 및 정책을 일반 대중에게 공표하는 것을 말한다. 기업공개의 목적은 주식을 널리 분산 소유토록 함으로써 소수에게 집중되어 나타나는 여러 폐단을 감소시키고, 주식대중화를 통한 경영민주화 또는 기업민주화를 달성하는 데 있다. 우리나라에서는 1974년 기업공개촉진법을 통해 공개 요건을 구비한 기업의 공개 촉진과 증권거래소에의 상장을 적극적으로 추진하고 있다.

종업원지주제도
종업원에게 자사의 주식을 무상으로 증여하거나, 유가로 취득토록 하되 장기대부나 급여 대신으로 주식을 갖게 하는 것

또한 경영의 민주화를 실현하기 위한 방법의 하나로 종업원지주제도(employee ownership system)를 들 수 있다. 종업원지주제도란 종업원에게 자사의 주식을 무상으로 증여하거나, 유가로 취득토록 하되 장기대부나 급여 대신으로 주식을 갖게 하는 것을 말한다. 종업원지주제도의 목적은 종업원의 경영에의 참가의식을 높이고 노사협조를 원활히 하고 주식의 대중화를 촉진하여 기업민주화의 실현과 경영능률을 향상시키는 데 있다. 종업원지주제도의 형태로는 주식매입형, 저축장려형, 이익분배형이 있다.

협동조합
중소기업인, 소비자, 소규모 생산자 또는 민간인들이 경제적 약점을 보완하기 위하여 상호협조와 협동정신을 바탕으로 공동출자하여 조직하는 공동기업

협동조합

① **협동조합의 의의**

협동조합(cooperatives)은 자본주의 경제의 발달과 대기업의 등장으로 경제

적 약소자인 중소기업인, 소비자, 소규모 생산자 또는 민간인들이 경제적 약점을 보완하기 위하여 상호협조와 협동정신을 바탕으로 공동출자하여 조직하는 공동기업이다.

협동조합은 1844년 영국의 맨체스터 지방의 로치데일에서 28명의 가난한 직조공들이 1파운드씩 돈을 내어 로치데일 공정개척자조합(Rochdale Society of Equitable Pioneers)이라는 소비조합을 결성한 데서 비롯되었다. 본래는 19세기 초 로버트 오언(Robert Owen)의 협동사상에 힘입어 만들어진 것이다.

우리나라에는 현재 농업협동조합법, 수산업협동조합법, 중소기업협동조합법, 신용협동조합법이 제정되어 있으며, 이에 따라 다양한 협동조합이 나름의 사업활동을 하고 있다.

② 협동조합의 특징

협동조합은 일반 기업과는 달리 다음과 같은 자주적 특성을 갖고 있다.

- 협동조합은 협동을 통한 상호이익을 추구한다. 즉 협동조합은 개인주의가 아닌 협동주의를 목표로 영리보다 조합원의 상호부조를 목적으로 한다(협동주의 또는 상호부조주의).
- 조합의 운영은 주식회사의 1주 1표와는 달리 조합원을 중심으로 출자액에 관계없이 1인 1표의 민주적 관리방식을 따른다(민주주의).
- 협동조합은 영리주의가 아닌 이용주의 원칙을 따른다. 즉 조합원의 이용과 편익 제공을 목적으로 운영된다(이용주의).

③ 협동조합의 형태

협동조합은 주체가 누구인가에 따라 소비자협동조합, 생산자협동조합, 신용협동조합으로 나눌 수 있다.

- 소비자협동조합

  소비자협동조합은 조합원의 생활에 필요한 물자를 공동구매함으로써 조합원의 경제적 이익을 증대시키는 데 목적이 있다. 소비자협동조합은 회사, 학교, 종교단체와 같이 직장별로 조직할 수도 있고, 동일한 거주지에 사는 주민을 중심으로 지역조합을 결성할 수도 있다. 우리나라에서는 공무원연금매장, 의료보험조합이 대표적인 예에 속한다.

◆ 생산자협동조합

생산자협동조합은 중소생산업자들이 결성하는 조합을 말한다. 생산자조합의 종류에는 판매조합, 구매조합, 이용조합, 생산조합이 있다. 판매조합이란 조합원이 생산한 생산물을 협동 판매하는 조합이다. 구매조합이란 조합원이 필요로 하는 원료, 기계 등을 공동구입함으로써 구매비용을 절감하기 위해 결성하는 조합이다. 이용조합이란 시설 등을 공동으로 이용하기 위하여 결성된 조합을 말한다. 생산조합이란 공동원료의 확보, 공동생산, 공동판매를 목적으로 결성된 조합을 말한다.

◆ 신용협동조합

신용협동조합은 조합원 간의 자금융통을 통해 경제적인 상호부조를 도모하고자 조직된 조합을 말한다. 즉 상호유대를 가진 서민들이 협동조직을 통하여 자금의 조성과 이용을 도모하는 서민금융기관이다.

(4) 공기업 및 공익사업

공기업

① 공기업의 의의

공기업

국가나 지방자치단체 및 공공단체가 공익을 목적으로 출자하고 직·간접적으로 책임을 지는 기업 형태

공기업(public corporation)이란 국가나 지방자치단체 및 공공단체가 공익을 목적으로 출자하고 직·간접적으로 책임을 지는 기업 형태를 말한다. 공기업은 공공의 이익 증진에 목적이 있다는 점에서 영리를 목적으로 하는 사기업과 차이가 있다. 사유재산제도를 원칙으로 하는 자본주의 사회에서 공기업이 존재하는 이유는 다음과 같다.

◆ 공공사업의 목적 : 공공의 편익을 도모하기 위하여 국가가 전화, 우편, 철도, 전기, 수도, 도로, 항만 등과 같은 사회의 필수적 기반이 되는 공익사업을 직접 운영하는 경우에 발생한다.

◆ 경제정책상의 목적 : 국가의 경제정책적 목적을 달성하기 위하여 공기업을 설립 운영하는 경우로 산업육성, 국토 및 지역개발을 위한 기업이 이에 속한다. 우리나라에는 산업자본을 공급하기 위한 산업은행, 화폐정책적 차원에서 운영되는 한국은행이 있다.

◆ 사회정책상의 목적 : 국민의 생활안정이나 복지증진 등 사회정책적 목적으로 설립되는 기업을 말한다. 대한주택공사, 주택은행 등이 이에 속한다.

◆ 재정정책적 목적 : 국가의 재정수입을 충당하기 위하여 설립되는 공기업으로, 우리나라에서는 과거 한국담배인삼공사(현재는 (주)KT&G로 민영화 되었음)가 이에 속했다. 현재에는 한국마사회 같은 준시장형 공기업이 이에 해당된다.

◆ 기타 목적 : 국가기관이 필요로 하는 물자나 용역을 생산하기 위하여 설립되는 공기업으로, 우리나라에는 한국조폐공사가 있다.

② 공기업의 형태

공기업은 기본적으로 행정기업과 법인기업으로 나뉜다.

◆ 행정기업

행정기업이란 국가 또는 지방공공단체가 필요한 자금을 전액 출자하고 운영도 행정기관이 직접 하는 기업을 말한다. 정보통신사업, 철도사업, 시영수도(市營水道)가 이에 속한다.

◆ 법인기업체

법인기업체는 국가 또는 지방공공단체가 독립적인 법인체를 설립하여 운영에 자주성을 부여한 기업을 말한다. 법인기업체는 주식회사의 형태, 공사, 공단, 금고, 사업단 등 특수한 형태를 갖추고 있다. 우리나라에서 공기업은 정부의 지분율이 50% 이상인 기업을 말하며, 정부투자기관 예산회계법과 정부투자기관관리법의 적용을 받는다.

공익사업

공익사업

공공의 이익을 증진하기 위하여 전기, 철도, 가스, 수도, 전화 등과 같이 공중의 일상생활과 밀접한 관계를 갖고 있는 서비스를 실비나 염가로 제공하는 사업

공익사업(public utilities)이란 공공의 이익을 증진하기 위하여 전기, 철도, 가스, 수도, 전화 등과 같이 공중의 일상생활과 밀접한 관계를 갖고 있는 서비스를 실비나 염가로 제공하는 사업을 말한다. 공기업은 공공성과 공익성을 갖고 있기 때문에 국가의 규제를 받는다. 우리나라에서는 공익사업이 공기업과 사기업 형태를 취하고 있다.

사례

사례 - ①

구글의 고객가치창조

구글(Google)은 검색엔진을 중심으로 한 인터넷 포털업체로 시작했으나 기존의 서비스를 고쳐서 새롭게 하거나 창조적 파괴를 통해 고객가치창조를 실행하고 있다.

검색서비스로서 차별성

구글의 검색서비스가 갖는 차별화 요소는 크게 보면 정보검색을 위한 사용자 편리성과 정보의 접근성이라고 할 수 있을 것이다. Yahoo, MSN, AOL 등 다른 포털업체의 홈페이지를 접속해 보면 뉴스를 비롯해 각종 정보가 빼곡히 들어 있는 느낌을 받는다. 이와 달리, 구글의 웹사이트에 접속해 홈페이지를 보면 아주 단순하며 검색 기능을 중심으로 설계되어 있는 것을 볼 수 있다.

이렇게 뚜렷한 차별화가 되는 홈페이지의 설계는 사용자 관점에서의 연구를 통해 나왔다고 생각한다. 먼저 인터넷 포털에 접속하는 사람들이 무슨 목적을 가지고 방문하는지를 파악하고, 이를 우선순위화하여 어떤 방문 목적을 중심으로 접속할 때 나오는 홈페이지를 설계할 것인지를 고민했을 것이다. 구글은 고객의 다양한 방문 목적 중에 정보검색이 가장 중요하다고 판단하여 이를 중심으로 검색서비스를 사용하는 고객의 편리성을 구현해 온 것으로 보인다.

또한 사용자가 전 세계에서 가장 많은 양의 정보에 접근할 수 있도록 함으로써 다른 경쟁사의 검색서비스와의 차별화를 강화해 온 것 같다. 이렇게 하여 구글은 정보검색 부분에서 뚜렷한 차별화를 이루었고 고객을 위해 경쟁사보다 더 많은 가치를 창출하였다.

웹에 부여한 새로운 가치

현재 구글은 검색서비스에만 머물고 있지 않고 고객가치창조의 영역을 넓혀 가고 있다. 구글은 웹을 그들의 새로운 서비스 개발과 사용을 위한 플랫폼으로 생각하고 Google Docs와 Spreadsheets 프로그램을 웹에서 사용할 수 있게 개발했다. 이런 구글의 개발이 의미하는 것은 웹에

『구글드 : 우리가 알던 세상의 종말』의 켄 올레타(〈뉴요커〉 수석 칼럼니스트)는 구글은 더 이상 단순한 검색엔진의 이름이 아니라면서, 구글은 21세기 지구상에서 가장 강력한 영향력을 가진 기업을 일컫는다고 말한다.

접속만 된다면 컴퓨터의 운영체계는 물론 PC용 소프트웨어 프로그램이 필요 없이 모든 것을 웹에서 직접 사용할 수 있게 되는 것이다. 이러한 가능성은 현재 시장에서 독보적인 위치를 점하고 있는 마이크로소프트사의 Word나 Excel에게는 사실상 엄청난 위협이 되는 것이다.

또한 구글이 출시한 Calendar Service는 얼핏 보면 기존의 시간관리 프로그램 같은 Scheduler와 흡사하다. 그러나 Calendar Service는 기존의 유사 프로그램에 비해 사용자의 편리성에서 월등히 우수하다. 그뿐 아니라 웹에 자신의 시간 계획표를 올려놓고 전 세계 누구와도 공유할 수 있다. 심지어 여행 중에도 자신의 약속시간을 휴대폰을 통해 알려 주는 SMS Notification Option도 새로이 창조된 고객을 위한 가치라 할 수 있다.

사례를 통해 보듯이, 구글은 진정 기존의 모든 것을 뒤흔들며 창조적 파괴를 통해 새로운 가치를 제공하고 있는 놀라운 기업이라 하겠다.

토의문제

1. 구글의 고객가치창조 핵심 내용은 무엇인가?

2. 창조적 파괴가 새로운 고객가치창조에 주는 시사점은 무엇인가?

사례 - ②

성급함과 자만?

대부분의 경영자는 속도와 도전이라는 과제를 풀기 위해서 의사결정을 빠르게 할 수 있는 경영시스템을 구축하기 위해 노력하며, 현재에 만족하지 않고 보다 과감한 움직임을 통해 새로운 도약을 꿈꾼다. 그러나 이러한 스피드 경영과 과감함은 자칫 성급함과 자만이라는 씨앗을 낳기도 한다. 이러한 씨앗은 점점 더 커져서 기업을 쇠락의 길로 빠뜨릴 수도 있다.

기업이 성급함에 빠져 너무 빨리 가려고 하면 제아무리 잘나가던 기업이라도 위험에 빠지게 된다는 사실을 머크(Merck)의 예에서 볼 수 있다. 1995년 머크의 CEO였던 길마틴(Ray Gilmartin)은 회사의 목표를 '최고로 성장이 빠른 회사(Being a top-tier growth company)'로 정했다. 이전까지 머크는 수익성, 혁신적 약품, 과학적 역량, 연구개발, 생산성 등에 많은 노력을 집중한 회사였는데, 성장을 기업활동의 중심에 놓은 것이다. 당시 5년 내로 다섯 개 특허의약품들의 특허가 만료될 예정이었으므로 성장에 대한 우려가 제기되었다. 그래서 길마틴은 새로운 블록버스터 제품을 출시하여 새로운 성장엔진을 가동하려고 한 것이다.

이러한 배경에서 관절염 치료제인 Vioxx를 출시하였고 대대적인 마케팅 활동을 벌였다. 그런데 성장 목표를 맞추기 위해서 출시 시기를 성급하게 앞당기다 보니 안전성에 대해 충분한 검증을 하지 않았다. 결국 Vioxx는 심혈관 계통의 부작용으로 인해서 제품을 거두어 들이게 되어 회사에 막대한 타격을 주었다. 오랜 기간의 연구개발과 상당한 열정을 들인 제품을 포기하게 된 것이다. 만약 머크가 성장 목표를 달성해야 한다는 강박관념에서 성급하게 Vioxx를 출시하지 않았다면, 그래서 '반드시 메가히트 상품이 되어야 하는' 운명을 타고 나지 않았다면, Vioxx는 좀 더 신중하게 출시되어 머크의 또 다른 블록버스터 제품이 되었을 수도 있었다.

한편 '우리는 무엇이건 다 할 수 있다'라는 자만에 빠져서 지나치게 과감한 도약을 시도하다가 어려워지기도 한다. 이런 회사로는 모토로라(Motorola)가 대표적이다. 모토로라는 1985년 한 엔지니어의 아이디어로 전 세계를 연결시킬 수 있는 위성통신망인 이리듐(Iridium) 프로젝트를 시작했다. 모토로라가 대주주가 되어 법인을 설립하고 이후 10년간 엄청난 자금을 쏟아부었다. 1996년까지 13억 달러에 가까운 돈을 투입하였다. 프로젝트를 시작한 지 10년이 지난 1990년대 중반에는 기존 휴대폰 서비스 기술이 발달하여 글로벌 통신망을 갖추는 것이 가능해졌음에도 이리듐이 실패할 리스크를 무시하고 투자를 지속하였다. 결국 1998년 사업이 론칭되었을 때 서비스는 실패로 돌아갔다. 이듬해 20억 달러 이상의 손실을 기록하며 파산신청을 하게 되었고, 이 사업의 실패는 모토로라의 쇠퇴를 가속화하였다. 요컨대 자만이 무분별한 시도를 하게 만들어 어려움에 빠지게 된 것이다.

- 짐 콜린스, 『위대한 기업은 다 어디로 갔을까』

토의문제

1. 스피드경영이란 무엇이며, 기업이 스피드경영을 추구하는 목적은 무엇인가?

2. 스피드경영을 추구할 때 고려해야 할 요인은 무엇인가?

3. 스피드경영이 성공하기 위한 조건은 무엇이라고 생각하는가?

주요 용어

기업, 비즈니스 활동, 효용, 계속기업, 기업관, 기업목적, 부가가치, 분배 코스트, 기업목적의 달성원리, 이익, 생산성, 노동생산성, 부가가치생산성, 총부가가치, 경제성, 수익성, 총자본이익률, 적정이윤, 적정이윤율, 필요최저이윤, 미래 코스트, 사회 코스트, 사업확장 코스트, 만족이윤, 기업의 생존부등식, 가치, 대규모 기업, 중소기업, 중견기업, 표준산업분류, 벤처기업, 유니콘기업, 개인기업, 합명회사, 합자회사, 유한회사, 민법상의 조합, 익명회사, 주식회사, 사외이사제도, 자본의 증권화, 기업공개, 종업원지주제도, 협동조합, 공기업, 공사기업

연습문제

01 기업의 개념을 설명하시오.

02 기업관을 설명하시오.

03 부가가치의 구성을 설명하시오.

04 기업목적의 달성 원리를 설명하시오.

05 생산성의 개념 및 종류를 설명하시오.

06 경제성의 개념 및 종류를 설명하시오.

07 수익성의 개념 및 종류를 설명하시오.

08 기업의 생존부등식을 설명하시오.

09 대기업, 중견기업, 중소기업의 분류를 설명하시오.

10 개인기업의 장·단점을 기술하시오.

11 합명회사, 합자회사 및 유한회사의 차이점을 설명하시오.

12 주식회사의 특징 및 장·단점을 설명하시오.

13 주식회사의 기관 및 각각의 기능을 설명하시오.

14 협동조합의 형태를 설명하시오.

15 우리나라 기업 중 공기업 및 공사기업에 해당하는 기업의 예를 하나씩 들어 존립 목적을 설명하시오.

CHAPTER 09

기업의 사회적 책임과 기업윤리

제1절 기업의 사회적 책임

제2절 기업윤리

우리는 온전한 인격이라는 반석 위에 사업의 성공, 즉 고품질 제품과 서비스, 고객과 부품 공급자와 우리의 투명한 관계, 그리고 궁극적으로 최고의 경쟁력을 보이는 우리의 실적을 세워야 한다. 경쟁력 있는 탁월성에 대한 GE의 요구는 우리가 도덕적인 경영에 헌신하는 것으로 시작되고 끝난다.

— 잭 웰치(전 GE 회장 및 CEO)

제9장 기업의 사회적 책임과 기업윤리

제1절 기업의 사회적 책임

1. 기업의 사회적 책임의 의미

기업의 사회적 책임(Corporate Social Responsibility, CSR)이란 특정 시점에서 기업이 사회에 대한 경제적·법률적 의무를 포함하여 사회로부터 정당성을 인정받을 수 있는 기업활동을 해야 한다는 것으로, 기업에게 일방적 이익 추구뿐 아니라 사회 전반에 대한 책임이 있음을 의미한다.

기업은 사회 속에서 생존하고 성장하는 하나의 생태학적 존재라고 할 수 있다. 따라서 기업은 사회가 기대하는 바람직한 사회적 역할과 기능을 다해야 한다. 즉 기업은 일차적으로 기업활동으로 인해 발생하는 사회경제적 문제를 해결하는 동시에 기업의 이해관계자와 사회 일반의 요구나 기대를 충족시킬 수 있는 기업행동의 규범체계를 갖출 필요가 있다. 더구나 현대사회에서는 기업 규모가 증대하고 기업권력이 확대됨에 따라 기업의 경영활동과 이로 인한 사회적 결과는 사회 전반에 막대한 영향을 미치고 있다. 따라서 기업은 사회체제의 구성원으로서 어떤 형태나 내용이든 사회적으로 책임이 있는 행동을 해야 할 책무가 있다.

기업의 사회적 책임에는 크게 경제적 책임(economic responsibility), 법적 책임(legal responsibility), 윤리적 책임(ethical responsibility), 자선적 책임(philanthropic responsibility) 등 네 가지가 있다.

기업의 사회적 책임
사회에 대한 경제적·법률적 의무를 포함하여 사회로부터 정당성을 인정받을 수 있는 기업활동으로서의 사회 전반에 대한 책임

최근 들어 기업의 사회적 책임(CSR)이 중요하다는 인식이 확산되면서 CSR과 관련된 기업활동이 점차 늘고 있다. 하지만 각종 조사 자료에 따르면 아직도 대다수의 기업이 CSR을 '이익의 일부를 환원하는 것'으로만 생각하고 있다. CSR이 기업이 떠안아야 하는 '사회적 비용'은 아니다. 잘만 하면 오히려 기업에게 명성, 인재, 비용절감, 새로운 시장 등의 부가가치를 만들어 주는 '고마운 자산'이 된다.

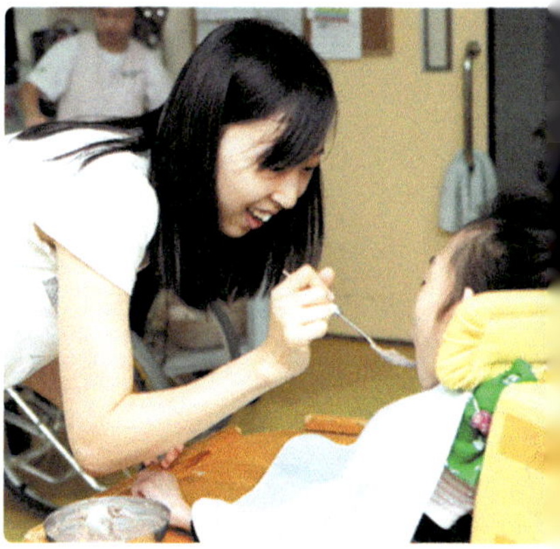

첫째, 경제적 책임은 기업의 사회적 책임 중 제일의 책임으로, 기업은 사회의 기본적인 경제단위로서 재화와 서비스를 생산할 책임을 지고 있다.

둘째, 법적 책임이란 기업은 사회가 요구하는 법적 구조 내에서 경제적 임무를 수행해야 한다는 것을 말한다.

셋째, 윤리적 책임이란 기업은 법적 규정을 떠나 사회의 구성원으로서 기대되는 행동과 활동을 해야 한다는 것을 말한다.

넷째, 자선적 책임이란 기업에게 지우는 명백한 의무는 없지만 개별적 판단이나 선택에 따른 자발적 책임으로, 사회적 기부행위, 약물남용 방지 프로그램, 보육시설 운영과 같은 활동을 말한다.

그림 9-1 과 같이 경제적 책임은 기업의 기본적인 존재 근거를 제공하는 책임으로 기업 스스로 생존을 위해 행동하는 문제이며, 법적·윤리적 책임은 기업이 최소한으로 지켜야 하는 책임, 그리고 자선적 책임은 기업이 적극적으로 나서서 최대한 지켜야 하는 책임에 해당한다.

따라서 사회적 책임을 다하는 기업이란 이윤을 창출하기 위해 열심히 노력하면서 법을 준수하고, 윤리적이며 성실한 기업시민정신(corporate citizenship)을 갖춘 기업이라고 할 수 있다.

그림 9-1 기업의 사회적 책임의 분류

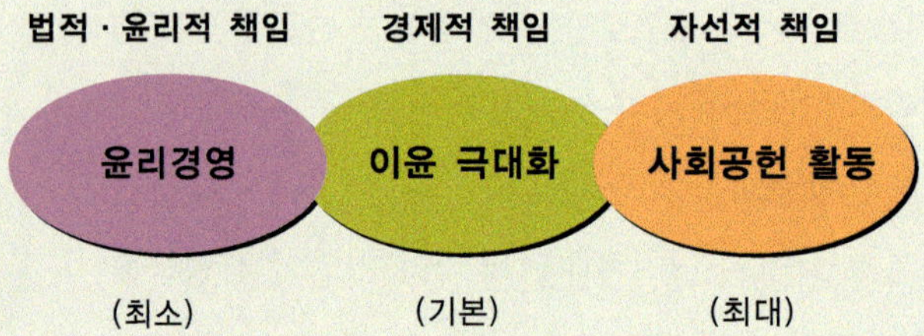

2. 기업의 사회적 책임의 구체적 내용

(1) 기업의 유지·발전에 대한 책임

기업은 사회에 제품과 서비스를 제공함으로써 소비 대중의 필요를 만족시키는 데 사회적 존재의 의의가 있다. 즉 기업은 사회가 필요로 하는 하나의 시스템 또는 기구로서 존재가치가 있는 만큼 경영자는 시스템으로서의 기업을 유지·발전시켜야 할 책임이 있다. 이를 위해서는 다음과 같은 책임을 다해야 한다.

첫째, 사회에 대한 경제적 책임을 다해야 한다. 기업은 최우선적으로 경제적 책임을 효율적으로 수행할 필요가 있다.

둘째, 기업의 적정한 이익을 유지해야 한다. 기업을 유지·발전시키기 위해서는 이익을 창출하여 주주, 종업원, 경영자 등 기업활동에 참가한 사람들에게 적정하게 분배하고, 재투자를 통해 기업을 성장시켜야 한다.

셋째, 자유기업제도, 시장경제체제, 민주적 정치체제를 유지·발전시킬 책임이 있다. 이 책임은 기업이 경제적 책임을 다하고, 적정한 이익을 창출하고, 다른 사회적 책임을 다하여 일반 대중으로부터 호응을 얻을 때 가능하다.

넷째, 계속기업으로서의 사명을 다하기 위해서 기업은 기업경영을 담당할 적절한 후계자를 양성해야 한다.

(2) 이해관계자의 이해조정 책임

기업은 기업활동에 직·간접적으로 영향을 미치거나 이해관계가 있는 이해관계자(stakeholders), 즉 주주, 종업원 및 노동조합, 소비자, 정부, 원재료 공급업자, 금융기관, 지역사회를 상대로 서로의 이해를 조정해야 하며, 또한 이에 대한 책임을 질 필요가 있다. 따라서 기업은 주주의 경제적 이익에도 책임을 져야 하며, 다른 이해관계자들의 권익도 보호해 주어야 한다. 특히 이해관계자들은 자체적 이익만을 보호·증진하기 위해 행동하므로 집단 사이의 이해 충돌이 불가피하기 마련이다. 기업은 이러한 이해관계자들 간의 복잡 미묘한 이해 충돌을 해결하기 위한 이해조정 차원에서 사회적 책임이 있다. 이를 위해서는 회사법, 정관, 증권거래법, 노동관계 제 법규, 공정거래

이해관계자
기업활동에 직·간접적으로 영향을 미치거나 이해관계가 있는, 즉 주주, 종업원, 소비자, 정부, 원재료 공급업자, 금융기관, 지역사회와 같이 기업의 활동이나 정책에 의해 이익 또는 손실을 입게 되는 모든 사람들 또는 조직체

표 9-1 이해관계자들에 대한 기업의 사회적 책임의 내용

이해관계자	기업의 사회적 책임의 내용
주주	기업의 가치 증대, 재무 상태의 개선
원재료 공급업자	공정한 대우
금융기관	부채 상환
정부기관	법률 준수
종업원 및 노동조합	안전한 작업환경 제공, 복지 향상, 노조와의 공종한 협상
소비자	안전한 제품 제공, 품질 향상
경쟁기업	공정한 경쟁
지역사회	환경보호, 지역사회 복지 향상

법, 소비자보호법, 환경보호법 등의 법규를 따르고, 시장경제와 자유기업제도의 원리, 원칙, 기업윤리, 대중여론, 정부정책 등을 참고하여 해결할 필요가 있다.

주요 이해관계자들에 대한 기업의 사회적 책임의 내용은 표 9-1 과 같다.

(3) 사회적 기능에 대한 책임

사회적 기능이란 기업의 목적달성과정에서 종업원 각자가 인간적인 가치를 발휘할 수 있는 삶의 장이 되게 하고, 인간적·사회적 만족을 얻게 함으로써 종업원이 자발적으로 협력하도록 기업 내에 적절한 사회관계와 인간관계를 유지하는 것을 말한다. 기업은 이러한 사회적 기능을 책임지고 수행할 수 있어야 한다.

(4) 생활환경에 대한 책임

기업은 환경오염의 주범으로서 사회로부터 많은 비판을 받고 있다. 또한 우리 사회에서 환경문제는 삶의 질을 향상시키기 위한 생활환경 개선의 차원이 아니라 생사문제가 되고 있다. 생활환경을 보호한다는 것은 산업화, 도시화, 과학화를 통해 발생하는 환경오염이 인간에게 주는 신체적·정신적·물질적 피해를 방지하고 시정하며, 인간을 환경오염의 불안으로부터 보

호하는 것을 말한다. 기업은 이렇게 생활환경을 보호·개선하고 오염을 방지해야 할 사회적 책임이 있다.

(5) 지역사회 발전과 복지 향상에 대한 책임

기업이 기업활동을 가능하게 한 사회에 대한 보답으로 또한 기업이익의

Management Highlight

공유가치창출에 앞장서는 기업들, 고용창출-혁신으로 사회문제 해결한다

이미 사회공헌에 대한 기업 투자는 포기할 수 없는 분야가 됐다. 사회가 성숙해지면서 국내 소비자들은 이제 '착한 기업'의 제품을 소비하려는 욕망이 점점 강해지고 있다. 많은 소비자들이 제품과 서비스의 질을 따지면서도 어떻게 만들어지고 소비자에게 전달되는지에 대한 '과정'도 문제 삼기 시작한 것이다. 2013년에 국내 유제품 제조사가 이른바 '대리점 갑질 사태'로 불매운동이 일어나면서 2년여간 영업적자에 허덕인 사례는 대표적인 경우다. 국내에 진출한 외국계 기업 역시 비윤리적인 형태가 드러나면서 소비자들의 외면을 받은 사례도 적지 않다.

이미 이러한 사회 흐름을 파악한 국내기업들은 사회공헌을 단순히 사회에 부를 돌려준다는 분배 차원을 넘어 기업의 전략과 결합하는 공유가치창출(Creating Shared Value, CSV)에 초점을 두고 있다. 2011년에 CSV 개념을 주창한 하버드 비즈니스 스쿨의 마이클 포터는 고객과 사회를 위해 청정제품과 기술을 제공한다는 제너럴일렉트릭(GE)의 에코매지네이션(Ecomagination)을 한 예로 들었다.

CSV 개념을 다양한 분야에서 실천하는 국내 기업들은 이제 기업이 사회의 문제를 혁신적인 방식으로 해결해야 한다는 수준까지 접근했다. 소셜벤처와 같은 사회적 경제조직의 등장은 고용의 창출과 혁신을 통해 실업과 빈곤을 해결하고 사회적 가치를 만들어 내려는 방향으로 전환하고 있다.

SK그룹은 2012년 사회적 기업가 양성을 위해 세계 최초로 KAIST와 공동으로 '사회적 기업가 MBA' 2년 과정을 개설했다. 졸업생들은 창업을 통해 투자를 유치하고 사회적 기업 경영을 통해 사회적 난제를 해결하고 있다. SK의 사회공헌재단인 행복나눔재단 역시 지난 10년간 혁신적인 사회적 기업 사업을 통해 사회 문제를 실질적으로 해결하고 있다. 올해 10월 기준 11개 사회적 기업을 설립, 운영해 1900여 명을 고용하기도 했다.

LG그룹 역시 사업 아이템은 좋으나 자금이나 경영 노하우가 부족한 사회적 기업을 지원하고 있다. LG전자와 LG화학은 2011년부터 사회적 기업 및 사회적 기업가를 후원하는 'LG소셜캠퍼스' 사업을 공동 추진하고 있다. LG는 2011년부터 지난해까지 사회적 기업 지원을 위해 매년 20억 원씩 총 120억 원을 투입했다.

4차 산업혁명시대의 흐름에 맞춰 기업이 보유한 기술을 토대로 사회공헌에 나서는 기업도 적지 않다. LG유플러스는 사물인터넷(IoT)으로 홀몸 어르신의 고독사를 예방하기 위해 IoT서비스를 지원하고 있다. 'IoT 전기료 알리미'로 전력사용량을 모니터링해 3일간 사용량의 변화가 미미하거나 없는 등 이상 징후가 발생하면 지정된 사람에게 휴대전화로 알람 메시지가 발송되는 애플리케이션을 개발해 보급했다. KT도 자사의 통신망 네트워크를 활용해 로밍 빅데이터를 활용한 한국형 감염병 확산방지 모델을 구축해 활용하고 있다. 빅데이터와 정보통신기술의 결합으로 이제는 통신기업이 통신서비스 외에도 다양한 사회문제를 해결할 수 있는 해결책을 갖게 된 것이다.

사회 혁신이나 4차 산업혁명의 기술을 활용한 사회공헌 외에도 지역사회에 대한 공헌도 여전히 중요한 화두다. 삼성전자는 2004년 '나눔경영'을 선포하고 본사에 전담조직인 사회봉사단사무국을 신설한 뒤 국내외에서 임직원들이 사회공헌 활동에 참여할 기회를 만들고 있다. 현재 해외 9개 지역총괄과 국내 8개 자원봉사센터를 통해 임직원의 전문성과 사업 역량이 사회 문제를 해결하는 데 의미 있게 사용되도록 과제를 선정하고 임직원 봉사팀을 조직하고 있다.

한 재계 관계자는 "우리 국민들이 바라는 기업에 대한 기대치나 사회적 기여도는 어느 때보다 높아지고 있는 만큼 이러한 눈높이에 맞춰 다양한 방식의 사회공헌 전략을 짜 나가야 할 시점"이라고 강조했다.

-〈동아일보〉 사회공헌 Together, 정세진(mini4a@donga.com), 2017. 12. 22

사회적 환원이라는 차원에서 여러 사회사업에 참여하는 것은 매우 바람직하다. 사회사업이란 장학금 지급, 연구비 지급, 공공 병원 건설 및 지원, 자선단체에 대한 기부, 재해민을 위한 구호금 전달, 불우이웃돕기 등 지역사회의 발전과 복지 향상에 기여할 수 있는 활동을 말한다. 지역사회사업은 기업의 고유한 책임이라기보다는 재량권에 속하는 것으로, 기업의 사회의식성의 표현이며 사회복지 향상에 대한 관심도를 나타낸다. 이는 기업과 지역사회 간의 우호적인 관계 형성과 기업의 장기적 발전에도 도움이 된다.

3. 기업의 사회적 책임에 관한 국제표준

ISO26000
국제표준기구가 제시한 사회의 지속 가능한 발전을 위해서 모든 조직에 적용되어야 하는 사회적 책임의 국제표준

국제표준기구(International Organization for Standardization, ISO)는 사회적 책임 국제표준인 사회적 책임 실천 가이던스(ISO26000 Guidance on Social Responsibility)를 2010년 11월에 발표하였다. 그동안 사회적 책임은 기업의 사회적 책임에 관한 논의가 주를 이루어 왔으나, ISO26000은 사회의 지속 가능한 발전을 위해서 모든 조직에 적용되어야 하는 사회적 책임의 국제표준이라는 점에서 의의가 있다.

ISO26000의 사회적 책임에 관한 개념은 '투명하고 윤리적인 행동에 준한 조직의 의사결정 및 활동이 사회·환경에 미치는 영향에 대한 책임'으로 규정되어 있다. 이 개념에는 구체적으로 건강 및 복지를 포함하여 사회의 지속 가능한 발전에 기여, 이해관계자의 기대 고려, 적용 가능한 법 준수 및 국제행동규범과 일관성 유지, 조직 전반에 통합 및 사회적 책임 이슈의 관계 생활화를 포함하고 있다.

사회적 책임 국제표준은 조직 지배구조, 인권, 노동 관행, 환경, 공정운영 관행, 소비자 이슈, 지역사회 참여와 발전 등 7개 핵심 주제에 대한 실행지침을 가이던스 형식으로 규정하고 있으며, 쟁점 해설, 관련 행동과 기대 사항을 권고(should) 형식으로 기술하고 있다. 또한 조직 내외부 이해관계자와의 관계를 이해하고, 조직 의사결정과정에 이들의 참여를 촉진하는 가이드를 제시하고 있다.

ISO26000은 기업이 사회적·환경적·경제적으로 지켜야 할 규범을 집약한 사회적 책임(CSR)의 국제표준이다. 이를 계기로 기업들은 인권, 노동, 환경, 소비자 이슈, 사회개발 등 사회적 책임에 대한 의무를 필수적으로 이행해야 할 것이다. 그야말로 윤리적인 기업에 대한 요구가 거세다. 신발 브랜드 탐스슈즈는 소비자가 신발 한 켤레를 구매하면 다른 한 켤레를 제3세계에 전달하는 독특한 기부 공식(Shoe Drop)을 실천하고 있다. 이 기업은 2006년 1만 켤레의 신발을 제3세계 아이들에게 전달하고 3년 뒤인 2009년에는 무려 40만 켤레를 전달하는 놀라운 성장세를 보였다. 그뿐 아니라 불과 3년 만에 미국 행정부 및 〈포브스〉 등에서 선정한 최고의 CSR 기업으로 꼽혔다.

ISO26000은 사회적 책임을 중시하는 국제 트렌드를 반영한 것으로 그동안 논란이 되어 왔던 인증추진 반대, 무역장벽 이용 방지, 사회의 다양성과 경제상황을 고려한 실행 등이 국제표준에 반영됨으로써 국제사회의 자발적인 참여 확대를 모색하고 있다.

ISO26000의 7개 핵심 주제와 주요 내용 및 핵심 주제별 37개 쟁점 사항은 표 9-2, 표 9-3과 같다.

표 9-2 ISO26000의 7개 핵심 주제와 주요 내용

핵심 주제	주요 내용
조직 지배구조	의사결정과정의 투명성, 각 이해관계자들의 고른 참여, 여성 · 소수인종 등 소외받기 쉬운 주체들의 참여 보장 등
인권	노동자와 소비자들의 기본적인 인권 존중, 표현의 자유 보장, 아동 노동력 착취 금지 등
노동관행	국제노동기구(ILO) 기준 준수, 안정적인 고용관계, 직장 내 안전 및 보건 관리 등
환경	오염물질, 탄소배출 감축, 지속 가능한 자원 사용 등
공정운영 관행	부패에 대한 감시, 내부고발자에 대한 보호, 공정한 경쟁, 재산권 보호 등
소비자 이슈	소비자 보건 및 안전관리, 공정한 마케팅, 왜곡되지 않은 정보 제공, 위조나 표절 금지, 리콜 보장, 가격 구성정보 공개 등
지역사회 참여와 발전	지역공동체에 참여, 고용 창출, 책임 있는 투자, 조세 의무 준수 등

표 9-3 ISO26000의 7개 핵심 주제별 37개 쟁점 사항

7개의 핵심 주제	37개 쟁점 사항
조직 지배구조	• 조직 지배구조(organizational governance)
인권 (Human rights)	• 실사(due diligence) • 인권 위험상황(human rights risk situation) • 공모회피(avoidance of complicity) • 고충처리(resolving grievances) • 차별과 취약집단(discrimination and vulnerable groups) • 시민권과 정치권(civil and political rights) • 경제, 사회 및 문화적(economic, social and cultural rights) • 직장에서의 기본권(fundamental rights at work)
노동관행 (Labour practices)	• 고용과 고용관계(employment and employment relationship) • 근로조건과 사회적 보호(conditions of work and social protection) • 사회적 대화(social dialogue) • 직장에서의 보건과 안전(health and safety at work) • 인적개발과 직장 내 훈련(human development and training in the workplace)
환경 (The environment)	• 오염 방지(protection of pollution) • 지속가능한 자원 이용(sustainable resource use) • 기후변화 완화와 적응(climate change mitigation and adaption) • 자연보호와 복원(protection and restoration of the natural environment)
공정운영 관행 (Fair operating practices)	• 부패 방지(anti-corruption) • 책임 있는 정치참여(responsible political participation) • 공정경쟁(fair competition) • 영향권 내에서의 사회적 책임 제고(promoting social responsibility in the sphere of influence) • 재산권 존중(respect for property rights)
소비자 이슈 (Consumer issues)	• 공정 마케팅, 정보 및 계약관행(fair marketing, information and contractual practices) • 소비자의 보건과 안전보호(protecting consumer's health and safety) • 지속가능한 소비(sustainable consumption) • 소비자 서비스, 지원 및 분쟁해결(consumer service, support and dispute resolution) • 소비자 정보보호와 개인정보(consumer data protection and privacy) • 필수 서비스에 대한 접근(access to essential service) • 교육과 인식(education and awareness)
지역사회 참여와 발전 (Community involvement and development)	• 지역사회 참여(community involvement) • 교육과 문화(education and culture) • 고용창출과 스킬개발(employment creation and skills development) • 기술개발과 접근성(technology development and access) • 부와 소득 창출(wealth and income creation) • 보건(health) • 사회적 투자(social investment)

제2절 기업윤리

1. 기업윤리의 개념

일반적으로 윤리란 생각, 말, 태도 및 행위의 옳고 그름, 선악 또는 도덕과 비도덕을 구분하는 원칙이나 가치판단 기준의 체계를 말한다. 또한 사회생활에서 사람과 사람 사이의 관계를 규제하는 규범의 총체라고 정의되기도 한다.

즉 윤리란 인간이 사회생활을 올바르게 영위할 수 있도록 질서를 확립해 주는 것, 또는 사람이 사람답게 살아가기 위해서 마땅히 행하거나 지켜야 할 도리이며, 인간사회의 가장 기본적인 규범이라고 할 수 있다.

기업윤리(business ethics)란 기업이 한 조직으로서 사회 속에서 마땅히 지켜야 할 도리, 또는 기업경영이라는 상황에서 구성원의 의사결정이나 행동 또는 태도에 관한 도의적 가치로서 의사결정이나 행동 또는 옳고 그름을 판별하는 규범을 말한다.

기업윤리
기업이 한 조직으로서 사회 속에서 마땅히 지켜야 할 도리, 또는 기업경영이라는 상황에서 구성원의 의사결정이나 행동 또는 태도에 관한 도의적 가치로서 의사결정이나 행동 또는 옳고 그름을 판별하는 규범

세상에서 가장 부자인 사람과 점심을 먹기 위해 당신은 얼마를 내겠는가? 가이 스파이어(Guy Spier)와 모니쉬 파브라이(Monish Pabrai)는 워렌 버핏과 점심식사를 하는 특권을 누리기 위해 65만 100달러를 지불했다. 결론적으로 그 돈은 정말 말 그대로 한 푼도 아깝지 않았다. 모든 사람이 알다시피 버핏은 역사상 가장 성공적인 투자가이다. 그 과정에서 그는 윤리적인 길을 선택하면서도 동시에 정상에 올랐다. 그는 주식 투자에서도 놀랄 만한 성과를 냈지만, 박애주의적인 면에서도 놀랄 만한 성과를 내고 있다. 점심값은 빈민과 부랑자를 돕는 글라이드재단(Glide Foundation)에 기부되었다. 그는 또 수십억 달러를 빌&멜린다 게이츠 재단(Bill&Melinda Gates Foundation)에 헌납하고 있다. 버핏과의 점심식사는 자선을 행하는 좋은 방법이 되고 있으며, 또한 자본주의자들이 배워야 할 마스터 클래스가 될것이다(사진 왼쪽부터 파브라이, 버핏, 스파이어).

기업윤리는 '기업의 태도, 행동의 옳고 그름이나 선과 악을 체계적으로 판단하는 기준'이 되며, 기업경영에서 발생하는 도덕적 문제를 해결하거나 최소한 이를 규명하는 역할을 한다. 결국 기업윤리란 일반적인 윤리 규범에서 벗어나는 새로운 개념이라기보다 기업경영이라는 특수한 상황에 적용될 수 있는 실용적 특성을 갖는다고 하겠다.

한 기업이 윤리적이기 위해서는 그 기업을 제외한 다른 모든 사람들이 윤리적이라고 인정하는 규범을 따라야 하며, 그렇기 때문에 기업윤리에 대한 기업의 독자적 정의는 아무런 의미를 갖지 못한다. 이러한 측면에서 본다면 기업윤리는 기업의 다양한 이해관계자와 사회에게 이익이나 해를 줄 수 있는 기업행동을 결정하는 중요한 기준이 된다.

2. 기업윤리의 대두 배경과 사회적 중요성

(1) 기업윤리의 대두 배경

기업윤리는 미국에서 제일 먼저 논의되기 시작하였다. 그 원인을 살펴보면 다음과 같다. 첫째, 기업에 대한 일반 대중의 기대가 높다. 전통적으로 미국 사회에서는 기업의 사회적 의무에 대한 관심이 매우 높았다. 그 이유는 다른 국가의 대중은 정부가 경제발전의 주체라고 보는 반면 미국의 대중은 그 주체를 기업이라고 보기 때문이다. 둘째, 자본주의의 발전과 역사를 같이 하는 기독교윤리 또는 청교도윤리를 기업의 경영자들이 자발적으로 준수하려고 한다.

그렇다면 과연 기업경영에 있어 윤리문제가 등장하게 되는 주요 이유는 무엇인가? 기업의 윤리문제는 그 형태에 있어서 매우 다양하다. 기업의 윤리문제를 발생시키는 요인들을 살펴보면 표 9-4 와 같다.

① 개인의 이득과 이기적 관점

개인의 욕심은 기업의 윤리문제를 일으키는 요인이 될 수 있다. 만약 기업이 비윤리적인 가치관을 가진 종업원들을 선발한다면 이들은 자신들의

표 9-4 **기업의 비윤리적 행동의 동기**

발생 이유	윤리문제의 특성	접근 방법	지배적 사고
개인의 이득과 이기적 관점	이기적 관점과 이타적 관심	이기적 사고	자기 우선적
이득을 위한 기업 간의 치열한 경쟁	기업의 이익과 타기업의 이익	생존적 사고	상대보다 우위 선점
기업목표와 개인 가치의 상충	경영자의 관심과 종업원의 가치	권위적 사고	명령과 복종의 논리
문화적 상충	기업의 관심과 다양한 문화의 전통 및 가치관	자국 중심적 사고	옳고 그름의 상이한 기준

비도덕적 행동이 기업이나 사회에 미칠 영향을 고려하지 않고 오직 자신들의 이득에만 연연할 것이다. 이렇게 자신의 이익만을 추구하는 윤리적 이기주의자(ethical egoist)들은 다른 사람들이 수용하는 윤리적 가치를 거부하기도 하고, 자신보다 타인을 먼저 생각하는 이타주의(altruism)적 행동을 비합리적이라고 간주하기도 한다.

② 이득을 위한 기업 간의 치열한 경쟁

만약 어떤 기업이 다른 기업들과 치열한 경쟁관계에 있다면, 그 기업은 최소한의 이익을 확보하기 위해 어쩔 수 없이 비윤리적인 활동을 통해서라도 경쟁에서 이기고자 하는 경향을 보일 수 있다.

③ 기업목표와 개인 가치의 상충

윤리적 갈등은 조직의 목표와 개인의 가치가 상충될 때 발생할 수 있다. 만약 기업이 도덕적 가치관을 갖고 있는 종업원들에게 부도덕한 행위를 강요했다면 그 종업원들에게는 두 가지 선택이 있다. 즉 기업의 부당행위를 사회에 고발(whistle-blowing)하거나, 아니면 불만스럽더라도 자신의 안위를 위해 조직의 입장을 수용해야 한다.

④ 문화적 상충

윤리문제는 국가 간의 법적·문화적 규범이 상충되는 상황에서도 발생한다. 기업이 세계 무대에서 활동하다 보면 윤리적 전통이 다른 국가에서도

미국의 자물쇠 제조업체 크립토나이트(Kryptonite)는 블로그와 같은 뉴미디어에서의 위기의 징후를 무시하다가 큰 홍역을 치렀다. 2004년 9월 12일 한 네티즌이 안전하다고 알려진 이 회사의 U자형 자물쇠 중 하나가 볼펜 한 자루만으로 열린다는 사실을 알았고, 즉시 이를 동영상으로 찍어 자전거 동호회 사이트에 올렸다. 이 동영상은 곧 파워 블로그 중 하나인 '엔가젯(www.engadget.com)'으로 옮겨졌고, 여기서 72시간 동안 25만 번 이상의 다운로드가 이뤄졌다. 크립토나이트는 이를 대수롭지 않게 생각했고, 대응책도 전혀 준비하지 않았다. 사태가 진정되지 않자 크립토나이트는 자사 제품의 안전성을 알리는 성명을 발표했다. 그러나 이 성명은 오히려 네티즌들의 분노에 기름을 끼얹는 격이었다. 사건해결에 대한 의지가 없다는 이유였다. 크립토나이트는 결국 "하자가 있는 제품을 모두 무상으로 교환해 주겠다"는 의사를 밝혔다. 사태가 진행된 단 열흘 동안 회사가 본 손해는 1년 이익의 40%인 1,000만 달러에 이르렀으며 사건 발생 이후 매출까지 급락하였다. 위기의 징후를 무시한 탓이었다.

경영을 하게 된다. 그러다 보면 본국에서는 전혀 문제가 되지 않았던 행동이 현지국에서는 윤리적 문제를 발생시키는 경우가 많다.

(2) 기업윤리의 사회적 중요성

기업윤리는 기업경영에 있어서 다음과 같은 사회적 중요성을 갖는다.

① 기업윤리는 기업이 사회적 정당성을 획득하는 기반이 된다

일반적 윤리규범이 각 사회구성원의 이기적 행동을 지양토록 하는 것처럼 기업윤리도 기업의 이기적 경영활동을 억제하는 기능을 수행한다. 즉 기업윤리는 기업이라는 조직이 사회 속에서 해야 할 일과 하지 말아야 할 일을 구분해 줌으로써 전체 사회에 이득이 되는 행위의 기준을 제시한다. 또한 기업구성원의 행동에 대한 올바른 기준을 제시하여 구성원 간에 발생할 수 있는 마찰이나 갈등을 해소한다. 이와 같은 사회적 정당성의 획득문제는 기업의 생존문제와 직결되어 있고, 정당성이 낮은 조직은 항상 소멸의 위험이 있다는 점에서 그 중요성을 찾을 수 있다.

② **기업윤리의 준수를 통해 장기적인 면에서의 질적인 경영성과 혹은 조직 유효성의 증대를 기대할 수 있다**

기업의 윤리적 활동은 사회 혹은 외부 이해관계자와 우호적인 관계를 만들어 감으로써 경영활동을 원활하게 한다. 또한 종업원들도 그들의 기업이 윤리적이라고 판단될 때 자신이 속한 기업에 대해 긍지와 애착을 갖는다. 그 결과로 기업은 인적 자원 측면에서의 장기적 성과를 기대할 수 있다.

③ **기업윤리는 조직구성원의 행동규범을 제시할 뿐만 아니라 인간 또는 시민으로서의 구성원의 윤리적 성취감을 충족시킨다**

기업윤리가 정착되어 있는 기업의 종업원은 자신이 맡고 있는 직무 속에서 스스로 윤리적 결정을 하고 행동함에 따라 단순한 기업구성원으로서뿐만 아니라 전체 사회 속의 성원, 즉 선량한 시민으로서의 자아상을 갖게 된다. 이에 따라 종업원들은 윤리적 차원의 성취감을 느끼게 된다.

3. 윤리적 사고의 3가지 유형

기업이 필요로 하는 것은 윤리적 사고를 위한 기준이다. 윤리적 판단의 기준은 다음의 두 가지 조건을 만족시킬 수 있어야 한다. 첫째는 윤리문제의 본질을 밝힐 수 있어야 한다. 둘째는 어떠한 행동이 가장 윤리적인 결과를 가져올 수 있는지를 결정하는 데 도움을 줄 수 있어야 한다. 이러한 윤리적 행위의 판단을 위한 기준에는 표 9-5와 같이 세 가지 유형이 있다.

(1) 실용성 차원

윤리적 사고의 기준으로서 실용성(utility)은 결정이나 행동에 따른 결과가 무엇인가에 비중을 두는 것을 말한다. 예를 들어 한 기업이 현대식 시설을 갖춘 다른 곳으로 이전하겠다는 결정을 내렸을 때 이와 같은 결정이 과연 윤리적인가. 만약 실용성 차원에서 윤리성 판단을 한다면 이전에 따른 혜택과 손실의 비교가 우선되어야 한다. 만약 한 기업이 새로운 생산설비를 도

표 9-5 윤리적 사고의 3가지 유형

방법	중요한 결정요인	행위의 윤리성	한계
실용주의(utilitarian)	이득과 비용 비교 (benefits/costs)	순이익 > 순비용	인간 및 사회비용 측정 곤란
권리(rights)	권리의 존중 (respecting rights)	인간의 기본권리의 존중	권리에 대한 정의가 상충
정의(justice)	공정한 분배 (fair shares)	이익과 비용의 공정한 분배	공정성 판단 불일치

입하면 회사가 더욱 발전할 수 있고, 이로부터 종업원들이 이득을 볼 수 있다면 생산설비의 도입 결정은 윤리적 결정이라고 볼 수 있다. 그러나 새로운 생산설비로 인해 종업원의 실직이 발생한다면 종업원 입장에서는 기업의 행동을 비윤리적인 것으로 받아들일 수 있다.

이런 유형의 윤리적 사고를 실용주의적 사고(utilitarian reasoning)라고 부른다. 또한 기업의 각종 의사결정에 있어서 비용과 이익을 상호 비교하기 때문에 비용-이익분석(cost-benefit analysis)이라고 부른다. 여기에서 비용과 이익의 개념은 금전적 측면, 사회적 측면(사회에 대한 영향) 그리고 인간적(심리적·감동적) 측면을 모두 포괄한다.

그러나 실용주의적 사고의 주된 단점은 비용과 이익을 정확히 측정하는 데 따른 어려움이다. 상품의 생산량, 판매, 봉급 그리고 이익의 경우는 객관적으로 측정이 가능하지만 직원의 사기, 심리적 만족 그리고 생명의 가치 등을 수치화하는 작업은 많은 어려움이 따른다.

(2) 권리 차원

윤리적 판단을 위한 또 다른 기준은 인간의 권리(human rights)를 들 수 있다. 권리란 개인 또는 집단의 당연한 요구로 생존, 자유선택의 권리 등을 들 수 있다. 여성에 대한 차별적 대우, 폐기물을 함부로 처리하는 행위 등은 인간의 기본적 권리를 침해하는 비윤리적 행위에 해당한다. 하지만 권리에 기초한 윤리적 사고의 가장 큰 한계는 권리의 내용이 서로 상충될 때 이들 간의 균형을 어떻게 유지하느냐의 문제이다. 예를 들어 종업원의 공금 유용 사실을 확인하기 위해 증거도 없이 추궁하는 일은 그 종업원의 인권을 무시하는 처사이다. 하지만 회사 입장에서는 공금의 행방을 조사할 권리가 있다.

오늘날에는 권리 차원의 윤리적 판단이 중요하게 부각되고 있다. 그 이유는 많은 사람들이 인간의 생명, 자유, 사생활, 성장, 존엄성에 대한 기본권리를 저해하는 모든 행동을 비윤리적이라고 생각하기 때문이다. 따라서 권리에 기반을 둔 윤리적 사고는 윤리적 행동 선택을 위한 중요한 공통 기준이 될 수 있다.

(3) 정의 차원

윤리적 사고의 세 번째 기준은 정의(justice)이다. 정의는 이익과 부담이 평등하게 그리고 일정한 법칙에 따라 분배될 때 존재한다. 그렇다고 공평한 분배가 꼭 평등한 분배를 의미하지는 않는다. 일반적으로 개인의 몫은 특정 사회가 인정하는 규칙에 의해 결정된다. 그리고 이런 규칙은 사회마다 차이가 있다.

공정성 여부를 판단하는 데는 수많은 이해관계가 얽혀 있기 때문에 신중함이 요구된다. 분배 규칙은 흔히 전통이나 관례에 근거하여 일부 집단에게만 특권을 부여하기 때문에 집단 간의 미세한 불평등은 사회적 긴장을 초래하고 공정한 체제로의 변화를 강력히 요구하게 된다. 평등한 기회의 법칙(equal opportunity rule), 즉 모든 사람들에게 인생의 출발에서부터 똑같은 조건을 부여한다는 것은 사회의 이익과 부담을 더 공평하게 분배할 수 없다.

윤리성 판단에 있어 정의적 사고가 갖는 한계는, 실용주의적 사고와 마찬가지로 이익과 비용에 대한 정확한 측정이 어렵다는 것이다. 또한 행동에 수반되는 이익과 비용을 모두 규명하는 작업 역시 매우 힘들다는 것이다. 이러한 한계 때문에 사람들 간에 정의적 차원의 윤리적 기준이 일치되기가 어렵다. 또한 많은 사람들이 공정한 대우를 원하면서도 정의실현에 대해서 회의적인 입장을 보이는 이유도 같은 맥락에서 이해될 수 있다.

4. 기업윤리의 제고방안

기업에서의 의사결정이나 행동이 경제원칙에만 따르지 않고 윤리적인 판별 기준에 따라 이루어지고, 법규를 지키는 수준 이상의 공정성, 정당성 및 사회의 가치 기준에 적합한 것일 때 그 기업은 기업윤리를 지키고 있다고 할 수 있다. 즉 기업활동이 사회에 해를 끼치지 않고, 비도덕적인 종업원이나 경쟁자로부터 기업을 보호하고, 사용자의 부당행위로부터 종업원을 보호하고, 기업구성원이 윤리적 신념에 따라 행동할 수 있도록 허용하는 경우 윤리적 기업행위라고 할 수 있다. 오늘날 기업윤리는 이제 기업경영의 필수적인 과제가 되고 있다. 기업윤리를 제고하기 위한 기본적인 방안으로는 최고경영자의 윤리의식 제고, 윤리적 기업문화의 형성, 평가 시스템의 개선, 종업원의 윤리의식 제고, 기업윤리헌장 및 기업윤리강령의 제정 등을 들 수 있다.

(1) 최고경영자의 윤리의식 제고

최고경영자의 도덕성, 경영철학, 윤리적 사고는 한 기업의 윤리 수준을 결정하는 중요한 요소이다. 최고경영자가 의사결정을 할 때는 그 결과가 대

"도요타의 대규모 리콜은 지난 수년간 급속한 사업 확대 속에서 고객 목소리에 충분히 귀를 기울이지 못한 탓입니다. 임직원 모두가 진지하게 반성하며 신뢰 회복에 전력을 다하겠습니다." 2010년 나카바야시 히사오 한국도요타자동차 사장이 부임 후 처음으로 언론과 대면하는 자리에서 고개를 떨궜다. 그는 부임 당시 "한국에서 판매한 차량은 미국과 달라 리콜 계획이 없다"고 말했던 것과는 달리 침통한 표정으로 리콜에 대해 발표했다.

내외적으로 미칠 파급효과를 고려하여 윤리 및 도덕적 측면을 고려해야 한다. 또한 최고경영자의 생각, 말 및 행동은 조직 전체의 분위기에 미치는 영향이 크다는 사실을 인식하고 윤리 수준의 향상에 솔선수범해야 한다.

(2) 윤리적 기업문화의 형성

기업문화는 조직구성원의 의사결정과 행동에 커다란 영향을 미친다. 따라서 윤리적이고 도덕적인 측면을 강조하는 기업문화가 형성되어 있을수록 기업의 윤리 수준은 높아진다. 모든 구성원이 공감하고 공유할 수 있는 가치 기준이나 행동규범이 정립되고, 윤리성이 높은 기업문화를 조성하는 것이 중요하다.

(3) 평가 시스템의 개선

기업구성원의 의사결정과 행동은 조직의 평가 시스템이나 보상 시스템의 영향을 받기 마련이다. 그러나 가시적인 성과만을 중요시하고, 성과에 대한 압력이 강할수록 기업윤리 수준은 낮아질 가능성이 있다. 따라서 구성원의 평가 시스템에 윤리에 관한 항목의 비중을 높이고, 이에 따라 적절한

포스코가 국내기업으로는 처음으로 미국 해외부패방지법(Foreign Corrupt Practices Act, FCPA) 등 국내외 반부패 관련 법령의 위반 금지를 골자로 하는 'FCPA 준수 가이드라인'을 제정, 2011년 1월 3일자로 시행에 들어간다고 밝혔다. 최근 국제 윤리인증 ISO26000이 시행되는 등 기업의 윤리경영이 글로벌스탠더드로 확산되고 있고, 미국 정부도 뉴욕증시 상장기업의 해외공무원 대상 뇌물공여, 분식회계 등 해외부패 관행을 강력히 제재하기 위한 연방법인 'FCPA' 적용을 더욱 강화하고 있는 추세이다.

보상이 이루어지는 평가 시스템이 필요하다.

(4) 종업원의 윤리의식 제고

종업원들은 이해관계자를 직접 상대하기 때문에 그들의 대외적 관계는 기업의 신뢰성과 사회와의 관계성에 있어서 중요한 역할을 한다. 이런 이유로 종업원의 윤리의식은 기업의 대외적 윤리성에 영향을 미친다. 또한 종업원들은 기업의 생산성과 제품의 품질 향상에 있어서 핵심적 역할을 하기 때문에 대내적 윤리성도 지니고 있다. 따라서 종업원의 책임의식과 직업윤리의식을 제고하는 것이 기업 전체의 윤리 수준을 제고하는 데 있어서 중요한 요소가 된다. 이를 위해서는 종업원들이 안심하고 신명 나게 일을 하고, 기업을 삶의 터전으로 여기고 애착을 갖고 일할 수 있도록 복지후생을 향상시킬 필요가 있다.

(5) 기업윤리헌장 및 기업윤리강령의 제정

기업윤리헌장이란 기업의 기본적인 가치관이나 신념을 표현한 기업윤리의 기본적인 문서라고 할 수 있다. 이는 법적 실체인 기업이 사내 문화적 가치와 고객·주주·임직원·지역사회 등에 대한 관계 설정을 규정한 것이다. 기업윤리강령(code of business ethics)이란 기업의 경영행위 기준이 되는 일반적 가치체계, 윤리원칙 및 회사가 적용하고자 하는 특정의 규칙을 문서화한 것으로 기업윤리헌장의 보다 구체적 표현이라고 할 수 있다. 기업윤리를 제고하기 위해서는 이러한 조직구성원의 의사결정이나 행동의 기준과 규범이 되는 기업윤리헌장이나 기업윤리강령을 제정하여 모든 구성원이 지키도록 해야 한다.

일반적으로 기업윤리강령은 전문과 본문으로 구성되며 주요 내용은 표 9-6 과 같다.

표 9-6 기업윤리강령의 구성 및 내용

구성		주요 내용
전문		강령 제정의 이유, 준수 임무
본문	기본 정신	선한 기업, 가치 창조, 기업시민
	고객	고객은 기업이 존재하는 이유, 성실, 신의, 만족
	종업원	종업원은 기업의 자산, 종업원의 권리, 의무
	주주	정당한 투자수익 보호, 공평, 평등
	지역사회	지역사회와의 공생, 선량한 기업시민
	경쟁자	공정경쟁, 공평한 대우
	임원	임직원의 명예는 회사의 명예임, 개인보다 회사 이익 우선
	정부	법규 준수, 책무 수행, 성실 보고
	정치	정치 불간섭, 투명한 관계 유지
	지구환경	환경친화, 환경과의 공생관계
	국제 차원	국제적 기업시민, 평등, 공평 대우
	처벌	윤리성 판단 기준, 고발 의무, 개인의 책임, 처벌

기업 반부패경영시스템, 왜 필요한가?

반부패경영시스템 국제표준(ISO 37001)이 제정됨으로써 부정청탁금지법의 준수를 위한 가이드로서 활용이 기대된다. ISO 37001은 국제표준화기구(International Organization for Standardization, ISO)에서 조직의 부패 및 뇌물 방지, 공정경쟁을 위해 제정한 반부패경영시스템 국제표준을 말한다.

부패 및 뇌물 관련 전 세계적 리스크 지속

과거 독일 지멘스는 비자금을 조성해 아시아, 중동 등의 기업과 공공기관, 정치인에게 뇌물을 제공한 혐의로 약 9천억 원의 벌금을 내야 했다. 또한 최근 브라질 대기업 2곳은 부정부패를 조장한 혐의로 약 4조 원의 벌금을 물게 되었다.

글로벌 기업들이 끊임없이 뇌물과 부패 스캔들에 휘말리고 있는 가운데, 비윤리적 경영으로 인한 경제적 손실이 천문학적인 수준에 이를 뿐만 아니라 기업 이미지에도 큰 타격을 입고 있다.

과거에는 상황에 따라 급행료 등 뇌물이 사업 추진을 위해 불가피한 요소로 공공연하게 활용되었고, 많은 기업들은 현지 사업의 관행 명목으로 뇌물을 합리화하기에 급급했다. 이는 현지 대리인, 브로커 등을 활용하는 과정에서 발생하는 특정 국가의 불가피한 영업 관행으로 치부되거나, 법적 취약점으로 인해 인정할 수밖에 없는 듯 보이기도 했다. 하지만 원칙적으로 뇌물은 과거에도, 현재에도 한결같이 모든 국가에서 금지되는 범법 행위이다.

이러한 뇌물 및 부패 행위는 사회적·경제적 손실 및 관련 복구비용을 발생시키며 지속가능한 발전의 가장 큰 걸림돌이 되고 있다.

전 세계적으로 양벌 규정 명시한 반부패법 강화

뇌물과 부패에 대한 이러한 심각성 인식은 UN, OECD 등 국제기구의 반부패 관련 협약 확대, 국제투명성기구의 기업 투명성 강화 요구 등 국제 사회의 다양한 연대와 노력으로 전개되어 왔다.

그러나 이러한 국제사회의 반부패에 대한 요구에도 불구하고 부패와 뇌물 관련 사건과 스캔들이 지속적으로 발생함에 따라 미국, 영국을 비롯한 많은 국가들은 부패 및 뇌물 관련 법안을 새롭게 제정하거나 기존 법안을 보완, 강화하기 시작했다. 그리고 이들 법안은 기업이 뇌물 사건에 연루되는 경우, 관련 개인은 물론 법인까지 모두 처벌하는 양벌 규정을 도입하며 기업경영 리스크를 더욱 가중시키고 있다.

국내외 반부패 및 뇌물방지를 위한 대표적 법안으로는 미국 FCPA(해외부패방지법), 영국 Bribery Act(뇌물방지법)와 한국 부정청탁금지법(김영란법) 등이 있다.

특히, 현존하는 가장 강력한 뇌물방지 법안인 영국의 Bribery Act는 영국 내는 물론, 해외에서도 정부 관료에 대한 뇌물 사건 발생 시, 대표자와 법인에 대해서 10년 이하 징역과 천문학적 벌금을 가하도록 양벌 규정을 명시하고 있다. 다만, 해당 조직이 뇌물방지를 위해 적절한 절차를 시행했다는 사실을 입증하는 경우, '양벌 규정'에서 면책될 수 있는 조항도 포함하고 있다.

영국의 기업들은 양벌 규정에 대응할 적절한 절차 마련을 위한 보다 세부적인 지침을 필요로 하였고, 이에 영국 BSI(영국왕립표준협회)가 2011년 제정한 표준이 'BS 10500: 2011(Specification for an antibribery management system)' 즉, '반부패경영시스템 요구사항'이었다.

ISO 37001, 국제적 요구에 대응하기 위한 해법 제시

이후 BS 10500은 영국뿐만 아니라 각국의 부패 방지법에 명시된 '양벌 규정'에도 대응할 수 있는 표준으로 인정되었으며, 2016년 10월 국제 사회 공동의 합의를 얻어 ISO 37001 반부패경영시스템 국제표준으로 전환되었다.

ISO 37001은 품질, 환경 및 안전 등 여타 경영시스템과 마찬가지로 계획(Plan), 실행(Do), 평가(Check), 개선(Act) 사이클 모델을 바탕으로 뇌물 방지를 위한 지속적 개선의 반부패경영시스템(Anti-bribery Management System)을 수립, 실행할 수 있도록 제정되었다.

ISO 37001은 비록 기업이 반드시 도입해야 하는 강제 요구사항은 아니지만, 기업이 윤리 및 반부패 경영의 실천의지를 구현하고 강화된 반부패 법안의 양벌 규정에 대응할 수 있는 실질적인 해법과 지침을 제공한다는 점에서 우리 기업의 적극적 도입과 실행 노력이 요구된다고 하겠다.

ISO 37001의 목적, 주요 특징 및 기대효과

ISO 37001 표준은 다음과 같은 제정의 목적과 주요 특징을 보여준다.

- 조직, 조직의 임직원 또는 조직을 대리하는 사업관계자에 의한 뇌물 공여 방지를 목적으로 한다.
- 직접적 뇌물은 물론, 간접적 뇌물 수수까지 포괄한다.(예: 제3자에 의해 수수되는 뇌물)
- 모든 국가 혹은 다른 법률 지역의 조직에까지 통용될 수 있는 국제사회 우수실천모델을 제시한다.
- 부패/뇌물 위험에 합리적이고, 리스크에 비례하는 방침, 절차 및 통제 실행을 위한 요구사항을 명시한다.

ISO 37001에 따라 뇌물방지를 위한 경영시스템을 실행할 때 얻을 수 있는 기대효과

- 반부패와 뇌물 관련한 각국 법규를 준수하도록 지원함으로써 조직의 법적 처벌 가능성 저감
- 문제 발생에 따른 사업 중단 또는 뇌물 관련 조사, 처리로 인한 자원과 비용 손실 리스크 저감
- 조직 사업 운영은 물론, 공급망 전체에 걸쳐 뇌물 리스크의 효과적 파악 및 관리
- 공급망 평가 또는 공공/민간 입찰 참여 시 요구되는 자격요건에 대한 적격성 근거로 활용
- 뇌물 문제에 대한 조직의 강력한 의지 표명, 윤리적 조직으로서 평판과 명성 강화

ISO 37001 인증의 한계

ISO 37001은 제3자 심사와 인증이 가능한 국제표준이다. 다만 인증은 부패/뇌물 이슈가 없거나 향후 발생하지 않는다는 점을 보증하지 못하며, 인증만으로는 법적 면책을 받을 수도 없다. 따라서 인증은 반부패경영의 '목표나 결과'가 아닌, 조직이 부패 및 뇌물방지를 위한 체계를 갖추고 지속적으로 개선을 도모하여 이해관계자의 신뢰를 확보하는 '과정'으로 이해되어야 한다. 따라서 심사와 인증에서 가장 중요한 고려 요소는 심사기관의 전문성과 객관성이라고 할 수 있다.

향후 전망

ISO 37001 제정 이전에는 부패와 뇌물 방지, 또는 윤리경영에 대해 국제적으로 합의된 표준이 존재하지 않아 조직마다 관리체계와 접근방법이 상이할 수밖에 없었다. 그러나 이제 국제사회가 합의한 국제표준이 제정, 보급됨에 따라 객관적으로 관리체계를 평가하고 개선할 수 있는 기반이 마련되었다. 국제적으로 강화되는 부패 및 뇌물 방지 관련법 대응은 물론, 글로벌 고객의 요구사항과 실사에 대비하고 국내외 협력회사 관리와 시민사회의 사회적 책임 강화 요구에 대응하기 위해서도 ISO 37001 도입은 고민의 필요성이 없는 사안이 되었다.

– 〈대한상의 브리프〉, 2017. 6. 19

사례

사례 - ①

LG생활건강의 사회공헌활동

LG생활건강은 다양한 사회공헌활동을 통해 기업의 사회적 책임을 다하는 한편, 소비자 중심 마케팅 회사로의 전환, 브랜드 자산(Brand Equity) 제고 등으로 기업가치가 지속적으로 증가하고 있다.

LG생활건강 '아름다운 지킴이'

(주)LG생활건강은 여성과 어린이들의 건강과 아름다움을 위한 다양한 사회공헌활동을 실천하고 있다.

저소득층 어린이들에 대한 지원

LG생활건강은 2008년부터 한국사회복지관협회와 함께 치과 진료에 어려움을 겪고 있는 저소득가정 어린이들의 치과 진료를 지원하고 있다. 어린이들에게 미소를 되찾아 주자는 의미에서 '스마일 투게더'로 명명된 이 사업은 매년 1억 5,000만 원을 들여 만 4~13세의 국민기초생활보장 수급권자 및 차상위계층 어린이들의 치과 진료를 지원하고 있다.

오럴케어 브랜드 '페리오'는 치약사업 50주년이던 2004년부터 초등학교에 양치교실을 짓고, 어린이들에게 치아건강교육을 실시하는 '페리오 키즈스쿨' 캠페인을 이어 오고 있다. 지금까지 서울 소재 약 5개 초등학교에 양치교실을 설치하였고, 대상을 더 확대해 나갈 계획이다.

또한 2007년부터 서울대병원과 함께 선천성 안면기형 어린이들의 성형수술을 지원하는 '오휘 아름다운 얼굴 캠페인'을 진행하고 있다. '오휘 더 퍼스트' 브랜드의 수익금으로 진행되는 이 사업은 해마다 5,000만 원씩 적립되며 입원비와 연구비를 함께 지원한다. 2008년에는 총 20명의 안면기형 수술을 지원한 바 있다.

저소득 한부모가족 여성 가장에 관심

LG생활건강은 아름다운재단과 함께 저소득 한부모가족 여성 가장들의 건강검진과 질병치료 지원에도 나서고 있다. 2005년 시작된 여성가장지원사업은 임직원 급여 나눔과 회사 매칭펀드를 통해 연 1억 2,000만 원씩 적립되는 '행복미소기금'을 통해 이루어졌다.

아름다운 나눔에 참여

LG생활건강은 임직원들의 물건을 기증받아 아름다운가게에서 판매하는 'LG생활건강과 함께하는 아름다운 토요일' 행사를 2005년 이후 매년 개최하고 있다. '아름다운 토요일' 행사에는 임직원들이 기증한 물품뿐만 아니라 임직원이 직접 판매자로 나서 참여와 나눔을 실천한다. 그뿐 아니라 이마트와 함께 '아름다운 세상 만들기' 기획전 수익금과 '오휘 크리스마스 카드' 판매 수익금 등 각종 기획전 및 이벤트를 통해 생긴 수익금을 아름다운가게를 통해 기부하고 있다.

바자 행사 및 푸드뱅크 지원

LG생활건강은 유기견, 유기묘 지원 운동도 함께 하고 있다. LG생활건강의 색조 전문 브랜드 '캐시캣'은 패션잡지 『보그』가 주최하는 사진전을 통해 제품을 판매, 판매 수익금은 유기견, 유기묘 돕기에 쓰도록 하고 있다. 또 LG생활건강은 2007년부터 '푸드뱅크'에 연간 7,000만 원 상당의 품목을 기부하고 있다. '푸드뱅크'는 기업과 개인으로부터 식품 및 생활용품을 기탁받아 결식아동 등 소외 계층에 전달하는 나눔제도로 LG생활건강은 영등포구 푸드뱅크에 기부하고 있다. 월 2,000여 명의 국민기초생활수급권자들이 LG생활건강에서 생산된 비누, 치약, 칫솔 등 생활용품을 무상으로 제공받고 있다.

LG생활건강은 생활용품, 화장품을 통해 고객의 건강과 아름다움에 기여함을 사업목표로 하고 있다. 따라서 사회공헌도 이에 부합할 수 있도록 환원하자는 의미에서 여성과 어린이의 건강과 아름다움을 위한 활동에 중점을 두고 있으며, 소외 계층의 지원에도 계속 노력할 예정이다.

사례 - ②

교보생명의 윤리경영

모든 이해관계자와의 공동발전을 추구

교보생명이 추구하는 윤리경영은 회사의 핵심 목적·핵심 가치 및 사회법규·회사규정을 준수하면서 각자의 직무와 성과책임을 완수하여 '교보인의 VISION'을 달성함으로써 이해관계자 간에 나눌 몫을 풍성히 하여 상생 발전하는 것을 말한다.

교보생명의 윤리경영

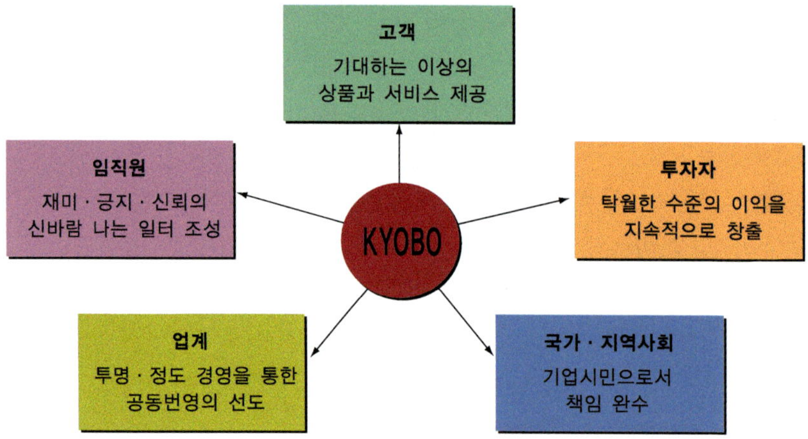

윤리경영 실천 의지가 담긴 '교보인의 직무윤리헌장'

교보생명은 2000년 4월 보험업계 최초로 '교보인의 직무윤리헌장'을 제정하였으며, 직무윤리헌장은 교보생명의 윤리경영에 대한 실천 의지를 담고 있다.

교보인의 직무윤리헌장(全文)

교보생명의 사명은 모든 사람이 미래의 역경에서 좌절하지 않도록 도와드리는 것입니다. 1958년 창립 이래 이러한 사명을 변함 없이 수행하고 항상 정직하고 성실한 자세로 고객의 신뢰를 쌓아 왔으며, 이는 무엇과도 바꿀 수 없는 우리의 소중한 자산입니다. 우리의 비전은 이러한 전통을 이어받아 선량한 고객의 이익과 혜택을 먼저 생각하고, 회사와 자신의 발전을 위해 끊임없이 대담한 목표에 도전하여 2010년 이전에 타깃고객이 가장 선호하는 보험회사로 우뚝 서는 것입니다. 우리의 윤리경영은 높은 직무윤리의식과 행동을 바탕으로 이 목표를 훌륭히 달성하는 것이며, 이러한 윤리경영의 실천이야말로 고객, 컨설턴트와 임직원, 투자자, 지역사회 등 모든 이해관계자가 함께 번영하고 회사가 영속 발전하는 가장 바르고 빠른 길이라고 확신합니다. 우리 교보인은, 때때로 우리의 목표가 쉽지 않아 보이고 부당한 이익이 눈앞에서 우리를 유혹하더라도 언제나 사회법규를 준수하고 교보인의 핵심 목적과 핵심 가치를 실천하며, 회사의 비전을 달성함으로써 고객을 포함한 모든 이해관계자와 상생한다는 약속을 반드시 지키겠습니다.

Yes 준법! OK 윤리! 자율점검표

특히 'Yes 준법! OK 윤리! 자율점검표'는 임직원들의 윤리적인 의사결정을 지원하는 도구로 활용되고 있다.

Yes 준법! OK 윤리! 자율점검표

- ☑ 내가 하고 있는 이 일이 교보인의 직무윤리 실청 규범에 위반되지 않는가?
- ☑ 나중에도 나 자신이 이 일에 대해 옳았다고 생각할까?
- ☑ 이 일이 고객, 동료, 가족에게 알려져도 떳떳할까?
- ☑ 이 일로 인해 부당하게 이익이나 손해를 보는 사람은 없는가?
- ☑ 정말로 이 일이 나의 양심에 부끄럽지 않은가?

윤리경영 추진 조직

교보생명에서는 준법 감시인이 윤리경영 전략 방향과 윤리헌장 실천규범을 수립하는 윤리담당 임원의 역할을 수행하고 있다. 준법 감시인 지원조직에서 윤리경영 실천 프로그램과 직무윤리 교육에 대한 계획을 수립하고, 주요 관련 부서 조직장으로 구성된 'Compliance실무협의회'가 준법 감시인의 윤리경영 관련 의사결정을 지원하고 있다.

윤리경영 추진 조직

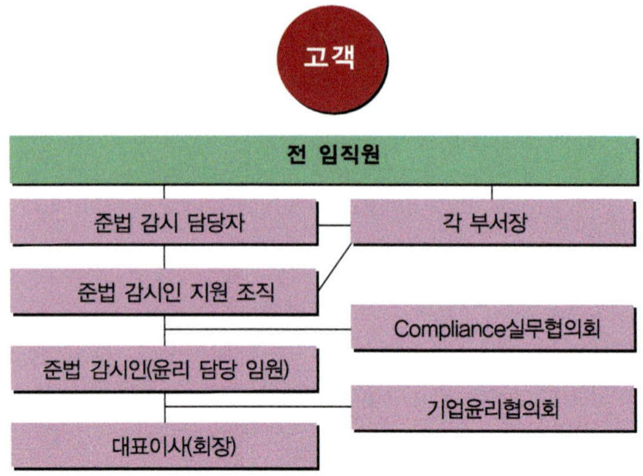

현장에서는 각 부서의 준법 감시 담당자들이 준법 감시인의 업무를 보좌하고 있는데(2008년 12월 기준 220명) 준법 감시 담당자의 주된 업무는 각 부서 업무에 대한 준법 감시 및 내부통제 업무 수행, 소속 조직원에 대한 직무윤리 교육 지원 및 비윤리사항에 대한 모니터링이다.

주요 용어

기업의 사회적 책임, 경제적 책임, 법적 책임, 윤리적 책임, 자선적 책임, 이해관계자, ISO26000, 윤리, 기업윤리, 비윤리적 행동, 기업윤리의 사회적 중요성, 실용주의, 권리, 정의, 윤리의식, 기업윤리헌장, 기업윤리강령

연습문제

01 기업의 사회적 책임의 의미를 설명하시오.

02 기업의 사회적 책임의 구체적 내용을 설명하시오.

03 ISO26000의 핵심 내용을 설명하시오.

04 기업윤리의 개념을 설명하시오.

05 기업의 비윤리적 행동의 동기를 설명하시오.

06 기업윤리의 행동의 동기를 설명하시오.

07 윤리적 사고의 세 가지 유형을 설명하시오.

08 기업윤리의 제고방안을 설명하시오.

09 국내 기업 가운데 기업윤리강령을 채택하고 있는 기업의 사례를 조사하여 구체적 내용을 설명하시오.

제3부

경영관리과정

CHAPTER 10

계획화(1): 목표설정 및 경영계획

이 세상에서 가장 중요한 것은 우리가 어디에 있는가가 아니라 어디로 향하고 있는가이다.

— 올리버 홈스(미국의 법률가이자 재판관)

무슨 일이든지 시작하기 전에 예측 불가능한 어려움과 일의 지연이 앞에 기다리고 있다는 것을 명심해야 한다. 만약에 그것을 미리 알 수 있다면 자연히 그 어려움을 제거하려고 노력할 수 있겠지만, 미리 알 수는 없다. 항상 명확히 볼 수 있는 것은 오직 당신이 가지고 있는 목표뿐이다. 그 목표에 대한 정신적인 비전을 만들어서 아무리 어려운 일이 있더라도 그것에 매달려야 한다.

— 캐슬린 노리스(미국의 잡지연재소설 작가)

다시 걸음 옮겨 놓기 전에 결코 아래를 내려다보지 마라. 저 멀리 지평선에 시선을 고정시키는 사람만이 올바른 진로를 발견하게 되리라.

— 다그 함마르셸드(스웨덴의 정치가)

바람직한 계획을 수립하려면 계획의 내용과 이유 및 목표와 비용에 대한 질문에 명확히 대답할 수 있어야 한다.

— 폴 러벳(P. D. Lovett 사장)

제10장 계획화(1): 목표설정 및 경영계획

제1절 목표설정

조직의 경영자는 조직구성원의 활동 방향을 이끌어 가기 위하여 목표를 설정한다. 조직의 목표(organizational goal)란 조직이 실현하고자 하는 제반 문제의 원하는 상태라고 정의할 수 있다. 목표달성을 위한 활동은 조직마다 다르기 마련이다. 또한 목표는 조직이 성장하거나 환경 내에서 새로운 상황에 직면함에 따라 변화할 수 있다. 예를 들어서 목표는 조직의 규모나 성장 단계에 따라 다를 수 있다. 이제 막 창업한 기업의 경우 첫해에는 생존 자체에 목표를 두는 것이 당연하다. 창업한 지 어느 정도 된 기업의 경우는 성장목표나 이익목표를 설정할 수 있다. 어떤 기업은 산업 내에서 주도적 위치를 고수하는 데 목표를 둘 수 있다.

조직의 목표
조직이 실현하고자 하는 제반 문제의 원하는 상태

조직의 경영자는 조직에 가장 적합한 목표가 무엇인지를 이해하는 것이 필요하다. 목표는 조직구성원에게 조직이 가고자 하는 방향을 인식시킨다는 점에서 매우 중요하다. 또한 조직목표는 조직전략의 선정과 부문 목표를 설정하는 데 도움이 된다. 한편 조직목표는 일반 공중에게 조직의 의도를 인식시키고 조직 유효성을 판단하는 데 기준이 될 수 있다.

이 장에서는 계획수립에 있어서 가장 기초적 개념인 조직목표의 중요성, 목표의 유형, 목표설정, 목표를 통한 조직 유효성의 평가 등에 관하여 살펴보기로 한다.

1. 목표의 중요성

조직의 목표는 다음과 같이 두 가지의 주요 기능을 갖고 있다.

- 조직목표는 조직활동과 조직환경 내에 있는 다른 조직, 집단 및 개인 사이의 연결관계를 명확히 함으로써 조직을 환경에 연결시킬 수 있는 방법에 영향을 미친다.
- 조직목표는 경영자와 조직구성원에게 과업의 범위, 의사결정의 지침, 동기유발 방법, 성과 기준 및 조직화를 위한 합리적 방법을 제공함으로써 조직의 내부적 활동을 위한 지침이 된다.

조직목표의 속성은 조직구성원의 조직에 대한 몰입(commitment)을 창출하고 조직에 대한 확신을 갖게 한다. 이상과 같은 관점에서 조직목표는 조직의 외적 차원과 조직의 내적 차원에서 그 중요성을 갖는다.

(1) 목표의 외적 중요성

목표의 외적 중요성은 조직목표가 조직활동의 목적(purpose), 사명(mission),

Management Highlight

목적의 힘

나는 어렸을 때 보이스카우트였는데 이는 내가 다른 사람들을 돕고 싶었기 때문이다. 미국 육군사관학교(West Point)에 들어간 이유도 마찬가지이다. 내가 P&G에 합류한 것도 사람들의 삶에 감동을 주고 그들의 삶을 향상시킬 수 있기 때문이었다. 이는 내 삶의 지향점과 같다. 매일 직장에 와서 사람들의 삶에 감동을 주고 향상시킬 수 있는 방법을 고민하는 것은 얼마나 환상적인 일인가?

- 밥 맥도날드(P&G 회장)

빅터 E. 프랭클(Victor E. Frankl)의 『삶의 의미를 찾아서』에 의하면, 사람들은 삶을 살아가는 데 있어 의미를 찾고자 한다. P&G는 기업의 목적에 의미를 부여했다. 기업이 구성원의 자발적 헌신을 이끌어 내기 위해서는 머리에 호소하는 목적과 가슴에 호소하는 목적을 동시에 추구해야 한다. 기업의 존재 목적에 있어 재무적인 결과도 매우 중요하다. 그러나 이것만을 강조해서는 안 된다. 가슴에 호소하는 목적은 구성원이 일을 통해 의미를 찾게 할 수 있고 가슴 뛰게 할 수 있다. 기업의 목적에는 '의미'가 있어야 한다.

그림 10-1 **조직목표와 추상성**

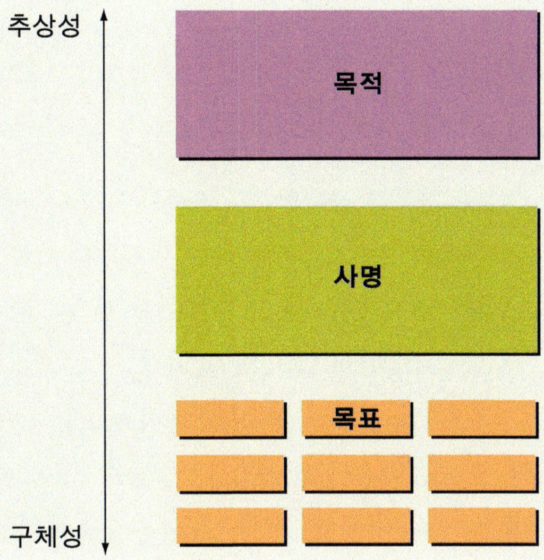

구체적 목표(objectives), 합법성(legitimacy)에 관한 정보를 제공한다는 차원에서 이해될 수 있다. 엄밀히 말하면 조직의 목표(goal)는 목적, 사명, 구체적 목표를 포함하는 포괄적 개념이라고 할 수 있다. 이는 어떤 목표가 추상적인가 아니면 구체적인가에 따라서 분류되는 개념이다.

그림 10-1 과 같이 조직의 목표가 가장 추상성이 높은 개념으로 이해될 때 목적이라 하고, 가장 구체적인 개념일 때 구체적 목표, 그 중간 수준을 사명이라고 한다. 그러나 일반적으로는 네 가지 개념이 상호보완적으로 이용된다.

① 목적

조직의 목적(organizational purpose)이란 조직의 존립 이유를 나타내는 개념으로 가장 추상성이 높은 목표 개념이다. 이는 조직이 활동하는 사회적 맥락에서 조직의 가장 기본적인 목표라 할 수 있다. 따라서 목적이 없는 조직은 사회에 존재해야 할 이유가 없는 것이다. 기업의 존립 목적은 이윤을 창출하는 데 일차적 목적이 있다. 대학은 지식을 탐구하고 전달하는 데 존립 목적이 있다. 정부기관은 국민 또는 시민에 대한 봉사와 보호를 하는 데 존립 목적

조직의 목적
조직의 존립 이유를 나타내는 개념으로 가장 추상성이 높은 목표 개념

이 있다.

모든 조직의 기본 목표는 생존(survival)에 있다. 어떤 조직이 존립 목적을 달성하기 위해서는 먼저 충분히 오랫동안 생존해야 할 것이다. 이는 기업이든, 정부기관이든, 비영리조직이든 사회의 모든 부문의 조직에게 공통적으로 적용된다.

모든 조직은 궁극적으로 자신의 조직이 생존하는 데 관심을 갖는다. 그러나 조직의 장기적인 생존이 모든 상황에 적합한 목표라고는 할 수 없다. 예를 들어서 태스크포스나 특정 프로젝트를 수행하기 위한 위원회 등과 같은 조직은 사명이 완수되면 해체된다.

그렇다면 조직의 일반적인 존립 목적은 누가 설정하는가? 대부분의 경우는 조직의 창업자나 경영자의 목적이 조직목적과 많은 관련성을 갖는다. 그러나 조직의 목적은 사회 전반적으로 적합성이 있어야 한다. 만일 어떤 대학의 존립 목적이 이익을 창출하는 데 있다면 어떻게 될까. 즉 조직의 존립 목적은 조직이 활동하는 사회적 맥락에서 유추되어야 한다.

② 사명

조직의 사명
경영자가 조직의 목적을 달성하기 위하여 선택하는 경로

조직의 사명(organizational mission)이란 경영자가 조직의 목적을 달성하기 위하여 선택하는 경로를 말한다. 대부분의 기업조직은 소유주의 이익을 창출하는 데 목적이 있다. 그러나 이익을 창출하는 데는 여러 방법이나 경로가 있을 수 있다.

기업조직의 사명을 결정하는 데 있어서는 창업자나 경영자가 고객을 확보하기 위한 제품이나 시장을 명시한다. 제품 및 시장의 명시는 그 범위를 넓게 또는 협소하게 규정할 수 있다. 예를 들어서 조직의 사명을 석유를 생산하는 것으로 정의 내린 조직은 모든 마케팅 노력을 석유 소비자에게 초점을 둘 것이다. 그러나 에너지를 생산하는 데 조직의 사명을 규정한 조직의 경우는 석유시장뿐만 아니라 수자원, 태양력, 풍력 등을 에너지의 원천으로 규정할 것이다. 조직의 사명 관점에서 표현된 조직목표는 관리의 관심을 도달하고자 하는 고객의 필요(needs)와 욕구(wants)에 중점을 두게 된다. 따라서 어떠한 사명을 선택하는가에 따라 조직의 존립 목적을 달성할 수 있는 조직능력에 영향을 미친다.

모든 대학의 존립 목적은 진리를 탐구하고 지식을 전달하는 데 있을 것이다. 그러나 대학도 연구 중심의 대학, 강의 중심의 대학, 연구와 강의를 병행하는 대학으로 분류할 수 있다. 즉 대학도 존립 목적을 달성하기 위한 사명에 따라 나름의 특성을 갖고 있는 대학으로 분류할 수 있다.

1,000만(텐밀리언)은 기업에게 꿈의 숫자이다. 조용필의 통산 음반 판매량, 영화 〈괴물〉의 관객수, LG전자의 '휘센 에어컨', '초콜릿폰'의 판매량. 텐밀리언셀러는 한마디로 이름만 대면 알 수 있는 대박 상품이 됐다는 것을 뜻한다. 이름만 대면 "아, 전기밥솥"하고 떠올리는 쿠쿠 역시 텐밀리언셀러 대열에 합류했다. 사실 1,000만을 넘어 1,500만 대가 팔렸으니 '피프틴밀리언셀러'이다. 전기밥솥 시장에서 쿠쿠의 브랜드 파워가 어느 정도인지 알 수 있는 기록이다.

③ 구체적 목표

조직의 구체적 목표(organizational objectives)는 조직목표 가운데 추상성이 가장 적은 구체적 개념의 목표로, 조직의 사명을 달성하기 위한 구체적 진술을 의미한다. 이러한 조직의 구체적 목표는 보통 상세한 용어로 표현을 하고 조직의 사명보다는 한정적인 시간적 틀을 갖는다.

따라서 기업조직의 경우 어떤 사명(특정 산업 내에서의 경쟁)을 통해 존립 목적(이윤추구)을 달성할 계획을 세운다. 역시 마찬가지로 기업은 달성하고자 하는 매출액 수준 차원의 구체적 목표나 유지하기를 원하는 성장률, 고양하고자 하는 기업이미지 등을 위한 구체적 목표를 설정한다. 일반적으로 하나의 조직은 여러 구체적 목표를 갖는다.

조직의 구체적 목표
조직목표 가운데 추상성이 가장 적은 구체적 개념의 목표로, 조직의 사명을 달성하기 위한 구체적 진술

표 10-1은 조직의 존립 목적, 사명, 구체적 목표에 대한 가설적 모형을 제시하고 있다.

표 10-1 존립 목적, 사명, 구체적 목표의 가설적 예

목표 유형	존립 목적	사명	구체적 목표
Boeing Co.	이익 추구	비행기 제작	• 향후 5년간 매출액 5% 증가 • 향후 4년간 주주에 대한 투자수익률 10% 증가 • 향후 5년간 종업원 3% 감원
American Motors Corp	이익 추구	도로용 운송수단 제작	• 자동차 판매액의 선도적 위치의 유지 • 향후 3년간 종업원 생산성 5% 증가 • 외국 자동차회사와의 장기적 제휴관계 계약
ABC대학교	지식의 개발 및 전달	지역민의 필요에 부응할 수 있는 광범위한 학문적 프로그램의 개발	• 향후 5년간 10% 이상 증가된 기금 확보 • 정부지원금 확보 • 매년 2% 입학 정원 증가

Management Highlight

P&G의 혁신 동인 8가지

P&G가 혁신의 대명사로 불리는 이유는 지속적인 유기적 성장으로 이어지도록 혁신을 위한 동인들이 기업의 운영 전반에 잘 녹아들어 있기 때문이다. P&G가 가지고 있는 혁신의 여덟 가지 동인(Driver)은 다음과 같다.

첫째, 목적에서 시작하는 혁신이다. "만약 우리 회사의 목적이 돈을 버는 것이었다면 직원들이 헌신적으로 혁신을 하는 데 몰두하지 않았을 것이다. 그러나 '고객의 삶에 감동을 주고 이를 향상시키는 것'이라는 목적은 직원들이 스스로 혁신을 하도록 그들을 자극하고 고무시킨다." 혁신은 목적에서부터 시작하여야 한다.

둘째, 야심찬 목표이다. 야심찬 목표는 직원들이 지금과는 다른 차별적인 방식으로 일을 하게끔 만든다. 단순히 일을 열심히 하는 것을 목표로 한다면, 일을 차별적으로 해야 한다는 긴장감과 의무감을 깨지 못할 것이다.

셋째, 전략이다. 전략은 '어떻게(How)'의 문제이다. P&G의 전략은 더 많은 소비자에게, 세계의 더 많은 지역에서, 좀더 완벽하게 그들의 삶에 감동을 주고 삶의 질을 향상시키는 것이다. 전략은 어디서 경쟁하고 어떻게 이길 것인가를 분명하게 직원에게 제시함으로써 혁신에 일조한다.

넷째, 핵심 강점이다. P&G는 오랫동안의 경험으로 핵심 강점을 다섯 가지로 규정하였다. 혁신을 위해서는 자신의 핵심 강점을 명확히 알아야 한다. 그러나 대부분의 회사들이 자신의 핵심 강점을 잘 모른다. 혁신을 위해서는 자신의 핵심 강점이 무엇인지를 명확히 규명하고, 이를 상위 단계로 어떻게 구축할지 알아야 할 필요가 있다.

다섯째, 혁신을 가능하게 하는 조직구조이다. C&D(Connect & Develop)는 혁신구조의 대표적 예이다. 내부뿐만 아니라 외부의 아이디어를 이용할 수 있도록 조직구조를 변경하였다.

여섯째, 업무 시스템이다. P&G에는 혁신 아이디어를 단계별로 검증하는 'Stage Game Process'가 있다. 이는 아이디어를 선별하고 테스트하고 최종적으로는 시장에 출시하는 일련의 체계적인 과정이다. 각 단계에는 명확한 성공 기준과 평가 기준이 있어 엄격하게 관리되고, P&G의 모든 사업 단위에는 전체 프로세스를 관장하는 매니저가 있다.

일곱째, 혁신의 문화이다. P&G에서 혁신은 모든 사람의 일이다. 혁신은 실험실에서 골몰하고 있는 R&D의 일만이 아니라는 문화가 형성되어 있다.

여덟째는 혁신을 고무하는 리더십이다. 이는 혁신에 대해 끊임없이 이야기하는 리더십, 혁신을 실행하는 리더십이다.

P&G의 혁신을 모방하고 배우려는 기업이 많다. 그러나 단순히 혁신 동인 여덟 가지를 그대로 들여온다고 혁신이 이루어지지는 않는다. 기업들이 놓치고 있는 중요한 부분은 그들이 볼 수 있는 것만 모방한다는 것이다. 모방할 때 직면하는 어려움은 볼 수 없는 것이 더 많다는 점이다. 볼 수 있는 것은 모방이 가능하나 그것을 구축해 온 내부의 시간과 노력은 모방하기 어렵다. 또한 혁신은 목적으로부터 출발해야 하는데 대부분의 기업이 이를 간과하고 있다. 기업이 어떤 목적을 위해 혁신을 해야 하는지가 명확하지 않으면 혁신의 방향성은 물론 실행력도 분산될 것이다.

④ 합법성

조직의 합법성
조직의 비구성원이 조직의 활동을 수용하는 차원

합법성(organizational legitimacy)이란 조직의 비구성원이 조직의 활동을 수용하는 차원을 말한다. 조직목표는 외부환경에 있어서 중요한 당사자에게 조직의 활동을 합법화하는 데 중요한 역할을 한다. 예를 들어서 기업을 설립하기 위해서는 법적인 허가를 받아야 한다. 법적인 설립 허가 여부에는 설립하고자 하는 기업의 목적과 사명이 고려된다.

또한 조직의 활동은 법적인 규제를 받는다. 기업은 공정거래법에 의해 불공정거래행위가 금지되어 있다. 역시 영리조직인 기업은 창출한 이익에 대한 일정 비율의 세금을 정부에 납세할 의무가 있다.

조직의 합법성은 일반적으로 외부환경요인에 의해 결정되는 경우가 많다. 소비자는 제품과 서비스의 구매를 통해서 조직을 합법화한다. 소비자보호원과 같은 규제기관은 기업이 법적 행동 기준을 성실히 이행하고 있는가를 감시한다. 노동조합은 조직의 관행에 대하여 승인 여부를 결정한다. 따라서 경영자는 조직의 합법성을 상실하지 않도록 조직의 목표를 외부 당사자에게 관련시켜야 한다.

때로는 조직이 합법성의 위기에 직면하는 경우도 있다. 예를 들어 담배회사는 흡연이 암을 발생시킬 수 있다는 의학적 연구보고서에 의해 많은 도전을 받고 있다. 이러한 이유로 청소년에게는 담배 판매를 금지하거나 텔레비전에서의 담배 광고를 금지하고 있다.

경영자는 목표가 조직환경 내에 있는 조직의 비구성원 사이에서 지지를 받거나 유지될 수 있도록 해야 한다. 만일 합법성을 상실하게 되면 새로운 목적이나 사명을 추구해야 한다. 예를 들어서 미국의 담배회사 필립모리스는 기업을 소비재 생산업체로 사명을 재정의하였다. 이 회사는 맥주회사 밀러브로잉을 인수하였다. 또한 담배 판매는 흡연에 대한 규제가 적고 반발심이 적은 해외시장에 많은 비중을 두고 있다.

국내 시장점유율 60%, 능률협회 선정 6년 연속 국내 밀폐용기 부문 브랜드 파워 1위의 락앤락. 전 세계 103개국에 진출한 락앤락은 러버메이드(Rubbermaid), 타퍼웨어(Tupperware) 등 세계적인 생활용품 기업의 뒤를 이어 세계 밀폐용기 시장점유율 3위이다. 당시 용기들은 뚜껑과 몸체의 재질이 달라 냉장고에 오래 보관할 경우, 제품이 뒤틀리는 경우가 자주 발생했다. 락앤락은 이 문제를 뚜껑과 몸체를 같은 재질로 만듦으로써 해결했다. 실리콘을 사용해 밀폐력을 높이려 시도했으나 뚜껑을 덮는 방식으로는 실리콘의 저항력을 견디기 어려웠다. 이 점을 보완하기 위해 날개를 만들어 본체에 밀착되도록 만들어야 했다. 하지만 날개의 두께가 문제였다. 얇을 경우 쉽게 부러지고 부러질 것을 우려해 두껍게 만들 경우 용기를 잠그는 데 어려움을 겪었다. 수십 번의 실험 끝에 0.4mm가 가장 이상적인 두께라는 것을 알게 됐다. 오랜 시간 노력한 끝에 드디어 100퍼센트 밀폐력을 자랑하는 제품이 탄생했다. 제품을 특성을 가장 잘 나타내는 브랜드명을 고민하던 중 '날개로 두 번 잠근다(lock)'는 의미의 락앤락(Lock & Lock)이 탄생하였다.

(2) 목표의 내적 중요성

조직의 목표는 구성원에게 중요한 정보를 제공한다. 대표적인 것으로는 과업의 범위, 의사결정 지침, 동기부여 방법, 성과 기준 및 조직화의 합리성 등이 있다.

① 목표는 조직구성원에게 과업의 범위를 제시하는 데 기준이 된다

목표는 조직구성원이 과업의 범위를 어떻게 인식할 것인가에 영향을 미친다. 예를 들어 어떤 증권회사가 투자자에게 안전하고 위험이 적은 수익을 보장하는 데 목표를 두었다고 하면, 이 회사의 구성원은 자신의 과업을 일정한 수익률을 보장하는 종목을 구매하는 데 초점을 두게 될 것이다. 따라서 조직의 목표가 어떻게 설정되느냐에 따라 조직구성원은 그 목표를 달성할 기회를 최적화할 수 있는 과업행동을 하게 된다.

② 목표는 의사결정의 지침이 된다

목표는 경영자가 의사결정의 지침을 설정하는 데 기준이 된다. 경영자의 주요 과업은 대부분이 조직의 활동에 관한 의사결정과 관련된 것이다. 모든 의사결정은 조직의 목표를 달성하도록 이루어져야 한다.

예를 들어서 판매량의 극대화에 조직의 목표가 설정되었다면 마케팅 담당 경영자는 신용판매나 할부판매와 같은 고객의 현금 흐름 상태와 일치하는 대금 지불 계획을 수립해야 할 것이다. 그러나 미수금을 줄이는 데 목표를 두었다면 그러한 의사결정을 해서는 안 될 것이다.

③ 목표는 동기부여의 수단이 된다

목표는 조직구성원이 높은 수준의 성과를 달성할 수 있도록 동기부여를 하기 위한 기초를 제공한다.

목표는 특히 목표달성이 승진, 급여 등과 직접적으로 관계가 있는 경우에는 조직구성원에 대한 자극제 역할을 한다. 또한 조직구성원으로 하여금 조직목표를 달성하는 구성원으로서의 강한 인식을 부여함으로써 동기부여 역할을 한다.

④ 목표는 조직성과의 기준이 된다

목표는 조직의 성과를 평가하기 위한 기준을 제공한다.

예를 들어서 조직의 목표가 급속한 성장에 있다면 경영자는 전년 대비 20%의 매출액 증가와 같이 특정 성과 기준을 설정해야 한다. 일단 성과 기준이 설정되면 구성원별로 개별적인 성과 기준을 부여함으로써 조직의 전체 목표를 달성하기 위하여 구성원의 활동이 얼마나 기여해야 하는가를 결정해야 한다. 이를 통해 계획 기간 중 조직이 요구하는 목표를 달성하는 데 구성원이 얼마나 성공적으로 개별 성과 기준을 달성했는가에 관한 평가를 할 수 있다.

⑤ 목표는 조직화를 위한 합리성을 제공한다

경영자의 주요 관심사 중 하나는 새로운 조직구조를 설계하거나 유지하는 데 있다. 조직목표는 올바른 조직형태와 조직구조의 적합성을 선정하기 위한 기초를 제공한다. 컴퓨터 소프트웨어 산업같이 환경의 불확실성이 높은 경우에는 유연성이 있는 조직구조를 필요로 한다. 환경적 위협이 강한 조직은 자원을 신속하게 그리고 효율적으로 동원할 수 있는 조직구조를 필요로 한다.

2. 목표의 유형

일반적으로 조직은 복수의 목표를 동시에 추구한다. 조직목표는 조직의 각 부문이 어떠한 책임을 수행하는가에 따라 세 가지 유형으로 나눌 수 있다. 최고경영층은 공식목표(official goals), 중간경영층은 운영목표(operative goals) 또는 조직의 운영방침에 관한 목표, 하위경영자는 활동목표(operational goals)의 수립 및 달성에 책임이 있다.

공식목표는 구체적 목표라기보다는 추상성이 높은 목표이며 장기목표의 성격을 갖는다. 장기목표(long-term goals)는 목표달성을 위한 특정 측정 기준이나 시간 기준이 별로 없는 목표이다. 활동목표는 가장 구체성이 높은 목표로 단기목표(short-term goals)의 성격을 갖는다. 단기목표는 목표달성을 위한 특정 시간과 측정 기준을 갖는 것이 일반적이다. 운영목표는 장기목표와 단기목표의 특성을 동시에 갖는 목표로, 중간경영자로 하여금 원하는 조직목표를 달성하도록 행동하게 하나 목표달성 시기를 정확하게 나타내거나 특정 성과 측정 방법을 제공하지는 않는다.

이상의 세 가지 목표 유형의 특성과 조직계층별 관계는 그림 10-2와 같이 나타낼 수 있다.

그림 10-2 조직계층별 조직목표

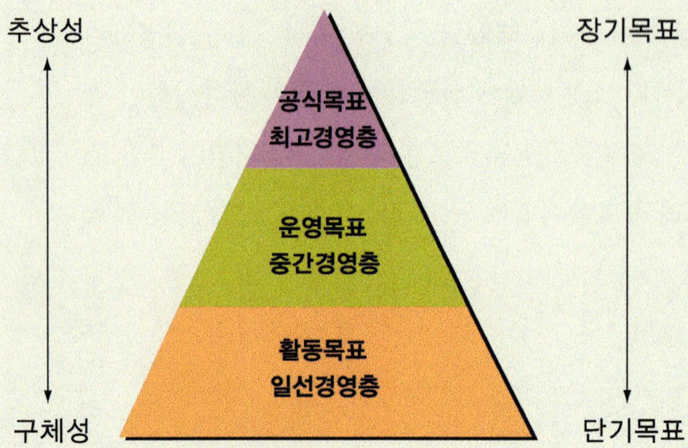

(1) 공식목표

공식목표
조직의 헌장, 연차보고서, 방침 등과 같이 조직의 목표를 공식적으로 서술한 것

공식목표는 조직의 헌장, 연차보고서, 방침 등과 같이 조직의 목표를 공식적으로 서술한 것을 말한다. 따라서 조직의 목적이나 사명 등이 이에 속한다. 내용상 추상성이 많으며 측정이 어렵다. 또한 공식목표는 목표달성의 완료 시기가 명시되지 않는다.

의약산업의 세계적 선두기업인 머크앤드컴퍼니(Merk & Company)의 공식목표를 소개하면 다음과 같다.

- 주주의 부(wealth)를 향상시킨다.
- 내적 및 외적 성장을 한다.
- 회사의 성과를 위해 장기적인 개선 노력을 한다.
- 주요 의약기업으로서 지위를 강화한다.
- 환자, 의사 및 사회에 고도의 기술과 높은 가치가 있는 혁신적인 제품을 제공한다.

위의 공식목표는 환경 내에 있는 고객에게 조직의 목적(주주의 부 향상), 사명(성장), 합법성(혁신적 제품)을 제공한다. 또한 조직구성원의 과업의 범위(혁신적 제품의 제공), 의사결정 지침(고도의 기술과 높은 가치가 있는 제품의 제공), 동기부여(주요 의약기업으로서의 지위 강화), 성과 기준(성과에 있어서 장기적 개선 노력), 조직화를 위한 합리성(환자, 의사 및 사회에 대한 혁신적 제품의 제공) 등에 관한 기초를 제공한다. 따라서 이상의 다섯 가지 공식목표는 환경과의 연계성을 창출해야 하는 중요성을 드러내고 있으며, 종업원들의 기업에 대한 몰입과 조직과의 일체감을 불어넣는 내용을 담고 있다. 또한 조직의 비구성원과 조직을 위해 일을 하는 구성원 간의 연관성을 설정하고 있으나 취해야 할 특정 방향이나 행동방안을 제시하지는 않는다.

비록 공식목표는 추상성이 많은 개념이기는 하나 조직의 장기적 성공을 위한 방향에 도움이 되며 조직환경 변화에 조직을 적응시키는 중요한 특성을 갖고 있다. 이러한 공식목표를 통해 최고 경영층은 중간 경영층과 하위 경영층의 목표를 설정한다.

(2) 운영목표

운영목표는 조직의 실제적인 활동목표를 통해 추구되는 목표이다. 운영목표는 공식목표보다는 구체성이 높으며 단기목표와 장기목표가 혼합된 성격을 갖는다.

> **운영목표**
> 조직의 실제적인 활동목표를 통해 추구되는 목표

운영목표는 일반적으로 연도별로 재정의되기도 한다. 즉 운영목표는 전년도의 성과, 환경적 추세의 예측, 경쟁기업의 성과분석 등을 통해 조정된다. 피터 드러커는 다음과 같이 여덟 가지의 운영목표 유형을 제시하였다.

① 마케팅

마케팅(marketing)의 목표는 조직이 시장 내에서 무엇을 달성하고자 하는가에 관한 목표와 관계가 있다. 일반적으로 마케팅목표는 마케팅 또는 판매담당자의 책임에 속한다. 마케팅 부문의 목표를 예로 들면 시장점유율 증가, 고객만족도의 향상, 제품의 변화, 제품 계열의 확장, 매출액 증가 등이 있다.

2009년 IRI New Product Pacesetters Top 10 안에 든 P&G의 5개 제품. 글로벌 경제위기로 소비자들이 지갑을 열지 않는 보수적인 소비행태에서 혁신이 거둔 성과이다.

② 혁신

조직의 혁신(innovation) 목표는 신제품, 새로운 서비스, 신제조공정의 개발에 초점이 있다. 혁신 목표는 일반적으로 연구개발(research and development) 부문이나 기술 부문의 책임에 속하는 목표이다.

③ 수익성

영리조직에 있어서 수익성(profitability)은 조직 전체적인 관심 사항이다. 수익성목표는 조직의 특정 부문이나 이익센터(profit center)에 할당될 수 있다. 또한 수익성목표는 투자수익률, 과세 후 이익 또는 주당 이익 등과 같은 지표로 표현되기도 한다. 비영리조직의 수익성목표는 고객에 대한 평균비용의 감소와 같은 재무적 비율을 이용하기도 한다.

④ 물리적 자원

물리적 자원(physical resources)의 목표는 조직의 유형자산(tangible assets)의 성과수준과 관련된 목표이다. 조직의 유형자산에는 공장 및 설비, 생산 능력, 재고 능력, 공급자로부터 제공받는 재화 및 서비스의 양 및 품질 등이 있다. 수익성 목표와 같은 물리적 자원의 목표는 조직의 각 부문에 할당되거나 생산부서와 같이 단일 부문에 할당된다. 대학에서 학생 수 증가에 대비하기 위한 여분의 강의실 확보는 대학의 물리적 자원 목표에 해당한다고 볼 수 있다.

⑤ 재무적 자원

재무적 자원(financial resources)의 목표는 조직의 활동을 유지하기 위해 필요한 자본의 확보와 관련된 목표이다. 장기 및 단기 부채, 수취계정, 원자재 대금 지불 등이 재무적 자원 목표의 주요 대상이다. 이 목표는 일반적으로 재무 또는 구매 부문에 할당된다.

⑥ 인적 자원

인적 자원(human resources)의 목표는 조직구성원의 채용 및 인재개발과 관련된 목표이다. 인적 자원 목표는 구성원의 배치, 이직, 교육훈련, 승진 등과 같은 목표에 중점을 둔다. 일반적으로 이 목표는 인사 부문의 책임 영역에 속하지만 장기결근자의 감소 목표와 같이 조직의 전 부문에 해당되는 경우도 있다.

세븐일레븐재팬의 모든 가공식품은 하루에 3번 배달된다. 이는 세븐일레븐재팬의 간판을 이루는 오렌지색(오전), 빨간색(오후), 초록색(저녁)의 3가지 색으로 구분되어 소비자들이 선택을 하는 데 좋은 기준이 된다. 가공식품뿐만이 아니다. 세븐일레븐재팬에서 직접 만드는 커피는 1시간이 지나면 남은 양에 관계없이 모두 폐기처분 된다. 따라서 세븐일레븐재팬에서 마시는 커피는 유명 커피 체인점과 비교해 봐도 손색이 없을 정도이다.

⑦ 생산성

생산성(productivity) 목표는 종업원 1인당 산출량과 관련된 목표이다. 종업원 1인당 산출량이 많을수록 생산과정의 효율성은 증가한다. 생산성 목표는 생산 부문의 영역에 속하나 조직의 다른 부문에도 적용될 수 있다. 예를 들어서 판매원의 생산성은 판매액을 총판매비용으로 나누어 결정한다.

⑧ 사회적 책임

사회적 책임의 목표는 조직의 활동에 의해 영향을 받는 사회 또는 지역사회 조직과의 관계에 관한 목표이다. 많은 기업들이 사회적 책임 목표를 달성하기 위하여 소비자문제를 다루는 부문이나 대공중관계를 다루는 부문을 갖추고 있다. 공해물질의 배출을 최소화하고자 하는 목표는 환경오염에 대한 기업의 사회적 책임에서 비롯된다.

이상의 운영목표의 달성 여부는 최고 경영층의 지시를 받는 중간 경영층의 책임 영역에 속한다. 최고 경영층은 공식목표를 기초로 하여 운영목표를 설정하게 되며, 환경적 추세, 과거 성과의 평가, 경쟁조직 성과의 평가를 통해 운영목표를 설정한다.

(3) 활동목표

활동목표
자체에 행동 기준, 성과 기준 및 달성 시기를 갖고 있는 목표

활동목표는 자체에 행동 기준, 성과 기준 및 달성 시기를 갖고 있는 목표를 말한다. 활동목표는 구체적이며 단기적 특성을 갖는다. 활동목표는 목표를 하위경영자와 조직구성원에게 어떻게 그리고 언제 달성할 것인가를 제시한다. 활동목표는 운영목표를 기초로 수립된다. 공식목표, 운영목표, 활동목표는 그림 10-3과 같이 목표의 계층 차원에서 설명될 수 있다.

활동목표를 달성한다는 것은 운영목표를 달성하는 것이며 궁극적으로는 공식목표를 달성하는 것이다. 활동목표는 경영자에게 무엇을 달성할 것인가에 관한 구체적인 아이디어를 제공한다. 예를 들어 운영목표를 컴퓨터 제품의 매출액을 증가시키는 데 두었다면 이를 달성하기 위한 활동목표로는 미국 시장의 컴퓨터 대리점 수를 10개 증가시켜 금년 말까지 10%의 매출액

증가라는 구체적 방법으로 설정하게 된다.

그림 10-3 **목표의 계층성**

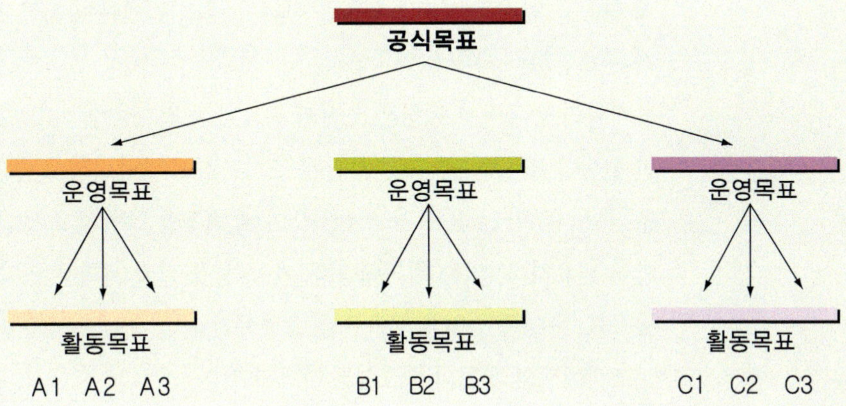

제2절 경영계획

조직에 있어서 계획수립(planning)은 목표를 설정하고 그 목표를 달성하기 위한 수단을 선택하는 과정을 말한다. 계획(plan)이 없으면 경영자는 조직구성원과 자원을 효과적으로 조직화할 수 없다. 나아가 무엇을 조직화할 것인가를 알 수도 없다. 또한 계획이 없는 경우 조직 및 조직구성원을 확신을 가지고 이끌어 갈 수 없다. 이 장에서는 계획의 의의, 계획의 유형, 계획수립 방법을 중심으로 살펴보기로 한다.

계획(plan)이란 조직이 정의된 목표를 달성하는 데 필요한 방법이나 과업을 상세히 기술한 틀을 의미한다. 따라서 계획은 조직이 어떻게 논리적으로 그리고 체계적으로 조직목표를 달성할 수 있는가에 관한 구체적 내용이다.

계획
조직이 정의된 목표를 달성하는 데 필요한 방법이나 과업을 상세히 기술한 틀

1. 계획의 의의

계획이란 조직의 목표를 달성하기 위하여 누가, 무엇을, 언제, 어떻게, 왜 작업을 해야 하는지에 관하여 사전에 결정하는 것으로, 현재의 활동과 미래의 활동을 연결하는 교량 역할을 한다. 계획수립이란 이러한 조직에서의 계획을 개발하는 과정을 의미한다.

계획의 궁극적인 목적은 조직의 목표달성 정도를 높이기 위해 조직의 제반 활동을 조정하는 데 있다. 한편 조직환경의 불확실성이 높은 상황에서는 조직의 하부단위 및 조직구성원 간의 제 활동을 통합하고 조정하기 위한 수단이 필요하다. 이는 계획에 의해 가능하다. 결국 계획은 조직에 있어서 활동목표, 운영목표 및 공식목표를 달성하기 위한 방법 또는 수단이 된다.

조직에서의 계획의 중요성은 다음과 같다.

◆ 계획은 조직이 미래의 불확실성에 대응하기 위한 수단 또는 방향을 제시한다.

◆ 계획은 일차적으로 목표달성에 초점이 있기 때문에 경영자에게 목표달성에 모든 노력을 집중하게 한다.

◆ 계획은 조직이 목표달성을 위해 필요한 인적·물적 자원 등의 제 자원을 최소의 비용으로 최대의 효과를 얻도록 하는 데 도움이 된다.

◆ 계획은 조직의 성과를 평가하기 위한 기준이 된다. 조직의 성과는 설정된 목표와 달성한 목표 간의 비교를 통해 평가할 수 있다. 조직의 목표는 계획수립 단계에서 구체화되기 때문에 성과 평가를 위한 중요한 역할을 한다.

2. 계획의 유형

(1) 계층별 분류

계획은 조직의 계층별로 전략적 계획(strategic plans)과 운영계획(operational plans)

으로 나눌 수 있다.

전략적 계획

전략적 계획은 조직의 최상층 수준에서 수립되는 계획으로 조직의 포괄적인 목표를 달성하는 데 초점이 있다.

운영계획

운영계획은 전략적 계획을 실행하기 위한 구체적 계획을 말한다. 일반적으로 전략적 계획은 조직과 조직 외의 구성원 간의 관계에 관한 계획을, 운영계획은 조직 내 구성원 간의 관계에 관한 계획을 대상으로 한다. 전략적 계획과 운영계획은 그림 10-4 와 같이 조직 내에서 조직계층별로 수행된다.

그림 10-4 조직계층별 계획

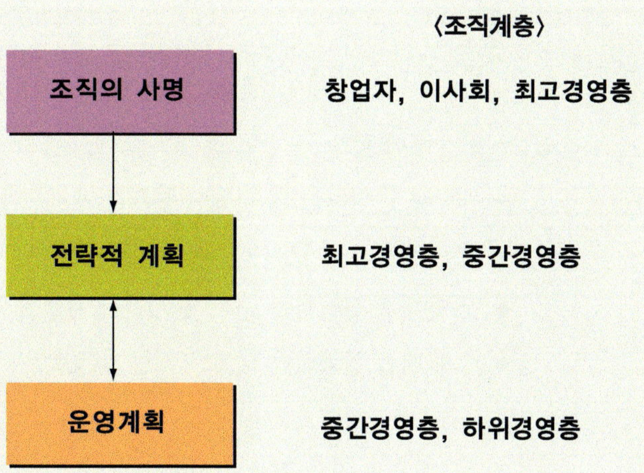

(2) 행동계획별 분류

행동계획(action plans)은 조직의 목표를 달성하기 위한 일상적인 활동 내용에 관한 계획이다. 행동계획은 조직의 전반적인 계획이 조직의 목표를 달성하기 위하여 어떻게 조직을 이끌어 갈 것인가에 관한 세부 내용을 규정한다.

행동계획
조직의 목표를 달성하기 위한 일상적인 활동 내용에 관한 계획

또한 행동계획은 조직계층별 계획에서 운영계획의 하부계획이라고도 할 수 있다. 행동계획은 일시적 계획(single-use plans)과 상용계획(standing plans)으로 구분할 수 있다.

일시적 계획

일시적 계획
조직의 특정 목적을 달성하기 위한 활동을 계획하는 데 이용되는 계획이며, 일시적으로 사용되고 반복하여 사용되지 않는 계획

일시적 계획은 조직의 특정 목적을 달성하기 위한 활동을 계획하는 데 이용되는 계획이며, 일시적으로 사용되고 반복하여 사용되지 않는다. 따라서 이 계획은 반복되는 활동이 적은 경우에 이용된다. 예를 들어서 새로운 공장을 건설하기 위한 계획은 일시적 계획에 속한다. 일시적 계획에는 프로그램(programs), 프로젝트(projects), 예산(budgets) 등 세 가지가 있다.

① 프로그램

프로그램
조직의 전반적인 활동을 조정하는 데 이용되는 일시적 계획

프로그램은 조직의 전반적인 활동을 조정하는 데 이용되는 일시적 계획이다. 프로그램을 개발하기 위해서는 다음과 같은 내용을 규정한 지침이 필요하다.

- 달성해야 할 목표
- 목표를 달성하는 데 필요한 주요 단계
- 각 단계를 실행하는 데 책임이 있는 구성원 또는 하부단위
- 각 단계를 실행하는 순서 및 시간에 관한 일정계획(schedule)
- 각 단계를 실행하는 데 소요되는 추정비용

프로그램은 조직의 전체 구성원에 관한 프로그램을 작성할 수도 있고, 일부 구성원에 관한 프로그램만을 작성할 수도 있다.

② 프로젝트

프로젝트
프로그램과 유사하나 범위가 제한되고 복잡성이 적은 일시적 계획

프로젝트는 프로그램과 유사하나 범위가 제한되고 복잡성이 적은 일시적 계획이다. 프로젝트는 프로그램의 각 단계를 완료하기 위해 어느 한 시기에 수행되어야 할 특정 활동이 필요한 경우 그 프로그램을 지원하기 위해

개발된다. 즉 프로젝트는 프로그램의 일부라고 할 수 있다. 또한 프로젝트는 특정 프로그램과는 관계없이 독자적으로 개발될 수 있다.

프로젝트가 성공하기 위한 열 가지의 원칙을 제시하면 다음과 같다.

- ◆ 명확한 프로젝트 목표의 설정
- ◆ 구체적 목표의 결정
- ◆ 각 단계별 점검 사항, 활동, 관계, 소요시간의 추정
- ◆ 일정계획의 작성
- ◆ 구성원의 개별적 및 팀 구성원으로서의 지휘
- ◆ 프로젝트 팀에 대한 몰입의 강화
- ◆ 프로젝트 팀 전체와 구성원의 정보 교환
- ◆ 팀 구성원을 활성화하기 위한 합의 도출
- ◆ 팀 경영자 자신 및 구성원에 대한 권한의 명시
- ◆ 위험감수 및 독창성의 제고

③ 예산

예산은 주어진 기간 내에 특정 활동을 수행하는 데 필요한 재무적 자원의 할당을 규정한 일시적 계획이다. 또한 예산은 특정 프로그램이나 프로젝트에 대한 재무적 자원의 분배 방법도 포함한다. 예산은 소요되는 재무적 자원의 한계를 명시하기 때문에 조직의 제 활동을 통제하기 위한 중요한 수단이 된다.

예산
주어진 기간 내에 특정 활동을 수행하는 데 필요한 재무적 자원의 할당을 규정한 일시적 계획

프로젝트나 프로그램에 할당된 재무적 자원의 크기는 조직 내에서 과업이 어떻게 수행되는가에 많은 영향을 미친다. 예를 들어서 예산이 프로그램이나 프로젝트를 수행하기에는 너무 적은 경우 프로그램이나 프로젝트의 각 단계를 단순화해야 할 것이다. 그러나 너무 많은 경우에는 불필요한 단계를 포함하는 수도 있다.

상용계획

상용계획
조직의 목표달성을 위해 반복 사용되는 계획

상용계획은 조직의 목표달성을 위해 반복 사용되는 계획이다. 일반적으

Business Insight

조령모개를 잘하는 기업

전투란 착오의 연속으로, 착오를 적게 저지른 쪽이 좋은 결과를 얻는다. 상대가 어떤 행동으로 나올 것인지, 이에 대한 우리 대응책이 어떤 결과를 가져올 것인지 확실하게 예측하는 것은 불가능하다. 이처럼 불확실한 상황 때문에 게임의 참가자는 착오의 연속에 직면하게 된다.

- 노나카 이쿠지로·스기노오 요시

지식경영의 대가 노나카 이쿠지로를 비롯한 일본의 군사학자들이 태평양전쟁의 패배를 분석한 책 『일본 제국은 왜 실패하였는가』에 나오는 말이다. 착오란 계획과 현실의 차이다. 불가피한 것이다. 전쟁은 착오의 싸움이다. 누가 착오를 적게 범하느냐의 싸움이며, 착오를 범하더라도 얼마나 빨리 이를 줄이느냐의 싸움이다.

미드웨이 해전에서 일본군이 예상하지 못했던 상황이 전개되었다. 알류산 열도를 구하기 위해 미군이 그쪽으로 몰려가지 않았으며, 항공모함이 진주만에 있었던 것이 아니라 그들과 싸우기 위해 기다리고 있었다. 일본군은 착오가 발생했는데도 계획을 고수하려다가 큰 낭패를 보았다. 평생 계획의 실천에 목숨을 바쳤던 사령관 나구모 주이치는 결국 자결한다.

앞으로 경영환경은 전쟁터처럼 예측이 점점 불가능해질 것이다. 그만큼 계획 오류에 빠질 가능성이 더 커진 것이다. 아무리 객관적으로 판단해도 완벽한 계획이란 있을 수 없다. 계획 오류에서 벗어나는 길은 계획이란 항상 변할 수 있음을 인식하는 데서부터이다.

조령모개(朝令暮改)라는 말을 재해석해야 할지 모른다. 조령모개란 아침에 내린 명령을 저녁에 고친다는 뜻으로, 일관성 없이 갈팡질팡함을 꼬집는 말이다. 그러나 앞으로는 조령모개를 잘하는 것도 기업의 새로운 역량이 될 수 있지 않을까?

로 조직의 제 활동 가운데 많은 부분이 반복 수행된다. 이러한 상황에서는 상용계획이 이용되며, 조직구성원의 활동을 조정하는 데 있어서 적절하다고 판단될 때까지 반복적으로 이용된다. 상용계획은 경영자로 하여금 시간과 노력을 아껴 반복 발생하는 활동 분야에 집중할 수 있도록 하는 데 도움이 된다.

상용계획에는 방침(policies), 표준운영절차(standard operating procedures), 규칙 및 규제(rules and regulations) 등이 있다.

① 방침

방침
경영자에게 의사결정을 위한 일반적 지침을 제공하는 상용계획

방침은 경영자에게 의사결정을 위한 일반적 지침을 제공하는 상용계획이다. 따라서 방침은 경영자가 의사결정을 할 때 고려해야 할 한계를 제공한다. 또한 방침은 경영자로 하여금 조직의 문제나 상황에 통일적으로 대응할 기회를 준다.

방침은 경영자가 목표달성을 위해 이용해야 할 방법에 관한 지침을 제공하는 수도 있다. 예를 들어서 신입사원 채용을 위해 일차적 자격자를 대학

졸업자로 방침을 세우면 그 범위 내에서 채용을 해야 한다. 그러나 이 방침은 대학을 졸업한 응시자를 구별할 수 있는 지침이 없다. 따라서 TOEIC이나 TOEFL 시험에서 일정 수준 이상의 점수를 얻은 졸업자와 같은 부수적 방침이 설정된다.

일반적으로 조직에서 방침은 최고 경영층에서 설정된다. 조직의 최고경영자는 방침이 조직목표를 달성하기 위한 활동과 일치하도록 설정해야 한다. 특히 환경의 변화에 의해 조직목표를 변경하는 경우에는 방침도 변경해야 한다. 예를 들어서 최근 우리나라 기업의 신입사원 채용 방침의 변화가 좋은 예이다.

② 표준운영절차

표준운영절차는 조직의 구성원이 특정 상황에서 수행하는 데 필요한 특정 행동을 규정하는 상용계획이다. 일반적으로 표준운영절차는 방침보다 더욱 상세히 기술되며, 따라야 할 단계별 절차를 규정한다. 따라서 표준운영절차는 특정 상황을 표준적인 기준에 따라 해결하도록 하는 데 도움이 된다.

> **표준운영절차**
> 조직의 구성원이 특정 상황에서 수행하는 데 필요한 특정 행동을 규정하는 상용계획

예를 들어서 한 백화점에서 고객이 구매한 제품을 현금으로 환불을 요구한 경우 판매원이 따라야 할 표준운영절차는 다음과 같이 설정할 수 있을 것이다.

- 고객에게 영수증을 요구한다.
- 구매 날짜와 반품 이유를 반품양식에 기재한다.
- 반품양식에 영수증을 첨부한다.
- 상위자로부터 환불 승인 여부를 확인한다.
- 환불부서에 반품양식과 영수증을 제출한다.
- 고객에게 환불을 해 주고 영수증에 사인을 하도록 한다.
- 사인된 영수증을 환불부서에 제출한다.

③ 규칙 및 규제

규칙과 규제
특정 행동을 하게 하거나 금지하는 내용을 기술한 상용계획

규칙과 규제는 특정 행동을 하게 하거나 금지하는 내용을 기술한 상용계획으로 상용계획 가운데 가장 명백하게 기술된 내용을 규정한다. 물론 표준운영절차도 명백하게 규정된 내용을 담고 있으나, 특정 상황에서 취해야 할 특정 단계를 명시한다는 점에서 규칙 및 규제와 차이가 있다. 사무실 내에서 금연이나 오전 9시까지 출근 등은 규칙과 규제의 예에 속한다. 한편 규칙과 규제는 예외가 있을 수 있다.

이상의 행동계획과 조직계층별 계획과의 관계를 계획의 계층별 차원에서 정리해 보면 그림 10-5와 같다.

그림 10-5 계획의 계층

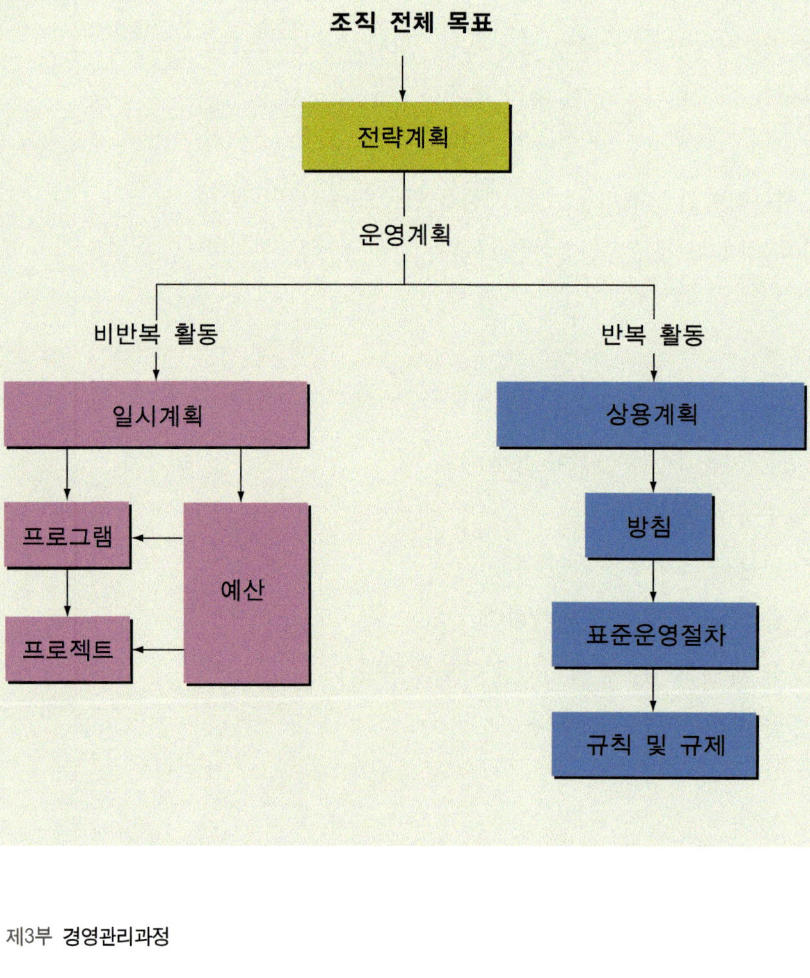

(3) 계획기간별 분류

계획은 실행되는 기간에 따라 장기계획(long-range planning), 중기계획(intermediate planning), 단기계획(short-range planning) 등으로 구분할 수 있다.

장기계획

장기계획이란 목표달성을 위한 활동이 장기간에 걸쳐 수행되어야 할 때 수립되는 계획이다. 일반적으로는 5년 이상 소요되는 계획을 의미하나 때로는 수십 년이 필요한 계획도 있다. 산림청의 산림 조림계획이 이에 속한다. 다국적기업인 다우캐미컬과 제너럴모터스는 수십 년을 내다보는 장기계획을 수립하는 기업들이다.

장기계획
목표달성을 위한 어떤 활동이 장기간에 걸쳐 수행되어야 할 때 수립되는 계획

중기계획

중기계획은 계획 기간이 보통 1년에서 5년인 계획을 말한다. 일반적으로 중기계획은 조직의 중간층 부문 또는 사업 부문에서 수행되는 계획이다. 중기계획은 장기계획의 성공에 중요한 역할을 한다. 예를 들어서 장기계획에서 신제품개발의 계획 기간을 3년으로 설정하였다면 신제품이 개발된 3년 후에는 다른 신제품을 개발해야 한다. 이때 중기계획에 의해 3년마다의 신제품개발 계획을 위해 필요한 재무적·물적 자원에 관한 계획을 수립할 수 있다.

중기계획
목표달성을 위한 활동의 기간이 보통 1년에서 5년인 계획

장기계획이 미래의 불확실한 환경을 해결하기 위한 것이라면, 중기계획은 불확실성이 적은 계획 기간 내에 수행되어야 할 제 활동을 계획하는 데 초점이 있다.

단기계획

활동 기간이 1년 이내인 계획을 단기계획이라고 한다. 일반적으로 단기계획은 일차적으로 하위 경영자나 일반 작업자의 활동에 관한 계획을 다룬다. 예를 들어서 월간 생산량을 달성하기 위해 필요한 활동을 명시하는 것을 들 수 있다. 조직에서 단기계획이 매우 중요한 역할을 하는 반면에 여기에 너무 집착하면 중기 및 장기 계획을 간과하는 경우가 있다.

단기계획
활동 기간이 1년 이내인 계획

(4) 상황적합 계획수립

조직이 생존 및 발전하기 위해서는 조직환경의 불확실성에 대처해야 한다. 환경이 불확실할수록 미래의 상황을 정확히 예측할 수 없다. 이를 해결하기 위한 방법이 상황적합 계획수립(contingency planning)이다.

상황적합 계획
미래에 발생할 수 있는 상황에 대처하기 위하여 계획을 실행하기 전에 대안적 행동과정을 수립

상황적합 계획에서는 미래에 발생할 수 있는 상황에 대처하기 위하여 계획을 실행하기 전에 대안적 행동과정을 수립한다. 예를 들어서 시장 확대를 위해 생산량을 늘리고자 하는 경우 예기치 않은 경기침체나 원자재 가격의

Management Highlight

컨틴전시 플랜의 수립과정

컨틴전시 플랜은 어떤 과정을 거쳐서 수립해야 하는가? 컨틴전시 플랜은 환경과 자사에 대한 재검토를 바탕으로 수립되어야 한다.

컨틴전시 플랜의 수립과정

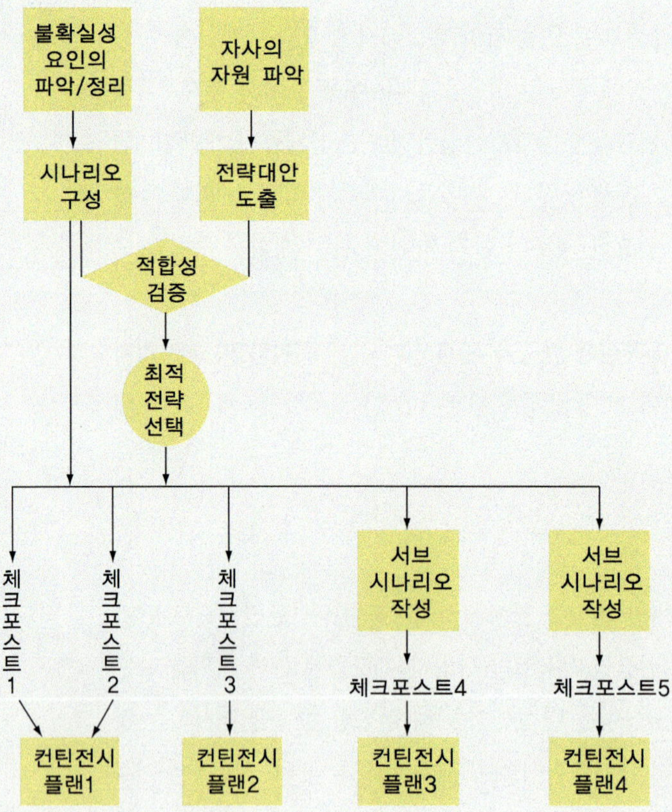

발생 가능한 시나리오의 선정

처음에 전략 결정을 위해 구성한 시나리오 중에서 발생 가능성이 매우 낮은 것을 제외한 나머지 시나리오들을 선정하여 컨틴전시 플랜 수립의 기반으로 삼는다.

서브 시나리오의 작성

처음에 채택된 전략의 실행 이후에 발생할 수 있는 환경 변화에 대한 시나리오를 작성한다.

활용 가능 자원의 파악

시나리오 및 서브 시나리오별 전략을 수립하기에 앞서, 자사가 어느 수준까지의 전략을 구사할 수 있는지를 파악해야 한다. 이러한 전략적 자유도는 곧 자사의 자원 제약에 의해 결정된다. 아무리 좋은 전략이라 하더라도 실행할 자원이 없다면 사실상 의미 없는 전략이 되고 만다.

따라서 마케팅, R&D, 생산 등에 대한 자사의 내부 역량을 명확히 파악하고, 각각에 대한 동원 가능성을 평가해야 한다.

컨틴전시 플랜의 작성

컨틴전시 플랜의 기초가 되는 시나리오/서브 시나리오 및 자사의 자원 제약에 대한 고려가 끝나면 각 시나리오/서브 시나리오별로 가장 적합하다고 판단되는 구체적인 계획을 작성해야 한다.

체크 포스트의 설정

컨틴전시 플랜의 수립에서 마지막으로 해야 할 일은 환경변화를 신속하게 감지할 수 있는 장치를 마련하는 것이다. 아무리 좋은 컨틴전시 플랜을 준비했다 하더라도, 환경의 변화를 신속히 읽을 수 없다면 컨틴전시 플랜을 한 번 실행해 보지도 못하고 상황이 종료될 수도 있다.

환경의 변화를 놓치지 않기 위해서는 양적인 지표들을 개발하여 설정하는 것이 바람직하다. 예를 들어, 앞서 언급한 전자수첩의 사례에서, 수요가 급격히 증가하면 그에 적합한 컨틴전시 플랜을 실행할 수 있도록 되어 있다고 하자. 그렇다면 지금부터 해야 할 일은 과연 수요가 얼마나 증가해야 급격히 증가했다고 볼 것인가를 결정하는 것이다. 또 국내 수요와 해외 수요를 각각 따로 고려할 것인가, 아니면 합산해서 고려할 것인가도 결정해야 한다.

- LG경제연구원, 〈주간경제〉, 521호

상승에 대비하여 상황적합 계획을 수립할 수 있다. 만일 그러한 상황에 직면하면 새로운 공장 건설 계획을 보류하거나 현재의 생산량 수준을 감소시키는 방법이 있다.

상황적합 계획은 다음과 같은 장점이 있다.

- 단기간 내에 발생하여 단기간 내에 해결해야 하는 경우 위기관리(crisis management)의 필요성을 감소시킨다.
- 경영자로 하여금 환경의 동태성을 이해하는 데 필요한 관리기술 개발에 도움이 된다.
- 경영자로 하여금 다양한 의사결정 기법을 이용한 효과적인 의사결정을 가능하도록 한다.

상황적합 계획이 성공하기 위해서는 행동 주안점(action points)을 규정해야 한다. 행동 주안점이란 상황이 어떤 계획에 있어서 수정이나 포기를 해야 하는 방향으로 가고 있는 계획상의 주요 사항을 말한다.

3. 계획수립 단계

계획수립은 경영활동의 출발점이라고 할 수 있다. 모든 조직에 일반적으로 적용할 수 있는 계획수립의 단계는 다음과 같다.

(1) 목표의 설정

계획수립은 조직의 목표를 달성하는 데 목적이 있다. 따라서 계획수립의 첫 단계는 조직 전체 및 하부단위의 목표를 설정함으로써 출발한다. 목표를 확실히 정의하지 않으면 조직의 제 자원을 효율적으로 배분하거나 활용할 수 없다. 목표에 관한 내용을 명확히 정의하고 우선순위를 결정함으로써 자원을 효과적으로 이용할 수 있다.

(2) 상황분석

상황분석은 조직 전체 또는 조직의 하위단위가 설정한 목표달성을 위해 부족한 것이 무엇인가를 파악하는 일이다. 즉 목표달성을 위해서는 어떠한 자원이 필요한가를 분석한다. 조직이 현재 갖고 있는 능력을 분석함으로써 계획을 통해 보완할 수 있다. 이를 위해서 조직 내 또는 하위 부서 간의 개

그림 10-6 계획수립 단계

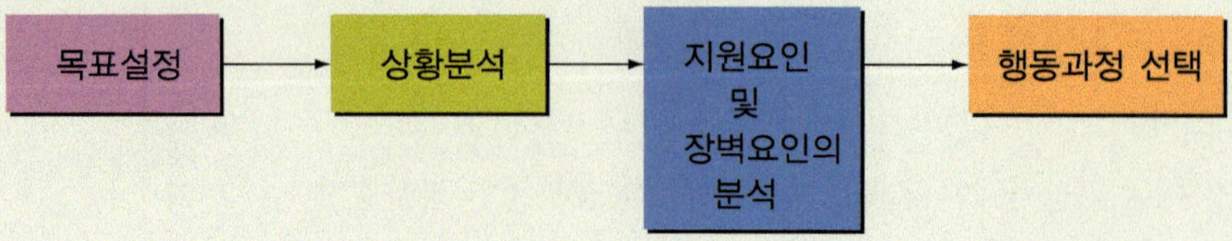

방된 의사전달 경로를 통해 재무적 자료 및 기타 통계자료와 같은 정보가 교환되어야 한다.

(3) 목표달성의 지원요인과 장벽요인의 파악

목표달성을 위해 도움이 되는 내적·외적 환경요인이 무엇인가를 파악한다. 또한 장벽요인은 무엇인가를 파악한다. 현재 나타나고 있는 요인을 분석하는 것도 중요하지만 미래의 상황이나 문제 및 기회를 예측하는 것도 필요하다.

(4) 행동과정의 선택

계획수립의 마지막 단계로 다양한 행동과정(course of action)의 대안 개발, 대안 평가, 가장 적합한 대안의 선택이 이루어진다. 이 단계에서는 미래에 대한 의사결정이 이루어지며, 이를 위해 효과적인 의사결정 지침이 필요하다.

4. 효과적인 계획수립 방법

계획을 효과적으로 수립하기 위해 고려해야 할 사항은 다음과 같다.

- 가능하면 계획을 수행하기 위해 조직에서 이용되고 있는 기존의 기법이나 시스템을 활용하는 것이 좋다. 물론 새로운 기법이나 시스템이 필요한 경우도 있으나 변화된 만큼 실패할 가능성이 있다. 따라서 충분한 시간적 여유를 갖고 새로운 기법을 학습하고 새로운 시스템에 적응할 수 있는 준비를 해야 한다.
- 계획과정 중 구성원의 참여도를 높임으로써 최종 계획에 대한 몰입도를 높여야 한다.
- 특정 활동이 왜 수행되어야 하는가에 관하여 하위자에게 충분한 의사전달이 되어야 한다. 즉 계획상의 활동이 조직의 목표와 전략에 어떻게 연관되어 있는가를 이해시킴으로써 목표달성을 위한 노력에 많은

기여를 하도록 유도할 수 있다.

- 계획은 단순해야 한다. 복잡한 문제일수록 계획수립과정이 복잡할 수 있으나 계획수행과 목표를 달성하기 위한 계획 자체는 단순해야 한다.
- 계획은 유연성이 있어야 한다. 즉 예기치 않은 상황에 대처할 수 있도록 조정이 가능해야 한다.
- 실행된 활동을 계속 감시해야 한다. 이를 통해 하위자로 하여금 무엇을 달성했는지를 인지시키고 정확히 수행할 수 있도록 계획의 실행을 점검해야 한다.

(1) 계획수립의 장애요인

① 환경

조직의 환경은 여러 형태를 수반한다. 환경이 불안정하고 복잡한 경우에는 계획을 수립하기가 어렵다. 환경의 변화 속도가 빠른 경우에는 기존의 계획은 진부한 것이 되거나 쓸모가 없게 된다.

② 설정된 목표에 대한 반발심

계획수립과정에서 가장 먼저 조직의 목표가 수립된다. 그러나 어떤 경우에는 경영자 자신과 하위자가 목표설정에 반발할 수도 있다. 그 이유로는 기존의 목표를 포기하지 않으려는 경우, 실패에 대한 공포, 해당 조직에 관한 지식의 부족, 수립된 계획의 목표달성을 위한 자신감 부족 등을 들 수 있다.

③ 부적절한 보상 시스템

경영자는 조직에서 다양한 활동에 관여한다. 최고경영자가 어느 활동에 중점을 두느냐에 따라 보상 내용이 다를 수 있다.

④ 변화에 대한 반발심

계획수립은 조직에 있어서 어떤 변화가 있음을 암시한다. 경영자는 계획에 의해 자신의 역할이나 위신에 변화가 오는 것을 싫어한다.

⑤ **시간 및 비용의 제약**

계획을 수립하는 데 필요한 시간이나 자원이 부족한 경우에는 효과적인 계획을 수립하기 어렵다.

(2) 계획수립 시 장애요인의 해결 방법

① **상위경영층의 지원**

상위경영층은 조직의 사명이나 공식목표를 명확히 하고 이를 달성하기 위한 적절한 전략을 선택해야 한다. 또한 계획수립에 대한 보상 시스템을 갖추고, 적절한 시간과 자원을 부여함으로써 중간경영층과 하위경영층을 격려해야 한다.

② **의사전달**

계획수립과정 동안 실행해야 할 전략의 의도와 계획을 통합하고 조정하는 방법에 관하여 참여자가 명확히 알도록 의사전달이 되어야 한다.

③ **참여도의 증진**

계획수립은 특정 조직단위나 특정 경영층에서만 이루어지는 배타성이 있어서는 안 된다. 즉 경영자 및 작업자 등 조직의 모든 구성원이 계획을 통해 수행해야 할 활동에 영향이 미치도록 해야 한다.

④ **검토 및 수정**

예측하지 못한 환경변화가 발생한 경우에는 계획을 수정해야 하는지를 검토하고 필요시는 수정해야 한다.

⑤ **정보의 공유**

조직의 모든 구성원이 타 하부단위의 성공과 실패에 관한 정보를 알고 있어야 한다. 이를 통해 다른 부서의 문제를 밝히고 자신의 영역에서 발생한 문제는 제 활동을 어떻게 조정하면 해결될 수 있는가를 알 수 있다. 또한 정보를 교환함으로써 계획상 변화가 있는 경우 자신이 속한 부문뿐만 아니라 조직 전체에 걸쳐 변화가 이루어지고 있다는 것을 알도록 해야 한다.

참고로 다음은 미국 및 유럽의 기업을 대상으로 계획이 실패한 이유에 관하여 조사한 내용이다.

- 전략적 계획이 전체적인 관리 시스템에 통합되지 않는 경우
- 계획수립이 체계적인 절차나 실행에 의하지 않고 우연히 이루어지는 경우
- 계획수립이 모든 조직구성원을 대상으로 하지 않는 경우
- 계획수립의 책임을 모든 경영자가 공유하지 않고 계획수립 부서만 지는 경우
- 경영층이 수립된 계획을 이미 실행한 계획의 대체안으로 가정하는 경우
- 계획을 통해 모든 것을 한 번에 다 할 수 있다고 생각하는 경우
- 계획은 수립했으나 실행을 못 한 경우

사례 - ①

P&G의 존재 목적

P&G는 오랜 기간 동안 큰 위기 없이 지속 성장한 대표적인 기업이다. 그들의 생존을 이끈 핵심 요소는 기업의 명확한 존재 목적이다. 목적을 중심으로 전략, 실행, 문화가 결정된다. 기업에서 목적의 가치는 매우 크다. 기업 생존의 구심점이기 때문이다. 목적이 기업의 성장을 북돋운다.

기업이 100년을 지속하기란 훨씬 더 어렵다. 세계적인 신용평가회사 스탠더드앤드푸어스(S&P)에 따르면 기업의 평균수명은 15년에 불과하다. 급격한 환경의 변화, 치열한 경쟁, 시장의 판도를 바꾸는 파괴적인 기술의 출현 등이 기업 생존을 위협하는 요소이다. 글로벌 경제위기 이후 기업의 중대한 화두인 지속성장도 결국은 '어떻게 살아남을 것인가'의 문제이다.

P&G의 목적은 "고객의 삶을 향상시키고 감동을 주는 것(Touching and Improving lives)"이다. P&G는 이것이 P&G가 세상에 존재하는 목적이라고 설명한다. 지금과 다음 세대를 위하여 전 세계 소비자의 삶의 질을 향상시키는 최상의 품질과 가치를 지닌 제품과 서비스를 제공하기 위해 존재한다는 것이다.

P&G는 기업의 존재 목적이 명확하다. P&G라는 기업을 들여다보면 그들의 생존을 이끈 핵심적인 요소는 기업의 명확한 존재 목적이라는 것을 알 수 있다. 목적은 173년이라는 P&G의 긴 역사와 항상 함께해 왔다. 목적을 중심으로 전략, 실행, 문화가 결정된다. 목적을 고무시키는 성장 전략, 목적에 집중한 실행, 목적을 고무시키는 문화가 만들어질 수 있는 것이다.

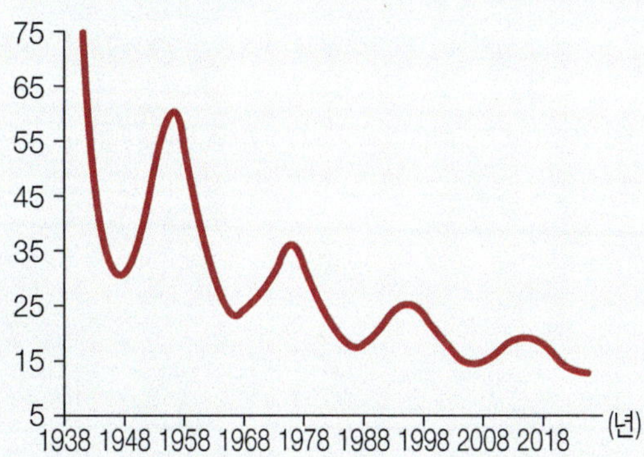

자료 : Richard Foster & Sarah Kaplan, Creative Destruction, Crown Publishing Group, 2001.

P&G의 전략은 목적과 매우 밀접히 연결되어 있다. 전략은 어디서 경쟁할지를 결정한다. P&G는 목적에 기초하여 그들의 경쟁 영역을 핵심사업 분야로 정했다. P&G는 10억 달러 브랜드들과 이에 근접하는 브랜드들이 전체 매출의 85%와 이익의 90% 이상을 차지하고 있다. P&G가

핵심사업에 집중하는 이유는 이것이 고객에게 감동을 주고 삶의 질을 향상시키는, 목적을 달성하기 위한 가장 최선의 방법이라고 믿기 때문이다. 실행 역시 목적과 긴밀히 연결되어 있다. 그들의 목적을 달성하는 최우선의 방법으로 P&G는 핵심 강점을 지속적으로 강화하는 방법을 선택하였다. 문화 역시 목적과 밀접하게 연결되어 있다. 새로운 레벨의 혁신, 생산성, 실행력, 그리고 사업의 결과를 가져오기 위해 직원들을 격려하고 자극하는 문화를 조성하였다.

기업에서 목적이 주는 가치는 매우 크다. 기업의 존재 목적은 무엇이고 이것이 구성원의 가슴을 뛰게 하는 의미가 있는지 되짚어 볼 필요가 있다.

토의문제

1. P&G사의 장기 생존과 성장 비결은 무엇인가?

2. P&G사의 기업목적은 기업의 존재 이유를 설명하고 있다. 회사가 존재하는 이유를 무엇으로 정하였는가?

3. P&G사는 기업목적을 중심으로 전략, 실행, 문화를 어떻게 관련짓고 있는가?

사례 - ②

소니의 사례에서 배우는 계획의 오류

소니는 아날로그 기술로 세계를 재패했다. 소니는 세계 최초로 트랜지스터 라디오를 만들어 미국 시장을 공략했고, 트리니트론 TV, 워크맨으로 세계시장을 석권했으며, CD와 MD를 개발하여 음반산업을 발전시켰다. 세계 최고의 AV(오디오·비디오) 기술을 가지고 있던 회사였으며, 영화사와 음반사를 인수하여 엔터테인먼트 사업에도 진출했다. 아날로그 세계에서 소니는 사람들에게 즐거움을 주는 최고 회사였다.

소니는 '디지털 드림 키즈(Digital Dream Kids)'라는 캐치프레이즈를 제시했다. 단순히 디지털 제품을 만들어 팔겠다는 것이 아니다. 향후 네트워크 시대의 도래를 내다보고 소니의 제품을 연결하여 고객에게 더 나은 즐거움을 주겠다는 것이었다. 이를 위해 1990년대에 미리 10년을 내다보고 Connect, Synergy, Hub로 이어지는 치밀한 계획을 수립했다.

1단계 : Connect

소니는 콘텐츠, 콘텐츠를 실어 나르는 유통, 콘텐츠를 재생하는 기기를 모두 연결하여 소비자들이 더 쉽고 편리하게 소니의 제품과 서비스를 활용하도록 하겠다는 생각을 했다. 이미 소니는 영화와 음악, 게임 사업을 하고 있었기 때문에 소비자들에게 필요한 콘텐츠가 풍부했다. 이 콘텐츠를 디지털로 변환시켰다. 이렇게 전환된 디지털 콘텐츠를 방송이나 인터넷, 연결매체, 케이블 TV 등을 통해서 전달하기 위해, 1995년 인터넷 접속회사인 소네트를 설립하였고, 스카이 퍼펙트 TV를 통해 디지털 위성방송 사업에도 진출했다. 여기에서 그치지 않고 애플보다 먼저 온라인 음악상점인 프레스플레이(Pressplay)를 통해 음악 다운로드를 가능하게 했다. 또 에버퀘스트(EverQuest)를 통해 게임을 다운로드할 수 있게 한다는 계획도 발표했다. 이러한 콘텐츠를 소니의 TV, 오디오, 휴대용 미디어 기기, 게임기 등을 통해 재생하게 하는 것이다.

소니가 1997년 바이오(VAIO)라는 브랜드로 PC 사업에 뛰어든 것도 네트워크를 통해 디지털 콘텐츠를 연결하는 데 컴퓨터가 없어서는 안 되겠다는 판단에서였다. 메모리스틱, AV 제품과 PC를 연결하는 아이링크(iLINK) 등을 개발한 것도 가정에서 다양한 콘텐츠를 손쉽게 이동시키도록 하기 위해서였다.

2단계 : Synergy

소니의 제품들이 연결되면 점유율이 높은 소니의 제품을 가지고 있는 소비자는 자연스럽게 다른 것도 구매할 것이라고 생각했다. 즉 연결과 점유율 확대가 선순환으로 이어질 것이라고 보았다. 가령 소니의 캠코더와 디지털 카메라에서 찍은 동영상이나 사진을 바이오와 연결하면 곧바로 재생할 수 있고 프린트까지 할 수 있다. 다른 컴퓨터로는 이처럼 편리하게 소니의 제품을 사용할 수 없다. 자연스레 바이오를 구매하게 될 것이라고 생각했다. 또 소비자들에게 인기 있는 가전제품과 콘텐츠를 지니고 있기 때문에 위성방송이나 인터넷 사이트의 회원도 점차적으로 늘어날 것이라고 확신했다. 이렇게 되면 소니 제품에 열광하는 소비자들이 소니 제품과 서비스의 연결망에 묶일 것이라고 생각했다.

3단계 : Hub

궁극적으로는 세계의 가정에 소니의 제품이 중심이 되는 디지털 허브를 구축하는 것이 목적이었다. 소니가 구상하는 홈네트워크는 디지털 방송이나 지상파, 인터넷 등을 통해 가정으로 들어오는 많은 양의 정보를 홈 서버에 축적하여 소비자가 원할 때 이용하도록 하는 것이었다. 결국 이러한 콘텐츠를 소니의 TV, 각종 멀티미디어 기기, 카 미디어 같은 다양한 AV 기기를 연결하여 즐길 수 있게 된다면 다양한 수익 모델이 발생할 수 있을 것이라고 생각했다. 이렇게 소니 왕국이 건설되면 장차 디지털 시대를 제패할 수 있을 것으로 보았다.

소니의 현실

그러나 현실은 소니의 생각과 달랐다. 소니의 콘텐츠와 제품, 서비스를 연결하면 취약한 제품의 판매도 따라 올라갈 줄 알았는데, 현실은 정반대였다. 가령 2004년 아이팟에 대응하는 디지털 음악플레이어를 출시했을 때 MP3 포맷이 아닌 독자적인 디지털 음악 포맷인 ATRAC 파일만 재생되도록 했다. 자체적으로 음악 콘텐츠를 가지고 있었기 때문에 불법 복제나 공유가 쉽지 않은 독자 포맷을 가져간 것이다. 소비자 입장에서는 MP3 음악을 가지고 있더라도 이 제품으로 들을 수 없기 때문에 매력적이지 않았다. 제품은 실패했고, 프레스플레이를 통해 소니의 음원을 구매하는 소비자도 거의 없어졌다. 마찬가지로 바이오가 아닌 다른 컴퓨터를 가지고 있는 소비자는 바이오하고만 연결되는 소니의 멀티미디어 기기를 사용하는 것이 불편했다.

점유율이 낮은 제품이 인기 있는 제품의 판매를 끌어내린 꼴이 되었다. 체인의 법칙이 적용된 것이다. 체인의 강도는 가장 약한 고리에 의해서 결정된다는 것이 체인의 법칙이다. 수많은 부품 중에서 가장 약한 부품의 품질이 우주선의 안전을 결정하는 사례 등에 적용된다. 그런데 이 법칙은 유기적으로 연결된 대부분의 서비스에서 나타난다. 소니의 제품과 서비스도 연결되는 순간 가장 취약한 부분이 전체 네트워크의 품질과 만족도에 영향을 준 것이다. 이런 이유로 인해서 제품을 연결하는 단계에서 소니가 생각하던 그림이 현실화되지 않자, 다음 단계의 계획은 자연스럽게 물거품이 되었다.

디지털 TV 산업도 부품이 모듈화되고 범용화됨에 따라 컴퓨터 산업처럼 수평분화되리라고 생각하여 당시 차세대 기술로 각광받던 LCD나 PDP에 투자하지 않았다. TV 생산에 필요한 부품은 다른 회사에서 공급받으면 된다고 생각한 것이다. 오히려 훨씬 앞선 기술인 OLED에 투자했다. 하지만 현실은 LCD TV가 대중화되어 수요가 폭발했다. LCD 모듈을 자체 생산하지 않았던 소니는 TV 수요에 즉시 대응하지 못하여 한국 기업에게 시장 지위를 내주게 되었다. 반면 OLED는 오랜 기간 상품화되지 않아 투자비를 회수하지도 못하고 사업을 접었다.

토 의 문 제

1. 소니사의 사례에서 알 수 있는 계획의 중요성은 무엇인가?

2. 소니사의 계획이 실패한 원인은 무엇인가?

주요 용어

목표, 목적, 사명, 구체적 목표, 합법성, 공식목표, 운영목표, 활동목표, 목표관리, 계획, 전략적 계획, 운영계획, 일시적 계획, 상용계획, 프로그램, 프로젝트, 예산, 방침, 표준운영절차, 규칙 및 규제, 장기계획, 중기계획, 단기계획, 상황적합 계획수립

연습문제

01 조직에 있어서 목표의 중요성을 설명하시오.

02 목표, 목적, 사명 및 구체적 목표 간의 관계를 설명하시오.

03 공식목표의 특징을 설명하시오.

04 운영목표의 유형을 설명하시오.

05 목표의 계층성을 설명하시오.

06 목표관리란 무엇이며, 목표관리의 과정을 기술하시오.

07 목표관리의 장점 및 단점을 설명하시오.

08 조직의 목표는 조직환경의 변화에 따라 수정되어야 하는가? 그렇다면 그 이유를 설명하시오.

09 계획이란 무엇이며, 조직에서 계획의 중요성을 설명하시오.

10 계획의 유형을 열거하시오.

11 일시적 계획과 상용계획의 내용 및 차이점을 설명하시오.

12 방침, 절차 및 규칙의 차이점을 설명하시오.

13 기업에서 상황적합 계획수립이 많이 이용되는 분야를 열거하고, 장점 및 성공하기 위한 주안점을 설명하시오.

14 계획수립의 단계를 설명하시오.

15 효과적인 계획수립 방법을 설명하시오.

16 조직에서 나타나는 계획수립의 장애요인을 설명하시오.

CHAPTER 11

계획화(2): 의사결정

경쟁은 많은 개인에 의해 분산되는 것을 의미한다. — 프리드리히 하이에크(오스트리아 태생의 영국 경제학자)

목표가 있다고 선언하면서 그것을 이루기 위한 수단을 무시하는 것은 가장 위험한 형태의 자기기만이다.
— 존 듀이(미국의 철학자이자 교육학자)

기업들은 그들의 존재 이유나 핵심사업 능력에 대해 한번 회의해 보아야 한다. — 존 L. 바바리아(미국 Franklin Research & Development 사장)

실행하라.
행동이 없으면 제아무리 좋은 계획이라도 허사가 된다.
좋은 생각이 떠오르거든 바로 실행하라.
꿈을 가졌거든 행동으로 옮겨라.
꼭 해 보고 싶은 것이 있거든 행동으로 옮겨라.
생각하는 것을 실행에 옮기다 보면 실패도 있을 것이다.
많이 실패해 보아야 더 큰 실패를 방지할 수 있다.
실패가 두려워 아무 일도 못하면 더 이상 발전은 없다.
실패를 즐길 수 있어야 한다.
복지부동은 실패에 대한 두려움의 소산이다.
행동을 시작하라 그것도 내일이면 늦다. — 노먼 빈센트 필(미국의 저술가이자 연설가)

제11장 계획화(2): 의사결정

우리는 일상생활에서 수많은 문제를 해결하기 위하여 수많은 사고와 활동을 한다. 그러나 무엇을 사고하고 어떠한 활동을 하는가는 사람마다 각각 다르기 마련이다. 따라서 각 개인은 무엇을 사고하고 어떠한 활동을 할 것인가를 결정해야 한다. 조직에 있어서 경영자도 마찬가지라고 할 수 있다.

조직이 생존하고 성장하기 위해서는 수많은 문제를 해결해야 하며, 문제를 해결하기 위해서는 조직이 어떠한 활동을 해야 하는가를 결정해야 한다. 경영자는 조직이 직면하고 있는 문제를 해결하기 위한 조직의 활동을 결정한다. 특히 표 11-1과 같이 관리과정인 계획수립, 조직화, 지휘, 통제활동

표 11-1 경영자의 관리직능에 관한 의사결정

계획수립	• 조직의 장기목표는 무엇인가? • 목표를 달성하기 위한 최선의 전략은 무엇인가? • 조직의 단기목표는 어떻게 설정되어야 하는가? • 조직의 개별목표는 어떻게 설정되어야 하는가?
조직화	• 특정 경영자의 하위자는 몇 사람이어야 하는가? • 조직 전체에 집중화는 어느 정도 되어야 하는가? • 직무는 어떻게 설계되어야 하는가? • 새로운 조직구조는 언제 도입되어야 하는가?
지휘	• 종업원의 동기유발은 어떻게 시킬 것인가? • 특정 부분 또는 활동의 변화는 작업자의 생산성에 어떻게 영향을 미치는가? • 주어진 상황에서 가장 효과적인 리더십 스타일은 무엇인가? • 조직 내의 갈등은 어떻게 해결할 것인가?
통제	• 조직 내의 어떠한 활동의 통제를 필요로 하는가? • 통제 대상의 활동은 어떻게 통제해야 하는가? • 성과로부터의 이탈은 언제가 중요한가? • 문제가 되는 종업원을 어떻게 다룰 것인가?

Business Insight

리더의 자기중심적 의사결정

베인 앤드 컴퍼니(Bain & Company)의 컨설턴트 폴 로저스(Paul Rogers)와 마르시아 블렝코(Marcia Blenko)는 "성과가 높은 조직들은 좋은 의사결정을 내리는 특징을 보인다"라고 말한다. 즉, 경쟁자보다 효과적인 결정을 신속하고 일관성 있게 내린다는 것이다. 하지만 기업들이 비즈니스 의사결정을 제대로 내리는 것은 결코 쉬운 일이 아니다. 오하이오주립대학의 폴 너트(Paul Nutt)는 20여 년에 걸쳐 400건의 비즈니스 의사결정과정을 수집하여 분석한 결과, 전체 중 약 50%가 잘못된 의사결정을 내린 것으로 나타났다고 보고한다. 또한 "리더들의 사업상 실패도 알고 보면 리더 자신의 심리적인 문제에서 비롯되는 경우가 많다. 기업에서 실패한 의사결정에 대해 연구한 결과, 경영진의 60%는 자기중심적으로 내린 판단 등 자아와 관련된 심리적 요인의 영향이 컸다"고 지적한다. 리더도 인간인 이상 아무리 유능한 사람이라도 실수를 하기 마련인데, 특히 자아라는 틀에 갇혀 자기중심적으로 생각하는 경향이 있다는 것이다.

특히 리더는 의사결정 시 다음과 같은 다섯 가지 착각의 함정을 고려해야 한다.

잘못된 합의 효과 (False Consensus Effect)	근거 없이 다른 사람들도 자기처럼 생각할 것이라는 착각 예 : "다른 사람들도 전부 나처럼 생각할 거야"
확증 편향 (Confimation Bias)	자신에게 유리한 정보에만 주목하고 불리한 정보는 무시하는 경향 예 : "자료에도 나와 있네, 내 말이 맞지"
자기 고양적 편향 (Self-Enhancement Bias)	자신이 다른 사람들보다 뛰어나다고 생각하는 경향 예 : "내가 다른 사람들보다 낫지"
비현실적 낙관주의 (Unrealistic Optimism)	자신에게는 좋은 일만 생길 것이라는 착각 예 : "나한테는 좋은 일만 생길 거야"
통제의 착각 (Illusion of Control)	자신이 통제할 수 없는 것까지도 통제할 수 있다는 착각 예 : "나에게 불가능은 없다"

에 관한 여러 의사결정을 한다. 따라서 경영자는 조직에서의 의사결정자(decision maker)라고 할 수 있다.

이와 같이 경영자의 대부분의 활동은 바로 의사결정(decision-making)과 관련된 일이다. 결국 경영자가 어떠한 의사결정을 하는가에 따라 조직의 성패가 결정된다고 할 수 있다. 이 장에서는 경영활동에서 가장 중요한 의사결정에 관한 개념, 의사결정의 유형, 의사결정기법 등에 관하여 살펴보기로 한다.

제1절 의사결정의 개념

의사결정이란 일련의 합리적 대체안(alternatives) 중에서 하나의 대체안을 선택하는 과정이라고 정의할 수 있다. 이러한 정의를 이해하기 위해서는 의사결정과 문제해결(problem-solving)의 차이를 이해할 필요가 있다.

의사결정
일련의 합리적 대체안 중에서 하나의 대체안을 선택하는 과정

예를 들어서 'y=2x+1, 단 x=1이라면 y=?'라는 방정식 문제가 있다고 하자. 이때 y값은 3이라고 하는 하나의 답밖에 없을 것이다. 마찬가지로 만일 어떤 경영자가 하나의 행동과정(course of action)만이 가능한 경영문제에 직면하게 되면 그 행동과정만이 경영문제를 해결할 수 있는 해결책이 된다. 그러나 둘 이상의 합리적 대체안이 존재한다면 경영자는 그중 하나를 선택해야 한다.

문제해결과 의사결정의 근본적인 차이는 전자는 하나의 정확한 해결책만을 결정하는 것이라면 후자는 여러 대체안 중에서 하나를 선택한다는 점이다. 그러나 문제해결과 의사결정은 각각의 특정 상황에 대한 해결책이 될 수 있다.

제2절 의사결정의 유형

의사결정의 유형에는 안소프(H. I. Ansoff)의 전략적 의사결정(strategic decision making), 관리적 의사결정(administrative decision making), 업무적 의사결정(operational decision making)과, 사이몬(H. A. Simon)의 정형적 의사결정(programmed decision making), 비정형적 의사결정(nonprogrammed decision making)이 있다.

1. 전략적 의사결정·관리적 의사결정·업무적 의사결정

(1) 전략적 의사결정

전략적 의사결정
조직 내부보다는 외부환경에 관한 의사결정을 주 내용으로 하는 의사결정

전략적 의사결정이란 조직 내부보다는 외부환경에 관한 의사결정을 주 내용으로 한다. 주로 참여하고자 하는 사업의 결정, 제품믹스의 결정, 시장의 선정 및 이에 필요한 제 자원의 배분에 관한 의사결정을 의미한다. 전략적 의사결정의 책임은 일반적으로 최고경영층에 있으며 조직의 목표설정, 성장계획, 제품/시장 지위(product/market position) 등에 관한 의사결정을 포함한다.

(2) 관리적 의사결정

관리적 의사결정
전략적 의사결정을 실행하기 위한 구체적 의사결정

관리적 의사결정은 전략적 의사결정을 실행하기 위한 구체적 의사결정으로, 조직의 제 자원을 활용함에 있어서 성과의 극대화를 달성하기 위한 자원의 조직화에 초점을 둔 의사결정이다.

관리적 의사결정의 책임은 일반적으로 중간경영층에 속한다. 주요 의사결정 내용으로는 인적 자원의 개발 및 훈련, 자본, 원재료 등의 조달 및 획득, 조직구조의 결정, 작업 및 정보의 흐름, 유통경로, 입지선정 등이 있다.

(3) 업무적 의사결정

업무적 의사결정
자원의 변환과정의 효율성을 극대화하기 위한 의사결정

업무적 의사결정은 자원의 변환과정의 효율성을 극대화하기 위한 의사결정을 말한다. 하위경영층에 책임이 있는 의사결정이다. 주로 기능별·제품별 자원의 배분, 일정계획, 통제 등을 주 내용으로 하며 구체적으로는 재고수준결정, 가격결정, 연구개발, 월간 생산계획 등을 포함한다.

2. 정형적 의사결정과 비정형적 의사결정

(1) 정형적 의사결정

정형적 의사결정
반복적이고 일상적인 의사결정

정형적 의사결정이란 반복적이고 일상적인 의사결정을 말하며, 의사결

정을 위한 표준적인 절차나 관리적 지침으로 잘 구조화되어 있어 의사결정 과정에 많은 비용과 노력이 없이 이루어진다. 따라서 의사결정이 매우 단순하며 주로 과거의 해결책을 통해 의사결정을 한다.

정형적 의사결정의 구체적 특징은 다음과 같다.

- ◆ 정형적 의사결정은 주로 하위경영층에 의해서 수행되며, 단기적인 특징을 갖는다.
- ◆ 정형적 의사결정은 조직 외부의 요인에 영향을 받지 않는 내적인 문제에 초점을 둔다. 따라서 조직 내부요인 간의 관계가 분명한 폐쇄 시스템 안에서 수행된다.
- ◆ 정형적 의사결정은 의사결정의 문제가 명확하기 때문에 대체안의 평가 기준이 분명하다.
- ◆ 정형적 의사결정은 대개 자의적인 의사결정으로 현재의 조직을 계속 유지, 개선하는 데 초점이 있다.

정형적 의사결정은 오늘날 오퍼레이션 리서치(operations research)와 같은 수학적 모형이나 컴퓨터에 의한 자료처리(electronic data processing) 등 프로그램화된 모형에 의해서 해결하는 경우가 많다.

(2) 비정형적 의사결정

비정형적 의사결정이란 주로 일회용(one-shot) 또는 예상치 못하거나 예외적인 새로운 경영문제를 해결하기 위한 의사결정이다. 따라서 정형적 의사결정과 같이 프로그램화하기가 어려운 의사결정이다. 예를 들어서 신제품 개발에 관한 의사결정, 조직의 지역사회와의 관계, 시장에서의 신제품의 실패로 인한 문제해결 등을 위한 의사결정을 들 수 있다.

비정형적 의사결정
주로 일회용 또는 예상치 못하거나 예외적인 새로운 경영문제를 해결하기 위한 의사결정

비정형적 의사결정의 특징은 다음과 같다.

- ◆ 비정형적 의사결정은 주로 최고경영층에서 이루어지며, 장기적인 예측과 조직의 생존에 영향을 미치는 의사결정이다.

- ◆ 비정형적 의사결정은 예상할 수 없는 혁신적이고 창조적인 문제를 주로 대상으로 하기 때문에 위기극복을 위한 의사결정이다.
- ◆ 비정형적 의사결정은 비자발적으로 이루어지며 의사결정에 여유가 없다. 따라서 최적해가 존재하지 않는 경우라도 위험을 최소화할 수 있는 수준에서 의사결정이 이루어져야 한다.

제3절 의사결정의 상황

의사결정과정에서 중요한 것 중의 하나는 의사결정의 대체안을 분석하고 선택하는 일이다. 의사결정의 대체안은 의사결정의 상황에 따라 다르게 나타난다. 특정 상황에 따른 합리적이고 체계적인 의사결정을 위해서 대체안을 분석하고 선택하는 의사결정 도구를 이용할 수 있다. 이러한 의사결정

그림 11-1 의사결정의 상황

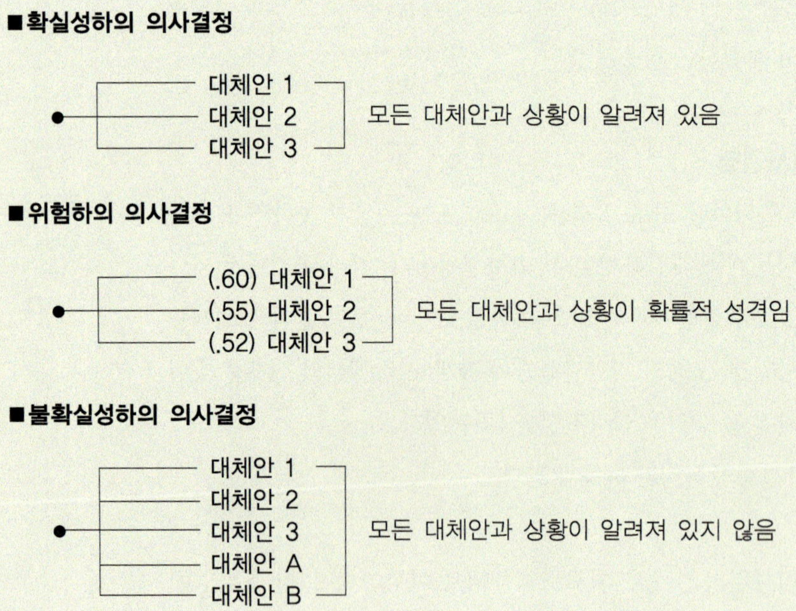

도구를 의사결정 모형(decision models)이라고 한다. 일반적으로 모형이란 현실을 단순화한 것을 말하며, 특히 의사결정 모형에서는 계량적 의사결정 도구를 지칭한다.

먼저 경영자가 직면할 수 있는 의사결정의 상황에는 그림 11-1 과 같이 확실성하의 의사결정(decision making under certainty), 위험하의 의사결정(decision making under risk), 불확실성하의 의사결정(decision making under uncertainty)으로 나눌 수 있다. 또한 갈등하의 의사결정(decision making under conflict), 비구조화된 상황하의 의사결정(decision making in ill structured situations)이 있다.

경영자는 미래에 취해야 할 행동이나 달성하고자 하는 목표를 위하여 현재 시점에서 의사결정을 한다. 그러나 의사결정을 위한 정보가 알려져 있지 않거나 예측하기 어려운 상황에 있는 경우가 많다. 이러한 의사결정 상황은 그림 11-2 와 같이 상황의 예측 가능 정도와 관리적 통제 가능성의 연속성에 따라서 확실성하의 의사결정, 위험하의 의사결정, 불확실성하의 의사결정으로 나눌 수 있다.

그림 11-2 **의사결정 상황의 연속성**

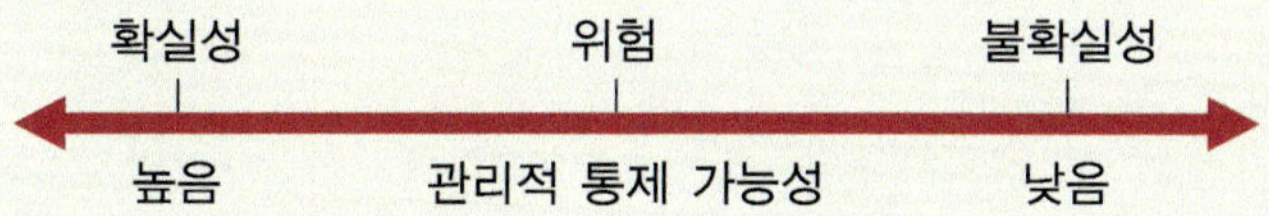

(1) 확실성하의 의사결정

확실성하의 의사결정이란 의사결정에 관한 정보를 확실하게 알고 있고, 대체안의 실행 결과를 확실하게 예측할 수 있는 경우를 말한다. 따라서 정확하고, 측정 가능하고 신뢰성이 있는 정보가 존재하며, 미래의 상황을 정확히 예측 가능한 의사결정이다. 특히 이 상황은 대체안의 선택 기준과 대체안별 실행 결과가 알려져 있기 때문에 의사결정자는 대체안별 성과를 비교평가하여 최선의 대체안을 선택할 수 있다. 그러나 오늘날과 같이 조직환경이 급변하는 상황에서는 이러한 확실성하의 의사결정은 거의 없다.

확실성하의 의사결정
의사결정에 관한 정보를 확실하게 알고 있고, 대체안의 실행 결과를 확실하게 예측할 수 있는 경우의 의사결정

(2) 위험하의 의사결정

위험하의 의사결정
대체안의 실행 성과를 확실하게 예측할 수 없으나 원하는 성과를 초래할 확률을 예측할 수 있는 충분한 정보가 존재하는 상황의 의사결정

위험하의 의사결정이란 대체안의 실행 성과를 확실하게 예측할 수 없으나 원하는 성과를 초래할 확률을 예측할 수 있는 충분한 정보가 존재하는 상황의 의사결정을 말한다. 따라서 위험하의 경우에는 대체안과 각 대체안별 잠재적 결과 및 비용의 관계에 관한 확률적 추정치에 의해 의사결정을 하게 된다.

(3) 불확실성하의 의사결정

불확실성하의 의사결정
대체안과 대체안의 실행 성과를 전혀 모르는 경우에 이루어지는 의사결정

불확실성하의 의사결정이란 대체안과 대체안의 실행 성과를 전혀 모르는 경우에 이루어지는 의사결정이다. 의사결정에 있어서 불확실성을 초래하는 원천에는 두 가지가 있다. 하나는 경영자의 통제 범위를 부분적으로

Business Insight

의사결정에 있어서 통찰력의 중요성

비즈니스 의사결정에 있어서 미묘하고도 중요한 환경 변화를 감각적으로 알아채는 통찰력이 중요하다는 것은 두말할 나위가 없다. 통찰력이 있는 구성원은 혼란과 무질서 속에서 남들이 보지 못하는 패턴을 발견함으로써 경쟁자보다 한발 앞서 시장기회를 포착하고 차별화된 새로운 가치로 시장을 선도할 수 있는 의사결정을 내릴 수 있다. 그렇다면 이러한 통찰력을 어떻게 확보할 수 있을까?

지속적이고 의식적인 노력

통찰력과 관련하여 가장 큰 오해 중의 하나가 통찰력이라는 번뜩이는 영감 또는 무의식에 의해 나타나는 신비적 요소가 있다고 하는 것이다. 예를 들어서 '뉴튼이 사과나무에서 사과가 떨어지는 것을 보고 영감을 얻어 만유인력을 발견하였다'라고 생각하는 것이다. 그런데 최근 연구에 의하면 통찰력은 지속적이고 의식적인 노력이 보다 중요하다는 결과를 보여 주고 있다. 실제 만유인력도 사과가 떨어지는 것을 보고 받은 영감이 아니라, 수년간의 지속적이고 집중적인 연구가 밑거름이 되어 발견할 수 있었다고 한다. 그렇기 때문에 통찰력을 높이기 위해 우선 필요한 것은 바로 광범위하고 전문적인 지식이다. 주위의 상황에 대한 폭넓은 지식을 가지게 되면 새로운 패턴을 찾아내는 것이 보다 용이해지기 때문이다.

축적된 지식을 활용한 다양한 의사결정 경험

이와 동시에 축적된 지식을 활용한 다양한 의사결정 경험을 가져야 한다. 실제 지식이 활용되어 내재화되지 못한다면 통찰력을 높이는 데 한계가 있다. 항공 산업에 있어 조종사의 실수로 인해 일어나는 비행기 사고의 확률이 1990년대에 들어와 급속하게 줄어들기 시작했다고 한다. 그 중요한 이유 중의 하나가 1980년대 중반부터 이루어진 현실적인 비행 시뮬레이터의 도입이었다. 시뮬레이터를 활용하여 조종사들은 기존의 칠판 강의나 지상에서의 모의훈련이 아닌 실제와 동일한 상황에서 의사결정을 연습할 수 있었다. 이를 통해 조종사들은 지식을 내재화할 수 있었고, 실제 비행 도중에 재앙과 맞닥뜨렸을 때 뭘 해야 할지를 통찰력을 가지고 대처할 수 있었던 것이다.

결국 통찰력을 확보하기 위해서는 지식의 축적, 다시 말해 처음에는 뭔가 터무니없거나 관련성이 낮다고 생각했던 사안에 대한 심도 있는 질문과 고민, 실행의 성공과 실패를 통한 학습 등이 교육과 업무를 통해 지속적으로 이루어져야 한다. 준비 없이 갑자기 탁월한 의사결정을 내릴 수 없는 것이다.

또는 완전히 벗어나는 조직 외부의 여건을 들 수 있다. 다른 하나는 경영자가 그러한 외부 여건에 관한 정보에 얼마만큼 접근 가능한가이다.

제4절 의사결정의 과정

경영자가 어떤 경영문제에 직면했을 때 이에 관한 문제해결 방법에는 다음과 같이 여러 가지가 있을 수 있다.

- 비공식적 문제해결 방법에 의존하는 경우이다. 즉 전통적인 방법에 의존하거나 과거에 이와 유사한 문제가 발생했을 때 이용한 의사결정과 동일한 의사결정을 하는 경우이다.
- 의사결정에 관한 어떤 권위에 의존하는 방법이 있다. 즉 특정 문제에 관한 전문가나 위 경영자의 의견에 따라 의사결정을 하는 경우이다.
- 소위 철학에서 말하는 사전적 추론(priori reasoning)을 이용하는 방법이다. 즉 어떤 문제에 관하여 피상적으로 가장 논리적이거나 분명한 해결책을 선택하는 방법이다.

이상의 세 가지 방법은 의사결정 시 매우 유용하게 이용될 수도 있으나 때로는 오류의 의사결정을 하게 할 수도 있다. 사실 경영자가 항상 올바른 의사결정을 할 수 있도록 하는 방법은 없다. 그러나 합리적이고 현명하게 그리고 체계적으로 의사결정을 하는 경영자는 그렇지 않은 경영자보다 더욱 정확하게 문제를 해결할 수 있다.

의사결정과정은 크게 최적화 의사결정 모형(optimizing model of decision making)과 만족화 의사결정 모형(satisficing model of decision making)으로 나눌 수 있다. 그 밖에도 의사결정과정을 심리학의 정보처리이론을 중심으로 설명하는 자기발견적 접근방법(heuristics)이 있다.

1. 최적화 의사결정 모형

(1) 최적화 의사결정 모형의 가정

최적화 의사결정 모형
합리성을 기반으로 의사결정자는 분명한 목표를 갖고 있고, 최적화 모형의 과정을 거쳐 의사결정을 하면 목표(가치)를 최대화할 수 있는 대안을 선택할 수 있다는 모형

최적화 의사결정 모형에 있어서 제 단계는 많은 가정을 전제로 한다. 최적화 모형의 가정은 소위 합리성(rationality)의 개념과 같은 성격을 갖고 있다. 합리성이란 모순 없고(consistent) 가치를 최대화하는(value maximizing) 선택을 하는 것을 말한다. 따라서 합리적 의사결정이란 의사결정자가 충분히 객관적이고 논리적으로 의사결정을 한다는 것을 의미한다. 즉 의사결정자는 분명한 목표를 갖고 있고, 최적화 모형의 과정을 거쳐 의사결정을 하면 목표(가치)를 최대화할 수 있는 대안을 선택할 수 있다는 것이다. 따라서 최적화 의사결정 모형을 합리적 의사결정 모형(rational model of decision making)이라고도 한다.

최적화 의사결정 모형에 내포되어 있는 가정들을 구체적으로 살펴보면 다음과 같다.

① 목표 지향적이다

최적화 의사결정 모형은 의사결정자가 단일의 그리고 확실히 규정된 목표를 갖고 있다는 가정이 필요하다.

② 모든 대안과 대안의 평가 기준을 알고 있다

의사결정자는 문제해결과 관련된 모든 대안과 각 대안의 평가 기준을 알고 있어야 한다.

③ 우선순위가 명확하다

합리성은 의사결정 기준과 대안들에 대해 수치를 할당할 수 있고 우선순위에 따라 등급을 매길 수 있어야 한다. 또한 결정 기준 간에 모순이 없고 할당된 가중치는 시간이 경과해도 변하지 않아야 한다.

④ **최종 선택은 성과를 최대화한다**

최적화 의사결정 모형은 성과를 최대화할 수 있는 대안을 선택한다고 가정한다.

(2) 최적화 의사결정 모형의 과정

최적화 의사결정 모형의 과정은 그림 11-3과 같이 몇 가지의 단계 또는 과정을 거쳐 이루어진다.

그림 11-3 최적화 의사결정의 과정

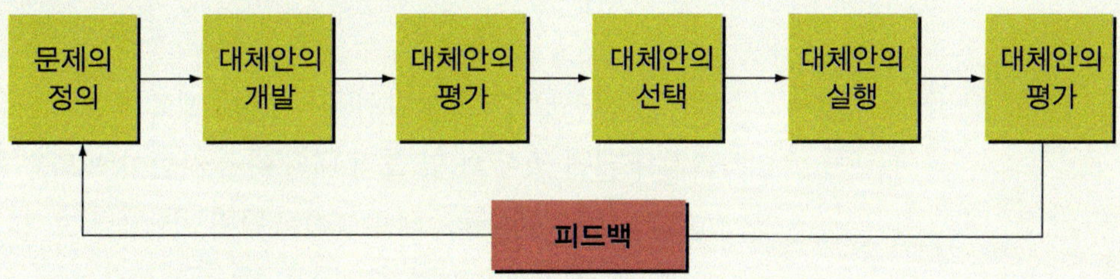

① **제1단계 : 문제의 정의**

의사결정과정의 첫 단계는 해결해야 할 문제를 파악하고 정의하는 일이다. 경영자의 제 문제는 경영자가 어떤 경영활동에 있어서 현재의 상태와 원하는 상태 간에 차이가 있을 때 발생한다. 현재의 상태와 원하는 상태 간에 차이의 인식은 현재의 상태와 어떤 기준 간에 비교를 함으로써 가능하다. 이때 비교하고자 하는 기준은 과거의 성과, 이전에 설정된 목표, 조직 내 또는 다른 조직에 있어서 하부단위의 성과 등이 될 수 있다.

한편, 의사결정문제는 경영자가 어떤 조치를 취해야 할 압박을 갖는 문제를 말한다. 경영자가 직면할 수 있는 압박에는 조직의 방침, 제품의 납기와 같은 어떤 경영활동의 완료 시기, 재무적 위기, 상위경영층의 기대, 매출액의 하락에 따른 성과상의 이변과 같은 의사결정의 상황을 분석함으로써 파악할 수 있다.

일반적으로 경영자가 직면하게 되는 의사결정문제의 원천은 다음과 같다.

◆ 현재의 성과가 조직이 경험한 과거의 성과 수준 이하가 될 때

예를 들어서 금년의 매출액이 작년의 매출액보다 감소한 경우, 제 비용이 갑자기 증가한 경우, 종업원의 이직률이 증가한 경우이다.

◆ 수립한 계획으로부터 이탈했을 때

조직은 목표를 달성하기 위한 계획을 수립한다. 그러나 수립한 계획을 기준으로 경영자가 예상하거나 기대한 것이 달성되지 못한 경우 새로운 의사결정문제가 제기된다. 예를 들어서 달성한 이익수준이 예상한 것보다 낮은 경우, 어떤 부서의 활동비용이 예산을 초과한 경우, 어떤 프로젝트가 예정 기간 내에 완료되지 못한 경우를 들 수 있다.

◆ 조직 외 및 조직 내의 다른 사람이 의사결정문제를 유발하는 경우

의사결정자 외에 조직 외 및 조직 내의 다른 사람이 새로운 의사결정문제를 유발하는 경우이다. 예를 들어서 납기 지연으로 고객이 불평을 하는 경우, 상위 경영자가 새로운 성과기준을 설정한 경우, 종업원이 사직하는 경우이다.

◆ 경쟁기업의 성과가 자사의 성과에 영향을 미치는 경우

경쟁기업의 전략 및 활동이 자사의 성과에 영향을 미치는 경우 경영자는 이에 대응하기 위한 새로운 의사결정을 해야 한다. 예를 들어서 경쟁기업이 신제품을 개발하거나 새로운 생산공정 및 관리기술을 도입하게 되면 이에 대응할 수 있는 새로운 의사결정문제가 대두하게 된다.

② 제2단계 : 대체안의 개발

의사결정의 문제가 정의되면 다음으로는 문제를 해결할 수 있는 행동과정, 즉 가능한 대체안이 무엇인가를 규정해야 한다. 여기서는 하나의 대체안만을 고려하는 것이 아니고 가능한 모든 대체안을 고려해야 한다. 일반적으로 대체안들에는 명확한 해결책이나 표준적인 해결책, 독창적이거나 혁신적인 해결책 등 모든 해결책이 포함된다.

③ **제3단계 : 대체안의 평가**

창출된 각 대체안을 평가하는 단계이다. 대체안의 평가(evaluation of alternatives)는 실행 가능성, 만족성, 실행 결과의 예측을 통해서 하게 된다. 먼저 대체안의 평가는 대체안이 실행 가능한가를 분석해야 한다. 아무리 좋은 대체안이라 하여도 조직의 인적, 물적, 재무적 및 정보 자원이 이를 지원할 수 없다면 실행이 불가능하다. 또한 법적인 장벽에 의해서도 실행이 불가능한 경우가 있다.

실행 가능성을 분석한 다음에는 대체안의 만족도를 평가해야 한다. 대체안의 만족도란 대체안이 의사결정의 상황을 만족시키는 정도를 말한다. 예를 들어서 어떤 경영자가 30%의 생산능력을 증가시키고자 한다. 이를 해결하기 위해서 다른 기업의 공장을 인수할 수 있는 대체안이 있다고 하자. 이때 다른 공장을 인수해도 20%밖에 생산능력을 증가시킬 수 없다면 그 대체안은 만족도가 적은 대체안이다. 따라서 의사결정의 상황에 따라 대체안의 만족도가 다를 수 있다. 어떤 대체안이 실행 가능성이 있고 만족도가 높다고 평가되면 그 대체안의 가능한 결과를 분석해야 한다. 가능한 결과에는 특정 대체안을 선택함으로써 조직의 다른 부문에 어떤 영향을 미칠 것인가, 대체안을 실행하는 데는 비용이 얼마나 소요되는가를 분석해야 한다. 실행 가능성과 만족도가 있는 대체안이라도 조직 전체에 너무 많은 비용을 수반하는 경우는 적합한 대체안이라고 할 수 없다.

④ **제4단계 : 대체안의 선택**

여러 개의 대체안을 평가한 다음에는 단일의 대체안을 선택해야 한다. 대체안을 선택하는 데는 두 가지 접근방법을 고려할 수 있다. 하나는 위의 대체안 평가과정에서 실행 가능성, 만족도, 예상 결과로 보아 가장 타당성이 있는 대체안을 선택하는 방법이다. 모든 의사결정이 객관적·수학적 분석이 가능한 것은 아니나 경영자는 의사결정을 위해 주관적 추정치나 가중치를 개발할 수 있다.

다른 하나의 접근방법으로는 최적화(optimization)와 최대화(maximization)의 개념을 이용할 수 있다. 하나의 의사결정 상황은 조직 내의 다른 구성원이나

P&G가 고농축형 액체세제인 '리퀴드타이드(Liquid Tide)'를 출시하자 소매상들의 반응은 폭발적이었다. 재고 및 진열 공간과 운송하는 데 필요한 트럭의 수가 절반으로 줄어들었기 때문이다. 게다가 제품생산에 소모되는 물류비용까지도 줄일 수 있었다. 제품을 만들기 위해 필요한 플라스틱 용기와 세제 등을 보관하고 운반하는 데 드는 비용이 절감됐기 때문이다. CEO 래플리는 소비자에만 초점을 맞췄던 초기의 단순한 사고에서 벗어나 소매상과 물류까지 사고의 폭을 넓힘으로써 이러한 성공을 일궈 낼 수 있었다. 그는 한 인터뷰에서 "우리가 단지 주어진 것에 대한 선택만 했더라면, 오늘날의 성공은 있을 수 없었다. 선택은 누구나 할 수 있는 것이기 때문이다"라고 말하였다.

부문에 영향을 미칠 수 있기 때문에 실행 가능한 대체안이라고 관련된 모든 목표를 최대화하거나 완전하게 달성할 수는 없다.

한편, 대체안의 선택은 단일의 대체안을 선택하는 경우도 있으나 다중 대체안을 선택할 수도 있다. 예를 들어서 앞의 생산능력 증가 문제에 있어서 20%의 생산능력 증가는 다른 기업의 공장을 인수하여 달성하고 나머지 10%는 자사의 생산능력을 확장하여 달성할 수 있을 것이다.

⑤ 제5단계 : 대체안의 실행

하나 또는 하나 이상의 대체안이 선택되면 그 대체안이 효과를 발휘하도록 실행을 하는 단계이다. 그런데 어떤 의사결정 상황에서는 대체안의 실행이 용이한 경우도 있고 어려운 경우도 있다. 대체안의 실행에 있어서 중요한 것은 구체적 행동계획과 프로그램을 잘 선정해야 한다는 점이다. 또 하나는 대체안의 실행으로 인하여 발생하는 조직구성원의 반발을 고려해야 한다. 새로운 대체안은 구성원으로 하여금 새로운 행동이나 활동을 요구하므로 여기서 발생될 수 있는 구성원의 기대가 다를 수 있기 때문이다.

⑥ 제6단계 : 실행 결과의 평가 및 피드백

의사결정과정의 마지막 단계는 대체안 실행 결과의 효과를 평가하고 새로운 의사결정을 위해 피드백을 하는 일이다. 실행 결과의 효과는 대체안의 실행으로 요구하는 결과를 창출하였는가를 분석함으로써 평가할 수 있다. 만일 실행 결과의 효과가 적은 경우 경영자는 다음과 같이 몇 가지 행동을 취할 수 있다. ① 이전에 고려했던 다른 대체안을 채택하는 방법이다. ② 의사결정문제나 상황을 잘못 정의한 경우에는 새로운 의사결정과정을 거치는 방법이다. ③ 또 하나는 대체안의 선택은 잘 되었으나 실행이 잘못된 경우에는 구체적 행동계획이나 프로그램을 다시 설정하는 방법이다.

실행 결과의 평가에 있어서 중요한 것 중의 하나는 결과의 부정적인 측면과 긍정적인 측면을 동시에 고려해야 한다는 점이다. 이를 통해 새로운 의사결정 시 두 측면을 피드백하여 의사결정의 효과를 높이도록 해야 한다.

2. 만족화 의사결정 모형

최적화 의사결정 모형은 의사결정자가 의사결정과 관련된 모든 정보를 알고 있고, 모든 정보를 처리할 수 있는 능력이 있다고 가정한다. 그러나 인간의 정보처리 능력에는 한계가 있기 마련이다. 또한 모든 의사결정이 모든 정보나 대안이 알려져 있는 확실성하에서만 이루어지는 것은 아니며, 의사결정 기준도 고정된 것이 아니고 상황과 시간의 경과에 따라 변할 수 있다. 따라서 완전한 합리성하에서 최적화를 할 수 있는 의사결정을 하기보다는 어떤 제약하에서 의사결정을 하게 된다.

만족화 의사결정 모형이란 이와 같이 '충분히 만족할 만한' 해결책을 제공해 주는 의사결정과정을 추구하는 것을 말한다. 따라서 만족화 의사결정 모형에서는 어떤 의사결정문제에 대한 최적해보다는 '이 정도면 충분하다고 할 수 있는' 해결책을 추구한다.

만족화 의사결정 모형은 제한된 합리성(bounded rationality)과 점증주의(incrementalism)의 개념을 포함한다.

(1) 제한된 합리성

제한된 합리성이란 노벨 경제학상을 수상한 허버트 사이먼(Herbert Simon)이 제안한 것으로, 합리적 의사결정자는 문제의 성격 및 해결책에 관한 부적절한 정보, 보다 완전한 정보를 수집하기 위한 시간과 경제적 비용, 많은 양의 정보를 기억할 수 없는 능력의 한계 및 지적 수준의 한계를 해결해야 한다

제한된 합리성
문제의 성격 및 해결책에 관한 부적절한 정보, 보다 완전한 정보를 수집하기 위한 시간과 경제적 비용, 많은 양의 정보를 기억할 수 없는 능력의 한계 및 지적 수준의 한계를 해결해야 한다는 개념

는 개념이다. 이러한 제한 때문에 의사결정자는 성과를 최대화하는 의사결정을 하기보다는 만족스러운 의사결정을 한다는 것이다.

이 모형에 의하면 의사결정자는 복잡한 문제의 모든 내용을 파악하기보다는 가장 핵심적인 문제만을 추출하여 단순화된 모형을 만들고 그러한 단순화된 모형의 범위 내에서 합리적으로 의사결정을 하게 된다.

(2) 점증주의

점증주의
최근에 가장 효과적이었던 대안과 비교하여 차이가 적은 대안만을 고려한다는 것

점증주의란 최대화 및 최적화를 시킬 수 있는 다양한 대안을 고려하기보다는 최근에 가장 효과적이었던 대안과 비교하여 차이가 적은 대안만을 고려한다는 것을 말한다. 따라서 이 개념은 과거의 대안 및 성과가 새로운 의사결정을 위한 중요한 기준이 된다.

우리는 의사결정을 할 때 매몰비용(sunk cost)에 연연하는 경우가 많다. 매몰비용이란 이미 지불한 비용이나 투자한 비용을 말한다. 그러나 매몰비용은 우리의 통제를 벗어난 것으로, 앞으로의 의사결정에는 정보로서의 가치를 지니지 않는다. 그런데도 많은 사람들은 매몰비용의 함정에서 벗어나지 못하고, 매몰비용에 근거해 그 후에도 잘못된 결정을 내리곤 한다. 아는 것이 행동으로 이어지지 않는 경우도 있다. 다국적 제약회사 머크(Merck)는 자사의 관절염 치료제인 바이옥스(Vioxx)의 부작용에도 불구하고 시장에서 뒤늦게 철수시켜 문제를 야기했다.

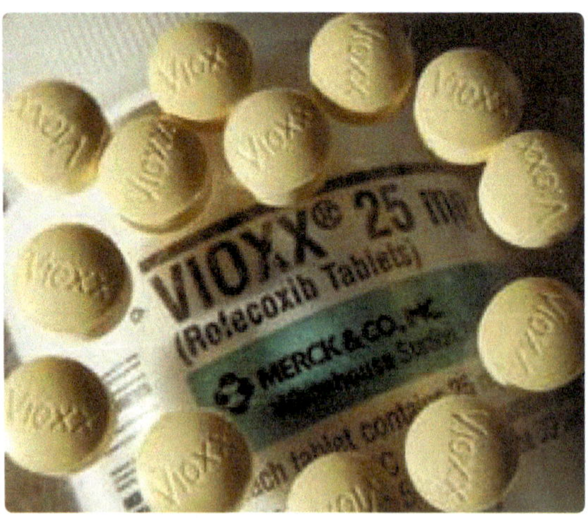

3. 자기 발견적 접근방법

자기 발견적 접근방법은 트버스키와 카너먼(Amos Tversky and Daniel Kahneman)이 의사결정과정에 심리학의 정보처리이론을 적용함으로써 허버트 사이먼의 제한적 합리성 개념을 확장하여 설명한 것이다. 이 접근방법에 의하면 의사결정자는 의사결정을 단순화하기 위하여 자기 발견적 원리(heuristic principles)나 주먹구구식 판단(rules of thumb)에 의존한다. 이것은 의사결정과정에 관한 구체적 기법이기보다는 의사결정과정에 있어서 의사결정자의 심리적 원리를 설명한 것이다. 자기 발견적 원리에는 이용 가능성(availability), 대표성(representativeness), 기준 설정 및 조정(anchoring and adjustment) 개념이 적용된다.

(1) 이용 가능성

이용 가능성이란 어떤 대상이나 사건의 가능성을 자신이 갖고 있는 기억에 대비하여 평가한다는

것을 의미한다. 원리상 자주 발생하는 사건은 회상하기가 용이하다. 따라서 기억에서 쉽게 이용 가능한 사건이 미래에도 발생할 가능성이 높다는 가정을 한다. 이 가정은 주로 과거의 경험에 중점을 두고 있다. 즉 이 개념에 의하면 의사결정자는 과거의 의사결정 경험 가운데 가장 기억이 잘 되는 대안을 선택하게 된다.

이용 가능성
어떤 대상이나 사건의 가능성을 자신이 갖고 있는 기억에 대비하여 평가한다는 것

그러나 인간의 기억은 어떤 사건이 최근에 어떻게 발생하고 경험이 얼마나 생생한가에 의해 영향을 받기 때문에 모든 의사결정에 이용되는 개념은 아니다.

(2) 대표성

대표성이란 어떤 사건의 발생 가능성을 이전에 존재했던 사건의 범주와 비교하여 평가한다는 것을 말한다. 예를 들어서 의사결정자는 신제품의 성과를 평가하는 데 있어서 과거의 특정 제품의 성과와 비교하여 평가를 한다. 그러나 신제품 자체가 과거의 제품과 완전한 차이가 있는 경우에는 이 개념이 적용될 수 없다.

대표성
어떤 사건의 발생 가능성을 이전에 존재했던 사건의 범주와 비교하여 평가한다는 것

(3) 기준 설정 및 조정

기준 설정 및 조정이란 의사결정을 할 때 초기 가치, 즉 기준(anchor)에서 출발하여 최종 의사결정에 도달하기 위해 그 가치를 수정해 가는 것을 말한다. 예를 들어서 종업원의 임금을 결정할 때 작년의 임금을 초기 가치로 가정하여 금년의 임금을 조정하게 된다. 그러나 이 개념은 초기 가치 하나에만 의존하기 때문에 의사결정에 관련된 다른 중요한 기준을 간과할 수 있다. 또한 상이한 초기 가치를 이용하면 상이한 의사결정을 하게 된다. 즉 의사결정에 주관성이 개입되기 쉽다.

기준 설정 및 조정
의사결정을 할 때 초기 가치, 즉 기준에서 출발하여 최종 의사결정에 도달하기 위해 그 가치를 수정해 가는 것

Management Highlight

의사결정 시 나타나는 심리적 함정

의사결정 시 경영자들은 종종 심리적 함정에 빠져 잘못된 결론을 내릴 수 있다. 일반적으로 나타나는 심리적 함정의 유형으로는 우선 '고정관념의 함정'을 들 수 있다. 첫인상, 처음 떠오르는 생각이나 추측, 혹은 처음 본 자료 등이 그 후의 새로운 생각을 제한하는 경향이다. 로빈 워렌(Robin Warren)과 베리 마샬(Barry Marshall)은 위궤양 환자들이 제대로 치료가 되지 않자, 환자들로부터 직접 조직을 채취해서 현미경으로 살펴보았다. 이때 이상한 박테리아를 발견하게 된다. 이들은 그 박테리아가 혹시 궤양을 일으키지 않을까 하는 가정을 세우고 치료를 했고, 결국 궤양이 완치되는 현상이 나타났다. 워렌과 마샬은 이러한 결과를 바탕으로 컨퍼런스에 참석해서 헬리코박터균이 궤양을 일으킨다는 연구 내용을 발표하였다. 그러나 실제로 받은 것은 박수갈채가 아니라 야유였다고 한다. 당시 전문의들은 궤양은 매운 음식을 먹고 스트레스를 받고 술을 마시면 생긴다는 고정관념을 가지고 있었다. 강한 위산에서는 어떤 박테리아도 생존할 수 없다고 생각한 것이다. 결국 워렌과 마샬의 의견이 받아들여지기까지는 25년이라는 시간이 걸렸다.

과거의 의사결정이 이미 잘못된 것으로 나타났음에도 불구하고 자신의 과거 선택을 정당화하려는 '매몰비용의 함정'도 조심해야 한다. 곡물로 만든 시리얼 제품으로 유명한 퀘이커 오츠(Quaker Oats)는 1994년 청량음료 회사인 스내플(Snapple)을 18억 달러에 인수했다. 당시 CEO였던 스미스버그(William Smithburg)는 이 인수를 통해서 스내플을 더욱 성장시킬 수 있다고 생각했다. 그러나 브랜드의 특성을 이해하지 못하고 광고와 유통 전략을 변경하는 실수를 함으로써 스내플의 매출은 날로 떨어졌다. 그렇지만 스미스버그는 이를 만회하기 위해 막대한 돈을 쏟아부었고, 브랜드를 포기하자는 의견을 제시하는 임원은 모조리 해고하였다. 하지만 결국 퀘이커는 1997년에 3억 달러만을 받고 스내플을 매각할 수밖에 없었다.

선입견에 근거한 '증거 찾기의 함정'도 나타날 수 있다. 즉, 처음에 생각했던 견해나 느낌을 뒷받침해 줄 정보만 받아들이고 그에 반하는 정보를 무시하려는 심리이다. 1980년대 말 덴버(Denver) 시는 새로운 공항의 필요성을 느꼈다. 당시 페나(Federico Pena) 시장은 기존 스테이플톤(Stapleton) 공항을 확장·개수하는 대신 신공항 건설을 더 원했다. 따라서 신공항 건설에 따른 장점을 열거하는 분석에는 많은 비용을 지출하였지만 기존 공항의 개수 필요성에 대한 분석에는 거의 비용을 쓰지 않았다. 따라서 신공항 건설만이 최선의 옵션인 것처럼 보이게 되었다. 덴버 신공항은 1995년에 개항되었지만, 건설비용이 처음 예측했던 17억 달러에서 50억 달러로 치솟고, 공항 이용 고객도 처음 예측한 대로 증가하지 않는 등의 문제점이 나타났다.

'구성의 함정'도 있다. 카너먼(Daniel Kahneman)과 트버스키(Amos Tversky)가 시행한 실험을 보자. 이들은 미국이 600명의 사망자를 낼 것으로 예상되는 희귀한 질병에 대비하고 있다는 상황을 가정하였다. 그리고 첫 번째 집단에게는 'A방법을 선택하면 200명이 목숨을 건진다. B방법을 선택하면 600명 모두 생존할 확률은 1/3이고, 한 명도 생존하지 못할 확률이 2/3이다. 어느 대안을 선택할것인가?'라는 질문을 던졌다. 동일한 상황을 가정한 뒤 두 번째 집단에게는 'C방법을 선택하면 400명이 숨질 것이다. D방법을 선택하면 아무도 죽지 않을 확률이 1/3이고, 600명 모두 사망할 확률이 2/3이다. 어느 대안을 선택할 것인가?'라는 질문을 던졌다. 문장들을 서로 비교해 읽어 보면 A와 C, B와 D는 사실상 동일하다. 하지만 첫 번째 그룹은 대부분 A를 그리고 두 번째 그룹은 대부분 D를 선택하였다. 동일한 문제라도 구성이 어떻게 되느냐에 따라 의사결정에 영향을 미칠 수 있는 것이다.

이와 같은 심리적 함정들은 하나씩 독립적으로 나타나기도 하지만, 때로는 모든 함정이 함께 상승작용을 일으켜 서로의 역할이 증폭되기도 한다. 의사결정 시 이러한 모든 심리적 함정에 빠지지 않는 최선의 방법은 심리적 함정이 무엇인지를 이해하고 그러한 함정을 피하기 위한 조치를 취하는 것이다.

제5절 집단의사결정

집단의사결정(group decision making)이란 조직의 의사결정이 경영자 개인이 아닌 집단을 통해 이루어지는 경우를 말한다. 실제로 조직의 의사결정은 의사결정자 개인보다는 위원회, 태스크포스, 팀과 같은 집단을 통해 이루어지는 경우가 많다. 집단의사결정은 의사결정을 개인 단독으로 하는 경우보다 의사결정의 질을 증가시키거나 감소시킬 수 있다.

집단의사결정
조직의 의사결정이 경영자 개인이 아닌 집단을 통해 이루어지는 경우

이하에서는 집단의사결정이 개인의사결정에 비해 갖는 장점 및 단점을 살펴보기로 한다. 또한 집단의사결정의 유효성과 효율성을 살펴보고 집단의사결정을 개선하기 위해 이용되는 기법들을 살펴보기로 한다.

1. 집단의사결정의 장점 및 단점

어떤 의사결정을 개인이 하는 것보다 집단을 통해 하는 경우 장점과 단점은 다음과 같다.

(1) 집단의사결정의 장점

① 보다 완전한 정보를 제공할 수 있다

집단의사결정은 의사결정을 개인적이거나 단독으로 하는 것보다 다양한 경험과 관점을 제공한다.

② 많은 대안을 개발할 수 있다

집단은 많은 양의 정보와 다양한 정보를 갖고 있기 때문에 개인이 하는 것보다 많은 대안을 개발할 수 있다. 이것은 집단이 다양한 전문가로 구성되어 있는 경우 더욱 그렇다. 예를 들어서 어떤 집단이 기술, 회계, 생산, 마케팅, 인사 부문 등의 구성원으로 구성되어 있는 경우 구성원의 다양한 배

경을 반영하는 대안들이 개발될 수 있다.

③ 해결책의 수용 가능성을 증가시킨다

의사결정이 개인적으로 이루어지면 조직의 다른 구성원들이 최종 선택 대안을 수용하지 않을 가능성이 있다. 그러나 어떤 의사결정의 해결책에 의해 영향을 받거나 해결책을 실행하는 사람을 의사결정과정에 참여시키면 의사결정을 수용할 가능성이 높아지며 오히려 다른 사람에게 수용하도록 권장할 가능성도 높아진다. 특히 의사결정을 실행할 사람을 참여시키면 의사결정의 실행에 대한 전념도와 동기유발을 증가시킨다.

④ 합법성을 증가시킨다

집단의사결정은 민주적인 방법을 기초로 하기 때문에 개인적 의사결정보다는 조직 내에서의 합법성을 증가시킨다. 만일 개인의사결정자가 의사결정을 하기 전에 다른 사람들과 협의를 하지 않거나 의사결정에 대한 절대적 권력을 갖고 있다고 인식되면 의사결정이 일방적으로 또는 독재적으로 이루어졌다고 인식하게 된다. 집단의사결정은 이러한 오해를 감소시키는 데 도움이 된다.

(2) 집단의사결정의 단점

① 의사결정에 시간이 많이 소비된다

집단의사결정은 집단을 소집하는 데 시간이 걸리며, 합의된 의사결정이 도출되기 위해서는 집단구성원 간의 상호작용과 많은 토의가 필요하기 때문에 개인적 의사결정보다 의사결정과정에 있어서 많은 시간이 소비된다.

② 소수의 지배

집단의 구성원은 조직 내에서의 서열, 경험, 의사결정문제에 관한 지식, 다른 구성원에 대한 영향력, 언어표현 기술, 결단력 등이 서로 다르다. 이로 인해 한두 명의 구성원이 자신의 장점을 이용해 다른 구성원을 지배할 가능성이 있다. 따라서 소수가 집단을 지배하게 되면 최종 의사결정에 대해 바람직하지 않은 영향을 미칠 수 있다.

③ 동조에 대한 압력

집단 내에서는 사회적 압력이 존재하기 마련이다. 따라서 일단 집단 내에서 의사결정이 이루어지면 이에 반대하는 사람도 공개적으로 의사 표시를 하기가 어렵고 순응해야 하는 경우가 많다. 특히 몇 사람이 특정 대안을 강력하게 지지하면 나머지는 의견을 제시하지 않고 침묵하게 되는데 이는 묵시적인 동의로 간주될 수 있다. 사실 침묵은 동의보다 그 반대에 가깝다. 이렇게 되면 다른 사람이 의사결정에 관한 중요한 정보를 갖고 있어도 이것의 표현을 금지하여 의사결정의 질을 저하시킬 수 있다.

④ 애매모호한 책임성

개인의사결정의 경우는 의사결정자가 단독으로 책임을 지기 때문에 책임 소재가 분명하다. 그러나 집단의사결정에 있어서는 집단구성원이 책임을 공유하나 누가 최종 책임을 져야 하는가가 명확하지 않다.

2. 집단의사결정의 유효성과 효율성

어떤 의사결정을 집단을 통해 할 것인가 아니면 개인이 할 것인가를 결정하기 위해서는 집단의사결정과 개인의사결정의 유효성(effectiveness)과 효율성(efficiency)을 고려해야 한다.

(1) 집단의사결정의 유효성

집단의사결정이 개인의사결정보다 더 유효성이 있는가는 의사결정의 유효성을 판단하는 기준, 즉 의사결정의 정확성, 신속성, 창의성, 수용의 정도, 조직의 규모에 따라 다르다.

① **정확성**

의사결정의 정확성에 있어서는 일반적으로 집단의사결정이 개인의사결정보다 평균적으로 더 정확하다고 할 수 있다. 그러나 모든 집단이 모든 개인보다 더 정확한 의사결정을 내리는 것은 아니다.

② **신속성**

집단의사결정은 집단구성원 간의 상호작용에 많은 시간이 필요하기 때문에 신속성에 있어서는 개인의사결정이 더 우수하다고 할 수 있다.

③ **창의성**

집단의사결정은 비록 동조의 압력이 존재할 가능성이 있으나 새롭고 창의적인 대안을 자극할 수 있기 때문에 개인의사결정보다 창의성이 더 우수하다.

④ **수용의 정도**

집단의사결정은 개인의사결정보다 더 많은 사람으로부터 투입이 이루어지기 때문에 조직 전체에 널리 수용될 수 있는 해결책을 개발할 가능성이 높다.

⑤ **조직의 규모**

집단의사결정에 있어서 조직의 규모가 너무 크면 이질적인 주장이 많이 나올 가능성이 있어 많은 조정활동과 합의 시간이 필요하다. 즉 조직의 규모가 너무 커서는 안 된다. 일반적으로 조직의 규모는 최소 5명에서 최대 15명이 적절한 것으로 알려져 있다. 특히 구성원의 수는 홀수로 하는 것이 가부동수로 인한 교착 상태를 피할 수 있다.

(2) 집단의사결정의 효율성

앞에서 살펴보았듯이 집단의사결정은 개인의사결정에 비해 시간이 많이 소비된다. 예외적으로 다양한 투입의 양을 비교 처리하는 경우 개인의사결

Management Highlight

집단사고

집단사고(Group Think)란 결속력이 높은 소수의 의사결정 집단이 대안에 대한 분석과 이의 제기를 억제하면서 공동의 합의를 쉽게 이루려고 하는 왜곡된 사고 유형을 의미한다. 1961년 4월 17일, 미국은 1,400명의 반카스트로 쿠바 추방자들로 구성된 무장군인들을 쿠바 남부의 해안 피그만으로 침투시켰다. 쿠바의 카스트로 정권을 몰아내고 친미 정부를 수립하기 위함이었다. 그러나 여러 위험요인들을 고려하지 않은 채 실행된 이 작전은 결국 실패하고 만다. 1,200명에 가까운 사람들이 죽거나 체포되었고, 미국은 포로들의 몸값으로 5,000만 달러 상당의 식량과 의약품을 지불해야 했다.

집단사고의 개념

'피그만 침공 사건'은 미국 역사상 가장 쓰라린 패배 중 하나로 기록되고 있다. 당시 이 결정에 참여한 자문위원들은 미국 내 핵심 브레인이라 할 수 있었던 저명한 학자와 합리적 의사결정의 전문가들이었다. 그럼에도 불구하고 자문위원들은 대안에 대해 충분한 검토를 하지 않았을 뿐만 아니라 만장일치의 의사결정을 내려야 한다는 중압감 때문에 이의 제기를 최대한 억제하였다.

이처럼 중요한 의사결정을 내려야 하는 집단이 대안에 대한 분석과 이의 제기를 억제하면서 공동의 합의를 쉽게 이루려고 하는 왜곡된 사고 유형을 '집단사고'라고 한다. 결국 집단사고는 의사결정과정에서 나타나는 집단 착각 현상인 셈이다. 위의 사례뿐만 아니라 미국의 베트남 확전 결정, 히틀러의 유태인 학살 등도 집단사고의 예라고 할 수 있다.

집단사고의 원인과 문제점

집단사고는 조직의 운명을 좌우할 만큼 중요한 의사결정을 내려야 하는 집단에서 종종 발생되며, 발생 원인으로 다음과 같은 것들을 꼽을 수 있다.

첫째, 집단의 결속력이 상당히 높은 경우 집단사고가 발생할 수 있다. 공동체의식이 강한 집단일수록 다수의 의견에 동조해야 한다는 압박감이 생겨서 구성원 스스로 반대 의견을 억제하거나 침묵으로 일관하기 때문이다.

둘째, 집단구성원 스스로가 합리적이고 완벽한 존재라고 생각하는 오만과 편견에 빠질 경우, 집단사고의 발생 확률이 높다. 이렇게 되면 집단의 구성원은 자신과 다른 의견을 가진 사람들을 도덕적이지 못하거나 불완전한 존재로 과소평가하는 경향이 있다.

셋째, 구성원 중에 스스로를 집단의 이익을 옹호하는 대변인이라고 생각하는 사람이 있을 때 집단사고가 발생할 수 있다. 이 구성원은 집단의 의견이 나뉠수록 조직의 응집력이 훼손될 수 있다고 판단하기 때문에 비판적 사고의 유입을 차단하고 집단의 의견을 한 방향으로 통일시키려고 한다.

위와 같은 원인에 의해 집단사고가 발생하면 의사결정과정에서 여러 문제점이 발견된다. 우선 대안의 수가 적을 뿐만 아니라 대안에 대한 논의가 활발하게 이루어지지 않는다. 그리고 다수가 선호하는 안에 대해 비판적 사고에 입각한 재검토가 이루어지지 않는다. 마지막으로 새로운 정보를 선별적으로 채택하는 우를 범할 수 있다.

집단사고가 일어나는 것을 막는 방법

미국의 심리학자 어빙 재니스(Irving Janis) 박사는 조직이 집단사고에 빠지지 않기 위해서 다음과 같은 것들을 고려해야 한다고 주장했다. 우선, 사안을 공개적으로 논의하거나 리더가 자유로운 토론 분위기를 만드는 것이다. 두 번째는 논의 집단 자체를 이원화하는 방법이다. 마지막으로, 제기된 주장에 대해 흠을 잡는 반론 대변인을 의도적으로 두는 방법이다.

집단사고는 어느 조직에서나 발생할 수 있다. 이를 막기 위해서는 집단의 구성원이 집단사고가 발생하는 원인과 징후들을 공유하는 한편, 집단 내 브레이크 장치를 미리 마련해 둘 필요가 있다. 개인에 비해 오히려 집단이 더 극단적으로 의사결정을 내릴 수 있기 때문이다.

정은 혼자서 각각을 검토해야 하기 때문에 여러 사람이 같이 검토하는 집단의사결정이 효율적이다. 또한 집단의사결정은 다양한 분야의 성원들로 구성되어 있기 때문에 의사결정에 필요한 정보탐색 비용이 적게 소요된다.

따라서 집단의사결정을 활용할 것인가의 여부는 기본적으로 유효성의 증가가 효율성의 손실을 상쇄하고도 충분히 가치가 있는가를 판단한 후 결정해야 한다.

3. 집단의사결정의 개선 기법

집단사고
집단구성원이 어떤 의사결정 대안에 대한 동의를 표시하기 위해 상이한 견해 표현을 유보하는 것

집단구성원이 의사결정을 위해 서로 얼굴을 맞대고 상호작용하게 되면 집단사고(group think)를 유발할 가능성이 있다. **집단사고**란 집단구성원이 어떤 의사결정 대안에 대한 동의를 표시하기 위해 상이한 견해 표현을 유보하는 것을 말한다. 또한 집단사고는 효과적인 의사결정에 개입하는 환상이나 고정관념의 형태로 나타나기도 한다. 즉 구성원들은 외부의 바람직하지 못한 고정관념에 대응하기 위한 불가침의 환상을 갖게 된다. 예를 들어서 비판에 대해 빈정대거나 상대방의 견해를 과소평가하는 것 등이다.

이러한 집단의사결정의 문제점을 해결하기 위한 기법으로는 브레인스토밍(brainstorming), 명목집단기법(nominal group technique), 델파이기법(Delphi technique)이 있다.

(1) 브레인스토밍

브레인스토밍
대안에 대한 비판을 억제하면서 구성원들로 하여금 가능한 모든 대안을 제시하도록 장려하는 아이디어 창출과정을 활용하는 기법

브레인스토밍은 창조적인 대안 개발을 저해하는 동의에 대한 압력을 극복하는 데 유용한 방법이다. 이 기법은 대안에 대한 비판을 억제하면서 구성원으로 하여금 가능한 모든 대안을 제시하도록 장려하는 아이디어 창출과정을 활용한다.

먼저 집단 리더는 모든 참가자가 이해할 수 있도록 의사결정문제를 설명한다. 집단구성원은 주어진 시간 내에 자신이 생각하고 있는 대안을 기탄없이 발표하도록 한다. 이때 발표된 대안에 대해서는 비판이 허용되지 않는

다. 발표된 대안은 기록을 하고, 대안에 대한 평가는 마지막 단계에서 한다. 이 기법은 단순히 아이디어를 창출하는 과정이라고 할 수 있다.

브레인스토밍을 활용할 때 지켜야 할 규칙은 다음과 같다.

- 제시된 아이디어나 대안에 대한 비판이나 평가는 회의의 맨 끝으로 미룬다.
- 자유로운 토론과 의견 제시를 권장한다.
- 가능한 한 많은 아이디어나 대안을 제시하도록 한다.
- 이미 제시된 아이디어나 대안의 수정이나 개선안도 허용한다.

아이디오(IDEO)사의 브레인스토밍 회의. 이 회의에서는 '그러나'라는 말을 써서는 안 된다. '그리고'라고 말해야 한다.

(2) 명목집단기법

명목집단기법은 상호작용하는 동일 집단 내의 구성원보다 다른 집단(명목집단)으로부터 더 많고 좋은 아이디어를 얻을 수 있다는 가정에서 개발된 기법이다. 이 기법의 진행 단계는 다음과 같다.

명목집단기법
상호작용하는 동일 집단 내의 구성원보다 다른 집단(명목집단)으로부터 더 많고 좋은 아이디어를 얻는 방법

- 먼저 집단구성원이 모인 다음, 구성원으로 하여금 의사결정문제에 대한 자신의 아이디어나 대안을 각자 쓰게 한다.
- 일단 자신의 아이디어나 대안을 제시한 다음에는 다른 구성원의 모든 아이디어나 대안이 제시될 때까지 침묵을 지키도록 한다. 즉 모든 대안이 제시될 때까지 토의를 금지한다.
- 집단 전체가 아이디어나 대안의 명확성을 토의하고 평가한다.
- 각 구성원은 제시된 아이디어나 대안에 대해 독립적으로 우선순위를 매긴다. 그중 종합점수가 가장 높은 아이디어나 대안을 선택한다.

명목집단기법은 익명성(anonymity)이 보장되기 때문에 자유롭게 의견을 제시할 수 있는 장점이 있다. 그러나 비슷한 의견이 제시될 수 있고, 제시된 의견을 수집하고 단순화하는 데 시간이 많이 걸린다는 단점이 있다. 이 기법은 주로 창조적이고 혁신적인 대안을 개발하거나 실행 가능하고 일상적인 의사결정에 유용하다.

(3) 델파이기법

델파이기법
명목집단기법과 유사한 기법이나 구성원이 출석을 하지 않고 의사결정과정을 거치는 기법

델파이기법은 명목집단기법과 유사한 기법이나 구성원이 모여 서로 얼굴을 맞대고 하는 것이 아니라 출석을 하지 않고 의사결정과정을 거친다는 점에서 차이가 있다. 이 기법은 전문가로 구성된 패널(panel)을 통해 의견을 수집하는 기법이다.

델파이기법의 진행과정은 다음과 같다.

- 먼저 의사결정문제를 확인한 다음 신중하게 작성된 설문지를 통해 해결책을 제시하도록 한다.
- 각 구성원은 익명으로 그리고 독립적으로 첫 번째 설문에 응답한다.
- 첫 번째 설문의 결과를 진행 담당 부서에서 수집 및 정리하여 다시 문서화한다.
- 각 구성원에게 정리된 설문 결과를 나누어 준다.
- 각 구성원으로 하여금 설문 결과를 읽어 보게 하고 다시 자신의 해결책을 제시하도록 한다. 이때 새로운 해결책이 나오거나 본래의 입장을 바꾸게 된다.
- 합의된 의사결정 대안이 나올 때까지 위의 네 번째 단계와 다섯 번째 단계를 반복한다.

델파이기법은 최종 의사결정이 이루어질 때까지 많은 시간이 소비되기 때문에 빠른 의사결정에는 적용의 한계가 있다. 따라서 일상적이고 단순한 의사결정문제보다는 기술혁신의 예측, 신제품의 잠재시장 예측, 연구개발 패턴, 미래의 경제상황과 같이 범위가 넓거나 장기적인 문제를 해결하는 데 유용한 기법이다.

제6절 성공적인 의사결정을 위한 포인트

경영진이 잘못된 관점과 생각을 바로잡고 합리적이고 올바른 의사결정을 하도록 도와주기 위한 몇 가지 방안에 대해 살펴보기로 한다.

① 서로 다른 유형의 사람을 옆에 두어라

경영진이 다양한 관점에서 의사결정을 하도록 도와주기 위해서는 경영진 주위의 사람을 다양하게 구성할 필요가 있다. 경영환경이 점점 더 복잡해지고 정보가 훨씬 다양화되면서, 특정한 사람이 모든 사업 사안에 대해 깊이 알고 결정을 내리기는 힘들게 되었다. 따라서 경영진에게 다양하고 신선한 정보를 제공하고 균형된 시각에서 의사결정을 할 수 있도록 다양한 배경과 지식을 가진 사람들을 주위에 포진해 두어야 한다. 예컨대, 야후(Yahoo)의 설립자 제리 양(Jerry Yang)과 데이비드 파일로(David Filo)는 사업기회를 포착하는 데에는 남다른 능력이 있었으나 경영자로서는 역량이 부족함을 느꼈다. 이에 그들은 탁월한 경영 능력을 지닌 티모시 쿠글(Timothy Koogle)을 CEO로, 마케팅 지식을 지닌 제프리 말렛(Jeffry Mallet)을 COO로 영입하는 등 다양한 기능적 전문성을 보유한 사람으로 경영진을 구성하여 의사결정의 질을 높였다.

또한, 다양성을 확보하기 위해서는 조직 내부에서 자신과 성격이나 스타일이 다른 사람을 의도적으로 육성할 필요가 있다. 흔히 자신의 후계자를 지목하거나 팀원을 선발할 때, 자신과 비슷한 사람을 선발하려는 경향이 높다. 실력이나 자질보다는 성격, 가치관, 태도 등에 있어서 자신과 비슷한 사람이 함께 일하기에 심리적으로 편하기 때문이다. 그러나 너무 지나칠 경우에는 생각과 관점의 다양성이 부족해질 수 있다. 예컨대, GE의 전 회장 레지널드 존스(Reginald Jones)는 차분하고 조용한 성격이었으나, 자신의 후계자로 다소 무례하고 거침없고 논쟁을 좋아하는 잭 웰치(Jack Welch)를 지목한 바 있다. 그의 결정은 오늘날 GE가 초일류기업으로 부활하는 계기가 되었다.

애보트랩(Abbott Labs)

② **현실을 냉철하게 직시하라**

냉엄한 현실을 직시하면서 철저히 현실에 기반을 두고 의사결정을 해야 한다. 내적·외적 환경적 여건을 충분히 고려하지 않고, 낙관적·이상론적 사고에 의해 의사결정을 할 경우 실패할 가능성이 높다. 최악의 상황이 발생할 확률이 적다 하더라도, 이에 대처할 수 있는 시나리오를 만들어 둘 필요가 있다. 따라서 최대한 다양한 루트를 통해 의사결정에 필요한 정보를 수집하고, 여러 상황을 종합적으로 고려하여 냉철하게 결정해야 한다.

앞서 언급한 업존(Upjohn)사와 달리, 애보트랩(Abbott Labs)사는 더 이상 최고의 제약회사가 될 수 없다는 현실을 냉철하게 직시하고, 대신 최고의 수익률을 높일 수 있는 영양제, 진단 장비 쪽으로 사업 방향을 전환하여 집중하였다. 그 결과, 1974년 이후 15년간 지속적으로 성장하였으며 시장수익률의 4배 이상의 성과를 거두었다.

③ **가치 있는 실수는 과감히 포용하라**

시스코시스템스(Cisco Systems)사의 존 챔버스(John Chambers) 회장은 "실패는 할 수 있다. 그러나 실패로부터 배우지 않는 사람에게 줄 자리는 없다"고 말하면서, 실패 자체보다는 실패로부터 학습하지 않는 것을 경계한다. 의사결정의 질을 높이기 위해서는 실수는 누구나 할 수 있다는 점을 인정하고

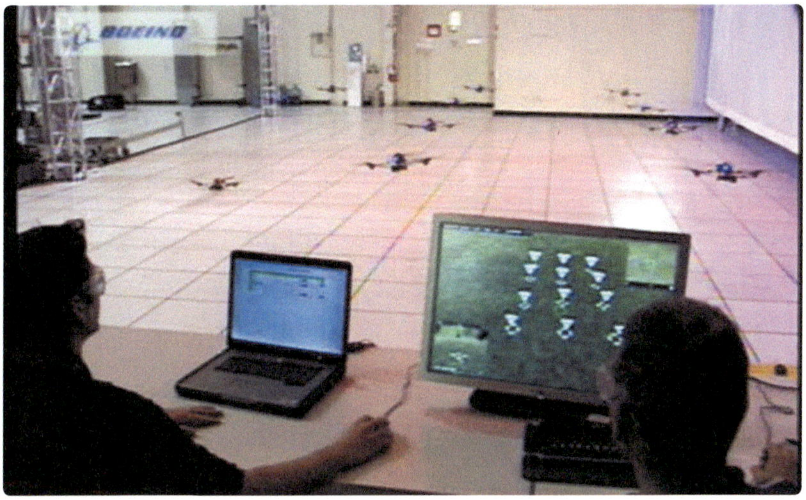

프로젝트 홈워크(Project Homework)

가치 있는 실수에 대해서는 충분히 배려하고 포용해야 한다. 잘못된 결정에 대한 비판과 문책만을 앞세울 경우, 거짓된 정보와 헛된 기대감에 휩싸여 더욱 왜곡된 의사결정을 초래할 수 있다. 보잉(Boeing)사에는 실패로부터 배우는 문화가 잘 조성되어 있다. '프로젝트 홈워크(Project Homework)'라는 진단팀을 구성하여 과거 실패한 프로젝트나 결함이 많은 기종들의 개발과정을 철저히 분석하여 제품생산 역량을 높이고 있는데, 가장 성공적인 기종인 757기와 767기도 이러한 과정을 거쳐 나온 것이다.

④ 현장에서 정보를 얻어라

의사결정을 내릴 때 반드시 결정 사안과 관련된 현장을 직접 방문하고, 사실(Fact)에 기초한 의사결정을 내리도록 해야 한다. 머릿속에 있는 가설적 추론에 의존한 결정은 실제 원하는 결과와 많은 괴리를 보일 수 있기 때문이다. 실제 토론과정에 직접 참여하는 것도 좋은 방법이다. 보통 경영진은 최종 보고서를 보고 의사결정을 하는 경우가 많은데, 이럴 경우 그러한 최종 보고서가 만들어지는 과정에서의 수많은 논의와 현실에 대해 잘 모를 수 있다. 따라서 경영진이 보고서를 만드는 팀의 의사결정과정에 참여하여 직접 이야기를 듣는 것도 의사결정의 성공률을 높일 수 있는 좋은 방법이다.

⑤ 자신에게 솔직해야 한다

의사결정은 결국 자신에게 얼마나 정직하고 진솔하게 대하는가의 문제라고 볼 수 있다. 모르는 부분이 있으면 솔직히 인정하고, 다른 사람에게 조언을 얻어서 더 나은 의사결정을 내리려는 자세를 지녀야 한다. 자신의 과오나 부족함을 인정하지 않는 사람은 결코 훌륭한 결정을 내릴 수 없다.

이를 위해서는 자신의 장단점을 충분히 인식할 수 있는 감성적 역량의 확보가 선행되어야 한다. 자신을 잘 모르는 사람은 다른 사람에게도 정직하지 못하게 된다. 자기를 아는 사람만이 타인의 의견과 관점도 충분히 수용할 수 있으며, 부족한 부분을 개선하기 위해 노력할 수 있다. 특히, 의사결정과정에서 실수를 하더라도 숨기기보다는 솔직히 인정하고 더 큰 문제로 확대되지 않도록 대안을 마련해야 한다. 중요한 점은 다시는 그러한 실수를 범하지 않도록 원인을 철저히 규명하고, 그로부터 학습을 통해 의사결정 능력을 개발하는 노력을 부단히 기울여야 함을 명심해야 할 것이다.

사례

Mattel과 DEC의 의사결정

기업경영은 의사결정의 연속이다. 잘된 의사결정은 기업의 경쟁력과 시장 위치를 강화해 주지만, 잘못된 의사결정은 기업을 위기의 나락에 빠지게 한다. 한순간의 의사결정이 때로 기업의 운명을 결정짓는 것이다.

ABC-TV는 1955년 '미키마우스 클럽'이라는 새로운 프로그램을 방송하기로 계획하면서, 52주간의 광고 독점권을 50만 달러에 마텔(Mattel)에 제안하였다. 부부인 엘리엇과 루스 핸들러(Elliot & Ruth Handler)가 1945년 설립한 장난감 제조회사인 마텔은 당시 소형 기관단총 형태의 새로운 장난감(Burp Gun) 출시를 준비하고 있었다. 그런데 ABC가 제안한 50만 달러는 거의 마텔의 기업가치에 해당하는 금액이었다. 핸들러 부부는 재무 책임자에게 "만약 이 계획이 실패하면, 우리는 파산하게 됩니까?"라고 물었고, "파산은 하지 않지만, 심각한 타격을 입을 것이다"라는 대답이 돌아왔다. 이러한 위험에도 불구하고 마텔은 과감하게 그 금액을 투자하여 TV광고를 실행하기로 결정하였다.

〈포춘〉이 현대 비즈니스에 큰 영향을 미친 20가지 의사결정 중 하나로 선정한 이 결정은 마텔에게 새로운 전기를 가져다주었다. 사실 그 당시의 장난감 광고는 크리스마스 시즌에 중점을 둔 카탈로그 위주로 이루어졌고, 기업 매출의 80%가 크리스마스 6주 전부터 크리스마스까지의 기간 동안에 발생하였다. 따라서 가장 중요한 고객은 아이들에게 선물하기 위해 장난감을 구매하는 부모들이었다. 마텔은 매출이 연간 상시적으로 발생하기 위해서는 아이들을 고객으로 만들어야 하고, 이를 위해서는 TV광고가 가장 바람직하다고 생각하였다. 광고를 통해 제품에 익숙해져야 아이들이 부모에게 제품을 사 달라고 말할 것이라고 판단한 것이다. 결과는 대성공이었다. 매출이 3년 만에 3배나 성장하였던 것이다. 그리고 이러한 성공은 매 3초마다 하나씩 팔려나간다는 바비 인형을 1959년에 탄생시키는 데 중요한 밑거름이 되었다.

마텔의 Burp Gun

마텔 이미지 로고

반면, DEC(Digital Equipment Corporation)를 보자. DEC는 기존 중대형 컴퓨터를 저렴한 가격으로 대체할 수 있는 미니컴퓨터 시장을 창출하였고, 1980년대 중반에는 세계 2위의 컴퓨터 업체로 부상하였다. 그런데 기술 벤처로 출발한 DEC는 엔지니어가 제품개발과정의 결정을 주도하던 설립 초기의 의사결정 프로세스를 대기업으로 성장한 이후에도 그대로 유지하고 있었다. 엔지니어가 의사결정을 주도하는 방식은 시장에서 '성능 좋은 중형 컴퓨터'를 요구하는 시기에는 문제가 없었다. 하지만 소비자 요구가 PC로 넘어가면서 달라진 시장 변화에 대응하는 데에는 한계를 드러냈다. 엔지니어들은 성능이 뛰어난 중형 컴퓨터 기술이 있는데도, 이보다 성능이 떨어지는 PC를 개발해야 한다는 상품기획부서의 요구에 자존심이 상했고 이를 받아들이지 않았다. 특히 공동 창업자이자 CEO였던 올센(Ken Olsen)은 가정에서 컴퓨터가 필요할 이유가 전혀 없다고 반문하면서 PC 사업으로의 진출 필요성을 부정하였다. 결국 DEC는 PC와 노트북 시장으로의 진입 기회를 놓쳤고 1998년에 컴팩(Compaq)에 합병되었다.

토의문제

1. 위 두 사례에서 의사결정의 성공과 실패가 주는 교훈은 무엇인가?

2. Mattel사의 의사결정 성공요인은 무엇인가?

3. DEC사의 의사결정 실패요인은 무엇인가?

주요 용어

의사결정, 전략적 의사결정, 관리적 의사결정, 업무적 의사결정, 정형적 의사결정, 비정형적 의사결정, 확실성하의 의사결정, 위험하의 의사결정, 불확실성하의 의사결정, 의사결정과정, 최적화 의사결정 모형, 만족화 의사결정 모형, 제한된 합리성, 자기 발견적 접근방법, 집단의사결정, 집단사고, 브레인스토밍, 명목집단기법, 델파이기법

연습문제

01 전략적 의사결정, 관리적 의사결정 및 업무적 의사결정의 차이점을 설명하시오.

02 정형적 의사결정과 비정형적 의사결정의 차이점을 설명하시오.

03 의사결정 상황의 종류를 설명하시오.

04 최적화 의사결정 모형의 가정 및 의사결정과정을 설명하시오.

05 만족화 의사결정 모형의 내용을 설명하시오.

06 집단의사결정의 장점 및 단점을 설명하시오.

07 집단의사결정의 유효성과 효율성을 설명하시오.

08 집단의사결정의 개선기법을 설명하시오.

09 성공적인 의사결정을 위한 유의사항을 설명하시오.

CHAPTER 12

조직화(1): 조직화의 기본 개념 및 기본 요소

경영자는 종업원들이 돈 때문이 아니라 자신의 일에 대한 신념에 의해 움직이도록 분위기를 조성해 주어야 한다.

— 로버트 하스(리바이스트라우스 회장)

경영자들은 최대의 이윤을 창출해 줄 방법론을 갖고 있어야 한다.

— 요나 피트(네덜란드 암스테르담대학부설 환경통제과학연구소 교수)

제12장 조직화(1): 조직화의 기본 개념 및 기본 요소

조직화(organizing)는 관리과정의 첫 단계인 계획수립과정 다음에 이루어지는 활동이다. 즉 조직은 실행 가능한 계획을 수립한 다음 수립된 계획을 수행하는 데 필요한 조직의 인적 및 기타 자원을 조직화하게 된다. 조직화는 조직목표를 달성하기 위하여 조직구성원이 공동의 노력을 할 수 있도록 안정적이고 이해 가능한 제 자원의 틀을 제공한다는 점에서 그 중요성이 있다.

제1절 조직화의 기본 개념

조직은 조직의 공동목표를 달성하기 위하여 조직구성원 및 제 자원이 상호연관되어 있는 집합체라고 할 수 있다. 조직화란 계획수립 단계의 의사결정과정을 통해 설정된 조직목표의 달성에 공헌할 수 있도록 제 자원을 일정한 패턴하에 상호연관되도록 배치하는 것을 말한다.

조직화
계획수립 단계의 의사결정과정을 통해 설정된 조직목표의 달성에 공헌할 수 있도록 제 자원을 일정한 패턴하에 상호연관되도록 배치하는 것

조직화는 연속적인 관리과정 중의 하나이다. 그러나 조직이 영속적인 개념하에서 존재한다고 할 때 조직의 환경과 전략은 변화하기 마련이다. 따라서 조직활동의 유효성과 효율성도 항상 경영자가 기대하는 만큼 달성되는 것이 아니다. 이때 경영자는 조직화를 통해 조직의 제 자원 간의 새로운 관계를 설정하거나 기존의 관계를 변경할 필요가 있다. 조직화의 중요한 영역으로는 조직설계 및 조직구조, 조직 내의 구성원 간의 권력 및 권한관계, 인적 자원관리 등이 있다.

조직화에 관한 의사결정 시 고려해야 하는 기본 요소로는 작업의 분할(division of work), 부문화(departmentalization), 권한의 유형(pattern of authority), 통제의 범위(span of control), 조정(coordination)이 있다.

제2절 조직화의 기본 요소

1. 작업의 분할

작업의 분할
조직의 전체 작업을 조직 내의 개인 및 집단에게 작업이 체계적으로 그리고 만족스럽게 수행되도록 나누어 배분하는 것

작업의 분할이란 조직의 전체 작업을 조직 내의 개인 및 집단에게 작업이 체계적으로 그리고 만족스럽게 수행되도록 나누어 배분하는 것을 말한다. 이를 작업의 전문화(work specialization) 또는 노동의 전문화(specialization of labor)라고도 한다.

작업의 분할은 애덤 스미스(Adam Smith)의 『국부론』에서 언급된 분업(division of labor)의 개념에서 출발하였다. 그는 핀 제조공장에서 생산성 향상을 위해 분업이 어떻게 이용될 수 있는가를 설명하였다. 즉 공장의 구성원을 철사를 운반하는 사람, 철사를 곧게 펴는 사람, 철사의 끝을 뾰족하게 가는 사람으로 나누어 작업한 결과 10명이 하루에 480개를 만들 수 있으나, 1명이 이 작업을 모두 수행하는 경우에는 하루에 개인당 20개밖에 만들지 못한다는 것이다. 이 개념은 미국의 포드자동차 회사에서 조립라인에 적용되어 대량생산(mass production)에 의한 저원가 달성의 개념을 가져오는 데 기여하였다. 오늘날에는 조직에 있어서 제조활동에서 관리활동에 이르기까지 모든 활동이 분할될 수 있다는 점에서 작업의 분할이라는 개념으로 이용되고 있다.

그렇다면 작업의 분할을 통해 어떻게 생산성이 향상되는가? 문제는 한 사람이 전체 작업에 필요한 모든 전문화된 기술을 갖고 있다 해도 육체적으로 그리고 심리적으로 전체 과업을 수행할 수 없다. 그러나 작업의 분할을 통해 상대적으로 신속하게 학습하고 완료할 수 있는 단순화된 작업을 창출할 수 있다. 이 결과 여러 직무가 발생하여 각 개인의 재능과 관심에 조화되는 직무를 할당할 수 있다.

2. 부문화

조직 규모가 커지면 한 사람의 경영자가 모든 조직구성원을 감독하기가 어렵다. 따라서 특정 경영자에게 조직구성원을 할당하여 조직활동의 조정과 통제를 용이하게 할 필요가 있다. 이는 직무를 어떤 기준에 따라 집단화하여 조직구성원을 배치함으로써 가능하다. 이때 조직은 새로운 부문(department)이 발생하며, 조직도(organization chart)는 조직 전체의 작업이 부문별로 어떻게 나뉘어 있는가를 그림으로 나타낸 것을 말한다.

부문화란 직무를 논리적인 분류 기준에 따라 집단화하는 것을 말한다. 조직 전체의 직무를 집단화하기 위한 분류 기준은 다음과 같다. 이러한 분류 기준은 기본적으로 조직활동의 조정과 통제를 용이하게 하는 데 기초를 두고 있다.

부문화
직무를 논리적인 분류 기준에 따라 집단화하는 것

(1) 지식 및 기술별 부문화

직무를 수행하는 구성원의 전문화된 지식과 기술(knowledge and skills)에 따라 직무를 집단화하는 것을 말한다. 예를 들어 대학은 특정 학문 분야별로 학과를 나누며 교수는 전공에 따라 각 학과에 배치된다.

(2) 작업과정 및 직능별 부문화

수행해야 할 직무의 과정 또는 활동에 따라 집단화하는 것을 말한다. 예를 들어 기업의 생산 부문, 마케팅 부문, 연구개발 부문, 인사 부문, 재무 부문이 이에 해당한다.

(3) 시간별 부문화

직무를 언제 수행해야 하는가에 따라 직무를 집단화하는 것을 말한다. 예를 들어 병원은 24시간 직무가 수행되어야 하기 때문에 구성원을 주간 근무자, 저녁 근무자, 밤중 근무자로 나누어 집단화하여 직무를 수행한다.

(4) 제품별 부문화

생산되는 제품을 기준으로 직무를 집단화하는 것을 말한다. 예를 들어 컴퓨터를 생산하는 기업의 경우 대형컴퓨터 생산 부문, 워크스테이션 생산 부문, 퍼스널컴퓨터 생산 부문으로 나눌 수 있다.

(5) 고객별 부문화

상이한 유형의 고객(customer) 집단을 기준으로 직무를 집단화하는 것을 말한다. 예를 들어 의류생산 업체의 경우 아동용 의류 부문, 10대용 의류 부문, 성인용 의류 부문으로 나누어 상이한 고객별로 직무를 집단화할 수 있다.

(6) 지역별 부문화

조직의 활동이 지리적으로 어느 지역에서 수행되는가에 따라 직무를 집단화하는 것을 말한다. 예를 들어서 국내시장 부문, 해외시장 부문 또는 해외시장 중에서 미주 지역, 아시아 지역, 중동 지역, 유럽 지역으로 나누어 부문을 형성하는 경우이다.

3. 권한의 유형

조직화의 세 번째 기본 요소는 조직 내에서 권한이 어떻게 분배되는가에 관한 권한의 유형(pattern of authority)이다. 경영자는 권력(power)과 권한(authority)을 통해 조직구성원이 조직구조 내에서 활동하도록 하는 규칙을 설정하고 이를 구성원에게 적용한다. 조직화에서는 권한이 조직의 개인 수준에서 어떻게 분배되는가를 의미하는 권한위양과 조직 수준에서 어떻게 분배되는가를 의미하는 분권화의 개념을 고려해야 한다.

먼저 권한의 기초가 되는 권력에 관하여 살펴보기로 한다.

권력
다른 사람에게 영향력을 행사할 수 있는 능력

(1) 권력

권력이란 다른 사람에게 영향력(influence)을 행사할 수 있는 능력을 말한다.

여기서 영향력이란 직접적으로 또는 간접적으로 다른 사람의 행동이나 태도를 변화시킬 수 있는 힘을 의미한다. 따라서 권력을 가지고 있다는 것은 다른 사람의 행동이나 태도를 변화시킬 수 있다는 의미이다.

그러나 조직에서 경영자만이 영향력을 행사할 수 있는 것은 아니다. 하위자도 경영자에게 영향력이 미칠 수 있도록 말을 하거나 일을 수행할 수 있다. 또한 조직 외부의 이해당사자들도 경영자나 하위자에게 영향력을 행사할 수 있다. 권력이 발생하는 원천으로 일반적으로 다음과 같이 다섯 가지를 들 수 있다.

① 보상적 권력

보상적 권력(reward power)은 피영향자가 명령을 수행하거나 요구하는 성과를 달성했을 때 영향력을 행사하는 사람이 피영향자에게 보상을 할 수 있는 능력을 갖고 있는 경우의 권력을 말한다. 예를 들어서 하위자에게 과업을 할당하는 상위자의 권력을 들 수 있다.

보상적 권력
피영향자가 명령을 수행하거나 요구하는 성과를 달성했을 때 영향력을 행사하는 사람이 피영향자에게 보상을 할 수 있는 능력을 갖고 있는 경우의 권력

② 강제적 권력

강제적 권력(coercive power)은 피영향자가 요구하는 성과를 달성하지 못한 경우 피영향자를 처벌할 수 있는 영향력 행사자의 능력과 관련된 권력으로 보상적 권력의 반대 개념이다. 처벌에는 징계 및 해고 등이 있다.

강제적 권력
피영향자가 요구하는 성과를 달성하지 못한 경우 피영향자를 처벌할 수 있는 영향력 행사자의 능력과 관련된 권력

③ 합법적 권력

합법적 권력(legitimate power)이란 영향력 행사자에게 일정한 범위 내에서 영향력을 행사할 수 있는 자격이 부여되어 있다고 하위자나 피영향자가 인정할 때 존재하는 권력이다. 이를 공식적 권한(formal authority)이라고도 한다. 또한 이 경우 피영향자는 이러한 권력을 수용해야 할 의무가 있다.

합법적 권력
영향력 행사자에게 일정한 범위 내에서 영향력을 행사할 수 있는 자격이 부여되어 있다고 하위자나 피영향자가 인정할 때 존재하는 권력

④ 전문적 권력

전문적 권력(expert power)은 영향력을 행사하는 사람이 피영향자가 갖고 있지 않은 전문적 기술이나 지식을 갖고 있다고 지각하거나 믿는 경우 발생하

전문적 권력
영향력을 행사하는 사람이 피영향자가 갖고 있지 않은 전문적 기술이나 지식을 갖고 있다고 지각하거나 믿는 경우 발생하는 권력

는 권력이다. 예를 들어 의사는 의료에 관한 전문적 지식을 통해 환자에게 지시를 하고 환자는 이를 이행한다.

⑤ 준거적 권력

준거적 권력
한 개인이나 집단에서 발생하는 권력으로 피영향자가 영향력을 행사하는 사람과 자신을 동일시하거나 그를 모방하려는 욕구에서 발생하는 권력

준거적 권력(referent power)은 한 개인이나 집단에서 발생하는 권력으로 피영향자가 영향력을 행사하는 사람과 자신을 동일시하거나 그를 모방하려는 욕구에서 발생한다. 예를 들어서 하위자가 인기가 있고 성실한 경영자의 업무 관습을 모방하려는 동기부여가 되는 경우이다. 인기 탤런트를 광고모델로 이용하는 것은 바로 인기 탤런트가 준거적 권력을 행사할 수 있기 때문이다.

경영자는 합법적 권력뿐만 아니라 보상 및 강제적 권력을 갖고 있다. 한편 경영자의 직무의 명칭에는 전문적 권력과 준거적 권력이 개재되지 않는다. 그러나 일반적으로 경영자는 자신의 직무에 관한 전문적 기술을 갖고 있고 개인별 스타일과 개성에 의해 좌우되는 준거적 권력도 행사한다고 할 수 있다. 경영자는 자신 및 조직의 목표를 달성하기 위해서 이러한 권력을 자신의 직무와 통합된 일부로 이해하고 수용해야 하며 권력을 남용하기보다는 이용할 수 있는 방법을 습득해야 한다.

(2) 권한

권한
조직에 의해 합법화된 권력으로, 권력을 행사할 수 있는 능력

권한이란 조직에 의해 합법화된 권력(power)을 말한다. 권한은 권력의 한 형태로 권력을 행사할 수 있는 능력이다. 중요한 것은 권한이 조직 차원에서만 발생한다는 점이다. 특히 공식적 권한은 합법적 권력에 해당한다. 예를 들어서 특정 분야에 많은 지식을 갖고 있는 경우 권위가 있다고 하는데, 이 경우는 전문적 권력을 의미한다. 판사가 피고에게 형량을 결정할 때의 권한은 합법적 권력하에서 강제적 권력을 행사하는 경우에 해당한다.

일반적으로 조직구조와 관리 차원에서 권력은 공식적 권한의 중심이 된다. 조직구조 차원에서 권한과 관계된 개념으로는 라인권한(line authority)과 스태프권한(staff authority), 직능적 권한(functional authority), 권한위양(delegation)이 있다.

그림 12-1 라인과 스태프 권한 및 지위

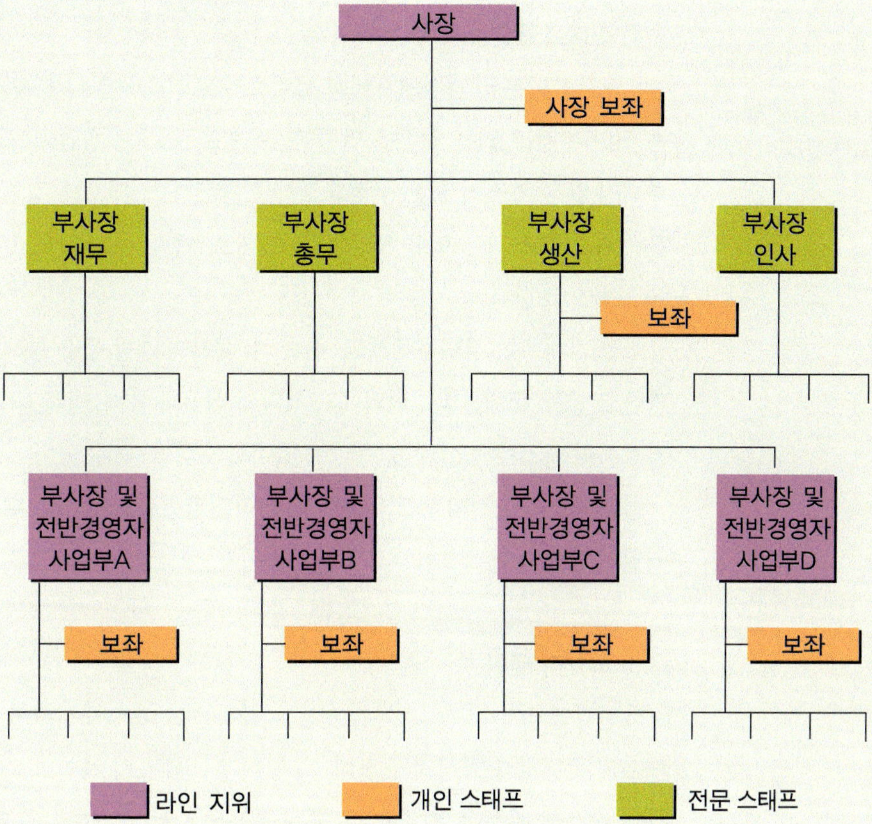

① 라인권한

조직에서 **라인권한**이 있는 경영자란 조직의 목표달성에 직접적으로 책임을 지는 경영자를 말한다. 일반적으로 라인권한은 이사회에서부터 조직의 기본적인 활동을 수행하는 조직계층 수준까지 하향적인 흐름을 갖고 있는 표준적인 명령계통(chain of command)으로 표현된다.

라인권한
조직의 목표달성에 직접적으로 책임을 지는 경영자

라인권한은 일차적으로 합법적 권력을 기반으로 한다. 라인의 활동은 조직의 목표 관점에서 규정되기 때문에 라인활동으로 분류된 활동은 조직마다 다르다. 예를 들어서 제조기업의 경영자는 라인활동을 생산 및 판매활동으로 한정할 수 있으며, 구매활동이 중요한 요소로 작용하는 백화점의 경우 구매 부문과 판매 부문을 라인활동으로 규정할 수 있다.

② 스태프권한

스태프권한
라인경영자에게 서비스와 조언을 제공하는 조직의 개인 또는 집단이 갖고 있는 권한

스태프권한은 라인경영자에게 서비스와 조언을 제공하는 조직의 개인 또는 집단이 갖고 있는 권한을 말한다. 스태프(staff)라는 개념에는 라인으로 분류되지 않은 조직의 모든 구성요소가 포함된다. 스태프는 경영자에게 다양한 형태의 도움과 조언을 제공한다. 스태프권한은 일차적으로 전문적 권력을 기반으로 한다.

또한 스태프는 경영자에게 조사, 분석, 대안의 개발 등을 통해 계획수립에 관한 조언을 할 수 있다. 이외에도 전략의 실행과 통제, 법률적·재무적 문제, 자료처리 시스템의 설계 및 운영에 있어서 도움을 줄 수 있다.

일반적으로 조직의 규모가 확대되면 라인활동을 보충하기 위해 스태프의 역할이 필요하다.

③ 직능적 권한

직능적 권한
스태프의 책임과 관계된 것으로 다른 부문의 활동을 통제할 수 있는 권한

라인경영자에게 서비스와 조언을 제공하는 스태프 구성원의 역할에는 스태프의 독립성과 공식적 권한이 없다. 특정 스태프의 책임과 관계된 것으로 다른 부문의 활동을 통제할 수 있는 권한을 **직능적 권한**이라고 한다. 예를 들어서 감사 직능에 책임이 있는 스태프 부문을 들 수 있다.

그림 12-2에서 보는 바와 같이 사업단위 A의 재무담당 경영자는 명령계통을 통해 사업단위 A의 전반경영자에게 보고를 한다. 그러나 기업 수준에서 재무담당 부사장에게 책임을 진다. 여기서 점선 간의 관계는 라인경영자와 관계된 전문 스태프의 직능적 권한을 나타낸다. 이러한 직능적 권한은 일반적으로 모든 조직에서 흔히 적용되는 개념으로 다양한 조직활동을 수행하는 데 있어서 통일성을 제공하고, 전문적 기술을 적용하는 데 있어서 장애요인을 제거하기 위해 필요한 권한이다. 따라서 이 권한은 합법적 권력과 전문적 권력을 기초로 한다.

한편 직능적 권한은 라인 직능과 스태프 직능을 동시에 수행하기 때문에 직능적 권한관계를 관리하고, 그러한 권한관계에서 발생할 수 있는 문제

그림 12-2 직능적 권한

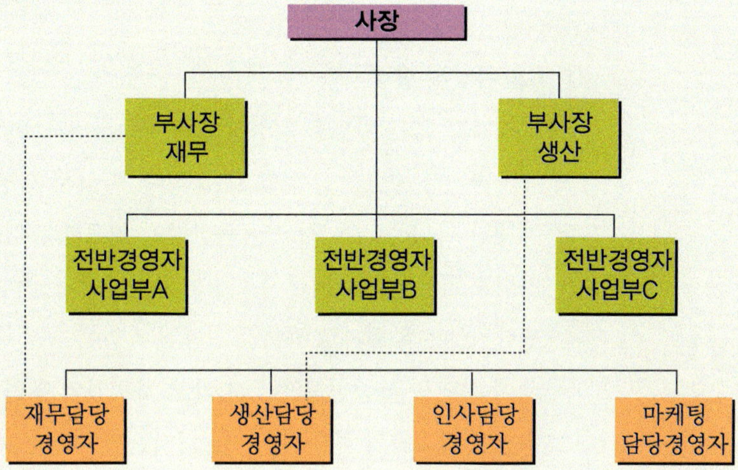

를 해결하기 위한 기술은 마치 매트릭스 조직에 있어서 이중적 상위자 관계(dual-boss relationships)를 관리하기 위해 필요한 기술과 유사하다고 할 수 있다.

(3) 권한위양

권한위양(delegation)이란 경영자가 자신의 전체적인 작업 중 일부를 수행할 수 있는 권한과 책임을 다른 사람에게 할당하는 과정을 말한다. 이때 권한위양은 상위자와 한 명 이상 하위자 간의 권한 유형을 설정하는 것을 포함한다. 권한을 위양하는 일차적인 이유는 경영자 혼자서는 조직의 모든 활동을 처리하거나 감독할 수 없기 때문이다. 예를 들어서 하위자는 조직 전체의 작업 중 일부를 수행함으로써 경영자의 부담을 경감시킬 수 있다. 어떤 경우에는 하위자가 상위자보다 특정 문제를 해결하는 데 있어서 전문적 지식이 많을 수 있다. 이때는 상위자 혼자서 문제를 해결하는 것보다 하위자가 해결하게 함으로써 조직의 능률을 향상시킬 수 있다. 또한 권한위양은 미래의 승진을 위한 하위자 개발에 도움이 될 수 있다. 하위자로 하여금 의사결정과 문제해결과정에 참여하게 함으로써 조직의 전반적인 운영 상태를 배우도록 하고 자신의 관리기술을 습득하도록 할 수 있다.

권한위양
경영자가 자신의 전체적인 작업 중 일부를 수행할 수 있는 권한과 책임을 다른 사람에게 할당하는 과정

권한위양의 장점, 권한위양의 장벽요인, 효과적인 권한위양의 방법을 살펴보면 다음과 같다.

① 권한위양의 장점

i) 경영자가 많은 과업을 위양할수록 상위경영자로부터의 많은 책임을 추구하거나 수용할 기회를 갖게 된다. 따라서 경영자는 일상적인 문제뿐만 아니라 깊은 사고와 독창성이 필요한 과업에 관한 권한도 위양함으로써 조직의 최대 유효성을 달성하려고 노력하게 된다.

ii) 권한위양은 하위자로 하여금 위양된 과업에 대한 책임을 수용하고 실행에 판단력을 증진시킨다. 따라서 하위자의 훈련에 도움이 되며 독창성을 발휘하기 위한 자신감과 의지를 갖게 한다.

iii) 하위자는 조직의 활동이 이루어지는 현장에서 사실을 가장 정확히 파악할 수 있기 때문에 권한위양이 이루어지면 조직의 바람직한 의사결정에 도움이 된다.

iv) 권한위양은 신속한 의사결정을 가능하게 한다. 즉 권한위양이 이루어지지 않으면 경영자에게 일일이 보고하고 경영자와의 협의를 거쳐 의사결정을 해야 하나 권한위양이 이루어지면 현장에서 직접 필요한 의사결정을 할 수 있어 시간을 절약할 수 있다.

② 권한위양에 대한 장벽요인

i) 경영자가 혼자서도 과업을 수행할 수 있다고 생각하거나 하위자의 능력을 무시하는 경우

ii) 특정 과업을 어떤 경영자 또는 하위자에게 책임을 지게 할 것인가에 관하여 혼란이 있거나 일관성이 없는 경우

iii) 경영자가 권한위양을 하면 자신의 권한이 감소된다고 생각하는 경우

③ 효과적인 권한위양 방법

효과적으로 권한을 위양하기 위해서는 다음과 같은 필요조건이 요구된다.

Business Insight

권한위양을 하는 이유

우리는 솔직히 말해 기분이 좋아서가 아니라 직원들의 재능을 자유롭게 펼치게 하는 것과 우리 사업의 성공 사이에 밀접한 관련이 있다고 믿기 때문에 권한위양을 한다. 무한경쟁시대에 기업이 시장변화에 재빨리 반응하려면 소비자와 가장 가까이에 있는 사람들의 손에 책임, 권한, 정보를 주는 것은 당연하지 않은가.

- 로버트 하스(Levis 회장)

로버트 하스 회장은 경영방침에서 "조직에 적극적으로 책임과 신뢰의식을 불어넣음으로써 모든 사람의 능력을 키우고 발휘하도록 할 수 있다"고 밝히고 있다. 권한위양(Empowerment)이 경쟁력 배양을 위한 어쩔 수 없는 조치가 아닌 구성원의 발전과 능력 배양을 돕기 위한 사랑과 애정에서 비롯됐음을 미루어 알 수 있다.

- 경영자는 위양된 과업을 수행할 수 있도록 하위자에게 자율권을 부여해야 한다. 이것은 하위자로 하여금 경영자가 선택하고자 했던 것과는 다른 과업수행 방법과 해결책을 선택하게 하는 것을 의미한다. 경우에 따라서는 위양된 과업을 수행하는 하위자의 실수를 허용하고 나아가 실수로부터 배울 수 있다는 의식을 고취시켜야 한다.
- 경영자와 하위자 간에 개방된 의사소통이 이루어져야 한다. 하위자의 능력을 아는 경영자는 어떤 과업을 누구에게 위양할 것인가를 더욱 현실적으로 결정할 수 있다. 반대로 자신의 능력을 이용할 수 있도록 고무되고 자신의 경영자가 적극적으로 지원할 것이라는 것을 아는 하위자는 책임을 수용할 수 있는 가능성이 높다.
- 경영자는 조직목표, 과업의 필요요건, 하위자의 능력과 같은 조직상의 여러 요인들을 분석할 수 있는 능력이 있어야 한다.

이와 같은 권한위양의 필요조건하에 다음과 같은 과업위양의 구체적 내용을 고려해야 한다.

- 어떤 과업을 위양할 것인가를 결정한다.
- 누구에게 위양할 것인가를 결정한다.
- 위양된 과업을 수행할 수 있도록 충분한 자원을 제공한다.

◆ 위양된 과업에 관한 모든 정보를 충분히 제공한다.
◆ 장애요인을 극복할 수 있는 준비를 한다.
◆ 피드백 시스템을 설정한다.

(4) 분권화

분권화
권력과 권한이 조직의 최고경영층에서 하위경영층에 이르기까지 조직 전체에 걸쳐 체계적으로 위양되어 있는 정도

집권화
권력과 권한이 상위경영층에게 집중되어 있는 정도

분권화(decentralization)란 권력과 권한이 조직의 최고경영층에서 하위경영층에 이르기까지 조직 전체에 걸쳐 체계적으로 위양되어 있는 정도를 의미한다. 이와는 반대로 권력과 권한이 상위경영층에게 집중되어 있는 정도를 집권화(centralization)라고 한다. 따라서 분권화된 조직은 의사결정 권력과 권한이 명령계통의 최하위 수준까지 위양된 조직이며, 집권화된 조직은 의사결정 권력과 권한이 상위경영층에 집중되어 있는 조직이다.

그러나 어떤 조직도 완전히 분권화된 조직이나 집권화된 조직의 성격을 갖는 것은 아니고 절충된 형태를 갖는다. 분권화된 조직 형태와 집권화된 조직 형태의 연속선상에서 어느 위치를 택하는가를 결정하는 요인은 다음과 같다.

① 외부적 환경

일반적으로 환경의 복잡성과 불확실성이 높을수록 분권화의 정도가 높다.

② 의사결정의 성격

의사결정 비용과 위험이 높을수록 집중화의 정도가 높다.

③ 하위경영자의 능력

만일 하위경영자가 바람직한 의사결정을 할 수 있는 능력이 부족할수록 집중화의 정도가 높으며, 하위경영자의 의사결정 능력이 우수한 경우 상위경영자는 분권화를 통해 하위경영자의 능력을 이용하게 된다.

(5) 임파워먼트

임파워먼트
조직구성원 개개인에게 권한위임과 동기부여를 통해 성과 제고와 능력 개발을 촉진하여 조직의 역량을 강화하는 도구로, 단순한 권한위임만을 의미하는 것이 아닌 기업의 혁신과 성과 제고의 주요 수단

임파워먼트(empowerment)란 조직구성원 개개인에게 권한위임과 동기부여

를 통해 성과 제고와 능력 개발을 촉진하여 조직의 역량을 강화하는 도구로, 단순한 권한위임만을 의미하지 않는 기업의 혁신과 성과 제고의 주요 수단이 된다. 즉 업무 수행에 필요한 책임과 권한 등을 개인에게 최대한 부여하고 개인의 잠재력을 극대화할 수 있도록 코칭하고 배려하는 과정이다.

임파워먼트는 1980년대 이후 경기침체를 극복하기 위한 일종의 조직활성화 전략으로 조직구성원의 몰입도와 역량 개발 노력을 촉진함으로써 조직 차원의 변화와 성과를 추구하기 위한 경영혁신의 주요 수단으로 부각된 개념이다.

임파워먼트의 중요성이 부각되기 시작한 배경은 다음과 같다.

- 조직 내 파워(권한과 영향력)는 크기가 정해져 있고 위에서 아래로만 흐른다는 기존의 가정을 벗어나, 파워의 크기는 구성원의 상호작용을 통해 확장될 수 있다는 가정이 힘을 얻기 시작하였다.

표 12-1 파워이론에서의 가정의 변화

구분	Zero-Sum Approach	Positive-Sum Approach
기본 가정	파워의 크기는 정해져 있으며 이로 인해 조직 내 갈등/문제 발생	구성원의 상호작용으로 서로의 파워가 더 커질 수 있고 조직 전체의 파워 확대 가능
파워 원천	권한, 감독 및 통제	전문성, 상호교류
조직구조	기계적 · 전통적 조직	유기적 조직

- 특히 급변하는 경영환경에 능동적으로 대응하기 위해서는 조직을 유연하게 운영해야 하고 이를 위해 구성원이 자율적으로 일할 수 있어야 한다는 주장이 설득력을 발휘하였다.
- 구성원 간의 지나친 경쟁, 결과만능주의, 고용안정성 저하로 개인의 탈진(burn out) 현상이 발생하고, 일과 조직에 대한 몰입과 책임성이 하락하는 등의 폐해를 최소화할 필요성이 부상하였다.

효과적인 임파워먼트를 위해서는 첫째, 개인의 무력감을 촉진하는 요인이 곧 임파워먼트를 방해하는 핵심요인이므로, 조직적인 차원에서 무력감을 조장하는 구조적인 상황과 요인을 제거해야 한다.

둘째, 조직적인 고려와 함께, 구성원 개개인의 역량 향상을 위해 다양한 학습 기회와 수단을 제공하여야 하고, 자발적인 학습이 가능한 과업 여건을 구축하는 것이 필요하다.

참고로 조직구성원의 무력감을 촉진하는 원인을 열거해 보면 표 12-2와 같다.

표 12-2 조직구성원의 무력감을 촉진하는 원인

직무 차원(직무의 성격)	리더십 차원(리더십 스타일)	조직 차원	보상제도
• 역할 명확성의 결여 • 훈련, 기술적 지원의 결여 • 비현실적인 목표 • 적정한 권한 · 자유재량의 결여 • 낮은 과업 다양성 • 직무성과에 직접적 효과를 지니는 프로그램, 회의, 의사결정에 참여를 제한 • 필요한 자원의 결여 • 네트워크 형성 기회의 결여 • 매우 일상적인 작업 • 높은 규율구조 • 의미 있는 목표 · 과업의 결여 • 상사와의 제한된 접촉	• 권위주의적 · 전제적인 스타일(높은 통제) • 부정적 스타일(실패를 강조) • 행동 · 결과에 대한 이유 설명 결여(비합리적 스타일)	• 중요한 조직변화 · 변이 • 모험의 첫 시도 • 경쟁적 압력 • 비연걱적 관료제 분위기 • 빈약한 의사소통 · 네트워크 형성 시스템 • 매우 집중된 조직자원	• 능력제가 아닌 임의적인 보상제 • 보상에 대한 낮은 인센티브(내재적) 가치 • 능력급제 보상의 결여 • 혁신에 대한 보상의 결여

4. 통제의 범위

통제의 범위
특정 경영자에게 직접 보고하는 하위자 또는 부문의 수

통제의 범위란 특정 경영자에게 직접 보고하는 하위자 또는 부문의 수를 말한다. 일단 작업이 분할되면 부문이 발생하며 통제의 범위가 선택된다. 이때 경영자는 명령계통(chain of command)에 따라 누가 누구에게 보고할 것인가에 관한 의사결정을 하게 된다.

일반적으로 조직도(organization chart)는 명령계통에 따른 보고라인을 규정한다. 통제의 범위는 조직계층의 수를 결정하는 요인이 된다.

조직계층에 대한 적절한 통제의 범위를 선택하는 것이 중요한데 그 이유는 다음과 같다.

첫째, 통제의 범위는 특정 부문 내에서 작업 간의 관계에 영향을 미친다. 통제의 범위가 너무 넓으면 경영자의 직무가 너무 확대되어 각각의 하위자에 대한 세밀한 지도와 감독이 어렵다. 따라서 중대한 실수도 무시되거나 묵과될 수 있다. 그러나 통제의 범위가 너무 좁으면 경영자가 하위자를 최대로 활용할 수 없다는 점에서 비효율적이다.

둘째, 통제의 범위는 여러 수준을 갖고 있는 조직계층의 경우 의사결정의 속도에 영향을 미친다. 이때 통제의 범위가 좁으면 그림 12-3 과 같이 최고경영층과 하위경영층 간에 여러 개의 조직 수준을 갖는 수직적 조직구조(tall organization)를 이루게 된다. 이러한 조직은 명령계통이 길기 때문에 의사결정의 속도가 느리다. 따라서 급속하게 변화하는 환경에서는 불리하다.

그림 12-3 수직적 조직계층과 수평적 조직계층

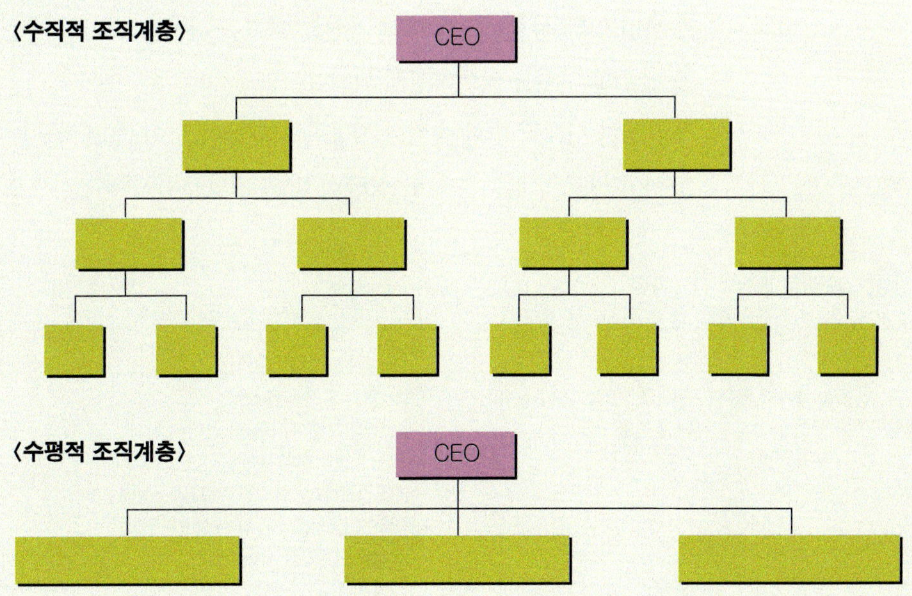

수직적 조직
업무 처리의 권한을 수직으로 세분화하고, 유사한 과업 범위나 스킬을 기준으로 구성원을 그루핑한 조직구조

현재 많은 국내 기업들은 **수직적 조직**(vertical organization)의 모습을 갖추고 있다. 수직적 조직이란 업무 처리의 권한을 수직으로 세분화하고, 유사한 과업 범위나 스킬을 기준으로 구성원을 그루핑(grouping)한 조직구조를 일컫는다. 즉, 기능에 의한 세분화와 보고 및 의사결정의 다계층화가 주요 특징이다. 따라서 구성원은 자신의 업무 범위 내에서 성과 창출의 책임을 지니며, 관리자의 역할은 'Thinking', 구성원의 역할은 'Doing'으로 나뉜다. 이러한 수직적 조직은 안정적이고 예측 가능한 경영환경에서 기능별로 분화된 업무를 구성원이 반복 수행함으로써 숙련에 의한 업무 처리 효율성을 높일 수 있다.

그러나 정보기술의 급속한 발전 및 경영환경의 불확실성 증대로 인해 수직적 조직은 한계를 드러내고 있다. 우선 수직적 구조가 지향하는 내부 지향(inward) 중심의 체제로 인해 고객에게 가치를 제공하기보다는 내부 관리자 만족 등 내부 운영에 초점을 두고 업무를 진행하는 불합리한 모습을 보이게 되었다. 그리고 고객과 관련된 정보가 조직 내 여러 계층 및 부문을 거치면서 왜곡·손실되는 사태가 발생하였고, 기능별로 분할된 목표로 인해 부문 최적화 및 부서 이기주의가 조직 내 만연하면서 내부 기능 간 조정에 막대한 비용이 투입되었다. 또한 구성원 개인의 입장에서 상사의 지시·명령에 따라 주어진 일만 성실히 수행하면 자신의 역할을 다하는 것이기 때문에 창의성을 발휘할 기회를 잃어버리게 되었다.

이러한 시대적 변화 속에서 성공한 기업들이 보여 준 조직구조 변화의 방향성이 바로 수평조직이다. 상당히 많은 기업들이 수평조직으로 조직구조

표 12-3 수직적 조직의 강 · 약점

강점	약점
• 상부로부터의 강한 통제가 있기 때문에 조직의 효율성 높음 • 조직 내부의 예측성이 높아 안정적인 조직 운영 가능	• 의사결정에 장시간 소요 • 정보전달과정에서의 왜곡 · 손실 • 조직 내 정치행위 팽배 • 부서 간 긴밀한 협조를 가로막는 장벽 존재 • 목표수립 시 부서 간 마찰 빈번 • 구성원의 창의성 저해

를 변화시켰으며, 국내 기업들도 이러한 변화에 동참하고 있다. 이처럼 많은 기업들이 수평조직으로 변화하는 이유는 바로 환경에 대한 신속한 대응 및 이로 인한 조직성과의 극대화 때문이다.

통제의 범위가 넓으면 최고경영층과 하위경영층 사이에 조직계층의 수가 적은 **수평적 조직구조**(flat organization)를 이루게 된다. 최근에는 급변하는 환경에 즉각적으로 대응하기 위하여 많은 조직들이 수평적 조직구조로 변환하는 추세에 있다. 조직을 수평화한다는 것은 권한을 상부에 집중시키지 않고 분산시킴으로써 조직구성원들의 참여도를 높이고 수평적인 관계를 강화해 조직을 유연하게 만드는 것을 말한다. 이러한 수평조직을 수직적 조직과 비교해 보면 개념에 대한 손쉬운 이해를 얻을 수 있다(표 12-4).

수평적 조직구조
최고경영층과 하위경영층 사이에 조직계층의 수가 적은 조직구조

수평조직은 집권화보다는 분권화를, 계층구조보다는 네트워크구조를 지향하며 팀 중심으로 일하고, 고객과 밀착해 있는 부서와 그 구성원이 보다 많은 의사결정권을 갖는 조직으로 정의할 수 있다.

순수한 수평조직은 두 개의 핵심 그룹인 시니어 매니지먼트 그룹과 일반 구성원 그룹으로 구성된다. 시니어 매니지먼트 그룹은 전략 결정과 정책을 책임지고, 일반 구성원 그룹은 각각의 다양한 프로세스팀에서 작업을 수행한다. 특히 프로세스팀을 지원하는 스태프는 조정과 통제보다 프로세스팀이 고객을 위해 가치를 증가시킬 수 있도록 지원하는 역할을 수행한다. 팀

표 12-4 수직적 조직과 수평적 조직의 비교

	수직적 조직	수평조직
주요 목표	• 효율성, 생산성	• 유연성, 적응성
운영 방식	• 기계적 방식에 의존	• 인간의 잠재력 활용
조직구조의 구성요소	• 높은 과업의 분화 • 높은 집권화 • 높은 공식화	• 낮은 과업의 분화 • 높은 분권화 • 낮은 공식화
조직과정의 운영방식	• 조직 지위에 기초한 의사결정 • 하향적 커뮤니케이션 • 상급자에 의한 조정	• 개인능력에 기초한 의사결정 • 쌍방적 커뮤니케이션 • 상호조절 및 자발적 조정
적합한 환경	• 대량생산, 연속생산기술 • 안정적이고 단순한 환경	• 소량주문생산기술 • 동태적이고 복합한 환경

구성원은 각각의 기능, 즉 프로세스를 담당하며 문제해결을 위한 실질적인 권한과 책임을 갖는다. 따라서 지역적 문제들은 프로세스팀에 의해 신속하게 해결되고 기업은 지속적으로 변화하는 비지니스 환경에서 유연성과 대응력을 갖게 된다. 또한 다양한 기능을 네트워킹(networking)함으로써 관련 기능 간 또는 인력 간 긴밀한 조정 및 협의가 촉진되고 원활한 커뮤니케이션이 가능해진다.

결국 수평조직을 통해 조직을 유연하게 하고 수직계층을 축소함으로써 필요한 자원을 최소화할 수 있다. 이는 단순한 효율성의 제고, 작업문화의 개선 및 고객만족 차원을 넘어 기업의 전략적 우위를 창출할 수 있는 기반을 구축하는 것이다.

어떤 경영자의 적절한 통제의 범위를 정확히 결정하는 것은 불가능한 일이나 다음과 같은 요인을 고려하면서 범위를 결정하는 것이 바람직하다.

① 전문성

전문성(professionalism)이 높은 하위자일수록 감독의 필요성은 적다.

② 과업의 불확실성

하위자가 수행하는 과업이 빈번하게 발생하는 것이거나 해결하기 어려운 문제일수록 세밀한 감독이 요구된다.

③ 훈련

교육훈련을 많이 받은 하위자일수록 세밀한 감독의 필요성이 없다.

④ 하위자의 인접된 물리적 분산

하위자가 지역적으로 넓게 분산되어 있을수록 통제의 범위는 좁아야 한다.

⑤ 상호작용의 정도

상위자와 하위자 간에 상호작용이 많이 필요한 경우 통제의 범위는 좁아야 한다.

Management Highlight

수평조직을 구축하라!

"덩치가 크다고 해서 항상 작은 기업을 이기는 것은 아니지만, 빠른 기업은 느린 기업을 언제나 이긴다." 존 챔버스 시스코시스템즈 전 회장의 말이다. 경영학의 대가 피터 드러커는 "명령계층의 수를 최소화하는 것, 즉 조직을 가능하면 '수평적'으로 만드는 것은 합리적일 뿐만 아니라 조직구조의 원칙이다. 그 이유는 정보이론(information theory)이 주장하는 '모든 명령의 전달 단계마다 잡음은 두 배로 늘어나고, 메시지는 반으로 줄어든다'는 원칙만으로도 충분하다"고 수평적 조직구조의 필요성을 역설하였다.

무한경쟁시대, 제품 수명주기가 급격히 짧아지는 시장환경, 고객의 요구 수준이 하루가 다르게 높아지는 세상에서는 과거와 같은 수직적 위계형 조직구조로는 살아남기 어렵다. 어느 조직을 막론하고 수평적이고 유연한 조직구조를 건설하는 것은 속도경쟁을 위한 피할 수 없는 선택이다. 환경 변화에 대한 유연한 대처, 참을성이 점점 약해지고 있는 고객 요구에 대한 즉각적 응답, 상하 간의 다양한 커뮤니케이션 확대를 통한 신속한 의견 결집 등이 수평적 조직구조와 문화의 장점이라고 할 수 있다. 그러나 수평적 조직의 필요성을 인정하면서도 정서적인 이유 등으로 수평적 문화와 조직을 구축하는 데 주저하는 경우가 많다. 조직의 리더가 '밑(Under)에 서야(Stand) 진정으로 그 사람을 이해(Understand)할 수 있다'는 'Understand'의 정신을 솔선해서 꾸준히 실천해 나간다면, 수평적 조직 문화 건설이 불가능하지는 않을 것이다.

사우스웨스트항공(Southwest Airlines)은 1971년 미국 텍사스 주에서 탄생하였는데, 처음 국내 대도시 위주로 비즈니스맨들을 수송하던 단거리 항공사에서 지금은 미국 유수의 항공사 중 하나로 자리 잡았다. 그런데 사우스웨스트의 진정한 힘은 사실 규모가 아니라 질적인 측면에 있다. 항공사 품질을 측정하는 3대 지표인 정시 발착, 수화물 처리, 고객불만 건수에서 꿈의 3관왕을 줄곧 차지하고 있는 것이다. 이러한 실적은 단순히 비행기에 탑승하는 승무원들의 밝은 웃음만으로 이뤄지는 것은 아니다. 경영진은 물론 파일럿, 승무원, 화물 처리 요원, 발권 요원 그리고 후선에서 서비스하는 모든 직원이 현장에서 창의적으로 노력한 결과이다. 즉, 유연한 수평적 조직을 이루고 있다. 그들은 직종 간 벽이 없고 조직이 수평적으로 움직인다. 파일럿은 시간이 나면 체크인을 도와주고 기내 승무원들이 수화물 처리를 돕기도 한다. 그러다 보니 인력이 효율적으로 활용될 뿐 아니라 지식과 정보가 교류되고 창조적인 개선이 이뤄진다. 그들은 전사적인 지침에는 거의 구애받지 않고 모두 '자기 일'에 최선을 다할 뿐이다. 따라서 자기 일에 대한 책임감도 강하다.

⑥ 과업의 유사성

하위자 간의 과업이 유사성이 높을수록 통제의 범위는 넓어야 한다.

⑦ 표준화된 절차

하위자가 수행하는 과업에 통일된 절차와 특정 절차가 적용되는 경우에는 통제의 범위가 넓어도 좋다.

⑧ 과업의 통합 정도

하위자의 과업 간에 통합이 요구되는 경우 통제의 범위는 좁은 것이 좋다.

5. 조정

조정
조직목표를 효과적으로 달성하기 위하여 각 부문의 활동을 통합하는 과정

조정이란 조직목표를 효과적으로 달성하기 위하여 각 부문의 활동을 통합하는 과정이다. 조직에서 조정과정이 없으면 구성원은 전체 조직 내에서 자신의 역할이 무엇인지를 모르게 되고, 때로는 조직목표를 희생하면서 자신이 속한 부문의 이익에만 관심을 두게 된다.

상호의존성
조직구성원 개인이나 부서에서 과업을 수행하기 위하여 다른 부서와 얼마나 의존적인 관계를 유지하는가를 나타내는 개념

조정의 범위는 수행되는 과업의 성격과 그 과업을 수행하는 부서들에 속한 구성원 간의 **상호의존성**(interdependence)에 의해 결정된다. 상호의존성이란 조직구성원 개인이나 부서에서 과업을 수행하기 위하여 다른 부서와 얼마나 의존적인 관계를 유지하는가를 나타내는 개념이다.

따라서 어떤 부서의 상호의존성이 낮다는 것은 그 부서가 담당하고 있는 과업을 수행하는 데 있어서 다른 부서의 도움이나 자원의 교환, 기타 상호작용이 없이 독자적으로 과업을 수행한다는 의미이다. 이와 같은 조직구성원 개인이나 부서 간의 상호의존성 정도에 따라 조직의 부서화가 이루어진다. 조직구조에 영향을 주는 상호의존성의 형태에는 그림 12-4와 같이 네 가지가 있다.

(1) 집합적 상호의존성

집합적 상호의존성
어떤 활동을 수행하는 개인 또는 집단 간에 상호의존성이 거의 없고 최소한의 직접적인 접촉만 이루어지는 형태

집합적 상호의존성(pooled interdependence)이란 어떤 활동을 수행하는 개인 또는 집단 간에 상호의존성이 거의 없고 최소한의 직접적인 접촉만 이루어지는 형태를 말한다. 작업은 제 활동 간에 어떤 흐름이 존재한다기보다 조직의 상위 수준에 집합되고, 각 부서는 조직의 공통 목표에 독립적으로 공헌한다. 예를 들면 프렌차이즈식 체인점을 들 수 있다. 맥도날드의 각 체인점은 독립적으로 과업을 수행하면서 전체 조직의 성과에 독자적으로 기여를 한다.

집합적 상호의존성 형태에 있어서 조정 방법은 규칙 및 규제, 표준화된 절차, 직접 감독 및 훈련 프로그램을 이용한다.

(2) 순차적 상호의존성

순차적 상호의존성
한 활동의 산출물이 다른 활동의 투입물이 되는 경우와 같이 부서별 활동이 순차적으로 직접적인 관련이 있는 경우

순차적 상호의존성(sequential interdependence)이란 한 활동의 산출물이 다른 활

그림 12-4 상호의존성의 형태

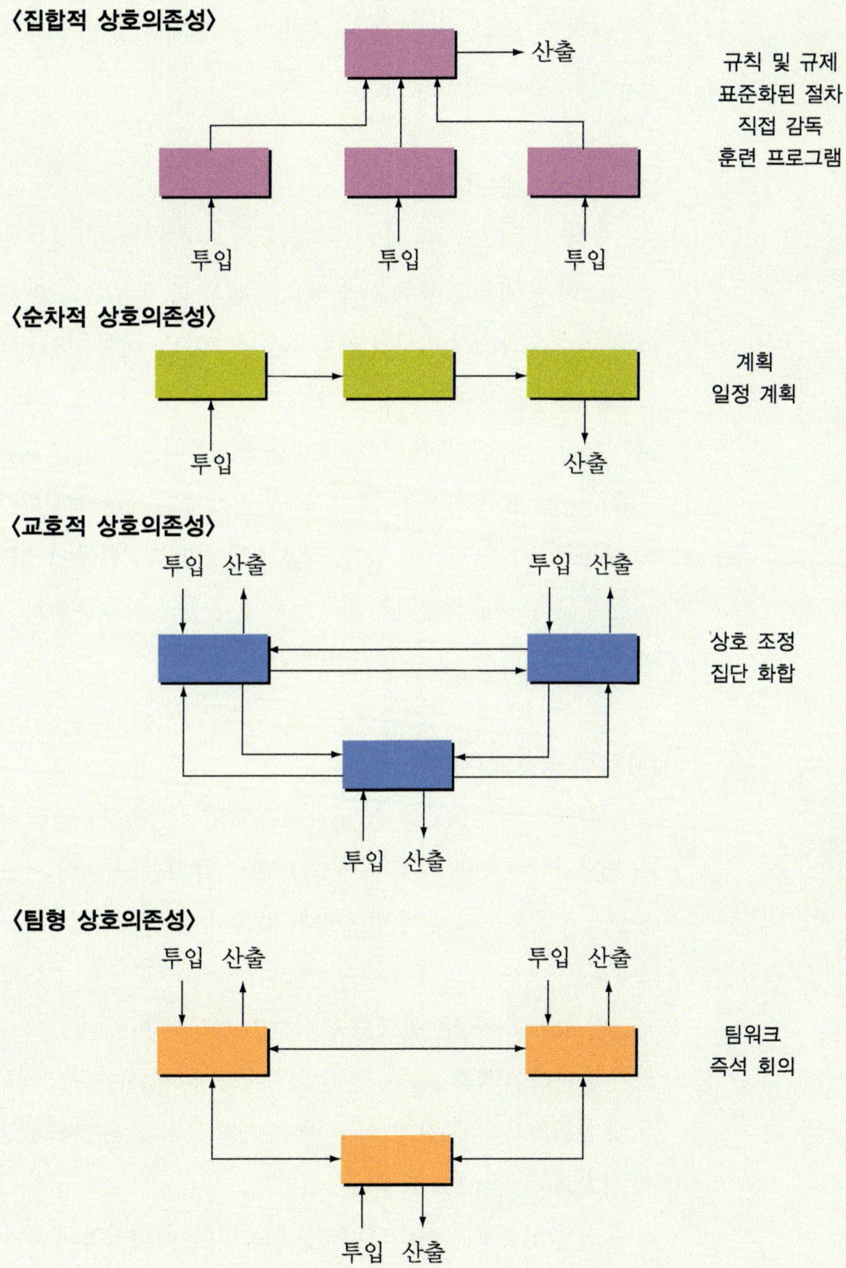

동의 투입물이 되는 경우와 같이 부서별 활동이 순차적으로 직접적인 관련이 있는 경우를 말한다. 일례로 자동차공장의 조립라인이 이 경우에 해당한다.

순차적 상호의존성에 있어서 조정 방법은 계획 및 일정 계획에 중점을 둔 표준화를 통해 이루어진다.

(3) 교호적 상호의존성

교호적 상호의존성
부서별로 서로 활동의 투입물을 제공하는 경우

교호적 상호의존성(reciprocal interdependence)은 부서별로 서로 활동의 투입물을 제공하는 경우 발생한다. 일례로 병원을 들 수 있는데 환자의 수술을 위해서 먼저 외과에서 방사선 촬영을 위한 처방을 내면 방사선과에서는 이를 기초로 촬영을 하여 사진을 외과로 보낸다. 이와 같이 교호적 상호의존성에서는 부문 간에 이원적인 작업 흐름이 존재한다.

이 경우의 조정 방법은 계획 및 일정 계획의 표준화와 더불어 상호조정(mutual adjustment)을 필요로 한다. 상호조정이란 과업활동에 참여하는 구성원 또는 부문 사이에 직접적인 의사소통 및 공동의 의사결정을 하는 과정을 말한다.

(4) 팀형 상호의존성

팀형 상호의존성
과업이 상호작용성을 갖고 있거나 단지 전후관계만 있는 것이 아니고, 다른 집단 또는 단위의 구성원에 의해 공동으로 수행되는 경우

팀형 상호의존성(team interdependence)은 과업이 상호작용성을 갖고 있거나 단지 전후관계만 있는 것이 아니고, 다른 집단 또는 단위의 구성원에 의해 공동으로 수행되는 경우에 발생한다. 따라서 상호의존성이 가장 강한 형태에 속한다.

팀형 상호의존성은 목표를 달성하기 위해서 어떤 과업이 수행되어야 하는가에 관하여 불확실성이 존재하기 때문에 과업을 명확히 나눌 수 없는 경우에 발생한다. 우주탐험, 암, 신제품 개발 등과 같은 분야의 기초연구는 팀형 상호의존성을 필요로 한다.

이 경우의 조정은 주로 팀워크를 이용한다. 따라서 정규적인 회합, 즉흥적 회의, 비공식적 모임 등을 통한 참가자의 직접적인 접촉이 중요하다. 부서 간의 정보교환이 중요하지 않은 경우는 부서 간의 상호작용의 정도를 낮추

는 것이 효율적이다. 높은 수준의 조정활동이 필요한 경우는 다음과 같다.

- 과업을 수행하는 데 있어서 부서 간의 의사소통을 필요로 하거나 의사소통을 통해 이점을 얻는 경우
- 수행하는 과업이 비일상적이거나 예측 불가능한 경우
- 환경이 급속도로 변화하는 경우
- 상호의존성이 높은 과업을 수행하는 경우

사례

고어사에는 네 가지가 없다

보스가 없고, 직급이 없다

고어사(W. L. Gore & Associates)는 공식적으로 직급이 없다. 명함에는 동료(Associate)라는 명칭만 있고 직장 내에서 어떤 위계에 해당하는지를 나타내는 직급은 존재하지 않는다. 공식적으로 직급을 지닌 사람은 CEO와 CFO뿐인데, 이것 역시 미국의 상법에서 회사 설립 요건으로 요구하고 있기 때문이고, 회사 내부에서는 이들도 동료로 불리고 있다. 4개의 사업부는 존재하지만 공식적인 팀이 없다. 대부분의 업무가 프로젝트팀을 이루어 진행되고 있다. 당연히 관리자나 보스도 없다. 그래서 고어사는 직원들을 교육시키기 위해 스폰서제도를 도입하여 실행하고 있다. 어떤 직원이든 예외 없이 스폰서를 둬야 한다. 모든 직원들은 적어도 한 명의 스폰서로부터 도움을 받아야 한다. 스폰서는 직원들의 보스가 아니다. 직원들의 성공을 책임지는 멘토와 같은 사람이다. 신입사원 때부터 스폰서가 따라붙게 되고 조직활동의 모든 부분에 걸쳐 조언을 받는다. 경력이 많은 직원은 자연스럽게 다른 사람을 스폰서하는 업무를 받아들여야 한다. 보스가 없지만 스폰서제도를 통해 효과적인 역량 육성이 가능하다.

보스는 없지만 고어사에는 리더가 존재한다. 어떤 분야에서 경험과 지식이 축적되어 많은 동료들이 따르는 사람을 리더라 부르는데 다른 회사의 보스와 비슷한 존재이다. 이러한 프랙티스는 '관리(Management)'라는 통념에 위배된다. 그래서 언론이나 학자들은 고어사의 경영을 가리켜 '반관리(Un-management)', '반구조(Un-structure)'라는 표현을 쓰고 있다.

직책이 없다

고어사에는 재무, 영업, 개발, 구매 등 고유한 영역을 담당하는 사람들이 있기는 하지만 명확하게 나뉘어 있지 않다. 그래서 공식적으로 담당하는 업무를 규정하지 않고 있다. 쉽게 말해서 직책이 없다. 신입사원은 회사에 입사하여 다양한 직무를 경험해 보고 난 이후 스스로 자기와 가장 적합한 업무를 찾아가게 되어 있다. 특정한 제품이나 지역의 영업을 담당하던 사람들도 시간이 지남에 따라 자주 바뀌고 있어서 한 담당자와 장기적인 파트너십을 원하는 협력업체에서는 이에 대한 불평이 가장 많다고 한다. 이처럼 고어사는 사람들이 업무를 자유롭게 이동할 수 있게 만들어 놓았다.

이러한 프랙티스는 전문가 양성이 중요하다는 최근 경영학의 통념에 위배된다. 이를 두고 CEO 켈리는 다음과 같이 이야기한다. "직원들이 오히려 전문성을 키우지 못한다는 비판이 있는데 이것이 많은 기업들이 오해하는 부분입니다. 다른 기업들은 너무 엄격하게 분리되어 있어서 전문성을 키우는 게 아니라 거기에 함몰되고 있습니다. 우리는 유연한 팀을 기반으로 일하기 때문에 신선한 아이디어가 나옵니다. 최고의 혁신은 다른 관점과 독특한 시각에서 나오는 것입니다. 예를 들어 의료사업 부문에서도 의료 전문지식을 갖고 있는 동료보다는 관련 지식이 없는 동료들로부터 깜짝 놀랄 만한 아이디어가 훨씬 많이 나오고 큰 수익으로 연결되는 것을 많이 보았습니다."

큰 조직이 없다

고어사는 한 공장이나 한 조직이 200명에서 250명을 넘어서면 둘로 쪼개어 작게 가져간다. 제품의 매출성장률이 높아서 공장 규모가 쉽게 커지는 일이 다반사였지만 기존 공장에 라인을 조금만 늘리면 되는데도 공장을 주변에 다시 세워 왔다. 그래서 대부분의 공장이나 법인이 200명에서 250명을 넘지 않는다. 그래서 고어사에는 코끼리 같은 거대 조직은 없고 수백 개의 공장 시설이 많다. 많은 사람들, 특히 재무 지식이 깊은 사람들은 이러한 관행을 비판한다. 사실 혁신을 잘하는 기업들을 보면 공장 면적은 늘리지 않으면서 라인을 효율적으로 변경하고 인원을 조금 늘려서 생산성을 증가시킨다. 더욱이 공장을 새로 짓는 것은 비용을 엄청나게 증가시키기 때문에 비합리적으로 보인다. 즉 이는 규모의 경제(Economy of Scale)라는 통념에 위배되는 활동이다.

그런데 이러한 프랙티스는 창업자 빌 고어의 '쪼개라, 그래야 더 증식할 수 있다(Divide, so we can multiply)'라는 철학에 기반을 둔 것이다. 1965년 어느 날 창업자 빌 고어가 새로운 공장을 산책하고 있을 때, 그가 모르는 사람들이 너무 많다는 사실에 놀라게 되었다. 제품의 매출이 증가하여 공장 규모를 늘렸고 사람들을 더 뽑은 것이다. 그는 한 지붕 밑에서 일할 수 있는 사람의 수가 200명을 넘어서면 모든 사람들이 얼굴과 이름을 자세히 아는 상태로 일할 수 없다고 생각했고, 이는 직원들이 창의력을 발휘하기 위해 서로 협력하고 경쟁하는 데 해롭다고 생각했다. 이때부터 조직 규모가 커지면 쪼개게 되었다. 그래서 공장을 쪼개어 자칫 비용이 늘어나더라도 '작은 조직'에서 나오는 장점이 이러한 비용을 상쇄하고 있다. 작은 조직에서는 모든 구성원이 오너십을 가지고 적극적으로 일하므로 창의와 혁신이 가능하게 되는 것이다.

고어사의 전경

명령이 없다

고어사 CEO 테리 켈리

보스도 없고 직급도 없는 만큼 고어사에서의 리더십은 기존 기업과는 다르다. 보통 조직의 명령체계에 의해서 윗사람이 아랫사람에게 명령한 것을 빠르게 실행하는 체계가 잘 잡혀 있는 회사들이 리더십이 살아 있는 곳으로 생각된다. 그러나 고어사의 리더십은 상향식 리더십(Leadership by Followership)이다.

고어사에는 직급이나 직책이 없지만 '리더'라는 호칭을 얻는 사람들이 있다. 그런데 이들은 동료 직원들이 따르게 되어 자연스럽게 리더가 된다는 것이 다른 기업과 다르다. 즉 팀의 성공에 크게 기여하고 거듭된 성과를 창출하는 사람은 지지자를 모을 수 있다. 이들을 중심으로 동료들이 모여서 프로젝트가 구성되는데 고어사에서 리더 호칭을 달고 있는 비율은 약 10% 정도이다. 즉 리더가 위로부터 임명되는 것이 아니라 동료 직원들에 의해서 자연스럽게 만들어지고 있는 것이다.

현 CEO 켈리가 대표이사가 되는 과정에서 이러한 특징이 잘 나타났다. 전임 CEO 척 캐롤(Chuck Carroll)이 돌연 은퇴를 선언했을 때, 이사회는 직원들에게 의견을 물어서 CEO 후계자를 선발하기로 결정했다. 수백 명의 고어사의 동료들은 자기가 기꺼이 따르고 싶은 사람을 골랐고, 이 과정을 통해 켈리가 CEO로 뽑혔다. 물론 나중에 이사회의 최종 결정을 거쳤지만 직원들의 선거에 의해 CEO로 선발된 것이나 마찬가지였다. 그래서 고어사의 CEO는 전략을 제시하고 직원들에게 일을 시키는 사람이 아니라, 직원들이 일할 수 있는 분위기를 만들어 주는 역할을 한다. 이러한 리더십의 정의와 관행은 윗사람이 아랫사람을 이끌고 통솔한다는 기존의 통념에 위배되는 프랙티스이다.

토 의 문 제

1. 고어사의 경영 시스템이 현대 기업에게 주는 시사점은 무엇인가?

2. 고어사의 경영 시스템이 기업조직 외의 다른 조직 유형에 적용 가능한지를 검토해 보라.

3. 고어사의 경영 시스템을 맥그리거의 Y이론과 관련해 성공요인을 정리해 보라.

주요 용어

조직화, 작업의 분할, 부문화, 통제의 범위, 조정, 권력, 권한, 영향력, 보상적 권력, 강제적 권력, 합법적 권력, 전문적 권력, 준거적 권력, 라인권한, 스태프권한, 직능적 권한, 권한위양, 분권화, 집권화, 임파워먼트, 조직도, 수직적 조직구조, 수평적 조직구조, 집합적 상호의존성, 순차적 상호의존성, 교호적 상호의존성, 팀형 상호의존성

연습문제

01 작업의 분할이란 무엇이며 그것의 장점과 단점을 설명하시오.

02 부문화를 위한 직무의 집단화 기준을 열거하시오.

03 권력과 권한의 차이점을 설명하시오.

04 권력의 유형을 열거하고 각각을 설명하시오.

05 라인권한, 스태프권한 및 직능적 권한의 차이점을 설명하고, 조직도를 통해 예를 들어 보시오.

06 권한위양의 장점을 설명하시오.

07 권한위양의 장벽요인과 효과적인 권한위양 방법을 설명하시오.

08 분권화와 집권화의 차이점을 설명하시오.

09 임파워먼트의 개념과 중요성을 설명하시오.

10 통제의 범위의 중요성과 통제의 범위를 결정할 때 고려해야 할 요인을 설명하시오.

11 수직적 조직구조와 수평적 조직구조의 차이 및 장·단점을 설명하시오.

12 조직에 있어서 과업의 상호의존성의 종류를 설명하시오.

CHAPTER 13

조직화(2): 조직설계 및 조직구조

생산성의 성과는 종업원들이 의사결정과정에 효과적으로 참여할 수 있도록 업무과정이 재조직될 때 극대화된다.

— 에일린 아펠바움(미국 경제정책연구소의 연구담당 부원장)

기업은 승객의 사기를 북돋우며 목적지를 향해 질주하는 역마차 대장 같은 경영자를 길러야 한다.

— J. S. 니노미야(캐나다 포드자동차 경영자)

제13장 조직화(2): 조직설계 및 조직구조

제1절 조직설계의 개념

조직설계(organizational design)란 조직의 전략 및 조직환경에 적합한 조직구조(organizational structure)를 선택하는 의사결정과정을 말한다. 따라서 조직설계는 조직의 내부적 측면과 외부적 측면을 동시에 고려해야 한다. 앞에서 살펴본 조직구조의 기본 요인들은 전반적인 조직설계를 위해 기본적인 틀을 제공한다. 조직설계는 건축에 있어서 설계도와 같다. 어떤 건물을 짓기 위해서는 먼저 설계도를 작성하고 실제 건축 시는 토양이나 기후 조건에 따라 그것을 수정할 수 있듯이 기본적인 조직설계를 중심으로 조직의 특정한 필요성에 따라 수정된 또는 결합된 조직구조를 선택할 필요가 있다.

조직설계
조직의 전략 및 조직환경에 적합한 조직구조를 선택하는 의사결정과정

제2절 조직설계의 접근방법

1. 고전적 접근방법

조직설계에 있어서 고전적 접근방법(the classical approach)이란 경영학의 고전적 접근이론에 기초를 둔 것으로 조직의 모든 상황에 적합한 단일의 조직구조를 개발하기 위한 원칙을 추구하는 접근방법이다. 경영학의 초기 경영이론가 막스 베버(Max Weber), 프레드릭 테일러(Frederick Taylor), 앙리 페이욜(Henri

Fayol) 등이 바로 고전적 접근방법의 효시를 이루었다. 그들이 주장한 조직설계의 개념은, 가장 효율적이고 효과적인 조직이란 조직구성원이 조직에 대한 의무의식과 합리적인 규칙과 규제에 따르는 계층적 조직구조를 통해서만이 가능하다는 것이다.

베버에 의하면 이러한 조직은 과업의 전문화, 구성원이 갖고 있는 장점을 기준으로 한 배치, 경력기회의 규정, 합리적이고 비개인적인 조직풍토 등의 특성을 갖고 있다. 베버는 이러한 조직을 일컬어 관료조직(bureaucracy)이라 하였다.

관료조직
과업의 전문화, 구성원이 갖고 있는 장점을 기준으로 한 배치, 경력기회의 규정, 합리적이고 비개인적인 조직풍토 등의 특성을 갖고 있는 조직

관료조직은 의사결정 규칙, 명확한 명령계통, 정실(favoritism)보다는 능력과 경험을 기준으로 한 제도적 승진기회를 갖고 있다. 또한 관료조직은 권한과 책임에 대한 명확한 규정이 이루어지기 때문에 종업원의 성과평가 및 보상을 쉽게 할 수 있다. 관료조직은 주로 정부조직에서 많이 이용된 조직설계 접근방법이다. 베버가 주장한 이상적인 관료조직의 특징은 다음과 같다.

- ◆ 명확한 분업이 이루어져야 하며, 조직의 각 지위는 전문가에 의해 채워져야 한다.
- ◆ 과업의 성과가 일정하도록 일관된 규칙이 있어야 한다.
- ◆ 조직의 최상위층에서 하위층까지 명령계통이 존재하도록 지위계층이 있어야 한다.
- ◆ 경영자는 비개인적인 방법으로 조직을 이끌어야 한다. 특히 경영자는 하위자와 적절한 사회적 거리를 유지해야 한다.
- ◆ 채용과 승진은 기술적 전문성에 기초를 두어야 한다. 종업원에 대한 임의적인 해고를 하지 않음으로써 조직에 대한 충성도를 높일 수 있다.

한편 관료조직은 다음과 같은 장·단점을 갖고 있다.

① 관료조직의 장점

i) 관료조직은 분업, 규칙에 대한 의존, 권한의 계층성, 전문성을 기초로 한 채용과 같은 요소를 포함하기 때문에 조직의 효율성을 증가시킨다.

ii) 관료조직은 다른 조직구조의 설계를 위한 출발점이 된다.

② 관료조직의 단점

i) 관료조직은 유연성이 부족한 조직이다.

ii) 조직 내의 인간적·사회적 과정을 소홀히 하는 경향이 있다.

iii) 조직에 대한 충성도와 비개인적 관계에 관한 가정은 비현실적이다.

2. 과업-기술 접근방법

이 접근방법은 1960년대에 존 우드워드(Joan Woodward) 등이 주장한 것으로 과업기술과 같은 조직의 내적 변수를 고려한 조직설계 개념이다. 과업기술이란 여러 종류의 제품을 생산하는 데 필요한 상이한 생산기술을 의미한다. 즉, 조직이 갖고 있는 과업기술이 조직의 구조와 성공에 영향을 미친다는 것이다. 우드워드 등은 영국의 100개 기업을 과업기술에 따라 ① 단위생산 및 소규모 배치생산, ② 대규모 배치 및 대량생산, ③ 공정생산으로 분류하였다.

단위생산(unit production)이란 맞춤복과 같이 고객의 주문에 따라 개별 제품을 생산하는 것을 말한다. 단위생산에 이용되는 기술은 제품이 개별 숙련공에 의해 생산되기 때문에 복잡성이 가장 낮은 기술이다. 소규모 배치생산(small-batch production)이란 기계부품과 같이 상이한 단계별로 소량으로 제품을 생산하는 것을 말한다. 대규모 배치(large-batch) 및 대량생산(mass production)이란 조립라인 등에서 제품을 대량으로 생산하는 것을 말한다. 공정생산(process production)이란 화학품이나 의약품과 같이 무게나 양으로 판매되는 원료를 생산하는 것을 말한다. 이러한 원료는 일반적으로 지속적인 생산 흐름을 통해 고도로 복잡한 장비에 의해 생산된다. 우드워드 등은 이러한 접근방법을 통해 다음과 같은 결론을 제시하였다.

◆ 기술이 복잡할수록 단위생산보다는 공정생산이 그리고 더 많은 경영

자 및 관리수준이 필요하다. 즉 기술이 복잡할수록 수직적 조직구조(tall organizational structure)가 형성되며 많은 감독과 조정이 필요하다.

- 단위생산에서 대량생산으로 변할수록 하위경영자의 관리 범위가 증가하나 대량생산에서 공정생산으로 바뀌면 오히려 감소한다. 즉 단위생산 및 공정생산 기업의 하위경영자는 고도의 기술을 요하는 작업을 수행하기 때문에 소규모의 작업집단을 형성하며 이에 따라 관리 범위가 감소하게 된다. 반대로 유사한 과업을 수행하는 조립라인의 많은 종업원은 소수의 경영자로도 감독이 가능하다.
- 기술의 복잡성이 증가할수록 경영자가 전문화된 과업에 중점을 둘 수 있도록 서류작업 및 생산활동과 관련이 없는 작업을 도와줄 수 있는 사무직 및 일반 관리요원이 많이 필요하다.

한편 기술 이외에 조직설계에 영향을 미치는 내적 요인으로는 조직 규모(organization size)를 들 수 있다. 일반적으로 조직 규모는 종업원의 수, 총자산, 조직의 활동 범위 등으로 정의할 수 있다. 조직 규모가 조직설계에 주는 의미는 다음과 같다.

첫째, 조직 규모가 커질수록 직무의 전문화가 많이 이루어진다.

둘째, 조직 규모가 커질수록 표준화된 활동절차, 규칙 및 규제가 많이 설정된다.

셋째, 조직 규모가 커질수록 분권화가 많이 이루어진다.

3. 환경적 접근방법

이 접근방법은 조직설계 시 조직의 환경을 고려하는 것으로 톰 번스(Tom Burns)와 G. M. 스토커(G. M. Stalker)가 주장한 개념이다. 그들은 조직 시스템을 기계적 시스템(mechanistic system)과 유기적 시스템(organic system)으로 나누었다.

기계적 시스템
조직의 활동이 상이한 전문화된 과업으로 나뉘어 있는 조직

기계적 시스템이란 조직의 활동이 상이한 전문화된 과업으로 나뉘어 있는 조직을 말한다. 각 개별 및 단위 활동의 목표는 고전적 관료주의의 명령

Business Insight

현장에 권한과 책임을 동시에 부여하라

오케스트라를 지휘하는 지휘자는 자기는 정작 아무 소리도 내지 않습니다. 그는 다른 이들로 하여금 얼마나 소리를 잘 내게 하는가에 따라 능력을 평가받습니다.

- 벤 젠더(보스턴 필하모닉 지휘자)

리츠칼튼호텔 직원들은 고객의 불편을 감지하는 즉시 그것을 해결하기 위해 어떤 경로도 거치지 않고 바로 그 자리에서 스스로 판단하여 최고 2,000달러까지 지출할 권한을 갖고 있다. 그만큼 신뢰받는 직원들은 스스로 주인의식을 가지고 최선을 다해 고객에게 봉사하게 되고, 결국 임파워먼트(empowerment)는 종업원 만족과 고객만족이라는 선순환을 거쳐 회사의 큰 이익으로 돌아오게 된다. 임파워먼트는 자율과 책임 부여를 넘어 실패도 용인하겠다는 신뢰, 그리고 직원의 성장을 지원하겠다는 의미도 포함하고 있다. 그러나 무엇보다도 업무 이관 후 남는 시간을 보다 가치 있는 전략구상에 사용할 수 있다는 점에서 임파워먼트는 상사 자신을 위한 선택이라 할 수 있다.

그럼에도 불구하고 부하 직원에 대한 신뢰 부족, 권한을 뺏길까 두려워, 혹은 방법을 몰라서 임파워먼트를 못 하는 경우가 많다.

계통을 따르는 상위경영층에 의해 명확히 정의된다. **유기적 시스템**에서는 혼자서 작업을 수행하기보다 집단의 차원에서 작업을 수행한다. 이 조직은 상위자로부터의 명령이나 하위자에 대한 명령이 적은 대신에 조직의 모든 수준별로 정보와 충고를 얻기 위해 구성원 간에 의사소통이 이루어진다.

유기적 시스템
혼자서 작업을 수행하기보다 집단의 차원에서 작업을 수행하는 조직

기계적 시스템은 안정적인 환경에 적합하고, 유기적 시스템은 불안정한 환경에 적합하다. 안정적인 환경에서는 조직구성원이 동일한 과업을 수행하기 때문에 기술 전문화(skill specialization)가 적합하다. 그러나 급격하게 변화하는 비안정적인 환경에서는 변화하는 환경 여건에 따라 직무를 다시 정의해야 한다. 따라서 조직구성원은 전문화된 활동을 반복적으로 수행하기보다 다양한 문제를 해결할 수 있는 능력이 있어야 한다. 또한 독창적인 문제해결과 의사결정이 요구된다. 따라서 집단 내에서 구성원 간에 개방적인 의사소통을 통해 의사결정이 이루어지는 유기적 조직이 적합하다.

환경적 요인은 분화(differentiation)와 통합(integration)의 차원에서 조직에 영향을 미친다.

분화란 조직이 경영자의 지향성과 구조에 따라 하위단위로 나뉘는 것을 말한다. 따라서 상이하게 운영되는 많은 부문을 갖고 있는 조직은 분화의 정도가 높다고 할 수 있다.

분화
조직이 경영자의 지향성과 구조에 따라 하위단위로 나뉘는 것

통합이란 여러 하위단위가 조정을 통해 공동으로 작업을 수행하는 것을

통합
여러 하위단위가 조정을 통해 공동으로 작업을 수행하는 것

말한다. 따라서 경영자가 다른 부문과 여러 활동을 조정해야 하는 경우에는 높은 통합이 이루어진다. 그러나 각 부문들이 독립적으로 운영될 때는 통합의 정도가 낮다.

환경이 복잡하고 변화의 정도가 높은 경우에는 분화와 통합의 필요성이 증가한다. 복잡한 환경에서 경영자가 전문적 기술을 개발하고 환경적 불확실성을 다루기 위해서는 고도로 전문화된 부문(분화)을 창출해야 한다. 환경의 변화 정도가 높은 경우 부문 내 혹은 부문 간에 많은 정보처리를 필요로 하기 때문에 높은 통합이 필요하다.

제3절 조직구조

조직구조
조직의 모든 활동을 경영자와 종업원, 경영자와 경영자, 종업원과 종업원 간의 관계성 차원에서 분할하고 집단화하고 조정하는 방법

조직구조(organizational structure)란 조직의 모든 활동을 경영자와 종업원, 경영자와 경영자, 종업원과 종업원 간의 관계성 차원에서 분할하고 집단화하고 조정하는 방법을 말한다. 즉 조직구조란 조직구성원의 활동을 조정하고 통제하기 위한 기구(mechanism)라고 정의할 수 있다. 여기서 조정이란 조직의 과업과 부문을 조직목표를 달성하기 위하여 상호관련시키는 과정이다. 통제란 조직구성원들로 하여금 조직 내에서 상호관계성을 예측하고 안정시킬 수 있도록 활동을 규제하는 것을 말한다.

1. 조직구조의 유형

조직구조의 종류에는 일반적으로 직능별 조직구조, 사업부별 조직구조, 혼합형 조직구조 및 매트릭스 조직구조가 있다.

직능별 조직구조
공동의 과업, 기술 또는 행동을 기준으로 상이한 부문별로 조직구성원을 집단화하는 것

(1) 직능별 조직구조

직능별 조직구조(functional organization)는 가장 기본적인 조직구조 형태로서

그림 13-1 직능별 조직구조

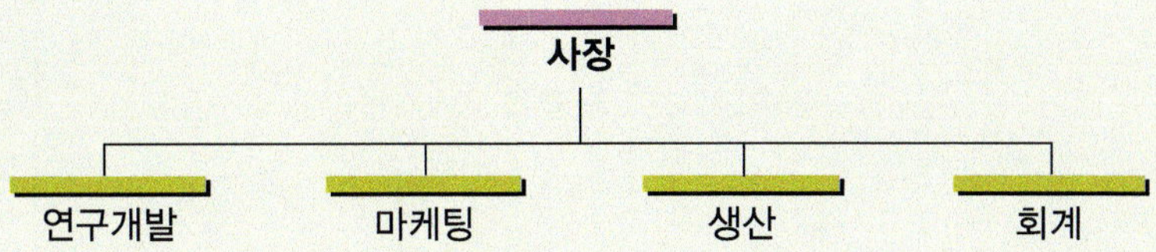

그림 13-1 과 같이 공동의 과업, 기술 또는 행동을 기준으로 상이한 부문별로 조직구성원을 집단화하는 것을 말한다. 예를 들어서 모든 판매원은 마케팅 부문에, 모든 기술자는 연구개발 부문에, 모든 생산담당 종업원은 생산 부문에, 모든 회계담당자는 회계 부문에 속하게 한다. 이와 같이 하나의 부문 내에서 과업 또는 기술을 집단화함으로써 그 부문의 모든 구성원이 보고하는 상위 경영자를 배치할 수 있다. 직능별 조직구조는 일반적으로 규모가 작거나 중간 정도인 조직에서 가장 많이 이용된다. 그 이유는 그러한 규모의 조직은 제품의 수가 적거나 고도의 작업 전문화가 필요하기 때문이다. 직능별 조직구조는 의사결정이 최고경영층에 집중되는 경향이 있다. 따라서 부문 간의 조정활동이나 부문 간의 상호작용에서 초래되는 갈등을 해결하는 일은 주로 최고경영층이 하게 된다. 또한 부문 내에서의 통제의 범위가 넓은 것이 특징이다.

한편 직능별 조직구조는 다음과 같은 장·단점이 있다.

① 직능별 조직구조의 장점

i) 자원을 효율적으로 이용할 수 있다

공동의 과업을 집단화하면 규모의 경제(economies of scale)가 가능하다. 또한 각 부문은 문제해결을 위한 전문성을 즉각적으로 동원함으로써 타 부문을 도와줄 수 있다. 시설이나 기계를 공유하는 구성원이 동일한 위치에 있기 때문에 조직의 물리적 자원을 효율적으로 이용할 수 있다.

ii) 구성원의 심층적인 과업기술을 개발하는 데 도움이 된다

동일 부문에 속한 구성원의 지식이나 과업기술이 유사하기 때문에 더

욱 집약적인 교육훈련이 가능하다. 또한 구성원은 부문 내의 동료와 함께 정보를 공유함으로써 자신의 과업기술을 전문화할 기회를 갖게 된다.

iii) 구성원의 경력경로를 명확하게 할 수 있다

구성원은 승진에 필요한 직무 요건과 경로를 명확히 이해할 수 있다.

iv) 지시계통을 통일할 수 있다

의사결정이 상위층에 집중되기 때문에 지시계통을 통일할 수 있다.

v) 직능 내에서 조정활동이 용이하다

한 부문 내에서 구성원은 동일한 배경을 갖고 있기 때문에 의사전달이 용이하고 동료의식을 갖게 된다.

② 직능별 조직구조의 단점

i) 의사결정이 느리다

의사결정 권한이 상위층에 집중되어 복수의 의사결정문제가 발생하면 그 짐이 무거워져 의사결정이 지연되거나 정확한 의사결정을 하기 어렵다.

ii) 조직의 혁신성이 부족하다

한 부문 내의 구성원은 조직의 전반적인 목표보다는 단지 부문목표에만 중점을 두게 된다. 또한 부문 간의 의사소통과 지원체계가 없기 때문에 신제품 개발을 위한 아이디어, 새로운 기술, 새로운 문제해결 방법의 도입이 어렵다.

iii) 성과에 대한 책임이 명확하지 않다

조직의 성공과 실패는 모든 부문의 활동결과에 따라 결정된다. 그러나 각 부문이 전체 조직의 목표달성에 있어서 성공과 실패에 기여한 정도를 평가하기가 어렵다.

iv) 관리훈련이 제한되어 있다

각 부문은 특정 과업기술에 대한 문제를 해결하기 위한 구성원의 교육훈련을 강화할 수 있으나, 조직 전체에 영향을 미치는 문제해결을 위한 광범위한 교육훈련이 부족할 수 있다.

v) 직능별 조정이 어렵다

각 부문의 구성원은 다른 부문으로부터 고립된 의식을 갖기 때문에 조직목표를 달성하기 위하여 다른 부문을 지원하거나 다른 부문과 타협하기를 꺼린다.

(2) 사업부별 조직구조

조직의 규모가 커지면 직능별 조직구조의 장점이 줄어든다. 특히 제품계열이 확장되고, 고객이 증가하고, 경영활동이 지역적으로 확장되는 등 조직이 성장하게 되면 이러한 현상은 더욱 두드러지게 나타난다. 이에 따라 조직은 제품을 디자인하고, 생산하고, 판매할 수 있는 조직단위나 사업부문을 형성하게 된다. **사업부별 조직구조**(divisional design)란 그림 13-2 와 같이 어떤 제품이나 서비스를 생산하기 위한 모든 활동을 독립적인 단위로 집단화하는 것을 말한다.

사업부별 조직구조
어떤 제품이나 서비스를 생산하기 위한 모든 활동을 독립적인 단위로 집단화하는 것

사업부별 조직구조는 조직의 산출물에 따라 집단화한다는 점에서 직능별 조직구조와 차이가 있다. 직능별 조직구조는 기본적으로 어떤 활동을 수행하는 데 필요한 과업, 기술, 지식 등의 투입요소를 집단화한다고 할 수 있다.

또한 사업부별 조직구조는 제품, 고객, 지역적 위치와 같은 산출물을 집단화하며, 각 산출물은 연구개발 부문, 마케팅 부문, 생산 부문, 회계 부문과 같은 직능으로 구성된 독립된 조직단위를 갖는다.

사업부별 조직구조에는 세 가지 유형이 있다.

그림 13-2 사업부별 조직구조

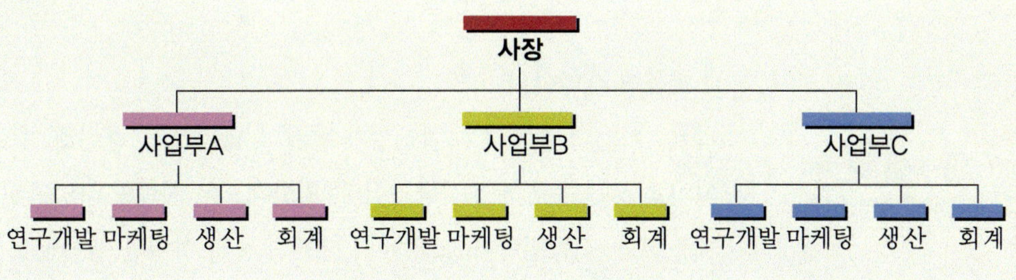

Management Highlight

고객중심 조직구조(Customer-focused Structure)

기업경영에서 고객의 중요성이 지속적으로 증대됨에 따라, 조직구조를 고객중심 구조로 전환해야 한다는 요구가 커지고 있다.

변화와 불확실성이 높은 경영환경에서 전략적 요구 사항들을 충실히 실행할 수 있는 조직구조를 설계하는 일이 기업을 이끌어 나가는 경영자들에게 그 어느 때보다도 도전적인 과제가 되고 있는 것이다. 특히, 과거 10여 년 동안 기업경영에서 고객의 중요성이 지속적으로 증대됨에 따라, 기존의 제품라인이나 지역, 기능 등에 기반한 조직구조를 고객중심 구조(Customer-focused Structure)로 전환해야 한다는 요구가 커지고 있다. 그렇다면 왜 조직구조 설계 시 중심이 되는 원칙으로 고객중심 조직구조가 부각되는 것일까?

왜 고객중심 조직구조인가?

첫째, 고객은 여러 제품을 하나의 업체에서 구매할 때 거래 협상과 커뮤니케이션을 일관되게 진행할 수 있는 단일 접점(Single Contact Point)을 요구하고 있다. 과거 제품중심의 사업부 체제에서는 동일고객에게 여러 사업부의 영업사원이 중복적으로 접촉하는 혼란스러운 상황이 발생하였다. 이에 많은 기업이 고객의 입장에서 보다 효율적으로 업무를 처리하기 위해, 한 개의 조직이 고객에게 접근하도록 고객을 기준으로 조직단위를 설계하고 있다.

둘째, 단품만을 구매하기보다 솔루션 형태로 구입하고 싶어하는 고객의 요구가 고객중심 조직으로 조직구조를 개편하게 하는 핵심 동인이 되고 있다. 만약 모든 고객이 하나의 제품만 구매한다면, 기존의 조직체계에서도 큰 문제점이 발생하지 않을 것이다. 그러나 여러 제품과 서비스를 묶어서 구매하려는 고객이 더 많아지고 있고, 이런 구매 계약을 한꺼번에 진행할 수 있는 기업을 선호하는 경향이 점점 강해지고 있다. 이로 인해 P&G, HP, 씨티뱅크 등 많은 기업이 고객에게 여러 제품들을 통합하여 솔루션 형태로 제공할 수 있는 전방/후방 혼합구조(Front/Back Model)로의 조직 개편을 추구하였다. 고객 접점 단위조직들이 전방구조(Front End)가 되어 교차 판매나 묶음 판매를 유도하고, 기존의 제품 라인별 단위조직들은 후방구조(Back End)가 되어 이들을 지원하는 역할을 수행하고 있다.

셋째, 오늘날 많은 기업이 소수의 협력업체와 긴밀하고 장기적인 파트너십을 가지려고 하기 때문에, 협력업체 입장에서 고객에 대한 대응력을 높이기 위해 고객사를 전담하는 조직단위를 구축하는 경우가 증가하고 있다. 예를 들어, P&G는 월마트에 공급하는 제품들과 관련된 생산, 유통, 마케팅, 정보기술, 재무 등의 기능을 묶어 하나의 팀을 구성하였다. 또한 포드, GM, 다임러벤츠 등과 같은 완성차 업체에 납품하는 부품업체의 경우, 제품개발 단계에서부터 긴밀한 고객지원을 수행하기 위해 고객별 팀을 구성하여 연구개발 기능까지도 포함시킨다고 한다. 경영의 초점을 고객중심으로 모든 조직이 고객중심 조직구조를 추구할 필요는 없다. 그러나 분명한 것은 고객팀(Customer Team)이든지 고객사업부(Customer Business Unit)든지 조직 내부의 관점에서 출발하는 것이 아니라 고객을 중심에 놓고 조직구조를 설계한다는 것이다. 고객의 니즈가 매우 빠르게 복잡화, 다양화, 세분화되면서 기업 입장에서는 고객이 만족할 수 있는 가치를 제공하기가 그만큼 점점 어려워지고 있고, 반면 고객은 이제 자신에게 가치를 제공할 수 있는 기업에게만 다가가고 있다. 따라서 철저하게 고객의 니즈를 충족시킬 수 있는 기업만이 비로소 경쟁의 대열에 합류할 수 있고, 이를 위해 보다 빠르고 유연하게 고객의 니즈에 반응할 수 있는 조직으로의 전환이 필요하다.

제품중심의 사업부제나 기능식 구조로 조직을 운영해 온 대부분의 기업에게 경영 전반의 초점을 고객중심으로 옮기는 문제는 하나의 도전이 아닐 수 없다.

① 제품별 사업단위

제품별 사업단위
각 사업단위가 단일의 제품 또는 관련된 제품집단에만 책임을 갖는 유형의 조직구조

제품별 사업단위란 각 사업단위가 단일의 제품 또는 관련된 제품집단에만 책임을 갖는 유형의 조직구조이다. 일반적으로 제품별 사업단위는 하나의 제품 또는 제품집단이 조직 내의 다른 제품과 상이한 생산공정 및 마케팅 방법을 갖고 있는 경우에 창출된다(그림 13-3).

그림 13-3 **제품별 사업단위**

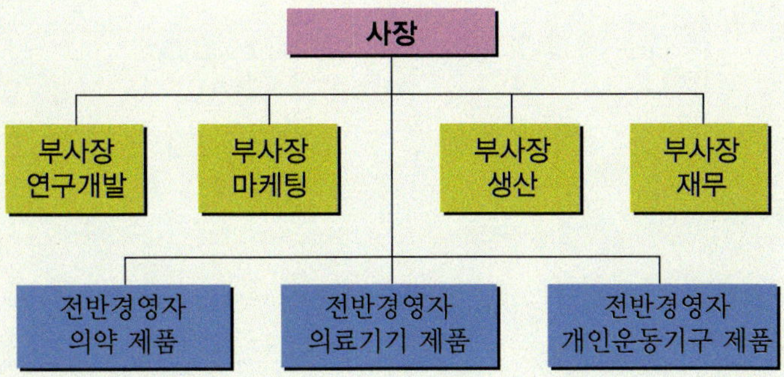

② 고객별 사업단위

고객별 사업단위는 조직이 다양한 고객집단에게 제품을 판매하는 경우에 발생한다. 이 유형은 제품별로 다양한 고객집단이 있거나 특정한 필요나 욕구를 갖고 있는 고객집단이 존재하는 경우에 이용된다.

> **고객별 사업단위**
> 제품별로 다양한 고객집단이 있거나 특정한 필요나 욕구를 갖고 있는 고객집단이 존재하는 경우에 이용

이 유형은 사업단위와 고객 간의 밀접한 관계를 형성한다. 예를 들어서 컴퓨터를 생산하는 기업의 경우 기업고객집단, 연구고객집단, 가정고객집단별로 사업단위를 설계할 수 있다(그림 13-4).

그림 13-4 **고객별 사업단위**

③ 지역별 사업단위

산출물을 전국적으로 또는 국제적으로 판매하는 대규모 조직의 경우 지

지역별 사업단위
지역별로 취향과 욕구가 상이한 고객 집단별로 시설을 위치시켜야 하는 경우 이용할 수 있는 조직구조

역을 기준으로 사업단위를 형성할 수 있다. **지역별 사업단위**는 이와 같이 지역별로 취향과 욕구가 상이한 고객집단별로 시설을 위치시켜야 하는 경우 이용할 수 있는 조직구조이다(그림 13-5).

그림 13-5 **지역별 사업단위**

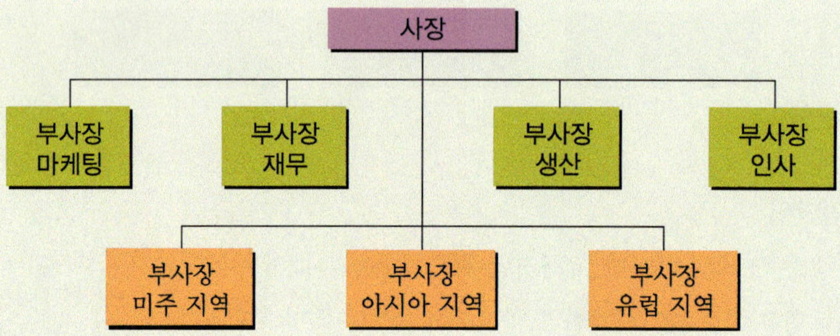

조직은 지역별 사업단위를 창출함으로써 지역 내에서의 조정활동을 개선할 수 있다. 예를 들어서 미주 지역, 아시아 지역, 중동 지역으로 나누어 사업단위를 설계하는 경우이다.

사업부별 조직구조는 조직구조 면에서 다음과 같은 특징이 있다.

- 이 조직구조는 권한과 책임을 사업부 수준이나 단위 경영자에게 위양하는 분권화된 의사결정이 가능하다.
- 독특한 산출물의 특성을 기준으로 사업단위가 형성되기 때문에 사업부의 경영자는 최고경영층보다 어떤 문제에 신속하게 대응할 수 있다.
- 작업은 산출물별로 전문화되며 부문 경영자에 대한 통제의 범위가 감소된다.
- 각 사업단위는 독립적으로 운영되기 때문에 전체 조직의 조정활동은 각 사업단위의 전체 조직에 대한 기여도에 따라 이루어진다.

사업부별 조직구조의 장·단점은 다음과 같다.

① **사업부별 조직구조의 장점**

i) 비안정적 환경에 대한 적응력이 높다

각 사업단위는 비교적 규모가 작기 때문에 제품개발, 고객 또는 지역에 있어서 변화에 쉽게 적응할 수 있다. 예를 들어서 한 사업부의 방침이나 규칙이 바뀌어도 전체 조직에 적용할 필요가 없다. 또한 사업부의 경영자는 조직의 행동과 밀접한 관계가 있기 때문에 환경의 변화에 즉각적으로 대응할 수 있다.

ii) 고객만족도를 높일 수 있다

사업부별 조직구조에서는 고객의 필요와 욕구에 적합한 제품을 만들 수 있기 때문에 고객의 만족도를 더욱 향상시킬 수 있으며, 경우에 따라서는 제품에 대한 아이디어나 불평 요인에 관한 정보를 쉽게 얻을 수 있다.

iii) 과업의 조정이 용이하다

구성원은 자신이 속한 특정 부문보다는 사업부의 제품에 대해 강한 구별의식을 느낀다. 이는 사업부 내의 부문 간에 많은 의사소통과 팀워크가 이루어지기 때문이다.

iv) 전반적인 관리훈련이 가능하다

사업부의 경영자는 사업부 내의 여러 부문 사이의 활동을 조정하고 통제하는 방법을 배울 수 있다. 또한 한 사업부의 경영자는 다른 제품라인이나 운영방법에 익숙해질 수 있도록 다른 사업부로 옮길 수도 있다. 따라서 최고경영자가 되기 위한 훈련 차원에서 필요한 많은 경험이 가능하다.

② **사업부별 조직구조의 단점**

i) 자원의 비효율적 이용

사업부별 조직구조의 주요 문제는 조직의 자원이 사업부별로 분산되어 있다는 점이다.

ii) 심층적인 교육훈련이 어렵다

사업부별로 나뉘면 구성원의 수가 감소하기 때문에 사업부의 구성원이 전문화될 수 있는 기회도 감소한다.

iii) 사업부의 목표에만 중점을 둘 수 있다

사업부의 구성원은 조직 전체의 목표보다는 사업부 목표에만 중점을 둘 수 있다. 그 결과로 사업부 간의 경쟁을 유발할 수 있기 때문에 조정이 어려운 경우가 발생한다.

iv) 통제의 상실

사업부는 각각 상이한 특성을 갖고 있기 때문에 최고경영층이 전체 사업부를 대상으로 공통의 규칙이나 규제를 부과하거나 동일한 계획을 설정하기 어렵다. 따라서 조직 전체의 목표를 달성하기가 어려운 경우도 있다.

(3) 혼합형 조직구조

혼합형 조직구조
사업부별 조직구조와 직능별 조직구조의 장점만을 이용하고자 두 조직구조가 혼합된 것

혼합형 조직구조(hybrid design)는 사업부별 조직구조와 직능별 조직구조의 장점만을 이용하고자 두 조직구조가 혼합된 유형이다(그림 13-6).

일반적으로 혼합형 조직구조는 사업단위와 조직의 본부에 권한이 집중되고 위치하는 직능별 부문이 혼합된 형태를 갖는다. 예를 들어서 인사 부문을 본부에 두어 그 부문으로 하여금 각 사업단위의 사원채용에 있어서 심사를 하거나 종업원의 교육훈련을 담당하도록 하는 경우이다. 이 방법을 따르면 각 사업단위가 별도로 인력계획을 수립하는 것보다 조직 전체적으로 비용을 절감할 수 있다.

혼합형 조직구조를 이용하는 대표적인 조직으로는 은행을 들 수 있다. 은행은 인사 부문, 회계 및 감사 부문, 마케팅 부문, 대출서비스 부문 등이 본부에 집권화되어 있으면서 지역별 사업부(지점)를 갖는 혼합형 조직구조이다. 인사 부문은 각 지점의 종업원을 채용하고 훈련시키는 일을 하며, 회계 및 감사 부문은 각 지점의 재무 성과에 관한 기록을 관리 및 통제하는 역할을 한다. 마케팅 부문은 각 지점별로 통일된 이자율을 적용하도록 지침을 제공할 수 있고, 대출서비스 부문은 대출 요건에 관한 통일된 지침을 제공한다.

혼합형 조직구조의 장·단점은 다음과 같다.

그림 13-6 **혼합형 조직구조**

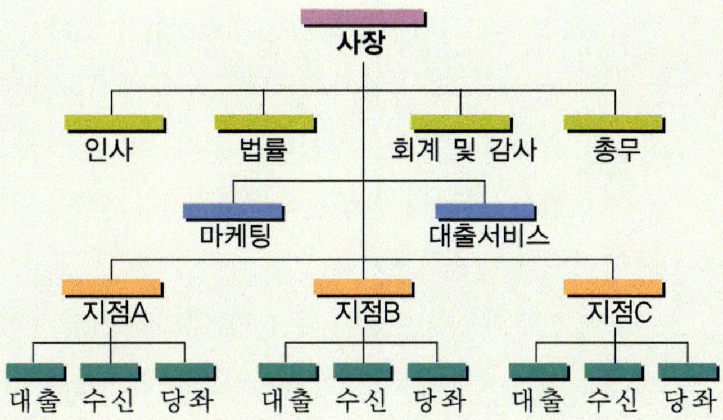

① 혼합형 조직구조의 장점

i) 동시 조정활동이 가능하다

사업부 간 및 사업부 내의 조정활동이 용이하다. 직능 부문이 중앙에 집권화되어 있기 때문에 조직 전체의 공동목표를 달성하도록 각 사업단위의 활동을 조정하기가 용이하다.

ii) 조직 전체 목표와 사업부 목표의 통합이 가능하다

일반적으로 혼합형 조직구조는 각 사업단위로 하여금 상황과 여건에 따라 사업부의 목표를 수정할 수 있도록 자율성을 부여한다. 그러나 직능 부문이 중앙에 집권화되어 있기 때문에 사업부는 조직 전체의 목표를 인식하도록 할 수 있다.

iii) 환경에 대한 적응성과 효율성을 높인다

사업단위는 환경의 기회요인과 제약요인에 쉽게 적응할 수 있고 직능 부문은 조직활동에 관한 효율성에 중점을 둔다. 따라서 혼합형 조직구조는 환경에 대한 적응성과 효율성을 동시에 달성할 수 있다.

② 혼합형 조직구조의 단점

i) 예외적인 상황 변화에 대한 반응 속도가 느리다

한 사업단위가 자체의 독특한 문제에 직면하게 되면 이를 해결하기 위

해서 본부의 협조를 얻어야 한다. 이 경우 의사결정이 지연되거나 오히려 비효율성을 초래할 수 있다.

ii) 본부와 사업부 간의 갈등이 발생할 수 있다

본부의 직능 부문이 각 사업단위에 대한 직접적인 감독 권한이 없어도 활동에 영향력을 행사하는 것이 일반적이다. 또한 본부의 직능 부문 간의 갈등이 발생하면 사업부에게도 영향을 미친다.

iii) 관리비용의 증가

본부의 직능 부문이 사업부를 통제하는 데 중점을 둠으로써 많은 인력이 필요하게 되며, 이에 따라 지나친 비용과 비용의 중복 및 의사결정에 대한 장애요인이 될 수 있다.

(4) 매트릭스 조직구조

애드호크라시
다양한 전문적 기술을 가진 사람들의 집단에 의해 해결될 수 있는 프로젝트를 중심으로 조직화된 신속한 변화와 적응이 가능한 임시적 시스템

매트릭스 조직구조(matrix design)는 일종의 애드호크라시(adhocracy)에 해당하는 조직 개념이다. 애드호크라시란 다양한 전문적 기술을 가진 사람들의 집단에 의해 해결될 수 있는 프로젝트를 중심으로 조직화된 신속한 변화와 적응이 가능한 임시적 시스템을 말한다. 애드호크라시는 조직구조상 일반적으로 중간 정도에서 낮은 수준의 복잡성과 공식화, 분권화된 의사결정 시스템을 갖고 있는 조직구조에 해당한다.

애드호크라시의 특성을 살펴보면 다음과 같다.

- 고도의 전문성을 가진 전문요원들로 충원되기 때문에 수평적 분화(horizontal differentiation)가 매우 커진다. 그러나 수직적 분화(vertical differentiation)의 정도는 매우 낮다.
- 규칙과 규정이 거의 없다.
- 의사결정은 전문요원들로 구성된 분권화된 팀에 의존한다. 또한 의사결정은 관료제 의사결정과 대조적으로 민주적 의사결정을 따르는 것이 일반적이다. 따라서 조직 내에서의 영향력은 지위 권한보다는 전문적 능력에 의거할 때 큰 힘을 발휘한다.

애드호크라시 개념을 적용하고 있는 조직구조로는 매트릭스 조직, 태스크포스, 위원회 및 공동관리 조직구조가 있다. **매트릭스 조직구조**는 애드호크라시 조직 형태를 가장 광범위하게 적용하고 있는 유형으로 다중명령체계(multiple command system)라고도 부르며, 직능별 조직구조와 사업부별 조직구조의 장점을 살리고 단점을 보완한 조직구조이다.

매트릭스 조직구조
애드호크라시 조직 형태를 가장 광범위하게 적용하고 있는 유형으로 다중명령체계라고도 부르며, 직능별 조직구조와 사업부별 조직구조의 장점을 살리고 단점을 보완한 조직구조이다. 조직의 수평적·수직적 권한이 결합된 형태를 취함

매트릭스 조직구조는 조직의 수평적·수직적 권한이 결합된 형태를 취한다. 그림 13-7과 같이 조직의 구성원은 종적으로는 직능별 조직의 일원이면서 횡적으로는 사업부 조직(또는 프로젝트 조직)의 일원이 되어 두 조직 유형에 동시에 속하게 된다. 따라서 명령계통도 양 조직의 책임자에게 보고해야 하는 이중적 명령체인(dual chain of command)을 갖게 된다. 이때 직능별 조직의 경영자는 직능 부문에 속한 전문가가 수행하는 활동에 책임이 있으며, 사업부 조직의 경영자는 각 직능 부문별로 전문가의 활동을 통합하는 책임을 진다.

매트릭스 조직은 앞에서 설명한 직능별 조직구조, 사업부별 조직구조, 혼합형 조직구조보다 복잡한 구조 형태이다. 본래는 미국의 항공산업과 항공우주국(NASA)에서 시작된 조직구조이다. 매트릭스 조직구조는 다음과 같은 여건에서만 타당성이 있는 것으로 알려져 있다.

그림 13-7 **매트릭스 조직구조**

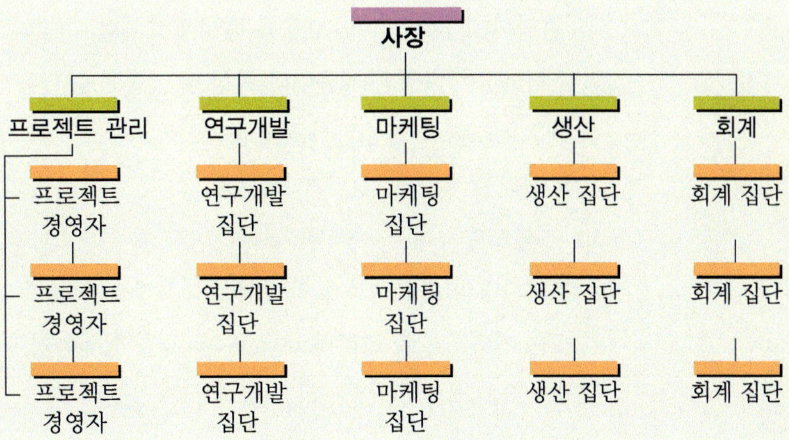

◆ 이중적 활동에 중점을 두어야 하는 환경적 압박이 있는 경우
경쟁이 심화되고, 규제가 심하고, 소비자의 수요 변화로 인해 다양하고 혁신적인 제품을 제공해야 할 뿐 아니라 고도의 기술적 품질을 갖고 있는 제품을 생산해야 하는 경우를 들 수 있다. 이러한 이중적 압박으로 인해 이중적 권한구조를 통해 제품과 기술적 품질이 동시에 요구되는 상황을 말한다.

◆ 많은 정보가 필요하고 그것을 처리해야 하는 경우
비안정적이고 복잡한 환경은 광범위하고 급속히 변화하는 정보를 처리해야 한다. 이때 제품 및 기술적 전문성별로 과업책임을 분리하면 정보가 조직 전체에 걸쳐 신속히 전달된다.

◆ 자원의 이용에 있어서 특히 효율성을 필요로 하는 경우
일반적인 조직에서는 각각의 시설이나 인원을 각각의 제품에 할당할 수 없다. 매트릭스 조직은 제품별로 필요한 인원을 이동시키거나 시설을 공유할 수 있도록 한다.

매트릭스 조직구조의 장·단점은 다음과 같다.

① 매트릭스 조직구조의 장점

i) 환경이 요구하는 여러 요구를 동시에 해결할 수 있다
조직환경이 다양한 제품이나 혁신 및 기술적 품질을 동시에 요구하는 경우 매트릭스 조직은 이를 효율적으로 그리고 신속히 대응할 수 있도록 한다.

ii) 조직으로 하여금 유연성(flexibility)을 갖도록 한다
조직환경의 복잡성과 불안정성에 대응하기 위한 수단으로 신속하게 또는 지속적으로 프로젝트팀(project team)을 형성하거나 상황에 따라 새로운 프로젝트팀을 형성하고 해체할 수 있도록 한다.

iii) 자원의 효율성을 향상시킨다

조직의 구성원을 프로젝트팀을 통해 필요에 따라 순환시키거나 한 사람을 여러 프로젝트에 배치함으로써 효율성을 증가시킬 수 있다. 이는 조직에서 복수의 전문가를 채용할 필요성을 제거시킨다.

iv) 구성원의 기술개발에 도움이 된다

구성원을 다양한 프로젝트에 참여시킴으로써 다양한 기술을 학습하도록 할 수 있다. 또한 구성원이 조직의 다양한 활동을 폭넓게 경험할 수 있기 때문에 일반적인 관리기술을 개발하는 데 도움이 된다.

v) 동기부여와 몰입의식(commitment)을 증진시킨다

프로젝트 수준에서의 의사결정에 중점을 두기 때문에 하위자가 의사결정과정에 공헌할 수 있는 기회를 갖도록 한다. 이는 프로젝트에 대한 동기부여와 몰입의식을 높이는 데 도움이 된다.

vi) 최고경영층의 계획수립에 도움이 된다

프로젝트 조직은 일상적인 운영 의사결정을 직능별 경영자와 프로젝트 경영자에게 위양하기 때문에 최고경영층은 보다 장기적인 계획수립을 하는 데 치중할 수 있다.

② **매트릭스 조직구조의 단점**

i) 이중의 권한관계가 형성된다

한 사람의 하위자에 두 명의 상위자가 있기 때문에 혼란과 갈등을 초래할 수 있다. 이러한 조직구조는 한 사람의 하위자는 한 사람의 상위자에게 보고해야 한다는 명령통일의 원칙에 위배된다. 결과적으로 하위자는 상위자 간의 모순된 지시를 받을 수 있는 가능성이 있다.

ii) 조직 내의 권력투쟁이 발생할 가능성이 있다

직능별 경영자와 프로젝트 경영자 간에 동등한 권한이 주어지기 때문에 비생산적인 권력투쟁이 발생할 수 있다. 예를 들어서 직능별 경영자는 생산지연에 따른 비용을 감수하면서 우수한 제품품질을 강조하는 반면에, 프로젝트 경영자는 낮은 제품품질을 감수하면서 일정 계획에 따라 작업을 수행할 수도 있다.

iii) 시간 낭비를 초래할 수 있다

Business Insight

역피라미드 조직구조를 만들어라!

"우리 조직은 '역피라미드'로 이루어져 있다. 가장 윗부분은 고객이 차지하고 있고, 그 아래로 판매사원, 매장관리자, 구매담당자, 지역관리자, 총관리자가 차례로 층을 이루며, 가장 아래에는 오너 일가로 구성된 사장 집단, 회장, 이사회 등이 차지하고 있다"고 고객만족, 친절 서비스로 유명한 노드스트롬백화점은 설명한다.

노드스트롬에서는 매장관리자부터 회장까지 한결같이 현장의 판매사원을 지원한다. 사실상 고객만족을 실천하는 사람들은 현장의 사원들이다. 그들이 권한과 책임을 가지고 고객을 대할 수 있도록, 고객감동을 위한 서비스를 제공하는 데 조금도 부족함이 없도록 돕는 역할을 하는 것이 바로 관리자, 임원, 사장의 역할이다. 역피라미드 조직구조는 고객중심 경영 조직과 문화의 표상이라 할 수 있다.

매트릭스 조직구조는 모든 활동을 통합하기 위해서 빈번한 회합을 필요로 한다. 때로는 회합과정에서 일치된 견해를 도출하기 위해서 상당한 시간을 들여야 할 수도 있다.

iv) 많은 대인관계 기술(interpersonal skill) 교육이 필요하다

매트릭스 조직구조는 개인 간의 고도의 상호작용을 필요로 한다. 만일 구성원 간에 경쟁의식이 높아지거나 불신감이 조장되고 의사소통이 원활하지 못하면 매트릭스 조직구조는 성공하기 어렵다. 따라서 이를 해결하기 위해서는 많은 대인관계 기술 교육이 필요하다.

v) 많은 실행비용이 든다

직능별 경영자와 프로젝트 경영자 간에 권력이 균형을 이루기 위해서는 많은 시간이 필요하다. 따라서 이 조직구조를 성공적으로 이끌기 위해서는 직능별 경영자 외에 추가적인 프로젝트 경영자를 채택하고 교육시켜야 한다.

실제 매트릭스 조직구조의 유용성에 관해서는 많은 논란이 있다. 예를 들어서 피츠버그철강(Pittsburgh Steel Co.), 체이스맨해튼은행(Chase Manhattan Bank), 푸르덴셜생명보험사(Prudential Insurance), 다우코닝(Dow Corning) 등은 이 조직을 채택하여 성공하였으나, 시티은행(Citibank), 필립스(Philips), 텍사스인스트루먼츠(Texas Instrument) 등은 실패하였다는 사례를 보더라도 기업 내부의 여건과 환경을 신중히 고려하여 도입할 필요가 있는 조직구조이다.

2. 기타 조직구조

(1) 태스크포스 조직구조

태스크포스(task force)란 일종의 특수 임무 조직으로, 조직 내의 여러 하위단위의 결합된 노력이 필요한 구체적이며 명료하고 복잡한 과업을 수행하기 위해 형성된 임시적 조직구조를 말한다. 따라서 이 조직구조를 매트릭스 조직구조의 축소판으로 생각할 수 있지만, 조직 전체에 적용되는 완전한 구조라기보다는 전통적인 계층구조상의 부속 구조이다. 태스크포스의 구성원은 임무가 완수되면 새로운 태스크포스에 배치되거나 조직 내의 본래 부서로 복귀한다.

태스크포스
일종의 특수 임무 조직으로, 조직 내의 여러 하위단위의 결합된 노력이 필요한 구체적이며 명료하고 복잡한 과업을 수행하기 위해 형성된 임시적 조직구조

이 조직구조는 조직이 특정 과업의 성공 여부가 조직에 결정적인 영향을 미치거나 과업 자체가 시간적 제약과 성과 기준을 갖고 있을 때, 과업이 조직에 독특하고 생소할 때 효과적인 것으로 알려져 있다.

(2) 위원회 조직구조

위원회(committee)는 ① 원만한 의사결정을 위해 다양한 경험과 배경을 가진 사람들을 한곳에 모아 논의하는 것이 바람직할 때, ② 의사결정의 결과에 의해 영향을 받게 될 사람들의 대표자들을 참가시킬 필요가 있을 때, ③ 부담을 분산시킬 필요가 있을 때, ④ 어느 한 개인이 조직을 이끌어 갈 준비가 되어 있지 않을 때 구성되는 조직을 말한다.

위원회
다양한 경험과 배경을 가진 사람들을 한곳에 모아 논의하는 조직

위원회 조직구조는 임시적일 수도 있고 영구적일 수도 있다. 임시적인 위원회는 마치 태스크포스와 같은 특성을, 영구적인 위원회는 태스크포스와 같은 다양한 기능을 결집시키고 그 위에 매트릭스 조직구조의 안정성과 일관성의 결합을 촉진시킨다는 특성을 갖는다.

만일 최고경영층에 영구적인 위원회가 설치되는 경우 이를 복수 경영자 집단의 형성(forming a plural executive group)이라고 한다. 이러한 조직구조는 다양한 견해와 관점을 최고경영층의 의사결정에 수렴할 수 있고, 이로써 최고경영층은 이질적인 과업을 분담할 수 있다.

(3) 공동관리 조직구조

공동관리 조직구조
고도의 전문직들로 구성된 조직에서 채택하고 있는 유형으로, 모든 중요한 의사결정에 모든 조직구성원이 참여하는 완전 민주적인 특성을 갖는 조직구조

공동관리 조직구조(collegial structure)는 고도의 전문직들로 구성된 조직에서 채택하고 있는 유형으로, 모든 중요한 의사결정에 모든 조직구성원이 참여하는 완전 민주적인 특성을 갖는 조직구조를 말한다. 대표적인 예로 대학의 학과나 연구소를 들 수 있다. 대학의 각 학과에서는 커리큘럼의 변경, 교수과목의 할당, 신임 교수의 선발 등 모든 중요한 의사결정이 전체로서의 학과에 의해 결정된다. 학과장이라도 한 표 이상의 비중이 주어지지 않는다.

Business Insight

'성공확률 25%' 조직개편 어떻게 할까

성과가 기대에 못 미치거나 업무가 제대로 돌아가지 않을 때, 비용 절감, 새로운 성장 방향 모색, 조직 문화 쇄신 등을 위해 조직구조를 변경하기도 한다. 조직의 설계나 개편은 많은 시간과 노력을 요한다. 조직 개편 이후 구성원들이 혼란에서 벗어나고 적응하는 데 드는 비용도 상당하다. 이런 고비용의 조직 개편이 효과를 내고 있을까.

세계적인 컨설팅사들의 조사에 따르면 성과는 기대에 못 미쳤다. 베인앤드컴퍼니는 57건의 조직 개편 사례에서 실적 개선을 가져온 사례는 3건당 1건 미만이었다고 발표했다.

보스턴컨설팅그룹은 세계 35개국 1,000명 이상 대기업 임원 1,600명 중 조직 개편이 성공적이라고 답한 이는 절반도 안 됐다고 밝혔다. 실패할 경우 기회 상실과 비용 발생 외에 경영수지 악화, 생산성 하락, 시장 포지션 약화, 직원 만족 저하와 같은 부작용도 나타났다.

맥킨지가 2015년 1,324개 기업을 대상으로 조사한 결과에서도 성공 사례는 4분의 1 미만이었다. 개편 이후 오히려 활력을 잃은 회사는 44%였고 성과 개선에 실패한 기업도 3분의 1이나 됐다.

조직 개편이 기대만큼 효과를 내지 못하는 이유는 전략과 한 방향으로 구조를 설계하지 못하거나 적합한 사람을 배치하지 못하거나 협업과 같은 과정적 측면을 간과해서다.

사업 우선순위가 첫째 고려 요소

조직 설계의 첫 단계는 새로운 전략이나 사업 우선순위에 적합한 구조를 어떻게 짤지 고민하는 것이다. 기업은 새로운 고객 확보, 글로벌 시장 진출, 신제품의 신속한 출시, 대대적 비용 절감, 획기적인 혁신, 새로운 조직문화 구축 등 다양한 목표에 따라 무엇을 기준으로 조직을 구성할지 정해야 한다.

기업의 구조는 기능·제품·시장·지역·프로세스 등에 따라 사업부·매트릭스·네트워크 구조를 만든다. 소규모 기업일 때는 기능별로 운영하다 규모가 커지면 유사한 제품·시장·지역·프로세스 등을 기준으로 사업을 짠다. 규모가 더 커지면 구조가 뒤섞인 매트릭스 구조를 만든다. 외부 협력과 부족한 역량을 확보하기 위해 타 기업들과 네트워크를 구성하기도 한다.

최근에는 민간 기업뿐만 아니라 공공기관에서도 네트워크 구조를 갖춘다. 주민이 9만 4천 명인 미국 조지아 주 샌디스프링스 시청에는 공무원이 7명뿐이다. 이들은 다양한 민간 기업들과 네트워크를 이뤄 시정을 운영한다.

부서화의 기준은 경쟁 상황이나 전략의 변화에 따라 바뀌거나 혼합된다. 소비재 회사들은 전통적으로 시장별·지역별 구조를 갖는 경우가 많았다. 초대형 유통업체들은 구매 파워가 커짐에 따라 규모의 경제도 살리고 공급자 파워를 키우기 위해 제품 중심 조직으로 재편하기도 한다.

각각의 조직은 장단점을 지녀 모든 상황에 적합한 부서화 기준이란 없다. 조직 단위를 정하고 나면 각 부서의 인원수와 관리자가 담당할 직원 수(통제폭)를 정해야 한다. 인원수는 업무량을 고려해야 하며 통제폭은 업무 특성과 구성원들의 역량 및 태도를 감안해야 한다.

통제폭이 좁을수록 계층은 늘어난다. 일반적으로 통제폭이 7명 미만이거나 계층의 수가 8개 이상이면 의사결정 속도가 떨어지고 관료화가 심해진다. 가능한 한 계층수를 줄이면 업무의 본질에 초점을 맞추게 돼 생산성이 올라간다.

부서를 편성한 뒤 책임 중심점을 정해야 한다. 원가 또는 비용 발생에 대해 책임지는 원가 중심점은 제조부서나 연구개발부서에 적합하다. 수익과 매출의 발생을 책임지는 수익 중심점은 영업부서에 알맞다. 수익과 원가를 통제해 이익까지 책임져야 하는 이익 중심점은 사업부 조직에 적당하다. 책임 중심점 설정은 회사 전체의 손익 구조 결정에 중요한 기능을 한다. 책임 중심점에는 적절한 수직·수평적 권한이 주어져야 한다. 수직적 권한 배분은 최고경영자(CEO)에게 직접 보고할 활동과 자율적으로 처리할 업무가 무엇인지 정하는 것에서 출발한다.

소규모 기업은 CEO가 거의 모든 활동을 챙길 수 있지만 규모가 커지면 경영상 아주 중요한 요소만 관장하고 나머지는 위임하게 된다. 리스크나 브랜드 관리 등 일관성이 중요한 사안, 연구·개발이나 생산 등 규모의 경제가 중요한 활동, 전략적 중요성이 높은 사안은 집권화하는 것이 효과적이다. 수평적 권한 배분은 영업·제조·연구개발·관리 등 어디에 상대적으로 많은 권한을 부여할 것인지 사업 특성이나 CEO의 경영 스타일에 따라 결정하면 된다.

역량에 따라 적재적소에 사람들을 배치하라

구조가 결정되면 각 조직별로 사람들을 배치해야 한다. 이후 회사의 사명·비전·전략을 실행할 핵심 성공 요인과 반드시 수행해야 할 역할과 책임을 정한다. 전략 실행에 적합한 리더와 구성원을 정하기 위해서는 필요한 역량의 수준을 파악해야 한다.

리더 선정은 실행력, 전문성, 인재 관리 능력, 변화 관리 능력 중 하나 이상을 갖추고 있는지 봐야 한다. 이들 역량 중 상대적으로 어떤 것이 더 중요한지는 각 부서의 상황에 따라 달라진다.

신규 사업을 주로 하는 부서는 실행력과 변화 관리 능력이 더 필요하고 안정된 사업을 운영하는 리더라면 전문성과 인재 관리 능력이 더 요구된다. 리더의 역량 파악은 인터뷰, 분석 및 발표, 사례 분석, 집단 토의, 비즈니스 게임 등 전문가들의 평가센터 기법을 활용하는 것이 효과적이다. 구성원들의 역량은 단순한 '감'이나 평판을 기준으로 판단하지 말고 역량 모델을 활용하거나 해당 역할을 수행하는 데 필수적인 역량이 무엇인지 기준을 정해 판단해야 한다.

협업 촉진 위한 '역할협의서' 합의 중요

조직 구성원을 배치하고 나면 모든 사람들이 서로 협업하며 성과를 낼 수 있는 틀을 만들고 책임의식을 높여 줘야 한다. 모든 구성원들은 성과에 대해 개인 책임과 공동 책임을 명확히 알아야 한다. 구성원들의 역할과 책임을 명확히 하려면 CEO부터 자신의 역할에 대해 명확한 내용을 정해야 한다. 개인 책임과 공동 책임에 관해 정하고 핵심 성과지표와 의사결정 권한을 규정한 뒤 '역할협의서'를 작성한다.

역할협의서는 자신의 역할과 책임을 단순히 기술하는 게 아니라 상사와 동료 및 부하들과 내용을 공유하고 협의하는 과정을 통해 작성돼야 한다. 역할협의서는 CEO 및 상위 2~3개 계층까지 작성하는 것이 바람직하다. 먼저 CEO가 자신의 역할협의서를 작성한 뒤 직속 임원들에게 내용을 설명하고 조직 전체의 목표와 역할 분담에 대해 논의한다. 직속 임원들도 각자 역할협의서를 작성하고 토론을 통해 모호하거나 갈등이 발생할 수 있는 내용에 대해 수정 및 보완한다. 임원들은 자신의 직속 부하들(주로 팀장들)을 모아 동일한 과정을 진행한다. 역할협의서는 결과물보다 합의에 이르는 과정 자체가 더 중요하다. 작성 절차를 잘 준수하면 윗사람과 아랫사람이 한두 차례 대화를 나누는 것만으로 서로 책임져야 할 사항, 핵심 성과 지표, 의사결정 권한, 바람직한 행동 등을 폭넓게 논의하고 이해할 수 있다.

또한 의사결정을 더디게 만드는 요인, 책임 소재의 모호성, 협업 저해 요인 등을 찾아낼 수 있다. 조직 설계는 상부에서 방향만 정하고 원칙에 따라 현업의 책임하에 진행하는 것이 좋다.

부서화 기준 결정이나 책임 중심점 설정 또는 집권화 여부 등은 상부에서 정하되 구체적인 방안은 현업에 맡기는 것이 바람직하다. 자기 조직에 대해 가장 잘 알고 있는 사람은 현업의 리더들이기 때문이다.

또한 조직 개편은 기업의 사정이 좋지 않아 어쩔 수 없이 시행하는 것보다 사정이 좋을 때 선제적으로 하는 것이 성공 가능성을 높인다. 조직 구조는 설계된 순간이 최적 상태이고 이후로는 조금씩 부적합 상태로 빠지기 마련이다. 한번에 완벽한 조직을 설계하려 하지 말고 지속적으로 보완해 나간다는 자세로 진행해야 한다.

주요 용어

조직설계, 조직구조, 차별화, 통합, 직능별 조직구조, 사업부별 조직구조, 혼합형 조직구조, 매트릭스 조직구조, 애드호크라시, 태스크포스 조직구조, 위원회 조직구조, 공동관리 조직구조

연습문제

01 조직설계의 세 가지 접근방법을 설명하시오.

02 관료조직의 특징 및 장·단점을 설명하시오.

03 차별화와 통합의 차이점을 설명하시오.

04 직능별 조직구조의 개념 및 장·단점을 설명하시오.

05 사업부별 조직구조의 종류 및 장·단점을 설명하시오.

06 혼합형 조직구조의 특징 및 장·단점을 설명하시오.

07 매트릭스 조직구조의 원리, 이용 상황 및 장·단점을 설명하시오.

08 태스크포스, 위원회 및 공동관리 조직구조의 차이점을 설명하시오.

CHAPTER 14

지휘(1): 동기유발과 의사소통

제1절 동기유발

제2절 의사소통

다른 사람들에게 인정받지 못한다고 느끼기 때문에 일하고자 하는 동기가 없다는 사람들은 아직 그들이 하지도 않은 무엇인가에 대해서 다른 사람들로부터 신용을 기대하고 있는 것이다.
— 로저 사이플(비시제닉 소프트웨어 회장)

모든 개인은 이 세상에서 각자 맡아야 할 역할이 있다. 중요한 것은 그 역할을 스스로 선택했는가 하는 점이다.
— 너대니얼 호손(미국의 소설가)

발전된 동기부여 이론은 종업원들에게 보다 많은 책임감과 성장기회를 마련해 주는 것이다.
— 프레드릭 허즈버그(유타대학 경영학 교수)

효과적인 커뮤니케이션 수행에 가장 큰 장애요인은 다른 사람의 말을 즉석에서 평가하려는 경향과, 그로 인해 오해하거나 진실하게 경청하지 못하는 경향이다.
— 존 가바로(하버드 경영대학원 UPS재단 석좌교수)

대부분의 사람들은 남의 이야기를 듣게 되면 자기를 변화시키고 만다고 생각하기 때문에 경청하기를 두려워한다.
— 칼 로저스(전 시카고대학 심리학 교수)

내가 경영자로서 성공한 것은 종업원들에게 무엇이든지 다 말해 주고 친절을 베풀며 커뮤니케이션에 힘쓴 덕분이다. 종업원들을 위한 신문, 집회, 게시판, 연례보고서, 야유회, 운동회 등 해 보지 않은 것이 없다. 종업원들의 가족에게 편지를 보내 회사 일을 의논하기도 했다.
— 프레드릭 C. 크로포드(전 TRW 회장)

제14장 지휘(1): 동기유발과 의사소통

제1절 동기유발

계획수립 단계에서 조직이 달성해야 목표를 설정하고, 조직화를 통해 조직구조를 설정하고, 필요로 하는 인적 자원을 충원한 다음에는 조직구성원이 효과적으로 그리고 효율적으로 직무를 수행할 수 있는 조직분위기를 형성해야 한다.

경영자는 조직의 목표달성을 위해 조직구성원에게 직무를 수행할 수 있도록 하는 데 책임이 있다. 따라서 경영자는 조직구성원이 직무를 수행하는 데 있어서 어떠한 행동을 하는가, 그리고 그러한 행동에 영향을 미치는 요인이 무엇인가를 알고 있어야 한다.

지휘(leading)란 목표달성에 필요한 직무를 수행하도록 구성원에게 지시를 하고, 영향력을 행사하며, 동기유발을 할 수 있도록 자극하는 활동을 말한다. 지휘과정에서 고려해야 할 내용으로는 특히 동기유발, 리더십, 의사소통 등이 중요하다.

지휘
목표달성에 필요한 직무를 수행하도록 구성원에게 지시를 하고, 영향력을 행사하며, 동기유발을 할 수 있도록 자극하는 활동

1. 동기유발의 개념

일반적으로 인간의 행동은 목표 지향성을 갖는다. 즉 무엇인가를 달성하고자 하는 욕구에서 동기(motives)가 유발되고 행동을 하게 된다. 조직 차원에서 조직의 유효성을 높이기 위해서는 조직구성원의 자발적인 노력이 필요

하다. 이와 같이 조직의 목표달성을 위해 조직구성원이 자발적인 노력을 하도록 조건화하는 것을 동기유발(motivation) 또는 동기부여라고 한다. 즉 **동기유발**이란 인간의 행동을 활성화하고(energize), 행동의 방향을 설정하거나 목표를 지향하도록 경로를 만들어 주며(channel), 행동을 지속적으로 유지하도록(maintain) 하는 내적 욕구(want) 또는 동인(drives)에 영향을 미치는 반복적 과정이다.

동기유발
인간의 행동을 활성화하고, 행동의 방향을 설정하거나 목표를 지향하도록 경로를 만들어 주며, 행동을 지속적으로 유지하도록 하는 내적 욕구 또는 동인에 영향을 미치는 반복적 과정

동기유발 개념을 이해하기 위해서는 동기유발이 어떤 과정을 거쳐 형성되는가에 관한 동기유발과정(motivation process)을 살펴볼 필요가 있다.

그림 14-1 동기유발과정

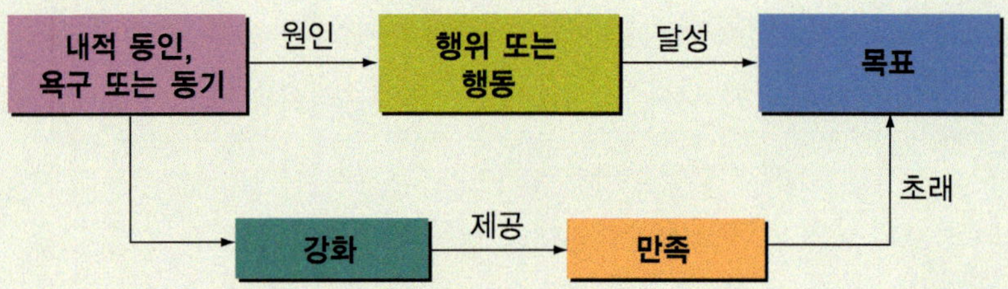

그림 14-1에서 보는 바와 같이 동기유발은 먼저 개인이 어떤 목표를 달성하고자 하는 내적 욕구 및 동인에서 출발한다. 그리고 목표를 달성한 다음에는 목표달성을 위한 노력이 가치가 있는가를 판단한다. 이때 그러한 노력이 보상으로 이어질 수 있다고 지각하면 그만큼 목표달성 노력 행동이 강화되고(reinforce), 그러한 행동을 지속하거나 반복하게 된다. 행동의 결과로 발생하는 강화는 그 과정이 반복됨에 따라 다른 욕구나 동인에 영향을 미친다. 따라서 동기유발과정은 반복적 특성을 갖고 있다.

일반적으로 조직의 성과는 종업원 직무수행 능력, 직무를 수행하고 싶어 하는 마음(동기유발), 직무를 수행할 수 있는 적절한 분위기, 원재료 및 도구(환경)에 의해 결정된다. 그러나 아무리 종업원이 능력이 있고 직무수행을 위한 좋은 환경을 제공한다 해도 자발적으로 직무를 수행할 수 있는 동기유발이 되지 않으면 조직은 높은 성과를 달성하기가 어렵다.

Business Insight

구성원의 긍정적인 동기를 유발하는 12가지 요인

1. 회사에서 내게 무엇을 기대하는지 알고 있다.
2. 업무에 필요한 재료와 장비를 갖추고 있다.
3. 능력을 충분히 펼칠 기회가 자주 있다.
4. 지난 일주일 동안 업무성과에 대해 인정과 칭찬을 받았다.
5. 나를 진심으로 배려하는 누군가가 있다.
6. 나의 발전을 후원하는 사람이 있다.
7. 내 의견이 비중 있게 반영된다.
8. 회사의 목적이 내 업무의 가치를 높여 준다.
9. 팀원 모두가 훌륭한 실적을 위해 최선을 다한다.
10. 회사에 최고의 친구가 있다.
11. 지난 6개월 동안 나의 발전에 관심을 보인 사람이 있다.
12. 지난 1년 동안 배우고 성장할 기회가 많았다.

- 로드 와그너·제임스 하터, 『12 위대한 경영의 요소』

2. 동기유발이론

동기유발이론은 크게 내용이론(content theories), 과정이론(process theories) 및 강화이론(reinforcement theories)으로 나눌 수 있다.

(1) 내용이론

동기유발에 관한 내용이론은 동기유발과정 중 첫 단계인 동인, 욕구, 동기 등에 초점을 둔 이론이다. 즉 어떠한 요인이 동기유발의 원인인가를 밝히는 데 있다. 예를 들어서 임금, 작업시간, 작업조건, 자율성, 책임부여 등을 동기유발 요인으로 간주하는 경우이다. 내용이론의 대표적 이론으로는 에이브러햄 매슬로의 욕구계층이론, 더글러스 맥그리거의 X-Y이론, 클레이턴 앨더퍼(Clayton Alderfer)의 ERG이론, 데이비드 맥클리랜드(David McClelland)의 성취-동기유발이론(achievement-motivation theory), 프레드릭 허즈버그(Frederick Herzberg)의 동기유발-위생이론(motivation-hygiene theory)이 있다.

내용이론
동기유발과정 중 첫 단계인 동인, 욕구, 동기 등에 초점을 둔 이론

욕구계층이론
인간의 내부에는 다섯 가지의 욕구계층이 있으며, 하위 계층의 욕구가 충족되면 다음의 상위 계층의 욕구가 지배적인 욕구로 부상한다는 이론

욕구계층이론

이 이론은 그림 14-2와 같이 인간의 내부에는 다섯 가지의 욕구계층이 있으며, 하위 계층의 욕구가 충족되면 다음의 상위 계층의 욕구가 지배적인 욕구로 부상한다는 이론이다. 다섯 가지의 욕구는 다음과 같다.

그림 14-2 매슬로의 욕구계층

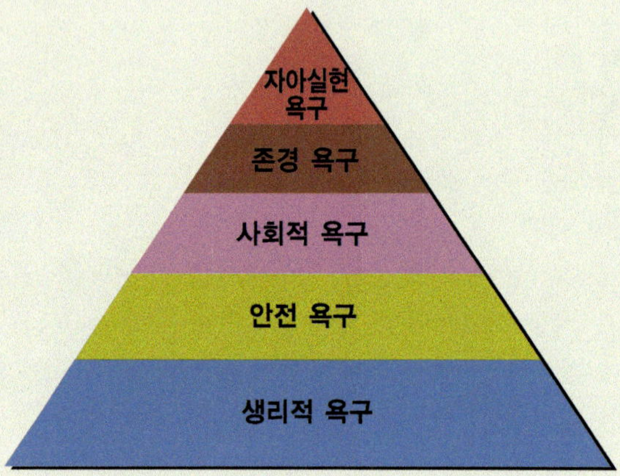

생리적 욕구
인간의 가장 기본적인 욕구로, 개인의 생리적 균형을 유지하는 데 필요한 욕구

① 생리적 욕구

인간의 가장 기본적인 욕구로, 개인의 생리적 균형을 유지하는 데 필요한 욕구를 말한다. 의, 식, 주 및 성적 욕구 등이 이에 속한다. 생리적 욕구(physiological needs)는 욕구계층에 있어서 가장 기초적인 위치를 차지한다. 조직 차원에서 이 욕구는 구성원 자신의 생리적 욕구를 충족시킬 수 있는 경제적 보상에 대한 관심에서 나타난다.

안전 욕구
육체적·정서적 안정에 대한 욕구

② 안전 욕구

육체적·정서적 안정(security)에 대한 욕구를 말한다. 조직 차원에서는 신체적 보호, 안정된 직업, 생계에 대한 보장 등의 관심으로 나타난다.

사회적 욕구
주로 대인관계에서 나타나는 욕구로 타인과의 교제, 친분, 소속감과 같이 정을 주고받고 서로 소속되기를 원하는 욕구

③ 사회적 욕구

주로 대인관계에서 나타나는 욕구로 타인과의 교제, 친분, 소속감과 같이

정을 주고받고 서로 소속되기를 원하는 욕구이다. 조직 차원에서는 다른 구성원에 의해 수용되고 집단에 소속되기를 원하는 행동에서 나타난다.

④ 존경 욕구

타인으로부터 인정을 받거나 존경을 받고 싶어하는 심리적 욕구를 말한다. 존경 욕구(esteem needs)는 자존심, 자율 및 성취감과 같은 내부적 요인과 지위신분, 인정 및 관심의 대상이 되고 싶어하는 욕구와 같은 외부적 요인으로 나눌 수 있다. 조직 차원에서는 개인의 신분이나 지위에 대한 관심에서 나타난다.

존경 욕구
타인으로부터 인정을 받거나 존경을 받고 싶어하는 심리적 욕구

⑤ 자아실현 욕구

자신이 갖고 있는 잠재적 능력을 최대로 발휘하고 싶어하는 욕구로 성장 욕구, 자기완성 욕구 등이 해당한다. 조직 차원에서는 자율성, 보람이 있는 직무, 능력개발, 성취적 행동에 대한 관심에서 나타난다.

자아실현 욕구
자신이 갖고 있는 잠재적 능력을 최대로 발휘하고 싶어하는 욕구

이상의 매슬로의 욕구계층이론은 생리적 욕구에서 자아실현 욕구에 이르기까지 계층적 구조를 형성하고 있으며, 욕구 충족에 있어서 순서적 중요성을 제시하고 있다. 즉 가장 기본적인 생리적 욕구가 충족되면 안전 욕구를 원하게 되고, 이어 사회적 욕구, 존경 욕구, 자아실현 욕구의 순으로 상위 수준의 욕구를 원하게 된다.

일반적으로 사람들은 85%의 생리적 욕구, 70%의 안전 욕구, 50%의 사회적 욕구, 40%의 존경 욕구, 10%의 자아실현 욕구를 충족하고 있는 것으로 보고된 바 있다. 따라서 상위 수준의 욕구로 올라갈수록 충족 정도가 제한되어 있다는 점에서 조직구성원의 동기유발에 중요한 의미를 암시하는 이론이다. 또한 높은 계층에 속하는 욕구는 개인의 내면으로부터 오는 반면에 낮은 계층의 욕구는 주로 임금, 고용계약과 같이 외부로부터 발생한다.

X-Y이론

이 이론은 맥그리거가 제시한 X이론과 Y이론으로, 동기유발에 관한 종업

원의 인간성의 측면을 주 내용으로 한다.

X이론
사람들은 남에게 지휘받기를 좋아하고, 책임지는 것을 싫어하며, 안전을 추구한다는 가설을 전제로 한 이론

먼저 **X이론**은 인간성에 관하여 대부분의 사람들은 남에게 지휘받기를 좋아하고, 책임지는 것을 싫어하며, 안전을 추구한다는 가설을 전제로 한다. 따라서 X이론에 따르면 화폐적 보상, 복리후생과 같은 부가적 급부, 처벌 등에 의해서만 동기유발이 가능하다. 이 이론을 받아들이는 경영자의 입장에서는 종업원을 구조화하고 엄격하게 감독함으로써 엄격한 통제와 명령 아래에 둔다.

그러나 교육 및 소득수준의 향상에 따라 민주사회에서는 보다 성숙한 생활을 할 것이라는 관점에서 X이론에 대한 의문을 제기한 것이 Y이론이다.

Y이론
인간은 본래 게으르지 않고 신뢰할 만하다. 따라서 인간은 적절하게 동기유발이 되면 자율적으로 그리고 창의적으로 직무를 수행한다는 이론

Y이론에 의하면 인간은 본래 게으르지 않고 신뢰할 만하다. 따라서 인간은 적절하게 동기유발이 되면 자율적으로 그리고 창의적으로 직무를 수행한다는 것이다. 따라서 개인의 잠재력을 촉발시킴으로써 동기유발을 할 수 있다는 것이다. **표 14-1**은 X이론과 Y이론의 인간성에 관한 가설을 열거한 것이다.

표 14-1 X이론과 Y이론의 인간성에 관한 가설

구분	가설
X이론	• 사람들은 원래 일하기를 싫어한다. • 사람들은 야망이 없으며, 책임지기를 싫어하고, 지휘받기를 좋아한다. • 사람들은 조직의 문제를 해결하기 위해 창의력을 발휘하기를 싫어한다. • 동기유발은 생리적 욕구나 안전 욕구의 계층에서만 가능하다. • 사람은 엄격히 통제되어야 하고 조직목표를 달성하기 위해서는 강제되어야 한다.
Y이론	• 일이란 작업조건만 잘 부여해 주면 놀이나 쉬는 것과 같이 극히 자연스러운 것이다. • 조직목표를 달성하는 데는 자기통제가 필요하다. • 조직문제를 해결할 수 있는 창의력은 누구나 가지고 있다. • 동기유발은 생리적 욕구, 안전 욕구, 사회적 욕구, 존경 욕구, 자아실현 욕구의 모든 계층에서 가능하다. • 사람들은 적절하게 동기유발이 되면 자율적으로 그리고 창의적으로 일을 한다.

ERG이론
매슬로의 욕구계층이론을 수정하여 조직체 차원에서 개인의 욕구동기를 현실적으로 설명하고자 한 이론

ERG이론

매슬로의 욕구계층이론을 수정하여 조직체 차원에서 개인의 욕구동기를 현실적으로 설명하고자 한 이론이다. ERG이론에서는 인간의 욕구를 다음과 같이 세 가지로 분류하였다.

Business Insight

Y이론의 부각

최근 Y이론에 관심을 갖는 기업들이 늘고 있어 화제이다. 일주일 가운데 근무일이나 근무시간을 구성원 스스로 결정하는 회사, 입사한 지 얼마 안 된 주니어급의 사원이 팀원을 모아서 프로젝트를 주도적으로 진행하는 회사, CEO를 투표로 뽑고 관리 계층이 존재하지 않으며 조직도가 없는 회사 등. 과연 이런 '말도 안 되는 경영방식들'로 운영되는 회사가 존재할까 싶을 정도이다. 존재하더라도 이제 막 새로 생겨난 이름 없는 작은 벤처회사이거나 괴짜들이 모여 있는 소규모의 광고회사 정도가 아닐까 생각할 것이다. 그러나 위의 이야기는 최근 혁신적인 기업으로 주목받으면서 성공 가도를 달리고 있는 구글, 고어, 교세라, 셈코 등의 실제 사례이다. 이런 기업들은 철저히 Y이론에 기반을 두고 회사를 운영하고 있다. 특히 구성원 자율성을 매우 중요시한다는 공통점을 보인다.

온라인 가상세계인 '세컨드 라이프'로 유명한 린든랩의 창업자 겸 회장 필립 로즈데일은 "이제는 직원 대부분에게 상당한 자율권을 부여해야 최고의 성과를 창출할 수 있다"고 강조한다. 구성원 자율성이, 단지 구성원이 인간답게 일하는 환경을 만드는 데서 나아가 기업의 성과 창출에도 매우 중요한 요인으로 작용한다는 뜻이다.

바야흐로 경영의 패러다임이 급격히 변화하고 있다. 구성원 자율성 부여는 기업 성공을 위한 필수적인 경영방식으로 고민할 문제이며, 이에 인적 자원의 새로운 과제로 떠오를 전망이다.

① 존재 욕구(existence needs, E)

매슬로의 생리적 욕구와 안전 욕구에 해당하는 욕구로, 모든 종류의 물질적·육체적 욕구를 포함한다. 조직 차원에서는 경제적 보상과 안전한 작업 조건이 이에 해당한다.

② 관계 욕구(relatedness needs, R)

매슬로의 사회적 욕구와 존경 욕구에 해당하는 욕구로, 개인 간의 관계를 비롯해 모든 욕구가 포함된다.

③ 성장 욕구(growth needs, G)

매슬로의 자아실현 욕구에 해당하며 능력개발, 창의성, 성취감 등을 포함한다.

그런데 ERG이론에서 욕구충족 행동은 그림 14-3과 같이 만족-진행(satisfaction-progression)과 좌절-퇴행(frustration-regression)으로 나뉜다. 즉 만족-진행 행동이란 하위 수준의 욕구가 만족되면 상위 수준의 욕구가 강하게 나타난다는 것으로, 매슬로의 이론과 같은 맥락으로 설명할 수 있다.

좌절-퇴행 행동이란 상위 수준의 욕구를 추구하다가 좌절되면 하위 수준의 욕구로 내려가는 것을 말한다. 예를 들어서 성장 욕구 차원에서 자기 능력에 맞는 보람 있는 일을 하려다가 좌절되면 동료와의 관계를 더욱 긴밀하게 유지하는 것과 같이 관계 욕구를 강화한다는 것이다.

그림 14-3 ERG이론

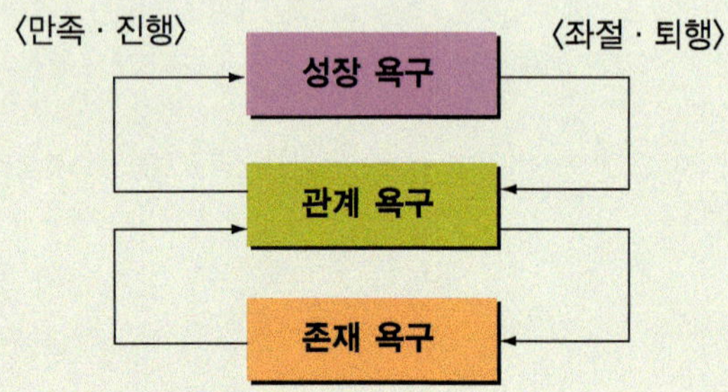

동기유발-위생이론

허즈버그에 의하여 개발된 이론으로, 개인의 동기유발을 자극하는 요인에는 두 가지가 있다 하여 2요인이론(two-factor theory)이라고도 한다. 그 두 가지 요인은 위생요인(hygiene factors)과 동기요인(motivators)이다.

① 위생요인

위생요인
개인의 욕구를 충족시키는 데 있어서 주로 불만족을 방지해 주는 요인

위생요인은 개인의 욕구를 충족시키는 데 있어서 주로 불만족을 방지해 주는 요인을 말한다. 불만족요인(dissatisfiers)이라고도 하며, 주로 직무환경과 관련된 외적 요인인 임금, 안정된 직업, 대인관계, 작업조건, 지위, 경영방침 및 관리방식, 감독자의 감독방법 등이 해당한다.

그런데 위생요인이 조직에 갖추어져 있지 않으면 구성원의 불만이 심해져 성과에 좋지 않은 영향을 미치게 되나, 이 요인이 잘 갖추어져 있다고 해서 조직구성원이 열심히 일하도록 동기를 유발하지 않는다는 것이다. 따라서 위생요인은 개인의 불만족을 방지하는 효과만을 가져온다.

葛 + 藤

직장인들은 이직 이유의 1순위로 갈등을 꼽고, 관리자는 하루 업무시간의 60% 이상을 갈등해결에 쓰고 있다고 한다. 우리나라의 한 해 갈등해결 비용만 해도 300조 원이 넘는다는 이야기가 단순히 부풀려진 것만은 아닌 듯싶다. 하지만 갈등이 반드시 나쁜 것일까? 세계 최고의 IT 솔루션업체인 IBM과 반도체 제조업체 인텔은 그들의 성공 원인이 '갈등을 장려하는 조직문화'에 있다고 주저하지 않고 말한다. 갈등을 풀어 나가는 과정에서 항상 더 좋은 대안을 찾아내기 때문이다.

② 동기요인

동기요인은 개인으로 하여금 열심히 일하게 하고 성취도를 높여 주는 요인으로, 만족요인(satisfiers)이라고도 한다. 주로 직무가 갖고 있는 내적 요인인 성취감, 인정, 책임감, 성장, 발전, 보람 있는 직무내용, 존경과 자아실현 욕구 등이 포함된다.

한편 동기요인은 이것이 없다 해도 개인의 불만족을 초래하지는 않는다.

동기요인
개인으로 하여금 열심히 일하게 하고 성취도를 높여 주는 요인

이상의 동기유발-위생이론의 초점은 직무만족을 가져오는 요인이 직무불만족을 가져오는 요인과 별개이며, 직무불만족을 가져오는 요인을 제거하면 작업장의 평화를 가져올 수는 있으나 동기유발은 할 수 없다는 것이다. 따라서 조직구성원의 동기유발을 위해서는 위생요인을 적절히 갖춘 다음 동기요인을 강조해야 한다. 이는 그림 14-4와 같이 직무만족에 대한 종래의 단선적 만족-불만족의 연속선상의 개념을 부인하고 만족과 불만족의

그림 14-4 동기유발-위생이론의 직무만족 개념

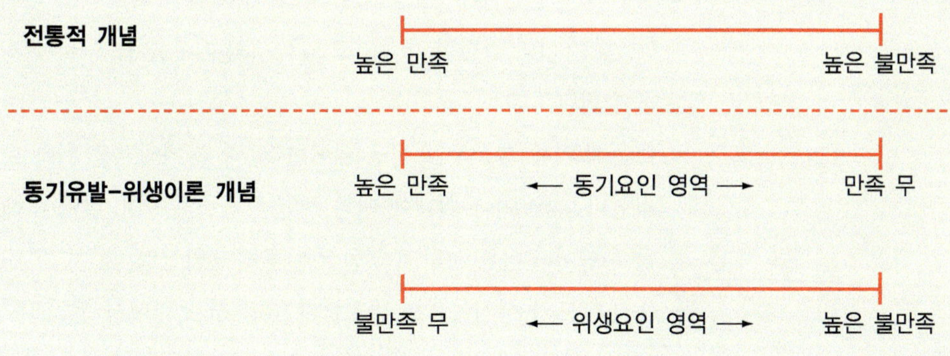

독립적 개념을 제시한 것이다.

성취-동기유발이론

맥클리랜드 및 동료들이 제안한 비교적 현대적인 동기유발이론으로 작업에 관련된 욕구를 다음과 같이 세 가지로 분류하여 설명하였다.

① **성취 욕구**(need for achievement, nAch)

탁월성의 추구, 표준 이상의 성취, 성공을 위한 노력과 관계된 욕구

② **권력 욕구**(need for power, nPow)

타인으로 하여금 자기가 원하는 대로 행동하도록 하고 싶은 욕구

③ **친교 욕구**(need for affiliation, nAff)

우호적이고 친밀한 대인관계를 갖고 싶은 욕구

성취-동기유발이론은 이 가운데 특히 성취 욕구에 초점을 둔 이론으로, 조직에서 성취 욕구가 높은 사람은 그렇지 않은 사람에 비해 다음과 같은 차이가 있다는 것을 제시하였다.

- ◆ 어떤 문제에 대한 해결에 대해 개인적인 책임을 맡을 수 있는 상황을 추구한다.
- ◆ 자신의 행동결과에 대하여 신속하고 구체적인 피드백이 되기를 원한다. 즉 자신의 업적이 개선되고 있는지의 여부를 쉽게 알 수 있는 상황을 원한다.
- ◆ 행운에 의해 성공하는 것을 싫어한다. 즉 문제해결을 위한 도전을 선호한다. 성공이나 실패에 대한 책임을 받아들이며, 결과에 대한 원인을 우연이나 다른 사람의 행동으로 돌리지 않는다.
- ◆ 중간 정도의 성취목표를 선호한다. 따라서 조직에서 성취욕구가 강한 사람은 이상의 상황이 현저하게 나타나는 직무 상황에서 매우 강하게

동기유발이 된다.

(2) 과정이론

과정이론은 동기유발이 어떻게 그리고 어떠한 과정을 거쳐서 발생하는가를 설명하는 이론이다. 즉 동기유발의 요인을 밝히기보다는 직무를 수행하기 위한 다양한 목표를 어떻게 선택하고 그러한 목표를 달성한 다음 자신의 만족도를 어떻게 평가하는가에 초점을 둔다. 과정이론의 대표적인 이론에는 기대이론(expectancy theory), 공정성이론(equity theory) 및 강화이론(reinforcement theory)이 있다.

기대이론

기대이론
직무 수행을 위한 구성원의 노력에서 보상까지의 과정에 있어서 연결관계를 중심으로 동기유발을 이해하기 위한 접근방법

기대이론은 빅터 브룸(Victor Vroom)에 의해 최초로 제안된 이론으로, 직무 수행을 위한 구성원의 노력에서 보상(rewards)까지의 과정에 있어서 연결관계를 중심으로 동기유발을 이해하기 위한 접근방법이다. 기대이론에서 제시하는 동기유발은 첫째, 사람은 무엇을 얼마나 원하고, 둘째, 원하는 것을 얻을 가능성이 얼마나 되는가에 좌우된다는 것이다.

예를 들어서 대학 졸업 후 직장을 구하고자 하는 학생이 3개의 기업 A, B, C 중 어디에 지원할 것인가를 결정하는 경우를 생각해 보자. 그런데 기업 A는 연봉 2,500만 원, 기업 B는 연봉 2,000만 원, 기업 C는 연봉 1,500만 원을 제시하고 있다. 이 학생이 원하는 연봉은 약 2,000만 원 이상이나, 각 기업에 합격할 확률이 각각 기업 A가 0.5, 기업 B가 0.7, 기업 C가 0.9라고 한다면 비록 기업 A가 가장 많은 연봉을 주고, 기업 C에 합격할 확률이 가장 높다 해도 이 학생은 자신이 원하는 연봉 수준과 비슷하고 합격할 확률이 어느 정도 높은 기업 B에 지원한다는 것이다.

기대이론에서 구성원이 동기유발되기 위해서는 다음과 같은 가정을 전제로 한다.

- ◆ 구성원의 행동은 개인적 요인과 환경적 요인의 조합에 의해 결정된다.
- ◆ 개인은 조직 내에서 자신의 행동에 관하여 의식적인 의사결정을 한다.

◆ 개인별로 추구하는 욕구, 욕망 및 목표에 차이가 있다.

◆ 개인은 주어진 행동이 원하는 결과를 가져올 것이라는 기대감을 기초로 하여 여러 대안적 행동 가운데 하나를 선택한다.

그림 14-5는 기대이론의 기본적 모델을 나타낸 것이다. 그림 14-5에서 보는 바와 같이 구성원의 동기유발은 직무 수행을 위한 노력(effort) 정도를 결정하고, 이러한 노력 정도는 개인의 능력과 환경적 요인과 결합되어 성과를 결정한다. 이어 성과는 각각 어떤 가치를 갖고 있는 결과(outcome)를 가져온다. 여기서 개인에 대해 어떤 결과가 갖고 있는 가치 또는 동기유발이 될 수 있는 힘을 유인가(valence)라고 하며, 동일한 결과라도 개인별로 유인가는 다를 수 있다. 기대이론 모델은 다음과 같이 노력, 성과, 결과 및 유인가 간에 세 가지의 연결관계를 생각할 수 있다.

① 노력-성과의 기대치

노력-성과의 기대치란 노력이 높은 성과를 가져올 것이라는 개인의 지각적 확률을 의미한다. 만일 노력을 하면 높은 성과를 달성할 것이라고 확신하면 기대치는 매우 높다(1.00에 가까운 값). 그러나 노력이 높은 성과를 가져온다고 전혀 믿지 않으면 기대치는 매우 낮다(0.00에 가까운 값).

그림 14-5 기대이론 모델

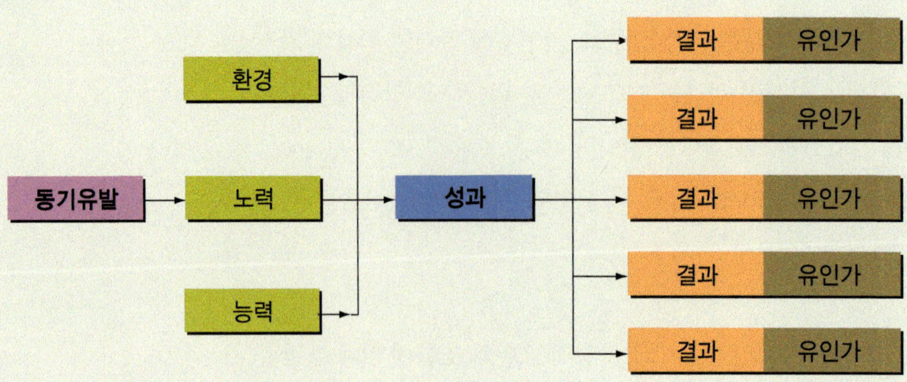

② 성과-결과의 기대치

성과-결과의 기대치는 성과가 어떤 특정 결과를 가져올 것이라는 개인의 지각적 확률을 의미한다. 예를 들어서 높은 성과를 달성하면 임금인상이 될 것이라고 믿으면 기대치는 매우 높으나, 높은 성과를 달성해도 임금인상이 안 될 것이라고 믿으면 기대치는 낮다.

③ 결과와 유인가 간의 관계

기대이론은 각 개인이 조직 내에서 다양한 결과 또는 보상을 경험한다고 가정하고 있다. 예를 들어서 높은 성과를 달성하는 종업원은 많은 임금을 받거나, 승진을 빨리하거나, 상위자로부터 칭찬을 받을 수 있다. 반면에 스트레스를 많이 받을 수 있거나 동료로부터 비난을 받을 수 있다. 따라서 개인별로 어떤 결과를 원하는가는 다를 수 있다. 그러한 각각의 결과는 개인이 특정 결과를 얼마나 원하는가를 나타내는 가치 또는 유인가를 갖고 있으며, 이는 어떤 결과를 원하는가에 따라 개인별로 다르다. 즉 어떤 결과를 매우 원한다면 유인가는 정(+)의 값을 갖고, 원하지 않으면 부(−)의 값을 가지며, 그 결과에 대해 무관심한 경우에는 0의 값을 갖는다.

이상의 세 가지 연결관계를 종합해서 기대이론상 구성원이 동기유발이 되기 위해서 첫째는 노력과 성과 간의 기대치가 0 이상이 되고, 둘째는 성과와 결과 간의 기대치가 0 이상이 되고, 셋째는 관련된 모든 결과에 대한 유인가의 합이 0 이상이 되어야 한다. 이러한 세 가지의 조건이 만족될 때 개인은 노력을 위한 동기유발이 된다.

공정성이론

개인의 내적 동인, 필요 및 동기가 동기유발과정을 자극하면 이어서 개인은 어떤 목표달성을 가져오리라고 기대하는 행동을 선택하게 된다. 다음에는 목표달성을 위한 노력과 노력의 성과에 대한 보상의 관점에서 결과(outcomes)의 공정성을 평가하게 된다. 애덤스(J. Stacy Adams)에 의해 개발된 **공정성이론**에 의하면, 사람은 자신의 성과에 대해 받는 보상에 있어서 사회적

공정성이론
사람은 자신의 성과에 대해 받는 보상에 있어서 사회적 공정성이 존재할 때 동기유발이 된다는 이론

공정성(social equity 또는 fairness)이 존재할 때 동기유발이 된다. 여기서 공정성이란 타인의 대우에 비해 상대적으로 공정하게 대우를 받는 것을 말한다. 이는 다음과 같은 방정식으로 설명할 수 있다.

$\frac{O_p}{I_p} < \frac{O_o}{I_o}$: 불공정성으로 지각(보상 부족)

$\frac{O_p}{I_p} = \frac{O_o}{I_o}$: 공정성으로 지각

$\frac{O_p}{I_p} > \frac{O_o}{I_o}$: 불공정성으로 지각(보상 초과)

식에서

O_p = 자신이 받은 결과(outcomes)에 대한 지각 정도

I_p = 자신의 투입(inputs)에 대한 지각 정도

O_o = 비교 대상의 다른 사람이 받는 결과에 대한 지각 정도

I_o = 비교 대상의 다른 사람의 투입에 대한 지각 정도

식에서 결과(outcomes)는 임금, 조직 내에서의 인정, 승진, 사회적 관계 및 자기존경이나 성취감과 같은 내재적 보상(intrinsic rewards)을 생각할 수 있으며, 투입(inputs)은 시간, 경험, 노력, 교육 및 충성심을 들 수 있다. 즉 공정성이론에 의하면 사람은 자신의 투입에 대한 결과의 비율을 타인의 투입에 대한 결과의 비율과 비교하여 두 비율이 일치할 때 공정성을 느끼게 된다. 예를 들어서 한 고등학교 졸업자가 연봉 1,500만 원을 받고, 대학 졸업자가 2,000만 원을 받는다고 하면 두 사람은 서로 공정성을 느낄 수 있다.

그런데 다른 사람에 비해 보상이 적다고 느끼는 경우에는 불공정성이 존재할 수 있는데, 이 경우 사람은 불공정성을 감소시키려는 노력을 한다. 불공정성을 감소시키려는 노력의 유형에는 다음과 같은 것들이 있다.

- 노력을 적게 하여 자신의 투입을 감소시키는 경우
- 자신에 대한 많은 결과를 조직에 요구하는 경우

- 합리화를 통해 본래의 비율을 왜곡시키는 경우
- 다른 사람에게 투입이나 결과를 변화시키도록 시도하는 경우
- 불공정한 상황을 포기하고 떠나는 경우
- 비교 대상을 바꾸는 경우

또한 보상이 많다고 느끼는 경우도 생각할 수 있는데, 이 경우에도 불공정성을 감소시키려는 노력을 한다. 불공정성 감소 노력의 유형에는 다음과 같은 것들이 있다.

- 많은 노력을 함으로써 자신의 투입을 증가시키려는 경우
- 만일 단위당 임금이 지불되는 경우 적은 단위를 생산하여 자신의 결과를 감소시키려는 경우
- 합리화를 통해 본래의 비율을 왜곡시키려는 경우
- 다른 사람의 투입을 감소시키거나 결과를 증가시키려는 경우

이상의 공정성이론이 경영 실무에 있어 암시하는 것은 크게 두 가지로 요약할 수 있다. 첫째, 종업원의 동기유발을 위해 보상을 결정할 때는 각 종업원이 공정성을 느끼는 경우 그 효과가 있으며, 종업원의 만족도가 높다. 둘째, 종업원이 공정성을 평가하기 위해 비교 대상을 누구로 하는가를 고려해야 한다.

강화이론

동기유발과정에서 마지막으로 생각할 수 있는 것은 공정성이론에서 고려한 행동의 원인인 보상의 역할이 시간이 지남에 따라 변화되는가 아니면 유지되는가이다. 본래 심리학자 스키너(B. F. Skinner) 등에 의해 개발된 학습이론(learning theory)을 기초로 한 **강화이론**은 과거의 행동 결과는 주기적 학습과정을 통해 미래의 행동에 영향을 미친다는 이론적 골격을 갖고 있다.

강화이론
과거의 행동 결과는 주기적 학습과정을 통해 미래의 행동에 영향을 미친다는 이론

그림 14-6은 강화이론을 통해 동기유발과정을 설명한 것이다. 먼저 출발점은 자극(stimulus)요인이 되는데, 자극은 행동을 유발하는 욕구나 동기로 생

그림 14-6 동기유발의 강화이론 모델

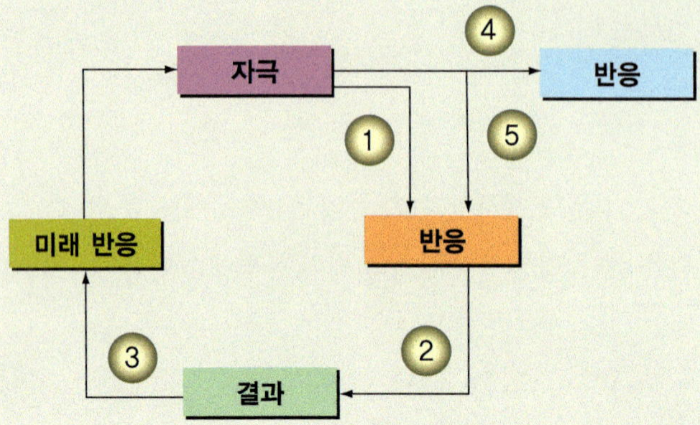

각할 수 있다. 이어서 자극에 대하여 반응을 하는 경로 1을 거치게 되는데 이는 기대이론으로 설명할 수 있다. 반응의 결과 구성원은 다양한 결과를 경험하는 경로 2를 거치게 된다. 이어 자신이 경험하는 결과의 가치에 따라 미래의 반응에 영향을 미치는 경로 3을 거치게 된다. 만일 처음 경험한 결과가 바람직하면 다음의 동일한 자극에 대해서도 동일한 반응을 하는 경로 4를 거치게 되나 그렇지 않은 경우에는 다른 반응을 하는 경로 5를 거치게 된다.

예를 들어서 임금인상을 원하는 종업원이 있다고 하자. 만일 일을 열심히 한 결과 임금이 인상되었다면 그 종업원은 일단 강화가 된 것이다. 그 종업원은 다음에 임금인상을 원하는 경우 다시 열심히 일할 것이다. 그러나 열심히 일했으나 임금이 인상되지 않았다면 다른 반응(예 : 사직)을 보이게 된다.

특히 강화이론은 조직구성원의 행동 수정(behavior modification)을 위해 활용될 수 있다. 즉 경영자가 종업원의 행동을 변화시키고자 한다면 행동의 결과를 변화시키면 된다.

행동 수정의 방법에는 다음과 같이 네 가지가 있다.

① 긍정적 강화

임금인상, 승진, 보상, 칭찬과 같이 원하는 행동이 수행된 다음 긍정적 결

Management Highlight

실패의 가치에 대한 경영진의 적극적 인정

오늘날 기업에서는 실패라는 말의 부정적인 측면만 강하게 부각되는 듯하다. 실패에서 오는 좌절감, 조직에 미치는 손실과 피해, 이로 인한 책임 추궁 등이 먼저 떠오르는 것이 보통이다. 조직 내에 '실패는 처벌받을 것이다'라는 불안감이 존재하면, 구성원은 두려움을 느껴 아무런 시도를 하지 않는다. 따라서 창의적인 아이디어와 중요한 정보를 가지고 있음에도 불구하고, 기존의 관행대로 현 상태를 유지하려 하여 조직 내에 같은 문제를 계속 반복시키게 된다. 그러나 실패에는 경험과 자료의 축적, 학습의 가능성 등 긍정적인 측면도 존재한다. 실패의 경험을 활용하여 더 큰 성공으로 나아가려면 실패를 대하는 관점이 바뀌어야 한다. 실패를 반드시 피해야 하는 두려움의 대상으로 대하는 것이 아니라, 누구나 겪을 수 있는 학습의 기회로 보고 이에 당당하게 맞서는 태도가 필요하다. 이처럼 조직 내 실패에 대한 인식의 변화가 일어나려면 경영진의 가치 전파 노력이 선행되어야 한다.

3M사의 최고경영자 데지몬(DeSimone)은 "우리는 성공이나 실패의 관점에서 사물을 보는 것은 유용하지 않다고 본다. 어떤 아이디어가 처음에 성공하지 못하더라도 우리는 그것으로부터 배울 수 있다"라고 구성원에게 강조한다. 또한 AES사에서는 구성원이 오류를 범하는 것은 자연스러운 일이며, 이를 통해 학습할 수 있다고 전파하고 있다. AES사는 이를 바탕으로 구성원 누구나 실패를 두려워하지 않고 도전하는 문화를 유지하고 있다(〈표〉 참고).

AES사의 구성원에 대한 가정

1	창의적인 사고를 하는 개인이다. 학습하고 의사결정을 할 역량이 있으며, 자신의 환경을 통제할 수 있다.
2	의무감을 가지고 있어서 책임을 위임할 수 있다.
3	오류를 범할 수 있다.
4	사회에 대하여 긍정적으로 공헌하기를 원한다. 성공적인 사람들과 교류하고, 근본적 이유를 탐구하며, 도전을 좋아한다.
5	숫자나 기계가 아니라 독특한 장점을 가진 개인이며, 존경을 받을 가치가 있다.

실패조차 인정하고 보상하는 해외 기업 사례도 많다. 3M은 실패한 연구원들에게 실패 파티를 열어 준다. 또한 창의적인 소수 의견을 권장하고 채택하기 위해 보고할 때 소수 의견을 병기하도록 의무화한 '마이너리티 리포트'제도를 적극 시행하고 있다. BMW는 매월 '이달의 가장 창의적인 실수상'을 선정해 해당 직원에게 오히려 상을 주고 있다. 반면 창의적인 실수를 조롱하는 직원에게는 '이달의 최고 바보 행동'이라는 불명예를 안겨 주며 직원들의 창의력을 북돋아 왔다. 실패에 대한 인정만이 아니라 보상까지 하는 더욱 파격적인 경우도 있다. 제약회사 머크(Merck&Co.)는 연구개발에 실패한 사람들에게도 인센티브를 줌으로써 연구를 활성화하고 있다.

과를 제공하는 방법이다. 예를 들어서 특히 열심히 일하는 종업원에게 칭찬을 해 주면 일을 잘할 수 있는 행동이 긍정적으로 강화된다.

② 회피

바람직하지 않은 결과를 피하기 위해서 자신의 행동을 바꾸는 방법이다. 예를 들어서 상관의 꾸지람을 피하기 위해 지각을 하지 않는 경우이다.

③ 처벌

바람직하지 않은 행동에 대해 처벌 규정을 적용하여 행동을 약화시키는 방법이다.

④ 소멸

강화를 하지 않는 방법으로 특히 이전에 보상이 된 행동을 약화시킬 때 유용하다. 예를 들어서 한 종업원의 음담패설에 대해 같이 웃어 주면 강화가 되나 무시하고 무관심하면 다음부터는 그러한 행동을 하지 않게 된다.

3. 동기유발 기법

조직구성원의 동기유발에 직접적인 영향을 미치는 요인은 무엇보다도 임금, 승진, 부가급부, 신분 보장과 같은 적절한 보상 시스템(reward system)이다. 보상 시스템 외에 고려할 수 있는 기법으로는 목표관리(MBO), 행동 수정, 근무시간 변경(modified work schedules), 직무 재설계(job redesign)를 들 수 있다.

(1) 목표관리

목표관리
경영자와 하위자가 집단적으로 목표를 설정하고, 하위자의 목표달성 정도를 통해 하위자의 성과를 평가하고, 성과에 대한 보상을 하는 기법

목표관리란 경영자와 하위자가 집단적으로 목표를 설정하고, 하위자의 목표달성 정도를 통해 하위자의 성과를 평가하고, 성과에 대한 보상을 하는 기법이다. 따라서 목표관리는 동기유발에 관한 기대이론의 관점에서 이해할 수 있다. 즉 목표관리를 통해 하위자의 목표를 하위자와 공동으로 설정함으로써 노력과 성과 간의 기대감과 성과와 보상 간의 기대감을 명확히 할 수 있는 방법이다.

따라서 목표관리를 통해 설정된 보상이 하위자에 대해 긍정적인 유인가를 가지면 목표달성을 위한 작업에 동기유발이 될 것이다.

(2) 행동 수정

행동 수정 기법
동기유발 이론 중 강화이론을 적용한 기법

행동 수정 기법은 OB Mod(Organizational Behavior Modification) 기법이라고도 하

며, 동기유발 이론 중 강화이론을 적용한 것이다. OB Mod 프로그램은 일반적으로 다음과 같이 다섯 단계를 거쳐 수행된다.

① **제1단계**

증가되어야 할 행동(예 : 생산량)과 감소되어야 할 행동(예 : 지각)을 규정한다.

② **제2단계**

목표행동을 OB Mod의 효과를 평가할 기준으로 삼는다.

③ **제3단계**

하위자가 가장 적합하다고 생각하는 보상이 무엇인가를 분석하고, 그러한 보상을 목표행동에 어떻게 적합시킬 것인가를 결정한다.

④ **제4단계**

원하는 행동은 하위자에게 좋은 결과를 가져오고 바람직하지 않은 행동은 하위자에게 좋지 않은 결과를 가져오도록 긍정적 강화, 회피, 처벌 또는 소멸 방법을 적절히 이용한다.

⑤ **제5단계**

프로그램의 가치를 평가하기 위해 목표행동을 측정한다.

(3) 근무시간 변경

우리나라의 기업 및 일반 사회조직은 일반적으로 오전 9시에 출근하여 오후 6시에 퇴근을 하고, 월요일에서 금요일까지 근무를 한다. 이러한 근무시간을 정규 근무시간이라고 하면 **근무시간변경제도**는 하루 중 근무시간과 주당 근무일수를 변경하는 제도를 말한다. 근무시간변경제도는 복잡한 교통시간대를 피한다거나 구성원이 조직과 관계없는 개인적 잡무를 처리하고 여유시간을 가질 수 있도록 정규 근무시간을 변경하는 동기유발 방법이다. 근무시간변경제도에는 4-40 프로그램(4-40 program 또는 compressed work-

근무시간변경제도
하루 중 근무시간과 주당 근무일수를 변경하는 제도

week), 자유출퇴근시간제도(flexible work schedule or flextime), 직무공유제도(job sharing)가 있다.

LG이노텍은 본사와 안산 부품소재 연구소 직원 1,100여 명을 대상으로 자율출퇴근제를 실시하고 있다. 이에 따라 직원들은 오전 7시부터 10시까지의 근무시간 중 출근시간을 자유롭게 선택해 하루 8시간(식사시간 제외)을 근무한다. 출근시간에 따라 이르면 오후 4시 퇴근도 가능해졌다. 출근시간은 한 달 주기로 재조정할 수 있다. 자율출퇴근제는 일하는 방식을 혁신하기 위한 첫걸음이다. 업무의 몰입도를 높이고, 출근 전 또는 퇴근 후 직원의 자기계발을 유도하여 회사의 생산성과 개인 삶의 질을 동시에 높이려는 의도이다.

4-40 프로그램
하루 8시간씩 5일 근무하는 대신에 10시간씩 4일만 근무하는 제도

자유출퇴근시간제도
일과 중 꼭 있어야 할 핵심시간, 즉 제약 조건을 정해 놓고 핵심시간 전후의 출퇴근 시간은 구성원이 자유롭게 선택하도록 하는 제도

① 4-40 프로그램

4-40 프로그램이란 하루 8시간씩 5일 근무하는 대신에 10시간씩 4일만 근무하는 제도를 말한다. 현재 우리나라는 주 5일 근무제도가 거의 정착되었으며, 미국과 같은 4-40 프로그램이 도입될 시기도 멀지 않을 것으로 예상된다.

② 자유출퇴근시간제도

4-40 프로그램은 근무 날짜만 바뀌고 근무시간은 일정한 제도인 데 비해 **자유출퇴근시간제도**는 구성원이 일과 중 꼭 있어야 할 핵심시간(core time), 즉 제약 조건을 정해 놓고 핵심시간 전후의 출퇴근 시간은 구성원이 자유롭게 선택하도록 하는 제도이다. 예를 들어서 하루에 점심시간 1시간을 포함하여 9시간 근무를 하는 경우 그림 14-7과 같이 여러 근무시간을 정할 수 있다.

이 제도는 개인의 욕구에 맞춰 작업시간을 조절할 수 있어 결근율과 잔업시간 비용을 줄이고, 구성원의 자율성과 책임감을 증대시킬 수 있는 방법에 속한다. 그러나 핵심시간 외에는 구성원을 통제하기가 어렵고, 작업교대에 따른 혼란과 작업계획 및 통제가 어려우며, 한 사람이 특정 과업기술을 갖고 있는 경우에는 실시하기 어렵다는 단점이 있다.

그림 14-7 자유출퇴근시간제도

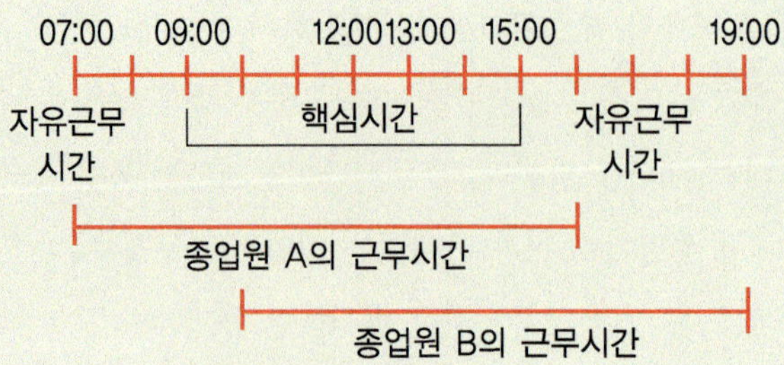

③ 직무공유제도

직무공유제도란 하나의 직무를 두 사람 이상이 공유하도록 하는 제도를 말한다. 예를 들어서 동일한 직무를 한 사람은 8시에서 12시까지 수행하고, 또 한 사람은 1시에서 6시까지 수행하도록 하는 방법이다. 이 제도는 구성원이 여가시간을 많이 요구하거나 하루 중 특정 시간대에 가사를 돌봐야 하는 경우에 적절한 방법이다. 그러나 이 제도는 직무가 특정 개인에 대한 의존성이 낮아야 효과가 있으며, 개인별 성과평가가 어렵다는 단점이 있다.

직무공유제도
하나의 직무를 두 사람 이상이 공유하도록 하는 제도

(4) 직무 재설계

본래 직무설계란 과업을 결합하여 하나의 완전한 직무를 형성하는 것을 말한다. 직무설계의 전통적인 접근방법은 앞에서 살펴본 과업의 전문화라고 할 수 있다. 그러나 고도의 전문화는 경제적 편익을 가져다주기도 하지만, 작업자에게 과업에 대한 싫증, 과업에 대한 비도전성, 종업원의 소외와 같은 직무 불만족을 초래할 가능성이 많다. 이러한 단점을 극복함으로써 직무설계를 통해 동기유발을 가져오기 위한 방법이 직무 재설계 방법이다.

직무설계
과업을 결합하여 하나의 완전한 직무를 형성하는 것

직무 재설계란 구성원의 작업의 질과 직무상의 생산성을 증진시키기 위하여 구체적인 직무 또는 상호의존적인 직무군을 변경시키는 것을 말한다. 직무 재설계의 방법에는 직무순환(job rotation), 직무확대(job enlargement), 직무충실화(job enrichment)가 있다.

직무 재설계
구성원의 작업의 질과 직무상의 생산성을 증진시키기 위하여 구체적인 직무 또는 상호의존적인 직무군을 변경시키는 것

직무순환

직무순환이란 그림 14-8과 같이 작업자로 하여금 다양한 직무에 순환근무토록 함으로써 단일 직무상에서 오는 권태감을 해소하기 위한 방법이다. 직무순환에는 승진 및 강등(demotion)과 같은 수직적 순환(vertical rotation)과 횡적 이동을 의미하는 수평적 순환(horizontal rotation)이 있으나, 일반적으로는 수평적 순환을 말한다. 우리나라에서 직무순환제도를 도입하고 있는 조직으로는 금융기관을 들 수 있다. 직무순환제도의 장점 및 단점은 다음과 같다.

직무순환
작업자로 하여금 다양한 직무에 순환근무토록 하는 것

그림 14-8 직무순환

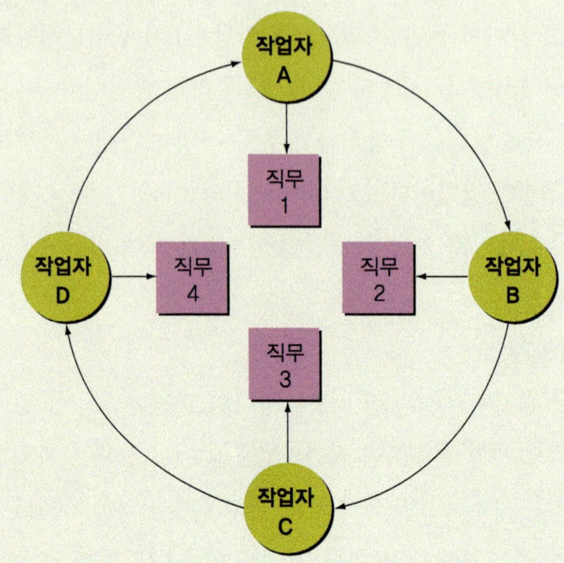

① 직무순환의 장점

i) 구성원에게 조직에 대한 광범위한 경험과 지식을 제공한다.

ii) 특정 직무수행으로 인한 지루함과 단조로움을 감소시킨다.

iii) 조직의 광범위한 분야를 경험하게 하기 때문에 보다 높은 지위나 큰 책임을 맡을 수 있는 준비를 하게 한다.

② 직무순환의 단점

i) 훈련비용이 많이 들고 생산성이 저하될 가능성이 있다.

ii) 경험이 없는 구성원이 새로운 과업을 수행하는 경우 의사결정에 어려움이 발생할 수 있다.

iii) 전문 영역을 추구하는 구성원에게는 역동기유발(demotivation)이 발생할 수 있다.

iv) 비자발적으로 강요된 직무순환은 구성원의 직무 불만족을 초래할 수 있다.

직무확대

직무확대란 그림 14-9와 같이 직무를 수평적으로 확대시키는 것, 즉 각 작업자가 수행해야 할 과업의 수를 증가시키는 것을 말한다. 직무확대의 목적은 현재의 직무에 유사한 과업을 추가함으로써 숙련기술의 다양성(skill variety)과 과업 정체성(task identity)을 구성원에게 제공하는 데 있다. 여기서 숙련기술의 다양성이란 한 사람의 구성원이 하나의 직무를 수행하는 데 있어서 다양하고 상이한 기술이나 재능을 이용해 여러 과업을 수행하는 정도를 말한다. 과업 정체성이란 작업자가 전체 과업을 수행하거나 전체 과업 중 일부를 수행하는 정도, 즉 자신의 작업 범위를 확인할 수 있는 작업 특성을 말한다.

직무확대
직무를 수평적으로 확대시키는 것, 즉 각 작업자가 수행해야 할 과업의 수를 증가시키는 것

그러나 직무확대는 개인의 능력과 자질을 고려하여 실시해야 하며 단순히 제도적으로 직무의 범위만 확대하게 되면 오히려 직무의 과중으로 동기유발에 부정적인 영향을 미칠 수 있다.

그림 14-9 직무확대

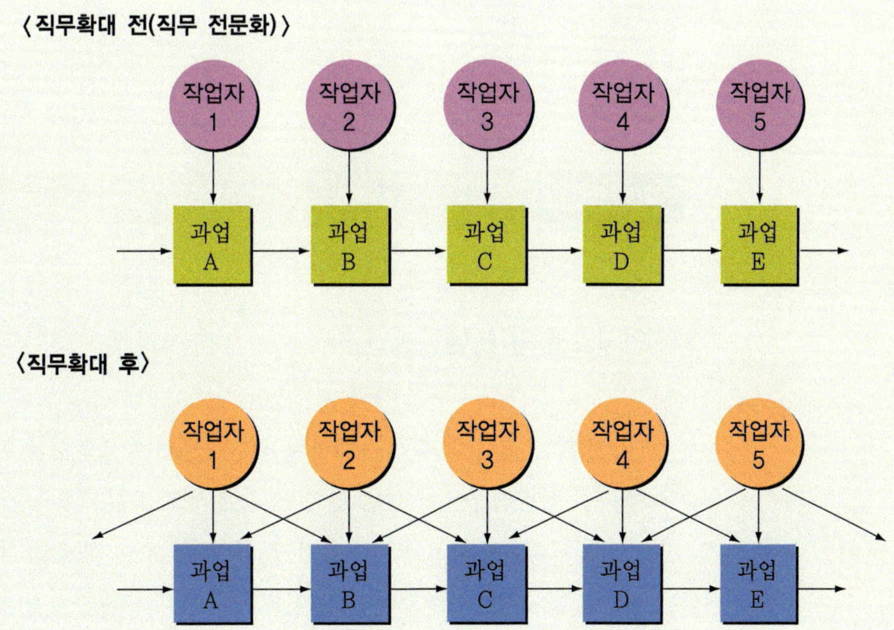

직무충실화
작업자에게 수행해야 할 과업의 수를 증가시키면서 직무에 대한 통제권과 자율성을 부여하는 방법

직무충실화

직무충실화는 작업자에게 수행해야 할 과업의 수를 증가시키면서 직무에 대한 통제권과 자율성을 부여하는 방법이다. 이것은 프레드릭 허즈버그의 동기유발-위생이론을 근거로 하며, 직무순환과 직무확대에서는 추가적인 책임성이나 통제권이 부여되지 않기 때문에 종업원의 동기유발에 큰 영향을 미치지 않는다.

직무충실화를 달성하기 위해서는 다양한 직무 변화가 이루어져야 한다. 먼저 경영자는 자신의 직무에 대한 일부 통제권을 하위자에게 위양해야 한다. 즉 작업자가 감독자의 과업의 일부를 맡게 하여 직무의 계획, 실천 및 평가에 대해 큰 영향력을 행사하도록 해야 한다. 따라서 작업자에게 자유재량권, 독립성 및 책임이 따르는 완전한 활동을 수행하도록 하고, 자신의 성과를 평가하고 수정하도록 하는 데 목적이 있다.

이 방법은 통제권과 자율성의 부여 및 성과에 따른 보상을 통해 동기유발을 할 수 있는 방법이다. 또한 직무만족과 이직률 및 결근율을 감소시키는 데 도움이 되고, 동일한 투입을 통해 보다 좋은 품질의 제품을 생산하는 데 도움이 되는 방법으로 알려져 있다. 그러나 생산성의 증가에 대해서는 아직 일치된 견해가 없다.

제2절 의사소통

1. 의사소통의 개념

조직 내의 구성원 및 집단은 상호작용을 하면서 목표달성을 위해 노력한다. 이러한 상호작용은 구성원 및 집단 간에 서로가 갖고 있는 생각이나 의미(의사)를 주고받지 않고는 이루어질 수 없다. 즉 조직 및 집단 내에 의사소통(communication)이 없이는 무슨 일을 어떻게 해야 할지를 모르기 때문에 조직과 집단이 존재할 수 없다. 예를 들어서 조직의 목표가 무엇인가를 조직구

성원이 모르고 있거나 상위자의 지시사항이 하위자에게 제대로 전달이 안 되는 상황을 상상해 보자. 결국 조직 및 집단은 의사소통을 통해 조직구성원이 어떤 활동을 해야 하는가를 알게 되는 것이다.

원래 소통이란 '① 뜻이 서로 통해 오해가 없음', '② 막히지 아니하여 잘 통함'이라는 사전적 의미를 가진다. 이를 기업경영에 적용해 보면, 하나는 고객과 기업, 조직 내부의 다양한 조직 간, 임직원들이 원활히 의사소통하는 것을 의미한다. 또 하나는 단순히 의사소통만이 아니라 정보, 지식, 경험, 물리적 자원 등이 막힘없이 잘 흐르는 상태를 말한다. 창의적인 기업이 되기 위해서도 이 같은 소통은 매우 중요한 역할을 한다.

◆ **의사소통**이란 둘 또는 그 이상의 당사자 사이에 어떤 부호적 메시지(symbolic message)를 통해 아이디어나 정보가 전달되는 과정을 말한다.

의사소통
둘 또는 그 이상의 당사자 사이에 어떤 부호적 메시지를 통해 아이디어나 정보가 전달되는 과정

아이디어와 정보의 전달은 서로 간에 의미(meaning) 또는 의사의 전달을 통해 가능하다. 그러나 의사소통은 단순히 의미의 전달로 끝나는 것이 아니라 그 의미가 상대방에게 이해되어야 한다. 따라서 의사전달은 의미의 전달과 이해가 모두 포함된다.

예를 들어서 한 조직의 경영자가 자신의 아이디어를 하위자에게 영어로 전달하였으나 하위자가 그 내용을 충분히 이해하지 못하였다면 의미는 전달이 되었으나 이해가 안 되었기 때문에 의사소통이 되었다고 할 수 없다. 의사소통에 능한 기업이 그렇지 않은 기업에 비해 다음 세 가지 측면에서 이점을 가진다.

첫째, 집단 창의성 발현과 조직 시너지를 배가하는 밑거름이 된다. 창의성의 시대에는 한 사람의 아이디어가 아무리 좋아도, 이를 서로 공감하고 집단 전체의 창의성으로 승화할 수 있을 때 보다 의미 있는 결과를 가져올 수 있다. 소통은 이를 가능하게 하는 중요한 수단이다. 구성원들 간의 건강한 소통은 서로의 색다른 생각을 자유롭게 이야기하고, 건전한 논의와 비판 속에서 서로의 생각이 더 창의적인 아이디어로 발전할 수 있게 만들기 때문이다.

조직구성원 간의 협동 능력은 팀원들 간 또는 서로 다른 팀들 간의 커뮤니케이션 능력에 따라 좌우된다.

아울러 소통은 조직 내부의 불필요한 자원의 낭비를 막아 줄 뿐만 아니라, 기능조직 간의 상호협력과 시너지 창출에도 도움을 준다. 현실적으로 조직 내부의 모든 기능조직이 동시에 창의적일 수 없다. 다만, 어느 한 기능조직에서 발현된 창의적인 아이디어가 조직 내부의 갈등과 마찰 때문에 사장되거나 불필요한 자원 낭비를 가져오지 않게 하는 것이 더 현실적인 대안일 수 있다. 이는 조직 내부의 다양한 기능이 유기적으로 호흡하며, 팀워크를 발휘할 수 있을 때 가능하다.

둘째, 소통은 고객중심 경영을 더욱 견고히 하는 역할도 한다. 고객중심 경영의 핵심은 조직 내부의 창의성만 높이는 것이 아니라 고객이 원하는 가치를 얼마나 효과적으로 제공하는가에 있다. 그런데 창의적인 기업이라고 할 때 흔히 범하기 쉬운 실수 중 하나가 '공급자 중심 마인드' 내지는 '기술지상주의의 함정'에 빠지는 것이다. 쉽게 말해 창의성은 누구도 흉내 낼 수 없는 기술적 발전으로만 가능하다고 오해해, 고객은 별로 원하지 않는 혁신 제품과 서비스를 내놓는 경우를 말한다. 과거 델 컴퓨터가 데스크톱 컴퓨터와 워크스테이션의 장점만을 골라 출시한 '올림픽'이 대표적인 예이다. 기술적으로 매우 훌륭한 제품이었고 홍보에도 많은 돈을 투자했으나, 시장은 이를 외면하고 말았다. 당시 고객들은 기능이 복잡하고 성능이 뛰어난 컴퓨터를 원하지 않았기 때문이다. 당시 회사 관계자는 "올림픽은 고객을 위한

Business Insight

경영의 과거, 현재, 그리고 미래

기업 경영의 과거형은 관리이다. 경영의 현재형은 소통(커뮤니케이션)이다. 경영의 미래형 역시 소통이다.

- 마쓰시타 고노스케

미래학자 존 나이스비트는 "미래의 경쟁은 경영경쟁이 될 것이다. 경쟁의 초점은 각 조직 내부 구성원과 외부 조직 간의 효율적인 소통에 있다. 의사소통은 경영예술의 정점이다"라고 말한다. 인체 내의 혈액이 순환하는 것처럼, 소통이 없으면 기업도 사망에 이르게 된다.

기술이라기보다 기술을 위한 기술이었다"라고 토로한 바 있다. 델 컴퓨터의 사례는 고객 가치 창출은 꼭 어렵고 복잡한 기술적 진보를 통해서만 얻는 것이 아니라는 점을 보여 준다. 고객이 원하는 것은 오히려 감성적인 부분에 있을 수도 있다. 이를 간파하기 위해서도 고객과의 지속적인 소통은 중요하다.

셋째, 소통은 공동체의 신뢰와 믿음의 문화를 만드는 계기가 된다. 앞서 언급한 고객중심 경영, 기능 간 협력과 시너지, 집단 창의성 발현 등이 공동체 안의 신뢰와 믿음의 문화가 뒷받침될 수 있을 때 가능하다. 사실 기업의 성과 창출은 소통이 원활하지 않더라도 가능할 수 있다. 때로는 우연한 발견이나 획기적인 아이디어가, 때로는 최고경영자의 카리스마가 탁월한 성과 창출로 이어지게 만들기도 한다. 하지만 이러한 성공이 지속적인 성장과 발전으로 이어지려면 그 이상의 무엇인가가 필요하다. 이것이 바로 신뢰와 믿음을 토대로 한 원활한 소통의 문화이다.

2. 의사소통의 과정

그림 14-10 은 일반적인 의사소통의 과정을 요약한 것이다. 의사소통이 이루어지기 위해서는 먼저 무엇을 전달할 것인가에 관한 목적, 즉 메시지로 표현될 수 있는 목적이 필요하다. 그래서 그 목적은 발신자(sender) 또는 의사소통 원천(source)에 의해 메시지로 표현되어 수신자(receiver)에게 전달된다. 이

그림 14-10 의사소통의 과정

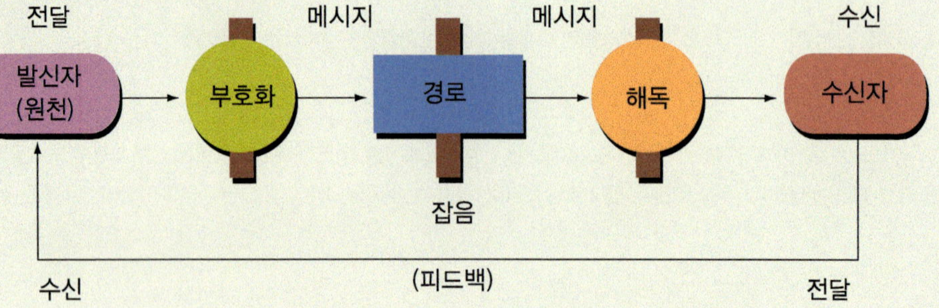

때 메시지는 상징적인 기호의 형태로 부호화(encoding)되어 어떤 매체(medium) 또는 경로(channel)를 통해 수신자에게 전달되고, 수신자는 발신자의 원래의 메시지를 해독(decoding)하게 된다. 이상의 전 과정에는 잡음(noise)이 작용하여 본래의 메시지의 의미를 왜곡시킨다.

① 발신자 또는 원천

아이디어나 정보를 전달하고자 하는 목적을 갖고 있는 사람으로, 이를 부호화하여 메시지를 창출하는 사람을 말한다. 발신자의 기술, 태도, 신뢰감, 지식과 같은 특성은 무엇을 어떻게 전달할 것인가에 영향을 미친다.

② 수신자

발신자의 메시지를 수신하는 사람으로, 조직 내에서는 수신자가 한 사람일 수도 있고 다수일 수도 있다. 수신자와 발신자의 관계, 수신자의 특성에 따라 메시지의 해석 방향이 달라질 수 있다.

부호화
전달하고자 하는 아이디어나 정보를 어떤 언어, 몸짓, 기호 등의 형태인 체계화된 메시지로 변환시키는 과정

③ 부호화

발신자가 전달하고자 하는 아이디어나 정보를 어떤 언어, 몸짓, 기호 등의 형태인 체계화된 메시지로 변환시키는 과정을 말한다.

Business Insight

어려울수록 커뮤니케이션에 더 많이 투자하라

뛰어난 의사전달 방법의 개발은 유능한 리더십에 있어서 절대명령이다. 리더는 자신의 생각과 아이디어가 다른 사람에게 긴박감과 함께 열정을 줄 수 있도록 해야 한다. 만일 메시지를 분명히 전달하여 동기를 주지 못한다면 메시지를 갖고 있다는 것은 아무런 소용이 없다.

- 길버트 아멜리오(전 내셔널 세미컨덕터 회장)

리더는 모든 사람에게 무엇이 정말 중요한지 이해할 수 있도록 간단명료하게 설명해 주어야 한다. 누구나 알아들을 수 있는 말로 반복해서 말해야 한다. 알아볼 수 없는 지도는 아무 소용이 없다. 실패의 원인은 종종 리더가 듣는 사람들이 이해하는 언어로 분명하게 전달하지 않은 데 있다. 어려울 때일수록 소통에 더 많이 투자해야 한다.

④ 메시지

메시지란 부호화과정에서 결과로 나타난 것이다. 메시지는 언어적 메시지와 비언어적 메시지로 나눌 수 있다. 그리고 언어적 메시지는 다시 구두 메시지와 문서 메시지로 나눌 수 있다. 비언어적 메시지에는 표정, 자세, 음성, 몸짓, 눈짓 등이 있다.

⑤ 매체 또는 경로

메시지를 전달하는 수단으로 직접대면 대화, 전화 통화, 집단 토의, 서류, 도표, 메모, 컴퓨터통신 등을 이용할 수 있다.

⑥ 해독

수신자가 전달된 메시지를 어떠한 개념이나 생각, 감정 등 자신에게 주는 의미로 변환시키는 사고과정을 말한다. 이때 메시지는 수신자의 경험이나 준거의 틀(frame of reference)에 따라 다르게 해석된다.

해독
수신자가 전달된 메시지를 어떠한 개념이나 생각, 감정 등 자신에게 주는 의미로 변환시키는 사고과정

⑦ 잡음

잡음이란 의사전달과정에서 메시지가 의도하는 바를 왜곡시킬 수 있는 요인을 말한다. 예를 들면 발신자의 태도, 전제, 인식에 따라 부호화가 영향을 받고, 수신자의 발신자와 경로에 대한 태도에 따라 해독이 영향을 받으

잡음
의사전달과정에서 메시지가 의도하는 바를 왜곡시킬 수 있는 요인

며, 매체에 대한 장애요소가 개입되면 역시 효과적으로 의사소통이 이루어지기 어렵다.

3. 의사소통의 장애요인 및 극복방안

(1) 의사소통의 장애요인

효과적인 의사소통을 방해하는 장애요인은 다음과 같다.

① 여과

여과
발신자가 의도적으로 정보를 조작하여 수신자에게 호의적으로 보이게 하려는 것

여과(filtering)란 발신자가 의도적으로 정보를 조작하여 수신자에게 호의적으로 보이게 하려는 것을 말한다. 일반적으로 조직계층상에 계층의 수가 많을수록 여과 현상이 많이 발생한다.

② 선택적 지각 및 조직화

선택적 지각
수신자가 자신의 욕구, 동기유발, 경험, 배경 및 기타 개인적인 특성에 따라 정보를 보고 듣는 것

선택적 지각(selective perception)이란 수신자가 자신의 욕구, 동기유발, 경험, 배경 및 기타 개인적인 특성에 따라 정보를 보고 듣게 되는 것을 말한다. 또한 수신된 메시지를 해독할 때 자신의 관심과 기대를 반영시키기도 한다.

그림 14-11 선택적 지각 및 조직화

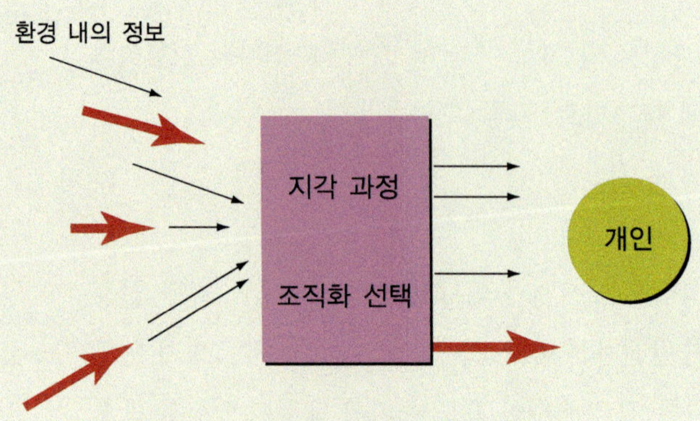

조직화(organization)란 수신하는 여러 정보를 체계적인 방법으로 범주화하거나 집단화하여 해석하는 것을 말한다. 경영자는 매일 전화메시지, 편지, 메모, 회의 등을 통한 수많은 정보에 노출된다. 이때 자신의 기준에 따라 몇 개의 메시지 범주나 집단으로 분류하여 해석하게 된다.

조직화
수신하는 여러 정보를 체계적인 방법으로 범주화하거나 집단화하여 해석하는 것

③ 정서

메시지를 수신하는 시점에서 수신자가 어떤 정서(emotion)적 상태, 즉 어떤 기분을 갖는가 또는 어떤 느낌을 갖는가 역시 메시지의 해석에 영향을 미친다. 메시지가 정서적으로 산란할 때 수신되는 경우와 기쁠 때 수신되는 경우에 있어서 메시지의 해석에 큰 차이가 난다. 특히 극단적인 정서 상태는 이성적이고 객관적인 사고과정이 무시되기 때문에 효과적인 의사소통에 장애가 된다.

④ 언어

말은 사람에 따라 다른 의미를 지닐 수 있다. 또한 조직 내에서 전문 영역별로 근무하는 종업원은 자기들끼리만 이해할 수 있는 독특한 언어가 있기 마련이고, 이것을 다른 부서에서는 같은 의미로 이해하기 어려운 경우가 있다. 또한 조직계층 간에도 사용하는 언어가 명확히 동일하게 이해되기 어렵다.

⑤ 비언어적 단서

일반적으로 언어적 의사소통은 비언어적 의사소통을 동반한다. 이 경우 비언어적 단서와 언어적 메시지 간에 차이가 발생하면 수신자는 메시지의 해석에 어려움을 겪게 된다.

(2) 의사소통 장애요인 극복방안

의사소통의 장애요인을 극복할 수 있는 방안은 다음과 같다.

Management Highlight

인재 활용에 대한 역발상

로버트 서튼 교수는 조직의 창의성을 극대화하기 위해서는 기존의 생각과 다른 방식으로 인재를 활용할 필요가 있다고 강조한다. 일반적으로 코드에 어긋나는 행동을 하는 인재라는 사람들이 창의성을 오히려 촉진시킬 수 있다는 지적이다. 그 대표적인 인재 유형으로 다음의 세 가지를 제시한다.

학습 부진자(Slow Learner)

회사는 조직에서 인정받고 올바른 방식만을 습득하는 사람들을 원하는 경향이 있다. 그 밖에는 모두 학습 부진자로 치부해 버린다. 그런데 이들은 기존의 낡은 지식을 거부하고, 오히려 새로운 지적 충돌을 유도할 수도 있다. 제록스의 게리 스타크웨더가 광학 복사기를 고집하던 조직분위기에서 끈질기게 레이저 복사기를 개발해 빅히트를 쳤던 것을 그 예로 들 수 있다.

조직을 불편하게 하는 사람(People who make you feel uncomfortable)

생각하고 말하고 행동하는 방식이 달라 조직을 불편하게 하는 사람도 필요하다. 비판을 위한 비판이 아니라면, 기존의 말과 행동방식은 달라질 수도 있는 것이다. 또한, 다양성을 확보한다는 면에서도 똑같이 생각하는 사람들의 모임은 창의성에 도움이 되지 않는다.

그 분야에 필요할 것 같지 않은 사람(People who probably don't need)

캐나다의 연료 전지 회사 발라드 파워 시스템은 건전지와 무관한 경험의 화학 교수 키이스 프레테를 채용하여 신개념의 혁신적 전지를 개발한 바 있다. 다른 분야에서 일하던 사람을 통해 새로운 관점에서 문제 해결을 하는 경우도 많다.

- Robert I. Sutton, "The Weird Rules of Creativity", 〈Harvard Business Review〉, 2001. 9

① 피드백의 활용

의사소통과정에서 발생하는 문제의 대부분은 오해와 부정확성이 원인인 경우이다. 이 경우에는 피드백을 통해 오해나 부정확성에서 기인된 문제를 해결할 수 있다.

② 언어의 단순화

의사소통과정에서 수신자가 이해하기 쉬운 언어, 즉 명확하고 이해 가능한 언어를 이용해야 한다. 다시 말해 경영자는 수신자를 고려하여 언어를 단순화해야 한다. 효과적인 의사소통은 수신자가 이해 가능해야 하기 때문이다. 예를 들어서 전문용어를 너무 사용하면 해당 집단구성원은 이해를 하나 집단 외부 사람은 이해하기 어렵다.

③ 적극적인 경청

메시지의 수신과정에서 수신자의 주의가 산만하면 메시지의 내용을 완전히 이해하기 어렵다. 듣는 것(hearing)은 수동적이나, 경청(listening)은 능동적으로 의미를 탐색하는 것을 의미한다. 경청은 수신자가 발신자의 감정을 이입(empathy)할 때 가장 증진될 수 있다. 감정이입을 통해 경청을 하는 사람은 판단의 근거를 메시지의 내용에 두고 무엇이 이야기되고 있는가를 주의 깊게 듣는다.

적극적인 경청을 하는 방법으로는 주의산만을 없애거나, 말의 도중에 끼어들어 말의 흐름을 차단하지 않고, 의문점을 다시 물어 확인하는 방법이 있다.

대한민국 상위 1%에 속하는 부유층에 접근하기는 사실 쉬운 일이 아니다. 하지만 명품브랜드 숍마스터들에게 '그들'은 VVIP 고객이기도 하지만 때론 대화 상대, 때론 가족이 되기도 한다. 강남 명품 브랜드 숍마스터 1세대인 이미선 씨는 최상류층 고객관리 노하우의 첫 번째를 '경청(傾聽)'으로 꼽았다.

④ 감정의 억제

정서적으로 혼란 상태에 있으면 메시지를 왜곡하기 쉽고 때로는 메시지를 명확하게 표현하지 못하게 된다. 이때는 냉정을 되찾을 때까지 의사소통을 보류해야 한다.

⑤ 그레이프바인의 활용

그레이프바인(grapevine)이란 그림 14-12에서 보듯이 포도덩굴과 같은 조직 내의 비공식적 의사소통 경로를 말한다. 비공식적 의사소통 경로는 공식적 의사소통 경로의 효과를 저해할 가능성도 있으나 의사소통에 순기능을

그레이프바인
포도덩굴과 같은 조직 내의 비공식적 의사소통 경로

Business Insight

일대일로 직접 커뮤니케이션하라

나는 스칸디나비아항공사(SAS)에 취임한 날부터 직원과의 의사소통을 최우선으로 하였다. 처음 한 해 동안 정확히 근무시간의 절반을 현장에서 벗어나 SAS 직원들과 대화하는 데 사용하였다. 직원 세 명이 어느 시간에 모이기만 해도 '회장이 곧 나타나 대화를 나눌 것'이라는 우스갯소리도 나돌았다. 나의 열정과 개입이 순수하다는 것을 보여 주고 내 책임이양을 받아들이게 하는 방법이었다.

- 얀 칼슨(전 스칸디나비아항공 회장)

정말 중요하다고 생각하는 일은 모든 사람의 뇌리에 새겨질 수 있도록 100번이고 반복해서 말할 수 있어야 한다. 그런 점에서 잭 웰치 전 GE 회장의 다음 말은 귀감이 될 만하다. "열 번 말하지 않은 것은 한 번도 말하지 않은 것과 같다. 1,000명의 직원을 통솔할 경우 1,000명 각 개인과 만나 대화하고 설득할 각오가 되어 있어야만 한다." 이 정도로 직원들과 허심탄회하게 직접 소통한다면 불가능은 없을 것이다.

그림 14-12 그레이프바인의 종류

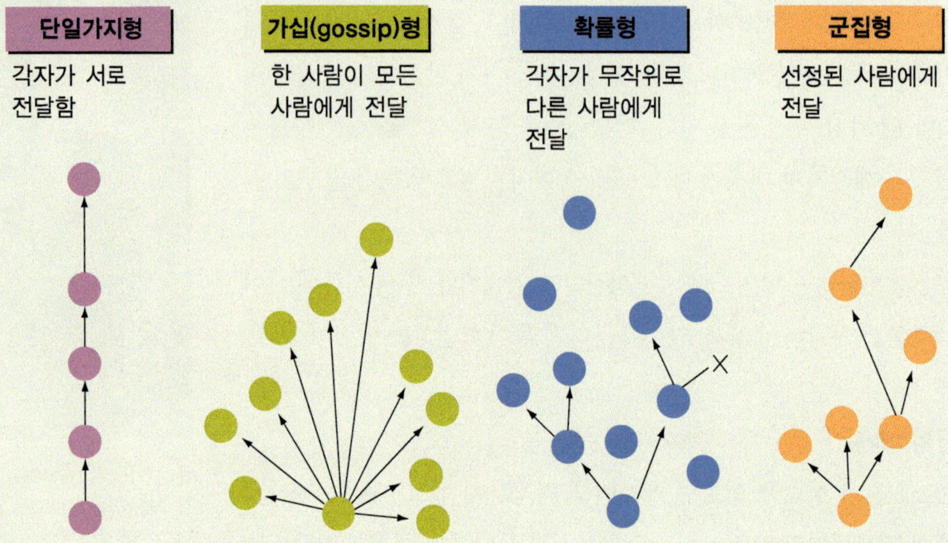

하도록 해야 한다. 공식적 의사소통 경로를 통해 불가능한 의사소통도 때로는 비공식적 의사소통 경로를 통해 가능한 경우도 있기 때문이다.

비공식적 의사소통 경로를 통한 의사소통은 소통의 속도가 매우 빠르고, 유연성이 있으며, 비록 소문과 유사한 특성이 있으나 수신자 입장에서는 사실로 받아들인다. 따라서 경영자는 비공식적 의사소통 경로를 적절히 활용할 필요가 있다.

소시오그램
누가 누구를 좋아하고 싫어하는가를 그림으로 나타낸 것

그레이프바인을 효과적으로 활용하기 위하여 **소시오그램**(sociogram)을 작성하는 방법이 있다. 소시오그램이란 누가 누구를 좋아하고 싫어하는가를 그림으로 나타낸 것으로, 조직구조가 의사소통의 경로를 사전에 지시해 준 것이라고 한다면 소시오그램이란 이미 형성된 비공식적 의사소통 경로를 사후적으로 파악하는 것이다.

특히 그레이프바인은 의사결정의 마지막 단계에서 의사결정에 대한 반응을 점검해 보는 데 유용하며, 경영자가 그레이프바인의 성원인 경우에는 의사소통의 피드백을 위한 중요한 원천으로 활용할 수 있다.

그림 14-13 의사소통 네트워크의 종류

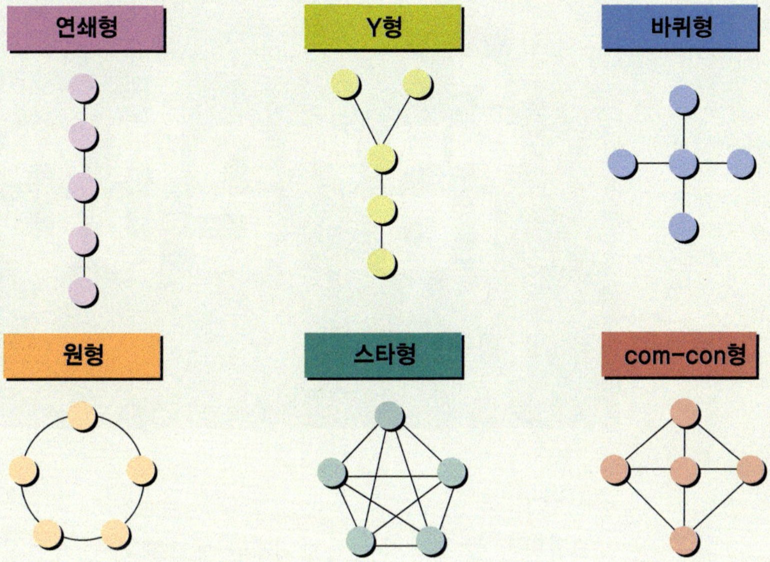

4. 의사소통 네트워크

의사소통 네트워크(communication network)는 의사소통 경로에 있어서 누가 누구와 의사소통을 할 수 있는가를 지시해 주는 것으로 사전에 결정된 패턴을 말한다. 따라서 의사소통 네트워크는 조직마다 다르며 조직구조에 의해서 영향을 많이 받는다.

의사소통 네트워크
의사소통 경로에 있어서 누가 누구와 의사소통을 할 수 있는가를 지시해 주는 것

의사소통 네트워크의 종류는 그림 14-13 과 같이 연쇄형(chain), Y형, 바퀴형(wheel), 원형(circle), 스타형(star), com-con형 등 여섯 가지가 있다.

① 연쇄형

연쇄형에서는 의사소통이 위아래로만 이루어지며, 일반적으로 고층조직(tall organization)에서 공식적인 명령계통이 이에 해당한다.

페이스북은 세계 최대의 SNS(Social networking service) 업체다. 사진·동영상 SNS 인스타그램(Instagram)과 세계 최대의 모바일 메신저 왓츠앱(WhatsApp)도 페이스북이 소유하고 있다. 2016년 3월 월간 이용자 기준으로, 페이스북은 약 16억 명, 왓츠앱은 약 10억 명, 인스타그램은 약 5억 명가량에 달한다. 인스타그램에는 매일 8,000만 건 이상의 사진이 포스팅되고 있으며, 페이스북에는 매일 35만 명 이상이 '좋아요'를 누르고 있다. 물론 이런 수치는 계속 증가하고 있다.

② 바퀴형

구성원이 한 사람의 감독자에게만 보고를 하는 작업집단에서 이루어지는 의사소통 유형이다. 가운데 사람이 의사소통의 중심인물이며 다른 구성원은 중심인물과만 의사소통이 가능하다.

③ Y형

Y형은 연쇄형과 바퀴형이 혼합된 네트워크이다. 연쇄형과 같이 연속적 의사소통과 바퀴형의 중심인물을 중심으로 의사소통이 이루어진다.

④ 원형

구성원 간의 상호작용이 집중되어 있지 않고 널리 분산되어 있는 의사소통 네트워크이다. 태스크포스나 위원회 같은 조직에서 나타나는 유형으로 수평적 네트워크를 형성한다.

⑤ 스타형

그레이프바인과 같은 비공식적 의사소통 네트워크에 해당한다. 공식적 및 비공식적 리더가 없이 구성원 누구나 의사소통을 할 수 있는 유형이다.

⑥ **com-con형**

스타형과 같이 모든 구성원이 직접 의사소통을 할 수 있으나 의사소통의 중심인물이 있어 리더 역할을 하는 네트워크이다. 오늘날 유행하고 있는 팀 조직(team organization)에서 볼 수 있는 유형이다.

사례

사례 - ①

밀레니얼 세대에게 필요한 동기부여 방식

밀레니얼 세대 직장인들의 특징

조직 내에 유입되기 시작하고 있는 밀레니얼 세대는 1980년대 초반부터 2000년대 초반 출 생한 세대를 일컫는 말로 이들의 주요 특징을 살펴보면 다음과 같다.

● 행복과 성공 기준이 '나'에게 있다

본인이 생각하는 삶의 행복과 성공의 기준이 있다는 점이다. 2013년 5월 타임지는 밀레니얼 세대를 '나나나 세대(Me Me Me Generation)'로 정의하였다. 관련 기사에서는 밀레니얼 세대가 이전 세대보다 본인 중심의 세대라고 말하며, 사회적 기준을 따르던 기성세대와 달리 행복의 기준, 성공의 기준 역시 '나' 중심으로 개개인에 따라 다르다고 설명하였다. 이는 비단 미국뿐만이 아니라 이웃나라인 일본에서도 관찰되는데, 일본의 저명한 사회학자인 '후루이치 노리토시'는 그의 저서 『절망의 나라의 행복한 젊은이들』을 통해 일본의 젊은 세대들이 '돈'이나 '명예'보다는 '자기충족적인 행복'을 추구하고 있음을 설명하였다.

● 집단의식이 약하다

밀레니얼 세대는 집단의식이 약하고 개인주의 성향이 강하다는 특징이 있다. 상대적으로 집단주의 성향이 강했던 기성세대는 주말 근무나 반복되는 야근에 대한 수용도가 높았다. 조직을 위한 개인희생이 불가피하다고 인식한 것이다. 그러나 개인주의 성향이 강한 밀레니 얼 세대는 불필요한 야근, 과도한 회식에 대해 개인 사생활이 침해당한다고 여긴다. 젊은 직 장인은 합리적으로 일하는 조직, 유연한 근무시간, 본인이 원할 때 눈치 보지 않고 쓸 수 있는 휴가 등을 원하지만 사실 이러한 업무 환경이나 조직운영 방식을 가진 기업은 거의 없어 갈등의 요인이 되고 있다.

● 불안감이 높다

저성장기 앞에 선 밀레니얼 세대 직장인들은 기성세대가 초기 회사생활을 했을 때보다 더 불안감이 크다. 그렇다 보니 평생직장의 개념이 사라지고 조직 내에서 롱런에 대한 의미부여를 별로 하지 않는다. 구조조정은 고위직급의 나이든 직원에서 그치는 것이 아니라 대리, 사원급까지 확대되면서 오늘날 젊은 직장인들에게 일자리에 대한 불안감은 더욱 강해졌다. 구조조정이 아니더라도 회사가 성장하기 어려워지면서 예전과 같은 자리(post)를 만들어 낼 수 없게 되었다. 그로 인해 이제 막 기업에 자리를 잡은 젊은 구성원들이 성공할 수 있는 기회는 기성세대에 비해 적어졌다. 그뿐 아니라 기술이나 경영 환경이 너무 빠르게 변해 본인이 속한 조직과 사업군이 당장 망할 수도 있다고 생각한다.

● 일의 가치와 의미가 중요하다

밀레니얼 세대 직장인들은 기존 세대보다 일의 가치나 의미를 중요하게 생각하는 경향을 보인다. 기성세대들이 '생존'에 영향을 받았다고 한다면, 20~30대 구성원들은 일의 가치나 의미를 중요하게 여긴다. 2015년 메리 미커의 〈인터넷 동향 보고서〉에 따르면 밀레니얼 세대에게 가장 중요한 것은 '높은 금전적 보상'이 아니라 '의미 있는 일'이었다. 한국도 유사한 현상을 보이는데, 2016년 한국경영자총협회에서 발간한 보고서에 따르면 1년 내 퇴사하는 신입사원들의 퇴직사유에서 조직 및 직무실패(49.1%)가 급여 및 복리후생(20.1%)보다 훨씬 더 높게 나타났다. 밀레니얼 세대들은 일의 의미나 가치를 인식하고 흥미를 느끼면 주 말 시간도 반납할 만큼 몰입하고 헌신하는 모습을 보이기도 한다.

● 수평적 커뮤니케이션을 원한다.

밀레니얼 세대 직장인들은 쌍방의 수평적이고 자유로운 커뮤니케이션에 익숙해져 일방적인 지시에 익숙하지 않다. 20~30대 직장인 세대는 '사회 관계망 서비스(SNS)'에 익숙한 세대로 끊임없이 소통하는 데 어려움이 없는 세대이다. 이로 인해 밀레니얼 세대는 회사 내에서 도 즉각적인 피드백과 일상적인 커뮤니케이션을 기대하고 있다. 그들에게는 일 년에 한 번으로 정례화된 평가, 피드백 시스템이나 몇 단계를 거치는 의사결정과정, 일의 결과에 대한 무반응을 이해하지 못하기도 한다.

토 의 문 제

1. Y세대의 특징은 무엇인가?

2. 기업들이 Y세대의 동기부여에 관심을 두어야 하는 이유는 무엇이라고 생각하는가?

3. 위의 두 회사가 Y세대의 동기부여를 위해 채택한 방법을 비교해 보라.

사례 - ②

픽사의 건전한 피드백이 숨 쉬는 협력문화

창의성을 발휘할 가능성이 높은 우수한 인재들을 확보하고 이들이 창의성을 발휘할 수 있는 다양한 제도나 시스템을 마련해 주는 것은 중요하다. 이와 함께 필요한 포인트는 이들이 소통하여 같은 목표를 향해 함께 일할 수 있는 협력의 문화를 만드는 것이다. 이때 구성원들은 하나의 공동체로서 살아 숨 쉬는 집단의 창의성을 분출하게 될 것이다. 특히, 서로를 신뢰하고 존중하면서도 격렬한 의견 교환과 아이디어에 대한 피드백이 가능한 문화가 갖추어질 필요가 있다.

이와 관련해서는 컴퓨터 애니메이션 업체 픽사(Pixar)사가 좋은 본보기이다. 이 회사는 1995년 세계 최초로 〈토이 스토리〉라는 장편 애니메이션영화를 내놓은 것을 필두로, 지난 15년 동안 8편의 애니메이션영화를 성공시켰다. 그 과정에서 10여 개의 특허를 출원했으며, 중요한 것은 픽사에서 만든 모든 영화가 스토리, 배경, 캐릭터를 내부에서 직접 만들어 냈다는 점이다. 이를 통해 회사는 집단 창의성의 대명사로 알려지기 시작했다. 여기에서 픽사의 세 가지 조직운영 원칙을 눈여겨볼 필요가 있다. 첫째, "누구에게나 다른 사람들과 의견을 교환할 수 있는 자유가 있다." 둘째, "누구라도 자유롭게 아이디어를 제공할 수 있어야 한다." 셋째, "업계에서 일어나는 혁신 내용에 해박해야 한다." 이 세 가지 원칙을 토대로 회사는 지위고하를 막론하고 모든 직원이 서로를 돕는 독특한 협력문화를 구축하고 있다. 모두가 '뭉치면 살고 흩어지면 죽는다'라는 생각으로 일하면서 집단 창의성을 맘껏 발산하고 있다.

이런 픽사의 문화를 가장 잘 보여 주는 것이 바로 '두뇌위원회'와 매일 진행되는 '리뷰회의'이다. 먼저, 두뇌위원회는 픽사의 8명의 감독과 제작자 그리고 회의에 도움이 되는 사람이라면 누구나 참여한다. 현재 영화 제작의 진척 사항을 확인한 다음, 참석자들은 2시간 동안 영화를 좀더 괜찮게 만들기 위한 방법에 대해 격론을 벌인다. 두뇌위원회를 진행할 때에는 자존심 같은 건 버려야 한다. 누구도 상대가 기분 나빠할 것을 염려해서 예의와 격식을 차리지 않는다. 그러나 모든 참가자가 서로를 신뢰하고 존경하기 때문에 놀라운 문제해결 능력을 발휘한다. 두뇌위원회에서 나온 의견과 아이디어는 아무런 강제성은 없다. 픽사에서는 이를 놓고 '서로 도움이 필요할 때 힘을 모으는 최고 영화 제작자들의 공동체'라고 부르고 있다. 일일 리뷰회의 역시 픽사의 협력문화를 대표한다. 매일 자신이 진행하고 있는 일의 진행 상황을 공유하고 도움이 필요한 사항을 요청하면, 동료 입장에서 건전한 피드백이 이루어진다고 한다. 픽사의 구성원은 "두뇌위원회나 리뷰회의를 통해 뭔가를 배우고 서로를 격려할 수 있다"라고 한결같이 말한다.

토의문제

1. 픽사사의 의사소통 핵심 내용은 무엇인가?

2. 픽사사의 의사소통 개념이 조직에 기여한 것은 무엇인가?

주요 용어

동기, 동기유발, 동기유발과정, 내용이론, 욕구계층이론, ERG이론, 동기유발-위생이론, 위생요인, 동기요인, 성취-동기유발이론, 과정이론, 기대이론, 유인가, 공정성이론, 강화이론, 긍정적 강화, 회피, 행동 수정, 4-40 프로그램, 자유출퇴근시간제도, 직무공유제도, 의사소통, 의사소통의 과정, 발신자, 수신자, 부호화, 메시지, 매체, 해독, 잡음, 여과, 선택적 지각, 조직화, 정서, 비언어적 단서, 그레이프바인, 의사소통 네트워크

연습문제

01 매슬로의 욕구계층이론을 설명하시오.

02 ERG이론의 내용을 설명하시오.

03 동기유발-위생이론의 내용을 설명하시오.

04 성취-동기유발이론의 내용을 설명하시오.

05 기대이론의 내용을 설명하시오.

06 공정성이론의 내용을 설명하시오.

07 강화이론의 내용을 설명하시오.

08 근무시간변경제도의 종류를 설명하시오.

09 직무순환, 직무확대, 직무충실화의 차이점을 설명하시오.

10 직무순환의 장·단점을 열거하시오.

11 직무충실화를 달성하기 위한 전제조건을 설명하시오.

12 의사소통에 능한 기업의 이점을 설명하시오.

13 의사소통의 과정을 설명하시오.

14 의사소통의 장애요인을 설명하시오.

15 의사소통 장애요인의 극복방안을 설명하시오.

16 의사소통 네트워크의 종류를 설명하시오.

CHAPTER 15

지휘(2): 리더십

모든 조직의 문제는 리더십의 문제이다.

- 버트 네이너스(리더십 학자)

리더란 다른 사람들로 하여금 싫어하고, 하기를 원치 아니하는 일을 하도록 만드는 능력이 있는 사람이다.

- 해리 S. 트루먼(미국 대통령)

너희 중에 누구든지 으뜸이 되고자 하는 자는 모든 사람의 종이 되어야 하리라.

- 예수 그리스도(마가복음 10:44)

제15장 지휘(2): 리더십

제1절 리더십의 개념

1. 리더십의 개념

조직의 목표달성을 위해 구성원의 특성을 잘 살피고 이들을 통합하여 시너지효과를 이끌어 내는 리더의 역할이 중요하다는 것은 많은 역사적 사건들이 증명하고 있다. 이순신 장군이 명량해전에서 12척의 배를 이끌고 200척이 넘는 왜선을 상대로 싸움을 벌여 왜의 수군을 무찌름으로써 수세에 몰려 있던 전황을 완전히 뒤바꿔 놓은 것은 이순신 장군의 리더십(leadership)을 알지 못하고서는 설명할 수 없는 사건일 것이다. 또한 '난세에 영웅이 나온다'는 말은 조직환경이 어려울 때 난국을 전환시킬 수 있는 리더의 리더십이 중요함을 일러 준다.

기업조직에 있어서도 리더십은 조직의 목표달성을 위해 매우 중요한 변수가 되고 있다. 위기에 빠진 일본 닛산 자동차회사를 살려낸 카를로스 곤 회장이나, 열악한 환경에서도 '하면 된다'는 현대의 신화를 일궈 낸 정주영 회장의 리더십은 기업성공의 신화가 되었다.

오늘날 많은 기업은 조직을 활성화하지 못하여 구성원의 직무만족을 떨어뜨리고, 이것은 시장점유율과 성과지표의 저하로 이어져 파국을 초래하는 현상을 보이고 있다. 공직사회에 만연한 이른바 복지부동(伏地不動) 현상도 결국은 리더십의 결여가 근본적 원인이라고 할 수 있다.

그러면 리더십이란 무엇인가? 리더십의 정의에 대해서 여러 학자들의 견

리더십
조직의 목적을 달성하기 위해서 구성원에게 영향력을 행사하는 과정

2005년에 개봉된 영화 〈코치 카터〉는 1970년대에 미국 리치몬드 고등학교 농구팀의 스타로 유명했던 '켄 카터'라는 주인공이 그의 모교 리치몬드 고교로부터 농구팀 코치를 해달라는 제의를 받게 되고, 긴 망설임 끝에 코치 자리를 수락하는 것에서 이야기가 시작된다. 캘리포니아 주에서도 특히나 가난한 흑인들의 거주지인 리치몬드의 아이들은 대부분이 학업을 중도에 포기하고 감옥에 가거나 마약을 일삼는 인생을 살고 있다. 카터는 이렇게 제멋대로에 반항적인 학생들만 모아놓은 듯한 리치몬드 고등학교의 농구팀의 코치직을 맡게 된 것이다. 그는 첫째, 4년째 최하위 기록을 갖고 있는 리치몬드 농구부에 과거의 명예를 되찾아주고, 둘째, 정해진 방향도 없이 방황하는 농구부 아이들이 보다 더 나은 삶을 살아갈 수 있도록 고등학교를 졸업시켜 대학에 진학시키는 목표를 세운다. 영화 전반에 걸쳐 코치 카터의 의도는 학생들과 학부모를 포함한 많은 반대자들과 충돌을 겪는다. 그러나 결국 코치 카터의 리더십에 학생들 스스로의 노력과 주체적으로 자신의 삶을 이끌어나가려는 힘이 더해져 시너지 효과를 내게 되고, 리치몬드 농구팀은 코치 카터의 첫 번째와 두 번째 목표 모두를 달성하게 된다.

해가 있으나, 일반적으로 '리더십이란 조직의 목적을 달성하기 위해서 구성원에게 영향력을 행사하는 과정'이라고 정의할 수 있다. 여기서 '영향력을 행사하는 과정'은 사람을 변화시키고(transform), 새롭게 하며(renew), 힘을 주고(energize), 영감을 주는(inspire) 행위를 말한다. 극단적 예로, 조직의 현상(status quo)을 바람직한 방향으로 변화시키기 위해 조직을 일시적으로 혼돈에 빠뜨려 재정립(realign)하는 행위도 리더십으로 간주된다.

2. 현대 조직에 있어서 리더십의 중요성

현대 조직에서 리더십은 매우 중요하다. 조직과 리더십의 관계는 자동차와 엔진에 비유할 수 있다. 엔진의 열효율성, 즉 연비가 높을수록 자동차는 적은 연료로 보다 많은 거리를 달릴 수 있다. 사회시스템에서 리더십은 변환과정(transformation process), 즉 '블랙박스(black box)'에 해당된다고 할 수 있다. 즉 시스템의 산출요소(output)의 차이는 대부분 리더십에 따라 결정된다고 할 수 있다. 비록 인적자원과 물적자원 같은 투입요소(input)에 있어서 열세에 놓여 있는 기업이라고 할지라도 변환과정, 즉 리더의 리더십이 훌륭하면 좋은 산출물(제품, 서비스)을 생산해 낼 수 있다. 따라서 리더십은 기업의 국면전환, 선회전략(turnaround strategy)에 있어서 매우 중요한 요소이며, 그 기업의 변환과정의 효율성을 나타내는 중요한 지표가 된다.

또한 리더십은 조직 내 여러 인재들을 한 방향으로 모아 주는 자석이라고 할 수 있다. 오늘날 기업은 평범한 인재보다 비범하고 다양한 특성을 지닌 이색인재(異色人才)를 필요로 한다. 그런데 이러한 이색인재들에게 비전 제시 및 활동의 조정과 결합을 유도하는 리더십이 발휘되지 않는다면 조직은 무질서하고 혼란스러워질 것이다. 나아가 리더십은 조직의 다양한 인적자원을 활성화하고, 상호 연결시켜서 시너지효과(synergy effect)를 유발할 수 있으므로 리더십이 결여된 조직은 실패한 조직이라고 볼 수 있다. 즉, 리더십에서 실패하면 그 조직은 모든 것을 잃는다고 말할 수 있을 것이다.

제2절 리더십 연구의 발달과정

리더십 이론은 리더십의 어느 측면에 초점을 맞추어 연구하였는가에 따라 다양하게 나타난다. 리더십의 정의가 학자마다 달라서 이러한 연구들의 배경과 흐름을 충분히 이해하지 못하면 그 본질을 놓칠 우려가 있다. 여기서는 리더십의 이해를 돕기 위해 우선 리더십 연구의 발달과정을 서술하고, 구체적으로 개별 리더십 이론에 접근할 것이다.

초기 리더십 연구에서는 성공적인 리더는 남다른 특성을 지니고 있다는 가정을 바탕으로 리더의 특성을 연구하였다. 이러한 연구를 특성이론(traits theory)이라 하는데, 이 리더십 이론은 리더의 공통적인 특성을 찾아내지 못하여 성공적인 리더십과 리더의 특성 간의 관련성을 규명하지 못하였다.

특성이론의 한계를 보완하기 위하여 연구된 리더십 이론이 리더십 행동이론(behavioral theory)이다. 이 이론은 리더와 부하 간의 관계를 중심으로 리더의 행동유형을 연구하였는데, 역시 어떤 행동유형의 리더가 가장 효율적인 성과를 이룰 수 있는지에 대해서는 완전한 해답을 주지 못했다.

근래에 와서 연구자들은 리더십이 상황과 매우 밀접한 관계가 있다는 데 관심을 기울였다. 이를 리더십의 상황이론(contingency theory of leadership)이라고 하는데, 이 이론에 따르면 상황이 리더를 만드는 것이므로 가장 효과적인 리더란 상황에 적합한 리더십을 적절히 행사하는 리더라는 것이다.

이 밖에도 리더십의 설명하는 이론들이 많다. 최근에 각광을 받고 있는 리더십 이론들에 대해서도 간략하게 살펴볼 것이다.

제3절 리더십 특성이론

리더십 특성이론
리더의 개인적 자질에 초점을 맞추고 이러한 자질이 리더의 유효성에 어떤 영향을 미치는지 연구

리더십의 초기 이론들은 리더십의 효과를 리더의 특성과 관련지어 설명하였다. 즉 **리더십 특성이론**(traits theory)은 리더의 개인적 자질에 초점을 맞추고 이러한 자질들이 리더의 유효성에 어떤 영향을 미치는지 연구하였다.

간단히 말해서 이 이론은 리더는 태어나는 것이지 만들어지는 것이 아니라고 주장한다. 리더에게는 어떤 시대나 어떤 상황에서도 사람들을 이끄는 특별한 자질이 있다는 것이다. 특성이론은 알렉산더 대왕(Alexander the Great), 잔 다르크(Jeanne d'Arc), 히틀러(Adolf Hitler), 처칠(Winston Churchill), 간디(Mahatma Gandhi)와 같은 세계적인 위인연구에 의해 영향을 받았다.

또한 리더십의 특성이론은 성공적인 리더들이 가지고 있는 공통된 특성(traits)을 연구하여 개념화한 이론이다. 1940년대에서 1950년대에 걸쳐 이루어진 연구에서는 주로 성공한 리더와 성공하지 못한 리더의 차이, 즉 리더 개인의 특성이나 특질(Characteristics)을 규명하고자 하였다. 여러 가지 연구가 있었으나 여기서는 바스(B. Bass)와 스톡딜(R. Stogdill)의 1948년과 1970년 두 차례에 걸친 연구를 중심으로 리더의 특성을 구분해 보고자 한다. 바스와 스

톡딜은 리더의 특성을 신체적 특성, 사회적 배경, 지능과 능력, 성격, 과업특성, 사회적 특성의 여섯 가지로 크게 분류하였으며, 그 내용을 살펴보면 다음과 같다.

1. 신체적 특성

신체적 특성(physical characteristics)의 구성요인에는 리더의 활동성, 에너지, 연령, 신장, 체중, 외모 등이 있다. 이들 신체적 특성은 리더십 기능을 발휘할 수 있는 능력과 밀접한 관계가 있다고 본다. 예를 들어 치안담당자의 경우에는 신장이나 체중이 보통 사람보다 더 우위에 있는 사람이 더 효과적인 리더십을 발휘할 수 있다는 것이다.

그러나 성공적인 리더의 특성은 상황과 환경에 따라서 모두 다르므로 일률적인 결론을 내리기는 어렵다. 리더의 신체적 특성과 효과적인 리더십 관계에 대한 연구에서, 신체적으로 우위에 있는 사람들이 보통 사람들보다 리더의 지위를 얻는 데 별다른 이익을 보지 못한 것으로 나타났다. 대표적인 예로 트루만, 간디, 나폴레옹, 스탈린 등은 왜소한 체구와 보잘 것 없는 외모에도 불구하고 강력한 리더십을 발휘하였다.

2. 사회적 배경

사회적 배경(social background)의 요인에는 사회적 신분, 교육, 이동성(mobility)을 들고 있는데, 바스는 사회적 배경에 대한 많은 연구결과를 종합하여 다음과 같은 결론을 도출하였다. 첫째, 일반적으로 높은 사회경제적 신분은 리더의 지위를 유지하는 데 유리하다. 둘째, 산업체에서 고위직으로 승진한 리더는 사회적 신분이 낮은 계층(흑인, 여성, 소수민족 등)에서도 과거보다 많이 배출되고 있다. 셋째, 관리직과 관련하여 MBA 등과 같은 석사학위의 요구가 증가하고 있다는 점 등이다.

위에서 언급한 바와 같이 사회적 배경의 결론은 어떤 리더가 다른 사람보다 사회적 배경이 좋으면 리더의 지위향상에 도움이 된다는 점이다. 그러나 오늘날과 같이 급변하는 환경에서는 사회적 배경보다도 기회의 빠른 포착과 꾸준한 노력이 리더십 유효성에 더 큰 영향을 미친다고 할 수 있다.

3. 지능과 능력

1948년부터 1970년 사이에 발간된 25개의 연구보고서에 의하면 리더십은 지능, 능력(Intelligence and Ability)과 정(正)의 상관관계를 갖는 것으로 나타났다. 여러 가지 연구 결과들은 리더가 부하보다 판단력, 결정력, 지식, 지능, 유창한 화술 등에서 훨씬 뛰어나다고 지적하고 있다.

그러나 지능과 능력 면에서 부하와 리더의 차이가 크면 리더는 자기본위적이기 쉽고 부하는 너무 진일보한 리더의 생각을 받아들이지 못하는 등 리더와 부하 사이에 사고방식, 지각, 의사소통의 문제가 발생할 수 있다.

4. 성격

한 개인의 특성인 성격(personality)은 리더십과 밀접한 관계를 가지고 있으며 리더십 유효성에 많은 영향을 미치고 있다. 성공적인 리더가 가지는 성격적 특성으로는 적응성, 강한 신념, 공격성, 독립성, 객관성, 판단력, 자신감, 지배성, 창조성, 기민성, 조정력, 추진력, 열성, 외향성, 긴장에 대한 지구력 등이 있다.

그러나 리더의 성격특성은 조직환경이나 부하의 특성 등에 따라 리더십 유효성이 각각 다르며, 모든 특성을 포함한 리더는 찾기도 어려울 뿐만 아니라 성격상의 특성을 정확하게 측정할 수도 없다.

5. 과업특성

리더의 과업에 대한 성취욕구 및 책임감 등은 중요한 리더십 요인이다. 유능한 리더는 높은 성취욕구와 책임감을 가지고 있다. 과업지향적이며 장애에 부딪쳤을 때 좌절하지 않고 목표를 추구하는 끈기가 있다. 이러한 과업특성(Task-Related Characteristics)을 가지고 있는 리더는 일반적으로 업무 추진력과 함께 강한 동기와 직무에 대한 집요함을 갖추고 있기 때문에 리더십 유효성이 증가하게 된다.

6. 사회적 특성

리더는 다양한 성격의 사람들과 잘 어울려야 하고 제반 환경에도 적극적으로 대응해야 한다. 그러므로 훌륭한 리더는 타인과 쉽게 친해질 수 있는 능력을 가지고 있다. 이러한 성격은 다른 사람들로부터 협동심을 불러일으키게 할 뿐만 아니라 조직목표 달성을 위해 적극적인 참여를 유도하여 리더십의 유효성을 증대시킬 수 있다. 이 밖에도 리더의 사회적 특성(Social Characteristics)으로는 매력적이고 인기가 있으며 부하들을 잘 보살피는 능력 등이 있다.

7. 특성이론에 대한 견해

특성이론의 단순성 때문에 많은 관리자들이 이 이론을 수용하고 있지만 특성이론은 이론적으로 지지를 얻지 못하고 있다. 왜냐하면 혈통적 배경이나 제한된 몇 가지 인적특성이 리더십 발휘능력과 상관관계가 있다는 어떤 증거도 존재하지 않으며, 관리자는 천부적 재능의 소유 여부에 상관없이 효과적인 리더가 될 수 있기 때문이다.

제4절 리더십 행동이론

특성이론이 상식에 부합하는 오래된 전통이기는 하지만, 리더와 비(非)리더를 구분하는 핵심특성(core traits)이 존재한다는 이론은 현실세계에서 드러나는 예외들에 의해서 지지되기 어렵고 오히려 공격받는 경우가 많았다. 그리고 특성이론을 신봉하는 학자들이 금과옥조로 내세우는 리더로서의 핵심특성은 학자들 간 일치하기 않는 경우가 많고, 특성의 종류와 가짓수도 많아서, 한 인간이 다수의 핵심특성을 갖추는 것은 불가능에 가까워 보인다. '리더는 타고난다'는 일부 사람들의 믿음은 리더가 된 이후 과대포장된 경우가 많아서 신빙성이 떨어지는 주장으로 간주되기도 하였다.

이러한 특성이론의 문제점을 인식하게 된 학자들은 리더의 조건과 성공하는 리더십이 무엇인지를 보다 정확히 설명하기 위해 1940년대 후반부터 연구의 초점을 개인적 특성에서부터 리더의 행동과 행동유형(behavior style)로 관심을 돌렸다. 연구자들은 리더십의 성공은 리더 개인의 특성에 기인하기보다는 리더의 행동유형, 즉 리더십 스타일에 의존한다는 가설을 내세우고 실증적인 연구를 통해 이를 입증하고자 시도하였다. 이러한 가설을 신봉하는 접근법을 '**리더십 행동이론**(behavioral theory of leadership)'이라고 한다. 리더십 행동이론의 대표적인 연구들은 다음과 같다.

리더십 행동이론
리더의 행동 또는 행동스타일에 초점을 맞춘 리더십 접근방법

1. 아이오와대학 연구(Iowa University Studies)

1938년 아이오와대학은 리더십 스타일에 대해 연구하였는데, 연구자들은 권위적 리더(authoritarian leader), 민주적 리더(democratic leader), 자유방임적 리더(laissez-faire leader) 유형을 중심으로 청소년들의 행동을 관찰하였다. 그 결과 3가지 리더 유형은 그룹 내에서 의사결정 권한에 차이를 나타냈다. 권위적 리더는 그룹을 위해 리더가 의사결정하여 결정된 사항을 그룹 구성원에게 알린다. 반면에 민주적 리더는 그룹 구성원들이 스스로 의사결정을 하도록

하고 리더는 의사결정점에 도달하도록 그룹 구성원을 돕는다. 또한 자유방임적 리더는 그룹 구성원과 리더의 상호작용 관계가 독립적이며 자율적 의사결정을 행한다.

3가지 유형의 리더십에 대한 실험 결과,

- 그룹 구성원들은 권위적 리더보다 민주적 리더를 더 선호한다.
- 그룹 내에서의 적대행위는 민주적 그룹보다 권위적 그룹과 방임적 그룹이 높게 나타났다.
- 그룹의 생산성은 민주형 리더가 제일 높았다.

후일 탄넨바움(R. Tannenbaum)과 슈미트(W. Schmidt)는 리더십 유형을 그림 15-1 과 같이 권위적 리더십과 민주적 리더십으로 양극화하여 두 리더십 사이의 연속성을 파악하였다. 그림은 의사결정과정에서 리더의 권한과 부하의 자유재량 영역에 따라 권위적 리더와 민주적 리더를 하나의 연속선 위에서 파악하고 리더의 다양한 행위유형을 나타내고 있다. 그러나 연속선상에서 어떤 행위유형을 선택해야 할지를 엄밀히 제시하지 못하고 있다. 아이오와대학의 연구(The Iowa University Studies)는 일반적으로 민주적 리더십 유형의 효과성을 지지하는 결과를 도출해 냈고, 당시 초기단계 인간관계 운동에 크게 기여하였다. 이 연구는 20명의 청소년을 표본으로 사용하였기 때문에 연구 결과의 일반화에는 제약이 있지만, 리더십 연구의 관심을 특성연구에서 행동연구로 진입하게 하는 계기가 되었다.

그림 15-1 **리더십 유형과 연속성**

권위적 리더십						민주적 리더십
리더의 권한영역						부하의 자유재량영역
리더가 의사결정을 하고 이를 공표한다.	리더가 행한 의사결정을 부하에게 수락하도록 한다.	리더가 아이디어를 제시하고 질문하도록 한다.	리더가 변경할 수 있는 임시적인 의사결정을 한다.	리더가 문제를 제시하여 제안을 하도록 하고 이에 따라 의사결정을 한다.	리더가 한계를 명시하여 집단으로 하여금 의사결정을 하도록 한다.	리더가 부하에게 위양한 권한 내에서 자율적 활동을 하게 한다.

2. 오하이오주립대학 연구(Ohio State University Studies)

1940년대 후반 오하이오주립대학의 플레시먼(E. Fleishman) 등에 의한 리더십 연구가 있었다. 이 연구 결과로 구조주도(initiation structure)와 배려(consideration)로 대표되는 리더십의 2요인이론이 개발되었다. 구조주도는 리더가 부하들의 역할을 명확히 정해 주고 그들에게 기대하는 것이 무엇인지 알려 주는 행동을 말하고, 배려는 리더가 부하들의 복지와 안녕, 지위, 공헌 등에 관심을 가져 주는 행동을 말한다. 그러므로 구조주도가 높은 리더는 일 중심의 성향을 보이며, 과업의 성과수준에 따라 부하를 평가한다. 반면에 배려가 높은 리더는 부하의 의견을 존중하고 자유로운 대화와 참여를 지원한다.

오하이오주립대학 연구(the Ohio State University Studies)의 의의는 다음과 같다.

첫째, 효과적인 리더가 어떤 경우에는 구조주도가 높은 쪽에서 또 어떤 경우에는 배려가 높은 쪽에서 발견되었다는 것이고, 둘째, 구조주도와 배려가 완전히 구분 가능한 영역이라는 것이다.

그림 15-2 오하이오주립대학의 리더십 유형

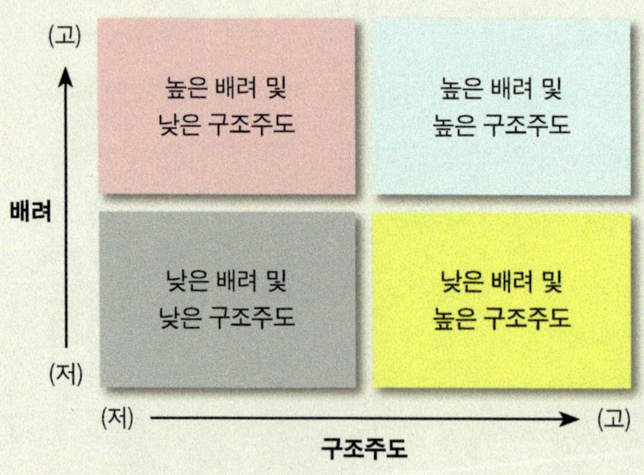

그림 15-2 를 통하여 4가지 리더십 유형으로 구분할 수 있다.

① I 유형 : 고(高)구조주도, 저(低)배려

② II유형 : 고구조주도, 고배려

③ III유형 : 고배려, 저구조주도

④ IV유형 : 저배려, 저구조주도

4가지 리더십 유형 중 가장 효과적인 리더십 유형에 대해서는 명확한 답이 없다. 이후의 연구에서는 고배려(종업원지향)형 리더의 종업원은 전직과 결근율이 낮고, 고구조주도(과업지향)형 리더의 종업원은 성과를 증진하는 것으로 나타났으나, 지속적으로 지지할 만한 연구결과를 도출하지 못하였다.

3. 미시간 대학의 연구(Michigan University Studies)

1940년대 후반부터 1950년대 초반까지 미시간대학의 연구자들은 리더십 연구를 실시하였다. 이 연구는 어떤 리더십 유형이 집단의 성과를 증진시키는지 알아내기 위해 리더의 행동(leader behavior), 집단과정(group process), 집단성과(group performance) 간의 관계에 중점을 두었다.

다양한 조직—화학, 전자, 식품, 중기계, 보험, 석유제품, 병원, 은행, 정보부서 등—에서 다양한 직종, 다양한 계층, 숙련자, 비숙련자 등 수천 명으로부터 얻은 자료를 토대로 연구자들은 리더 유형에 직무중심적 리더(job-

Business Insight

리더는 조직의 거울이다

리더는 조직의 거울이다. 직원들은 자신의 행동방식, 심지어 사고방식까지도 리더를 판단의 기준으로 삼는다. 어느 정도로 헌신적이고 얼마나 노력해야 하는지, 어느 선까지 예의를 갖춰야 하고 얼마만큼 정직해야 하는지 등을 모두 리더의 모습에 비춰 결정한다. 리더는 직원들의 인생과 성공에 큰 영향을 끼칠 수밖에 없다.

- 딘 토즈볼드·메리 토즈볼드, 『리더십의 심리학』

인간의 두뇌에는 다른 누군가의 행동을 보고 흉내 낼 때 관여하는 '거울 신경세포'라는 세포 조직이 있어 다른 사람의 행동을 수동적으로 바라보는 데 그치지 않고 그 모습을 '의식' 속에서 행동으로 옮긴다고 한다. 심리학자들은 이를 '모범의 위력'이라고 부르기도 한다. 알베르트 슈바이처 박사는 "모범을 보이는 것은 다른 사람에게 영향을 미치는 가장 좋은 방법이 아니다. 그것은 유일한 방법이다"라고 리더의 솔선수범을 강조한 바 있다. 모범은 가장 좋은 교육 방법이다.

centered or production-centered leader)와 부하중심적 리더(employee-centered leader)의 2가지 유형이 있음을 발견하였다. 직무중심적 리더는 생산과업을 중요시하고 생산방법과 절차 등 세부적인 사항에 관심을 가지며 공식적 권한과 권력에 비교적 많이 의존하면서 부하들을 치밀하게 감독하는 스타일의 리더를 말한다. 반면에 부하중심적 리더는 부하와의 관계를 중요시하고 권한을 위임하며 지원적 업무환경을 조성하여 부하의 개인적 발전과 성장, 성취 등에 관심을 가지며 부하에게 자유재량권을 많이 주는 스타일의 리더를 말한다. 미시간대학의 리더십 연구는 2가지 리더 유형 중 어느 유형이 더 효과적인지 결론을 내지 못하였다. 예를 들어, 연구자들은 어떤 조건에서는 직무중심적 리더십 유형하에서 부하의 만족도가 낮고 이직률이 높아도 생산성이 높다는 것을 발견하였다. 이것은 부하중심적 리더 유형하에서 높은 성과를 산출해 낼 것이라는 예측에 반(反)하는 결과였다.

4. 관리격자이론

관리격자(管理格子, managerial grid)이론은 블레이크와 마우튼(R. R. Blake and J. Mouton)이 오하이오주립대학의 구조주도적 리더십과 배려적 리더십의 연구 개념을 기초로 리더의 행동유형을 더욱 구체화하고 효과적인 리더십 행동을 배양하기 위해 개발한 이론이다. 관리격자이론은 그림 15-3에서 보는 바와 같이 수평축을 생산에 대한 관심(concern for production)과 수직축을 인간에 대한 관심(concern for people)의 두 영역으로 나누고 이를 격자로 계량화하여 리더의 행동유형을 5가지로 분류한다.

① **무관심형(impoverished : 1·1형)**

이 유형의 리더는 생산과 인간에 대한 관심이 모두 낮아서 조직구성원으로서 자리를 유지하기 위해 필요한 최소한의 노력만 한다.

그림 15-3 관리격자와 리더행동유형

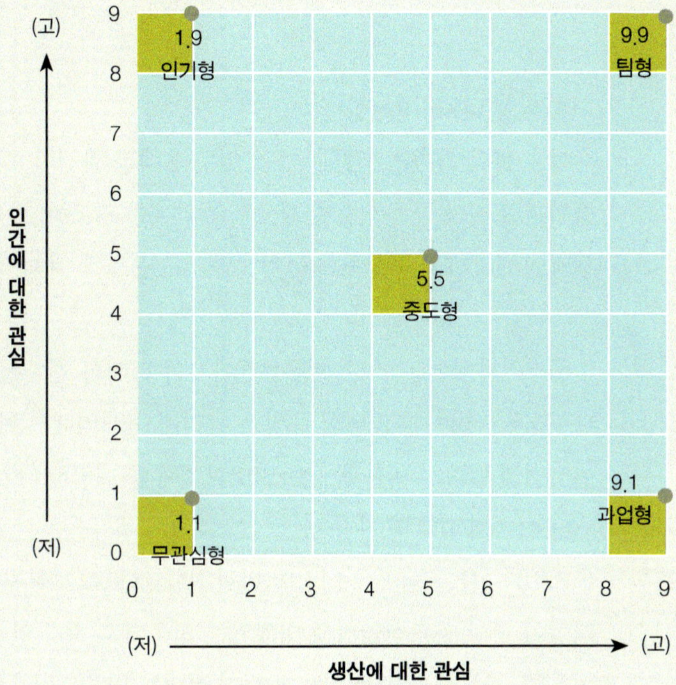

② **인기형**(country club : 1·9**형**)

이 유형의 리더는 인간에 대한 관심은 매우 높으나 생산에 대한 관심은 매우 낮다. 그래서 부하와의 만족스러운 관계를 위하여 부하의 욕구에 관심을 갖고, 편안하고 우호적인 분위기로 이끈다.

③ **과업형**(task or authority-obedience : 9·1**형**)

이 유형의 리더는 생산에 대한 관심이 매우 높으나 인간에 대한 관심은 매우 낮다. 그래서 일의 효율성을 높이기 위해 인간적 요소를 최소화하도록 작업 조건을 정비하고 과업수행능력을 가장 중요하게 생각한다.

④ **중도형**(middle of the road or organization man : 5·5**형**)

이 유형의 리더는 생산과 인간에 대해 적당히 관심 갖는다. 그래서 과업의 능률과 인간적 요소를 절충하여 적당한 수준에서 성과를 추구한다.

⑤ **팀형**(team : 9·9**형**)

이 유형의 리더는 인간과 과업 모두에 대한 관심이 매우 높다. 그래서 구성원과 조직의 공동목표 및 상호의존 관계를 강조하고, 상호 신뢰적이고 존경적인 관계에서 구성원의 몰입(commitment)을 통하여 과업을 달성한다.

관리격자이론은 조직체에서 관리자의 리더십 개발에 많이 활용되어 왔다. 먼저 관리자의 리더십 유형을 관리격자 개념에 의하여 측정한 후 가장 이상적인 팀형(9·9형)을 목표로 리더의 행동을 개발해 나가는 것이다.

이 이론에 따르면 가장 바람직한 리더의 행동유형은 팀형(9·9형)이라고 결론지었다. 물론 팀형 리더십이 바람직한 것으로 보이지만, 이런 유형의 리더십이 항상 효과적인지에 대해서는 의문의 여지가 있다. 예를 들면, 조직이 매우 위험한 상황에 처하게 되면 리더는 민주적이기보다는 독재적 행동을 나타내는 경향이 있기 때문이다.

최근에 블레이크와 맥켄스(A. A. McCanse)는 위의 5가지 리더의 행동유형을 종합하여 두 가지 형태로 제시하고 있다.

첫째는 온정주의적 관리(paternalistic management)로 위의 5가지 형태 중 인기형(1·9형)의 부드러운 측면과 과업형(9·1형)의 거친 성격을 결합한 리더의 행동유형이다. 이는 9+9로 표시되며 관리격자이론의 팀형(9·9)과 비교해 볼 때 팀형의 리더는 생산과 사람 양자 모두에 관심을 가지고 이를 조화롭게 해 나가려고 하는 것임에 반해, 온정주의적 리더는 과업형의 엄격함과 인기형의 우호적인 행동을 복합적으로 가지고 있기 때문에 부하의 충성심과 복종에 대해서는 과감한 포상을, 부하의 불복종에 대해서는 가차 없는 처벌을 가한다.

둘째는 기회주의적 관리(opportunistic management)로 리더의 행동유형은 고정되어 있지 않다는 것이다. 기회주의적 리더는 상황에 따라 가장 적절한 유형을 선택하고, 실제 직무상황에 가장 효과적인 행동을 취한다. 이때 선택기준은 리더 자신의 이익을 최대화하기 위해서 부하들을 가장 효과적으로 조정할 수 있는 것이 된다. 그러므로 리더뿐만 아니라 부하나 조직에게도 이익이 돌아간다면, 이것은 리더가 자신의 목표성취과정에서 발생한 부산물에 불과하다. 즉 기회주의적 관리를 하는 리더는 자기 이익만을 중요하게 여길 뿐 조직의 목표는 중요하게 생각하지 않는다는 것이다.

5. 리더십 행동이론에 대한 견해

리더십 행동이론에 따르면, 리더의 성공여부는 몇 가지 행동영역에 따라 결정된다. 오하이오대학의 연구 등에서는 리더의 행동이 집단성과와 부하의 만족감에 미치는 영향을 분석하여 가장 바람직한 리더십 행동 모형을 모색하였다. 초기 리더십 행동이론 연구는 과업지향적 행동보다 인간지향적 행동을 강조하였다.

그러나 다른 조사자들은 모든 상황에 가장 적합한 하나의 리더십 유형은 없다고 주장했다. 예를 들면, 제2차 세계대전 당시 전제적 리더였던 패튼(G. Patton) 장군과 민주적 리더였던 브래들리(O. Bradley) 장군은 그들의 리더십 유형이 정반대로 달랐음에도 불구하고 모두가 큰 전공을 세웠다. 이 사례와 마찬가지로 오늘날 성공한 경영자들의 리더십 유형이 전혀 다른 형태인 경우를 많이 볼 수 있다.

인간행동의 복잡성을 고려해 볼 때, 리더십 행동이론가들이 모든 상황에서 모든 사람들에게 효과적인 리더십 유형을 확인하지 못한 것은 당연하다. 리더십과정에는 행동 스타일 이외에도 많은 변수들이 작용하고 있으므로 이것들을 고려하지 않고서는 효율적 리더행동에 대한 결론을 내리기가 매우 어렵기 때문이다.

제5절 리더십 상황이론

리더십 특성이론이나 행동이론 연구는 모든 상황에 적합한 효과적인 리더십 유형을 발견하지 못하고, 리더의 특성과 행동이 각각의 상황에 따라 다른 결론을 도출할 수 있음을 보여 주었다. 즉 어떤 상황에도 적합하거나 우수한, 즉 상황과는 상관없이 항상 'One Best' 리더십 스타일이나 행동은 있을 수가 없으며, 훌륭한 리더는 주어진 상황에서 가장 효과적인 리더십을 발휘한다는 것이다. 이러한 기본인식에서 리더십 상황이론이 출현한다. 이 이론은 개성, 과업, 권력, 태도, 지각 등의 적합을 통하여 리더십의 효과성을 제시하는 차원에서 발전하였다. 상황이론에서는 여러 가지 상황적 조건을 구체화하고, 상황적 조건에 따른 리더십 행동과 효과를 집단성과와 집단구성원의 만족감을 중심으로 분석하였다.

리더십 상황이론
주어진 상황에 가장 적합한 또는 유효한 리더십 유형에 초점을 맞추고 분석하는 리더십 연구접근법

상황이론에서 고려되고 있는 중요한 상황적 요소들은 다음과 같다.

① 리더의 행동특성

리더의 행동에 작용하는 리더의 성격, 욕구, 동기, 지각, 능력, 과거경험, 강화작용 등을 말한다.

② 부하의 행동특성

부하의 행동패턴에 영향을 주는 특성으로 리더의 행동특성요소와 같다.

③ 집단요소

과업의 성격과 집단구조에 대한 내용으로 과업의 내용과 명백성, 집단의 규범, 구성원 간의 신분서열, 응집성 등을 말한다.

④ 조직요소

리더의 권력기반, 규율과 절차, 준거조직의 구조, 기술, 의사결정상의 시간적 압박 등을 리더행동과 효과에 영향을 미치는 조직요소로 든다.

위의 요소들은 리더의 상황을 유형화하고 리더십과정에서 이들 요소의 역할과 리더십의 효과를 분석하고 있다.

GE의 인재사관학교라 불리는 존 F. 웰치 리더십 개발 센터(John F. Welch Leadership Development Center, 흔히 크로톤빌 연수원이라고 불림)에서의 주요 리더십 프로그램은 관리자개발과정(MDC), 비즈니스관리과정(BMC)과 임원역량개발과정(EDC)으로 이루어져 있다. 그 중 비즈니스관리과정과 임원역량개발과정에서는 최고경영자가 실제 당면하고 있는 문제를 과제로 받아 이에 대한 해결책으로 탐구 및 대안을 제시하는 이른바 액션러닝(Actions Learning)으로 진행된다.

1. 상황적합성 이론

피들러(F. Fiedler)에 의해 개발된 상황적합성 이론(contingency theory)은 리더십 유형과 상황적 호의성 간의 상호작용에 의해 그룹성과가 나타나며, 이에 따라 리더십의 효과성이 결정된다고 가정한다. 그리고 리더와 부하의 관계를 권력과 영향력에 근거한 관계로 파악하고 있다. 피들러의 초기 연구는 특성이론과 유사한 면이 있다. 그는 리더의 태도를 측정하여 리더십의 효과성을 예측하는 LPC 척도를 개발했고, 이 척도를 통하여 2가지 리더십 유형, 즉 과업지향적 리더십과 관계지향적 리더십으로 구분하였다.

LPC(Least-Preferred Coworker) 척도는 총 18개의 항목으로 구성되어 각 항목은 1에서 8까지의 범위 내에서 평가하도록 되어 있으며, 항목별 점수를 합계한 것이 LPC 점수가 된다. 점수의 합계는 최저 18점부터 최고 144점까지의 범위에서 결정되는데, 피들러에 의하면, 64점 이상을 얻은 리더는 동료로서 선호도가 높아 일하기 어려운 사람과도 함께 일할 수 있는 사람이다. 이런 유형의 리더를 관계동기형(relationship-motivated) 리더라고 한다. 한편 LPC 점수가 57점 이하인 리더는 동료로서 선호도가 낮아 과업동기형(task-motivated) 리더로 분류되며, LPC 점수 58~63점의 리더는 두 가지 리더십 유형이 혼합되어 있는 리더를 말한다.

(1) 리더십의 상황요소

피들러의 상황적합성 이론에서 리더의 LPC 점수와 리더십의 유효성의 관계는 상황요소에 의해 영향을 받는다. 피들러는 리더와 부하의 관계(leader-member relationship), 과업구조(task structure), 지위권력(position power)을 3가지 중요한 상황요소로 보고, 이를 토대로 리더십 유효성을 설명하였다.

① 리더와 부하의 관계

'리더와 부하의 관계'는 리더에 대해 부하가 가지고 있는 신뢰나 존경의 정도, 즉 부하가 리더를 받아들이는 정도를 말한다. 만일 부하들이 리더의 카리스마적 특성이나 전문성 또는 상호존경심 등을 이유로 리더를 따를 때, 리더는 과업구조나 지위권력에 의존하지 않고도 부하에게 좋은 영향을 미치게 된다.

② 과업구조

과업의 일상성(routine) 또는 복잡성(complex)을 뜻하는 것으로 과업목표의 명확성, 목표-경로의 다양성, 의사결정의 변동성 및 의사결정의 구체성에 의하여 리더십 유효성이 결정된다. 즉 명백한 과업내용, 뚜렷한 목표, 간단한 업무수행 방법 및 절차와 구체적인 의사결정이 항상 반복되면 과업의 구조화 정도가 높다고 할 수 있다. 그리고 과업의 구조화가 높으면 리더의 부하 감독과 영향력 행사는 매우 쉬워진다.

③ 지위권력

지위권력이란 리더의 지위에 따라 처음부터 용인된 권력으로 흔히 공식적·합법적·강압적 권력으로 표현된다. 부하의 보수, 승진, 승급, 해임 등을 결정할 수 있는 권한과 상벌에 대한 결정권 또는 추첨권 등의 영향력이 많을수록 리더의 지위권력은 커진다. 그러므로 지위권력이 없는 리더는 부하에 대하여 다른 영향력을 행사해야 한다.

피들러 연구팀은 이와 같은 상황요소를 중심으로 군인, 교육자, 산업종사자 등 63개 단체와 집단을 대상으로 한 연구를 통하여 효과적인 리더에 관한 2가지 사항을 발견하였다. 첫째는 매우 우호적인 환경과 비우호적 환경에서는 과업지향적 리더가 관계지향적 리더보다 더 좋은 성과를 나타냈고, 둘째는 중간 정도의 우호적 환경에서는 관계지향적 리더가 과업지향적 리더보다 더 좋은 성과를 나타냈다는 것이다. 이러한 발견을 통해서 피들러는 각각의 리더십 유형은 어떤 해당되는 상황에서 다른 리더십 유형에 비해 더 효과적이라는 것을 알게 되었다.

이런 결과를 토대로, 상황적합성 이론은 리더 행동과 리더십 상황이 합치될 때 효과적인 리더십 발휘가 가능하다고 강조한다. 즉, 기존의 리더십 특성이론과 행동이론이 리더의 특성이나 행동유형 개발에 역점을 둔 데 비하여, 상황적합성 이론은 리더의 행동개발과 리더의 행동이 효과를 발휘할 수 있는 여건조성도 강조하고 있다. 다음 그림 15-4 는 피들러의 리더십 상황이론을 정리한 모형으로서 상황이 호의적이거나 비호의적일 경우는 과업지향적 리더가 상황에 유효한 리더(effective leader)가 될 수 있으며, 반대로 상황이 극단적으로 호의적이거나 비호의적이지 않고 중간정도(moderate)인 경우에는 관계지향적 리더가 상황에 유효한 리더가 될 수 있다는 것을 보여 준다.

그림 15-4 피들러의 리더십 상황이론 모형

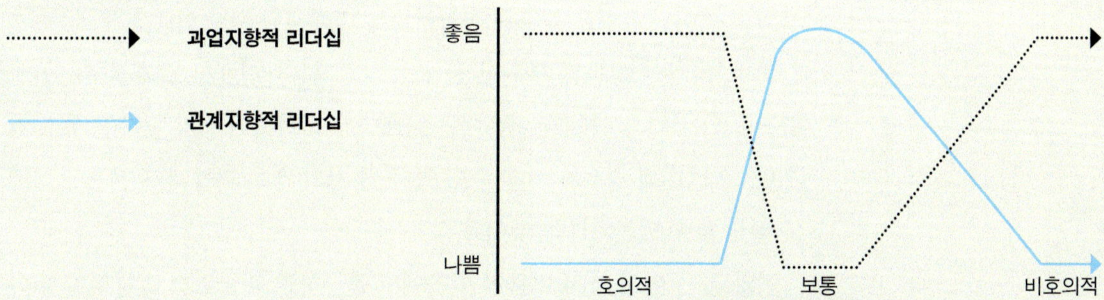

상황변수들	I	II	III	IV	V	VI	VII	VIII
리더-성원 관계	좋음	좋음	좋음	좋음	나쁨	나쁨	나쁨	나쁨
과업구조	고	고	저	저	고	고	저	저
리더의 직위권리	강	약	강	약	강	약	강	약

자료: Fiedler, F. E.(1967), *A Theory of Leadership Effectiveness*, New York : McGraw-Hill.

(2) 상황적합성 이론에 대한 평가

피들러 연구팀은 군대, 교육기관, 산업체 등 다양한 조직과 집단의 리더를 대상으로 조사한 타당성 연구를 통하여 상황에 따라 적절한 리더십 유형을 밝히고, 각 조직은 상황을 유리하게 조성하거나 리더의 리더십 유형을 상황에 맞게 변화시킴으로써 조직성과를 높일 수 있다고 주장하였다.

이런 주장에도 불구하고 많은 학자들이 피들러의 모형에 대해 다음과 같은 몇 가지 문제를 들어 비판하고 있다.

첫째, 피들러의 연구에서 LPC 척도는 매우 중요함에도 불구하고 측정 문항에 신뢰성과 타당성이 매우 낮고, LPC 점수가 리더의 행동 스타일과 밀접한 연관성이 있는가라는 것이다.

둘째, 변수로 작용하는 상황요소의 의미가 불분명하다. 예를 들어 '구조적' 과업을 '비구조적' 과업으로 만들 수 있는 것이 무엇이며 그것을 정의하고 알려 줄 수 있는 주체가 누구인지 제시할 수 있느냐는 것이다.

셋째, 이 모형은 리더십 유형을 관계지향적 리더와 과업지향적 리더로 양분하고 있으나 리더십은 근본적으로 복합차원의 개념이므로 리더는 동시에 과업지향적일 수도 있고 관계지향적일 수도 있다는 것이다. 또한 리더는 자기의 리더십 유형을 상황에 적합하도록 변화시킬 수도 있다.

넷째, 리더의 행동과 부하의 관계는 상호작용과정에서 달라질 수 있다. 즉 리더와 부하의 관계가 처음에는 나빴다가 개선되어 점차 좋아질 수도 있으며, 그 반대의 경우가 있을 수도 있다. 후자의 경우 피들러의 연구로 어떻게 설명할 수 있는가라는 것이다.

이와 같은 여러 가지 비판이 있음에도 불구하고 피들러의 상황적합성 이론은 리더십의 원리를 연구하고 응용하는 데 중요한 공헌을 하였다. 피들러는 리더십의 상황적 본질에 대하여 직접적인 관심을 불러일으켰다. 그의 리더십에 관한 견해는 수많은 조사연구를 이끌어 냈고 리더행동의 역동성(dynamics)에 관한 수많은 논의를 가져왔다. 또한 피들러의 연구는 리더십의 과학적 연구의 시도에 매우 중요한 역할을 하였다.

2. 경로-목표 이론

다른 리더십 상황이론들의 접근방법과 마찬가지로 경로-목표 리더십 모형(path-goal leadership model) 역시 각각 다른 상황에서의 리더십 효과성을 예측하고자 하였다. 하우스(R. House)의 모형에 의하면, 효과적 리더십은 리더가 부하의 동기부여, 직무수행 능력, 만족 등에 긍정적인 자극을 줄 때 발휘된다. 또한 이 이론을 경로-목표 이론이라 하는 이유는 리더가 부하들로 하여금 목표를 인지하고, 개발하게 하며, 스스로 목표달성경로를 찾는 데 영향을 미친다는 것에 중점을 두었기 때문이다.

경로-목표 이론은 동기부여의 기대이론(expectancy theory of motivation)에 기반을 두고 있다. 이 이론은 리더의 행동이 부하의 동기유발 및 직무만족에 미치는 영향을 설명하는 것으로, 여기서 부하의 동기유발이란 리더가 목표달성에 대한 보상의 종류와 수량, 경로를 명확히 함으로써 목표달성과정에서 만족기회를 증진시키는 것을 이른다. 경로-목표 이론은 리더의 기대감과 리더 행동에 작용하는 상황적 요소의 연구에 중점을 둔다. 따라서 부하들의 과업성과에 대한 유의성(誘意性 : valence)을 높이고 거기에 필요한 모든 상황적 조건을 조성함으로써 과업달성에 대한 기대감을 높이는 것이 리더의 주요한 기능이라고 할 수 있다.

(1) 리더의 행동

경로-목표 이론에서는 리더의 행동을 지시적, 후원적, 참여적, 성취지향적 유형으로 분류한다. 상황적합성 이론과 달리 경로-목표 이론은 리더가 4가지 유형 중에서 상황에 가장 적합한 하나의 리더십 유형을 선택할 수 있다. 4가지 리더십 유형에 대한 설명은 표 15-1 과 같다.

(2) 상황요소

경로-목표 이론은 부하들의 특성과 환경적 요소의 2가지 변수를 상황요소로 제시한다.

표 15-1 경로-목표이론에서의 리더십 유형

리더십 유형	설명
지시적 리더십 (directive)	리더는 부하에게 기대하고 있는 것을 알려주고 구체적으로 지시하며 부하의 질문에 답한다. 그러나 리더는 부하의 제언을 강요하지 않는다.
후원적 리더십 (supportive)	리더는 부하의 복지와 안녕에 대하여 진실한 관심을 보이고, 우호적 분위기 조성과 작업집단의 만족을 위해 노력한다.
참여적 리더십 (participative)	리더는 부하에게 정보를 요구하고 그들의 아이디어를 공유할 것을 권유한다. 리더는 의사결정과정에서 부하들의 의견이나 제안을 참작한다.
성취지향적 리더십 (achievement-oriented)	리더는 결과지향적이고도 도전적인 목표를 설정하고 그 목표를 달성할 수 있는 부하들의 능력에 대하여 확신을 나타내 보인다. 목표달성에 대한 책임은 부하들에게 있다.

① 부하의 특성

상황요소로서 부하들의 특성에는 능력, 통제의 위치, 욕구와 동기 등이 있다.

첫째, 능력(ability)이란 부하가 스스로의 능력을 인지하는 정도를 말하며, 과업 요구와 관련된 인지된 능력의 정도가 높을수록 지시적 리더를 수용하려는 마음이 적어진다. 왜냐하면 리더의 지시적 행동은 불필요한 것으로 보이기 때문이다.

둘째, 통제의 위치(locus of control)는 부하가 자신의 신변에 일어나고 있는 일을 스스로 통제할 수 있다고 믿는 정도이다. 자기가 당면한 상황에 대하여 통제할 수 있다고 믿는 사람의 통제성향을 내재적(內在的, internal)이라 하며, 이러한 내재론자들은 참여적 리더십을 선호한다. 반면에 자신의 신변에 일어나고 있는 상황이 자신의 통제범위 밖에 있다고 믿는 사람의 통제성향을 외재적(外在的, external)이라 하며, 외재론자들은 지시적 리더십을 선호한다.

셋째, 욕구와 동기(need and motivation)는 부하가 가지는 욕구와 동기가 리더의 행동에 영향을 준다는 것으로, 예를 들어 안전욕구가 강한 부하는 지시적 리더의 행동을 받아들이지만 존경욕구가 강한 부하는 후원적 리더나 참여적 리더를 더 선호할 것이다.

② **환경적 요소**

환경요소는 부하의 통제범위 밖에 있지만 직무만족이나 동기부여에 매우 중요한 영향을 미치는 것들을 말한다. 이런 요소에는 부하의 과업, 조직의 공식권한 시스템, 작업집단 등이 있다. 과업의 구조화 정도가 낮을수록 지시적 리더가 적합하며, 작업집단이 성숙해 감에 따라 리더십 행동유형도 달라져야 한다. 조직의 공식권한 시스템도 리더십 유형에 영향을 미치는데, 방침·규율·절차 등이 명백한 조직은 지시적 리더가 필요하다.

(3) 적합한 리더십 유형의 선택

리더가 채택한 행동유형은 부하가 가지고 있는 특정 목표의 달성을 가장 효과적으로 촉진할 수 있다. 다시 말하면 부하는 리더의 행동이 목표달성을

그림 15-5 **경로-목표 모형**

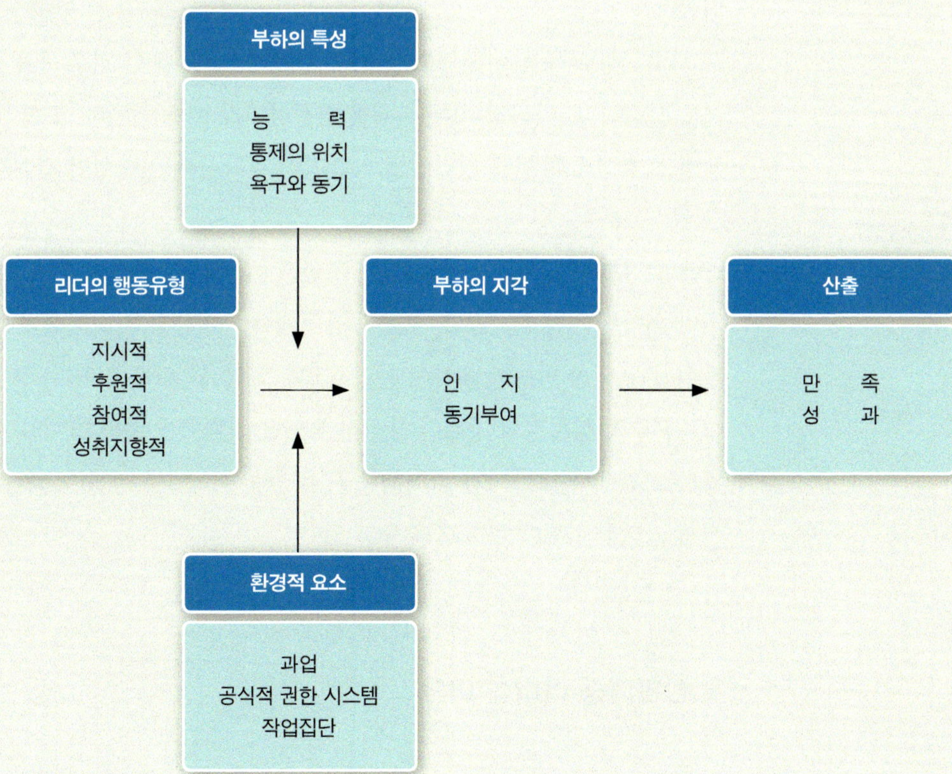

돕는 것이라고 인지해야 한다는 것이다.

경로-목표 이론을 요약하면 그림 15-5 와 같다. 이 이론은 상황적 요소에 따라 요구되는 리더의 행동유형이 다르다는 것을 제시하고 있다. 따라서 리더는 부하의 특성과 환경적 요소를 고려하여 적절한 리더십 유형을 선택 활용함으로써 부하의 성취동기를 자극하고 성과와 만족감을 높일 수 있도록 하여야 한다.

(4) 목표-경로 이론에 대한 평가

지난 15년간 경로-목표 이론은 수많은 실증연구를 행해 왔다. 많은 연구들이 리더행동의 유효성에 대한 증거를 도출해 냈으나 부하의 동기부여나 성과와 관련된 연구는 비교적 적었다. 대체적인 연구결과에서는 과업성격과 리더행동의 관계에서 일상적이고 구조적인 과업상황에서는 후원적 리더가, 비구조적인 과업상황에서는 지시적 리더가 효과적이라는 것이 입증되었다.

그러나 경로-목표 이론에도 몇 가지 한계가 있다. 우선 경로-목표 이론은 너무 복잡하다. 따라서 이론 전체를 입증하기가 매우 어렵다. 또한 이론 자체의 모호성으로 인해 리더행동의 측정에 정확성과 신빙성이 결여될 우려가 있다.

반면 경로-목표 이론의 긍정적인 측면은 이 이론이 특성이론이나 행동이론의 취약점을 개선하였고, 주어진 상황에서 특정유형의 리더십이 가장 잘 발휘될 수 있는 방법에 대하여 설명하고자 노력하였다는 것이다. 경로-목표 이론은 리더십과정의 중요한 상황적 요인을 정립했을 뿐만 아니라 여러 상황적 조건에서 효과적인 리더행동을 설명해 줌으로써 복잡한 조직환경에서의 리더십 이해에 큰 도움을 주고 있다.

3. 상황대응 리더십 이론

오하이오주립대학 연구의 리더십의 2영역(배려와 구조주도)은 상황대응 리더

그림 15-6 **상황대응 리더십 모형**

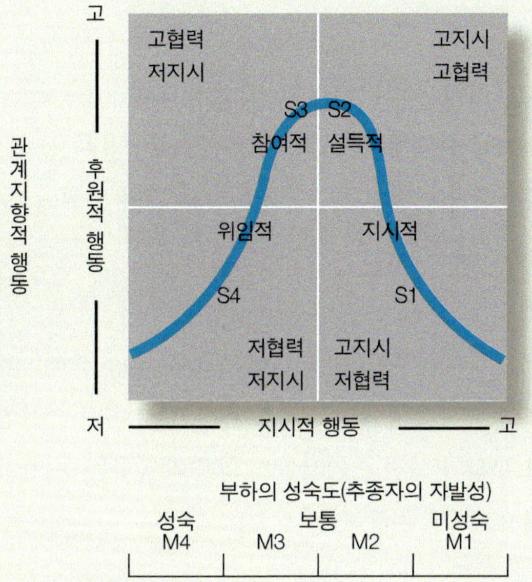

자료: Hersey, P.H. & Blanchard, K.H.(1993), *Management of Organizational Behavior: Utilizing Human Resources*, 6th ed., Englewood Cliffs: Prentice-Hall.

십 이론(situational leadership theory)의 개발에 중요한 영향을 미쳤다. 허시(P. Hersey)와 브랜차드(K. Blanchard)에 의해 개발된 상황대응 리더십 이론은 그림 15-6 에서 보는 바와 같이 협력적 행동(relationship behavior)과 지시적 행동(task behavior)으로 이루어져 있다. 그러나 관리격자이론(managerial grid)과 달리 상황대응 리더십 이론은 하나의 최적 리더십 유형이 있다고 보지 않는다. 이 모형은 리더행동의 효과성은 상황적이라고 주장한다. 즉, 리더는 각각의 상황에 따라 가장 적합한 리더십 유형을 선택해야 한다는 것이다.

(1) 리더십 유형

그림 15-6 에서 보는 바와 같이 모형에서 4분면은 각각 독특한 리더십 유형을 나타내고 있다. 구체적으로, 각각의 리더십 유형은 리더가 주어진 상황에서 가장 적합한 행동유형을 선택할 수 있도록 종 모양의 커브(bell curve)

에 따라 배치되어 있다. 그리고 각 유형은 상황이 요구하는 협력적 행동과 지시적 행동이 만나는 지점에 위치한다.

4가지 리더십 유형과 기대행동을 살펴보면 다음과 같다.

① **지시적 리더십**(telling : guiding, directing, establishing : S1)

高지시, 低협력적 리더십 유형으로, 리더는 부하에게 기준을 제시하고 지도하며 일방적인 커뮤니케이션과 리더 중심의 의사결정을 선호한다(leader-made decision).

② **설득적 리더십**(selling : explaining, clarifying, persuading : S2)

高지시, 高협력적 리더십 유형으로, 리더는 결정사항을 부하에게 설명하고 부하가 의견을 제시할 기회를 제공하는 등 쌍방적 커뮤니케이션과 공동의사결정을 지향한다.

③ **참여적 리더십**(participating : encouraging, collaborating, committing : S3)

高협력, 低지시적 리더십 유형으로, 리더는 아이디어를 부하와 함께 공유하고 의사결정과정을 촉진하며 부하들과의 인간관계를 중시하고 부하들을 의사결정에 많이 참여시킨다(leader/follower-made decision).

④ **위임적 리더십**(delegating : observing, monitoring, fulfilling : S4)

低협력, 低지시적 리더십 유형으로, 리더는 의사결정과 과업수행에 대한 책임을 부하에게 위임하여 부하들이 스스로 자율적 행동과 자기통제하에 과업을 수행하도록 한다(follower-made decision).

(2) 부하의 성숙도

상황대응 리더십 모형에서는 적절한 리더십 유형의 선택이 부하의 성숙도(follower maturity or readiness)나 성숙도 수준에 따라 이루어진다고 주장한다. 부하의 성숙도는 과업수행 능력을 나타내는 '직무관련 성숙도'와 부하가 기꺼이 직무를 수행하고자 하는 '심리적 성숙도'로 나눌 수 있다. 전자는 부하의 성취동기(도전적 목표를 설정하는 능력, 집중적 피드백에 대한 욕구 등) 수준에 의해 영향을 받으며, 후자는 부하 각 개인의 직무나 책임에 관련된 자기신뢰에 의해 영향을 받는다. 부하의 성숙도 수준은 낮은 성숙도(M1)부터 높은 성숙도(M4)까지 4단계로 구분된다. 이 4단계의 성숙도는 부하의 능력과 특정직무 수행에 대한 의지를 나타낸다.

① M1 : 직무를 수행할 능력도 의지도 없는 사람
② M2 : 직무를 수행할 능력은 없으나 의지는 있는 사람
③ M3 : 직무를 수행할 능력은 있으나 의지는 없는 사람
④ M4: : 직무를 수행할 능력도 의지도 있는 사람

(3) 리더십 유형과 부하의 자발성 관계

그림 15-6 은 부하의 성숙도가 낮은 수준(M1)에서 높은 수준(M4)으로 옮겨 감에 따라 거기에 적합한 리더십 유형과의 관계를 보여 준다. 위쪽의 4분면은 리더십 유형을 나타내고, 아래쪽의 M1부터 M4까지 막대도표는 부하의 성숙도 수준을 나타낸다. 부하의 성숙도에 대한 적합한 리더십 유형은 성숙도가 낮은 수준부터 높은 수준으로 옮겨 감에 따라 종 모양의 곡선(bell curve)을 따라 이동해 간다.

일례로 성숙도가 M1인 부하의 경우 적합한 리더십 유형은 수직으로 올라가 보면 S1(지시적 : 고지시 저협력)유형이 적합한 것으로 나타난다. 같은 방법으로 성숙도가 M2인 부하는 S2의 리더십 유형이, 성숙도가 M3인 부하는 S3의 리더십 유형이, 성숙도가 M4인 부하는 S4의 리더십 유형이 적합하다는 것을 알 수 있다.

(4) 상황대응 리더십 이론에 대한 견해

이 이론의 특징은 하나의 최적 리더십 유형이 있는 것이 아니고, 리더행동의 효과성은 상황적(리더는 각각의 상황에 따라 적합한 리더십 유형을 선택하는 것)이라는 것이다. 그러나 이 이론은 타당성을 검토한 실증연구가 부족하고, 리더

의 행동범주와 부하의 성숙도가 개괄적으로 정의되어 있으며, 상황요인 변수로서 부하의 성숙도 하나만 사용하였다는 점에서 비판받고 있다. 또한 이 이론에서 중요한 점은 리더가 상황에 따라 리더십 유형을 바꾸어 적용한다는 것인데, 리더가 그러한 리더십 구사능력이 없다면 효과적일 수 없다는 비판도 있다.

이러한 비판에도 불구하고 허시와 브랜차드의 상황대응 리더십 이론은 몇 가지 측면에서 장점을 가지고 있다. 이 이론의 탁월성은 상황에 적합한 리더십 유형을 리더가 선택하여 행할 수 있다는 것이다. 다시 말해서 부하의 성숙도 수준이 다르다면 리더는 부하별로 각각 다른 리더십 유형을 적용할 수 있으며, 똑같은 부하에 대해서도 상황변화에 따라 다른 유형의 리더십을 행사할 수 있다는 것이다.

제6절 거래적 리더십과 변혁적 리더십

리더십 모형의 일반적인 공통점은 리더가 부하의 복종과 협조를 얻기 위한 효과적인 방법을 발견하도록 돕는다는 것이다. 사실 많은 연구자들은 리더십을 한 개인(리더)이 어떤 행동이나 보상 또는 인센티브를 사용해서 다른 사람들(부하)로부터 바람직한 행동을 이끌어 낼 수 있는 과정이라고 생각한다. 그러므로 리더와 부하 간에 본질적인 교환이나 '거래(transaction)'가 발생하여 부하는 조직의 목표를 달성하였을 때 리더로부터 보상을 받고, 리더는 부하의 목표달성을 돕는다.

1. 거래적 리더십

리더는 거래적인 교환역할을 하고 있다. 리더는 부하가 산출물의 질 향상, 매출액 증가, 생산원가의 절감 같은 결과를 달성하도록 돕는다. 즉 리더는 부하가 이루어야 할 일이 무엇인지를 명확히 함으로써 부하의 자기개념과 자존욕구를 배려한다.

거래적 리더십과정은 원하는 결과가 무엇인지를 부하에게 주지시키며, 결과달성에 따라 부하가 어떤 보상을 받게 되는지 명확히 한다. 즉 두 과정을 통해서 리더는 부하가 자기에게 기대된 성과를 달성하도록 만드는 것이다. 거래적 리더십은 반복적이고, 기대성과수준이 측정 가능할 때 효과적이다.

거래적 리더십의 특성은 다음과 같다.

거래적 리더십
리더가 부하의 목표달성에 필요한 최소한의 개입을 통해 리더십을 발휘하는 것

① **조건적 보상**(contingent reward)

리더와 추종자들은 노력에 대한 교환으로서 보상을 규정하는 계약관계에 있다. 좋은 성과에 대해서 보상을 주겠다는 약속을 한다. 그리고 성취한 결과에 대해서 인정을 한다.

② **예외에 의한 관리(적극적, management by exception : active)**

리더는 정해진 규정이나 규칙에 위반되는 사례를 감시하고 찾는다. 위반이 발견되면 시정조치한다.

③ **예외에 의한 관리(소극적, management by exception : passive)**

리더는 업무표준을 충족시키지 못한 경우에만 개입한다.

④ **자유방임**(laissez-faire)

리더가 책임을 지지 않으려 하고, 의사결정을 회피한다.

2. 변혁적 리더십

변혁적 리더십
리더가 부하의 욕구를 충족시키고 지적자극을 통해 부하의 능력향상에 초점을 두고 리더십을 발휘하는 것

(1) 변혁적 리더십의 내용

변혁적 리더십(transformational leadership)은 기대 이상의 성과를 도출해 내는 과

정이라고 표현할 수 있다. 변혁적 리더는 비전 공유를 통해 부하들의 몰입도를 높임으로써 부하가 원래 생각했던 성과 이상을 달성할 수 있도록 동기부여하는 리더를 말한다.

변혁적 리더십은 특정성과의 가치와 중요성, 성과달성 방법에 대한 부하의 지각수준을 상승시키고, 집단이나 조직을 위한 부하의 이기심을 초월하도록 하며, 개인의 욕구 범위 및 수준을 확장하고 향상케 한다.

변혁적 리더십의 특성은 다음과 같다.

① **이상적인 영향**(idealized influence)

리더는 추종자들에게 비전과 사명감, 그리고 자부심을 심어 줌으로써 추종자들로부터 존경과 신뢰를 받는다.

② **영감을 불어넣기**(inspiration)

리더는 추종자들에게 높은 수준의 기대감을 심어 주고, 추종자의 노력을 집중시키기 위해 상징기법을 사용하며, 중요한 목적을 단순한 방법으로 표현한다.

③ **지적인 자극**(intellectual stimulation)

리더는 추종자들의 지성, 합리성, 그리고 신중한 문제해결을 촉진시킨다.

④ **개인적인 배려**(individual consideration)

리더는 추종자들 개개인에게 관심을 가지고 주목하며, 개별 추종자를 개인적으로 상대하며, 조언과 지도를 아끼지 않는다.

(2) 변혁적 리더십의 과정

리더의 행동유형에 초점을 맞춘 연구와 달리 일부 연구자들은 조직과 부하들에게 확실한 변화를 유도하는 변혁적 과정(transformational process)에 대하여 연구하였다. 이 과정은 ① 비전의 설정(visioning), ② 가치화(valuing), ③ 연결(articulating)과 고무(inspiring), ④ 권한부여와 지속적인 의사소통(empowering and ongoing communication) 등으로 이루어져 있다.

① 비전의 설정

변혁적 리더의 가장 중요한 특성 중 하나는 조직의 미래를 명확하고 완전하게 내다볼 수 있는 상상력이나 통찰력이라고 할 수 있다. 효과적인 변혁적 리더는 조직 내의 모든 구성원에게 리더의 가이드라인을 따를 것을 강요하기보다 각각의 구성원이 자기자신의 비전을 갖도록 노력할 것이다.

② 가치관

변혁적 리더에 대한 연구를 통해 연구자들은 변혁적 리더가 가치 추구적이라는 사실을 발견하였다. 조직혁신이 일어나고 있는 곳이면 어디서나 리더가 핵심 가치집단의 중심이더라는 것이다. 이렇게 리더가 가치를 모형화하고, 조직의 비전수행을 위해 부하와 함께 모색하는 것이 당연시되고 있다. 리더십은 진공상태에서 행해지는 것이 아니다. 왜냐하면 리더의 가치와 행위는 종업원이나 부하들에게 영향을 미치고 소비자나 공급자와 중요한 관계를 맺으면서 조직 전체를 통해 발현되기 때문이다.

③ 연결과 고무

리더는 비전 설정을 통해 조직의 진행방향을 구분하고, 조직이 달성해야 할 최종목표를 알려 준다. 특히 리더의 연결역할은 비전을 타인에게 분명히 정의하고 알려 주는 것을 말한다. 변혁적 리더는 부하들의 마음속에 비전을 심어 주고 부하들이 행동의 기초로 삼아야 할 신념과 가치를 명백하게 제시함으로써 부하를 고무시킨다. 변혁적 리더는 언어나 행동을 통해 정열적인 부하를 육성하고 소속욕구를 자극한다.

④ 권한부여와 지속적인 의사소통

변혁적인 리더십의 정수는 부하에게 그들이 비전달성에 공헌할 수 있다는 신념을 가지도록 고무시키는 리더의 능력이다. 이것은 부하들이 스스로의 가치를 인지하고 새로운 도전에 능동적으로 참여하도록 유도하는 권한의 부여와 관련 있다. 리더는 문제를 함께 해결하고, 권한을 위임하며, 자존의 욕구를 달성하도록 도움으로써 부하를 개발한다. 효과적인 의사소통을 통해 리더가 부하의 능력과 가치를 증대시킴으로써 부하의 권한부여는 더욱 촉진된다.

3. 거래적 리더십과 변혁적 리더십의 차이

거래적 리더십과 변혁적 리더십의 차이를 요약하면 표 15-2 와 같다.

변혁적 리더십은 리더십에 대한 전통적·거래적 견해에 대한 대안을 제시하고 있다. 변혁적 리더는 조직의 미래에 대한 비전을 설정하고, 비전과 조직구성원을 연결시키며, 기대 이상의 동기를 촉진하고 고무하는 사람들이다. 그러므로 변혁적 리더는 부하의 일상 과업수행에 연연하지 않고 보다 장기적인 철학을 가지고 부하 개개인을 격려하고 발전시킨다.

표 15-2 거래적 리더십과 변혁적 리더십의 차이점

구분	거래적 리더십	변혁적 리더십
현상	현상을 유지하기 위해 노력함	현상을 변화시키고자 노력함
목표지향성	현상과 너무 괴리되지 않은 목표 지향	보통 현상보다 매우 높은 이상적인 목표 지향
시간	단기적 전망, 기본적으로 가시적인 보상으로 동기부여	장기적 전망, 부하들에게 장기적 목표를 위해 노력하도록 동기부여
동기부여 전략	부하들에게 즉각적이고도 가시적인 보상으로 동기부여	부하들에게 자아실현과 같은 높은 수준의 개인적 목표를 동경하도록 동기부여
행위표준	부하들은 규칙과 관례를 따르기를 좋아함	변환적이고 새로운 시도에 도전하도록 부하를 격려함
문제해결	부하들을 위해 문제를 해결하거나 해답을 찾을 수 있는 곳을 알려 줌	질문을 하여 부하들이 스스로 해결책을 찾도록 격려하거나 함께 일함

4. 카리스마적 리더십

리더의 카리스마적 자질은 부하들이 리더의 비전이나 가치관에 대하여 신뢰감을 갖게 하고 리더에 대해 열정적인 감정을 느끼게 한다. 카리스마(charisma)는 그리스어 'charis(은혜 또는 선물)'에서 유래된 단어로서 '천부적인 어떤 것', '불가항력적인 것'을 의미한다. 카리스마적 리더십(Charismatic Leadership)은 추종자로 하여금 불가항력적으로 따르게 하는 천부적인 리더십 능력을 뜻한다. 콩거(J. A. Conger)와 카눈고(R. N. Kanungo)는 카리스마적 리더십에 대해 다음과 같이 5가지 특성을 제시하고 있다.

- 카리스마적 리더는 현상(status quo)을 참을 수 없는 것으로 간주하고, 현실과는 비교가 안 되는 이상적인 세계에 대한 비전을 제시한다.
- 이러한 비전과 목표달성을 위해 상당한 위험을 감수하며 목표도달을 위해 온갖 방법을 동원한다.
- 추종자들의 욕구와 관심에 늘 주목하고 있으며, 이를 해결할 자신이 있다는 것을 강조한다.
- 구성원들 간의 합의에 의하기보다는 개인적인 자질을 통해서 영향력을 행사한다.
- 카리스마적 리더는 과격한 변화를 추구하지만, 한편으로는 현실적인 사람이다.

제7절 리더십에 관한 기타 이론

1. 리더십 귀인이론

최근 리더의 행동형성에 관한 리더십 연구에 많은 관심이 모아지고 있다. 특히, 부하에 대한 리더의 행동선택과정에서 일반적인 의사결정이라는 문제해결 모형이 적용될 수 있으나, 그중에서도 당면한 상황에서 부하행동의 원인이나 단서(cue)를 찾아 적절히 행동하는 리더의 귀인적 행동이 관심대상이 되고 있다. 리더행동에 대한 귀인적 관점은 개인은 주어진 상황에서 나타나는 모든 단서를 중심으로 상황을 정확하게 추리하려고 노력한다는 귀인이론(歸因理論 : attributions theory)에 이론적 기반을 두고 있다.

리더십의 귀인이론은 리더의 귀인적 행동과 리더십 유형의 선택에 있어서 리더의 역할에 초점을 맞추고 있다. 리더는 그가 관찰한 것에 대하여 특이성(distinctiveness), 일관성(consistency), 합의성(consensus)에 따라 해석한다. 이렇게 3가지 단서에 따라 기초적 관찰을 해석하고 난 후 원인의 귀결이 이루어진다. 이와 같은 귀인으로는 내적 원인(사람과 관련된 : 능력, 노력 등)과 외적 원인(환경과 관련된 : 장비, 일의 분량 등) 등 리더의 의사결정에 기초가 되는 양식과 행동이 있다.

그림 15-7 의 귀인모형은 상황요소, 관측단서(cue), 원인의 귀결(causal attribution), 리더의 특별한 행위적 반응을 보여 준다.

그림 15-7 리더행위의 귀인모형

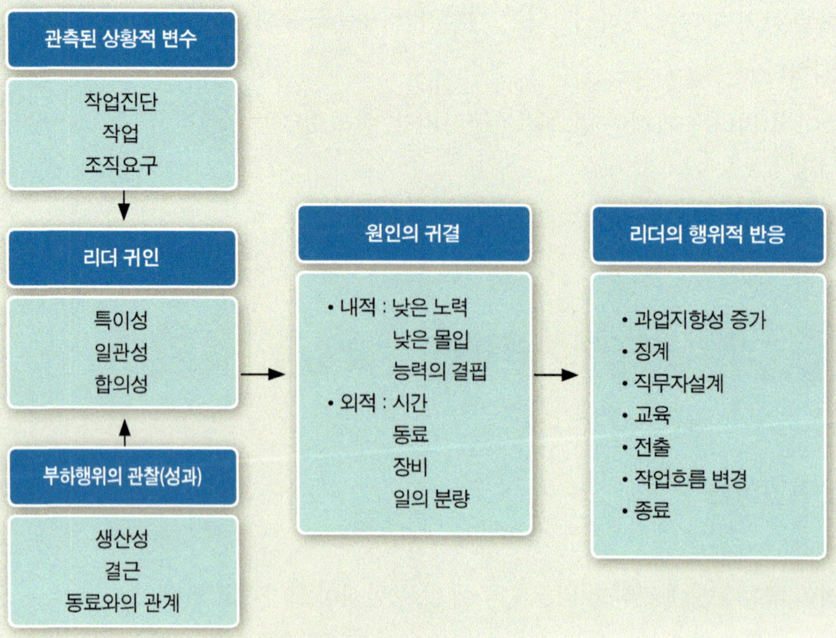

2. 리더와 멤버의 교환이론

리더와 멤버의 교환이론(Leader-Member Exchange Theory, LMX)은 수직쌍연결이론(VDL : vertical dyads linkage theory)의 발전된 형태로, 리더는 현실적으로 모든 하급자를 똑같이 취급하지 않는다고 가정한다. 따라서 리더와 부하 간에는 상이한 종류의 쌍(dyad 또는 two-person)관계가 형성되므로, 리더십 연구의 초점을 그러한 쌍관계에 두어야 한다는 것이다.

리더는 부하를 '내부집단(in-group)' 구성원과 '외부집단(out-group)' 구성원으로 부하를 분류하여 전자에 속한 부하에게는 비공식적인 방법으로 권한을 행사하고 재량권도 많이 부여하는 반면, 후자에 속한 부하에게는 공식적인 권한을 통해 감독 및 지시를 행하려는 경향이 있다. 따라서 내부집단에 속한 구성원은 리더와의 관계에 큰 부담을 느끼지 않고, 직무에 대한 책임감도 더 강한 반면, 외부집단에 속한 구성원은 리더와의 관계를 매우 어렵고 불편한 것으로 생각하고, 직무성과가 낮게 나타나는 경향이 있다. 이 이론을 그림으로 표현하면 그림 15-8 과 같다.

그림 15-8 리더-멤버 교환이론

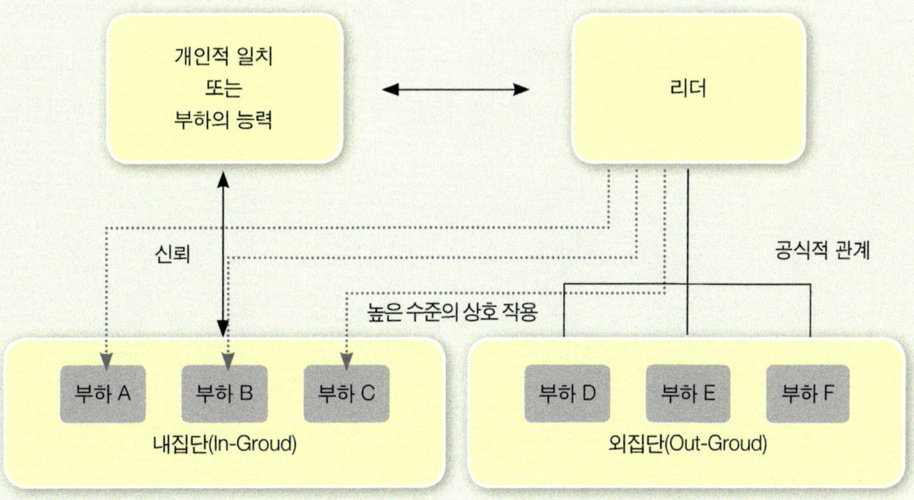

3. 서번트 리더십

서번트 리더십(servant leadership)은 '섬김의 리더십'이라고도 부르는데 훌륭한 리더는 먼저 남을 섬기는 종(servant)이 되어야 한다는 리더십 이론이다. 서번트 리더는 청지기(steward)로서의 삶을 사는 사람을 의미하는데, 청지기란 다른 사람의 물건을 위탁받아 관리하는 사람을 일컫는다. 따라서 서번트 리더십은 리더와 종이 합쳐진 개념이다. 즉 서번트 리더는 자신의 성장에 앞서 다른 사람을 성장시키는 데 몰두하며 공동체를 지향하는 리더이다. 서번트 리더는 사람을 수단이 아닌 목적으로 인식하며 추종자들의 자기성장과 만족에 관심을 기울인다.

4. 진성 리더십

진성 리더십(authentic leadership)은 리더가 자신이 가지고 있는 가치관과 사상, 그리고 신조에 따라 실천하고 행동하는 것을 의미한다. 진성 리더들은 생각과 믿음과 행동이 균형을 이루는 방식으로 리더십을 발휘하는 사람들이다. 진정성(authenticity)이 높은 리더는 자기존중감(self-esteem)이 있으며 안정적이고 진실된 '참된 자아(true self)'가 반영된 행동을 보이는 사람들이라고 할 수 있다. 최근 진성 리더십이 각광받는 이유는 리더들이 조직의 목표를 달성하기 위해서 가식적이고 조작된 행동을 보여 사람들을 실망시키고 조직을 위험에 빠뜨리는 사례가 빈발하면서 진정한 리더의 가치관과 신념에 대한 갈망이 높아지고 있기 때문이다.

GE 회장 제프리 이멜트가 말하는 리더십

사례

"리더십은 문화와 속성 실수를 통해서 배웁니다."

1878년 발명왕 토머스 에디슨이 만든 작은 전기조명회사는 140년이 지나 세계 최고의 글로벌기업 GE로 성장했다. 창립자의 정신을 이어받아 세계에서 가장 혁신적인 리딩컴퍼니로 꼽히는 GE의 수장이 바라보는 리더의 요건은 무엇일까. 제프리 이멜트(Jeffrey Immelt) 제너럴일렉트릭(GE) 회장이 지난 2013년 10월 말 서울 용산구 한남동 그랜드하얏트호텔에서 열린 한국능률협회(KMA) 주최 최고경영자(CEO) 특별조찬회 연사로 나서 이러한 궁금증을 속 시원히 풀어주었다.

이멜트 회장이 강조한 리더의 첫 번째 요건은 학습능력이다.

그는 "한 사람이 리더로서 얼마나 유능한가를 평가할 때는 현재의 지식보다 얼마나 빨리 익혀 발전할 수 있는가를 살펴야 한다"며 "이러한 능력이 뛰어난 자는 얼마든지 코칭을 통해 무한히 성장할 수 있다"라고 설명했다. 덧붙여 그는 "성공한 사람들의 공통적인 특징은 호기심이 많고 외부지향적이며 열이면 열 남들보다 많은 공부량을 가지고 있다"면서 "학습능력은 리더의 자질인 동시에 인재를 뽑는 기준"이라고 밝혔다. 같은 맥락에서 그는 후계자에 관한 질문에도 "확실한 한 가지는 내 딸이 GE를 물려받는 일은 절대 없을 것"이라 선을 그으며 현재의 능력보다 발전 가능성에 무게를 두고 후보를 찾고 있다고 설명했다. 이멜트 회장은 특히 '경청'의 중요성을 거듭 강조했다. "제아무리 오랜 기간 CEO 자리에 있었다 하더라도 완성된 리더는 없습니다. 주변 사람들의 의견을 많이 듣는 능력을 갖춰야 리더의 자격이 유지된다고 생각합니다." 그는 "자신이 조직에서 가장 똑똑한 사람이 되기 위해 주변에 바보들이 모이는 걸 좋아하는 사람은 절대 성공하지 못한다"고 단언하며 "나는 항상 똑똑한 사람을 가까이 두고 싶다. 전문영역에 대해 나보다 잘 아는 사람이 있다면 기꺼이 입을 다물고 경청한다"고 밝혔다. 이멜트 회장은 최근 신기술 '선생님'들을 모시고 '빅데이터'를 수집, 분석하는 산업인터넷 분야에 대해 공부하고 있다고 귀띔했다. "2~3년 전부터 작은 벤처기업들과 상당히 많은 시간을 보내고 있습니다. 아마존(Amazon)과 같이 훌륭한 기업의 관계자를 만나 우리가 배울 수 있는 문화는 어떤 것이 있는지 고민하고 있습니다. 정기적으로 IBM, 아메리칸익스프레스, 존슨앤존슨, 펩시의 CEO들과 만나 이야기를 나누는데 그 시간이 큰 공부가 됩니다."

이멜트 회장이 밝히는 두 번째 리더의 요건은 승부욕과 결단력이다.

반드시 이기겠다는 의지를 갖고 과감하게 결단할 것을 주문했다. "가장 중요한 리더십의 속성은 저력입니다. 우리가 살고 있는 세상은 만만치 않습니다. 큰 회사의 경우 우리가 활동하고 있는 나라에서 다 사랑받는 것만은 아닙니다. 저력이 없다면 우리가 그 열린 문을 찾을 때까지 결코 성공할 수 없습니다. 그렇기 때문에 결코 포기하지 않는 하나의 새로운 아이디어를 위해서 꾸준히 도전하는 리더가 필요합니다." 또한 그는 '기업을 정부처럼 운영할 수는 없다'며 싫은 소리도 꺼리지 않는 단호함이 필요하다고 밝혔다. "사람들은 자기 말을 들어주기를 원하는 한편 누군가 카리스마 있게 이끌어주기를 바라지요. 저는 종종 회의실에서 사람들의 말을 열심히 들은 후 '잘 알아들었지만 이 문을 나가면 내 방식을 따르라'고 합니다. 이 때문에 좋은 사람이 떠나기도 했지만 이러한 말을 꺼리면 조직이 혼란에 빠질 수 있습니다."

- 〈매일경제〉, 2013.12.12

토의문제

1. 제프리 이멜트 GE 회장이 말하는 리더의 요건을 요약, 정리하시오.
2. 리더의 학습능력과 승부욕 및 결단력이 오늘날 기업경영에 있어서 필요한 이유가 무엇이라고 생각하는지 토론해 보시오.

주요 용어

리더, 리더십, 리더십 특성, 특성이론, 행동이론, 구조주도행동, 배려행동, 관리격자 이론, 상황이론, 상황대응 리더십, 부하의 성숙도, 거래적 리더십, 변혁적 리더십, 카리스마적 리더십, 리더십 귀인이론, 리더와 멤버의 교환이론, 서번트 리더십, 진성 리더십

연습문제

01 현대 조직에 있어서 리더십의 중요성을 설명하시오.

02 리더십 특성이론의 내용과 특징을 설명하시오.

03 리더십 행동이론의 내용과 특징을 설명하시오.

04 리더십 상황이론이 등장하게 된 배경을 설명하시오.

05 거래적 리더십과 변혁적 리더십을 비교, 설명하시오.

CHAPTER 16

통제화

기업을 통제하는 것은 권력을 장악한 경영자가 아니고 기업의 이념이다.

— 로버트 하스(리바이스트라우스 회장)

제16장 통제화

제1절 통제의 의의

1. 통제의 개념

통제화는 계획수립, 조직화, 지휘화에 이어 가장 마지막으로 이루어지는 관리활동이다. 조직은 계획수립 단계에서 설정한 조직목표를 달성하고 있는가를 확인하고, 조직의 자원을 효율적으로 이용하기 위한 통제 절차를 필요로 한다. 통제(control)란 실제 행동이 계획된 행동과 일치하는가를 확인하는 과정을 말한다.

통제
실제 행동이 계획된 행동과 일치하는가를 확인하는 과정

경영자는 통제과정을 통해 계획수립, 조직화 및 지휘화의 유효성을 감지할 수 있다. 또한 통제활동은 제 관리과정의 유효성을 감지하는 것 외에 목표달성의 유효성을 높이기 위한 수정 행동(corrective actions)도 포함한다. 즉 통제활동은 경영활동의 성과를 평가하고, 목표와 성과 간의 편차를 발견하고, 편차를 줄이기 위한 수정 행동을 취하는 관리활동을 말한다.

한편 관리활동에서의 통제의 기능은 다음과 같다.

(1) 감시 기능

통제 시스템은 원하는 성과 수준을 달성할 수 있도록 현재의 조직의 제 활동을 감시하는 기능을 갖고 있다. 즉 제 활동이 진행되는 동안 적절한 행동이 취해지고 있는가를 확인하는 기능을 갖고 있다.

(2) 비교 기능

실제 성과와 성과표준 간의 일치 정도를 활동 시점과 활동 시점을 떠나서 비교하는 기능을 갖고 있다. 이때 비교는 측정, 자료수집, 평가, 정보전파 및 의사결정자에 대한 보고 기능까지도 포함한다. 비교에서 가장 중요한 것은 실제 성과가 계획과 얼마나 편차가 있느냐를 파악하는 일이다. 또한 경영자는 수용할 수 있는 편차의 범위를 결정해야 한다. 1986년의 미국 우주왕복선 참사는 NASA의 통제 시스템이 로켓 보조 추진장치를 설계할 때 설정한 표준으로부터의 편차를 허용했기 때문에 발생한 사건이었다고 한다.

(3) 편차의 수정

통제활동은 계획으로부터 벗어나는 편차를 수정하는 기능을 갖고 있다. 수정 행동에는 즉각적 수정 행동(immediate corrective action)과 기본적 수정 행동(basic corrective action)이 있다. 전자는 현재의 성과에 영향을 미치기 위한 것이며, 후자는 미래의 성과에 영향을 미치기 위한 것이다.

(4) 미래의 의사결정에 대한 영향

통제활동은 미래의 의사결정을 위해 경영층에게 피드백하는 기능을 갖고 있다. 통제활동은 종업원에 대한 영향력과 보상을 통해 조직의 역동성을 유지하게 한다. 또한 과거의 성과와 현재 문제로부터의 학습을 통해 미래의 활동을 통제하는 데 도움이 될 수 있는 정보를 제공한다.

2. 통제의 중요성

조직활동에서 통제가 필요한 가장 중요한 이유는 어떤 계획이든지 실제 실행 단계에서 본래와 다른 방향으로 실행될 수 있기 때문이다. 특히, 조직에서 통제활동이 필요한 이유는 다음과 같다.

(1) 조직환경의 변화

어떤 조직이든지 조직이 직면하는 환경은 시간의 흐름에 따라 변화하기 마련이다. 만일 경영자가 변화하는 환경마다 목표를 설정할 수 있다면 사실 통제활동은 필요하지 않을 것이다. 그러나 목표를 수립한 시기와 목표를 달성한 시기 사이에는 시간적인 흐름이 존재하기 때문에 조직 내부 및 외부의 환경에 목표달성에 저해될 수 있는 많은 변화가 발생한다. 따라서 조직목표의 달성 시기가 장기적일수록 더욱 세밀한 통제 시스템과 통제활동을 필요로 한다. 경영자는 적절한 통제 시스템을 통해 변화하는 환경을 예측 및 감시할 수 있으며, 나아가 환경 변화에 대응할 수 있다.

(2) 편차의 누적성

일상적인 경영활동에서는 조그마한 실수나 편차가 무시될 수 있으나 시간의 흐름에 따라 이러한 조그마한 실수나 편차는 누적되기 마련이며, 또한 문제해결과 목표달성을 더욱 어렵게 한다. 예를 들어서 하루에 100개의 제품을 생산하는 기업에서 매일 2개의 불량품이 발생하면 1년이면 700개 이상의 불량품을 생산하게 된다. 이를 초기에 원인을 규명하고 해결하면 일정기간이 지난 후에 하는 것보다 쉽게 해결할 수 있을 뿐만 아니라 누적적 결과도 발생하지 않을 것이다.

(3) 조직의 복잡성

조직의 복잡성이 증가하면 그만큼 많은 조정활동과 통제활동이 필요하게 된다. 조직의 규모가 복잡해지면 조직구성원 및 부서 간 조정활동이 필요하다. 이때 통제는 표준, 규칙, 규범, 예산 및 보고 시스템을 통해 구성원의 노력을 조정하는 데 기여한다. 1970년대 미국의 컨글로머리트 기업들은 증가한 자회사를 적절히 통제하지 못한 결과로 어려움을 겪은 적이 있다. 당시 늘어난 자회사의 활동을 조정하고 통제할 수 있는 적절한 통제 시스템을 갖추지 않았던 것이다.

(4) 권한위양 및 팀워크의 촉진

최근 세계적으로 증가 추세에 있는 경영기법 중의 하나가 바로 참가적 경영기법(participative management)이다. 참가적 경영기법이란 종업원으로 하여금 경영활동에 참여시키는 기법이다. 참가적 경영기법의 핵심은 하위자에게 권한을 위양하고 종업원들로 하여금 하나의 팀 차원에서 일을 하도록 하는 데 있다. 이는 경영자의 책임 범위가 감소된다는 것을 의미하는 것이 아니고 결국 통제과정에 있어서의 변화를 의미한다. 즉 과거의 전통적 관리 시스템에서는 경영자가 직접 성과 기준과 목표달성 방법을 규정하였으나, 참가적 경영기법하에서는 성과 기준에 관한 종업원들과의 의사소통을 통해 종업원의 창의력을 저해하지 않고 작업에 전념할 수 있는 통제 시스템을 필요로 한다.

참가적 경영기법
종업원으로 하여금 경영활동에 참여시키는 기법

3. 통제의 유형

통제의 유형은 크게 관리적 재량에 의한 분류, 통제의 시기에 의한 분류, 통제 시 이용되는 정보의 유형에 따른 분류로 나눌 수 있다.

먼저 관리적 재량이란 경영자가 과업을 완성하는 데 있어서 갖고 있는 자유재량권을 말한다. 여기서 재량(discretion)이란 특정 상황에 관한 의사결정 시 갖는 자유 또는 권한을 의미한다.

재량
특정 상황에 관한 의사결정 시 갖는 자유 또는 권한

통제의 시기에 의한 분류란 통제가 언제 이루어지는가에 따른 분류를 말한다. 이때 시기는 어떤 활동이 시작되기 전, 실행 기간, 과업의 완료 후로 나누어 생각할 수 있다.

이용되는 정보 유형에 따른 분류란 통제 시스템이 다루는 정보의 유형에 따라 분류하는 것을 말한다. 예를 들어서 재무적 자료를 이용하는가 아니면 인적 자원의 자료를 이용하는가에 따라 통제의 유형이 달라진다.

(1) 관리적 재량권에 따른 분류

통제 시스템은 경영자의 관리적 재량권의 정도에 따라 사이버네틱스 통제

(cybernetics controls)와 비사이버네틱스 통제(noncybernetics controls)로 나눌 수 있다.

① 사이버네틱스 통제

사이버네틱스 통제 시스템이란 조직의 활동 중 발생하는 편차를 자동적으로 수정할 수 있는 내재적 장치를 갖고 있는 자기활동 또는 자기규제 시스템을 말한다. 이 시스템에서는 경영자의 관리적 재량이 거의 필요 없다. 완전한 사이버네틱스 시스템의 경우 사람의 개입이 전혀 필요가 없다. 로봇에 의한 공장이나 자동화된 공장의 경우 과업을 감독하는 데 있어서 사람의 필요성을 제거할 수 있는 사이버네틱스 시스템을 갖추고 있다.

사이버네틱스 통제
조직의 활동 중 발생하는 편차를 자동적으로 수정할 수 있는 내재적 장치를 갖고 있는 자기활동 또는 자기규제 시스템

이러한 통제 시스템 유형은 과업 및 과업수행 절차에 있어서 모든 단계와 기준이 명확한 경우에 유용하다. 만일 편차가 발생하면 인간의 개입이 없이도 자동적으로 수정되는 통제 시스템이다.

② 비사이버네틱스 통제

대부분의 조직활동은 완전하게 일상적이거나 표준화되어 있지 않은 것이 보통이다. 따라서 그러한 활동은 사이버네틱스 통제 시스템보다는 비사이버네틱스 통제 시스템이 더 효과적이다. **비사이버네틱스 통제** 시스템에서는 경영자가 어떤 활동을 가장 잘 수행할 수 있는 방법과 성과목표를 달성할 수 있는 방법에 관한 의사결정에 있어서 자유재량권을 갖는다. 특히 과업이 독창적이고 새로운 것일수록 경영자의 관리적 재량권은 커진다. 예를 들어서 품질관리를 위한 품질분임조(quality circle)에서는 어떻게 직무를 잘 수행하고 문제점을 제거할 것인가에 관한 의사결정을 위해 작업집단에게 자유재량권을 부여한다. 한편 전략적 의사결정이 활동 의사결정보다 자기통제와 자유재량권이 많은 통제 시스템을 이용한다.

비사이버네틱스 통제
경영자가 어떤 활동을 가장 잘 수행할 수 있는 방법과 성과목표를 달성할 수 있는 방법에 관한 의사결정에 있어서 자유재량권을 갖는 시스템

(2) 통제의 시기에 따른 분류

조직을 시스템의 관점에서 본다면 조직의 자원 변환과정은 그림 16-1 과 같이 자원 변환과정 전 활동(투입), 자원 변환과정, 자원 변환과정 후(산출)로 나누어 생각할 수 있다. 이와 같이 통제활동도 위의 과정 중 어느 시기에

그림 16-1 통제의 시기에 따른 분류

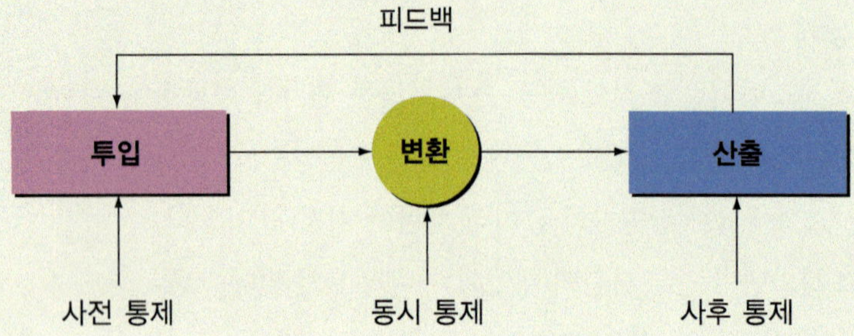

적용하는가에 따라 사전 통제(preliminary or steering or feed-forward control), 동시 통제(screening control or yes/no control or concurrent control), 사후 통제(postaction or output control)로 나눌 수 있다.

① 사전 통제

사전 통제
활동이 이루어지기 전에 이루어지는 통제

사전 통제란 활동이 이루어지기 전에 이루어지는 통제를 말한다. 사전 통제는 주로 활동이 시작되기 전에 결과를 예측하거나 조직의 제 자원에 관한 계획을 수립하는 활동이다. 예를 들어서 신제품 개발은 사전에 시장의 수요를 예측하고, 생산일정 계획을 수립하고, 납기일을 정하기 위하여 사전 통제 방법을 이용한다. 이어 신제품 개발 활동이 진행됨에 따라 예측한 결과를 기준으로 수정이 이루어진다.

그러나 사전 통제는 몇 가지 문제점을 갖고 있다. 현재의 상황을 이용한 추정치를 중심으로 미래를 예측한 것은 오류의 정보를 이용하는 경우 잘못될 수도 있으며, 현재의 상황이 바뀔 수 있기 때문에 예측한 결과에서 오차가 발생할 수도 있다.

② 동시 통제

동시 통제
활동이 진행 중일 때, 즉 실제적인 변환 과정 중에 이루어지는 통제

동시 통제란 활동이 진행 중일 때, 즉 실제적인 변환과정 중에 이루어지는 통제를 말한다. 이때의 통제는 계속 진행을 시키거나, 수정 행동을 취하거나, 활동을 중지하는 방법이 있다. 또한 달성해야 할 과업이 많이 알려

져 있을수록 동시 통제 방법이 많이 이용된다. 동시 통제는 CPM(Critical Path Method)이나 PERT(Program Evaluation and Review Technique)와 같이 활동의 단계나 절차에 있어서의 일정 계획 기법이 주로 이용된다.

③ 사후 통제

사후 통제란 활동이 완료된 후 결과를 측정하고 평가하는 통제활동을 말한다. 즉 사후 통제는 변환과정이 완료된 후 조직의 산출에 초점을 두는 통제이다. 이때 평가는 주로 성과 수준 또는 목표와의 비교를 통해 이루어진다.

사후 통제
활동이 완료된 후 결과를 측정하고 평가하는 통제

(3) 사용하는 정보의 유형에 따른 분류

통제 시스템은 통제 활동 시 이용하는 정보의 유형에 따라 분류될 수 있다. 통제 시스템은 궁극적으로 어떤 활동에 관한 정보의 축적과 평가에 의해서 이루어진다. 표 16-1은 가장 일반적으로 이용되는 재무적 자원, 물리적(생산) 자원, 인적 또는 관리 자원별로 이용되는 통제기구와 통제 시스템의 초점을 정리한 것이다.

표 16-1 조직이 이용하는 제 자원정보 유형에 따른 통제 시스템

통제 대상의 자원	통제 기구	통제 시스템의 초점
재무적 자원	• 예산 • 자본지출 • 현금흐름분석	• 예상지출액 • 자본투자 • 현금관리
생산활동	• 생산일정계획 • 품질관리 • 자원통제	• 생산량 • 제품의 품질 • 원자재와 자원의 양 및 비용
인적 자원	• 결근일수 • 성과기록 • 사회화	• 작업일수 • 인적 자원의 평가 • 인적 자원의 적합성

4. 통제과정

통제과정은 일반적으로 그림 16-2와 같이 4단계를 거친다.

그림 16-2 **통제과정**

(1) 표준의 설정

표준
활동의 결과인 성과를 비교하기 위한 목표

통제의 첫 단계는 표준을 설정하는 일이다. **표준**(standard)이란 활동의 결과인 성과를 비교하기 위한 목표(target)를 말한다. 통제목적을 위해 설정된 표준은 사전에 설정된 조직의 목표를 중심으로 설정하는 것이 좋다. 즉 조직의 구체적 목표와 같이 측정 가능한 것이면 더욱 좋다.

또한 표준은 넓은 의미에서 보면 조직의 전략을 반영할 수도 있다. 예를 들어서 향후 5년 동안 매년 20% 이상의 매출액 증가와 같은 장기적 전략목표를 표준으로 설정할 수도 있다.

(2) 성과 측정

통제과정의 두 번째 단계는 성과를 측정하는 일이다. 이때 성과는 경영활동의 결과를 나타내는 것으로 통제하고자 하는 대상을 말한다. 대부분의 조직에 있어서 성과 측정은 지속적으로 이루어지며, 문제는 효과적인 통제를 위해서는 관련된 성과 측정치가 타당성이 있어야 한다는 점이다. 예를 들어서 어떤 경영자가 매출액을 통제하고자 한다면 일별, 주별, 월별 매출액 지표가 성과 측정치로 이용될 수 있다. 그러나 연구개발부와 같은 직무에 있는 종업원의 성과를 평가하기란 매우 어려운 일이다. 그 이유는 이들의 성과를 측정할 수 있는 객관적인 기준이 없기 때문이다. 따라서 성과 측정(measuring performance) 단계에서는 적절하고 타당성이 있는 성과 측정치를 개발하는 것이 가장 중요한 관건이다.

(3) 성과와 표준의 비교

통제과정의 세 번째 단계는 측정된 성과를 표준과 비교하는 일이다. 이때 성과는 표준보다 높을 수도 있고, 낮을 수도 있으며, 비슷할 수도 있다. 경영자는 성과와 표준 간의 편차가 큰 경우 그 원인을 분석해야 한다. 특히 동시 통제의 경우는 성과와 표준 간의 비교를 자주하는 것이 좋다. 그 이유는 변환과정의 초기에 오차를 해결하는 것보다 누적된 오차를 해결하고자 하는 경우 원인을 파악하는 데 어려움이 있기 때문이다.

(4) 평가 및 수정 행동

통제과정의 마지막 단계는 성과를 평가하고 적절한 수정 행동을 취하는 일이다. 평가과정에서는 경영자의 분석적·진단적 기술이 요구된다. 수정 행동에는 현재의 상태를 유지하는 방법, 편차를 수정하기 위한 시정조치를 취하는 방법, 표준을 수정하는 방법이 있다.

제2절 경영통제 기법

1. 예산통제

(1) 예산통제의 의의

예산(budget)이란 주어진 기간에 걸쳐 계획된 활동을 수행하기 위하여 작성된 공식적인 조직자원의 계량적 명세서라고 할 수 있다. 따라서 예산은 조직의 각 수준에서 계획을 수립하고 통제를 하기 위한 수단으로 널리 이용된다.

예산
주어진 기간에 걸쳐 계획된 활동을 수행하기 위하여 작성된 공식적인 조직자원의 계량적 명세서

예산통제
예산을 기준으로 경영활동을 수행하고, 예산과 실제 성과 간의 차이를 분석하여 경영활동을 효율적으로 전개시키는 제도

한편, **예산통제**(budgetary control)란 예산을 기준으로 경영활동을 수행하고, 예산과 실제 성과 간의 차이를 분석하여 경영활동을 효율적으로 전개시키는 관리의 수단을 말한다. 예산이 통제의 수단으로 널리 이용되는 이유는 다음과 같다.

- ◆ 예산은 화폐적 단위로 표시되기 때문에 고용, 교육훈련, 구매, 제조, 광고 및 판매활동에 이르기까지 조직의 제 활동을 위한 공통분모로 이용될 수 있다.
- ◆ 예산은 화폐적 단위로 표시되기 때문에 자본과 같은 조직의 주요 자원과 이익과 같은 조직의 목표에 관한 정보를 직접 전달해 줄 수 있다.
- ◆ 예산은 주어진 기간에 있어서, 특히 1년 동안의 명확한 성과 기준을 제공하는 역할을 한다.

(2) 예산의 유형

예산은 크게 운영예산(operating budgets)과 재무예산(financial budgets)으로 나뉜다.

① 운영예산

운영예산
조직이 예산 기간 동안 소비할 것으로 기대되는 재화와 서비스를 나타내는 예산

운영예산이란 조직이 예산 기간 동안 소비할 것으로 기대되는 재화와 서비스를 나타내는 예산을 말한다. 운영예산은 다시 비용예산(expense budgets), 수익예산(revenue budgets), 이익예산(profit budgets)으로 나뉜다.

◆ 비용예산

예산 기간 내에 발생할 비용에 관한 예산을 말한다. 비용예산에는 고정비와 변동비가 포함된다.

◆ 수익예산

조직이 정상적인 운영을 통해 얻을 수 있는 수입에 관한 예산을 말하며 판매예산(sales budgets)이라고도 한다. 기업의 경우 수입은 제품의 판

매가격에 판매량을 곱한 것을 말한다. 일반적으로 마케팅 및 판매 효과를 측정하기 위해 이용되는 예산이다.

◆ 이익예산

수입에서 비용을 뺀 예상이익에 관한 예산을 말한다.

② 재무예산

재무예산이란 예산 기간 동안의 조직의 현금유입과 지출에 관한 예산을 말한다. 현금유입의 원천에는 판매수입, 자산매각, 주식발행 등이 있으며, 지출에는 제 비용 지급, 부채 상환, 새로운 자산의 구매, 주주에 대한 배당금 지급 등이 있다. 재무예산의 종류에는 현금흐름예산(cash-flow budget), 자본적 지출예산(capital expenditures budget), 대차대조표예산(balance sheet budget)이 있다.

재무예산
예산 기간 동안의 조직의 현금유입과 지출에 관한 예산

◆ 현금흐름예산

조직이 활동을 원활히 수행하기 위하여 필요하다고 예측한 현금 유입과 지출에 관한 월별, 주별 또는 매일매일의 예산을 말한다.

◆ 자본적 지출예산

새로운 공장, 기계, 토지와 같은 자본적 자산에 대한 지출예산을 일컫는다.

◆ 대차대조표예산

조직 전체의 자산, 자본 및 부채에 관한 대차대조표를 예측한 예산이다. 따라서 이 예산은 조직의 전반적인 활동을 통제하는 데 이용된다.

2. 재무통제

재무통제(financial control)의 기법에는 재무제표분석, 재무비율분석 및 재무감사가 있다.

(1) 재무제표분석

재무제표
일정 기간 동안의 영업실적과 일정 시점에서의 재무 상태를 집약적으로 나타낸 것

대차대조표
기업에 필요한 자금이 어떻게 조달되고, 그것이 어떻게 운용되고 있는가를 나타낸 것

손익계산서
1년 동안의 영업성과를 집약적으로 표시한 것

재무제표란 일정 기간 동안의 영업실적과 일정 시점에서의 재무 상태를 집약적으로 나타낸 것으로 대차대조표(financial statement)와 손익계산서(income statement)가 있다.

대차대조표는 기업에 필요한 자금이 어떻게 조달되고, 그것이 어떻게 운용되고 있는가를 나타낸 것으로, 주로 재무적 유동성(liquidity)과 안전성(safety)을 평가하는 데 이용된다. **손익계산서**는 1년 동안의 영업성과를 집약적으로 표시한 것으로, 그 기간에 발생한 모든 수익과 이에 대응하는 모든 비용 및 매출총이익, 영업이익, 경상이익, 당기순이익을 기재한다.

한편 대차대조표는 일정 시점에 있어서 기업의 재무 상태를 총괄적으로 표시하며, 손익계산서는 일정 기간에 있어서의 경영 성과를 표시한다는 점에서 차이가 있다.

(2) 재무비율분석

재무비율
재무제표상에서 경제적 의미와 이론적인 연관관계가 분명한 특정 두 항목을 나누어 이해하기 쉽게 지표로 나타내는 것

재무비율은 재무제표상에서 경제적 의미와 이론적인 연관관계가 분명한 특정 두 항목을 나누어 이해하기 쉽게 지표로 나타내는 것이다. 또한 재무비율은 가장 손쉬운 방법이면서 기업의 재무적 건전도에 대한 다양한 정보를 제공해 주기 때문에 경영자의 의사결정에 유용하게 이용되는 지표이다. 재무비율의 종류 및 계산 방법을 살펴보면 표 16-2와 같다.

① 수익성비율

수익성비율
투하자본에 대한 경영 성과를 나타내는 비율

수익성비율(profitability ratios)이란 투하자본에 대한 경영 성과를 나타내는 비율로, 기업경영에 투하된 자본 사용의 효율성을 나타낸다. 일반적으로 투자수익률(return on investment)을 말한다. 이외에도 총자산영업이익률, 총자산순이익률, 자기자본순이익률, 매출액순이익률 등의 지표가 있다.

표 16-2 재무비율의 종류 및 계산 방법

	종류	계산 방법
수익성 비율	• 투자수익률 • 총자산영업이익률 • 자기자본순이익률 • 매출액순이익률	• 투자이익/투자자본 • 영업이익/총자산 • 순이익/자기자본 • 순이익/매출액
유동성 비율	• 유동비율 • 당좌비율 • 순운전자본구성비율	• 유동자산/유동부채 • 당좌자산/유동부채 • 순운전자본/총자본
레버리지 비율	• 부채비율 • 부채구성비율 • 자기자본구성비율	• 총부채/자기자본 • 총부채/총자본 • 자기자본/총자본
활동성 비율	• 매출채권회전율 • 재고자산회전율 • 순운전자본회전율 • 고정자산회전율 • 총자산회전율 • 자기자본회전율	• 매출액/매출채권 • 매출액/재고자산 • 매출액/순운전자본 • 매출액(유형자산+무형자산) • 매출액/총자산 • 매출액/자기자본
생산성 비율	• 부가가치율 • 총자본투자효율 • 종업원 1인당 부가가치(노동생산성)	• 부가가치액/매출액 • 부가가치/총자본 • 부가가치/종업원수
성장성 비율	• 매출액증가율 • 총자산증가율 • 순이익증가율	• (당기매출액－전기매출액)/전기매출액 • (기말총자산－기초총자산)/기초총자산 • (당기순이익－전기순이익)/전기순이익

② 유동성비율

유동성이란 어느 자산이 단기에 정상적인 가격으로 현금화될 수 있는 가능성을 말한다. 유동성비율(liquidity ratios)은 기업의 단기채무에 대한 변제 능력(solvency)이나 자금 사정에 대한 정보를 제공해 준다. 유동성비율의 지표에는 유동비율, 당좌비율, 순운전자본구성비율 등이 있다.

유동성
어느 자산이 단기에 정상적인 가격으로 현금화될 수 있는 가능성

③ 레버리지비율

레버리지란 자본 조달 시에 부채를 이용하는 것을 말한다. 레버리지비율(leverage ratios)은 기업경영의 안정성과 장기부채 사용에 따른 원리금 상환 능력에 관한 정보를 제공해 준다. 따라서 안정성비율이라고도 한다. 레버리

레버리지비율
기업경영의 안정성과 장기부채 사용에 따른 원리금 상환 능력에 관한 정보를 제공해 주는 비율

지비율의 지표에는 부채비율, 부채구성비율, 자기자본구성비율이 있다.

④ 활동성비율

활동성비율
매출액과 이를 뒷받침하기 위해 투자된 각종 자산들과의 관계를 측정하여 자산이 얼마나 효율적으로 이용되고 있는가를 평가하는 비율

활동성비율(activity ratios)이란 매출액과 이를 뒷받침하기 위해 투자된 각종 자산들과의 관계를 측정하여 자산이 얼마나 효율적으로 이용되고 있는가를 평가하는 데 이용된다. 따라서 효율성비율, 자산관리비율, 회전율이라고도 한다. 활동성비율의 지표에는 매출채권회전율, 재고자산회전율, 순운전자본회전율, 고정자산회전율, 총자산회전율, 자기자본회전율 등이 있다.

⑤ 생산성비율

생산성비율
생산량(output)과 생산요소의 투입량(input)의 비율

생산성비율(productivity ratios)이란 생산량(output)과 생산요소의 투입량(input)의 비율을 말한다. 따라서 가능한 한 적은 생산요소의 투입량으로 많은 생산량을 올리면 생산성이 높은 것으로 평가된다. 즉 화폐액으로 표시하여 적은 비용의 투입으로 매출을 많이 올릴 때 생산성이 높다고 한다. 생산성비율의 지표에는 부가가치율, 총자본투자효율, 종업원 1인당 부가가치(노동생산성) 등이 있다.

⑥ 성장성비율

성장성비율
일정 기간 중에 기업의 경영 규모 및 경영 성과가 얼마나 향상되었는가를 나타내는 비율

성장성비율(growth ratios)은 일정 기간 중에 기업의 경영 규모 및 경영 성과가 얼마나 향상되었는가를 나타내는 비율이다. 일반적으로 총자산, 매출액, 순이익의 증가율로 측정하며, 성장잠재력, 미래 수익발생능력, 시장에서의 경쟁력 지위에 관한 정보를 제공해 준다. 성장성비율의 지표에는 매출액증가율, 총자산증가율, 순이익증가율 등이 있다.

(3) 재무감사

재무감사
주로 재무제표의 정직성과 공정성을 확인하는 재무통제 방법

조직의 회계, 재무 및 운영 시스템을 평가하고 통제하는 방법으로 재무감사(financial audits)가 있다. 재무감사는 주로 재무제표의 정직성과 공정성을 확인하는 재무통제 방법이다. 재무감사에는 외부감사(external audits)와 내부감사(internal audits)가 있다.

① 외부감사

조직구성원이 아닌 공인회계사와 같은 조직 외부의 전문가가 수행하는 재무감사를 말한다. 외부감사는 회계 원칙에 따라 자산과 부채를 정확히 평가했는가를 확인하고, 재무제표의 정확성 및 조직운영에 있어서의 정직성을 평가하는 데 중요한 역할을 한다.

② 내부감사

조직의 내부감사 요원에 의해 수행되는 재무감사를 말한다. 주로 재무적 구조의 정확성과 재무제표와 운영상의 효율성을 검토함으로써 통제 시스템을 개선하는 데 이용된다. 자체감사(self-audit)라고도 한다. 또한 내부감사는 조직구성원이 해야 할 일을 정확히 그리고 효율적이고 효과적으로 수행했는가를 재무제표를 통해 검토하기 때문에 운영통제라고도 한다.

Management Highlight

새로운 성과평가지표

최근 미국 기업들의 최고경영자나 재무 담당자들 사이에서 광범위한 지지를 얻고 있는 성과평가지표인 경제적 부가가치(Economic Value Added, EVA)는 현금흐름과 자본비용을 바탕으로 한 새롭게 각광받는 성과평가지표 중 하나로 과거의 이익이나 규모 중심의 성과평가지표들을 급속히 대체하고 있다. EVA 이외에 CFROI(Cash Flow Return On Invest), ROCE(Return On Capital Employed), TBR(Total Business Return) 등이 현금흐름을 반영한 성과평가지표로 제시되고 있다.

이러한 새로운 성과평가지표들은 기존의 손익계산서 위주의 매출액이나 이익 등과 달리 기본적으로 '할인된 현금흐름의 원리(Discounted Cash Flow)'를 바탕으로 하고 기업의 자본비용을 고려한 투자수익을 측정한다는 면에서 공통적인 특징을 가지고 있다. 따라서 이들 새로운 성과평가지표들 중에 어떤 것을 선택하느냐 하는 문제는 어떤 성과평가지표가 자사의 성과를 정확하고 의미 있게 평가해 줄 수 있으며, 경영활동의 툴로써 활용될 수 있는지에 달려 있다고 하겠다.

EVA

언급된 성과측정지표들 중 선도적인 위치를 차지하고 있는 EVA는 뉴욕의 컨설팅 회사 스텐 스튜어트(Stern Stewart)에 의해 개발되었다. 1980년대 이후 미국의 코카콜라, AT&T, 영국의 유니레버, 로이드, 독일의 베바, 지멘스 등 세계 초우량기업들이 자사의 성과측정지표로서 EVA를 채택하는 등 성과평가지표들 중 가장 광범위한 지지를 얻고 있다. 이 기업들은 1980년대 초 EVA를 도입한 이후 지속적인 혁신활동을 수행해 왔고, 그 결과 상당한 경영 성과를 보이고 있다.

또한 1996년 〈CFO 매거진〉에서는 머지않아 〈월스트리트저널〉의 주식 및 이익 리포트란에 EVA가 EPS(주당순이익)를 대체할 것이라고 전망하고 있다.

EVA와 전통적인 이익지표의 비교

	EVA	경상이익률
내용	• 사업용에 투자한 자산(장부가 기준)에 대한 그해의 경제적 부가가치	• 경상이익 대 매출액
정의	$\left(\frac{\text{세후영업이익}}{\text{투하자산}} - \frac{\text{가중평균}}{\text{자본비용}}\right) \times \text{투하자산}$	$\frac{\text{경상이익}}{\text{매출액}}$
장점	• 사업에 투하한 자산에 대한 전체 Return 고려 • P/L, B/S 정보 모두 감안 • 사업(비업무용 제외)의 Performance에 초점	• P/L만 좋으면 높음 • 영업활동 이외의 성과도 포함
단점	• 당해연도 성과(단기적 지표)	• 당해연도의 성과(단기적 지표)

이렇듯 EVA가 성과평가지표들 중 세계적으로 광범위한 지지를 받는 이유는 무엇일까? 그 이유는 EVA가 기업가치를 측정하고 평가할 수 있는 논리적인 틀을 가지고 있기 때문이다. 경영자원의 효율성을 정확히 짚어 내기 위해서는 투하된 경영자원의 양과 이로부터 얻어 낸 부가가치의 양을 정확히 측정할 수 있어야 한다. 그런데 기업들이 그동안 신조로 받아들였던 매출액 증대나 순이익의 증대는 이러한 경영 효율성을 정확히 반영, 평가할 수 없었다. 즉, 손익계산서 중심의 경영성과에만 집착하였을 뿐, 그 성과를 달성하기 위해 얼마만큼의 경영자원이 투자되고, 또 얼마나 효율적으로 운용되었는지에 대한 평가가 간과되었던 것이다.

이러한 관점에서 EVA는 투하자산의 평가는 물론 투하자산으로부터 창출된 경영활동을 통하여 벌어들인 경제적 부가가치를 가감 없이 반영할 수 있다는 장점을 지닌다. 따라서 회계기간 말에 재무제표에 반영되는 재무성과를 통해 산출되는 EVA는 과거의 매출액이나 순이익과 같은 손익계산서 내의 항목뿐만 아니라 투하자산의 내역을 보여 주는 대차대조표 항목의 관리도 가능하게 함으로써 기업의 수익성과 자산의 활동성 및 효율성을 함께 고려할 수 있다.

또한 EVA를 성과평가지표로 활용함으로써 기업은 사업실적과 전망이 우수한 부문에 과감히 투자하고 한계사업 부문은 폐쇄하는 등 적극적인 사업 구조조정을 실행할 기본 정보를 얻을 수 있고, 그 결과 경쟁력 강화를 도모할 수 있다. 세계적인 다국적기업 AT&T, GE, 코카콜라 등 많은 기업들이 가치경영 개념에 입각한 대규모 인수·합병(M&A)과 사업 구조조정을 통해 주력 업종 위주로 정예화함으로써 생산성과 수익성을 극대화할 수 있었고, 그 결과 기업가치가 증가함으로써 주가도 급격히 상승한 사례를 많이 발견할 수 있다.

CFROI(Cash Flow Return On Invest)

CFROI는 컨설팅 회사 HOLT Value Associates에서 개발한 성과평가지표로, EVA가 감가상각이 반영된 순투자액 대비 세후영업이익(NOPLAT)으로 계산되는 데 비해 총투자액 대비 현금흐름으로 계산된다.

CFROI는 현금흐름에 중점을 두고 자본비용을 고려하는 점에서 EVA와 비슷하지만, 누적된 감가상각액을 고려함으로써 자산의 노후화에 따른 수익률의 왜곡을 막아 준다. 또한 자본비용 측정에 있어서도 시장이자율에 기업의 규모와 재무적 레버리지에 의한 리스크를 반영한 리스크 프리미엄을 부가하는 방법을 사용한다. 이것은 마치 기업의 신용등급을 평가하는 것과 유사한 방법이다.

ROCE(Return On Capital Employed)

ROCE는 조달된 자금(자기자본 및 차입금)에 대한 당해연도의 수익을 나타내 주는 지표로, 순이익에 지급이자와 세금절감 효과 부분의 합을 자기자본과 차입금의 합으로 나누어 산출한다.

ROCE는 조달된 자금에 대한 수익성이 명확하게 드러나고 대차대조표와 손익계산서 양쪽을 모두 감안하는 장점이 있다. 하지만 업무용 자산과 비업무용 자산의 구분을 하지 않고 모두 포함하여 계산하므로 본질적인 생산·영업활동의 성과를 파악하기 어렵다. 또한 계산된 ROCE의 크기가 적정한지 여부를 판단할 자본비용의 측정에 대한 모델이 별도로 고려되어야 하는 단점도 있다.

TBR(Total Business Return)

보스턴컨설팅그룹에서 개발한 가치측정지표인 TBR은 EVA나 CFROI, ROCE가 단기적인 지표인 반면에 장기적인 측면을 고려한다.

TBR은 자본비용과 CFROI의 차이(스프레드), 자본비용과 CFROI의 변화 추세, 자산증가 등 세 가지 요소에 의하여 구성된다. 이들 세 가지 요소를 이용하여 사업가치를 변화시킬 수 있다. 즉, 사업가치는 양(+)의 스프레드를 가진 사업을 확장함으로써 증가되고 CFROI의 개선을 통하여 창출될 수 있다. 반대로 음(−)의 스프레드를 가진 사업에 투자를 계속한다면 사업가치가 감소할 수밖에 없다. 이와 같은 분석 방법은 예상되는 TBR에 대한 원인을 구분해 준다는 장점이 있다.

사례

Belden & Blake사의 수정된 EVA 모델

Belden & Blake사는 미국의 애팔래치아 산맥을 근거지로 석유, 천연가스 등의 천연자원의 탐사와 개발, 생산을 하는 에너지 개발 회사이다. 1995년 Belden & Blake사는 현재 기업의 성과를 측정하는 지표로 EVA가 투자자들 사이에서 기준이 되고 있다고 판단하고 자사에도 EVA를 도입할 필요성을 느끼게 되었다. 하지만 천연자원추출 산업의 특성상 기존의 EVA 모델은 Belden & Blake사의 기업성과를 정확히 평가할 수 없을 것이라 생각하였다.

기존의 EVA 모델을 적용함에 있어서 왜곡이 가장 심한 것은 추출된 감모성 재고자산의 가치를 결정할 때이다. EVA는 모든 탐사비용을 탐사의 성공·실패 여부와 상관없이 자본화한다. 하지만 Belden & Blake사와 같은 에너지 탐사, 생산 기업은 발생한 원가가 항상 가치의 창출과 연계될 수는 없다. 제조 장비에 100만 달러를 투입하면 100만 달러의 가치를 지닌 산출물을 생산하는 제조업체와는 달리 탐사비용으로 100만 달러를 쓰면 그 10배의 가치를 지닌 추출물이 나올 수도 있고 전혀 가치가 없는 쓰레기를 생산할 수도 있는 것이다. 또한 제조 장비는 시간에 따라 합리적인 감가상각이 가능하지만 석유나 천연가스와 같은 추출물은 물가의 변화나 기술의 발전 등 환경적인 영향 요인에 따라 그 시세가 등락하는 특징이 있다.

천연자원추출 회사가 현재 지출하는 비용은 탐사·생산된 추출물자산이 미래에 수익을 창출하는 데 기여한다. 그 미래의 수익은 손익계산서에 아직 반영되지 않은 상태의 예측된 현가이다. 이 현가는 새로이 개발된 석유나 가스추출물이 시장에서 매각되어야 현재 가치로 실현된다. 이 부분을 전체적인 기업의 영업활동으로 인한 가치창출을 계산할 때 무시해서는 안 된다. 이것이 Belden & Blake사가 기존의 EVA를 수정하게 된 중요한 요인이다. Belden & Blake사의 수정된 EVA 모델에서는 투자한 자산 또는 비용과 그것이 창출하는 성과를 일치시키기 위해 추출된 자산가치의 변화분을 충당금 또는 적립금을 설정하여 EVA 계산상의 NOPLAT(세후영업이익)과 투하자본을 조정하는 작업을 수행하였다.

이와 같이 수정된 EVA 모델에 대한 설명력을 알아보기 위해 자사를 포함한 경쟁사들의 1993년부터 1995년까지의 자료를 가지고 기존의 EVA와 수정된 EVA를 계산하였다.

수정되지 않은 EVA를 적용한 결과 거의 모든 기업의 EVA가 음(−)의 값으로 나타났고 주가와의 상관관계도 거의 없었다. 하지만 수정된 EVA를 적용한 결과 경쟁사 대부분이 양(+)의 EVA를 나타냈고 주가와의 상관관계도 높게 나타나, 경쟁기업과의 보다 합리적인 비교가 가능했다.

결국 자사의 특성을 반영한 성과측정지표의 적용이 다음과 같은 면에서 효과를 거둔 것으로 나타났다. 첫째, 자사의 사업 특성에 보다 적합한 성과지표의 개발을 통해 투자자들에게 자사의 정확한 성과와 가치를 전달할 수 있게 되었고, 둘째, 분야별 관리자들과 영업 부문의 직원들로 하여금 주주가치와 그들의 역할이 서로 연계되어 있음을 이해시키는 데 도움이 되었다. 결국 기업의 상위 의사결정자와 일선 영업 담당자들 사이에 의식의 공유가 가능해짐으로써 커뮤니케이션의 개선 효과를 이룰 수 있었다.

- LG경제연구원, 〈주간경제〉, 463호

토의문제

1. Bolden & Blake사에 있어서 기존의 EVA 모델의 한계점은 무엇인가?

2. Bolden & Blake사의 수정된 EVA 모델의 특징은 무엇인가?

3. Bolden & Blake사가 수정된 EVA 모델을 적용하여 얻은 효과는 무엇인가?

주요 용어

통제, 편차의 수정, 편차의 누적성, 참가적 경영 기법, 재량, 사이버네틱스 통제, 비사이버네틱스 통제, 사전 통제, 동시 통제, 사후 통제, 통제 시스템, 통제과정, 예산, 예산통제, 운영예산, 재무예산, 재무통제, 재무제표분석, 재무비율분석, 재무감사

연습문제

01 통제의 중요성을 설명하시오.

02 사이버네틱스 통제와 비사이버네틱스 통제의 차이점을 설명하시오.

03 사전 통제, 동시 통제 및 사후 통제의 개념을 설명하시오.

04 통제과정을 설명하시오.

05 예산통제의 개념을 설명하시오.

06 운영예산의 종류 및 각각의 개념을 설명하시오.

07 재무예산의 개념 및 종류를 설명하시오.

08 재무통제 기법의 종류 및 각각의 개념을 설명하시오.

09 재무감사의 종류를 설명하시오.

용어해설

가계 소비를 목적으로 하는 소비경제 단위

가치사슬(value chain) 기업의 비즈니스 활동을 시장의 고객에게 가치를 전달하기 위한 활동으로 조망한 가치사슬의 개념은 마이클 포터에 의해 본격적으로 확산되었음

가치창출 활동 기업의 비즈니스 활동 전체. 기업에서 창출하는 총 가치는 고객들이 제품 또는 서비스를 제공받는 것에 대한 대가로 기꺼이 지급하는 금액으로 측정

감사 회사의 회계감사 및 업무감사를 주 임무로 하는 주식회사의 상설기관

강제적 권력 피영향자가 요구하는 성과를 달성하지 못한 경우 피영향자를 처벌할 수 있는 영향력 행사자의 능력과 관련된 권력

강화이론 과거의 행동 결과는 주기적 학습과정을 통해 미래의 행동에 영향을 미친다는 이론

개념적 기술 조직의 모든 이해관계와 활동을 조정하고 통합할 수 있는 기술

개념적 사고 조직 전체의 과업을 압축하여 볼 수 있고 다른 과업과의 관련성을 파악하는 능력

개방시스템 환경과 상호작용하는 시스템

개인기업 개인 한 사람이 출자, 경영, 소유 및 지배를 하는 기업

객관성 밝혀진 현상에 관한 이론을 모든 사람이 지식으로 인정할 수 있어야 한다는 것을 의미

경영 효율적으로 그리고 유효적으로 조직의 목표를 달성하기 위하여 조직이 갖고 있는 제 자원을 계획수립, 조직화, 지휘, 통제하는 과정

경영과학 경영문제를 수학적 모델을 통하여 분석하고 해(solution)를 구하는 접근방법

경영시스템 경기, 소득, 인플레이션 등과 같은 경제적 요인, 기술적 요인, 나이, 인종, 사회계층, 라이프스타일 등 사회문화적 요인, 인구구조 등 인구통계학적 요인, 규제 등 정치적·법적 요인 등 거시적 외부 환경의 변화에 적응하여야 함

경영자 조직의 목표를 수립하고 달성하기 위하여 조직의 제 자원을 조직화하고, 지휘하고, 통제하는 사람

경쟁자 환경 한정된 자원을 놓고 서로 경쟁하는 조직

경제성 경제적 가치에 의해서 측정된 일정 투입가치에 대한 산출가치의 관계

경제학 부(wealth)가 어떻게 창출되고 분배되는지에 관하여 연구하는 학문

경험과학 인간의 실천적·경험적 사실, 즉 살아가는 경험의 세계를 직접대상으로 하는 과학

계속기업 기업 존재에 대한 사회적 요구와 정당성이 있는 한 계속해서 존속하고 성장해야 하는 기업의 영속성 개념

계획 조직이 정의된 목표를 달성하는 데 필요한 방법이나 과업을 상세히 기술한 틀

계획경제 어떤 재화와 서비스를 생산할 것인가, 어떻게 생산할 것인가, 누구를 위해 생산할 것인가, 누가 주요 생산요소를 소유하고 통제할 것인가를 정부가 직접 결정하는 경제시스템

계획수립 사전에 목표와 행동을 생각하며 이를 위해 육감보다는 방법, 계획, 논리를 따른다는 것

고객별 사업단위 제품별로 다양한 고객집단이 있거나 특정한 필요나 욕구를 갖고 있는 고객집단이 존재하는 경우에 이용

고전적 경영이론 산업혁명의 영향으로 인하여 재화와 서비스를 생산하는 데 있어서 조직의 효율성 문제를 해결할 수 있는 기법을 개발하고자 하는 노력의 일환으로 발달한 경영이론

고전적 조직이론 조직 전체의 관리에 중점을 둔 경영이론

공기업 국가나 지방자치단체 및 공공단체가 공익을 목적으로 출자하고 직·간접적으로 책임을 지는 기업 형태

공동관리 조직구조 고도의 전문직들로 구성된 조직에서 채택하고 있는 유형으로, 모든 중요한 의사결정에 모든 조직구성원이 참여하는 완전 민주적인 특성을 갖는 조직구조

공동기업 출자자가 2인 이상인 기업

공산주의 기본적인 경제문제는 집권화된 국가계획을 통해 해결하고자 하며, 가격과 임금도 국가가 결정한다. 재화의 생산도 소비자가 원하는 상품보다는 국가가 필요로 하는 것에 중점을 두는 엄격하게 통제된 사회주의 경제시스템

공식목표 조직의 헌장, 연차보고서, 방침 등과 같이 조직의 목표를 공식적으로 서술한 것

공유경제 하버드 대학의 교수인 로렌스 레식(Lawrence Lesig)이 『Remix』(2008)라는 책에서 처음 사용한 단어로서 '한 번 생산된 제품을 여럿이 공유해서 쓰는 협력소비를 기조으로 한 경제방식'

으로 정의

공익사업 공공의 이익을 증진하기 위하여 전기, 철도, 가스, 수도, 전화 등과 같이 공중의 일상생활과 밀접한 관계를 갖고 있는 서비스를 실비나 염가로 제공하는 사업

공정성이론 사람은 자신의 성과에 대해 받는 보상에 있어서 사회적 공정성이 존재할 때 동기유발이 된다는 이론

과업 및 상여금 임금제도 최소 수준 이하의 생산량을 달성하는 작업자에게는 사전에 정한 고정임금을 지불하고, 그 이상을 달성하는 작업자에게는 고정임금에 상여금을 더하여 지불하는 방법

과업환경 어떤 특정 조직에 직접적인 영향을 미치는 요인. 기업의 행위나 성과에 영향을 미치는 다양한 집단과 개인인 이해관계자들(stakeholders)로 구성

과점 상황 보통 세 개 내지 다섯 개의 소수 조직이 특정 재화나 서비스의 대부분을 시장에 공급하는 경우

과학 현상과 법칙을 연구하는 학문

과학적 관리이론 작업과 작업자의 관리에 중점을 둔 경영이론

관료조직 과업의 전문화, 구성원이 갖고 있는 장점을 기준으로 한 배치, 경력기회의 규정, 합리적이고 비개인적인 조직풍토 등의 특성을 갖고 있는 조직 ; 분업, 명확히 정의된 계층, 세부적인 규칙과 규제, 비개인적 관계의 특징을 갖고 있는 조직

관리적 의사결정 전략적 의사결정을 실행하기 위한 구체적 의사결정

교차 네트워크 효과(cross-side network effects) 표준이 되는 기술이나 제품에 대해 사용자가 많아지고, 사용하는 소비자가 많을수록 그 상품의 사용가치가 높아짐에 따라 제휴 공급자나 파트너가 많아지는 효과

교호적 상호의존성 부서별로 서로 활동의 투입물을 제공하는 경우

국내총생산 1년 동안 한 나라가 창출한 총 부가가치의 합계

국민총생산 국민이 1년간 일하여 산출한 재화 및 서비스의 생산물에서 원재료비를 공제한 액수

권력 다른 사람에게 영향력을 행사할 수 있는 능력

권한 조직에 의해 합법화된 권력으로, 권력을 행사할 수 있는 능력

권한위양 경영자가 자신의 전체적인 작업 중 일부를 수행할 수 있는 권한과 책임을 다른 사람에게 할당하는 과정

귀납법 많은 개별적 사상으로부터 일반적 법칙을 도출하는 추리방법

규범 사회의 구성원들에 의해 수용되는 행동의 공통적인 기준

규칙과 규제 특정 행동을 하게 하거나 금지하는 내용을 기술한 상용계획

그레이프바인 포도덩굴과 같은 조직 내의 비공식적 의사소통 경로

근무시간변경제도 하루 중 근무시간과 주당 근무일수를 변경하는 제도

글로벌화(globalization) 국가 경제들이 상호의존적이며 통합된 세계 경제에 융합되고 있는 현상

기계적 시스템 조직의 활동이 상이한 전문화된 과업으로 나뉘어 있는 조직

기대이론 직무 수행을 위한 구성원의 노력에서 보상까지의 과정에 있어서 연결관계를 중심으로 동기유발을 이해하기 위한 접근방법

기술적 핵심 조직이 효율성을 달성하기 위하여 예측 가능하고 질서가 있는 방법으로 수행되어야 하는 조직의 내부적 활동

기업 이익을 추구할 목적으로 제품과 서비스의 생산 및 마케팅과 같은 비즈니스 활동을 하는 생산경제 조직체. 나아가 사회 구성원의 일원으로서 지속가능한 비즈니스 환경 유지를 위해 사회적 책임을 다하는 집단

기업가 사업을 시작하고 운영하기 위하여 자신의 시간과 노력 및 화폐를 투자하는 사람. 수익성 있는 잠재적 비즈니스 기회를 보고 계획을 세워 비즈니스를 추진하여 시장에서 성공을 거두고 이익을 얻는 사람

기업가정신 토지, 노동 및 자본을 조직화하는 제 자원으로 모험, 지식, 생산요소를 효율적으로 이용할 수 있는 능력. 비즈니스를 창출하고 운영하기 위해 위험을 감수하는 의지

기업경영의 근본 기능 두 가지의 근본 활동과 두 가지의 핵심 자원으로 구성. 순서와 구체적 수단 등은 바뀔 수 있어도 '잘 만드는 활동', '잘 파는 활동', '사람' 자원, '돈' 자원은 변하지 않는 기업경영의 근본 기능

기업공개 일반 투자가들에게 자사에 대한 투자를 하도록 유인하기 위하여 자산 상태 및 영업성과, 장기적 경영목표 및 정책을 일반 대중에게 공표하는 것

기업의 가치사슬 연계(linkage)시스템으로 단계별로 결합하여 상

호 의존적인 활동으로 이루어져 있음

기업목적 기업이 기업활동을 통해서 달성하고자 하는 성과 또는 결과

기업윤리 기업이 한 조직으로서 사회 속에서 마땅히 지켜야 할 도리, 또는 기업경영이라는 상황에서 구성원의 의사결정이나 행동 또는 태도에 관한 도의적 가치로서 의사결정이나 행동 또는 옳고 그름을 판별하는 규범

기업의 사회적 책임 사회에 대한 경제적·법률적 의무를 포함하여 사회로부터 정당성을 인정받을 수 있는 기업활동으로서의 사회 전반에 대한 책임

기준 설정 및 조정 의사결정을 할 때 초기 가치, 즉 기준에서 출발하여 최종 의사결정에 도달하기 위해 그 가치를 수정해 가는 것

내부환경 조직이 갖고 있는 독특한 조직 분위기나 조직문화

내용이론 동기유발과정 중 첫 단계인 동인, 욕구, 동기 등에 초점을 둔 이론

네트워크경제 지식이나 정보가 네트워크로 연결되어 쉽게 활용되는 경제시스템

네트워크 효과(network effects) 특정상품에 대한 수요가 다른 사람들에게 영향을 주는 효과

노동생산성 노동자 1인이 하루에 생산해 낼 수 있는 생산량

단기계획 활동 기간이 1년 이내인 계획

대차대조표 기업에 필요한 자금이 어떻게 조달되고, 그것이 어떻게 운용되고 있는가를 나타낸 것

대표성 어떤 사건의 발생 가능성을 이전에 존재했던 사건의 범주와 비교하여 평가한다는 것

델파이기법 명목집단기법과 유사한 기법이나 구성원이 출석을 하지 않고 의사결정과정을 거치는 기법

독점 상황 하나의 조직이 특정 재화나 서비스 전체를 시장에 공급하는 경우에 발생하는 경제환경

동기요인 개인으로 하여금 열심히 일하게 하고 성취도를 높여 주는 요인

동기유발 인간의 행동을 활성화하고, 행동의 방향을 설정하거나 목표를 지향하도록 경로를 만들어 주며, 행동을 지속적으로 유지하도록 하는 내적 욕구 또는 동인에 영향을 미치는 반복적 과정

동시 통제 활동이 진행 중일 때, 즉 실제적인 변환과정 중에 이루어지는 통제

디지털 연속적인 아날로그 신호를 0과 1의 비트조합으로 나타내는 기술적인 개념

딥 러닝(Deep Learning) 사물이나 데이터를 분류하거나 군집하는 데 사용하는 기술로, 사람의 뇌가 사물을 구분하는 것처럼 컴퓨터가 사물을 분류하도록 훈련시키는 기계학습(machine learning)의 일종

라인경영자 조직의 작업을 수행하는 데 있어서 직접적으로 책임이 있는 경영자

라인권한 조직의 목표달성에 직접적으로 책임을 지는 경영자

레버리지비율 기업경영의 안정성과 장기부채 사용에 따른 원리금 상환 능력에 관한 정보를 제공해 주는 비율

리더십 집단 또는 구성원의 과업과 관련된 행동을 지시하고 그러한 행동에 영향을 미치는 과정

리더십 특성 이론 리더는 리더가 아닌 사람이 갖고 있지 않은 특성을 갖고 태어난다는 이론

리더십에 대한 행동적 접근방법 리더의 행위 또는 행동에 초점을 두는 접근방법

리쇼어링(reshoring) 해외에 나가 있는 자국기업들을 각종 세제혜택이나 규제완화 등을 통해 자국으로 불러들이는 정책으로, 기존 싼 인건비나 판매시장을 찾아 해외로 생산공장을 설치하는 '오프쇼어링(offshoring)의 반대 개념

만족이윤 최소한 기업의 생존을 보장하고 기업이 과거에 달성한 정상이윤을 커버할 수 있는 이윤

매트릭스 조직구조 애드호크라시 조직 형태를 가장 광범위하게 적용하고 있는 유형으로 다중명령체계라고도 부르며, 직능별 조직구조와 사업부별 조직구조의 장점을 살리고 단점을 보완한 조직구조이다. 조직의 수평적·수직적 권한이 결합된 형태를 취함

명목집단기법 상호작용하는 동일 집단 내의 구성원보다는 다른 집단(명목집단)으로부터 더 많고 좋은 아이디어를 얻는 방법

목표관리 경영자와 하위자가 집단적으로 목표를 설정하고, 하위자의 목표달성 정도를 통해 하위자의 성과를 평가하고, 성과에 대한 보상을 하는 기법

물리적 자원 시설, 설비, 원재료와 같이 물리적 형태를 띠고 있는

자원

민간 기업 시스템 소비자의 수요와 필요를 파악·충족시켜 시장에서 성공한 기업들에게 보상이 돌아가도록 하는 경제 시스템

민법상의 조합 2인 이상이 공동으로 출자하여 공동으로 사업을 경영할 것을 약정하는 경우 그 효력이 발생하는 민법상의 조합

방침 경영자에게 의사결정을 위한 일반적 지침을 제공하는 상용계획

법칙 한 현상 내에서 동일한 조건이 반복될 때 변화하지 않고 일정한 형태로 나타나는 원칙의 조합

변환과정(transformation process) 투입을 잘 엮어 산출로 만드는 활동과 수단·방법. 종업원의 직무 활동, 경영진의 관리 활동, 기술과 운영 수단·방법 등으로 구성

보상적 권력 피영향자가 명령을 수행하거나 요구하는 성과를 달성했을 때 영향력을 행사하는 사람이 피영향자에게 보상을 할 수 있는 능력을 갖고 있는 경우의 권력

보이지 않는 손 개인들의 사익 추구가 공익도 저절로 증진시킨다는 이론

부가가치 기업경영활동에 의해 새로 창출된 가치로, 기업 매출액에서 외부구입가치를 공제한 후 자기 회사에서 새로이 창출한 가치

부가가치생산성 종업원 1인이 기업에 기여한 기여가치 또는 부가가치

부문화 직무를 논리적인 분류 기준에 따라 집단화하는 것

부호화 전달하고자 하는 아이디어나 정보를 어떤 언어, 몸짓, 기호 등의 형태로 체계화된 메시지로 변환시키는 과정

분권화 권력과 권한이 조직의 최고경영층에서 하위경영층에 이르기까지 조직 전체에 걸쳐 체계적으로 위양되어 있는 정도

분석적 사고 문제를 각각의 구성요소로 나누어 분석함으로써 실행 가능한 해결책을 도출하는 능력

분화 조직이 경영자의 지향성과 구조에 따라 하위단위로 나뉘는 것

불완전경쟁 다수의 경쟁자가 존재하는 시장 상황

불확실성하의 의사결정 대체안과 대체안의 실행 성과를 전혀 모르는 경우에 이루어지는 의사결정

브레인스토밍 대안에 대한 비판을 억제하면서 구성원들로 하여금 가능한 모든 대안을 제시하도록 장려하는 아이디어 창출과정을 활용하는 기법

비사이버네틱스 통제 경영자가 어떤 활동을 가장 잘 수행할 수 있는 방법과 성과목표를 달성할 수 있는 방법에 관한 의사결정에 있어서 자유재량권을 갖는 시스템

비정형적 의사결정 주로 일회용 또는 예상치 못하거나 예외적인 새로운 경영문제를 해결하기 위한 의사결정

비즈니스 기업(혹은 개인)이 고객과의 상호작용을 통하여 기업의 목표를 달성하며 가치를 창출하는 활동이라고 정의. 기본적으로 모든 이익 추구 활동, 그리고 국가, 기업, 가계 등 경제 시스템이 필요로 하는 제품과 서비스를 제공하는 기업으로 구성

비즈니스 활동 소비자들의 필요와 욕구를 충족시키기 위한 제품 및 서비스를 제공하고 거래함으로써 이윤을 추구하는 활동

사업부별 조직구조 어떤 제품이나 서비스를 생산하기 위한 모든 활동을 독립적인 단위로 집단화하는 것

사이버경제 디지털화된 정보를 기반으로 인터넷과 같은 정보 네트워크상에서 경제활동을 하는 것

사이버네틱스 통제 조직의 활동 중 발생하는 편차를 자동적으로 수정할 수 있는 내재적 장치를 갖고 있는 자기활동 또는 자기규제 시스템

사유재산에 대한 권리 시스템에 대한 모든 참여자는 토지, 건물, 기계 장치, 설비, 발명품에 대한 특허, 개인 소유물 및 저작권료 같은 무형 정보 재산권 등 거의 모든 형태의 재산을 소유, 사용, 구매, 판매, 증여할 수 있는 권리를 가짐

사이버물리시스템(Cyber-Physical System, CPS) 생산공정상에서 주체(기존 기계설비)와 객체(기존 부품 및 제품)가 바뀌도록 유도하고 있고, 더 나아가 생산과정의 모든 요소들이 주체가 되는 분권화(decentralization)가 실현되어 중앙통제가 아닌 부품과 기계설비들이 서로 의사소통을 하며 작업이 이루어짐으로써 인간의 노동력이 필요하지 않게 됨

사전 통제 활동이 이루어지기 전에 이루어지는 통제

사회공학 사회에 존재하는 모든 조직의 행동원리 및 실천적 규범을 밝히는 데 목적을 둔 경영학

사회과학 인간 및 인간의 의사작용에 의해 관계성이 발생하는 사회현상을 연구대상으로 하는 학문

사회적 가치 사회구성원들이 사회에서 유지하고 달성해야 할 적

절한 목표라고 생각하는 모든 것

사회적 욕구 주로 대인관계에서 나타나는 욕구로 타인과의 교제, 친분, 소속감과 같이 정을 주고받고 서로 소속되기를 원하는 욕구

사회주의 국가의 주요 산업을 정부가 소유하고 통제하는 경제시스템

사후 통제 활동이 완료된 후 결과를 측정하고 평가하는 통제

산출(outputs) 변환과정을 거쳐 나타내는 산출의 대표적 예로는 구체적 제품과 서비스, 매출과 이익 등의 재무성과, 종업원 성과 등이 있음

상용계획 조직의 목표달성을 위해 반복 사용되는 계획

상호의존성 조직구성원 개인이나 부서에서 과업을 수행하기 위하여 다른 부서와 얼마나 의존적인 관계를 유지하는가를 나타내는 개념

상황적합 계획 미래에 발생할 수 있는 상황에 대처하기 위하여 계획을 실행하기 전에 대안적 행동과정을 수립

상황적합적 접근방법 경영활동과 조직의 성과에 영향을 미치는 내적·외적 변수가 구체적으로 무엇인가를 밝히려는 접근방법

생리적 욕구 개인의 생리적 균형을 유지하는 데 필요한 욕구

생산 인간의 필요와 욕구를 충족시킬 수 있는 가치를 창출하는 활동

생산성 투입된 생산의 제 요소가 생산과정에서 어떻게 효과적으로 결합됨으로써 생산물로 실현되는가를 나타내는 지표

생산성비율 생산량(output)과 생산요소의 투입량(input)의 비율

생산요소 재화와 서비스를 생산하는 데 이용되는 제 자원

생활양식 사람이 세상을 살아가는 방식

생산 투입 요인 천연 자원(natural resources), 자본(capital), 인적 자원(human resources) 및 기업가정신(entrepreneurship)의 네 가지 기본 투입 요인

생산의 글로벌화 생산요소(노동력, 에너지, 토지, 자본 등)의 국가 간 가격이나 품질의 차이를 활용하기 위해 전 세계 여러 국가에서 생산활동을 하는 추세

선택의 자유 시민들이 자신의 고용, 구매 및 투자를 선택할 수 있음을 의미. 또한 자신의 뜻대로 일자리를 바꾸고, 임금을 협상하고, 노동조합에 가입하고, 다양한 브랜드의 제품과 서비스들 중 자신이 원하는 것을 선택

선택적 지각 수신자가 자신의 욕구, 동기유발, 경험, 배경 및 기타 개인적인 특성에 따라 정보를 보고 듣는 것

성과 경영활동의 결과를 나타내는 것

성과급제도 자신의 직무에 설정된 표준생산량을 달성하거나 초과하여 달성하는 작업자에게는 많은 임금을 주고, 그렇지 않은 작업자에게는 적은 임금을 지불하는 제도

성장성비율 일정 기간 중에 기업의 경영 규모 및 경영 성과가 얼마나 향상되었는가를 나타내는 비율

소시오그램 누가 누구를 좋아하고 싫어하는가를 그림으로 나타낸 것

소유와 경영의 분리 회사의 소유 기능은 주주가 맡고 경영적 기능은 전문경영자가 맡는 제도

소프트스킬 변화에 대한 유연성 및 다양한 기술의 활용능력 또는 조직 내 커뮤니케이션, 협상, 팀워크, 리더십 등을 활성화할 수 있는 능력을 의미

손익계산서 1년 동안의 영업성과를 집약적으로 표시한 것

수익 영역 고객을 기업경영의 중심에 두고 고객의 속성을 재정의하여 새로운 사업을 끊임없이 발굴해 가는 것

수익성 기업의 수익과 자본에 대한 관계

수익성비율 투하자본에 대한 경영 성과를 나타내는 비율

수직적 조직 업무 처리의 권한을 수직으로 세분화하고, 유사한 과업 범위나 스킬을 기준으로 구성원을 그루핑한 조직구조

수평적 조직구조 최고경영층과 하위경영층 사이에 조직계층의 수가 적은 조직구조

순차적 상호의존성 한 활동의 산출물이 다른 활동의 투입물이 되는 경우와 같이 부서별 활동이 순차적으로 직접적인 관련이 있는 경우

스태프경영자 라인경영자의 활동을 지원하는 경영자

스태프권한 라인경영자에게 서비스와 조언을 제공하는 조직의 개인 또는 집단이 갖고 있는 권한

시스템 하나의 목적을 가지고 이를 달성하기 위하여 여러 구성인자가 유기적으로 연결되어 상호작용하는 결합체

시스템 경계 환경과 분리되는 일정한 경계

시장의 글로벌화 과거에는 독립적으로 존재하던 국가시장들이 하나의 거대한 글로벌 시장으로 통합되는 추세

실천 인간의 의식적인 행동을 통해 환경과 상호작용하고 스스로 행동을 변화해 가는 과정

실천경영학 경영현상의 합목적성을 달성하기 위해 유용한 원리, 규칙, 방법 및 절차를 연구하는 것

실천이론경영학 이론과학과 실천과학의 특성이 모두 포함된 경영학

안전 욕구 육체적·정서적 안정에 대한 욕구

암묵지 언어로 쉽게 표현하기 어려운 개인적인 경험이나 노하우, 이미지, 스킬 등 주로 개인에게 존재하거나 조직문화나 풍토 속에 내재된 지식

애드호크라시 다양한 전문적 기술을 가진 사람들의 집단에 의해 해결될 수 있는 프로젝트를 중심으로 조직화된 신속한 변화와 적응이 가능한 임시적 시스템

업무적 의사결정 자원의 변환과정의 효율성을 극대화하기 위한 의사결정

여과 발신자가 의도적으로 정보를 조작하여 수신자에게 호의적으로 보이게 하려는 것

연역법 보편적 법칙으로부터 반드시 그렇게 된다고 하는 필연적 법칙을 도출하는 추리방법

예산 주어진 기간 내에 특정 활동을 수행하는 데 필요한 재무적 자원의 할당을 규정한 일시적 계획 ; 주어진 기간에 걸쳐 계획된 활동을 수행하기 위하여 작성된 공식적인 조직자원의 계량적 명세서

예산통제 예산을 기준으로 경영활동을 수행하고, 예산과 실제 성과 간의 차이를 분석하여 경영활동을 효율적으로 전개시키는 제도

온디맨드 서비스(on demand service) 유무선 인터넷에서 온라인 플랫폼 업체의 중계를 통해 개인-개인, 개인-기업이 거래를 통해 제품과 서비스를 소유 없이 이용할 수 있는 경제 활동을 의미

완전경쟁 모든 조직이 동일한 재화와 서비스를 생산하는 상황

외부환경 조직의 외부에 존재하면서 조직의 의사결정이나 전반적인 조직활동에 영향을 미치는 환경

욕구계층이론 인간의 내부에는 다섯 가지의 욕구계층이 있으며, 하위 계층의 욕구가 충족되면 다음의 상위 계층의 욕구가 지배적인 욕구로 부상한다는 이론

운영목표 조직의 실제적인 활동목표를 통해 추구되는 목표

운영예산 조직이 예산 기간 동안 소비할 것으로 기대되는 재화와 서비스를 나타내는 예산

원칙 자연현상이나 사회현상에 존재하는 기본적이며 보편적인 진리

웹 2.0 이용자가 적극적으로 참여하여 정보와 지식을 생산·공유·소비하는 열린 인터넷 환경

위생요인 개인의 욕구를 충족시키는 데 있어서 주로 불만족을 방지해 주는 요인

위원회 다양한 경험과 배경을 가진 사람들을 한곳에 모아 논의하는 조직

위험하의 의사결정 대체안의 실행 성과를 확실하게 예측할 수 없으나 원하는 성과를 초래할 확률을 예측할 수 있는 충분한 정보가 존재하는 상황의 의사결정

유기적 시스템 혼자서 작업을 수행하기보다 집단의 차원에서 작업을 수행하는 조직

유동성 어느 자산이 단기에 정상적인 가격으로 현금화될 수 있는 가능성

유한책임제도 주식회사의 주주는 출자액인 주식금액을 한도로 회사의 자본위험으로부터 발생하는 채무에 대해서 책임을 지는 제도

유한회사 사원이 출자액을 한도로 기업채무를 변제한다는 유한책임을 지는 사원으로 구성된 회사

유효성 올바른 일을 수행하는 것으로 조직의 목표가 달성되었다면 유효성을 달성했다고 함

응용성 이론에 따라서 행동하면 원하는 결과를 얻을 수 있다고 하는, 이론이 갖는 통제 가능성

의사결정 일련의 합리적 대체안 중에서 하나의 대체안을 선택하는 과정

의사소통 두 당사자 사이에 어떤 부호적 메시지를 통해 아이디어나 정보가 전달되는 과정

의사소통 네트워크 의사소통 경로에 있어서 누가 누구와 의사소통을 할 수 있는가를 지시해 주는 것

이론 두 가지 이상의 관찰 가능한 사실 또는 사건 간의 관계성을 설명해 주는 원칙이나 여러 원칙의 집합. 제 원리 및 법칙의 집합체

이론경영학 경영에 관한 경험적 사실을 설명하고 예측할 수 있는 이론을 구축하는 데 목적이 있는 경영학

이사회 회사의 경영에 관한 일체의 권한을 위양받은 수탁층으로서의 상설기관

이용 가능성 어떤 대상이나 사건의 가능성을 자신이 갖고 있는 기억에 대비하여 평가한다는 것

이익 사람, 기술, 정보 등을 혼합하여 소비자 욕구를 충족시킬 수 있는 상품과 서비스를 만들어 마케팅하는 위험을 감수하는 사업(가)에 대한 보상

이해관계자 기업활동에 직·간접적으로 영향을 미치거나 이해관계가 있는, 즉 주주, 종업원, 소비자, 정부, 원재료 공급업자, 금융기관, 지역사회와 같이 기업의 활동이나 정책에 의해 이익 또는 손실을 입게 되는 모든 사람들 또는 조직체

익명조합 업무를 직접 담당하는 무한책임의 영업자인 현명조합원과 유한책임을 지는 익명출자자로 구성되는 조합으로 상법상의 조합

인간관계이론 작업자는 작업장에서 사회적 조건, 감정, 대인관계적 상황 등 사회적 맥락의 차원에 일차적으로 반응한다는 이론

인간관계적 기술 경영자가 개인 또는 집단의 일원으로서 다른 사람 또는 집단과 더불어 일하고, 의사소통을 하고, 이해하고, 동기부여를 할 수 있는 기술

인간행동학파 조직 내에서 개인의 태도, 행동 및 집단과정 등의 인간행동을 중요시하는 이론

인적 자원(human resources) 모든 경제 시스템에서 또 다른 중요한 투입 요인. 상이한 능력이나 특성을 갖고 있으면서 조직의 목표를 달성하기 위하여 상호작용하는 인간집단으로, 거대 기업의 최고경영자(CEO)부터 자영업을 하는 사람까지 해당됨. 인적 자원 투입 요인에는 육체노동과 근로자의 지식 투입 모두 해당

일반환경 사회의 모든 조직에 영향을 미치는 환경

일선경영자 작업자의 활동을 감독하고 조정하는 경영자로, 조직 내에서 최하위에 있는 경영자

일시적 계획 조직의 특정 목적을 달성하기 위한 활동을 계획하는 데 이용되는 계획이며, 일시적으로 사용되고 반복하여 사용되지 않는 계획

임파워먼트 조직구성원 개개인에게 권한위임과 동기부여를 통해 성과 제고와 능력 개발을 촉진하여 조직의 역량을 강화하는 도구로, 단순한 권한위임만을 의미하는 것이 아닌 기업의 혁신과 성과 제고의 주요 수단

자료 객관적으로 실제 존재하거나 일어난 일을 기호 또는 수치화한 것

자본의 증권화제도 주식회사에서 경영자와 투자자 간의 상충관계를 해소하기 위한 제도로, 회사는 주식 발행을 통해 주주에게 매각하여 자본금을 조달하고, 주주는 출자자로서의 전환인 주주권을 갖는 제도. 유통증권화, 주주 자격 취득, 주주 자격의 포기가 가능함

자본(capital) 협의로는 돈이라는 재원, 광의로는 비즈니스 수행에 중요한 자원인 기술, 정보, 각종 도구나 기구들, 생산설비 같은 물리적 설비 등을 포함

자본주의 개인이 재화와 서비스를 제공하는 기업을 소유하고 운영하는 경제시스템

자아실현 욕구 자신이 갖고 있는 잠재적 능력을 최대로 발휘하고 싶어하는 욕구

자연과학 인간의 의사와는 관계없이 발생하는 자연현상을 연구대상으로 하는 학문

자유방임주의 정부가 국가경제에 전혀 간섭하지 않는 상태

자유시장경제 기업과 개인이 무엇을 생산하고 구매할지를 결정하며, 시장이 판매량과 가격을 결정하는 경제시스템

자유출퇴근시간제도 일과 중 꼭 있어야 할 핵심시간, 즉 제약 조건을 정해 놓고 핵심시간 전후의 출퇴근 시간은 구성원이 자유롭게 선택하도록 하는 제도

작업의 분할 조직의 전체 작업을 조직 내의 개인 및 집단에게 작업이 체계적으로 그리고 만족스럽게 수행되도록 나누어 배분하는 것

작업자 어떤 직무나 과업을 직접 수행하면서 다른 사람의 작업이나 활동을 감독할 책임이 없는 구성원

잡음 의사전달과정에서 메시지가 의도하는 바를 왜곡시킬 수 있는 요인

장기계획 목표달성을 위한 어떤 활동이 장기간에 걸쳐 수행되어야 할 때 수립되는 계획

재량 특정 상황에 관한 의사결정 시 갖는 자유 또는 권한

재무감사 주로 재무제표의 정직성과 공정성을 확인하는 재무통제 방법

재무비율 재무제표상에서 경제적 의미와 이론적인 연관관계가 분명한 특정 두 항목을 나누어 이해하기 쉽게 지표로 나타내는 것

재무예산 예산 기간 동안의 조직의 현금유입과 지출에 관한 예산

재무적 자원 화폐와 관련된 자원

재무제표 일정 기간 동안의 영업실적과 일정 시점에서의 재무 상태를 집약적으로 나타낸 것

저탄소사회 온실가스 배출량을 대폭 삭감함으로써 기후의 안정화를 보증할 수 있는 사회

적정이윤 자기자본이자, 기업위험보상료 및 기타 이익으로 구성되는 기업의 유지·존속을 위한 필요최저비용

전략적 변곡점 조직이 높은 기업성과를 달성하기 위해 극적인 변화가 필요한 시점

전략적 의사결정 조직 내부보다는 외부환경에 관한 의사결정을 주 내용으로 하는 의사결정

전문적 권력 영향력을 행사하는 사람이 피영향자가 갖고 있지 않은 전문적 기술이나 지식을 갖고 있다고 지각하거나 믿는 경우 발생하는 권력

전반경영자 조직의 하위단위의 모든 경영활동에 책임이 있는 경영자

점증주의 최근에 가장 효과적이었던 대안과 비교하여 차이가 적은 대안만을 고려한다는 것

정보 자료를 특정 목적과 문제해결에 도움이 되도록 가공하여 부가적 의미를 창출해 낸 것

정형적 의사결정 반복적이고 일상적인 의사결정

제품별 사업단위 각 사업단위가 단일의 제품 또는 관련된 제품집단에만 책임을 갖는 유형의 조직구조

제한된 합리성 문제의 성격 및 해결책에 관한 부적절한 정보, 보다 완전한 정보를 수집하기 위한 시간과 경제적 비용, 많은 양의 정보를 기억할 수 없는 능력의 한계 및 지적 수준의 한계를 해결해야 한다는 개념

조직 달성하고자 하는 독특한 목표가 있고, 목표를 달성하기 위한 체계화된 조직구조를 갖고 있는 인간의 집합체

조직구조 조직의 모든 활동을 경영자와 종업원, 경영자와 경영자, 종업원과 종업원 간의 관계성 차원에서 분할하고 집단화하고 조정하는 방법

조직설계 조직의 전략 및 조직환경에 적합한 조직구조를 선택하는 의사결정과정

조직의 구체적 목표 조직목표 가운데 추상성이 가장 적은 구체적 개념의 목표로, 조직의 사명을 달성하기 위한 구체적 진술

조직의 목적 조직의 존립 이유를 나타내는 개념으로 가장 추상성이 높은 목표 개념

조직의 목표 조직이 실현하고자 하는 제반 문제의 원하는 상태

조직의 사명 경영자가 조직의 목적을 달성하기 위하여 선택하는 경로

조직의 제 자원 조직이 갖고 있는 인적 자원, 재무적 자원, 물리적 자원, 정보, 기술 등

조직화 계획수립 단계의 의사결정과정을 통해 설정된 조직목표의 달성에 공헌할 수 있도록 제 자원을 일정한 패턴하에 상호연관되도록 배치하는 것 ; 수신하는 여러 정보를 체계적인 방법으로 범주화하거나 집단화하여 해석하는 것 ; 조직의 목표를 가장 효율적으로 달성하기 위하여 각 조직구성원이 필요한 작업, 권한, 자원 등을 결정하고 이를 배분하는 것

존경 욕구 타인으로부터 인정을 받거나 존경을 받고 싶어하는 심리적 욕구

종업원지주제도 종업원에게 자사의 주식을 무상으로 증여하거나, 유가로 취득토록 하되 장기대부나 급여 대신으로 주식을 갖게 하는 것

주된 활동(primary activities) 기업 내부 물류를 관리하는 '내부 물류', 제품을 생산하고 이를 관리, 운영하는 '생산 및 운영', 외부 물류를 관리하는 '외부 물류', 마케팅 활동을 통해 제품을 판매하는 '마케팅 및 판매', 구매자에게 제품을 배달하고, 제품 판매 후의 지원 및 서비스를 제공하는 '서비스' 활동으로 구성

주식회사 자본적 공동기업의 대표적 형태로 다수인의 출자에 의해서 성립되는 자본단체

주주총회 회사의 기본조직과 경영에 관한 중요 사항에 관하여 주주들이 의사를 표시하여 결정하는 최고 의사결정 기관

준거적 권력 한 개인이나 집단에서 발생하는 권력으로 피영향자가 영향력을 행사하는 사람과 자신을 동일시하거나 그를 모방하려

는 욕구에서 발생하는 권력

중간경영자 일선경영자를 지휘하는 데 주요 책임이 있으며, 때에 따라서는 작업자를 직접 지휘하는 경영자

중기계획 목표달성을 위한 활동의 기간이 보통 1년에서 5년인 계획

지구촌경제 인터넷 등을 통해 정보의 흐름이 시간과 공간의 제약 없이 이루어지면 별다른 추가적 비용 없이 세계를 대상으로 하는 기업활동이 가능한 경제시스템

지식 피상적인 사실을 이해하는 수준을 넘어 특정 현상이나 사건이 발생한 원인이 무엇인지를 분석하고 이를 토대로 주어진 현상의 이면을 이해하는 행위 또는 그 행위의 결과

지식기반경제 경제활동에서 지식이나 정보의 중요성이 더욱 커지는 경제시스템

지원 활동(support activities) 물자획득 등 구매 활동, 인적 자원 관리, 기술개발의 결합을 통해 주된 활동이 잘될 수 있도록 지원하는 하부구조(인프라) 활동으로 구성. 또 가치사슬의 지원 활동은 일반관리, 법률업무, 회계업무 같은 기능을 포함

지역별 사업단위 지역별로 취향과 욕구가 상이한 고객집단별로 시설을 위치시켜야 하는 경우 이용할 수 있는 조직구조

지혜 지식 축적과 함께 일정한 수준에 도달하여 미래의 복잡한 사태를 예견할 수 있는 혜안이나 식견이 형성된 상태

지휘 목표달성에 필요한 과업을 수행하도록 구성원에게 지시를 하고, 영향력을 행사하고, 동기부여를 하는 활동

직능경영자 조직 내의 한 가지 직능적 활동 또는 부문에만 책임이 있는 경영자

직능별 조직구조 공동의 과업, 기술 또는 행동을 기준으로 상이한 부문별로 조직구성원을 집단화하는 것

직능적 권한 스태프의 책임과 관계된 것으로 다른 부문의 활동을 통제할 수 있는 권한

직무 재설계 구성원의 작업의 질과 직무상의 생산성을 증진시키기 위하여 구체적인 직무 또는 상호의존적인 직무군을 변경시키는 것

직무공유제도 하나의 직무를 두 사람 이상이 공유하도록 하는 제도

직무설계 과업을 결합하여 하나의 완전한 직무를 형성하는 것

직무순환 작업자로 하여금 다양한 직무에 순환근무토록 하는 것

직무역량 안정성 기술발전 및 산업변화에 따른 고용 인력에게 요구되는 역량의 변화 정도 또는 이미 확보하고 있는 역량의 유통기한의 변화 정도를 의미

직무충실화 작업자에게 수행해야 할 과업의 수를 증가시키면서 직무에 대한 통제권과 자율성을 부여하는 방법

직무확대 직무를 수평적으로 확대시키는 것, 즉 각 작업자가 수행해야 할 과업의 수를 증가시키는 것

진화적 변화 점진적이고 구체적이며 핵심 구조는 건드리지 않으면서 변화의 목표를 향하여 천천히 발전하며 성장하는 변화

집권화 권력과 권한이 상위경영층에게 집중되어 있는 정도

집단사고 집단구성원이 어떤 의사결정 대안에 대한 동의를 표시하기 위해 상이한 견해 표현을 유보하는 것

집단의사결정 조직의 의사결정이 경영자 개인이 아닌 집단을 통해 이루어지는 경우

집합적 상호의존성 어떤 활동을 수행하는 개인 또는 집단 간에 상호의존성이 거의 없고 최소한의 직접적인 접촉만 이루어지는 형태

참가적 경영기법 종업원으로 하여금 경영활동에 참여시키는 기법

천연 자원(natural resources) 천연 상태로 생산에 유용하게 투입될 수 있는 모든 자원

철학 본질을 연구하고 현상이 존재하는 이유와 현상의 통일성을 연구하는 학문

최적화 의사결정 모형 합리성을 기반으로 의사결정자는 분명한 목표를 갖고 있고, 최적화 모형의 과정을 거쳐 의사결정을 하면 목표(가치)를 최대화할 수 있는 대안을 선택할 수 있다는 모형

추가적 변화 조직에 무엇을 더하는 변화

크리슈머 'Creative'와 'Consumer'의 합성어로 창조적 소비자를 뜻하며, 기업은 크리슈머를 통해 급변하는 시장의 흐름을 감지하고 활용함

태도 어떤 사회 내에서 발생하는 문제와 행동에 관하여 개인이 갖는 감정이나 사고

태스크포스 일종의 특수 임무 조직으로, 조직 내의 여러 하위단위의 결합된 노력이 필요한 구체적이며 명료하고 복잡한 과업을 수행하기 위해 형성된 임시적 조직구조

통제 실제 행동이 계획된 행동과 일치하는가를 확인하는 과정 ; 조직구성원의 행동이 목표를 향해 올바로 가도록 확인하는 활동

통제의 범위 특정 경영자에게 직접 보고하는 하위자 또는 부문의 수

통합 여러 하위단위가 조정을 통해 공동으로 작업을 수행하는 것

투입(inputs) 천연 자원, 자본, 인적 자원, 창업·기업가정신(entrepreneurship), 정보, 기술 등을 의미

팀형 상호의존성 과업이 상호작용성을 갖고 있거나 단지 전·후관계만 있는 것이 아니고, 다른 집단 또는 단위의 구성원에 의해 공동으로 수행되는 경우

폐쇄시스템 환경과 상호작용을 하지 않는 시스템

포디즘 저가격과 고임금의 원리에 기준을 둔 포드의 경영이념

표준 활동의 결과인 성과를 비교하기 위한 목표

표준운영절차 조직의 구성원이 특정 상황에서 수행하는 데 필요한 특정 행동을 규정하는 상용계획

프로그램 조직의 전반적인 활동을 조정하는 데 이용되는 일시적 계획

프로슈머 고객 자신이 기업의 생산과정에 직접 참여하는 것으로, 생산자와 소비자의 합성어

프로젝트 프로그램과 유사하나 범위가 제한되고 복잡성이 적은 일시적 계획

플랫폼 본래 기차 정거장을 의미하는 용어로 현재는 많은 이용자가 이용하는 컴퓨터 프로그램이나 모바일 앱, 웹사이트 등을 통칭하는 의미로 사용. 개발자와 이용자 또는 판매자와 구매자 등 복수의 이해관계자들을 서로 만나게 하고 실제 거래를 중개하는 공간. 비즈니스 거래상 이해관계가 다른 복수의 경제 주체에게 거래를 가능하게 해주는 동시에 적절한 비용 또는 수익을 제공한다는 측면에서 양면시장의 특성을 지님

플랫폼 기업 경영시스템 전략적 목적은 네트워크 효과를 발생시키는 핵심 상호작용을 창출하는 것이며, 네트워크 효과는 지속가능한(sustainable) 비즈니스 가치와 연계. 소비자가 생산자(예: 유튜브), 경쟁자가 보완사업자(파트너)가 될 수 있는 등 기업의 경계(boundary)가 변경될 수 있음. 기업 외부의 개발자 네트워크가 중요하고 이 네트워크가 증대될수록 플랫폼 경쟁력이 증진되기에 기업 경영의 초점이 내부에서 외부로 전환됨

플랫폼 비즈니스 정보기술 IT의 발달로 다양한 모바일 · 인터넷 플랫폼이 등장하고 있는 가운데, 이를 기반으로 각종 제품 · 서비스를 중개하고 수수료로 수익을 내는 사업을 가리키는 말. 소비자 · 기업 등이 재화 · 서비스를 사고팔거나 상호작용하는 일종의 '장터' 개념으로 애플, 아마존, 페이스북, 구글 등 잘나가는 기업들의 공통점은 모두 플랫폼형 비즈니스 모델을 구축한 기업

피드백 시스템의 활동결과가 다시 투입과정으로 돌아옴으로써 시스템 활동을 평가하고 수정하는 통제활동

필요최저이윤 기업을 유지·존속시키는 데 필요한 최소한의 이윤

하드스킬 기술적 능력 및 실력 또는 전문지식을 의미

하위시스템 하나의 시스템 내에 존재하는 시스템으로서 전체시스템을 구성하고 있는 구성인자

합명회사 2인 이상의 출자자가 공동으로 출자하고, 출자자가 회사의 채무에 연대무한책임을 지는 회사

합법성 조직의 비구성원이 조직의 활동을 수용하는 차원

합법적 권력 영향력 행사자에게 일정한 범위 내에서 영향력을 행사할 수 있는 자격이 부여되어 있다고 하위자나 피영향자가 인정할 때 존재하는 권력

합병 다른 조직을 취득하는 것으로, 다른 조직의 소유권을 취득하는 것

합자회사 출자와 업무집행을 담당하는 무한책임사원과 출자만을 하는 유한책임사원으로 구성되는 회사

합작투자 투자비용이 많이 드는 대형 건설공사 프로젝트나 실패위험이 높은 연구개발 등에 다른 조직과 투자를 같이 하는 것

해독 수신자가 자신에게 전달된 메시지를 어떠한 개념이나 생각, 감정 등 자신에게 주는 의미로 변환시키는 사고과정

행동 수정 기법 동기유발 이론 중 강화이론을 적용한 기법

행동계획 조직의 목표를 달성하기 위한 일상적인 활동 내용에 관한 계획

현장업무 관련 기술 전문화된 활동을 수행하는 데 필요한 기술, 즉 특정업무 분야와 관련된 지식을 이용할 수 있는 능력

협동조합 중소기업인, 소비자, 소규모 생산자 또는 민간인들이 경제적 약점을 보완하기 위하여 상호협조와 협동정신을 바탕으로 공동출자하여 조직하는 공동기업

형식과학 선험적 및 공리를 대상으로 하는 형식논리 및 수학과 같이 경험과 관계없는 사고방식을 기초로 순서 및 규칙 그리고 형식을 대상으로 하는 과학

형식지 문서화되거나 데이터베이스에 저장되어 있는 논리적이고 기계적인 지식

호손 효과 경영층이 복지에 관심을 두거나 감독자가 특별한 관심을 두면 작업자가 열심히 일을 한다는 이론

혼합경제시스템 자원의 배분이 시장에서 발생하나 일정 부분 정부의 개입이 이루어지는 경제시스템

혼합형 조직구조 사업부별 조직구조와 직능별 조직구조의 장점만을 이용하고자 두 조직구조가 혼합된 것

확실성하의 의사결정 의사결정에 관한 정보를 확실하게 알고 있고, 대체안의 실행 결과를 확실하게 예측할 수 있는 경우의 의사결정

환경 조직을 둘러싸고 있거나 조직에 영향을 미치는 일련의 영향력 및 조건

활동목표 자체에 행동 기준, 성과 기준 및 달성 시기를 갖고 있는 목표

활동성비율 매출액과 이를 뒷받침하기 위해 투자된 각종 자산들과의 관계를 측정하여 자산이 얼마나 효율적으로 이용되고 있는가를 평가하는 비율

효율성 어떤 일을 올바르게 수행하는 것으로 투입과 산출 간의 관계

희소성 화폐, 시간 및 천연자원과 같이 어떤 욕구나 필요를 만족시키는 데 필요한 자원의 부족 상태

3S 규격의 표준화, 제품구조의 단순화, 제조공정의 전문화

4-40 프로그램 하루 8시간씩 5일 근무하는 대신에 10시간씩 4일만 근무하는 제도

e-비즈니스 인터넷을 포함한 정보기술을 활용하는 모든 경제활동으로 수·발주, 생산, 판매, 기술개발, 문서결제, 지불 등 모든 경영활동을 전자적으로 처리함

ISO26000 국제표준기구가 제시한 사회의 지속가능한 발전을 위해서 모든 조직에 적용되어야 하는 사회적 책임의 국제표준

O2O(Online to Offline) 온라인과 오프라인을 연결하여 고객에게 편리하고 가치 있는 서비스를 제공하는 온/오프라인 연계 비즈니스를 총칭

X이론 사람들은 남에게 지휘받기를 좋아하고, 책임지는 것을 싫어하며, 안전을 추구한다는 가설을 전제로 한 이론

Y이론 인간은 본래 게으르지 않고 신뢰할 만하다. 따라서 인간은 적절하게 동기유발이 되면 자율적으로 그리고 창의적으로 직무를 수행한다는 이론

찾아보기

[국문]

ㄱ

ㅅ

D

E

F

G

T

U

V

W

Y

저·자·약·력

김성국

- 서울대학교 인문대학 졸업
- 서울대학교 대학원 경영학과 졸업(경영학 석사)
- 독일 Mannheim 대학교 경영대학원 졸업 (Dr. rer. pol. 경영학 박사)
- 이화여자대학교 경영대학장 겸 경영전문대학원장
- 현재 이화여자대학교 경영대학 교수

〈주요 경력〉

- 노동부 공인노무사 시험 출제위원
- 삼성전자 등 주요 대기업 인사·조직 자문교수
- 대통령자문 새교육공동체위원회 자문위원
- 독일 FU Berlin, Hamburg, Paderborn, Halle-Wittenberg 대학 객원교수
- 미국 California 대학(Berkeley) 객원교수
- 유럽 학술저널 「Management Revue」편집위원
- (사) 대한리더십학회 초대 회장
- (사) 한국인사조직학회 회장
- (사) 한독경상학회 회장
- (사) 아시아-유럽미래학회 회장
- (사) 한국경영대학.대학원협의회 이사장

〈저서〉

- 현대인과 노동(번역), 법문사
- 트렌디 인사관리, 명경사
- 조직과 인간행동, 명경사
- 경영과 사회, 명경사
- 21세기형 인적자원관리, 명경사
- 인적자원관리 뉴패러다임, 명경사
- 이슈중심 인사관리, 삼영사
- 글로벌 CEO의 성공공식, 삼영사
- 신인적자원관리, 탑북스
- 인적자원관리 5.0, 탑북스
- 조직행동의 이해, 탑북스
- 모멘트 리더십, 탑북스
- Zur Arbeitszufriedenheit der aus Korea in deutsche Niederlassungen entsandten Stammhaus-Mitarbeiter: eine empirische Analyse, Centaurus-Verlag: Pfaffenweiler, Germany.
- 기타 학술논문 다수

이성호

- University of Wisconsin-Madison 경영학 석사
- University of Illinois at Urbana-Champaign 경영학 박사
- 현재 서울시립대학교 경영대학 경영학부 교수

〈경력〉

- 현재 한국경영학회 수석부회장, 한국마케팅학회 부회장, 한국창업학회지 편집위원장, (사)한국경영교육인증원 운영위원/이사/경영교육인증위원회 위원장
- 서울시립대학교 경영대학장/경영대학원장, 서울시립대 대학언론사 주간, 학생부처장
- 기아자동차 마케팅자문단 교수, 하나금융투자 사외이사/감사위원회 위원장, 정보통신부 우정사업본부 자체경영평가위원회 위원, 서울특별시투자기관 경영평가단 교수
- ㈜ 제일기획, 마케터, ㈜ 삼성경제연구소, 수석연구원

〈주요 논문〉

- An Examination of Firms' Strategic Orientations, Innovativeness and Performance with Large Korean Companies," Asia Pacific Journal of Innovation and Entrepreneurship, 2016.
- Made in versus Shipped from: Country-of-Delivery Origin Effects and the Role of Perceived Risk," Journal of Internet Commerce, 2012.
- A Negative Side of Outsourcing Marketing Functions and Market-based Learning Process," Journal of Strategic Marketing, 2011.
- The Integrated Effects of Market-Oriented Culture and Marketing Strategy on Firm Performance, Journal of Strategic Marketing, 2006.
- An Examination of Selected Marketing Mix Elements and Brand Equity," Journal of the Academy of Marketing Science, 2000.

〈저서〉

- 마케팅, 6판, 비앤엠북스
- 마케팅의 미래준비, 비앤엠북스
- 고객자산관리와 마케팅프로세스의 변화, 비앤엠북스
- 파괴적 혁신 실행 매뉴얼(번역서), 옥당

조남기

- 고려대학교 대학원 경영학과 경영학 박사
- 호원대학교 교무처장
- 현재 호원대학교 경영학부 교수

〈주요 논문〉

- 소비자의 점포이미지 지각정도에 관한 연구 : 상황적 접근, 경영학연구, 1991.
- 묶음제품의 평가에 있어서 개별 준거가격, 사전 지식 및 속성수의 역할에 관한 연구, 마케팅연구, 1995.
- 소비자의 팽창가격할인 광고에 대한 반응에 있어서 준거가격 및 준거프레임의 영향, 마케팅연구, 1997(한국마케팅학회 최우수논문상 수상).
- 점포유형, 가격할인프레임 및 제품친숙도가 다양성 추구행동에 미치는 영향, 상품학연구, 1998.
- 소비자의 분할가격에 대한 반응에 있어서 묶음화전략 유형별 차이, 한국마케팅저널, 2003.

〈저서〉

- 신경영학원론, 비앤엠북스
- 마케팅, 한경사
- 인터넷사업모형과 전략(번역서), 학술정보
- 마케팅조사방법, 대경

채명수

- Oregon State University 경영학 석사
- University of Alabama 경영학 박사
- 현재 한국외국어대학교 경영학부 교수

〈경력〉

- 국립중앙도서관 자료선정위원회 자문위원, 행정자치부 국가고시 시험위원, 특허청 브랜드 운영위원, 대한상공회의소 한국유통대상 심사위원
- 한국외국어대학교 행정지원처장, 경영대학장 겸 경영대학원장
- (사단법인) 한국국제경영학회 회장

〈주요 논문〉

- Reverse Knowledge Transfer from Subsidiaries to Multinational Companies: Focusing on Factors Affecting Market Knowledge Transfer, Canadian Journal of Administrative Sciences, 2017.
- The Effect of Retailer's Price Image on Price Fairness, Consumer Satisfaction and Loyalty, International Journal of Retail Management and Research, 2017.
- 애드버게임(광고게임)의 브랜드효과에 관한 연구: 설득지식의 매개효과를 중심으로, 광고학연구, 2016.
- 국제기업가정신과 해외진출 성과와의 관계, 국제경영연구, 2016.
- Effects of Government Involvement in Corporate Social Responsibility: An Analysis of the Indian Companies Act, 2013, Emerging Markets Finance and Trade, 2015.

〈저서〉

- 핵심마케팅(번역서), 생능출판사
- 글로벌시대의 한국기업과 경영, 법문사
- 중소 소매점의 경쟁력과 소매성과, 집문당

천면중

- University of South Carolina 경영대학 경영학 박사
- 현재 울산대학교 경영정보학과 교수

〈주요 논문〉

- 구성원 침묵, 학습관성, 지식공유 비열의 간의 관계에 관한 실증연구, 지식경영연구, 2017.
- 구성원의 지식 심리적 주인의식과 지식공유 거부의도 간의 관계에 관한 실증연구: 구성원의 동기요인을 중심으로, 지식경영연구, 2016.
- 심리적 주인의식과 BPI 학습활동 간의 관계에 대한 실증연구: 심리적 주인의식의 영향요인과 직무열의의 조절효과, 대한경영학회지, 2016.
- 구성원의 지식통합능력과 혁신행동 간의 관계에 관한 실증연구: 지식통합능력의 영향요인과 폐기학습의 조절효과, 기업경영연구, 2015.
- 구성원의 민첩성과 업무성과 간의 관계에 관한 실증연구: 민첩성의 영향요인과 지식지향 리더십을 중심으로, 지식경영연구, 2015.

〈저서〉

- 경영정보시스템, 비앤엠북스
- 지식경영-이론과 시스템, 한경사
- e비즈니스원론, 법문사
- 전사적자원관리, 한경사

저자와의
협의하에
인지생략

최신경영학의 이해 [3판]

- 4차 산업혁명시대의 경영학 입문서 -

2011년 1월 13일 초판 인쇄
2014년 2월 17일 2판 인쇄
2018년 2월 22일 3판 인쇄
2018년 2월 27일 3판 1쇄 발행

저 자 : 김성국 · 이성호 · 조남기 · 채명수 · 천면중
발행인 : 정광식
발행처 : **비앤엠북스**
서울시 금천구 가산디지털1로 70 B1-103
등 록 2004. 12. 29. / 제313-2004-00298호
전 화 2627-5710~13, 팩스 2627-5720
홈페이지 www.대학교재.net
이 메 일 bnmbook@daum.net

정가 30,000원 ISBN 978-89-6821-075-4